法律硕士联考专业基础课

经典案例分析

刘守芬　白文桥　主编

中国人民大学出版社

·北京·

图书在版编目（CIP）数据

法律硕士联考专业基础课：经典案例分析/刘守芬，
白文桥主编. --北京：中国人民大学出版社，2022.6
ISBN 978-7-300-30601-8

Ⅰ.①法… Ⅱ.①刘…②白… Ⅲ.①案例-中国-
研究生-入学考试-自学参考资料 Ⅳ.①D920.5

中国版本图书馆 CIP 数据核字（2022）第 079705 号

法律硕士联考专业基础课经典案例分析
刘守芬　白文桥　主编
Falü Shuoshi Liankao Zhuanye Jichuke Jingdian Anli Fenxi

出版发行	中国人民大学出版社		
社　　址	北京中关村大街 31 号	邮政编码	100080
电　　话	010－62511242（总编室）	010－62511770（质管部）	
	010－82501766（邮购部）	010－62514148（门市部）	
	010－62515195（发行公司）	010－62515275（盗版举报）	
网　　址	http://www.crup.com.cn		
经　　销	新华书店		
印　　刷	北京七色印务有限公司		
规　　格	185 mm×260 mm　16 开本	版　　次	2022 年 6 月第 1 版
印　　张	20.5	印　　次	2022 年 7 月第 2 次印刷
字　　数	648 000	定　　价	59.00 元

前　言

　　《法律硕士联考专业基础课经典案例分析》一书出版后，深受广大考生喜爱，好评如潮。为回报厚爱，根据新修订的法律和司法解释以及考试大纲的一些新变化，我们特对本书部分内容进行了修订，增加了近两年在全国有影响的热点案例的评析，以使本书更臻完美。

　　本书按照法律硕士专业学位研究生入学全国联考考试大纲的精神，根据刑法分则、民法典和知识产权的内容精编数百个案例，注重提高考生运用刑法学原理和民法学原理分析、解决问题的能力和运用法律语言表达的能力。全书分刑法学与民法学上下两编，每编分为两部分。各编第一部分为一般经典案例，每章均含有"本章精要""经典案例""案例分析"，其中"本章精要"仅作为各章的要点提示，而主要篇幅则用于编写"经典案例"和"案例分析"。各编第二部分为复杂经典案例，即有一定难度的案例，并配以案例分析；该部分体现学科综合知识的运用。

　　涉及案例的试题（如选择题、案例分析题）对于非法律专业大学本科毕业的考生来说是最难适应的题型。本书恰是适应广大考生的实际需要，以典型案例为"的"和以准确的刑法学及民法学原理为"矢"，按照考试大纲的精神，有的放矢地分析、评价有关案件，做到既明辨法理又给考生提供运用相关法律知识解决实际问题的方法。

　　本书准确、恰当地使用刑法学和民法学的专业术语，以严谨的逻辑性和流畅的文字表达形式完成，这对于尚未经过"法言法语"训练的考生来说会备感亲切。

　　最后，祈念本书对广大考生的复习考试有所助益。

编者

法硕精品课程使用说明

人大社法硕绿皮书已陪伴一届又一届法硕考生走过近二十载，为了不负考生们的信任和厚爱，我们一直坚持提供高质高效的备考复习内容。随着法硕考生人数的增加，竞争日趋激烈，为了更好地服务广大考生，我们邀请绿皮书系列的主要作者、法硕辅导名师白文桥主讲法硕备考精品课程。白老师毕业于中国人民大学法学院，深耕法硕联考辅导多年，通贯五科，深谙命题规律和解题方法，培训出众多高分考生。

凡是购买正版书的考生，可凭封面兑换码，兑换免费学习课程。衷心希望人大社法硕绿皮书及精品课程能帮助考生高效复习，快速提分，金榜题名！

课程兑换说明

方式一：1. 扫描封面课程二维码后点击右上角"个人中心"；
　　　　2. 在"个人中心"中找到"兑换中心"，输入封面课程兑换码。
方式二：1. 关注微信公众号"法硕绿皮书"，点击公众号底栏中的"课程"；
　　　　2. 下拉进入"个人中心"，找到"兑换中心"，输入封面课程兑换码。

使用说明

方式一：兑换成功后，扫描封面二维码，即进入课程学习页面。
方式二：兑换成功后，进入微信公众号，点击公众号底栏中的"课程"，下拉进入"个人中心"，从"个人中心"找到"我的课程"。

我们还开设了答疑通道，定期解决考生在使用绿皮书时的疑问，法硕绿皮书答疑 QQ群：943189409（1群），608554174（2群）。

注：随书兑换的课程均非销售课程，只能通过购书免费兑换使用。由于平台条件设置，兑换课程须标出价格，标识价格不代表课程为付费课程。

关于课程的详细说明及更多备考干货，可关注微信公众号后获取。

扫码关注"法硕绿皮书"

目 录

上编

刑法学

第一部分

一般经典案例

第一章　危害国家安全罪

 本章要求掌握的罪名

分裂国家罪，煽动分裂国家罪，间谍罪，叛逃罪，为境外窃取、刺探、收买、非法提供国家秘密、情报罪

 本章精要

分裂国家罪在客观方面的基本内容有两点。一是分裂国家的行为，意指将国家分割为几个部分，建立独立政权，对抗中央政府，谋求国际承认。二是阻碍、破坏国家统一活动的进程行为。这些行为具体表现为组织、策划、实施三种方式。所谓组织，是指通过招募、雇佣、纠集、强迫、引诱等手段控制多人参加分裂国家罪活动；所谓策划，是指出主意、定办法、制定方案、谋划犯罪策略；所谓实施，是指亲自指挥、协调实行分裂国家罪行为。无论行为人实施了其中的一种或几种行为，都以分裂国家罪一罪定性，不实行数罪并罚。

煽动分裂国家罪较容易掌握，实质是对于分裂国家犯罪行为的一种预备行为的犯罪化。应当注意"煽动"的内涵是指，以语言、文字、图像等方式对他人进行以分裂国家为内容的鼓动、宣传。本罪是行为犯，一经实施即构成犯罪既遂。

叛逃罪的犯罪主体是指国家机关工作人员或掌握国家秘密的国家工作人员。其行为是指在履行公务期间，擅离岗位，叛逃境外或在境外叛逃。

间谍罪与为境外窃取、刺探、收买、非法提供国家秘密、情报罪都是行为犯，二者在犯罪客观要件方面有类似之处，要注意区分具体行为方式上的不同。

间谍罪强调行为人（含机构、组织、个人）和间谍组织及其代理人发生非法联系，其行为有以下几种：一是间谍组织及其代理人实施或者指使、资助他人实施，或者境内外机构、组织、个人与其相勾结实施的危害中华人民共和国国家安全的活动；二是参加间谍组织或者接受间谍组织及其代理人的任务的；三是间谍组织及其代理人以外的其他境外机构、组织、个人实施或者指使、资助他人实施，或者境内机构、组织、个人与其相勾结实施的窃取、刺探、收买或者非法提供国家秘密或者情报，或者策动、引诱、收买国家工作人员叛变的活动；四是为敌人指示轰击目标的；五是进行其他间谍活动的行为。

为境外窃取、刺探、收买、非法提供国家秘密、情报罪强调的是行为人对间谍组织以外的其他境外机构和个人非法提供情报的行为，在情报送达对象上，本罪和间谍罪的规定有明显的区别。

还应当注意间谍罪和为境外窃取、刺探、收买、非法提供国家秘密、情报罪与故意泄露国家秘密罪的区分。前两罪侵犯的是国家安全，后罪侵犯的是国家保密制度；前两罪的行为人包含机构、组织、个人，是一般主体，而后罪则以国家机关工作人员为主，有时也包括一般主体，但都要求其有掌握国家秘密、负有保密义务的身份特征。前两罪强调行为人和境外的间谍机构和非间谍组织机构及个人发生非法的情报提供关系，行为人在主观上有为之提供国家秘密和情报的直接故意；而后罪只强调行为人基于故意的心理，违反保密制

度，从而泄露国家秘密的行为，泄露行为的指向对象，不属于本罪的必备要件。

 经典案例

【案例1】 阅读标记：（ ）（读后请打√，下同）

藏族人泽戈曾经携带其父母的骨灰前往拉萨朝拜，后又经西藏樟木口岸取道尼泊尔，前往印度朝拜达赖喇嘛，并接受了达赖的"摩顶"。彭某在哇尔玛小学任教期间认识了泽戈，泽戈向其摆谈去印度的情况以及听到的达赖在国外活动的情况，向其灌输民族分裂思想。彭某在泽戈处借阅了从境外带回的书籍《神的旨意》《达赖喇嘛国外访谈录》，并将书中有关宣扬"西藏独立"的内容摘抄下来，刻在蜡纸上，然后油印装订成20余册，向格尔登寺和尚党真、托美等人散发，还要求他们散发并以诵经的形式天天念，以祈祷实现达赖分裂国家的心愿。

问：彭某的行为是否构成犯罪？

【案例2】 阅读标记：（ ）

阿安扎西、洛让邓珠为达到民族分裂、破坏国家统一的目的，多次密谋策划在公共场所实施爆炸并散发煽动分裂国家的传单。2001年1月至2002年4月间，他们先后在四川省康定县城中心、成都市天府广场等5处实施爆炸，造成1人死亡，多人受伤，其中1人重伤，财产损失100余万元。两人同时在爆炸地点散发以煽动分裂国家为内容的传单。

问：行为人的行为构成何罪？应当如何处理？

【案例3】 阅读标记：（ ）

杨某系某大学从事航空科技研究工作的研究所副所长，2014年外出某国的一所大学进行学术交流时，趁机与对方某机构接洽，后滞留该国不归。

问：对杨某的行为如何认定和处理？

【案例4】 阅读标记：（ ）

某外国公民黄某长期侨居我国，在返回其国籍国探亲期间被该国间谍机构招募，接受派遣任务并参加训练。黄某返回我国后，多次密秘与该国间谍组织联络，并按"每月报告两次"的密令，先后多次直接或者采取通过第三国转寄的方法向该国间谍组织密报我国空军歼击机机型、空军作战训练基地等情报。黄某还按照该国间谍组织的命令，两次密报了我国领导人会见某外国议会代表的谈话内容等情报。

问：黄某的行为构成何罪？为什么？

【案例5】 阅读标记：（ ）

沃某在德国学习期间被在德国的我国台湾地区间谍机构策反，成为台湾间谍组织的间谍，化名"杨东"并每月领取薪水，领取了相关的笔记本电脑、数码相机、扫描仪等用于从事间谍活动的设备。自20世纪90年代初至21世纪初，沃某在大陆积极发展间谍网络与成员，并受台间谍组织派遣多次进出大陆进行政治、经济、军事等方面情报搜集，并偶有得手，获得解放军某夜间作战装备情报，把准备发展的成员情况向台湾间谍组织作汇报。20世纪90年代初，沃某结识了大陆导弹技术专家郭某，并以金钱将其收买。郭某向沃某提供了大量有关战略导弹的情报，包括7项绝密情报。这些情报受到西方某些国家的高度重视，为此台湾间谍组织负责人亲自接见沃某，并给予沃某40多万美元的奖励，郭某也先后数次接受了台湾间谍机构通过沃某转交的数万美元现金和手表。沃某的行为对国家安全与国防建设造成了特别巨大的危害，后果特别严重。

问：沃某的行为如何定罪量刑，为什么？

【案例6】 阅读标记：（ ）

张某系中国人民解放军某部参谋，在一次出国访问期间，被某国军队情报机构收买，接受了为其搜集我军情报以及在国内发展新的情报人员的任务。同年年底，张某在策反其同事叶某时，遭到拒绝，后唯恐事情败露，遂将叶某杀害。

问：张某的行为构成何罪？为什么？应当如何处理？

【案例7】 阅读标记：（ ）

赵某，美国新泽西州人。2002年，赵某参加A国间谍组织，化名"李勇"，月薪1万美元，负责在杭州、江西等地设立间谍活动据点，搜集军事情报，但被我情报人员识别身份并在机场抓捕。吴某，出生后因故未能取得任何国家国籍，在法律上属于无国籍人。吴某于1996年参加B国间谍情报组织，化名"吴大卫"，先后在江苏南京、浙江宁波两地设立间谍活动据点，搜集军事、政治情报，领取间谍活动经费约合人民币30万元。

问：赵某、吴某的行为是否构成犯罪？为什么？

【案例8】 阅读标记：（ ）

宋某于2001年5月获知其朋友童某系台湾情报人员后，向童某表示愿意为其情报机关工作。童某即将该情况向台湾间谍组织间谍范某报告。2002

年 4 月间，范某在台湾某地约见宋某，向宋某表明其间谍身份及所在部门系情报部门，并要求宋某为其搜集反映大陆南方某省的政治、经济情况的报纸、杂志、地图等资料，并发给宋某活动经费 2 万元台币。宋某予以答应。2006 年 4 月，宋某带着搜集情报信息的任务潜入大陆南方某省的一个城市，搜集了反映该省的政治、经济动态的报刊、地图等资料 20 多份，并交给童某。

问：宋某的行为构成何罪？为什么？

【案例 9】 阅读标记：（　）

阮某曾于 2008 年至 2014 年在广西某部队"军人服务社"任送货员。2014 年期间，他通过电话、网络主动与境外间谍情报机关老挝站建立网络联系，后赴东盟某国家接受间谍任务和培训，返回后在部队潜伏 6 年，充当"观察哨"，大肆攀拉策反多名部队现役军人，结成"情报网"，为境外间谍情报机关提供大量军事预警情报，收取间谍经费 20 多万元。经部队保密部门鉴定，阮某向境外报送的情报资料含绝密级 1 份、机密级 9 份、秘密级 7 份。

问：阮某的行为构成何罪？为什么？

【案例 10】 阅读标记：（　）

唐某曾担任一家国有大型军工厂的总工程师，退休后即被某外资企业聘为设计师。2001 年 3 月间，为使一项新产品尽快推向市场，该外资企业董事长外籍华人黄某对唐某许以重金，要求唐某想办法从其原来工作的军工厂获得生产此项产品的关键技术。唐某明知此项技术属于国家秘密，仍然应允，利用其在军工厂的特殊影响获取了此项技术并提供给该外资企业。后查明黄某为某国间谍机构派驻中国的情报人员。

问：唐某的行为构成何罪？为什么？

【案例 11】 阅读标记：（　）

贾某是某直辖市政府机关报编辑，在市人大会议期间，与前来采访的台湾某报记者李某相识。李某为了获取政府工作报告初稿，许以高额回报，唆使贾某进行搜集。贾某遂利用工作之便，将单位有关人员内部传阅的送审稿（绝密）私自复印一份，携带回家后按事先约定的地点将该报告提供给李某，李某随即付给贾某人民币 6 000 元。后来，李某用电子邮件将此报告全文传回台湾，其供职的报纸全文刊登了这个报告。

问：贾某的行为构成何罪？为什么？

【案例 12】 阅读标记：（　）

付某，原系某省某输油管理处党委书记、纪检书记、工会主席、副处长。1997 年 8 月，付某的亲友吕某来与付某商量向境外机构提供情报以获取报酬，付某考虑后表示同意。在 1997 年 8 月至 2005 年 5 月期间，付某利用职务便利，窃取、搜集国家秘密及相关情报。先后 21 次在不同时间、地点，采取不同方式非法向吕某提供涉及我国国家政治、经济、军事等大量国家秘密、情报。

问：付某的行为如何定性？为什么？

 案例分析

【案例 1】

彭某的行为构成煽动分裂国家罪。

本案中，彭某受到泽戈的影响，在阅读了宣扬分裂国家言论的书籍并接受了"西藏独立"思想后，将其中有关宣传"西藏独立"、分裂国家的言论摘抄，油印成册并散发给多人，**其主观上有宣扬"西藏独立"思想、分裂国家、破坏祖国统一的故意；客观上实施了宣传、煽动、鼓吹"西藏独立"，以破坏祖国统一的行为。**彭某的行为符合煽动分裂国家罪的特征，应定性为煽动分裂国家罪。

【案例 2】

两人的行为属于**共同犯罪**。在公共场所制造爆炸、并造成严重后果的行为，符合爆炸罪的构成要件，构成爆炸罪。而在爆炸地点散发反动传单，宣扬民族分裂、破坏祖国统一的行为则构成煽动分裂国家罪。对两罪应当按照数罪并罚的原则处理。

【案例 3】

本案杨某的行为构成了叛逃罪。杨某属于掌握国家秘密的国家工作人员，在履行公务期间，在境外叛逃，符合《刑法》第 109 条第 2 款的规定，应认定为叛逃罪从重处罚。

【案例 4】

黄某的行为构成间谍罪。本案中，黄某被雇用后参加间谍组织的训练和派遣，接受间谍组织的任务，并多次向间谍机构提供我国的国家机密和情报，其行为已经危害到我国的国家安全，具备间谍罪的主客观要件，应当构成间谍罪。**黄某虽然具有外国国籍，但不影响其行为的性质，因为间谍罪的犯罪主体要求为一般主体，无论行为人是否有中国国籍，均可成立本罪。**

【案例5】

沃某的行为构成间谍罪。客观上，沃某参加台湾间谍组织并接受该间谍组织的任务，积极为该组织提供了大量重要情报，符合间谍罪的行为特征；主观上，沃某属于故意，即明知是台湾间谍组织而加入并接受其任务，积极搜集涉及严重危害国家的战略导弹情报（因战略导弹是中国最为重要的远程威慑力量，是维护国家安全的战略力量）。沃某触犯《刑法》第110条和第113条的规定，其行为给国家安全与国防建设造成了特别巨大的危害，后果特别严重，情节特别恶劣，可以被判处死刑。

【案例6】

张某的行为构成间谍罪和故意杀人罪。张某明知其参加外国军事情报组织，并接受其任务的行为将直接损害我国的国家安全，却仍然追求该结果的发生，**主观上具有间谍罪的直接故意，客观上实施了参加间谍组织、接受其任务的行为**，还实施了策动国家工作人员叛变的活动，因此符合间谍罪的特征，构成间谍罪。

张某策反叶某被拒而将其杀害的行为，已经超出了间谍罪构成要件的范畴，又构成独立的故意杀人罪。因此，应当对张某所犯间谍罪和故意杀人罪实行数罪并罚。

【案例7】

赵某、吴某的行为均构成间谍罪。在客观方面，赵某、吴某分别参加A国和B国的间谍组织，搜集我国军事、政治情报，危害了我国国家安全；在主观方面，赵某和吴某均属直接故意。需要注意的是：第一，本罪的犯罪主体为一般主体，一般主体包括我国公民、外国人和无国籍人，因此，赵某的美国身份和吴某的无国籍身份不影响间谍罪的成立；第二，只要参加间谍组织就构成犯罪，本罪不要求已经从事间谍活动，因此，赵某在机场被捕还未来得及从事间谍活动，并不影响其间谍罪的成立。

【案例8】

宋某的行为构成间谍罪。本案中，在客观方面，宋某尽管没有直接参加该间谍组织，但其行为属于接受台湾间谍组织的任务，仍然是间谍罪的行为方式之一；在侵犯客体上，宋某搜集反映某省政治、经济动态的报刊、地图等资料并交给童某，危害了国家安全。在主观方面，宋某明知童某、范某是台湾间谍仍然接受其任务，符合间谍罪的故意要求。

【案例9】

阮某的行为构成间谍罪。

根据2014年全国人大常务委员会颁布的《中华人民共和国反间谍法》第27条的规定，境内个人与境外间谍情报机关相勾结实施间谍行为，构成犯罪的，依法追究刑事责任，阮某的行为符合这项规定。阮某的行为符合《刑法》第110条规定的接受间谍组织的任务，即在部队潜伏多年，策反多名现役军人，结成"情报网"，为境外间谍情报机关提供大量绝密、机密、秘密情报资料，收取巨额间谍经费；并作为境外间谍情报机关的"观察哨"，向其提供大量军事预警情报。其行为严重危害国家安全。主观上的直接故意也是显而易见的。

根据其间谍罪行，应在10以上有期徒刑或者无期徒刑的法定刑范围内判处刑罚。

【案例10】

唐某的行为构成为境外非法提供国家秘密罪。

本案的要点在于判断唐某主观故意的内容。本案中，外企董事长黄某实际为间谍组织成员，因此从表面看，唐某的行为属于向间谍组织出卖国家秘密的行为。但是，由于唐某在主观认识上对黄某的真正身份缺乏了解，并非明知其为间谍组织成员，因此唐某缺乏向间谍组织提供国家秘密的直接故意，所以不构成间谍罪。由于**唐某主观上对黄某的境外人员身份是有认识的，并且明知自己的行为是向境外人员提供国家秘密，因此，唐某的行为符合为境外非法提供国家秘密罪的特征，应当构成为境外非法提供国家秘密罪。**

【案例11】

贾某的行为构成为境外非法提供国家秘密罪，而非故意泄露国家秘密罪。

本案中，贾某虽然不属于国家机关工作人员，但其工作性质决定了其能够掌握属于绝密级的国家秘密，贾某自然负有保密的义务。因此，在客观方面，贾某违反职责规定将国家秘密泄露给李某的行为，同时符合故意泄露国家机密罪和为境外非法提供国家秘密罪的特征，但从贾某主观心理进行分析会发现：首先，贾某明知李某的身份属于境外机构人员；其次，贾某也明知其将属于国家机密的政府工作报告私自复印交给李某的行为，不仅是泄露国家机密，更是向境外机构非法提供国家秘密，贾某对于国家机密的去向是明确了解的。因此，**贾某的心理更符合为境外机构非法提供国家秘密罪的主观故意特征。**所以，综合主客观两方面，贾某的行为构成为境外非法提供国家秘密罪。

【案例 12】

付某的行为构成为境外窃取、非法提供国家秘密、情报罪。在本案中，付某利用职务之便非法窃取、搜集国家秘密及相关情报，并提供给境外机构，构成了为境外窃取、非法提供国家秘密、情报罪。本案有三点需要注意：第一，国家机关工作人员故意将国家秘密泄露给境外机构属于本罪而不以故意泄露国家秘密罪论处，二罪在侵害客体、泄露的对象、秘密的去向等方面均有不同，付某的行为符合本罪的构成特征；第二，本罪的行为种类有窃取、刺探、收买和非法提供四种，但只要实施其中一种行为就构成本罪，且实施了两种以上的仍然为一罪，不实行并罚；第三，本罪与非法获取国家秘密罪的区别在于行为目的，如果是为了提供给境外的组织、机构、人员的属于本罪，出于其他目的则为非法获取国家秘密罪。

第二章　危害公共安全罪

本章要求掌握的罪名

放火罪，爆炸罪，投放危险物质罪，以危险方法危害公共安全罪，破坏交通工具罪，破坏交通设施罪，破坏电力设备罪，组织、领导、参加恐怖组织罪，非法持有宣扬恐怖主义、极端主义物品罪，劫持航空器罪，劫持船只、汽车罪，非法制造、买卖、运输、邮寄、储存枪支、弹药、爆炸物罪，违规制造、销售枪支罪，非法持有、私藏枪支弹药罪，交通肇事罪，危险驾驶罪，妨害安全驾驶罪，重大责任事故罪，强令违章冒险作业罪，危险作业罪，危险物品肇事罪

本章精要

危害公共安全罪，指行为人故意或者过失地实施危害或者足以危害不特定多数人的生命、健康或者重大公私财产安全的行为。

危害公共安全罪侵犯的客体是公共安全，即不特定多数人的生命、健康或者重大公私财产安全。行为人的犯罪行为侵犯的对象不特定是危害公共安全罪的一个重要特征。如果行为人的犯罪目标是指向特定的人身和财产，则不构成危害公共安全罪，而只能以侵犯公民人身权利罪或侵犯财产罪论处。

危害公共安全罪的客观方面表现为行为人实施了危害公共安全的行为。从方式看，既可以是作为，如放火、爆炸、投放危险物质等，也可以是不作为，如失火。实践中，危害公共安全的犯罪多以作为的方式实施。从危害后果看，这些行为包括两种情况，一是已经造成严重后果，即实害犯；二是虽未造成严重后果，但足以危及不特定多个人的生命、健康和重大公私财产安全，即危险犯。例如，本类犯罪中的危险驾驶罪属于抽象危险犯，而妨害安全驾驶罪、危险作业罪是具体危险犯。此类犯罪中的过失犯罪都必须造成严重后果，否则不构成犯罪。对危害公共安全的故意犯罪，只要行为人的行为足以危害公共安全即可构成犯罪。

危害公共安全罪的主体多数是一般主体，即年满 16 周岁具有刑事责任能力的自然人都可以成为本类罪的主体，已满 14 周岁不满 16 周岁的人犯放火罪、爆炸罪、投放危险物质罪的也应负刑事责任；少数是特殊主体，行为人需要具备法定的特殊身份或者从事特定的业务，才能构成犯罪，比如不报、谎报安全事故罪，其主体必须是对安全事故"负有报告职责的人员"。本类罪的主体一般是个人，也有少数可以是单位，比如非法制造、买卖、运输、邮寄、储存枪支、弹药、爆炸物罪；个别犯罪只能是单位，比如违规制造、销售枪支罪，犯罪主体必须是依法被指定、确定的枪支制造企业或销售企业。

这类犯罪的主观方面既有故意，也有过失。本类犯罪中过失犯占据一定比例。

经典案例

【案例 1】 阅读标记：（　　）

某日凌晨，何某蒙面翻墙进入百花家具厂，欲盗窃该厂厂长葛某家中财物，但见葛家有人无法下手，遂在该厂刮灰车间点燃蛇皮袋后大喊救火，趁葛某救火之机潜入葛家，盗得人民币 2 400 元，欲逃离时被抓获。由于当日风大，该车间连同附近厂房被点燃，损失 100 余万元。

问：（1）何某的行为构成何罪？请简要说明理由。

（2）对何某是否应当按数罪并罚处理？

【案例 2】 阅读标记：（　　）

王某在某市从事保姆工作。2008 年 10 月，王

受雇于居住楼房的于某家，工作一个月后于家为王办理了一份价值10万元的家政保险，保险受益人可以是王的家人，也可以是雇主于某一家。但王某拒绝，理由是自己干活出了意外，雇主于某家还获理赔，故与于某吵了一架。

2009年1月，于某家要搬新家（住在某高楼的第11层）。王某认为万一自己在高层擦玻璃出了事，于某家还可以获保险公司赔钱，自己接受不了，想报复于家后离开。于是，1月初王某将雇主家买给她看的21寸液晶电视（放置在王的房间）邮寄回农村老家。几天后王某在于家泼洒酒精后用打火机点燃，并用箱子装走于家的两台笔记本电脑、金银饰品、高级箱包等物品离开，致于某家发生火灾将家具衣物等烧成炭灰，后邻居报警灭火。于家财产损失2.5万余元。

问：（1）王某的行为构成何罪？请简要说明理由。

（2）对王某是否应按数罪并罚处理？

【案例3】 阅读标记：（ ）

马某与其母亲关系一直不好。一日，马某的母亲见马某从外面回来，便停止与邻居的交谈。马某以为母亲在说自己坏话，遂大骂并持棍追打其母。母亲情急之下躲进邻居家中。气愤的马某回家后将家具点燃，并阻拦前来救火的邻居。因马某家与邻居房子相连，为防止火势蔓延，邻居只好掀掉自家屋檐，进行阻断。火灭后，马某家的房子基本被烧毁。

问：（1）马某的行为是否构成犯罪？如果构成，是何罪？

（2）马某的行为是犯罪未遂还是犯罪既遂？

【案例4】 阅读标记：（ ）

张某（13周岁）、宋某（14周岁）因与网吧的服务员发生纠纷，起意报复，在网吧附近的加油站购买了1.8升汽油，用该汽油对网吧实施了放火行为，致使25人死亡及多人受伤，并使公私财产遭受重大损失。

问：（1）张某和宋某的行为是否构成犯罪？构成何罪？

（2）本案有何种量刑情节？

【案例5】 阅读标记：（ ）

贾某采用爆炸方法在某鱼塘偷鱼，结果炸死其他偷鱼者一人，炸伤三人，贾某见状逃跑，未捡炸死的鱼。

问：应对贾某的行为如何定性？请简要说明理由。

【案例6】 阅读标记：（ ）

陶某于某日来到某长途汽车站，将自制的爆炸物和引爆装置连接在一起，捆绑于腰间，然后将自己的手放在皮夹克上衣右下兜内。当他见到华夏服装厂厂长李某出现时，趁其不注意，在靠近他两米左右时将电雷管引爆。由于炸药受潮，爆炸物未能爆炸。电雷管引爆后，仅将陶某的双手和腰部炸伤，没有造成其他人身伤亡和财产损失。经陶某交代，陶某曾是华夏服装厂的职工，因工作表现不佳被开除。因此，陶某对厂长李某怀恨在心，认为"李不给他活路，李也别想有个好活"，故决定与其同归于尽。

问：（1）陶某的行为构成何种犯罪？请简要说明理由。

（2）本案应如何对陶某定罪？是否适用数罪并罚？

【案例7】 阅读标记：（ ）

赵某为了倒卖死牛肉牟利，购买液体鼠药洒在馍块或菜叶上，先后7次在本村路上、场地或者菜地投放带毒的馍块或菜叶，将本村刘某、周某等6户农民的7头耕牛毒死，价值9700元；此后赵某又先后62次将毒物投放在本村村民的牛槽内，将成某、王某等33户农民的62头耕牛毒死，价值10万元。

问：（1）赵某的行为构成何罪？简要说明理由。

（2）对赵某是否应数罪并罚？简要说明理由。

【案例8】 阅读标记：（ ）

庞某和其女友刘某系邻居关系，已保持恋爱关系2年多时间。某日下午，刘某和同村男青年王某到附近水库去玩，庞某发现后，即骑摩托车追至该水库，庞某当即对王某踢了两脚，并警告其10天内如果再和刘某在一起，就要承担残废的后果。王某走后，庞某和刘某发生争吵不欢而散。次日晨5时许，庞某起床后出门即窜入刘某家，趁刘家人未起床之机将刘家放在窗台上的氧化乐果农药倒入窗台下圆桌上的一个保温瓶内，然后又潜入厨房在3个水桶内也倒入农药。庞某作案后，逃离现场。刘某起床洗脸时发现水桶和保温瓶被倒入农药，遂让其父母向派出所报案。后经查实，该药因过期而失去效用。

问：（1）庞某的行为是否构成犯罪？构成何种犯罪？

（2）本案中，农药失效对于庞某行为的定性是否有影响？

【案例 9】 阅读标记：（　）

彭某因与邻居丁某有矛盾，蓄意毒害其儿子丁某某。彭某在丁某某经常去的小饭馆先后两次将毒鼠药掺入食品中，致村民刘某、龙某、杨某食用后中毒，龙某死亡。

问：本案如何定罪量刑？简要说明理由。

【案例 10】 阅读标记：（　）

张某驾驶"斯太尔"大货车行驶至某村村南公路时，与同方向胡某驾驶的农用三轮运输车相刮蹭，后双方继续在此公路由北向南行驶。期间，张某驾驶大货车故意挤、别胡某驾驶的农用三轮运输车，致使胡某驶入逆行，与对面王某驾驶的"黄河"大货车相撞。王某的车被撞后，与正常行驶的郭某驾驶的面包车相撞，造成四辆车不同程度损坏，胡某车上的乘车人景某当场死亡，胡某及其他乘车人受伤。张某后被抓获。

问：本案应如何定罪量刑？请简要说明理由。

【案例 11】 阅读标记：（　）

张某与其友外出饮酒。后返回家中，即令其父外出购买主食锅贴，当时遭其父拒绝，张某暴跳如雷，摔坏录音机，张父见状躲出屋外。在此期间，张某将放置在墙角处的液化石油气胶管拔下，打开阀门，用火柴点燃石油气，火焰喷出50余厘米直逼木质墙壁，张某此时跑到屋外并大叫"炸死你们"。周围邻居闻讯纷纷跑出屋门拨打"110""119"报警。民警及消防队员及时赶到，将火扑灭，被点燃的液化石油气罐阀门周围已烧黑，塑料手柄变形，罐体上半部也呈焦黑状，张某当场被抓获。经查，张某经常酗酒后殴打其父母。公安机关在现场勘验中发现张某的居所属木结构平房，同邻居隔墙相连成片，房屋面积多为8至10平方米，成排房屋间距较小，一旦起火将殃及成片居民。

问：本案宜定爆炸罪、放火罪还是以危险方法危害公共安全罪？请简要说明理由。

【案例 12】 阅读标记：（　）

姚某于2011年初在村里承包了几亩地用于种西瓜。到了盛夏时节，西瓜尚未成熟，却遭到了山里下来的野猪、狗獾等动物的破坏，姚十分心疼。为了减少损失，姚为防止动物再进入瓜田，便私自

在瓜田周围架设了铁丝网，并通上了电。2011年7月中旬的一天晚上，本村邻居胡某醉酒后路过姚承包的瓜田时，不慎被地上的石头绊了个跟头，正巧倒在了田边的铁丝网上，触电当场身亡。案发后，姚某十分后悔并在村委会主任陪同下投案自首，并对胡某家属进行积极赔偿后取得其谅解。

问：对本案应如何处理？简要说明理由。

【案例 13】 阅读标记：（　）

吴某系湖南省某农村的农民。2015年3月吴某在未取得合法用地手续的情况下，占用村集体土地水田填挖地基150平方米后建房。期间，当地主管部门多次与他谈话说明此地性质是规划中小学用地。吴不听劝阻，执意建房，待新房即将封顶时被村子拆掉。吴某怒气冲冲，驾驶一辆SUV小型汽车到县城街上横冲直撞，连续造成6起交通事故：即撞倒4台摩托车、1辆垃圾推车，造成3人死亡、5人受伤。然后弃车逃跑，20小时后被抓获。

问：吴某的行为构成何罪？为什么？

【案例 14】 阅读标记：（　）

沈某、赵某曾先后受上海"洁而佳"包装食品厂经理王某的聘请任该厂汽车驾驶员，后均因报酬等问题被该厂辞退，为此，两人均心存怨恨。一日，沈某打电话给赵某，约赵某携带白砂糖到其处，然后将糖倒入"洁而佳"厂一辆货车的发动机内进行报复，赵某表示同意。当日夜10时许，两人携带白砂糖从沈某家前往包装食品厂，由沈某打开包装食品厂平时使用的厢式货车车门，入内后打开发动机盖，赵某随即将白砂糖倒入发动机气门弹簧内，两人下车后又各扳断一根雨刷器。接着，赵某弯腰摸寻刹车油管，并向沈某索取钢丝钳，沈某问干什么？赵某说剪刹车油管，沈某便将从车中工具箱内取出的钢丝钳递给赵某，赵某接过钢丝钳将该车前后刹车油管剪断。两人作案后，迅速逃离现场。第二天，经该车驾驶员邹某出车前检查，发现车辆被破坏而停止使用，幸免遇险。后经交通警察总队事故防范处机动车辆技术鉴定：该车制动系统的前、后制动管路损坏，能造成该车制动系统完全失效。

问：本案应如何定罪量刑？简要说明理由。

【案例 15】 阅读标记：（　）

徐某因对离婚、财产分割等诸事不满，于是买了食用油、酒精等易燃物品并带了打火机装在背包里登上了当日8时由河北燕郊开往北京市内的某路

公交车，准备去法庭威胁判决自己离婚案的法官。在车上坐了一段时间后，徐某突然将随身背包点燃，造成公交车剧烈燃烧，致使部分乘客在逃离公交车时受伤、部分乘客的随身财物被大火焚毁。经鉴定，公交车遇焚损失为28万余元。

问：徐某的行为构成何罪？简要说明理由。

【案例16】 阅读标记：（　）

张某为了赚钱，想去偷路边的交通标志牌，他认为这样不容易被人发现。某日凌晨，他带着扳手、铁锤、刨刀等工具窜到了某高速公路入口处，费尽工夫，将一块1.95米×3.85米写有中英文"前方有拐弯"、价值人民币7 200元的交通标志牌拆下，后经拆卸将其中一部分运到了废品收购站，卖得人民币105元。得了便宜后，次日，他再次到藏标志牌的地方取出剩余的部分时被附近的村民抓获。

问：张某的行为构成何罪？请简要说明理由。

【案例17】 阅读标记：（　）

吴某系哈尔滨铁路局绥化工务段海伦车间检控工并任工长，但在2011年重新竞聘工长职位时落选而降职为班长，从而心中气愤不满。在2014年4月12日22时许，吴某来到滨北线海伦至东边井段，拆卸下一根长达12.5米的铁轨并移位。4月13日3时17分，由黑河开往哈尔滨的K7034次旅客列车经过时发生2节车厢脱轨、4节车厢侧翻，造成15名乘客受伤。事故共造成直接经济损失413万元，间接经济损失100余万元，事发线路阻隔15小时23分。

问：吴某的行为构成破坏交通设施罪还是破坏交通工具罪？并简要说明理由。

【案例18】 阅读标记：（　）

2005年8月至2007年1月，依某在进行极端宗教活动和"圣战"宣传的同时，建立暴力恐怖训练基地。依某将招募的数十名暴力恐怖分子送往"黑峡谷"恐怖训练营地秘密训练，制作了该组织旗帜，制定了组织纲领和纪律，安排暴力恐怖训练基地的物资供应，为开展暴力恐怖活动做准备。在此期间，其还实施了两次军事演习，杀害了当地平民4人。

问：依某的行为如何定性？为什么？

【案例19】 阅读标记：（　）

依某和阿某笃信宗教极端思想，并加入了某恐怖组织。2008年8月某日，当武警官兵出操跑出边防支队大门时，两人引爆事先设定好的炸弹，致使数名武警人员当场身亡，在社会上造成很大影响。王某获知后，积极要求加入该恐怖组织，并获许可。在王某加入该组织当日，依某、阿某、王某被我公安机关抓获。

问：依某、阿某和王某的行为如何定性？为什么？

【案例20】 阅读标记：（　）

2013年12月以来，依某、吐某、玉某纠集帕某、阿某、艾某、阿尔某、盲沙某等8人形成恐怖组织，在广东、河南、甘肃等地进行暴力恐怖犯罪的准备，并共同策划在云南昆明火车站进行暴力恐怖活动。2014年2月27日，依某、吐某、玉某因涉嫌偷越国境在云南省红河州河甸被捕，拒不供述指挥帕某等5人将在昆明火车站实施暴力恐怖犯罪。同年3月1日晚，该恐怖组织成员帕某等5人在昆明火车站持刀疯狂砍杀无辜群众，致31人死亡，141人受伤（含重伤40人）。因抗拒抓捕，帕某被击伤抓获，另4名暴徒被当场击毙。后发现帕某是一名孕妇。

问：本案应如何定罪量刑？请简要说明理由。

【案例21】 阅读标记：（　）

热某、艾某等人为盘踞在叙利亚、伊拉克的"伊斯兰国"的宣传所蛊惑，急于组织人员进行恐怖活动培训，为所谓"圣战"培训战斗人员。被招募的依某、阿某、玉某、布某积极参加恐怖活动培训。培训活动有如何制造危险物品、如何进行爆炸、选择什么样的地点、针对什么人群等内容。在培训中散发图书、音频视频资料，手把手地互教互学如何实施恐怖活动。后被群众举报，警方破获该犯罪团伙，抓捕了热某、艾某、依某、阿某、玉某、布某共6人。

问：本案应如何定罪量刑？请简要说明理由。

【案例22】 阅读标记：（　）

孙某购得天津至上海的机票一张，携带早已准备好的火药包及引燃线，登上中国国际航空公司"波音737"B—258号1523次航班飞机。飞机起飞后不久，孙某即以引爆火药包相威胁，胁迫机组人员将飞机飞往台湾，并对机组人员说："我的炸药是真的，要是不去，我马上就炸飞机。"机组人员采取措施后，孙某被制服。

问：（1）孙某的行为构成何种犯罪？简要说明理由。

（2）孙某的行为是否构成犯罪未遂？

【案例23】 阅读标记：（　　）

张某和王某一直意图实施劫机犯罪。某日，张某、王某购得北京至上海的机票，携带早已准备的火药包及引燃线和自制手枪，登上中国国际航空公司的飞机。飞机起飞后不久，王某即引爆火药包相威胁，胁迫机组人员将飞机飞往韩国，为证实自己话语的真实性，王某枪杀了一名妇女A。因此，机长决定飞机飞向韩国。在张某胁持机长的同时，王某对妇女B实施了强暴行为。

问：（1）张某和王某的行为是否构成劫持航空器罪？简要说明理由。

（2）如何认识本案中王某对妇女A和妇女B的行为？

【案例24】 阅读标记：（　　）

张某多次将黑火药、烟火剂以及配制炸药的硝酸钾、银粉等，运到某地一废弃的小化工厂内，非法配制炸药、烟火剂1 500余公斤。张某雇用彭某及其亲属等人非法制作爆竹鞭炮、两响炮15万多个销售牟利。事后，因彭某等人向张某讨要工钱发生纠纷，公安机关在处理纠纷时发现该鞭炮非法生产窝点。民警任某在清查现场时因摩擦产生静电引起爆炸当场身亡。

问：（1）张某的行为构成何种犯罪？请简要说明理由。

（2）如何理解本案的量刑情节？

（3）彭某在犯罪中处于何种地位？

【案例25】 阅读标记：（　　）

王某利用任某煤矿采矿班长的便利条件，将40管炸药、25支雷管分两次交给张某，再由张某转交给李某，收取人民币200元和一部手机。李某等人利用上述爆炸物制造爆炸，抢劫某运钞车，造成了220万元被抢走、3人死亡、3人重伤。公安机关经鉴定认为："采取爆破手段，在炸药外部加钢钉，是造成3人当场死亡后果的最主要原因。"银行保卫部门称："运钞车内的设置和防范技术水平相当高，但由于犯罪分子选择了押款员打开运钞箱往里面放钱时作案，特别是采取了爆炸手段，才使运钞车和押运人员失去防范能力。"法庭上，王某承认他曾两次提供爆炸物给张某并获得钱物，但以为他只用来炸地基盖房子。

问：（1）王某的行为构成何种犯罪？请简要说

明理由。

（2）如何理解王某的有关量刑情节？

【案例26】 阅读标记：（　　）

王某是军工企业机修车间的工人，妻子林某是纺织厂工人。由于纺织厂连续发生抢劫、强奸女工案件，引起众人恐慌。林某在家中向丈夫说起时，也引起了丈夫王某的忧虑，但顾及到自己也得上班，无法接送，遂产生给妻子造一把手枪壮胆、防身的想法。妻子林某觉得这主意不错，就告诉了厂里的姐妹，同事们很是羡慕，并表示愿意用钱购买林某丈夫的自制手枪。林某回家后与丈夫商量，一来觉得碍于情面，二来也可赚点钱，王某便利用下班后的时间，制造仿左轮手枪12支，子弹60发，其中卖给林某的同事11支，子弹55发，得款1 000余元。

问：如何对王某的行为定性处理？请简要说明理由。

【案例27】 阅读标记：（　　）

在某郊区路上，巨某、杜某骑自行车在前，李某骑自行车（后面搭乘王某）在后，由北向南在非机动车道行驶时，适有刘某驾驶"解放"牌中型普通货车同方向从其后方驶来。行驶中车辆驾驶室司机座下方突然起火，后来发动机也着火。刘某采取制动措施无效后跳离汽车，汽车继续向前冲去，车前部将李某、王某、巨某、杜某四人连人带自行车撞倒，造成李某、王某当场死亡，巨某、杜某受伤，三辆自行车损坏。事发后刘某弃车逃逸，于两日后到交通队投案。经鉴定，该车驾驶室严重烧毁，仪表盘、左前轮制动器室连接软管烧毁，制动系统无法操作。后经责任认定，刘某负事故全部责任。

问：（1）对刘某的行为应当如何定罪量刑？简要说明理由。

（2）刘某的行为是否构成过失以危险方法危害公共安全罪？

（3）本案是故意犯罪还是过失犯罪？

【案例28】 阅读标记：（　　）

某军工企业专门负责制造国产某型号的枪支。为给本单位职工筹资建房，王某等领导决定制造一批重号枪支出售，将所得资金用于建房，后案发。

问：该军工企业和王某构成何罪？如何处罚？请简要说明理由。

【案例 29】 阅读标记：（　）

甲、乙、丙一家三口在某地办了一养猪场，父亲甲为养猪场的安全弄来三支枪，而母亲乙和儿子丙（20 岁）均不知道枪的来历。2002 年甲因车祸死亡，乙和丙在明知违反国家对枪支管理规定的情况下，仍将三支枪藏匿其家中，直至 2005 年被公安机关查获。经鉴定：乙、丙私藏的三支枪分别为：自制双筒猎枪、松鼠牌单筒猎枪、上海产气枪，三支枪均具有击发、杀伤能力。

问：对乙、丙的行为如何认定？请简要说明理由。

【案例 30】 阅读标记：（　）

2009 年 6 月的某日晚，南京市某个体施工队长张某在与朋友饮酒应酬时，自己一人喝下白酒 8 两、洋酒 6 两、啤酒 1 瓶，导致行走都不稳的醉酒状态。但张某仍然开着自己的车回家。途中张某接连撞死无辜的行路者 5 人（其中包含 1 名孕妇），伤 4 人。后被警方截住，在派出所数小时后醒来，全然不知导致的严重后果。张归案后态度诚恳，并主动赔偿 110 余万元给受害人及家属。另查，张在 2006 年 8 月—2009 年 4 月间有多次违法驾驶记录。

问：对张某的行为如何定性？请简要说明理由。

【案例 31】 阅读标记：（　）

某日晚，在某加油站工作的罗某骑自行车沿人行横道线行驶途中，将对面走来的 75 岁的黄某当场撞翻在地，黄某因抢救无效死亡。市公安局交通管理局认定罗某负事故全部责任。罗某的行为违反了我国现行的《道路交通管理条例》第 41 条的规定，车辆在行经人行横道时须让避行人。

问：（1）驾驶非机动车的人是否可以成为交通肇事罪的主体？

（2）如何对罗某的行为定性？请简要说明理由。

【案例 32】 阅读标记：（　）

某日下午，某市金宝电器公司司机贾某开着单位的红叶牌面包车去送货。在某区家乐福超市院内，贾某按超市保安的要求倒车时，发现车前右侧走过一个男人，他没有在意，继续快速倒车，倒了二三十米，听到周围人大喊：轧到人了，轧人了。贾某急踩刹车，并下车与周围人一起将伤者送到医院，由于伤势过重，伤者当日死亡。

问：贾某的行为是否构成交通肇事罪？简要说明理由。

【案例 33】 阅读标记：（　）

2009 年 5 月的某日晚 8 时，曾获得过赛车奖项的 20 岁的某市大学生吴某与两位朋友分别驾驶了 3 辆跑车在市区繁华马路上追逐并超速行驶。在一人行横道上将边打手机边过该人行横道的青年陶某撞击弹起跌至车后。事发后，吴立即停车拨打 120 急救电话和 122 报警。受害人陶某被送往医院经抢救无效死亡。

问：对吴某的行为如何定性？并简要说明理由。

【案例 34】 阅读标记：（　）

某日，一建筑公司所属的"榕建号"客船，由于严重超载、冒雾航行和违章操作致使客船倾覆于长江，130 人死亡。经专家调查鉴定，这一事故是人为原因造成的重大责任事故，事故直接责任人有周某、梁某、石某、刘某等。

问：本案中应如何对四位事故直接责任人的行为定性？

【案例 35】 阅读标记：（　）

2007 年 10 月 31 日，陈某在无驾驶资格的情况下，在冯西园北一区 80 号平房西北斜坡处道路上停放红旗牌小客车过程中造成溜车，将车后行人即该小区的袁某、庞某撞伤。陈某因害怕受到受害人亲属的殴打而逃跑。后众人将袁某、庞某送往医院抢救，袁某经抢救无效于当日因创伤性休克死亡，庞某身体所受损伤经法医学鉴定为轻伤（偏重）。经公安分局交通支队认定，陈某负事故全部责任。而次日陈某自动投案。

问：陈某的行为如何定罪量刑？为什么？

【案例 36】 阅读标记：（　）

2007 年 12 月 2 日 22 时许，王某在酒后且无驾驶证的情况下驾驶海马牌轿车送朋友回家，送完朋友后独自驾驶轿车行驶至某市某区金顶街青年公寓前，因酒后注意力不集中，将被害人李某撞伤。为毁灭证据、逃避追究，王某将李某放在后备厢中，运至某人迹罕至的树林，后驾车逃逸。几天后李某的尸体被行人发现，并报案。

问：王某的行为如何定罪量刑？

【案例 37】 阅读标记：（　）

2007 年 10 月 19 日，徐某驾驶东风牌中型厢式货车，在某市沿丰翔路由南向西左转弯行驶至丰翔路高速上行入口处时，因未按规定让行且违章左转弯，致该车右侧撞击在高某沿丰翔路西侧非机动车道由北向南骑行的人力三轮车，造成人力三轮车上的高某和乘坐人员张某、韩某受伤。肇事后，徐某驾车将三名被害人送至附近的医院，以去医院门口ATM机取款为由，趁机逃逸。高某和张某因医治无效死亡，韩某受重伤。

问：徐某的行为如何定罪量刑？为什么？

【案例38】 阅读标记：（ ）

2013年12月28日晚，李某和朋友在饭桌上多喝了几杯酒，考虑到自己要去的地方距离只有约10分钟路程，抱着侥幸心理开车上路。当即将达目的地时，前方开来一辆卡车，李某匆忙避让，撞上了路边一公司的大门，李本人受伤住院。经交警认定，李某负事故全部责任。经公安交通司法鉴定中心检验，李某血液酒精含量为201.3mg/100ml，属醉酒驾驶机动车。后李某主动交待了酒后驾车的事实。

问：对李某的行为如何认定和处理？并简要说明理由。

【案例39】 阅读标记：（ ）

樊某酒后乘坐公交车时，因在车内随地吐痰，与公交车司机由某发生口角，后上升为樊某大声谩骂由某，继而发生争执，随后樊某不顾其他乘客劝阻，并用手拉拽由某的胳膊和衣服，试图抢夺正在桥上行驶中的公交车方向盘，致使行驶中的公交车多次偏离正常行驶路线，并导致车身右侧与桥梁路牙刮擦，司机由某紧急停车后按键报警。樊某被随即赶到的警察在该公交车内抓获归案。

问：对樊某的行为应如何认定？并简要说明理由。

【案例40】 阅读标记：（ ）

徐某所在公司承包了某住宅小区电梯安装工程，公司委派他负责电梯安装的派活、技术指导等工作。某日，徐某安排公司的许某等人调试修理电梯。在调试过程中，许某等见电梯不动，就报告了徐某。徐某为了赶修另一小区的修理活，便要求许某等2人从电梯井旁边的爬梯下到井底进行维修检查。许某等2人犹豫了一下，还是遵从了徐某的违章指挥。结果电梯突然启动下落，许某等2人无处躲闪，被挤死在电梯底坑内。

问：对徐某的行为如何定性？请简要说明理由。

【案例41】 阅读标记：（ ）

农民余某、代某为牟利同时带动全村人致富，擅自非法组织村民在因不符合安全生产条件而被国家查封的某矿洞继续开采煤矿。经有关部门要求整改后，对事故隐患仍不采取措施，余某、代某在应付有关部门检查时，多次指使他人制造停电假象，应付检查。某日，洞内作业人员在更换灯泡过程中扯动电缆，使破损电缆短路产生火花，引起瓦斯爆炸。当场炸死25人，另有10人受伤。

问：余某、代某的行为构成何罪？请简要说明理由。

【案例42】 阅读标记：（ ）

王某是某电力安装工程公司的员工，公司指派王某与其他员工负责某地110kV电线线路改造工程。王某在与工人进行放线作业时，违反电力安全工作规程，未将闲置线头固定，导致正在拉线的工人触电，造成2名工人死亡，多名工人被电伤。

问：对王某的行为如何定性？请简要说明理由。

【案例43】 阅读标记：（ ）

2008年9月8日，某省某县新塔矿业有限公司尾矿库突然溃坝，冲垮和掩埋了尾矿库下方的新塔矿业公司办公楼、部分民居和一个集贸市场。据初步测算，该事故直接损失918.9万元人民币，事故造成毁坏耕地600亩，损坏水泥道路4千米，沙石路1千米；冲毁民宅、办公楼及其他设施326间，损坏车辆90辆；因事故致死伤及受影响的受灾人员达1 047人。在涉案人员中，王某、张某、杨某三人作为护坝人员负责大坝的安全维护工作，明知应及时报告大坝险情却未及时报告。

问：王某、张某、杨某的行为如何定罪？为什么？

【案例44】 阅读标记：（ ）

某铅锌矿出现轻微透水，井下作业工人自行撤到地面上。矿长魏某得知后违反安全生产规章制度，在未对透水采取任何排除隐患的措施的情况下，仍冒险组织工人继续下井开采，并威胁工人说如不下井马上开除。当班的60余名工人被迫下井，三小时后井下大量透水，致使25名矿工身亡。

问：魏某的行为如何定性？为什么？

一／般／经／典／案／例

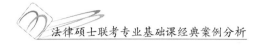

一 / 般 / 经 / 典 / 案 / 例

【案例 45】 阅读标记：（　）

贾某、王某二人在内蒙古自治区某煤管局工作期间，对所管辖的煤矿没有进行认真的安全检查。对该矿多项重大安全隐患没能及时发现并采取有效措施予以制止，致使该矿在 2007 年发生特大瓦斯爆炸事故，造成 12 人死亡，直接经济损失 300 万元。经内蒙古自治区事故调查组认定，此次事故为一起重大责任事故。

问：贾某、王某的行为如何定性？为什么？

【案例 46】 阅读标记：（　）

2000 年 6 月某日，陈某经张某介绍，以 800 元的价格购得自制小口径手枪 1 支、子弹 40 发。当日晚，陈某携带所购得的自制小口径手枪、子弹至该市某洗浴城门前，因和朱某发生争执，陈某遂拔出自制手枪朝天上开了一枪后乘坐出租车离开现场。十分钟后，陈某又乘坐出租车返回洗浴城门前，坐在出租车内向外发射两弹，致刚好经过附近的凌某面部擦伤，经法医鉴定构成轻微伤。陈某又乘坐出租车回家，因怀疑有人追赶，在自家门口又对天开了一枪。当陈某乘坐出租车逃至市人民商场附近时，被 110 警车截停。陈某持枪顶着自己的头部拒捕，与公安人员相持一个多小时。围观群众近千人，造成严重社会影响。后陈某被公安人员抓获，并收缴自制小口径手枪 1 支、子弹 17 发。

问：陈某的行为构成何罪？应当如何处理？

【案例 47】 阅读标记：（　）

2000 年 6 月某日晚，某煤矿工人陈某因旷工被扣发全年奖金而发泄不满，用炸药、雷管和导火索自制爆炸物，放于一宿舍窗台引爆，造成窗户玻璃部分破碎。次日凌晨 2 时，陈某为转移公安机关侦查视线，先将部分炸药、导火索埋藏于附近河滩上，后再次携带自制爆炸物来到厂区，将爆炸物置于一办公室后窗台上引爆，造成该房屋部分损坏。同年 6 月底，陈某被抓获，在对其住所进行搜查中发现单管猎枪 1 支、自制猎枪子弹 10 发等物。另查明，陈某所使用雷管、炸药、导火索等物是其在长期从事的爆破作业中私自藏匿的。单管猎枪来路不明。

问：陈某的行为构成何罪？应当如何处理？

【案例 48】 阅读标记：（　）

杨某系北京建工一建工程建设有限公司和创分公司清华附中项目商务经理，王某系该项目执行经理，自 2014 年 6 月承建清华附中体育馆以及宿舍楼建筑工程。其间二人行贿清华大学基建规划处工程师苏某（另案处理）后，将工程转包给施工方安阳诚成建筑劳务有限责任公司。2014 年 12 月 29 日，施工人员违规施工，致使施工基坑内基础底板上层钢筋网整体坍塌，造成在此作业的多名工人被挤压在上下层钢筋网之间，致 10 人死亡 4 人重伤。此案被追责者达 15 人。

问：本案行为人构成何种犯罪？为什么？

【案例 49】 阅读标记：（　）

2011 年 10 月 5 日在湄公河"金三角"地区水域发生了一起震惊世界的大案。行为人糯康、桑康·乍萨、依莱、扎西卡等长期盘踞缅北金三角地区，形成一个 100 余人的毒品犯罪集团。2011 年 10 月 5 日，两艘中国商贸船在湄公河上正常行驶，在行至"金三角"地区水域时突然遭劫，船上 13 名中国籍船员被杀。

中国警方联合老挝、缅甸、泰国三国警方进行了长达半年的艰苦侦破，于 2012 年 4 月 25 日将特大武装贩毒集团首犯，湄公河惨案首犯糯康抓获，此案算成功告破。

问：糯康等人构成何种犯罪？如何处罚？

【案例 50】 阅读标记：（　）

刘某系某居民小区的一小吃店的老板，为节省经营成本，在狭小的灶台房间内，炉灶明火长期与私拉电线混合存在，存在重大火灾和燃气爆炸隐患。被消防部门、食品卫生监管部门多次依法责令其停业，进行安全整改和排除危险，但刘某拒不执行，具有发生厨房员工重大伤亡事故或者危及紧邻小区南三楼的居民人身及重大财产安全的现实危险。

问：对刘某的行为应如何定性？并简要说明理由。

【案例 51】 阅读标记：（　）

王某等 4 人系某检测公司的工作人员，2014 年 5 月 7 日 3 时至 20 时在某建设公司院内进行探伤作业期间，丢失用于探伤的放射源铱-192 一枚。5 月 8 日 23 时 30 分该检测公司向当地警方报案。接报后，警方会同环保、卫生等部门开展工作，至 5 月 10 日 18 将放射源铱-192 安全回收。当日警方将王某等 4 人抓获。初步查明，此事故系某检测公司王某等 4 名工作人员违规操作和保管造成。

问：对本案行为人的行为如何认定处理？

 案例分析

【案例1】

（1）何某的行为构成放火罪。放火罪是指故意放火焚烧公私财产，危害公共安全的行为。在本案中何某**为盗窃而故意点燃百花家具厂刮灰车间蛇皮袋**，造成了100余万元的经济损失，因此构成放火罪。

何某的行为构成盗窃罪。盗窃罪是指以非法占有为目的，秘密地多次窃取或者窃取数额较大的公私财物的行为。本案中，何某趁旁人救火之机，入**室盗窃人民币2 400元**，属于数额较大，构成盗窃罪。

依据刑法相关规定，何某的行为同时构成盗窃罪和放火罪，属于**牵连犯**。牵连犯是指以实施某一犯罪为目的，其方法行为或者结果行为又触犯其他罪名的犯罪形态，处罚的原则一般是从一重处罚。在本案中是盗窃的目的行为和放火的方法行为的牵连，为盗窃而采取放火的手段。

（2）对何某不应以**盗窃罪和放火罪数罪并罚**。判断是适用数罪并罚还是牵连犯之关键是看是否出于数个故意。本案中，何某在主观上只有一个盗窃故意，应以牵连犯论处。何某为盗窃财物而放火的行为先后触犯了放火罪和盗窃罪，确切地说，何某为达到一个盗窃的犯罪目的，其手段——放火行为又触犯了放火罪，构成牵连犯。依据最高人民法院相关司法解释，"实施盗窃犯罪，又构成其他犯罪的，择一重罪处罚"。所以，本案应以放火罪定性，并在其法定刑幅度内决定刑罚。

【案例2】

（1）王某的行为构成放火罪、盗窃罪。本案中，王某因雇主于某为其买家政保险理赔获益之事不满，欲报复于家，故意放火焚烧于家的财产，并危害到同住楼的于的邻居，属危害公共安全的行为，因此构成故意放火罪。

王某的行为还构成盗窃罪。本案中，王某在离开雇主于家之前，以非法占有为目的，秘密地将于家的财产窃走，数额巨大，因此构成盗窃罪。

（2）对王某应以放火罪、盗窃罪实行数罪并罚。因王某所犯二罪的独立构成要件清晰，既具有放火的故意与放火的行为，也具有非法占有他人财产的故意与秘密窃取他人财产的行为。因此对王某的放火罪与盗窃罪应实行数罪并罚处理。

【案例3】

（1）马某的行为构成放火罪。

放火罪是危害公共安全罪中的一种，其侵害的客体是不特定的人身或者财产安全。本案中，马某放火焚烧的是自己的财物，但是，放火罪并不以放火焚烧他人财物为限，关键在于放火行为是否危及公共安全。马某的房子与邻居的房子紧紧相连，他烧自己的财物同时也给周围邻居的财产造成危险。所以**马某的行为危害的是不特定多数人的财产安全**。

（2）马某的行为已经构成犯罪既遂。

判断放火罪既遂与否应当以行为人是否实施了放火行为并对不特定多数人的人身、财产安全造成危险为标准。本案中，马某因疑心其母亲说自己的坏话，遂放火烧自己的房子来报复。从实际结果看，虽然只烧毁马某自家的房子并未殃及邻居家房子，但从马某与邻居房屋的相对位置来看，**马某的放火行为足以对邻居家的房屋、人身安全造成危险**。虽然邻居及时采取措施而未发生实际损害后果，但马某的放火行为显然已危害公共安全，构成放火罪既遂。

【案例4】

（1）张某的行为不构成犯罪。张某因年龄是13周岁，而刑法规定的**放火罪刑事责任年龄是14周岁**，因此张某因不具备刑事责任能力而不构成犯罪。

宋某的行为构成放火罪。放火罪是指用引燃物和其他方法焚烧公私财物，危及公共安全的行为。本案中宋某对网吧实施纵火行为，危及了不特定多数人的安全，造成了25人死亡和多人受伤的严重后果，客观行为符合放火罪的构成要件。已满14周岁不满16周岁的人，犯故意杀人、故意伤害致人重伤或者死亡、强奸、抢劫、贩卖毒品、放火、爆炸、投放危险物质罪的，应当负刑事责任，宋某已达到14周岁，因此，应当承担放火罪的刑事责任。

（2）宋某有从轻处罚情节。刑法规定，已满14周岁不满18周岁的人犯罪，应当从轻或者减轻处罚。宋某不满18周岁，应当从轻或减轻处罚。

【案例5】

贾某的行为构成爆炸罪。爆炸罪是指故意针对不特定多数人或者重大公私财产实施爆炸，危害公共安全的行为。本案中，贾某在鱼塘这种公共场所炸鱼，置其他人和相关财产的安全于不顾，且造成了严重后果。

贾某的行为构成盗窃罪犯罪预备。盗窃罪是指以非法占有为目的，秘密地多次窃取或者窃取数额较大的公私财物的行为。犯罪预备是指在为犯罪准备工具、创造条件的过程中，因为意志以外的原因，犯罪分子未能着手实行犯罪。本案中，贾某在爆炸行为实施后，因为造成他人伤亡才没有拣拾被炸死的鱼而是迅速逃跑，因此属于盗窃罪的中止。

对于贾某并不应数罪并罚，而应仅以爆炸罪一罪论处。贾某属于牵连犯，牵连犯是指以实施某一犯罪为目的，其方法行为或者结果行为又触犯其他罪名的犯罪形态，**牵连犯的处罚原则一般是从一重处罚**。在本案中是爆炸的手段行为和盗窃的目的行为的牵连，为盗窃鱼塘里的鱼而采用了爆炸的手段。

【案例6】

（1）陶某的行为构成爆炸罪。

爆炸罪是指故意针对不特定多数人或者重大公私财产实施爆炸，危害公共安全的行为。本案中，尽管陶某的直接目的是与李某同归于尽，不追求其他人的死亡，但其实施爆炸行为的场所是长途汽车站，这是公共场所，因而主观上放任了可能对他人生命、财产造成危害的危险，客观上确实使公共安全处于受到侵害的危险境地。因此陶某的行为构成爆炸罪。

陶某的行为构成故意杀人罪（未遂）。

故意杀人罪是指行为人故意非法剥夺他人生命的行为。陶某因对厂长李某不满而报复，采用爆炸手段试图造成李某的死亡，虽然最终没有达到此目的，但不影响此行为的定性，因此陶某构成故意杀人罪（未遂）。

（2）本案应定爆炸罪。

本案属于**爆炸罪与故意杀人罪的想象竞合**。想象竞合是指行为人基于一个犯罪意图所支配的数个不同的罪过，实施一个危害行为，而触犯两个以上异种罪名的犯罪形态。**对想象竞合犯无需实行数罪并罚，一般采取"从一重处断"原则**。本案中陶某实施了一个行为，同时触犯了爆炸罪和故意杀人罪两个罪名，爆炸罪属于危害公共安全犯罪，其法定刑重于故意杀人罪，因此依据从一重原则，应该以爆炸罪论处。

【案例7】

（1）赵某行为构成投放危险物质罪。

投放危险物质罪是指行为人故意实施投放毒害性、放射性、传染病病原体等物质危害公共安全的

行为。赵某为了牟利，先后数次将毒害性物质投放在本村路上、场地或者菜地等**公共场所**，造成了69头牛被毒死的巨大财产损失，因而构成投放危险物质罪。

赵某行为还构成破坏生产经营罪。

破坏生产经营罪是指由于泄愤报复或者其他个人目的，毁坏机器设备、残害耕畜或以其他方法破坏生产、经营的行为。本案中，赵某出于牟利目的残害耕牛69头，影响了正常的农业生产，因而构成破坏生产经营罪。

（2）本案应以投放危险物质罪论处。

本案属于牵连犯，牵连犯是指以实施某一犯罪为目的，其方法行为或者结果行为又触犯其他罪名的犯罪形态。牵连犯的处断原则，一般是从一重处罚。在本案是目的行为（即销售行为）和方法行为（即投放危险物质、破坏生产经营）的牵连。因此，对赵某不能数罪并罚，而应依据从一重原则，以处罚较重的投放危险物质罪论处。

【案例8】

（1）庞某的行为不构成投放危险物质罪，而构成故意杀人罪。

投放危险物质罪是指行为人故意实施投放毒害性、放射性、传染病病原体等物质危害公共安全的行为。在本案中，为报复刘某，庞某在有明确认识的情况下，故意将农药投入刘家的保温瓶和水桶中。**投放危险物质罪的客体是不特定多数人的生命安全**，而本案中庞某的行为直接指向刘某及其家人的人身安全。故庞某的行为符合故意杀人罪（未遂）的构成要件。

（2）农药失去效用并不影响对庞某行为的定性，庞某构成故意杀人的未遂。犯罪未遂是指行为人着手实施犯罪以后，由于犯罪分子意志以外的原因而未得逞。本案中庞某已经实施了投毒行为，即庞某的杀人行为已经着手，而仅仅由于工具不能而未能得逞，而工具不能又是属于庞某意志以外的原因，所以庞某依然构成故意杀人罪，但可以比照既遂犯从轻或者减轻处罚。

【案例9】

本案宜定投放危险物质罪。

根据刑法的规定，行为人故意实施投放毒害性、放射性、传染病病原体等物质危害公共安全的行为构成投放危险物质罪。在客观方面，彭某为报复他人，在小饭馆这一公共场所多次投毒，置在此吃饭的丁某某以外的其他人的生命及健康于不顾，

造成刘某等人受毒害的后果，其行为**已经严重危害公共安全**；在主观方面，尽管彭某是出于一个直接故意，即蓄意报复丁某，但同时有一个间接故意，即置其他人的生命安全于不顾。因此彭某构成投放危险物质罪。

【案例10】

本案宜定以危险方法危害公共安全罪。

以危险方法危害公共安全罪是指使用与放火、投放危险物质、决水、爆炸方法的危险相当的其他危险方法，危害公共安全的行为。张某因对胡某驾驶的农用三轮运输车与自己的车相刮蹭不满，驾驶"斯太尔"大货车故意挤、别胡某驾驶的农用三轮运输车，造成四车相撞、一人死亡、多人受伤。客观上，张某不计后果以驾驶的"斯太尔"大型货车故意挤、别农用三轮运输车的危险方法，威胁了胡某以外的不特定多数人的生命、健康安全和车辆的交通运输安全；主观上，张某**为泄私愤**，故意挤、别胡的三轮运输车，对造成多人死伤和多车相撞的严重后果，**持放任的态度**。故张某的行为符合以危险方法危害公共安全罪的基本特征，构成以危险方法危害公共安全罪。

【案例11】

本案宜定以危险方法危害公共安全罪。

以危险方法危害公共安全罪是指使用与放火、投放危险物质、决水、爆炸方法的危险相当的其他危险方法，危害公共安全的行为。在本案中，液化石油气不能归属于直接被引火物质点燃焚烧的公私财物范畴，也不能归入可以直接引爆的爆炸物品，其同炸药或自制的爆炸装置是有区别的，因此，本案认定放火罪或爆炸罪并不妥当。

客观方面，张某的行为一方面可引发火灾，另一方面不排除爆炸后果的出现。无论出现哪种后果或是两种后果同时出现，都会使邻居财物遭受毁损或多人伤亡，而这种后果是行为人**主观上认识不到**且事先又无法确定的，而且无法预料和控制。从张某的行为看，完全符合同放火、决水、爆炸、投放危险物质相类似的"危险方法"。因此宜认定其构成以危险方法危害公共安全罪。

【案例12】

本案宜定过失以危险方法危害公共安全罪，根据姚某案发后的表现，考虑从宽处理。

《刑法》第115条第2款规定了过失以危险方法危害公共安全罪。在本案中，姚某违反规定，私

设电网，致路过此处的胡某触电身亡，符合了使用"危险方法"危害公共安全罪的特征；鉴于姚的主观目的并非故意危害公共安全，但其应当预见在田间私设电网会引起他人触电致伤亡的危害后果发生，却因为防止动物破坏瓜田设电网而疏忽了路人的安全，以致电死胡某，主观上存在过失的罪过。故姚某构成了过失以危险方法危害公共安全罪。

但案发后，姚某投案自首，积极赔偿受害人家属的损失，并取得受害人家属的谅解，可根据《刑法》第67条第1款关于自首的规定，对其减轻处罚。

【案例13】

吴某的行为构成以危险方法危害公共安全罪。

本案中吴某的行为虽然以交通肇事的形式出现，但其本质上则不属于交通肇事罪。第一，吴某**主观上不存在过失**，而是以泄愤的方式报复社会，故意驾驶汽车制造恶劣交通事故。第二，吴某在**客观上采取危险的方式**，将机动车开至公共场所，对无辜的骑车人、行人进行连续撞击，致3人死亡、5人受伤及他人财产的损失恶果发生。吴某的行为符合了以危险方法危害公共安全罪的构成特征。

【案例14】

本案宜定破坏交通工具罪。

破坏交通工具罪是指破坏火车、汽车、电车、船只、航空器，足以使火车、汽车、电车、船只、航空器发生倾覆、毁坏危险，尚未造成严重后果或者已经造成严重后果的行为。在本案中，沈某、赵某主观上是为泄愤报复，故意实施破坏行为，对由此可能造成的行车事故听之任之；**在认识上**，沈某、赵某原来均系机动车驾驶员，对机动车的刹车油管被剪断足以造成车辆倾覆的后果是明知的，完全符合破坏交通工具罪的主观特征；**在客观上**，沈某、赵某故意破坏他人平时使用的汽车，虽未造成严重后果，但足以使该车发生倾覆的危险，进而发生危害公共安全的严重后果，符合破坏交通工具罪的客观特征。

【案例15】

本案徐某的行为应认定为破坏交通工具罪。

徐某基于泄愤的动机，选择放火的方法将正在使用中的交通工具公交车点燃，致使乘车的不特定多数人的健康、财产受到损坏，并造成正在行驶中的交通工具公交车毁坏严重，符合了破坏交通工具罪的构成要件。分析此案，注意划清以放火手段实

施的破坏交通工具罪与放火罪的界限。该二罪虽然均属于危害公共安全罪，但破坏交通工具罪的对象是正在使用中的火车、汽车等大型现代化交通运输工具，一旦遭遇破坏，就可能甚至直接造成重大人员的伤亡和公私财产的严重损失，破坏的方法可以是放火、爆炸等；但针对尚未交付使用的火车、汽车等交通运输工具实施纵火、爆炸等手段破坏的，则依据具体案情，分别以放火罪、爆炸罪或者故意毁坏财物罪定罪处罚。

【案例16】

本案宜定破坏交通设施罪。

破坏交通设施罪，是指故意破坏轨道、桥梁、隧道、公路、机场、航道、灯塔、标志或者进行其他破坏活动，足以使火车、汽车、电车、船只、航空器发生倾覆、毁坏危险或者造成严重后果的行为。在本案中，张某的行为构成盗窃罪和破坏交通设施罪的想象竞合犯。按照从一重处罚的原则，破坏交通设施罪的法定刑重于盗窃罪，因此，张某的行为应当按照破坏交通设施罪处理。

具体来讲，**主观上**，张某为赚钱想到了去偷高速公路路边的交通标志牌，并没有追求造成严重交通事故的直接故意，但他明知摘走交通标志牌可能引发交通事故的严重后果，却采取放任态度，具有破坏交通设施的间接故意；**客观上**，写有"前方有拐弯"的交通标志对交通运行有至关重要的指示作用，这一交通标志的缺失将引起发生交通事故的危险。因此，张某偷走交通标志的行为符合破坏交通设施罪的客观特征。综上，本案中，张某应构成破坏交通设施罪。

【案例17】

本案宜定破坏交通设施罪。

本案中，吴某因泄愤故意拆卸12.5米的长铁轨并移位，时间长达4个多小时，制造了列车脱轨事故，造成多人受伤，产生重大经济损失的惨重后果。因此，其行为已构成破坏交通设施罪。

本案不宜定破坏交通工具罪。破坏交通工具罪是指破坏火车、汽车、电车、船只、航空器，足以使火车、汽车、电车、船只、航空器发生倾覆、毁坏危险，尚未造成严重后果或者已经造成严重后果的行为。两罪的区分标准在于：如果破坏行为直接指向的是正在使用中的交通设施，对交通设施的破坏间接造成了交通工具的倾覆、毁坏的后果的，则应当以破坏交通设施罪论处；如果破坏行为直接指

向的是正在使用中的交通工具，交通工具的倾覆、毁坏间接造成了交通设施毁损的后果的，则应当以破坏交通工具罪论处。在本案中，行为人破坏的是铁道铁轨，属于交通设施范畴，因此应当以破坏交通设施罪论处。

【案例18】

依某的行为构成组织、领导恐怖组织罪和故意杀人罪，数罪并罚。在客观方面，依某建立了恐怖训练组织并制定了组织纲领和纪律，建立暴力恐怖训练基地对组织成员进行训练，并实施了两次军事演习；在主观方面，依某是出于进行极端宗教活动和"圣战"活动的直接故意。因此，构成组织、领导恐怖组织罪。需要注意两点：第一，犯组织、领导恐怖组织罪并实施杀人、爆炸、绑架等犯罪的，应当实行数罪并罚，在军事演习中4名平民被杀害，因此，同时构成本罪和故意杀人罪；第二，只要实施组织、领导、参加三种行为中的一种即构成本罪，同时，实施两种以上行为的也不实行并罚，因此，依某构成组织、领导恐怖组织罪。

注意，根据《刑法修正案（八）》第7条对《刑法》第66条关于累犯的修订，恐怖活动犯罪的犯罪分子，在刑罚执行完毕或者赦免以后，在任何时候再犯恐怖活动犯罪的，都以累犯论处。

【案例19】

依某和阿某构成参加恐怖组织罪和爆炸罪。犯参加恐怖组织罪并实施爆炸犯罪的，实行数罪并罚。

王某构成参加恐怖组织罪。因为本罪在犯罪形态上属于行为犯，行为人只要实施了组织、领导、参加恐怖活动组织的行为就构成本罪，而不要求参加后实施具体的恐怖行为。

注意，根据《刑法修正案（八）》第7条对《刑法》第66条关于累犯的修订，恐怖活动犯罪的犯罪分子，在刑罚执行完毕或者赦免以后，在任何时候再犯恐怖活动犯罪的，都以累犯论处。

【案例20】

依某、吐某、玉某构成组织、领导恐怖组织罪和故意杀人罪，帕某构成参加恐怖组织罪和故意杀人罪。对其所犯罪行实行数罪并罚。

依某、玉某最先邀约他人参加恐怖组织，吐某提供资金用于恐怖组织活动，三人在恐怖组织中均起组织、领导作用，并共同策划了昆明火车站暴恐犯罪活动的实施，三人应对恐怖组织及其组织、指

挥的全部犯罪承担刑事责任。因其犯罪手段特别残忍、情节特别恶劣、后果特别严重、社会危害性极大，对三人实行数罪并罚依法判处死刑。帕某系积极参与昆明火车站的暴恐犯罪，并残忍地砍伤杀害多人，其情节、后果、社会危害性均极其严重，因其系怀孕妇女，故对其数罪依法判处无期徒刑。

注意，《刑法修正案（九）》第5条对组织、领导、参加恐怖活动罪的法定刑进行了修订，增设了财产刑。

【案例21】

本案中热某、艾某的行为同时构成了帮助恐怖活动罪、准备实施恐怖活动罪和宣扬恐怖主义、极端主义、煽动实施恐怖活动罪；依某、阿某、玉某、布某4人的行为则同时构成了准备实施恐怖活动罪和宣扬恐怖主义、极端主义、煽动实施恐怖活动罪。

根据2015年11月1日起施行的《刑法修正案（九）》第6条、第7条新增设的《刑法》第120条之一和第120条之二的规定，热某、艾某为组织、实施恐怖活动或者为恐怖活动培训招募人员的行为构成了帮助恐怖活动罪。他们为组织恐怖活动进行培训的行为构成了准备实施恐怖活动罪。

根据《刑法修正案（九）》第7条新增设的《刑法》第120条之二的规定，依某、阿某、玉某、布某4人积极参加恐怖活动培训的行为构成了准备实施恐怖活动罪。

根据《刑法修正案（九）》第7条新增设的《刑法》第120条之三的规定，热某、艾某、依某、阿某、玉某、布某6人散发宣扬恐怖主义的图书、音频视频资料的行为构成了宣扬恐怖主义、极端主义、煽动实施恐怖活动罪。

根据《刑法修正案（九）》第7条增设的第120条之二第2款的规定，在准备实施恐怖活动的行为时，同时构成其他犯罪的，依照处罚较重的规定定罪处罚。根据刑法第120条之一、第120条之二、第120条之三的规定，对所涉及的三个罪名的法定刑是相同的，因此该案中热某、艾某2人的行为是在准备实施恐怖活动犯罪行为时，同时又构成了帮助恐怖活动罪和宣扬恐怖主义、极端主义、煽动实施恐怖活动罪，故应以准备实施恐怖活动罪定罪处罚。

依某、阿某、玉某、布某4人的行为是在准备实施恐怖活动犯罪行为时，同时又构成了宣扬恐怖主义、极端主义、煽动实施恐怖活动罪，故应以准备实施恐怖活动罪定罪处罚。当然，依某等4人的

行为并没有实施热某、艾某2人的帮助恐怖活动犯罪行为，故在处罚上应轻于热某、艾某。

【案例22】

（1）孙某的行为构成劫持航空器罪。劫持航空器罪的概念略。本案中，在已经起飞的飞机上，孙某以事先准备好的炸药包相威胁，胁迫机组人员将飞机飞往台湾，并对机组人员说："我的炸药是真的，要是不去，我马上就炸飞机。"符合劫持航空器的构成要件。因此，孙某构成劫持航空器罪。

（2）孙某的行为属于犯罪既遂。劫持航空器罪是行为犯，只要行为人以暴力、胁迫或者其他方式实施了劫持航空器的行为，并将航空器置于自己的控制之下，即构成既遂。至于行为人的**犯罪目的是否达到、有没有造成实际危害结果，都与确定犯罪行为的既遂或未遂无关。**

【案例23】

（1）张某和王某的行为构成劫持航空器罪。劫持航空器罪的概念略。本案中，**客观方面**，在已经起飞的飞机上，张某和王某以事先准备好的炸药包相威胁，胁迫机组人员将飞机飞往韩国，并实际控制了该飞机，危害了乘客和机组成员的生命安全，符合劫持航空器罪的客观特征；**主观方面**，张某和王某明知自己的行为是一种非法控制飞机的行为，并明知该行为会造成严重危害航空运输安全的严重后果，却追求这种结果的发生，具有劫持飞机的直接故意。因此，张某和王某构成劫持航空器罪。

（2）王某对妇女A的行为不构成单独的故意杀人罪，而是被吸收在劫持航空器罪中。

依据刑法相关规定，吸收犯是指行为人实施数个犯罪行为，因其所符合的犯罪构成之间具有特定的依附与被依附关系，从而导致其中一个不具有独立性的犯罪，被另一个具有独立性的犯罪所吸收，对行为人仅以吸收之罪论处，而对被吸收之罪置之不论的犯罪形态。在本案中，**行为人以杀人的方式劫持航空器**，该行为属于刑法规定的劫持航空器罪的暴力方法行为，应当被作为目的行为的劫持航空器罪吸收。

王某对妇女B的行为构成强奸罪。

强奸罪是指违背妇女意志，以暴力、胁迫或者其他手段，强行与其发生性关系，或者同不满14周岁的幼女发生性关系的行为。因此，王某的行为构成强奸罪。该行为是在实际控制航空器以后发生的，应单独定罪，与劫持航空器罪实行数罪并罚。

【案例24】

（1）张某构成非法制造爆炸物罪。本案中，客观方面，张某违反国家有关爆炸物管理的法律规定，在废弃的小化工厂内非法配置炸药、烟火剂，并大量制造爆竹、两响炮，虽不能对周围的公共安全造成危险，但在局部的生产空间内是具有造成多数人人身伤亡的严重危险的。另外，张某的行为还造成了一人死亡的后果，因此，符合非法制造爆炸物罪的客观特征。**张某出于牟利的故意，而置公共安全于不顾，具有非法制造爆炸物的直接故意。**综上，张某构成非法制造爆炸物罪。

（2）张某的行为应该从重处罚。《刑法》第125条规定，非法制造、买卖、运输、储存爆炸物，情节严重的，处10年以上有期徒刑、无期徒刑或者死刑。本案中，张某的行为造成了民警任某的死亡，情节严重，因此应从重处罚。

（3）彭某与张某构成**共同犯罪**。彭某接受张某雇用，非法制造爆炸物，属于非法制造爆炸物罪的共犯。彭某属于从犯，应当减轻处罚。依据刑法规定，在共同犯罪中起次要或者辅助作用的，是从犯。对于从犯，应当从轻、减轻处罚或者免除处罚。在本案中，彭某只是接受雇用，帮助张某非法制造爆炸物，属于从犯的范畴，因此应当减轻处罚。

【案例25】

（1）王某构成非法买卖爆炸物罪。本案中，**客观方面**表现为王某利用任煤矿采矿班长的便利条件，违反相关安全管理法规，将40管炸药、25支雷管卖给张某，其行为使具有严重危险的爆炸物非法流通，使公共安全处于一种危险状态；**主观方面**王某出于牟利的目的，明知雷管等物属于管制的爆炸物而出卖，具有出卖爆炸物的直接故意。因此王某构成非法买卖爆炸物罪。

（2）对王某的量刑**有从重处罚情节**，本案造成了220万元被抢走、3人死亡、3人重伤的严重后果，因此，属于"情节严重"范畴；同时**也有从轻处罚情节**，因为王某事先对李某实施的爆炸事件并不知情，并不知晓张某将炸药、雷管给了李某以及李某用于犯罪，同时王某也有良好的悔罪态度。

【案例26】

王某的行为构成非法制造、买卖枪支罪。

本案中，**在主观上**，王某基于保护妻子人身安全的动机，明知制造、买卖枪支的行为是违法行为，而有意为之，具有制造和买卖枪支行为的直接

故意；**客观上**，王某不仅为妻子制造枪支，同时还为妻子的工友制造枪支并出卖牟利，行为已经违反《中华人民共和国枪支管理法》。所以，对王某的行为应以非法制造、买卖枪支罪论处。

【案例27】

（1）刘某构成交通肇事罪。依刑法相关规定，违反交通运输管理法规，因而发生重大事故，致人重伤、死亡或者使公私财产遭受重大损失的，构成交通肇事罪。本案中，刘某因跳离汽车而造成汽车失控导致李某、王某当场死亡，巨某、杜某受伤的严重后果，因此构成交通肇事罪。

（2）刘某的行为应该以交通肇事罪而不是过失以危险方法危害公共安全罪论处。刘某的行为同时符合过失以危险方法危害公共安全罪和交通肇事罪两个罪名，依特别法优于普通法的适用原则，应适用交通肇事罪而非过失以危险方法危害公共安全罪。

（3）刘某的行为属于过失犯罪。本案的具体情况是，刘某在驾驶过程中发现驾驶室着火后，积极地采取了一定的措施，是想避免可能的危害结果的发生。只是在制动失灵，危及到自身生命的紧急情况下，其迫不得已跳离汽车，致使车辆完全失控驶入非机动车道，造成严重伤亡后果。刘某在行为的选择上缺乏高度的责任心和足够的慎重，因此其主观上是存在过失。

【案例28】

该军工企业和王某构成违规制造、销售枪支罪，对其采用双罚制。

客观上，王某等领导决定所在的军工企业生产重号枪支并出售，属于违规制造、销售枪支罪的行为表现之一。主观上，该军工企业和王某等领导具有非法销售的目的而故意制造重号枪支。主体也符合依法被指定为枪支制造和销售的企业的条件，属于特殊的主体身份。本罪是单位犯罪，采取双罚制惩处，对该军工企业判处罚金，并对王某（他属于直接负责的主管人员）处以自由刑罚。

【案例29】

乙、丙构成了非法持有枪支罪。

乙、丙的行为构成非法持有、私藏枪支弹药罪。

所谓非法持有、私藏枪支弹药罪是指违反法律规定，持有、私藏枪支弹药的行为。本罪为选择性罪名，包含行为和对象的选择。在本案中，客观

上，乙、丙不具备合法持有枪支的身份，而擅自持有以火药为动力发射枪弹和以压缩气体为动力的非军用枪支 3 支，并藏匿家中；主观上，乙、丙明知违法却私自持有枪支，尽管为了猪场的安全的目的，但本罪不论行为人出于什么目的，故意擅自持有枪支即符合主观要件。主体上，乙、丙不属于合法配备、配置枪支的人员。故乙、丙依法构成非法持有枪支罪。

乙、丙不单独成立非法私藏枪支罪。所谓"非法私藏"，是指依法配备、配置枪支、弹药的人员，在配备、配置枪支、弹药的条件消除后，违法私自藏匿且拒不交出的行为。乙、丙的行为不符合该情况。

【案例 30】

张某的行为构成以危险方法危害公共安全罪。张某几年来多次违法驾驶车辆，经交通安全部门屡次处罚而不注意，竟然在大量饮酒严重醉态失去自控能力情况下驾车行驶，对他人的生命、健康置若罔闻，放任危害结果的发生，酿成 5 死 4 伤的重大恶性交通事故，严重危害社会的公共安全，符合以危险方法危害公共安全罪的构成特征。

【案例 31】

(1) 依据《道路交通安全法》规定，"车辆"包括机动车和非机动车，后者主要指自行车、三轮车等。驾驶非机动车的人与驾驶机动车的人同样负有相关交通管理法规规定的义务。因此，本案中，罗某虽然使用的是自行车，但仍然可以成为交通肇事罪的犯罪主体。

(2) 罗某的行为构成交通肇事罪。

交通肇事罪是指违反交通运输管理法规，因而发生重大事故，致人重伤、死亡或者使公私财产遭受重大损失的行为。本案中，**客观上**，罗某违反《道路交通管理条例》中"车辆在行经人行横道时须避让行人"的规定，造成了黄某死亡的严重后果；**在主观上**，罗某并不希望造成黄某死亡的后果，是一种过失的心理状态。因此，本案中，罗某的行为构成交通肇事罪。

【案例 32】

贾某构成过失致人死亡罪。

贾某的行为不构成交通肇事罪。对于发生在单位、大院专用停车场内、城市楼群内的车辆肇事行为，由于其所发生的空间与道路交通事故有很大区别，因此不能以行为人违反交通运输管理法规为

由，而适用交通管理法规处理。本案中的车辆事故发生在超市停车场内，非交通道路，不属于交通管理法规的效力范围，因此不能认定为交通肇事行为，贾某的行为也就不构成交通肇事罪。

本案中，**客观上**，贾某在倒车过程中已经发现车前右侧走过路人，他应当尽谨慎驾驶的义务，却未予采取相应措施，小心驾驶，反而继续快速倒车，最终导致碾轧路人的结果发生，并导致其死亡。**主观上**，贾某作为专职司机，在倒车时看见路人经过，应当预见其快速倒车可能导致的危害后果，却因为疏忽大意而没有预见，构成过失。所以贾某的行为应当定性为过失致人死亡罪。

【案例 33】

吴某的行为构成交通肇事罪。本案系所谓飙车肇事案件。对这类案件有两种定罪可能，即以危险方法危害公共安全罪和交通肇事罪，具体准确定罪必须具体分析案件本身。从客观行为角度，该案属在繁华市区路段且晚上 8 时人多之时，违章超速行驶，致撞死一人的重大交通安全事故发生，危害到社会的公共安全，符合了两罪的客观方面特征。但从主观方面分析，吴某的表现属于过于自信的过失，即吴某自恃具有高超驾驶技术和赛车经验，自信能避免交通事故的发生，并不希望也不放任危害他人生命安全及重大财产安全事故的发生，这从撞了受害人陶某后吴某立即采取的停车、拨打 120 急救、拨打 122 报警的措施等事实证明吴某对危害结果的发生并非故意。因此，从吴某所谓飙车肇事案的主客观要件全面分析，吴某的行为应定交通肇事罪。

注意，根据 2011 年 5 月 1 日起生效的《刑法修正案（八）》第 22 条增订的《刑法》第 133 条之一第 1 款的规定，在道路上驾驶机动车追逐竞驶，情节恶劣的，或者在道路上醉酒驾驶机动车的，处拘役，并处罚金。第 2 款规定，有前款行为，同时构成其他犯罪的，依照处罚较重的规定定罪处罚。

【案例 34】

四人构成交通肇事罪。

交通肇事罪是指违反交通运输管理法规，因而发生重大事故，致人重伤、死亡或者使公私财产遭受重大损失的行为。本案中，**客观方面**，"榕建号"客船的倾覆是由于严重超载、冒雾航行和违章操作等原因造成的，并且专家的鉴证结果表明客船的倾覆确实是出于人为的原因，因此可以认定此四人的行为属于违反交通运输管理法规的行为；同时客船

的倾覆致使 130 人死亡，给人民生命财产造成了重大损失，属于造成了严重后果，因此符合交通肇事罪的客观特征。**主观方面**，四人明知自己的违规操作行为会发生危害社会的后果，但因为疏忽大意没有预见或者已经预见而坚信能够避免，符合交通肇事罪的主观特征。所以此四人的行为符合交通肇事罪的构成要件，可以以交通肇事罪论处。

【案例 35】

陈某的行为构成交通肇事罪，但不符合逃逸的量刑情节。在客观方面，陈某违反交通管理法规，导致 1 人死亡、1 人轻伤的危害结果；在主观方面，陈某属于过失，因此，构成交通肇事罪。交通肇事罪有三个量刑档次，从轻到重依次为普通量刑、交通运输肇事后逃逸或者有其他特别恶劣情节的量刑、因逃逸致人死亡的量刑。因此，逃逸是较重量刑情节。但构成逃逸的一个重要条件是为逃避法律追究，而本案中，陈某逃逸的主要原因是怕受到受害人亲属的殴打，且次日自动投案，因此，不符合逃避法律追究逃逸的量刑情节。

【案例 36】

王某的行为构成故意杀人罪。因为王某在交通肇事后为掩盖罪行、毁灭证据、逃避法律追究，在客观上，将被害人李某带离事故现场后遗弃，致使李某无法得到救助而死亡；在主观上，对李某的死亡持希望或者放任态度。

需要注意的是，逃逸致人死亡分为两种情况：第一，行为人在交通肇事后为逃避法律追究而逃跑，致使被害人得不到救助而死亡。行为人主观上不希望发生被害人死亡的后果，但是没有救助被害人或者未采取得力的救助措施，导致被害人死亡的结果。因此，该种情况下以交通肇事罪定罪，按逃逸致人死亡的量刑档次处罚。第二，行为人为掩盖罪行、毁灭证据、逃避法律追究，将被害人带离事故现场后隐藏或遗弃，致使被害人无法得到救助而死亡或严重残疾的，以故意杀人罪或故意伤害罪定罪处罚。

【案例 37】

徐某的行为构成交通肇事罪，以逃逸情节量刑。在本案中，徐某在将三名被害人送至医院后，借故取钱而逃逸，符合交通肇事罪的逃逸情节。需要注意的是，在交通肇事罪中，逃逸一般指"逃离事故现场"，但将伤者送至医院后或者等待交通部门处理时逃跑，依然是逃逸，因为一般来说只要是

在肇事后为逃避法律追究而逃跑的行为，都是"交通肇事后的逃逸"。

【案例 38】

李某的行为构成危险驾驶罪。并符合了醉驾的从重处罚情节，但案发后李某具有坦白的情节，可以从轻处罚。

危险驾驶罪的情形之一是在道路上醉酒驾驶机动车的行为。醉驾的标准是车辆驾驶人员每 100 毫升血液中酒精含量大于或等于 80 毫克为醉酒驾车。又根据 2013 年 12 月 18 日最高人民法院、最高人民检察院、公安部《关于办理醉酒驾驶机动车刑事案件适用法律若干问题的意见》中规定的 8 种从重处罚情形，李某酒后驾车发生交通事故且负事故全部责任，并且血液酒精含量达到 200 毫克/100 毫升以上，故李某构成危险驾驶罪且符合两种从重处罚的情形。当然李某归案后具有坦白的从轻处罚情节，故对李某量刑时综合考虑从重、从轻的情节，依法做出公正处罚。

注意：《刑法修正案（九）》第 8 条对危险驾驶罪进行了修订，新增设了两项危险驾驶行为。

【案例 39】

樊某的行为应认定为妨害安全驾驶罪。《刑法修正案（十一）》第 2 条新增设的《刑法》第 133 条之二规定，对行驶中的公共交通工具的驾驶人员使用暴力或者抢控驾驶操纵装置，干扰公共交通工具正常行驶，危及公共安全的，构成妨害安全驾驶罪。本案中作为乘客的樊某乘坐正在行驶中的公共汽车，因有过错在先，继而使用暴力行为拉拽驾驶人员由某把握公交车方向盘的胳膊，试图抢夺该方向盘，致使正在行驶中的公交车多次偏离正常行驶路线，并发生公交车身与桥梁路牙的刮擦，致乘客和驾驶人员的人身安全受到现实危险，也使公共交通工具受到重大毁坏的危险。樊某的行为符合了妨害安全驾驶罪的构成特征。

【案例 40】

徐某的行为构成强令违章冒险作业罪。

根据《刑法修正案（十一）》第 3 条修订后的《刑法》第 134 条第 2 款之规定，强令违章冒险作业罪是指强令他人违章冒险作业，或者明知存在重大事故隐患而不排除，仍冒险组织作业，因而发生重大伤亡事故或者造成其他严重后果的行为。客观上，徐某在明知违反安全作业规章的情况下，为赶活而强令许某等 2 人违章冒险作业；此处的强令不

能被解释为他人反对、反抗后而强迫他人必须执行，而主要是指强令者发出的指令内容，他人必须或者应当执行；本罪是结果犯，徐某的强令行为导致了许某等2人违心违章作业并导致死亡的严重后果。主观上，徐某具有过于自信的过失，即尽管预见到违章操作可能带来严重后果但坚信危害结果能避免。主体上，徐某因从事公司委派他负责电梯安装的派活、技术指导等工作，故属于直接指挥生产作业的管理人员。所以，徐某的行为构成了强令违章冒险作业罪。

【案例41】

余某、代某的行为构成重大劳动安全事故罪。

根据《刑法修正案（六）》第2条修订《刑法》第135条的规定，重大劳动安全事故，是指安全生产设施或者安全生产条件不符合国家规定，因而发生重大伤亡事故或者造成其他严重后果的行为。

客观上，在矿洞劳动安全设施不符合国家规定的情况下，余某和代某非法组织村民开采被国家查封的矿洞，经有关部门提醒后，对事故隐患仍不采取措施，在这种不具备安全生产条件并存在重大事故隐患的情况下仍强行生产；本罪是结果犯，余某和代某的行为导致了重大伤亡事故，情节特别恶劣。主观上，余某和代某属于过失，即在经有关部门要求矿洞整改后，余某和代某应该预见到安全生产措施不符合国家规定所产生的危害后果，但轻信可以避免。主体上，余某和代某属于矿洞的直接负责的主管人员。因此，余某和代某的行为构成重大劳动安全事故罪。

注意：根据2015年12月16日起施行的"两高"《关于办理危害生产安全刑事案件适用法律若干问题的解释》（法释）〔2007〕5号《关于办理危害矿山生产安全刑事案件具体应用法律若干问题的解释》同时废止。

【案例42】

王某的行为构成了重大责任事故罪。

根据《刑法修正案（六）》第1条第1款对《刑法》第134条第1款的修订，重大责任事故罪是指在生产、作业中违反有关安全管理的规定，因而发生重大伤亡事故或造成其他严重后果的行为。

客观上，王某在生产、作业中违反电力安全工作规程，造成两死多伤的严重后果。主观上，王某是过失。此处需要区分两种心理状态，在生产、作

业中违反有关安全管理规定，可能是出于故意，但对行为引起的严重后果是过失。

【案例43】

王某、张某、杨某的行为构成重大责任事故罪。在客观上，王某、张某和杨某作为矿区工作人员，违反规章制度，未及时报告大坝险情，因而发生了重大伤亡事故，造成严重后果；在主观上，王某、张某和杨某对违反有关安全管理规定是出于故意，但对其行为引起的后果则是过失。需要注意的是，本罪在客观上属于结果犯，以发生了重大伤亡事故或其他严重后果为犯罪成立的前提条件之一；在主观上，对于犯罪结果属于过失。

注意：根据2015年12月16日起施行的"两高"《关于办理危害生产安全刑事案件适用法律若干问题的解释》（法释）〔2007〕5号《关于办理危害矿山生产安全刑事案件具体应用法律若干问题的解释》同时废止。

【案例44】

魏某的行为构成强令组织他人违章冒险作业罪。在客观上，魏某作为矿长明知存在重大事故隐患而不排除，违反安全作业的规章制度，可能导致安全事故，却怀有侥幸心理，自认为不会出事，而强令组织工人违章作业，最终导致25名矿工死亡的严重后果；在主观上，魏某对重大伤亡事故的发生持过失态度。

需要注意本罪与重大责任事故罪的区别：在《刑法修正案（六）》通过之前，强令工人违章冒险作业是重大责任事故罪的客观方面之一，《刑法修正案（六）》将该行为作为单独一款规定，并加重了法定刑；从主体上看，本罪的犯罪主体限于企事业单位的领导者或个体矿主、包工头，不包括直接从事生产、作业的工作人员，而后者能构成重大责任事故罪的主体。

《刑法修正案（十一）》第3条第2款中增加"明知存在重大事故隐患而不排除，仍冒险组织作业"的行为。

【案例45】

贾某、王某的行为构成玩忽职守罪。本案需要注意玩忽职守罪与重大责任事故罪的区别。第一，主体方面，玩忽职守罪的主体是国家机关工作人员，而重大责任事故罪的主体是工厂、矿山、林场、建筑企业或者其他企业、事业单位的职工。第二，玩忽职守罪发生在国家机关的管理活动中，而

重大责任事故罪则发生在生产、作业过程中。第三，玩忽职守罪的客体是国家机关的正常管理活动，而重大责任事故罪的客体是公共安全。

【案例46】

陈某的行为构成非法持有枪支、弹药罪。

本案中，陈某购买自制枪支和子弹的行为，违反枪支管理规定，**在客观上**属于非法持有枪支、子弹的行为。**在主观上**，陈某明知枪支系国家严格管制物品，仍然购买并使用，具有非法持有枪支的主观故意。另外，陈某在市区繁华路段使用枪支并抗拒抓捕，情节严重。因此，陈某的行为已构成非法持有枪支、弹药罪。

本罪应当注意的是"私藏"和"非法持有"的区别。"非法持有"是指不符合配备、配置枪支、弹药条件的人员，违反枪支管理法律法规的规定，擅自持有枪支、弹药的行为。"私藏"是指依法配备、配置枪支、弹药的人员，在配备、配置枪支、弹药的条件消除后，违反枪支管理法律、法规的规定，私自藏匿配备、配置的枪支、弹药且拒不交出的行为。

【案例47】

陈某的行为分别构成爆炸罪；非法储存、制造爆炸物罪和非法持有枪支、弹药罪。

陈某为发泄私愤，在公共场所制造爆炸，虽未造成人员伤亡，但已经严重影响公共安全并造成公共财产损失，构成爆炸罪。陈某利用其进行爆破作业的机会，为个人目的，对应当及时上交的导火索、雷管、炸药等物，私自隐藏和储存，并以此非法制作爆炸物，构成非法储存、制造爆炸物罪。陈某的行为属于非法持有枪支与私自制造猎枪子弹的行为，构成非法持有枪支、弹药罪。

对陈某的行为应当按照数罪并罚的原则进行处理。

【案例48】

杨某、王某二人犯重大责任事故罪和行贿罪。其余13人犯重大责任事故罪。

这里重点谈一下重大责任事故罪。根据《刑法》第134条的规定，特别是司法中细化后的2015年12月14日"两高"发布的司法解释，本罪的主体包括对生产作业负有组织、指挥或者管理职责的负责人、管理人员、实际控制人、投资人等人员，以及直接从事生产、作业的人员。本案中杨某、王某等15人的身份符合了该罪主体的特征。本罪的

客观行为特征表现在生产、作业中违章施工因而发生重大伤亡事故或造成其他严重后果。本案中杨某、王某等15人的行为符合违规施工，造成死亡10人和重伤4人的恶果，属情节特别恶劣。本罪在**主观上**是过失，包括疏忽大意和过于自信两种过失。本案中杨某、王某等15人的行为符合了重大责任事故罪的构成且情节特别恶劣，故应在3年以上7年以下有期徒刑的法定刑规定中判处刑罚。

【案例49】

糯康集团是缅北金三角毒品犯罪的重要势力。沿湄公河贩卖运输毒品是该集团的主要"工作"，并经常袭扰湄公河上正常的商贸船只。2011年10月5日制造的针对中国两艘商贸船的残忍行为便是其累累犯罪行为中最残忍的一桩。其行为触犯了故意杀人罪、运输毒品罪、绑架罪、劫持船只罪等数个罪名。由我国云南省昆明市中级人民法院长达5个月的审理后，数罪并罚，对糯康、桑康·乍萨、依莱、扎西卡等4名首犯判处死刑。后经法定程序，于2013年3月1日对上述4罪犯执行死刑，并附带600万元的民事赔偿（对被杀害的13名中国籍船员的家属赔偿）。

【案例50】

刘某的行为构成危险作业罪。

《刑法修正案（十一）》第4条新增设的《刑法》第134条之一规定，在生产、作业中违反有关安全管理的规定，具有法定的三种行为之一，具有发生重大伤亡事故或其他严重后果的现实危险，即成立危险作业罪。本案中刘某的行为符合法定的第二种行为，即因存在重大事故隐患被依法责令停产停业、停业施工、停业使用有关设备、设施、场所或者立即采取排除危险的整改措施，而拒不执行，存在发生火灾或爆炸事故的现实危险。故刘某的行为应认定为危险作业罪。

【案例51】

王某等4名工作人员的行为构成危险物品肇事罪。放射源铱-192属于放射性危险物品。某公司王某等4名工作人员在使用和保管该放射源铱-192的过程中，违反操作和保管规定，致使该危险物品丢失达三天之久，侵犯到社会的公共安全。行为人主观上有疏忽大意的过失心态。依《刑法》第136条之规定，以危险物品肇事罪进行刑事处罚。

第三章 破坏社会主义市场经济秩序罪

 本章要求掌握的罪名

生产、销售伪劣产品罪，生产、销售、提供假药罪，生产、销售、提供劣药罪，妨害药品管理罪，生产、销售不符合安全标准的食品罪，生产、销售有毒、有害食品罪，走私普通货物、物品罪，非国家工作人员受贿罪，伪造货币罪，骗取贷款、票据承兑、金融票证罪，非法吸收公众存款罪，窃取、收买、非法提供信用卡信息罪，妨害信用卡管理罪，内幕交易、泄露内幕信息罪，利用未公开信息交易罪，洗钱罪，集资诈骗罪，贷款诈骗罪，信用卡诈骗罪，保险诈骗罪，逃税罪，抗税罪，虚开增值税专用发票、用于骗取出口退税、抵扣税款发票罪，假冒注册商标罪，侵犯著作权罪，销售侵权复制品罪，侵犯商业秘密罪，合同诈骗罪，组织、领导传销活动罪，非法经营罪

本章精要

破坏社会主义市场经济秩序罪，是指违反市场经济管理法规，破坏市场经济秩序，使社会主义市场经济遭受严重损害的行为。

此类犯罪的客体是社会主义市场经济秩序。社会主义市场经济秩序是指社会主义国家以市场调节为基础，国家运用经济、法律、行政手段等宏观调控为补充，对市场资源配置的经济运行过程进行调节所形成的正常、协调和有序的状态。从目前我国的刑法规定来看，其保护的经济秩序包括正当的市场竞争秩序，对外贸易秩序，对公司、企业的管理秩序，金融监督、管理秩序，税收征管秩序，知识产权保护秩序及市场秩序等。

此类犯罪的客观方面表现为违反国家的市场经济管理法规，破坏市场经济秩序，严重损害社会主义市场经济的行为。主要包括以下两个方面的内容：（1）违反国家市场经济管理法律、法规，这是本类犯罪成立的前提。比如，按照刑法分则第三章的规定，生产、销售伪劣商品罪违反了《中华人民共和国产品质量法》《中华人民共和国标准化法》等产品质量管理法规；走私罪违反了《中华人民共和国海关法》等海关法规；妨害对公司、企业管理秩序罪违反了《中华人民共和国公司法》等公司、企业管理法规；破坏金融秩序罪违反了《中华人民共和国商业银行法》《中华人民共和国票据法》

《中华人民共和国证券法》等金融管理法规。（2）危害行为达到一定的结果。结果的表现方式有三种：第一，以数额大小作为成立某些犯罪的标准，比如在生产、销售伪劣产品罪和侵犯知识产权犯罪的相关司法解释中规定了销售金额、非法经营额、违法所得数额等，这里又可以细分为以具体数额为依据，以具体数额加相关数额的比例为依据和以抽象的数额较大或者数额巨大为依据三种。第二，以后果状况作为成立某些犯罪的标准。可以细分为足以发生某种后果、已经发生某种具体后果和抽象的后果严重三种。第三，仅以情节严重作为成立某些犯罪的标准，即除了数额、后果外对构成犯罪的结果程度仅要求实施某种行为达到情节严重即成立犯罪。此外，对涉及药品和食品严重危害人体生命、健康安全的行为不要求发生危害结果，如生产、销售假药犯和生产、销售有毒、有害食品罪的构成，只要求具有法定行为即可。

此类犯罪的犯罪主体既可以是自然人，也可以是单位。本类犯罪的一个显著特征是绝大多数犯罪的主体均可由单位构成。在单位犯罪中，一般要求以公司、企业作为犯罪主体，少数犯罪可由事业单位、机关、人民团体作为犯罪主体。个人作为犯罪主体分两种情况：一是一般自然人主体即可以构成的犯罪；二是特殊主体构成的破坏经济秩序罪，如《刑法》第163条规定的非国家工作人员受贿罪的主体限定为公司、企业或者其他单位的工作人员。

此类犯罪绝大多数在主观方面表现为故意，并且一般具有非法牟利的目的，只有极个别的犯罪表现为过失，比如签订、履行合同失职被骗罪。

 经典案例

【案例1】 阅读标记：（ ）

2007年10月至2008年8月，耿A和耿B在明知含有三聚氰胺的混合物（"蛋白粉"）为非食品原料、人不能食用的情况下，多次按每1 000公斤原牛奶添加0.5公斤该混合物的比例，将含有三聚氰胺的混合物（"蛋白粉"）约434公斤添加到其收购的90余万公斤原牛奶中。销售到石家庄三鹿集团股份有限公司等处，销售金额达280余万元。2008年9月12日，河北省正定县公安局在耿A处查获剩余含有三聚氰胺的混合物（"蛋白粉"）126公斤。

问：耿 A 和耿 B 的行为如何定性？为什么？

【案例 2】 阅读标记：（　）

2009 年 9 月 1 日至 2010 年 9 月 20 日期间，狄某在无任何烟草经营许可手续的情况下，租赁某市某镇华山酒店北侧及某镇工业区内的库房，存放假冒伪劣的小熊猫等品牌香烟，并予以贩卖。2010 年 9 月 20 日，狄某被公安机关抓获，并当场获假冒伪劣香烟 14 673 条，经鉴定价值人民币 573 600 余元。经查，截至案发，狄某合计销售的假冒伪劣香烟总额为 4 万元左右。

问：狄某的行为如何定性？

【案例 3】 阅读标记：（　）

吕某原是某省一制药厂的业务员，后因业务关系与承包该药厂某车间的徐某相识，并开始合作制作假药。案发后，警方在吕某家中及库房里查获大量假人血白蛋白。据该省食品药品监管局有关人士介绍，人血白蛋白是血液制品，俗称"生命制品""救命药"。该批假人血白蛋白危害相当大，当异性蛋白进入人体后，可引起严重过敏不良症状。据悉，由于发现及时，该批药品尚未来得及进入市场流通。

问：吕某和徐某的行为如何定性？为什么？

【案例 4】 阅读标记：（　）

甘某、肖某及其亲戚王某租用某市居民区一单元房，用维生素、丹参粉、激素等原料粉碎后，装成胶囊，制成治高血压、糖尿病、牛皮癣等顽症的药，然后由甘某的 15 周岁儿子小龙通过小广告、网络等宣传销售，多售卖给偏远地方的受害人。2011 年 6 月被查获。甘某等承认属于假药，但认为不会出人命。

问：对甘某、肖某、王某、小龙的行为如何认定处理？简要说明理由。

【案例 5】 阅读标记：（　）

某服装厂因技术水平和管理水平不高，产品质量低劣，因而所产服装无人购买，工厂严重亏损。该厂厂长王某为改变这种状况，决定把低劣的产品改装成某名牌服装的式样，并贴上该名牌服装（已注册）的标签。王某一方面指示工人按照自己的指示生产，另一方面又出去推销自己的产品。在推销过程中，工商机关发现并查封了该批产品，经评估，该批产品的货值达 16 万元。

问：（1）王某是否构成生产、销售伪劣产品罪？简要说明理由。

（2）王某的行为是否构成犯罪未遂？

（3）对王某的行为是否可以数罪并罚？

【案例 6】 阅读标记：（　）

某药厂业务员刘某从东北买到 50 箱排毒养颜胶囊，经对这批药品激光防伪标志上的号码查询，得知这些货系假货。为减少自己的损失，刘某找到某杂志社部门经理王某，让他帮助把药销售出去。王某通过朋友介绍认识了张某，张某又通过他人介绍认识了做药品经营生意的张女士，经过双方谈判商定以 31 元一盒的价格交易。于是张某把 50 箱假排毒养颜胶囊卖给张女士，并拿走了货款 5.5 万元。事后张女士与排毒养颜胶囊生产厂家联系，得知这批货是假货，于是立刻向警方报案。经药品检验部门检验，这些胶囊中的细菌数达到 29 万个/克，远远超过了细菌数不得超过 1 万个/克的标准规定。

问：（1）刘某、王某、张某三人的行为构成何罪？简要说明理由。

（2）刘某、王某、张某的行为是否构成共同犯罪？请简要说明理由。

【案例 7】 阅读标记：（　）

白某从某地医药市场上大量购买便宜、滞销、过期药品，加以改制和伪造后出售给无证经营的个体药贩，从中非法牟利。在此期间，白某将其购置的医用限制性药品"氯化琥珀胆碱注射液"去掉药名和商标，贴上假药名和假商标，伪造成幼儿常用的"硫酸小诺霉素注射液"和"硫酸卡那霉素注射液"，并伪造批号，投向市场。药贩蔡某从白某处买到假"硫酸卡那霉素注射液"后，转卖给本县的药贩王某，王某又将该药卖给某乡的农村医生孟某。孟某先后给两岁的幼女周某和任某治病时都注射了该药，致两名幼女死亡。药贩储某从白某处买到假"硫酸小诺霉素注射液"后，转卖给某市的药贩张某，张某又将此药转卖给某镇的甲、乙两个卫生所。后甲卫生所医生易某、乙卫生所医生殷某分别给两岁幼女薛某、四岁幼女沈某治病时使用了该药，造成薛某死亡、沈某当场休克（经抢救脱险）的严重后果。

问：如何对白某的行为定罪量刑。简要说明理由。

【案例 8】 阅读标记：（　）

耿某在河北正定县金河奶源基地从事鲜奶收

购。为谋取非法利益，伙同其弟耿某某，自2007年10月至2008年8月，多次购买含有三聚氰胺的"蛋白粉"共计560公斤。在此期间，他们明知"蛋白粉"为非食品原料，不能供人食用，却多次将"蛋白粉"约434公斤添加到其收购的900余吨原奶中，销售到石家庄三鹿集团股份有限公司等处，销售金额280余万元。三鹿公司等企业买了含有三聚氰胺原奶后，用于生产婴幼儿奶粉并销售给消费者，对婴幼儿健康造成了特别严重的危害。三鹿奶粉系列案案发时，警方在耿某处查获剩余"蛋白粉"126公斤。

问：对耿某、耿某某的行为应如何认定和处罚？

【案例9】 阅读标记：（ ）

2002年1月至9月，保税区某贸易有限公司在公司法人代表罗某的策划下，采用涂改报关单证、低报价格方式，分别从宁波、上海口岸分批走私进口90多吨韩国、日本产的聚丙烯塑料薄膜，在境内销售牟利；同时擅自将因享受保税区优惠而进口的保税物品在境内出卖。该公司进口货物价格异常的现象引起了海关的注意，2002年9月，当该公司又采取上述方式走私进口货物时，海关将其查获。经查，该案案值达人民币358万元，偷逃国家税额60余万元。

问：该贸易有限公司和罗某是否构成走私罪？简要说明理由。

【案例10】 阅读标记：（ ）

2003年7月至8月间，甲利用担任某医药公司业务员的职务便利，伙同某股份制银行的工作人员乙以公司贷款进药的名义，为王某从乙所在的银行某支行非法获取贷款人民币185万元，甲、乙共同收取王某28万元的酬谢金，并平分。

问：对甲、乙的行为应如何定性？请简要说明理由。

【案例11】 阅读标记：（ ）

为炫耀制造假币的技能，吴某伙同王某用吴某哥哥和妹妹的身份证登记承租某市白云区京溪街梅苑小区的203号房作为伪造货币的窝点，在上述地点伪造货币。2005年1月13日吴某和王某被该市公安局白云区分局干警抓获，并当场缴获假人民币60 970张，总面额3 094 150元，假美元5 000张。

问：吴某和王某的行为如何定性？为什么？

【案例12】 阅读标记：（ ）

某市市民张某预测房价能够在短期内迅速上涨，投资房地产有利可图，但其没有资金来源。于是于2007年夏天使用虚假的产权证明作担保骗取一家商业银行一年期贷款3 000万元，购买多处高档住宅，准备在贷款到期时出卖这些高档住宅归还银行贷款本息并牟取差价。不料2008年下半年，房价不升反降，张某无法清偿银行贷款本息，只得低价变卖这些高档住宅，但仍造成该银行1 000多万元的信贷资金损失。

问：张某的行为如何定性？为什么？

【案例13】 阅读标记：（ ）

2007年7月初，刘某与李某、章某、朱某经事先预谋后，由甲地窜至乙地某商业银行江北支行门前，安装自制读卡器窃取他人借记卡账号并在ATM机上安装探头窃取密码，然后刘某将获取的信用卡信息和密码输入笔记本电脑。案发后，无法证明刘某等人试图伪造信用卡进行诈骗。

问：刘某等人的行为如何定性？为什么？

【案例14】 阅读标记：（ ）

孙某在一家专门从事银行ATM自动取款机软件开发和销售的公司工作，负责ATM自动取款机软件设计、维修。他在为某银行2台ATM自动取款机进行软件编程过程中，编写并安装了能保留ATM机使用者的银行卡卡号、磁条信息和密码的程序。1个月后，孙某在维护这2台ATM自动取款机时发现，自己编写的程序记录下银行卡卡号、磁条信息和密码900多条。孙某将这些客户信息全部输入到自己携带的手提电脑中。后被他人告发。

问：孙某的行为如何定性？为什么？

【案例15】 阅读标记：（ ）

翁某在某酒店工作，负责酒店的收银工作。因偶然机会认识蒋某。为谋私利，蒋某提出伪造信用卡的提议，并为翁某认可。蒋某提供窃取信用卡信息资料的专用工具读码机，由翁某利用其接触客人信用卡的机会，秘密使用读码机窃取客人信用卡磁条内信息（因其方式是将信用卡有磁条的一端插入读码机的卡槽，沿槽从头至尾拉过，俗称"拉卡"），蒋某在翁某的协助下，利用获取的信息伪造了大量信用卡，在日本、中国香港等地使用，后被抓获。

问：翁某、蒋某的行为如何定性？为什么？

【案例16】 阅读标记：（ ）

农民靳某2007年4月的一天欲到县农行办理一张信用贷记卡，但因无收入证明而无法办理信用卡。于是，靳某找到好友当地的小学校长黎某帮忙。黎碍于情面将一张盖有该学校公章的空白纸给了靳。靳拿到此盖有公章的空白纸后冒用该小学一教师身份在县农行成功办理一张金穗贷记卡。后靳又用该小学教师身份陆续在县工商银行、建设银行各办一张信用贷记卡。后靳又在另一个城市办理了招商银行、深圳发展银行、中信银行、民生银行的信用贷记卡各一张，还在广发银行办了二张信用贷记卡。至此，靳某共计办理了9张信用贷记卡。

从2007年4月至2008年上半年约一年时间内，靳持办理的9张卡陆续透支现金消费，开始靳某收到银行的信用账单时还按时归还。但到2008年下半年，靳持卡向不同银行透支现金后均投到网络生意上，但由于不善经营，全部亏掉。其间，靳还向朋友借过钱。为了偿还朋友的钱和支付生活开支，靳继续透支，拆东墙补西墙，至2008年底靳已透支人民币近13万元。

靳某在银行每次催还款时，开始是应付，后由于连利息也偿还不起，索性躲到另外一个省，并关掉手机。靳某在农村的老家收到各银行的催款单铺天盖地，家里人都及时转告于他。当地县农行甚至专门派人到乡下找到靳的家催款，但靳早已躲至外地而不见。

2009年6月的一天，县农行在多次信函、电话、上门等催收无果情况下，遂向公安机关报案。经侦查发现，靳某向县农行透支2.9万元，向其他银行透支10余万元。2009年7月，靳某在家人的劝导下向公安机关自首。

问：对靳某的行为如何认定处理？简要说明理由。

【案例17】 阅读标记：（ ）

王某经常去其在证券公司当副经理的邻居张某家串门。一日，王某去张某家串门，正巧张某出门了，只有张某的10岁小女儿在家。他在与小孩逗玩的时候，发现张某的公文放在书桌上，便心生一念。他哄走小女孩，飞速地翻看有关自己投资股票的最新情报，发现有两支股票的价格将大幅上扬。回去后，他抓紧时间购买了100万股，获利50余万元。

问：王某的行为构成何罪？简要说明理由。

【案例18】 阅读标记：（ ）

某市商业银行从事代客投资理财业务的刘某，多次将本行即将用客户资金投资买卖某些股票的决策信息，透露给其女友王某及女友的母亲贺某。王某、贺某获悉信息后，在刘某用客户资金买入上述股票前先行买进，或者在其卖出前先行卖出，从中非法获利数十万元。后因女友王某与刘某关系闹翻，此事暴露，刘某被抓获。

问：对刘某的行为如何认定？并简要说明理由。

【案例19】 阅读标记：（ ）

马某自2011年3月担任博时精选基金经理始，分别以其妻的亲戚甲、同学乙、丙为证券账户开户人的名义开户且自己掌管密码。马某利用其掌握的未公开信息，操作自己控制的上述三个股票账户，通过不记名神州行电话卡下单，从事相关证券交易活动，先于、同期或稍晚于其管理的"博时精选"基金账户买入相同股票76只，累计成交金额人民币10.5亿余元，从中非法获利1 883万余元。马某在26个月的时间内一直从事上述"老鼠仓"交易，直至案发。

问：对马某的行为如何认定？并简要说明理由。

【案例20】 阅读标记：（ ）

某省公安厅和外汇管理局在联合清查证券公司外汇买卖业务时，发现杨某的账户上有港币500万元来路不明。经过查实，杨某账上的巨额资金并非杨某所有，而是澳门某走私集团头目陈某所有。该笔资金进入陈某账户的过程为：陈某利用在澳门开设赌场获得的收益进行走私和放高利贷，此两种非法活动获得的现金收益通过地下钱庄流入内地，杨某提取现金后利用证券公司对炒汇业务审查不严格的漏洞进行外汇交易，并定期向陈某汇款。

问：杨某的行为是否构成洗钱罪？简要说明理由。

【案例21】 阅读标记：（ ）

某投资咨询有限公司董事长曹某在2008年6月至2010年年底，以投资入股的方式先后非法吸收4 100余名客户的资金共计人民币5亿余元，除已以"分红"名义支付客户5千万元，实际骗取金额为4.5亿元。曹某将其用于挥霍或转移境外，案发时仍有2.8亿元无法追回。

问：曹某和其公司的行为如何定性？简要说明理由。

【案例 22】 阅读标记：（　　）

2004 年，周某将房屋抵押贷款后与人合资注册了一家数码公司，之后由于经营不善，公司处于亏本状态。无意中，周某听说信用卡可以透支，于是企图申领信用卡以供其公司投资、经营和个人消费支出。为达到目的，周某以不同名字做了 3 套申领信用卡必需的身份证、房产证和水费专用发票以及 3 张手机卡。为增加信用度，还用其中两张身份证花 4 000 元租了房子。2005 年 7 月某日，周某以代领人名义，使用化名和假身份证号，用 3 份齐全的虚假证明材料在某工商银行东门支行申请办理 3 张透支额度为 2 万元的牡丹贷记金卡。之后，周某将申请表上的 3 个联系电话转到同样用假证购买的手机号码上。8 月某日，周某被通知去银行领卡。在柜台，周某填写的代领人身份证号露出了马脚：男性的他编造的身份证号末位数却是代表女性，又无法提供身份证原件，营业员通知了保安部，周某被带到当地派出所后供认了全部事实。

问：周某的行为构成何罪？应当如何处理？

【案例 23】 阅读标记：（　　）

2005 年 3 月的一天夜里，某市无业人员何某在酒吧喝酒，这时有两名陌生男子主动过来搭讪，临走前，其中自称"黑哥"的男子要走了何某的电话号码。第二天，"黑哥"打来电话，说想找人帮忙测试假的银行卡，并说试一张卡有四块钱的报酬，几百张卡就有上千块钱。"黑哥"告诉何某只要拿着卡到柜员机上像取款一样，卡插进去，输入密码六个"0"，看看正确与否就可以了，几百张卡中只有一张的密码是错的，那张就是他想要的。

何某答应后，觉得测试太多假银行卡可能会被发现，于是，便合计以较低的价格找人来测试，从中赚取差价。4 月某日，"黑哥"的朋友"小陈"将数百张假银行卡交给了何某，并交代一定要在两天之内试完。何某将假银行卡分发给四人，一起前往某区岑头路的中国银行柜员机测试。当日凌晨，民警接到报案后赶到现场，将正在测试假卡的何某等人当场抓获，并从他们身上缴获假银行卡共计 258 张。后经鉴定，该 258 张假银行卡中有 257 张输入的是郑某所持有的农行金穗卡的客户资料。经调查，郑某于 2005 年 3 月初来该市出差，曾在该市一家农业银行办理一张农行金穗通宝卡，存入了 68 000 元，在银行通知他卡被假冒之前，他并不知道所持银行卡已经被人伪造。

问：何某的行为构成何罪？简要说明理由。

【案例 24】 阅读标记：（　　）

陈某羡慕同乡黄某等做大生意赚大钱的人，于是也想一夜暴富。2009 年陈某将花 300 万元购置的一套房产虚报为 900 万元获得产权证明。然后陈用所谓 900 万元的房产作抵押，先后从两家商业银行贷到 2 700 万元和 2 300 万元用做古董生意。但贷款到期后陈某只有价值 300 万元的抵押房产一套，无力偿还贷款。

问：对陈某的行为如何认定处理？简要说明理由。

【案例 25】 阅读标记：（　　）

2002 年年初，于某、代某、张某和李某预谋通过制造保险事故骗取巨额保险金，并找到了拥有一辆货车的卞某，在知悉四人的诈骗阴谋后，卞某收取了 8.5 万元车款，并将货车交给了代某等人。此后，李某找到了一套复印设备，并将该设备到保险公司以 190 余万元的价值进行投保。2002 年 2 月 4 日，于某等人故意将装有复印设备的货车开至河沟里，造成复印设备严重损坏。2002 年 5 月 22 日，于某以所保的复印设备损坏保险公司拒赔为由，将保险公司告上了法院，严重影响了保险公司的信誉和正常经营。

问：本案中，如何对于某、代某、张某和李某的行为定性？简要说明理由。

【案例 26】 阅读标记：（　　）

在某玩具厂打工的女工姚某，于 2011 年春的一个早晨下夜班回住处的路上拾到钱包一个，回到出租屋后与 17 岁的妹妹小玲共同查看钱包，发现内有一个身份证和农行银联卡一张。姐妹二人商量早饭后去附近自动柜员机取款。二人因不知密码，但对着拾来的身份证试几次后奏效，取出 1 万 5 千元寄回老家给父母用。丢失钱包的汪某第三天到银行挂失，发现卡内钱被取走，遂报警。警方通过监控摄像头，将姚某及妹妹小玲抓获，二人认罪态度较好，且于一审宣判前全部退赃。

问：对姚某及其妹妹小玲的行为如何认定处理？简要说明理由。

【案例 27】 阅读标记：（　　）

黄某原是某区一家汽车修理厂（个人独资企业）的老板。在经营过程中，黄某发现可利用维修车主留下来的保险单、身份证、驾驶证等证件，再次编造交通事故向保险公司索赔。2002 年 7 月至

2003 年 10 月，黄某利用其客户的相关资料，编造未曾发生的交通事故，或者故意制造交通事故造成损失等手法，以被保险人、投保人身份先后 8 次骗取天安保险公司保险金合计人民币 9 万余元。

问：黄某的行为如何定性？是否构成保险诈骗罪？简要说明理由。

【案例 28】阅读标记：（ ）

为多赚取利润用于股东分红，某公司法定代表人罗某决定并授意公司会计林某采取销售粉碎硅不开增值税发票，收入不入账方式，隐瞒销售收入。林某遂按照罗某的授意，收入不入账，隐瞒销售收入，不如实申报纳税。该公司采取上述方法共隐瞒销售收入 83 万元，偷逃增值税 12 万多元，占当年纳税额的 36.9%。事后该公司将此非法所得用于股东分红。

问：该公司与该公司法定代表人罗某是否构成逃税罪？简要说明理由。

【案例 29】阅读标记：（ ）

2008 年 12 月某市区级人民法院对所辖区的德义兴商楼的徐某等四名高管以偷税罪判处 1 年至 3 年 6 个月不等的有期徒刑，并处罚金。后被告上诉。2009 年 3 月，该市中级人民法院适用 2009 年 2 月 28 日起施行的《刑法修正案（七）》第 3 条对《刑法》第 201 条的修改规定，查明徐某等已补缴了所逃避缴纳的税款，经税务机关处理过，故撤销一审判决，不予追究刑事责任。

问：对本案两级法院的判罚结果如何评价？并简要说明理由。

【案例 30】阅读标记：（ ）

岑某与周某系夫妻，在某市场做水果生意。一日，在税务人员对其进行税务检查过程中，岑某用过期的税票搪塞检查，被税务人员发现。在税务人员令其缴纳税款时，岑某大声嚷嚷："我就是不交税，看你把我怎样！"由于岑某态度恶劣，税务人员当即决定扣留货物，岑某即揪住税务人员的衣领并持汽水瓶欲殴打税务人员。周某见其夫拉、拽税务人员，也上前抓、拽税务人员，阻碍税务人员依法执行公务。民警迅速赶到现场将案犯抓获。

问：(1) 岑某的行为该如何定性？简要说明理由。

(2) 周某的行为是否构成妨害公务罪？简

要说明理由。

【案例 31】阅读标记：（ ）

某日，杜某在某市场销售水产品时，市场税务助征员孙某、李某依法向杜某征收人民币 8 元的定额税，杜某置之不理，拒绝交税。当助征员李某向其指出，不交税应停止营业时，杜某即召集自己的一帮朋友殴打孙某、李某两人。经法医鉴定：孙某左侧胸骨骨折，李某左耳外伤性鼓膜穿孔，两人伤情均为轻伤。

问：杜某的行为是否构成抗税罪？简要说明理由。

【案例 32】阅读标记：（ ）

2000 年 6 月，王某向某市工商局注册成立了甲公司和乙公司，并办理了税务登记。在 2001 年 4 月和 5 月，王某以上述两个公司的名义，向该市税务机关分别领取了 1 本百万元版和 1 本十万元版的增值税专用发票。同年 5 月和 8 月，王某在无销售货物的情况下，为丁公司等单位虚开增值税专用发票 10 份，税额总计人民币 3 906 446.36 元，致使国家损失税金 1 547 973.65 元。

问：(1) 王某的行为构成何罪？并简要说明定罪的理由。

(2) 如果王某在 2002 年 10 月购得伪造的某省增值税专用发票 1 本和伪造的甲物资贸易公司、乙物资贸易公司印鉴各一套，伪造大量增值税专用发票，然后在 2003 年 3 月至 7 月间，王某在无货物销售的情况下，以上述两家公司的名义，先为某塑料模具厂虚开增值税专用发票 7 份，税额计人民币 372 966.3 元。那么对于王某购买伪造增值税发票的行为以及伪造增值税发票的行为应当如何认定？应当数罪并罚吗？

【案例 33】阅读标记：（ ）

蒋某原是某轿车消声器厂厂长，杨某原是该厂销售科科长。该厂产品由于质量低劣，且无商标、无生产厂家等原因，销售不畅。两人遂谋划在自己的产品上印制与大众汽车股份有限公司和奥迪公司在我国注册的轿车及其配件上的商标图案和极其相似的组合商标图案（未注册），称为三 V 五环商标。并规定了含义，即三 V 为：维护国家利益，维护集

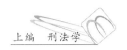

体利益，维护消费者利益；五环为：产品走向五大洲。两人认为该商标图案既没有完全照搬，不至于侵权，又极为相似可促进销量，于是大量生产，将该产品投放到上海、北京等市场进行销售。并在产品的包装上使用大众公司在我国注册的轿车及其配件上的英文标识"SANTANA"字样，在销售发票的品名一栏，使用中文"桑塔纳"名称。

问：杨某、蒋某在不同的商品上使用他人注册商标是否构成假冒注册商标罪？简要说明理由。

【案例34】 阅读标记：（　　）

1998年3月至6月间，以郑某为法人代表的某食品厂（集体企业）为达到营利的目的，委托他人非法印制了与某糖果有限公司使用在泡泡糖上的"大大"商标标识相近似的商标标识，然后用在本厂生产的"大大卷"泡泡糖和"太大卷"泡泡糖、"太大"泡泡糖、"特大"泡泡糖上。郑某将假冒他人商标的商品共计7 653件销售给本地及外地的客户，经营额为人民币597 594元。同时经查证，尽管上述糖果有限公司的"大大"泡泡糖很是有名，但因种种原因目前还没有通过注册。

问：此案是否构成假冒注册商标罪？简要说明理由。

【案例35】 阅读标记：（　　）

某电视剧的版权属于在香港注册的某电视广播（国际）有限公司，并由该电视广播有限公司负责国际发行。1998年年底，该电视广播有限公司授权甲公司在中国内地独家播映该电视剧。1999年9月17日，舒某利用其担任甲公司发行二部经理的职务便利，在为某电视台领取该电视剧的播出带时，从甲公司多骗取播出带一套，交给乙公司经理陈某，由乙公司工作人员复制了两套。后两人以乙公司的名义，分别与丙省电视台、丁省电视台和某市电视台签订该电视剧的播映权合同，将骗取和复制的播出带分别出售给上述三家电视台，非法获利人民币797 500元。而后舒某将销售该播出带的违法所得款用于在某旅游区购买别墅。

问：舒某和陈某的行为如何定性？简要说明理由。

【案例36】 阅读标记：（　　）

李某、汤某、张某原系A公司职工，李某为公司销售部副经理，汤某为公司合金车间工人，张某为公司合金车间主任。汤某与张某均掌握该公司有关铅镉合金生产方面的经营信息和技术信息，其中张某的技术强于汤某的技术。三人于2000年5月与A公司签订了保密合同，负有保守企业秘密义务。李某因对A公司福利待遇不满，产生"跳槽"之念，多次与A公司的客户B公司联系，双方商定由李某利用A公司的技术为B公司生产原需从A公司购买的原材料铅镉合金，B公司为其提供报酬。2002年三四月间，李某安排他人为B公司安装有关生产设备。同年4月下旬，李某伙同汤某等人到B公司，利用汤某掌握的技术为B公司生产铅镉合金。同年6月初，李某又将技术强于汤某的张某邀请到B公司对生产技术进行现场指导。张某在B公司能够生产后离开。2002年7月，A公司向公安机关报案，李某、汤某等人得到B公司给付的3.3万元报酬。因案件发生，B公司与A公司的一切业务往来均中断，A公司在浙江的市场丧失。

问：（1）李某、汤某、张某的行为是否构成共同犯罪？
　　（2）李某、汤某、张某的行为构成何罪？简要说明理由。

【案例37】 阅读标记：（　　）

1999年1月至6月间，张某以能提供进口聚酯切片、韩国产涤纶短纤和能代办涤纶短纤的进口许可证等为幌子，骗取甲公司法定代表人王某、乙公司业务经理刘某、丙公司经理王某的信任，先后以丁公司、戊公司、庚公司的名义，与对方当事人签订工矿产品购销合同、协议书等，收取对方当事人的货款、办证定金、购货定金共计人民币316万元，用于个人还债和挥霍。在对方当事人追讨下，张某于案发前先后返还给甲公司人民币81万元。案发后，张某退出赃款人民币40万元。

问：（1）张某的行为构成何罪？简要说明理由。
　　（2）如果构成犯罪，该如何定罪量刑？

【案例38】 阅读标记：（　　）

陈某系某县一无业人员。2002年4月陈某以租赁钢模为由，与某市建材综合经营部负责人吴某签订了一份建筑施工物资租赁合同，陈某在交付了2 000元定金后将250平方米的钢模（价值22 000余元）取走，在钢模到手后陈某立刻以12 000元的价格转卖给李某。在钢模已经转卖后，陈某发现吴某提供的钢模有特殊记号，遂向李某索回钢模，并退还了价款。考虑到钢模放在手中无用，陈某提出将钢模返还吴某，并要求吴某将定金退回。吴某则认为租赁期间未满，要求陈某支付违约金。陈某不愿支付违约金，遂将手中的钢模再次出卖，并将货款占为己有，至案发时货款已被陈某挥霍一空。

问：(1) 陈某的行为构成何罪？

(2) 陈某的行为可否认定为普通民事合同欺诈？简要说明理由。

【案例 39】 阅读标记：（ ）

苏某于 1999 年 3 月承租某市音像世界第 323 号摊位，经营音像制品。同年 8 月至 11 月间，苏某从不法分子胡某、黄某等人处先后购进盗版激光唱盘共 9 万余张，并将其中的 6 万余张销售给林某等人，从中牟取非法利润约人民币 2.5 万元。此后，该市工商行政管理机关曾对苏某非法销售盗版音像制品的行为予以制止和警告，责令其停止侵权行为。但苏某同年 12 月仍在其承租摊位多次销售盗版激光唱盘，经人举报后，执法机关在其摊位当场收缴盗版激光唱盘 3.6 万张。

问：苏某的行为构成何罪？理由是什么？

【案例 40】 阅读标记：（ ）

洪某、吉某、甘某等人在某市郊区农村租住房屋，着手"招工"推销保健品"鹿胎素"。开始招进王某等 3 人，但洪某等人要求王某等人必须先缴纳每人 3 000 元的费用，称"入门费"，干好了有几十倍的回报费。王某等 3 人参加进来后，从未见过要推销的商品"鹿胎素"，而是被要求找亲朋好友更多的人参加进来，才能做大生意、推销出产品、赚更多的钱。这样，在两年多的时间内，洪某等人以高额回报为诱饵，诱骗人们上钩，并以洗脑、恐吓等手段，要求参加者继续发展下线。至被发现时，已有 60 多人被困在此。这些人被强行控制，生活环境恶劣，许多人想逃无门，而一些人满脑子是"发展下线，挣大钱"。这期间，洪某、吉某、甘某等人已从中骗取到数十万元的巨款。

问：对洪某、吉某、甘某等人的行为如何认定？并简要说明理由。

【案例 41】 阅读标记：（ ）

2000 年 10 月，熊某在汉口某文化市场开了家音像店，并取得了零售音像制品的经营资格。2002 年初，他租用了位于保华街的某闲置厂房作为库房使用。同年 12 月，武汉市文化市场管理处来到该

库房进行清查，发现 13 万余盘未及销售的盗版 VCD、CD、磁带等音像制品，当场收缴。后据熊某供述，盗版碟利润大，有赚头，特好卖，因此大量囤积，等待出售。

问：熊某的行为构成何罪？应当如何处理？

【案例 42】 阅读标记：（ ）

陈某、刘某于 2002 年成立了辽宁万里大造林有限公司，2004 年 1 月起又相继成立了内蒙古万里大造林有限公司等一系列公司。以上述公司为依托，陈某和刘某在内蒙古、辽宁等地通过承包或者租赁的方式大量取得土地使用权自行种植杨树幼林或者直接购进有林地，并以"托管造林"为名，策划、组织、领导吴某等人在内蒙古、北京等 12 个省、自治区、直辖市积极组织、建立、发展传销网络和传销团队，通过媒体广告、散发传单、集会宣讲等方式大肆进行虚假宣传，以传销手段销售林地。从 2002 年 9 月到 2007 年 8 月，陈某、刘某组织、领导的传销团队共销售林地 43 万多亩，非法经营额超过人民币 12 亿元。

问：陈某、刘某的行为如何定性？为什么？

【案例 43】 阅读标记：（ ）

王某自 2006 年 5 月以来，开始在网上传授炒股经验，因其自称对股票预测准确率超过 90%，自称是"散户的保护神"，被诸网友称为"带头大哥"。王某为非法获利，在未经中国证监会许可的情况下，自 2006 年 5 月至 2007 年 5 月多次在互联网上发布招募会员信息，先后以每人每年 3 000 元、5 000 元、1 万元、1.3 万元、2.7 万元、3.7 万元不等的标准建立"777 团队""快乐 777 团队""777 财宝团队"等，并对收费会员进行证券交易指导，非法经营收入 20 余万元。

问：王某的行为如何定性？为什么？

【案例 44】 阅读标记：（ ）

美籍华裔博士丁某于 2006 年 8 月至 2008 年 6 月间，以人民币 80 元至 160 元不等的单价，先后从青海省农民马某、洪某手中收购 1 300 余个近代自然人头骨。其间，他通过互联网非法向境外出售。通过 EMS 全球邮政特快专递多次向美、英、法等国家邮寄所收购的无名人头颅骨，先后卖出 200 余个，每个卖出价为 150 美元左右，至查获时，其人头骨经营额已达到 1.9 万美元（约合人民币 13 万元）；另外查获了欲寄往美国的 20 个人头颅骨的包裹，尚

存在住所的1 100余个人头骨，储存于自己的笔记本电脑中的人头骨照片1万余张。丁某被抓获后多次供述自己将购买的中国自然人头骨拍成照片上传至"易趣网"网店，并以竞拍形式与境外的买方交易。

问：丁某的行为如何定性？为什么？

【案例45】 阅读标记：（　）

万某、张某等16人在担任某科技有限公司财务顾问、董事长特别助理等职位时，以该公司之名在网络上建立"中国百业联盟"网站，以发展电子商务为名，采用满500返500，满1 000返1 000等方式，引诱不特定公众通过网站注册成为会员，下单消费。同时，该网站默许会员虚假消费（即会员只需要通过商家上交15%的佣金，就可全额返利），并以高额佣金、奖金引诱会员继续发展会员（各层级发展新会员消费的可提取新会员消费额的0.2%至1%作为业绩的好处费）骗取财物，逐步形成了省、市、县的区域代理、金牌商家、商家、一级会员、二级会员等多层次的传销组织。在长达半年的时间里，该公司共发展区域代理商330个，加盟商家4 200家，会员人数达5万人，各级代理商、加盟商和客户遍布全国21个省市，累计经营额高达38亿元，收取会员的佣金高达5亿元，使后续注册会员蒙受巨大财产损失。

问：对万某、张某等人的行为如何定性处罚？并简要说明理由。

【案例46】 阅读标记：（　）

王某系职业删帖中介，周某曾是某电子商务有限公司的工作人员，谭某系在读计算机网络技术专业的大学生。2013年5月至9月，王某看到有人在QQ群里寻找能够删除某知名网站上负面帖文的人，随即与其取得联系。然后，王与周某联系交易，以每条500元至800元不等的价格删帖，王某每条删帖抽头100元。王与周先后完成交易150笔左右，一共支付给周某28.6万余元。周某与王某交易期间，又找通过非法获得一些网络管理账号和密码的谭某帮忙删帖100多条，按每条200多元价格，一共付给谭某5.7万元。此案于2013年9月15日被警方查处。

问：王某、周某、谭某的行为构成何罪？简要说明理由。

【案例47】 阅读标记：（　）

丁某、张某、王某等20多位高官是著名"e租宝"非法集资案件的主要成员，其中，丁某为"e租宝"钰诚集团实际控制人，张某为钰诚集团总裁，王某为首席运营官，这些人疯狂上演了"钰诚系"集团敛财大片。"e租宝"是"钰诚系"下属的网络平台，自2014年2月被"钰诚系"收购后对其运营的网络平台进行了改造，当年7月，该网络平台被命名为"e租宝"，打着"网络金融"的旗号上线运营，从事所谓的融资租赁债权及个人债权项目。丁某等人用"钰诚系"的公司收买企业或者注册空壳公司等方式在"e租金"平台上虚构融资项目。他们将制成的虚假项目在"e租金"平台上线，吸引投资人。为了让投资人增强投资信心，他们还采用更改企业注册资金等方式包装项目。"e租宝"广为宣传的口号是"1元起投，随时赎回，高收益低风险"，其推出的6款产品，预期年化收益率在9%至14.6%之间，远高于一般银行理财产品的收益率，并承诺保本保息、灵活支取，故而吸收了众多社会不明真相的公众。自2014年7月始至2015年12月其流动资金紧张面临资金链随时断裂的危险，丁某等人开始转移资金、销毁证据并有潜逃迹象。公安机关介入后查实，在一年半时间内，"e租宝"平台实际吸收资金达500多亿元，且95%的项目系造假，涉及投资人约90万名，客户遍布全国。吸收的上述资金除了将一部分用于还本付息外，相当一部分被用于丁某、张某的个人挥霍以及维持公司的巨额运行成本、投资不良债权及广告炒作。丁某等人坦言，旗下只有三家公司能产生实际的经营利润，但三家企业的总收入不足8亿，利润尚不足一亿。因此，除了靠疯狂占用"e租宝"吸收来的资金，别无他途，因光是本集团一个月的员工工资开销就达8亿元，故而"e租宝"的窟窿只会越滚越大，然后在某个点集中爆发，账上没钱还给老客户，也不能还给新客户。而丁某等高管却过着极尽奢迷的生活，疯狂挥霍吸收来的资金。迄今为止，该集团尚无法兑付吸收来的资金达380多亿元。

问：钰诚集团丁某等人构成何种犯罪？为什么？

【案例48】 阅读标记：（　）

周某与周某某系亲兄弟，并纠集另外同乡8人一起，名义上是一块儿做生意。其中一起是周某等人承租的一处建材市场的部分建筑面临拆迁，周某等人以阻碍拆迁相威胁，强迫当地村委会委托他，对市场及附近的该区残联办公楼进行拆迁，并获取了拆迁工程款10万元。另一起是当地付某的朋友得罪了人，付某找到周某的手下说和。事后周某手下强迫付某一起玩周某手下事先设局的牌，致使付

某前前后后输掉了400多万元，并欠下了周某的260多万元的高利贷。

问：周某等人的行为如何认定处理？

【案例49】 阅读标记：（　）

2011年7月4日，公安部统一指挥山东、浙江、河南等地警方协同作战，当场抓获济南格林公司实际主要经营者柳某某等犯罪嫌疑人14名，扣押"地沟油"炼制的成品、半成品食用油70余吨。根据这些油的流向，7月14日河南警方在郑州庆丰粮油市场等地抓获销售商袁某等17名犯罪嫌疑人，当场查获箱装假冒品牌食用油的"地沟油"100余箱，油罐散装食用"地沟油"30余吨，查实销售了100余吨。主要销售在河南等地。

问：对格林公司柳某某、销售商袁某等人的行为应如何认定处罚？

【案例50】 阅读标记：（　）

某农村卫生室的医生王某从合法渠道购进治疗胃病的盒装中药片剂，后因持续阴雨天气致该中药的包装盒因湿度过大导致破损，致中药片剂暴露在污染环境中一个多月。后村民李某因犯胃病而凭医保卡去卫生室取药，医生王某直接将上述中药片剂提供给李某使用。李某服用此药后即发生胃部剧烈疼痛，且上吐下泻，并伴有高烧晕厥症状，后被家人及时送至县医院抢救医治，并被诊断为服用了污染的中药所致。

问：对医生王某的行为如何认定？并简要说明理由。

【案例51】 阅读标记：（　）

某中医院药房司药员华某串通医生余某，将已鉴定为假"三七粉"的中药粉状制品仍以处方正品药提供给三名心脏病患者。患者服用二周后无任何疗效，后送有关部门鉴定为红薯粉。

问：如何认定华某、余某的行为？并简要说明理由。

【案例52】 阅读标记：（　）

某肿瘤医院在未取得治疗肺癌的代号为(X2-1)的药品相关批准证明文件的情况下，便私自进口该药品（属自费药）并销售给肺癌病人马某使用。马某不耐受此药，导致严重过敏及哮喘病发作。后查出是该院副院长邢某批准后主治医生韩某具体办理的私自进口药销售给患者使用的事实。

问：对该案中行为人的行为作何认定？并简要说明理由。

 案例分析

【案例1】

耿A和耿B的行为构成生产、销售有毒、有害食品罪。在客观上，耿A和耿B向原牛奶中添加非食品原料；在主观上，耿A和耿B明知"蛋白粉"为非食品原料。因此，构成生产、销售有毒、有害食品罪。

需要注意本罪与生产销售伪劣产品罪的区别：第一，本罪触犯的《刑法》第144条与生产销售伪劣产品罪触犯的第140条之间是特别法与普通法的法条竞合关系，根据《刑法》第149条第1款的规定精神，特别法应当优于普通法适用；但第149条第2款同时又规定体现择重而处的例外规定，即在同时构成两罪时适用较重的罪定罪处罚，如果某行为不构成本罪，但销售金额在五万元以上的，适用生产销售伪劣产品罪。本罪的最高刑是死刑，而生产销售伪劣产品罪的最高刑是无期徒刑，因此，本案中适用生产、销售有毒、有害食品罪。第二，本罪是行为犯，只要有行为即构成既遂，行为造成的严重危害属于结果加重犯。

【案例2】

狄某的行为涉及销售假冒伪劣烟草制品的行为和非法经营烟草制品的行为，依据2001年4月10日起施行的"两高"司法解释和2010年3月26日起施行的"两高"司法解释，伪劣卷烟、雪茄烟等烟草专卖品尚未销售，货值金额达到《刑法》第140条规定的销售金额定罪起点数额标准的3倍以上的，或者销售金额未达到5万元，但与未销售货值金额合计达到15万元以上的，以生产、销售伪劣产品罪（未遂）定罪处罚。本案中狄某故意销售假冒伪劣香烟制品，符合了上述解释的规定，故以销售伪劣产品罪（未遂）论。

根据2010年3月26日起施行的"两高"司法解释的第5条，行为人实施非法生产、销售烟草专卖品犯罪，同时构成生产、销售伪劣产品罪、侵犯知识产权犯罪、非法经营罪的，依照处罚较重的规定定罪处罚。狄某销售伪劣香烟货值已达57万多元，应以销售伪劣产品罪（未遂）的50万元以上不满200万元的档次量刑。

【案例3】

吕某和徐某的行为构成生产假药罪并符合了从

重处罚的情形。在客观上，吕某和徐某合作制造假的人血白蛋白，尽管未来得及进入市场流通，但如果没被及时发现，很可能流入市场，并对人"引起严重过敏不良症状"；在主观上，明知是国家禁止的假药仍故意生产，属于故意。需要注意的是，自2011年5月1日起，《刑法修正案（八）》第23条已对《刑法》第141条第1款生产、销售假药罪的犯罪成立要件作出修改，删去"足以严重危害人体健康的"法定危险犯后果，改为只要生产、销售假药的行为，即成立此罪。因此，本案中的涉案假药尽管尚未进入流通领域，仍成立犯罪。

吕某、徐某合作制造假的人血白蛋白，属于血液制品。血液制品的生产销售，目前主要依据《血液制品管理条例》等规范性文件进行管理，对于其生产原料、生产工艺、生产过程的质量控制有很高的要求，即便某个环节有轻微污染都绝对不允许出厂上市。吕某、徐某生产假的血液制品，完全漠视人民群众的用药安全，其社会危害性显而易见。根据司法解释，生产、销售属于血液制品的假药符合了应当酌情从重处罚的7种情形之一。

【案例4】

甘某、肖某、王某的行为构成生产、销售假药罪的共同犯罪。小龙的行为不构成犯罪。

《中华人民共和国药品管理法》以及与该法配套的《实施办法》《药品生产质量管理规范》中对药品成分、药品标准、药品生产工艺规程、药品经营条件、药品监督等药品生产、经营和管理的内容都作了明确规定。违反上述法律、法规而制造、售卖的药品、非药品均属于假药。自2011年5月1日起生效的《刑法修正案（八）》第23条对《刑法》第141条规定的生产、销售假药罪的构成要件作了修改，即删去了生产、销售假药必须达到"足以危害人体健康"的限制性条件，只要具备生产、销售假药的行为即可成立本罪。本案中，甘某、肖某、王某私自制售假药的行为已构成生产、销售假药罪，而且成立共同犯罪。甘某等人私自制售的假药虽然未发现致死人的后果，但是仍然具有严重的危害性，因这些假药根本对疾病起不到治疗作用，而且会贻误患者的治疗时间，对人体健康造成危害。

甘某的儿子小龙因为只有15周岁，不符合生产、销售假药罪的犯罪主体的刑事责任年龄须达到已满16周岁的条件，故其行为不构成犯罪。

【案例5】

（1）王某构成生产、销售伪劣产品罪。

在本案中，**主观方面**，王某出于改变工厂严重亏损现状的目的，故意生产、销售假冒名牌服饰，从而触犯了国家对普通产品质量的管理制度；**客观方面**，其采取的行为方式是"以假充真"，符合生产、销售伪劣产品罪的要件，因此构成生产、销售伪劣产品罪。

（2）王某的行为构成犯罪未遂。依据相关司法解释，伪劣产品尚未销售，货值金额达到刑法规定销售金额3倍以上的，以生产、销售伪劣产品罪（未遂）定罪处罚。在本案中，货值16万元，达到了法定销售金额15万元以上的规定，因此构成生产、销售伪劣产品罪（未遂）。

（3）对王某的行为不能数罪并罚。

数罪并罚是指对一行为人所犯数罪合并处罚的制度。在本案中，王某的行为同时构成生产、销售伪劣产品罪和假冒注册商标罪，但此两罪之间是想象竞合关系，**属于想象竞合犯**。想象竞合犯是指行为人基于一个犯罪意图所支配的数个不同的罪过，实施了一个危害行为，而触犯两个以上异种罪名的犯罪形态。本案中，王某基于非法牟利（用违法手段使企业摆脱困境）的目的，而采取了造假行为，同时该行为又触犯假冒注册商标罪，因此属于想象竞合犯，应从一重处罚。

【案例6】

（1）刘某、王某、张某的行为构成了销售假药罪。

销售假药罪是指销售者违反国家药品管理法规，销售假药的行为。销售是指一切有偿提供假药的行为。本案中，**主观方面**，刘某出于维护自身利益的考虑，在明知是假药的情况下，为减少自己的损失，而故意将假药转卖出去；**客观方面**，三人违反国家法规关于药品细菌数目标准的规定，将细菌数远远超过了国家标准的胶囊出卖。因此，刘某等三人构成了销售假药罪。

注意，自2011年5月1日起，《刑法修正案（八）》第23条已对《刑法》第141条第1款生产、销售假药罪的犯罪成立要件作出修改，删去"足以严重危害人体健康的"法定危险犯后果，改为只要生产、销售假药的行为，即成立此罪。

（2）刘某、王某、张某的行为构成共同犯罪。

共同犯罪是指二人以上共同故意犯罪，此限定突出了共同故意对于构成共同犯罪的作用，坚持了我国刑法中主客观相统一的原则。共同犯罪必须同时满足以下要件：犯罪主体为二人以上；有共同的犯罪行为，并且诸行为指向相同的犯罪客体，共同构成犯罪发生的原因；有共同的犯罪故意，认识到自己是与他人共同实施故意犯罪，对行为和结果持相同的态度。本案中，刘某、王某、张某三人均具有主体资格；**客观上**实施了销售假药的行为，这些行为构成了犯罪发生的原因；**主观上**都明知是假药而积极销售，认识到自己是与他人共同故意犯罪。因此，三人的行为构成共同犯罪。

【案例7】

白某的行为构成生产、销售假药罪，并应当酌情从重处罚。

在本案中，**客观方面**，白某为牟取利益，实施了生产和销售假药的行为，违反了国家药品管理制度，同时造成了三人死亡和一人休克的严重后果；**主观方面**，白某认识到自己制造和销售假药危害人体健康的结果并对此持放任的态度，属于故意的范畴，因此构成生产、销售假药罪。白某生产、销售的假药以幼儿为主要使用对象属于司法解释中应当酌情从重处罚的7种情形之一。对白某的罪行应适用处10年以上有期徒刑、无期徒刑或者死刑，并处罚金或者没收财产的法定刑幅度从重裁量刑罚。

【案例8】

本案中耿某伙同其弟耿某某实施的行为构成了生产销售有毒食品罪，并属于有其他特别严重情节，应在本罪的处10年以上有期徒刑、无期徒刑或者死刑，并处罚金或者没收财产的法定刑之内判处刑罚。

耿某伙同其弟耿某某在长达10个月的时间里，多次购买明知是不能供人食用的含有三聚氰胺的有毒蛋白粉560公斤，并将这种"非食品原料"的434公斤公然多次添加到原奶中，生产出有毒原奶900余吨，销售给三鹿公司用于生产婴幼毒奶粉，再销售给众多消费者。婴幼儿食用此种毒奶粉后出现"大头症"，严重损害婴幼儿的身体健康。

耿某两兄弟的行为符合生产、销售有毒食品罪的构成。鉴于其犯罪行为时间表、添加的有毒"非食品原料"数量特别巨大，对婴幼儿的身体损伤特别严重，符合《刑法》第144条规定的"有其他特别严重情节"，故耿某被判处死刑，剥夺政治权利终身，并处没收个人全部财产；其弟耿某某在二人共同犯罪中属于从犯，予以减轻处罚后判处有期徒刑8年，并处罚金人民币50万元。

【案例9】

本案中该贸易有限公司和罗某构成走私普通货

物、物品罪。

走私普通货物、物品罪是指违反海关法规，逃避海关监管，非法运输、携带、邮寄国家禁止进出口的武器、弹药、核材料、假币、珍贵动物及其制品、珍稀植物及其制品、淫秽物品以及国家禁止出口的文物、金银和其他贵重金属以外的货物、物品进境，偷逃应缴纳关税额5万元以上的行为。在本案中，**主观方面**，该贸易有限公司和罗某基于偷逃关税的目的，违反国家海关法规，具有走私罪的主观故意。**客观方面**，其符合刑法关于走私普通货物、物品的两种行为方式的界定，即"采用涂改报关单证、低报价格方式"和"擅自将因享受保税区优惠而进口的保税物品在境内出卖"。对走私普通货物、物品罪刑法采取的是双罚制，法人和相应负责的自然人都是行为主体。因此，本案中该贸易有限公司和罗某均构成走私普通货物、物品罪。

注意，自2011年5月1日起生效的《刑法修正案（八）》第27条对《刑法》第153条第1款第（一）项作出修改，取消走私普通货物、物品罪适用死刑的规定。

【案例10】

甲、乙的行为构成非国家工作人员受贿罪。

客观上，甲利用担任某医药公司业务员的职务之便，与银行工作人员乙一起以公司贷款进药之名，在从事贷款的金融业务活动中，为王某非法贷款185万元，二人并非法收受王某的28万元酬谢金。主观上，甲、乙具有故意的犯罪心理。且甲、乙均不属于国有公司、企业、事业等单位的工作人员，即属于非国家工作人员。依据《刑法修正案（六）》第7条第2款和《刑法》第184条的规定，甲、乙二人的行为构成了非国家工作人员受贿罪。

【案例11】

吴某和王某的行为构成伪造货币罪。在客观上，吴某和王某伪造了人民币和美元；在主观上是故意。需要注意的是：第一，本罪的主观方面是故意，制造假币的目的对定罪没有影响。只要实施了伪造货币的行为，不管目的是否实现，都构成本罪。第二，本罪的对象是指人民币和正在流通的境外货币，因此，美元属于本罪的犯罪对象。

注意：《刑法修正案（九）》第11条对《刑法》第170条作出修改，取消伪造货币罪适用死刑的规定，并取消罚金刑中具体数额的规定。

【案例 12】

张某的行为构成骗取贷款罪。在客观上，张某使用虚假的产权证明作担保骗取银行贷款，并造成该银行 1 000 多万元的重大损失；在主观上，张某是故意。需要注意本罪与贷款诈骗罪的区别：第一，本罪的主体可以是自然人和单位，而贷款诈骗罪的主体只能是自然人；第二，在自然人犯罪中，如果具有非法占有金融资金的目的，则是贷款诈骗罪；如果没有非法占有金融资金的目的，或者没有充分、确实的证据能够认定或者推定行为人具有非法占有金融资金目的的，则构成本罪；第三，如果是单位以非法占有的目的骗取金融资金，则以本罪论处。

【案例 13】

刘某等人构成了窃取信用卡信息罪。客观上，刘某等人利用自制读卡器窃取他人借记卡账号，利用在 ATM 机上安装的探头窃取密码，属于窃取信用卡信息资料；主观上，是故意。需要注意，我国刑法上的信用卡是指由商业银行或者其他金融机构发行的具有消费支付、信用贷款、转账结算、存取现金等全部功能或部分功能的电子支付卡，因此，包括具有透支功能的信用卡和不具有透支功能的借记卡。

【案例 14】

孙某构成了窃取信用卡信息罪。客观上，孙某利用自己非法编写的程序记录下银行卡卡号、磁条信息和密码 900 多条；主观上，是故意。需要注意：第一，本罪的犯罪对象是信用卡信息资料，包括发卡行代码、持卡人账号、密码等，如果窃取的是持卡人在申请卡时所留的其他信息，比如电话号码、家庭住址、职业状况等，则属于民事侵权行为，不能以犯罪论处；第二，本罪中的窃取包括窃取和骗取两种行为方式，比如通过群发手机短信"提示"持卡人曾在异地消费，要求核实，当持卡人回电提出质疑时，设法骗取持卡人卡号和密码等信息资料，是骗取行为。

【案例 15】

翁某、蒋某的行为构成信用卡诈骗罪（共同犯罪）。本案中，翁某、蒋某的行为属于窃取信用卡信息罪、伪造金融票证罪和信用卡诈骗罪的牵连犯，依据从一重处罚的原则，应以信用卡诈骗罪定罪量刑。

需要注意，在单独犯罪的情形下，行为人基于伪造信用卡的故意而实施对信用卡信息资料的窃取、收买行为，属于刑法理论上的牵连犯，应从一重罪处罚。

本案翁某、蒋某的行为体现了窃取他人信用卡信息、伪造金融票证、信用卡诈骗等犯罪之间呈现出的复杂关系。因本案是行为人在信用卡诈骗之后被抓获的，其据以行骗的信用卡又是利用窃取来的他人信用卡信息资料伪造的，故其行为属于窃取信用卡信息罪、伪造金融票证罪、信用卡诈骗罪的牵连犯，根据从一重处断原则，应以信用卡诈骗罪一罪论处。本案中翁某、蒋某二人是共同犯罪。

【案例 16】

靳某的行为构成了信用卡诈骗罪，且数额巨大，应在法定刑 5 年以上 10 年以下有期徒刑的幅度内决定判处刑罚期限，还需在处 5 万元以上 50 万元以下罚金的幅度内判处罚金。当然靳某还具有可以从轻、减轻处罚的情节。

靳某的行为触犯了《刑法》第 196 条信用卡诈骗罪的规定，符合使用以虚假的身份证明骗领的信用卡，并实行恶意透支。靳某办理的 9 张信用贷记卡是使用虚假的身份证明骗领的，符合了信用卡诈骗行为的法定行为方式之一，同时靳又用此 9 张卡恶意透支，恶意透支也符合了信用卡诈骗的法定行为方式。关于恶意透支的认定，根据最高人民法院，最高人民检察院 2009 年 12 月 16 日起施行的《关于办理妨害信用卡管理刑事案件具体应用法律若干问题的解释》第 6 条的规定，靳某的行为符合了"明知没有还款能力而大量透支，无法归还的；透支后逃匿、改变联系方式，逃避银行催收的"规定，以及"恶意透支，数额在 10 万元以上不满 100 万元的，应当认定为《刑法》第 196 条规定的数额巨大"的规定。因此，靳某构成信用卡诈骗罪，并应在"数额巨大"的量刑档次内选择刑期。

鉴于靳某有自首的情节，根据《刑法》第 67 条的规定，可以对其从轻或者减轻处罚。

根据"两高"上述司法解释，"恶意透支应当追究刑事责任，但在公安机关立案后人民法院判决宣告前已偿还全部透支款息的，可以从轻处罚，情节轻微的，可以免除处罚。"如此，靳某在当地法院判决宣告前如能偿还全部透支款息的，还可以从轻处罚。

【案例 17】

王某的行为构成内幕交易罪。

内幕交易罪是指证券、期货内幕信息的知情人员或者非法获取证券、期货交易内幕信息的人员，在涉及证券、期货的发行、交易或者其他对证券、期货的交易价格有重大影响的信息尚未公开前，买入或者卖出该证券，或者从事与该内幕信息有关的期货交易，或者泄露该信息，情节严重的行为。在本案中，王某利用与张某的邻居关系，趁邻居不在家之机非法获取有关股票的内幕信息，**实施了内幕交易行为**，侵犯了证券市场的客观性、公正性和投资大众的利益，并且情节严重；**主观方面**，王某出于为自己牟利的目的而故意触犯了国家关于证券市场的法律；主体上，王某属于非法获取证券内幕信息的人员，属于法定犯罪主体范围，因此构成内幕交易罪。

【案例18】

刘某的行为构成利用未公开信息交易罪。

根据《刑法修正案（七）》第2条增订的《刑法》第180条第4款的规定，利用未公开信息交易罪，是指证券交易所、期货交易所、证券公司、期货经纪公司、基金管理公司、商业银行、保险公司等金融机构的从业人员以及有关监管部门或者行业协会的工作人员，利用因职务便利获取的内幕信息以外的其他未公开的信息，违反规定，从事与该信息相关的证券、期货交易活动，或者明示、暗示他人从事相关交易活动，情节严重的行为。本案中刘某的行为符合了上述规定，即利用职务之便多次直接示意他人建"老鼠仓"，非法获利数额巨大，构成利用未公开信息交易罪。

【案例19】

本案中马某的行为构成利用未公开信息交易罪。

马某身为基金经理，利于控制的三个基金账户，先于基金账户买入，基金账户再买；先于基金账户卖出，基金账户再卖，使控制的账户获得稳定的高收益。这种行为通俗称为"老鼠仓"。马某属于基金公司的从业人员，利用其掌控未公开的信息，操作自己掌握的股票账户，从事与该信息相关的证券交易活动，获利巨大，已属情节严重的行为，故构成了《刑法》第180条第4款规定的利用未公开信息交易罪。

【案例20】

杨某的行为构成洗钱罪。

洗钱罪是指以掩饰、隐瞒是毒品犯罪、黑社会性质犯罪、恐怖活动犯罪、走私犯罪、贪污贿赂犯罪、破坏金融管理秩序犯罪、金融诈骗犯罪的违法所得及其产生的收益的来源和性质的行为。本案中，**客观上**，杨某利用非法证券操作将走私所得的非法财产"合法化"，属于洗钱罪的行为方式之一，即掩盖、隐瞒犯罪的违法所得及其收益的性质和来源；**主观上**，杨某为掩饰、隐瞒走私犯罪的违法所得及其产生的收益的来源和性质，即是具有洗钱的犯罪故意，因此杨某构成洗钱罪。

【案例21】

曹某和其公司构成集资诈骗罪。

集资诈骗罪是指以非法占有为目的，使用诈骗方法非法集资，数额较大的行为。本案中，**客观上**，曹某及其公司以投资入股的方式非法吸收资金，除案发前已归还外，尚有2.8亿元无法追回，已远超数额较大范围，侵犯了客户资金所有权和国家对金融活动的管理秩序；**主观上**，曹某出于非法占有出资人财产的目的，以供挥霍和转移资金；主体上，个人和单位均可以构成本罪主体。因此，本案中曹某和其公司的行为构成集资诈骗罪。

注意：《刑法修正案（九）》第12条已删除，《刑法》第199条关于集资诈骗罪适用死刑的规定。

【案例22】

周某的行为构成妨害信用卡管理罪。

客观上，周某使用虚假的身份证骗领信用卡，是本罪规定的行为方式之一；需要注意的是在虚假文件方面本罪只限使用虚假的身份证明，因此，如果使用虚假的工资收入证明和财产证明则不属于本罪的构成要件；本罪属于行为犯，因此，周某最终虽未骗领到信用卡并不影响本罪的成立。主观上，周某的故意非常明确，且周某符合了本罪一般主体的构成要件的要求。故周某的行为构成妨害信用卡管理罪。

期间，周某伪造居民身份证、房产证、水费专用发票等行为依其具体情节还分别触犯《刑法》第280条第3款伪造居民身份证罪，第280条第1款伪造国家机关证件罪、第209条第2款的非法制造发票罪，但基于牵连犯的原理，仍以妨害信用卡管理罪论处。

【案例23】

何某的行为构成妨害信用卡管理罪。

本案中，何某为牟取非法利益，利用他人伪造的信用卡在柜员机上进行测试，**主观上明知**是伪造的信用卡而故意持有；**客观上**用伪造的信用卡进行密码测试，属于非法持有。因此，何某的行为符合了妨害信用卡管理罪的行为之一，依据相关司法解

释，刑法中的信用卡包括透支功能的信用卡和无透支功能的借记卡，因此，即使本案中未明确银行卡的性质，也不影响本案定罪。故何某构成妨害信用卡管理罪。

【案例24】

本案中陈某的行为构成了贷款诈骗罪。

陈某的行为符合了《刑法》第193条规定的骗取银行或其他金融机构的贷款的行为方式之一，即使用虚假的产权证明作担保，并超出抵押物价值重复担保，进行骗贷达5000万元，数额特别巨大。行为本身不能排除其具有非法占有的目的。故从主客观方面分析，陈某的行为构成了贷款诈骗罪，并应按照处10年以上有期徒刑或者无期徒刑，并处5万元以上50万元以下罚金或者没收财产的法定刑裁量刑罚。

【案例25】

于某、代某、张某和李某的行为构成保险诈骗罪。

保险诈骗罪是指违反保险法规，以非法占有为目的，进行保险诈骗活动，数额较大的行为。本案中，**客观方面**，行为人将装有投保设备的货车故意开至河沟里，造成所投保的设备损坏，属于"投保人、被保险人故意造成财产损失的保险事故，骗取保险金"的行为，且本案涉及数额190万元，已经构成数额较大；主体上，本案的主体属于投保人；主观上，于某等四人出于非法占有保险金的目的而**故意侵害了国家的保险制度和保险人的财产所有权**。因此，于某、代某、张某和李某的行为构成保险诈骗罪。

【案例26】

姚某姐妹的行为构成了信用卡诈骗罪的共同犯罪。

《刑法》第196条规定了信用卡诈骗罪的4种行为方式，其中第三种为"冒用他人信用卡"。根据"两高"2009年12月3日《关于办理妨害信用卡管理刑事案件具体应用法律若干问题的解释》第5条，所称"冒用他人信用卡"，包括"拾得他人信用卡并使用的"情形。本案中，姚某姐妹使用拾来的汪某的信用卡并取走1万5千元，符合冒用他人信用卡进行诈骗的活动，并达到数额较大的程度，构成了信用卡诈骗罪。

姚某与其妹小玲构成共同犯罪。鉴于小玲不满18周岁，具有法定的从宽处罚情节（应当从轻或者

减轻处罚），与其姐姚某的诈骗数额虽达到较大标准，但二人已认罪，并在一审宣判前全部退赃。可根据"两高"2011年4月8日起施行的《关于办理诈骗刑事案件具体应用法律若干问题的解释》第3条的规定，对小玲与姚某不起诉或者免了刑事处罚。

【案例27】

黄某的行为不构成保险诈骗罪。

保险诈骗罪是指违反保险法规，以非法占有为目的，进行保险诈骗活动，数额较大的行为。本案中，黄某不属于投保人、受益人和被保险人三种主体中的任何一种，不符合保险诈骗罪的主体条件，因此不构成保险诈骗罪。

黄某的行为构成普通诈骗罪。诈骗罪是以非法占有为目的，用虚构事实或者隐瞒真相的方法，骗取数额较大公私财物的行为。本案中，**客观上**，黄某利用自己修车的便利，制造虚假的身份证明，冒用投保人的名义，骗取保险公司财物；**主观上**，黄某是出于牟利的目的而故意实施侵犯保险公司财产权的行为，因此，黄某的行为构成诈骗罪。

【案例28】

该公司与该公司法定代表人罗某构成逃税罪。

逃税罪是指纳税人、扣缴义务人采取欺骗、隐瞒手段进行虚假纳税申报或拒不向税务机关纳税申报，不缴或者少缴应纳税款或已扣、已收税款，情节严重的行为。

本案中，**客观方面**，林某按照罗某的授意，采取收入不入账、隐瞒销售收入的方法，不如实申报纳税，符合"采取欺骗、隐瞒手段进行虚假纳税申报"，使应纳税额变少的法律规定，同时，行为人逃避缴纳增值税12万多元，逃税数额占应纳税额的30%以上，并且逃税数额在10万以上，数额巨大；主体方面，本案的犯罪主体由单位和个人组成，所以需要处罚该公司与该公司法定代表人罗某；**主观上**，出于多赚取利润用于股东分红的目的，罗某故意实施了侵害国家税收征管制度的行为。因此，本案中，该公司与该公司法定代表人罗某构成逃税罪。

【案例29】

本案中两级法院的判罚结果均是依法行事，原因是恰逢审判期间《刑法修正案（七）》施行，且修改了《刑法》第201条的规定。

一审法院依据《刑法》第201条的规定，认定德义兴商楼的徐某等四名高管采用虚假的纳税申报

手段，不缴或少缴应纳税款，且偷税数额的比例以及具体额度均已符合偷税罪的成立要件，故依法以偷税罪判处四人不等的有期徒刑，并处罚金。

后四被告上诉至二审期间，《刑法修正案（七）》颁布施行。该修正案第3条对《刑法》第201条作出重大修改，即不再使用"偷税"一词，而改用"逃避缴纳税款"；对逃税的手段不再具体列举，而采用"纳税人采取欺骗、隐瞒手段进行虚假纳税申报或者不申报"的概括性规定；对逃税的具体数额不再作具体规定；对逃税罪的初犯不予追究刑事责任规定了特别条款；对有逃税行为屡教不改者从严处理的规定。本案中徐某等四名高管恰系逃税罪的初犯，根据刑法总则第12条关于溯及力的规定，显然《刑法修正案（七）》的规定要轻于刑法的规定，故对二审期间的判决产生了影响。二审法院适用《刑法修正案（七）》对《刑法》第201条的修改规定，对徐某等逃税罪的初犯"经税务机关依法下达追缴通知后，补缴应纳税款，缴纳滞纳金，已受行政处罚的，不予追究刑事责任"。理解这条规定时，注意逃税罪的初犯，需满足以下三个前提条件的情况下可不予追究刑事责任：一是在税务机关依法下达追缴通知后，补缴应纳税款；二是缴纳滞纳金，按税收征管法的规定，滞纳金以按日加收滞纳税款的万分之五计算；三是已受到税务机关行政处罚，按税收征管法的规定，对于逃税的，税务机关可处以一倍以上五倍以下罚款。本案中，徐某等四人在已经构成逃税罪犯罪的初犯情况下，满足了上述三个前提条件，故二审法院作出撤销一审判决，不予追究刑事责任的判决结果。

【案例30】

（1）岑某的行为构成抗税罪。

抗税罪是指纳税人以暴力、威胁方法拒不缴纳税款的行为。本案中，**客观上**，岑某用过期的税票搪塞检查，且对税务人员进行殴打，属于以暴力方法拒不缴纳税款的行为；**主体上**，岑某是法定的纳税义务人，符合纳税主体的特征；**主观上**，岑某出于拒不纳税的目的而故意实施破坏国家税收管理秩序和侵犯征税人员人身权利的行为，因此构成抗税罪。

（2）周某的行为构成妨害公务罪。

妨害公务罪是指以暴力、威胁方法阻碍国家工作人员依法执行职务，阻碍人民代表大会代表依法执行代表职务，阻碍红十字会工作人员依法履行职责的行为，或者故意阻碍国家安全机关、公安机关依法执行国家安全工作任务，未使用暴力、威胁方

法，造成严重后果的行为。本案中，**客观上**，周某抓、搜税务人员，属于阻碍税务人员依法执行公务的行为；**主观上**，出于帮助其夫的目的而妨害了国家工作人员正常执行公务，构成妨害公务罪。

【案例31】

杜某的行为构成抗税罪。

本案中，**主体上**，杜某从事水产品经营业务，属于纳税人范畴；**客观上**，在税务人员依法征收税款时，杜某置之不理，且将税收工作人员打成轻伤，依据相关规定，只有暴力行为致税收人员重伤或者死亡的才构成转化犯，本案中只是致税收人员轻伤，因此杜某不构成故意伤害罪；**主观上**，杜某出于拒不纳税的目的而故意实施了侵犯国家税收征管秩序和侵害税收征管人员的人身权利的行为。因此，构成抗税罪。

【案例32】

（1）王某的行为构成虚开增值税专用发票罪。

虚开增值税专用发票罪，是指违反国家税收征管和发票管理规定，在完全没有或者没有真实的货物、劳务交易的情况下，为他人虚开、为自己虚开、让他人为自己虚开、介绍他人虚开增值税专用发票或者用于抵扣税款的其他发票的行为。本案中，**客观上**，王某在无销售货物的情况下，为丁公司虚开增值税专用发票，属于"合法拥有增值税专用发票的单位或者个人，明知他人没有货物购销或者没有提供或接受应税劳务而为其开具增值税专用发票的行为"，且数额高于法定最低标准1万元；**主观上**出于牟利的目的而故意违反国家关于增值税专用发票和其他专用发票的管理制度，所以王某构成虚开增值税专用发票罪。

（2）王某的行为构成虚开增值税专用发票罪。

王某的行为属于牵连犯。在本案中，行为人伪造以及购买伪造的增值税专用发票，又将其虚开的情况，法律上属于数罪，但购买行为和伪造行为都属于虚开发票的手段行为，虚开发票是目的行为。依据牵连犯处断原则应从一重处，即以虚开增值税专用发票罪论处。

注意：自2011年5月1日起生效的《刑法修正案（八）》第32条的规定，删去《刑法》第205条第2款关于虚开增值税专用发票、用于骗取出口退税、抵扣税款发票罪适用死刑的规定。

【案例33】

杨某、蒋某构成假冒注册商标罪。

假冒注册商标罪是指未经注册商标所有人许可，在同一种商品、服务上使用与其注册商标相同的商标，情节严重的行为。本案中，第一，确认消声器和车是否属于"同一商品"。依据目前中国使用的《商标注册用商品和服务国际分类尼斯协定》规定的《注册商标用商品和服务国际分类表》，此处的消声器和车是属于一个项目之下，因此消声器和车是"同一商品"。第二，确认杨某、蒋某在其商品、商品包装上是否使用了他人已注册的商标。依据"两高"2004年12月8日发布的《解释》第8条和2011年1月10日"两高"及公安部发布的《意见》第6条的内容，杨某、蒋某在其汽车消声器上及其包装上使用了与大众公司在我国注册的轿车及其配件上的注册商标在视觉上基本无差别、足以对公众产生误导的商标。故杨某、蒋某的行为构成了假冒注册商标罪。

【案例34】

本案不构成假冒注册商标罪。

假冒注册商标罪的概念略。本案的关键问题在于未注册商标是否受刑事保护的问题。依据中国现行刑法典，假冒注册商标罪的犯罪对象必须是注册商标，至于非注册商标，虽然可能在当地享有声誉，但由于未注册，因此不受国家刑事法律保护，侵犯非注册商标的行为不构成犯罪，行为人不承担刑事责任。在本案中，由于被假冒的糖果有限公司的商标到案发时止，仍然没有通过商标注册，因此，本案不构成假冒注册商标罪。

【案例35】

舒某和陈某的行为构成侵犯著作权罪。

侵犯著作权罪是指以营利为目的，侵犯他人著作权，违法所得数额较大或者有其他严重情节的行为。本案中，**客观上**，舒某和陈某未经电视广播（国际）有限公司授权，对电视剧进行了复制，并分别与三家电视台签订该电视剧的播映权合同，属于"未经著作权人许可，复制发行其制作的视听作品的行为"，且获利79万余元，远超出司法解释对本罪确定的最低数额，属于违法所得数额较大；**主观上**，出于营利的目的，两人故意侵犯著作权人的著作权和国家关于著作权的管理制度，因此构成了侵犯著作权罪。

【案例36】

（1）李某、汤某、张某的行为构成共同犯罪。

共同犯罪是指两人以上共同故意犯罪。在本案中，李某、汤某、张某身为A公司职工，明知A公司的铅镉合金生产技术不为公众所知悉，能为A公司带来经济利益，具有实用性并经A公司采取保密措施，**却故意违反权利人有关保护商业秘密的要求**，在B公司披露、使用其所掌握的铅镉合金生产技术。正是因为这一行为，给A公司造成无法挽回的损失，造成致命的打击。所以李某、汤某、张某的行为构成共同犯罪。

（2）李某、汤某、张某的行为构成侵犯商业秘密罪。

商业秘密是指不为公众所知悉，能为权利人带来经济利益，具有实用性并经权利人采取保密措施的技术信息和经营信息。本案中，主体上，李某、汤某、张某身为A公司职工，属于有保密义务的个人；**客观上**，三人故意违反权利人有关保护商业秘密的要求，在B公司披露、使用其所掌握的铅镉合金生产技术，引发A公司无法估量的损失，同时三人的行为还致使A公司的运营成本加大，竞争能力减弱，属于情节严重；**主观上**，三人在与单位签订保密合同后，仍故意侵犯单位商业秘密，主观恶性较深。因此三人行为均已构成侵犯商业秘密罪。

【案例37】

（1）张某的行为构成合同诈骗罪。

合同诈骗罪是指以非法占有为目的，在签订、履行合同过程中，骗取对方当事人财物，数额较大的行为。其行为主要有以下五种表现形式：以虚构的单位或者冒用他人名义签订合同的；以伪造、变造、作废的票据或者其他虚假的产权证明作担保的；没有实际履行能力，以先履行小额合同或者部分履行合同的方法，诱骗对方当事人继续签订和履行合同的；收受对方当事人给付的货物、货款、预付款或者担保财产后逃逸的；以其他方法骗取对方当事人财物的。

本案中，客观上，张某实际上没有实际的履约能力，但以虚构的单位签订合同，骗取了对方当事人的货款、办证定金、购货定金，属于合同诈骗罪的行为方式之一，张某共骗取人民币316万元，属于数额较大的行为；主观上，张某出于非法占有合同当事人财物的目的，故意侵害合同相对方的财产所有权。因此，张某的行为构成合同诈骗罪。

（2）在本案中，经对方当事人追讨，张某于案发前先后返还给甲公司人民币81万元。案发后，张某退出赃款人民币40万元，属于积极退赃的行为，因此在定罪量刑时应当酌情从轻处罚。

【案例38】

（1）陈某的行为构成合同诈骗罪。

陈某以非法占有为目的，以签订合同为手段，骗取他人的钢模，在钢模到手后即转手倒卖，其行为完全符合合同诈骗罪的特征，**虽然后来陈某在对钢模的控制上有所变化，但其最终仍将钢模出卖**，故不影响陈某先前诈骗行为的性质。因此，陈某的行为构成了合同诈骗罪。

（2）陈某的行为不是普通民事合同欺诈。

陈某在签订钢模租赁合同时就是为了非法占有而并非是为了正当的商业用途，这一点从他第一次获得钢模后即出卖的行为不难看出。也即是说，**陈某签订合同的目的就是为了骗取他人的财物**。同时根据后来陈某的行动来看，陈某根本没有履约的诚意，仅仅因为不愿支付违约金就将租赁物出卖，恶意造成将来无法履约。这与一般合同纠纷中的合同不能履行的概念有本质的区别，因此将陈某的行为视为合同欺诈是明显不当的。

【案例39】

销售侵权复制品罪，是指以营利为目的，违反著作权管理法规，明知是侵权复制品而故意销售，违法所得数额巨大的行为。本罪在**主观方面**强调行为人对侵权复制品的明知，而且具有营利目的；在**客观方面**强调行为人违反著作权管理法规进行销售，违法所得数额巨大。另外要注意，"侵权复制品"包括侵权复制的文字作品、音乐、电影、电视、录像作品、计算机软件及其他作品、他人享有专有出版权的图书、录音录像制品、美术作品等。

在本案中，苏某的行为构成销售侵权复制品罪。苏某以营利为目的，明知是侵权盗版的激光唱盘而予以销售牟利，非法所得人民币2.5万元，数额较大，实际已构成销售侵权复制品罪。而苏某在被执法机关清查并被查令停止侵权行为后，仍继续销售盗版激光唱盘，数量巨大，情节严重，符合销售侵权复制品罪的构成要件，应依本罪定性。

【案例40】

洪某、吉某、甘某等人的行为已构成组织、领导传销活动罪。

根据《刑法修正案（七）》第4条增修的《刑法》第224条之一的规定，组织、领导以推销商品、提供服务等经营活动为名，要求参加者以缴纳费用或者购买商品、服务方式获得加入资格，并按照一定顺序组成层级，直接或间接以发展人员的数

量作为计酬或者返利依据，引诱、胁迫参加者继续发展他人参加，骗取财物，扰乱经济社会秩序的传销活动的，构成组织、领导传销活动罪。本案中，洪某、吉某、甘某等人属于传销活动的组织者、领导者，以"拉人头"、收取"入门费"等方式组织传销活动，骗取财物，扰乱经济社会秩序。

【案例41】

本案中，熊某的行为构成销售侵权复制品罪。熊某以营利为目的，明知是侵权盗版的VCD、CD、磁带等视听作品而大量储存待售，数额达到13万张，已构成销售侵权复制品罪。

由于熊某对盗版视听作品还没有进行实际销售，因此属于犯罪未遂，可以从轻处理。

【案例42】

陈某、刘某的行为构成非法经营罪。在客观上，陈某、刘某违反国家法律法规，以"托管造林"为名，采取虚假宣传手段，以传销方式销售林地，严重扰乱了社会秩序，影响了社会稳定，情节特别严重；在主观上，是故意，以谋取非法利益为目的。

《刑法修正案（七）》第4条增加了《刑法》第224条之一的组织、领导传销活动罪。该罪是指目前在社会上存在的以"拉人头"、收取"入门费"等方式组织的传销犯罪活动，严重扰乱社会秩序，危害严重。"拉人头"传销，欺骗他人发展人员或者缴纳一定的费用，才能取得入门资格，这种既没有商品，也不提供服务，不存在真实的交易标的，实际上也没有"经营活动"的行为，难以适用非法经营罪查处，故新增加了组织、领导传销活动罪。

【案例43】

王某的行为构成非法经营罪。客观上，王某以"带头大哥"名义所经营的证券业务没有获得证券监管部门的批准，亦没有在证券监管部门有任何备案，非法经营收入20余万元，情节严重；主观上，王某属于故意。

需要注意，本罪的主要犯罪对象有三个：专营、专卖物品、其他限制买卖的物品；进出口许可证、进出口原产地证明、其他法律、行政法规规定的经营许可证或批准文件；证券、期货或者保险业务。本案中，犯罪对象属于证券业务。

【案例44】

丁某的行为构成非法经营罪。

丁某的行为违反国家关于《尸体出入境和尸体处理的管理规定》，以营利为目的，非法经营近代自然人头骨，符合《刑法》第 225 条关于"其他严重扰乱市场秩序的非法经营行为"的规定，严重扰乱了市场秩序，且数额巨大，情节特别严重，构成非法经营罪。

丁某虽已是美国公民，根据我国《刑法》第 6 条属地管辖原则，应按照其犯罪事实和情节以我国《刑法》第 225 条非法经营罪中"情节特别严重的，处五年以上有期徒刑，并处违法所得一倍以上五倍以下罚金或者没收财产"的规定对其判处刑罚。当然，根据《刑法》第 35 条的规定，对于本案中的丁某附加适用驱逐出境的刑罚。

【案例 45】

万某、张某等 16 人的行为构成了组织、领导传销活动罪。根据最高人民法院、最高人民检察院、公安部 2013 年 11 月 14 日发布的《关于办理组织领导传销活动刑事案件适用法律若干问题的意见》，万某、张某等人以单位名义，采用诱骗的方式发展下线人员，收取佣金，并逐步形成多个层级，以发展人数进行消费作为业绩，从中非法获利，骗取财物，扰乱经济社会秩序，符合《刑法》第 224 条之一的规定，构成了组织、领导传销活动罪。

根据上述《意见》的规定，万某、张某等人的行为已达《刑法》第 224 条之一规定的"情节严重"，即该案参与传销活动人员累计达 5 万人，收取参与传销活动人员缴纳的佣金数额高达 5 亿元，并造成恶劣社会影响。故对万某、张某等人应适用 5 年以上有期徒刑，并处罚金的法定刑处罚。

【案例 46】

王某、周某、谭某的行为构成非法经营罪。

根据最高人民法院、最高人民检察院 2013 年 9 月 10 日起施行的《关于办理利用信息网络实施诽谤等刑事案件适用法律若干问题的解释》的规定，王某、周某、谭某以营利为目的，通过信息网络有偿提供删除信息服务，符合《刑法》第 225 条第 4 项的规定，即个人非法经营数额在 5 万元以上或者违法所得数额在 2 万元以上的，即属于非法经营行为的"情节严重"，应以非法经营罪定罪处罚。

【案例 47】

钰诚集团及丁某、张某等 10 多人的行为定性为集资诈骗犯，王某等 10 多人的行为定性为非法吸收公众存款罪。

本案是一起典型的非法集资案件。根据 2013 年 12 月 13 日最高人民法院的司法解释，该案中钰诚集团及丁某、张某、王某等人利用"e 租宝"打着"网络金融"的旗号上线运营，以 95% 的虚假投资、理财项目，向数十万社会公众非法吸收资金 500 多亿元。其中，钰诚集团及丁某、张某等人肆意挥霍巨额非法集资款，致使集资款无法返还，明显是以非法占有为目的，故构成集资诈骗罪。王某等人系运营官，其行为构成非法吸收公众存款罪。

在非法集资案件中，集资诈骗罪与非法吸收公众存款罪的最主要区别是直接目的不同。对非法集资款具有非法占有目的的以集资诈骗罪论处，见上述司法解释第 4 条规定的情形；而对不具有非法占有目的的，按上述解释第 2 条的规定，以非法吸收公众存款罪论处。

【案例 48】

该案周某等人的行为构成强迫交易罪。周某等人的两起活动，强迫村委会将拆迁工程交给周某施行属于强迫他人接受服务的行为，逼迫付某玩牌并借周某的 260 多万元的高利贷行为属于强迫他人提供或者接受服务的情形。符合《刑法》第 226 条的规定，构成强迫交易罪，且情节特别严重，应依照该法条规定的加重处罚规定量刑。

【案例 49】

格林公司柳某某、销售商袁某等人的行为构成生产、销售不符合安全标准的食品罪。加工"地沟油"冒充品牌食用油进行销售的行为属于违反国家食品安全管理法的规定，属于生产、销售含有严重超出标准限量的致病性微生物、污染物质以及其他危害人体健康的物质，足以造成严重食物中毒事故或其他严重食源性疾病的行为，符合生产、销售不符合安全标准的食品罪的构成。济南格林生物能源有限公司名为生产柴油、油酸、硬脂酸的"新能源"企业，实为加工"地沟油"销往食用油市场非法牟取暴利的黑色产业，日产量达五六十吨。袁某等人明知是"地沟油"而冒充品牌食用油大量销售。本案主体有单位、有自然人。对济南格林生物能源有限公司及其实际主要经营者柳某某等 14 人均应以生产、销售不符合安全标准的食品罪依《刑法》修正案（八）第 24 条修订后的《刑法》第 143 条的规定认定处罚。对袁某等人以销售不符合安全标准的食品罪，依上述法律的规定认定处罚。

【案例 50】

王某的行为构成了提供劣药罪。

《刑法修正案（十一）》第 6 条对《刑法》第 142 条增设了第 2 款，即药品使用单位的人员明知是劣药而提供给他人使用的，依照生产、销售劣药的规定处罚，因而本案的罪名为生产、销售、提供劣药罪。王某作为村卫生室的医生属于药品使用单位的人员，其明知该冒药已属被污染的药品即劣药（按照《药品管理法》第 98 条第 3 款的规定，被污染的药品为劣药），而提供给患者李某服用，对李某的身体健康造成了严重危害。故王某的行为应定性为提供劣药罪。

【案例 51】

华某、余某的行为构成共同的犯罪，罪名为提供假药罪。

《刑法修正案（十一）》第 5 条对修订后的《刑法》第 141 条增设了第 2 款，即药品使用单位的人员明知是假药而提供给他人使用的，以提供假药罪论处。根据 2019 年修订后的《药品管理法》第 98 条第 2 款第 2 项的规定，以非药品冒充药品或者以他种药品冒充此种药品的为假药。本案中以红薯粉冒充"三七粉"属于假药。

【案例 52】

该肿瘤医院及其直接负责的主管人邢某，直接责任人韩某构成妨害药品管理罪。

《刑法修正案（十一）》第 7 条新增设的《刑法》第 142 条之一规定了妨害药品管理罪，即具有法定的 4 种行为之一，足以严重危害人体健康的构成犯罪。在该法条第 2 款第 2 项中规定的行为是"未取得药品相关批准证明文件生产、进口药品或者明知是上述药品而销售的"，足以严重危害人体健康的，成立妨害药品管理罪。本罪的主体是单位和个人。本案中，对该肿瘤医院判处罚金，并对其直接负责的主管人员邢某和直接责任人员韩某，依照自然人犯罪的法定刑处制。

第四章　侵犯公民人身权利、民主权利罪

 本章要求掌握的罪名

故意杀人罪，过失致人死亡罪，故意伤害罪，强奸罪，负有照护职责人员性侵罪、强制猥亵、侮辱罪，猥亵儿童罪，非法拘禁罪，绑架罪，拐卖妇女、儿童罪，收买被拐卖的妇女、儿童罪，雇用童工从事危重劳动罪，诬告陷害罪，侮辱罪，诽谤罪，刑讯逼供罪，侵犯公民个人信息罪，报复陷害罪，破坏选举罪，暴力干涉婚姻自由罪，重婚罪，虐待罪，虐待被监护、看护人罪，遗弃罪

 本章精要

侵犯公民人身权利、民主权利罪主要是指侵犯公民人身及其相关权利的犯罪，以及剥夺或妨碍公民行使参与国家公共事务的权利、参与社会活动的权利及自由的犯罪。

侵犯公民人身权利、民主权利罪侵犯的客体是公民的人身权利和民主权利。公民的人身权利是指与公民人身密切相关的健康权、人身自由权、性权利、人格权、名誉权以及住宅不受侵犯的权利。公民的民主权利是指法律规定的公民所享有的参与国家事务管理和社会活动的权利，具体包括选举权、被选举权、批评权、控告权、申诉权、宗教信仰与宗教自由、少数民族保持本民族风俗习惯等权利。

此外，与婚姻、家庭相关的权利也被认为是公民人身权利、民主权利的一部分。

侵犯公民人身权利、民主权利罪的客观方面表现为侵犯公民人身权利、民主权利的行为，具体包括杀人、伤害、强奸、猥亵、绑架、诽谤、刑讯逼供、暴力取证、诬告陷害、打击报复、破坏选举、暴力干涉婚姻自由、虐待、遗弃等。

侵犯公民人身权利、民主权利罪多数由一般主体即自然人构成，少数犯罪是由特殊主体即负有照护职责人员、国家机关工作人员、司法工作人员、邮政工作人员等构成，强迫劳动罪等个别犯罪可以由单位构成。

侵犯公民人身权利、民主权利罪主观方面一般表现为故意，但过失致人死亡罪以及过失致人重伤罪的主观方面由过失构成。

经典案例

【案例 1】 阅读标记：（　）

王某在平时生活中经常辱骂和殴打妻子李某，还与女青年肖某有不正当关系。某日下午 4 时许，李某下班回到家中，发现王某与肖某在一起，为此李某与王某发生争吵。肖某见状离去，王某立即撇下李某去追肖某，李某亦追随其后，并与王某发生厮打，被人拉开后，李某回到家中。次日早 8 时

许，王某与肖某也来到家中，并要求李某搬出去住。此时，李某感到忍无可忍，在一怒之下，将厨房里的菜刀拿出照王某胸部猛砍一刀，在王某无力反击的情况下，又连砍数刀，王某当场死亡。李某又持菜刀与肖某厮打，对肖某头部连砍数刀，肖某亦当场死亡。李某将二人尸体用毛毯裹住，用自家货车运至郊外用汽油焚毁。

问：李某是否构成犯罪？构成何种犯罪？

【案例2】 阅读标记：（　）

张某通过王某认识了王妻李某，张某和李某认识后不久即发生不正当关系。李某常向张某哭诉其经常遭受王某殴打，二人便预谋将王某杀死以便共同生活。某日，张某依原计划携带所购买的菜刀到王某家中吃饭，其间将王某灌醉。稍后张某借故告辞，于楼下等候，并让李某确定王某是否已经喝醉。李某此时又不忍心杀害王某，便告诉张某说王某并未喝醉，并告诉张某不要再管她与王某之间的事，张某当即离去。后来，张某到王某家中找到李某，二人在阳台谈话时被王某听见，王某遂与张某厮打，李某从中劝阻。张某掏出随身携带的菜刀对王某胸部和腹部连砍数刀后逃离现场，之后李某叫人将王某送医院抢救，王某身受重伤。

问：李某是否构成犯罪？李某的犯罪形态如何？

【案例3】 阅读标记：（　）

杨某（男，1981年3月4日生）与同乡村民魏某多次商议绑架做生意的黎甲之子黎乙（1993年4月3日生），并商定向黎甲索要10万元现金。2000年10月，杨某介绍李某（男，1985年5月4日生）参与作案，李某当即同意，三人遂决定绑架后将黎乙隐藏在魏某家的地窖内，由李某负责看管。由于其他原因，魏某没有再参与。杨某与李某决定由其两人实施绑架，并商定先杀死黎乙再向黎甲要钱。为此二人准备了麻醉药、手套、透明胶带等工具。2000年11月3日上午，两人在黎乙上学途中用浸有麻醉药的纸巾将黎乙捂昏后将其杀死。二人于当日下午打电话向黎甲要10万元赎金。

问：李某是否构成犯罪？应该如何定罪量刑？

【案例4】 阅读标记：（　）

宋某是一个17岁的辍学未成年男孩子，经常泡网吧。2007年5月的一天，宋在网吧与一外地女青年柳某（18岁）相识。第二天，两人再次见面并发生性关系，随后宋问柳："你喜欢我吗？"柳回

答："我喜欢你，愿意为你去死。"宋随即将柳按倒在地，两手掐住柳的脖子约半分钟（两手拇指按住咽喉部位），后左手拿开，右手继续掐了约半分钟，见柳某不动了，宋即放手，至此发现柳已没有呼吸了。宋见状心里害怕，将此事告诉了家人，家人陪同其自首。

案发后，宋供述以前被女友甩过，故觉得新认识的女友短时间说出这种话难以置信，故用掐脖子的方法试探其是否"真心"喜欢自己，没想到出这种事。并供述知道掐脖子会掐死人，但真没想掐死女友，当天自己喝了三瓶啤酒，手劲可能比较大。

问：对宋某的行为如何认定？说明理由。

【案例5】 阅读标记：（　）

张某曾经乘儿媳王某欲超生孩子被计生部门追查，到其卧室内进行躲避时强行对其实施奸淫。此后，张某多次纠缠王某，欲与其发生性关系，并在其子外出打工期间偶有得逞。王某多次请邻居和村领导对张某进行劝说，均不见效。一日，当王某正在洗澡时，张某又强行与王某发生性关系，王某不从，双方发生厮打，其间张某不慎摔倒在地，在光线微弱的情况下，王某摸着菜刀向张某砍去，一连数下均砍在张某头部，致张某死亡。

问：王某行为是否构成犯罪？构成何种犯罪？若不构成犯罪，请说明理由。

【案例6】 阅读标记：（　）

王某到其同事李某家向李某借钱。在李某拿出900元钱给他后，王某心生歹意，在离开李某家半个小时后又返回李某家，邀请李某一同出门购物。走到大街僻静处，王某乘李某不备，在地上捡起一块砖头狠砸李某头部，李某当场晕了过去。王某见状返回李某家，用砖头将锁砸开，把李某家的钱洗劫一空。在离开的途中，王某决定杀死李某灭口，于是返回李某受伤处，又用砖头砸李某头部数下，李某当场死亡。在确信李某已经死亡后，王某返回家中。

问：王某的行为是否构成犯罪？构成何罪？说明理由。

【案例7】 阅读标记：（　）

张某与公司女同事李某受另一同事邀请到该同事家中吃晚饭。喝完酒后，几个人在返回公司的途中与张某的妻子王某相遇。王某一直以来都怀疑张某与其同事李某关系暧昧，此时撞见两人在一起更是负气回家。当晚张某与妻子王某争吵不休，张某

说："我不愿意再见到你，我不想活了。"王某说："你不见我，那我也不想活了。"张说："那好，我们两个一起死。"于是张某从厨房取出一把菜刀，表示要与王某一起自杀。王某见状同意张某的提议，决定与张某一起自杀。这时张某对王某说："我看还是不要死了，两个人在一起没意思，不如离婚算了。"王某得知张某不想死，还要抛弃她，便气愤地对张某说："没有你这号人。"随即拿起菜刀切断了自己的颈动脉，张某没有加以制止，反而想王某死后自己可以和李某在一起。在邻居发现异样时，张某谎称王某切菜切到手了，极力阻拦不让抢救。王某失血过多，当场死亡。

问：张某的行为是否构成故意杀人罪？为什么？

【案例8】 阅读标记：（ ）

李某之母夏某长期卧病在床，1997年9月去医院诊断，结果为"肝硬变腹水"。1998年病情日益严重，腹水胀痛并伴随昏迷，使其痛苦不堪。同年李某与其兄弟商量，将其母转院至华夏医院治疗，王某为其主治医师。医院已经开出病危通知书。王某按照一般的常规治疗，进行抽腹水手术后，夏某的病情略有缓解。2000年3月9日，夏某病情加重，表现得十分痛苦和烦躁，拒绝治疗，一直说想死，直到护士为其注射了安定剂后方安然睡去，第二天凌晨又再次昏迷不醒。李某问当晚值班医生："我妈是否还有救？"医生回答说："已经没有希望了，因为来得太迟。"李某又说："既然我妈已经没救了，能否让她早点咽气，免得这么受罪。"值班医生未允许。3月12日，李某找到主治医师王某，坚持要求给夏某注射药物使其无痛苦死亡，遭到王某的拒绝。在李某再三声明表示愿意承担责任后，王某给李某开出处方，并要求其签字。李某第二天在医院要求护士为其母注射该处方，当晚李某见其母仍然还活着，便又去找值班护士注射。夏某于3月14日凌晨死亡。夏某两次接受王某处方总量在正常范围内，并且患者在第二次用药后14小时死亡，临终表现无血压骤降或者呼吸中枢抑制。因此王某的处方加深了患者的昏迷程度，促进了死亡，并非其死亡的直接原因。

问：王某的行为是否构成犯罪？理由是什么？

【案例9】 阅读标记：（ ）

吴某的哥哥在其公司同事李某家里吃饭，因为小事与李某的表弟张某发生争吵，吴某的哥哥被张某打了一个耳光。吴某的哥哥便打电话叫吴某来为

其帮忙，吴某接到电话立即赶往李某家中，并且在路上捡了两块砖头。进入李某的房间时，吴某发现张某手中有一把菜刀，便将自己手里的砖头朝张某扔了过去，打在张某的头上，致张某轻微受伤。这个时候，李某将吴某拦住，并向他解释说刚才的冲突只是因为一点误会，张某才动手打人。吴某听后对其哥哥说："没有别的事情，那我们就回家吧。"但吴某的哥哥已经喝酒太多，不听吴某的劝告，仍然与张某争吵不休。吴某一怒之下便将手里的另外一块砖头朝哥哥扔了过去，正好击中其头部。随后，吴某和其他人扶他哥哥回家休息。第二天早上9点左右，吴某的哥哥被发现死于家中。经过法医鉴定，吴某的哥哥因为受钝器作用，致使急性脑膜出血，引起呼吸衰竭从而导致死亡。

问：吴某的行为是否构成犯罪？构成何种犯罪？

【案例10】 阅读标记：（ ）

钱某与李某一起驾驶一辆加长货运车，运输一车铁皮到河北省某地，在卸载货物的时候被当地税务所的税务人员拦下来检查该车纳税凭证，发现该车从2000年12月份开始就没有缴纳营运税，于是税务所决定扣押该车，并交由乡政府处理此事。第二天晚上9时左右，税务人员张某与乡政府司机赵某以及钱、李两人一起把车开往乡政府，在进入该村口时，由于路面比较狭窄，而且路边的小摊贩比较多，张某与赵某以及钱某一起下车把旁边的障碍物搬走。当时情况较为混乱，于是李某趁机叫钱某跳上货车，二人立即开车逃跑。张某发现之后，随即抓住该货车的绳子，往货车上攀爬，还抓住同时往车厢上爬的钱某的右脚，钱某立即双脚乱蹬，致使张某落到地上，并且受伤，送医院抢救无效死亡。

问：钱某的行为是否属于意外事件？如果不属于，他的行为构成何种犯罪？并且说明理由。

【案例11】 阅读标记：（ ）

某房地产开发公司经过竞标获得某市郊一地块，因该地块上一农户郝某嫌补偿过低而迟迟不肯搬离。2013年11月的一个晚上，该公司雇了10个社会上无业人员进行强拆，期间郝某反抗被强拆人古某打折一条腿。古某交待公司指使可采取一切措施强拆。后该公司的总经理严某被抓获，承认公司决策雇人实施了强拆行为。

问：对被害人郝某的受伤后果谁应承担刑事责任？并简要说明理由。

【案例 12】 阅读标记：（　　）

刘某被假释回到其所在原籍，在其舅舅所开的宾馆内当服务员。某天晚上，刘某见到本地女旅客赵某正独自在房间内熟睡，遂产生歹意，刘某先对赵某进行猥亵，然后对她实施奸淫。在此期间，赵某曾经一度被惊醒，但又误认为刘某是住在同一家宾馆的她的男朋友，因此就没有反抗。刘某事后匆忙离开现场，引起了赵某的怀疑，赵某马上向公安机关报案，刘某被抓获。

问：刘某的行为是否构成犯罪？为什么？在量刑时有何考虑情节？

【案例 13】 阅读标记：（　　）

2001 年 2 月 3 日晚 9 点左右，李某（1986 年 3 月 4 日生）与其他三名休学的同校男同学张某、王某以及赵某（三人均未满 16 周岁），在李某所在的校园逗留看录像之后，李某强迫他刚认识不久的女同学吴某（1989 年 5 月 3 日生）到学校附近李某的家中为其打扫房间，其间又强迫吴某喝了很多啤酒。当吴某喝醉了躺在李某的床铺上休息时，李某当着张某等三人的面，对吴某进行猥亵，并且实施了强奸。

问：李某的行为是否可以认为是犯罪？如果认为是犯罪应该如何处罚？

【案例 14】 阅读标记：（　　）

李某与张某原来是同居关系，后来因为感情不和以及经济纠纷等多种原因而分开居住。一天，李某到张某住处，要求与张某发生性关系，遭到张某的拒绝。李某就从衣服里面掏出事先准备好的水果刀，对准自己的喉咙，对张某说："我绝对是真心爱你的。如果你不同意我的要求，我就死在你的面前。死后就是变鬼也不会放过你。"张某害怕这件事情张扬出去，自己脸上不好看，就在李某的威胁下被迫与李某发生了性关系。当天晚上，到半夜时分，李某又用同样的手段再次威胁张某，于是张某再次与之发生性关系。

问：李某的行为是否构成强奸罪？说明原因。

【案例 15】 阅读标记：（　　）

张某承包了西北村的西瓜地，在西瓜地南侧搭了一间草房。该西瓜地位于比较偏僻的地方，很少有人来往。在西瓜地的旁边有一块菜地，西瓜地与菜地之间有一个水塘。为了生活用电方便，张某从西瓜地北面一根电杆上拉了一根电线，横穿西瓜地接入草房。张某在拉电线时，未采取架空的方法，而是将电线搭在西瓜地的铁丝网架上，使电线与铁丝直接接触。某日，在西瓜地旁边种毛豆的承包户李甲去菜地里干活时，手碰到了西瓜地的铁丝网架，有触电的麻木感，当即告诉了其父李乙。李乙将上述情况告诉了电工王某。王某即赶到现场查看，并在电杆处将张某所拉的电线剪断，又找到张某的未婚妻赵某，明确告知拉的电线有破损，不能用了，要换新的电线，否则要出事故。当天，赵某把电工的话告诉了张某。张某即去查看了一下，发现电线确有几处已经磨破，露出了铜芯，他就用塑料薄膜将破损处作了包扎，又重新接通电源，后又用手在塑料薄膜包的地方碰了一下，觉得没有电麻的感觉，就没有再采取换电线的措施。当李甲又去菜地浇水时，双脚踩在水塘中，右手触及西瓜架上的铁丝，因铁丝带电而触电倒地。事故发生后，张某积极协助将李甲送去医院抢救，并帮助做人工呼吸，但是李甲最终死亡。

问：张某的行为是否构成犯罪？构成何种犯罪？并说明理由。

【案例 16】 阅读标记：（　　）

张某在某风景名胜区开办了一家度假村。王某等旅行社 40 余人在张某的度假村住宿时，王某要求住有火炕、比较暖和的房间。张某考虑到有火炕的房间可能存在不安全因素，本不想出租，但又想到只要开着窗户，不至于发生危险。于是，便将有火炕、但长期没有使用的储藏室租给王某住宿，并提醒王某睡觉时不要关窗。储藏室不在张某依法核准的度假村经营范围内，不属于可出租房屋。张某一直没有在旅店内巡查。次日早晨，他发现王某因一氧化碳中毒死亡。

问：张某的行为是否构成犯罪？构成何种犯罪？

【案例 17】 阅读标记：（　　）

张某因为丈夫王某向她提出离婚，便怀疑王某有外遇，遂唆使李某对王某进行跟踪监视。一天，李某同钱某、赵某跟踪王某的时候，发现王某与其女同事孙某进入一家郊区宾馆，李某立即给张某通风报信。张某得知消息之后，便和吴某一起来到宾馆与三人会合。五人进入宾馆找到王某和孙某后，张某立即上前打了孙某一个耳光，和吴某揪着孙某的头发将其拖到宾馆外面的街道上。李某、钱某和赵某则把王某拖出宾馆门外，用领带将王某捆绑住，并且让王某给张某跪下。李某又到孙某的身边，拖住孙某的衣服领子，将孙某拖倒在地，吴某按着孙某的胳膊和腿，张某骑在孙某身上，击打孙某脸部。李某随后又将孙某胸衣撕破，致使孙某乳房外露，并对孙某说："不如你和我好，绝对不会亏待你的。"张某等人后来还押着王某和孙某在大街上走，引起群众围观，影响极其恶劣。

问：张某和李某等人的行为是强制侮辱罪还是侮辱罪？

【案例 18】 阅读标记：（　）

李某在某乡纺织厂工作，经人介绍先后谈了五个女朋友，但是都因为对方嫌弃李某家庭贫困而不愿意与之谈婚论嫁。在经过这几次打击之后，李某认为自己这辈子是没有希望结婚了，于是产生了寻找异性寻求刺激的念头。从 1996 年 8 月开始，李某先是在黑暗的小巷内，对过路的女青年动手抚摸胸部。后来感到不过瘾，就自己准备了一把匕首，在晚上多次对大街上的单身女青年用匕首刺划，以寻求快感。1998 年 9 月 4 日晚，李某跟随单身女青年赵某走到一个小巷子里面，向赵某的臀部猛刺两刀之后逃跑，同年 10 月，李某还先后将八名单身女青年刺伤。

问：李某的行为构成强制侮辱罪还是故意伤害罪？请说明理由。

【案例 19】 阅读标记：（　）

李某系北京郊区一 64 岁的男性农民。其邻居系外地进京打工的一对夫妻及 5 岁的女儿花花。2015 年 11 月一个周五的下午，花花的父母外出干活，只有花花一人在出租房内玩耍。不一会儿，李某将自己的院门打开，喊花花来跟他家的小狗狗玩耍。玩了一会后，李某喊花花进屋吃蛋糕，花花进屋后接过蛋糕就吃，此时李某说要给她按摩。李将花花的裤子脱到膝盖处，并用手对其下体进行抠摸并致轻伤害。直至花花的母亲回家后发现报警。

问：李某的行为应如何认定处理？请说明理由。

【案例 20】 阅读标记：（　）

赵某的丈夫钱某将孙某强奸，案发后，赵某曾经多次找到孙某，要孙某把强奸说成是自己愿意的不正当男女关系，并拿出人民币 7 000 元交给孙某所在单位的领导李某保管，作为以后给孙某的补偿，孙某没有同意。某日上午，赵某与孙某、李某乘车去公安局预审科作证，在返回途中，赵某将孙某拉到家中拘禁起来。赵某强迫孙某按照她事先请

人写好的伪证材料抄写一份，并在材料上面亲笔签名说明材料内容属实，内容是说赵某的丈夫与孙某系恋爱当中自愿发生的男女关系。在孙某被赵某拘禁期间，孙某所在单位的领导李某曾好几次去叫孙某回家，赵某均不允许。一周后，公安派出所接到报案，派员去解救孙某，赵某当晚又将孙某转移到自己的舅舅家继续拘禁。直到次日上午，孙某才被解救出来。

问：赵某的行为是否构成犯罪？构成何种犯罪？请说明理由。

【案例 21】 阅读标记：（　）

某县派出所民警张某了解到与自己妻子婚前有过性关系的该县食品厂工人王某有赌博行为，在未受任何领导指派的情况下，将王某叫到自己房间里对其进行讯问。在王某矢口否认的情况下，张某将王某的双手反绑在床脚上，对王某拳打脚踢，并用电警棍触击王某的身体。王某忍受不住，大声叫喊，张某便用数张厕所内粘有粪便的手纸堵王某的嘴。在堵嘴时，王某提出要解大便，张某将王某的裤子、鞋全部脱光，拿过一个脚盆让王某大便，王某感到不适提出不行。张某见状恼羞成怒，又用电警棍触王某的生殖器，并问王某"强奸了几个妇女"，王某当即否认。凌晨 3 点左右，张某将王某从自己房间拖到办公室，将其双手反绑在长椅上，令王某光着下身跪在地上接受讯问，同时还继续对王某施以拳脚，用电警棍击打其头部。王某最后被迫承认曾参与过两次赌博，被罚款 400 元后，在第二天上午 9 点方才回家。

问：张某的行为构成何罪？说明原因。

【案例 22】 阅读标记：（　）

张某向其女友王某提出要绑架某工厂财务科主任李甲 15 岁的儿子李乙作为人质，勒索钱财，王某表示同意。第二天，张某、王某一起又找到小学同学赵某，让其参与绑架人质一事，赵某也表示同意。由于赵某未按约定时间去找张某，于是，张某又找到其同乡吴某共谋绑架李乙。次日晚上 6 点左右，张某携带作案工具，开货车搭载着吴某到李乙就读的学校附近，等候李乙出来。当李乙下课走出学校门口时，吴某把李乙骗到张某等候的地方，张某即持刀威胁李乙不准喊叫，然后二人把李乙按倒在地，用绳子捆住李乙的双手，用湿毛巾把李乙的嘴堵住，吴某用上衣把李乙的眼睛蒙住，然后两人一起把李乙带到一家宾馆，由吴某看守。张某则来到工厂，把事先写好的索要 6 万元人民币

的恐吓信交给李甲所在财务科的一名工作人员。此后，张某和吴某一起把李乙带到吴某的住处，两人轮流看守李乙，没有对李乙实施虐待、殴打、侮辱等行为。当天晚上10点左右，李乙的母亲按照信件指定的时间和地点，把6万元人民币交给张某。张某携款到自己开办的商店里，对在此等候的王某说："款我取来了。"二人清点钱数后，张某从6万元中取出8千元送到吴某家，对吴某谎称只勒索到2万元。当天晚上12点左右，张某、吴某把李乙放出来。作案后，张某将作案经过告诉了王某、赵某。王某把剩余的赃款带回家中帮张某隐藏。

问：张某的行为构成抢劫罪还是绑架罪？请说明原因。

【案例23】 阅读标记：（　　）

张某听说邵甲家中非常有钱，于是产生了将邵甲的儿子邵乙绑架以便勒索财物的犯罪意图。某日，张某准备了口罩和麻药，一路跟踪邵乙到了学校。到了下午放学的时间，张某将邵乙单独骗了出来，告诉他带他去玩电子游戏。张某将邵乙带至一山洞中，用事先准备好的口罩捂住邵乙的嘴，并用麻药将其迷昏。然后张某用绳索将邵某捆绑起来，同时准备第二天打电话向邵甲家勒索财物。但第二天上午张某下山打电话途中，看到山下面有几辆警车正在呼啸，因而心生恐惧，决定放弃绑架邵乙并且将其释放回家，于是张某回到山洞中，将邵乙释放后潜逃。

问：张某的行为属于绑架罪的既遂形态、未遂形态还是中止形态？如何处理？请说明理由。

【案例24】 阅读标记：（　　）

张某纠集当地地痞流氓数人，闯入当地中学老师沈某夫妇家中，将沈某夫妇挟持到当地一家造纸厂的废旧车间内，向他们索要8万元人民币。由于被限制人身自由，两人被迫同意将存有5万元人民币的存单交给张某。张某再次回到沈某夫妇家中，拿走存单和沈某夫妇的身份证件，到银行取出他们的5万元存款，张某在限制沈某夫妇人身自由大约10小时后，将他们释放回家。

问：张某的行为是抢劫罪还是绑架罪？说明理由。

【案例25】 阅读标记：（　　）

在某劳务市场，张某伙同王某以招聘保姆为

名，将单身未婚女青年李某拐骗卖给农民赵某为妻，共得赃款人民币4 000元。此后，张某又伙同王某及钱某又以同样手段将单身女青年孙某拐骗卖给农民吴某为妻。因为吴某是王某的亲戚，所以没有向他要钱。吴某强迫孙某与他共同居住30余天，在这之后孙某逃离。在此期间，张某还伙同钱某，以前述手段企图将单身女青年黄某拐骗卖给农民廖某为妻。廖某因为害怕上当受骗，要求将黄某的户口及其档案转来，结了婚再付款，所以这桩交易没有做成。案发后，赃款已被追缴。

问：张某的行为是否构成犯罪？构成何种犯罪？

【案例26】 阅读标记：（　　）

赵某和钱某到北京打工，二人曾在孙甲的工地劳动，因孙甲拖欠他们3万元的劳动报酬，经过多次讨债都没有结果，便预谋骗走孙甲的13岁的女儿孙乙，以此迫使孙甲付给他们应得的报酬。某日，钱某谎称孙乙的奶奶生病了在住院，需要去探望为理由，将孙乙从家里骗出，与赵某会合后，将孙乙带到赵某临时租来的住处，把孙乙看管起来。次日，赵某写了一封恐吓信，要求孙甲必须带3万元现金来领女儿，否则由钱某将孙乙带回湖北原籍结婚。孙甲收到恐吓信后，立即派杨某前往赵某住处领女儿。因赵某坚持要孙甲拿来3万元现金才能领人，杨某未能将孙乙领回。赵某、钱某随后将孙乙转移到赵某的老家。赵某与钱某策划，以2万元的价格将孙乙卖给同乡黄某做妻子。第二日，孙甲及其妻打电话找赵某要女儿，赵某仍然逼迫孙甲拿出3万元现金。孙甲无奈，遂向当地公安机关报案，但此时孙乙已被钱某、赵某带到了湖北，并被钱某、赵某强奸。后经公安机关解救，孙乙才回到父母身边。

问：赵某的行为是否构成犯罪？构成何种犯罪？说明理由。

【案例27】 阅读标记：（　　）

苑某夫妇系江苏某市郊区的农民，已生育两个女儿，急盼再有一个儿子。一天，在人贩子万某那里花2万元买了2个月大的婴儿小宝作儿子。一年后，贵州某市公安局的警察到来，并与当地警察联手解救被拐卖的3个儿童，其中包括苑某夫妇花钱买的儿子小宝。在警方解救小宝的过程中，苑某夫妇没有阻碍。

问：对苑某夫妇的行为如何处理？简要说明理由。

法律硕士联考专业基础课经典案例分析

一／般／经／典／案／例

【案例28】 阅读标记:（　）

某镇农民刘某共生有两子。后来,刘某有了外遇,与妻子的关系恶化,刘某一怒之下带着自己的情人来到某市开始同居。几个月之后,刘某将身上所带钱财花完,生活捉襟见肘,十分困难。刘某于是打起自己儿子的主意,突然回到家中,抱走两岁大的二儿子,以3万元的价格卖给了当地一个个体户,并谎称自己离婚后养不起两个孩子,只好把他们中的一个送出去,给别人养活。一星期后,刘某之妻报警,很快将孩子和刘某找到。刘某之妻告诉警方,他们家的经济状况一点也不困难,一年收入几万元,完全有能力养好孩子。刘某被公安机关依法逮捕。

问:刘某出卖自己亲生儿子的行为是否构成犯罪?说明理由。

【案例29】 阅读标记:（　）

20岁的女青年鄂某在南方某城市打工期间曾怀有男友赵某的孩子,其男友赵某是已有一个儿子的离婚男子,想要一女孩。鄂返回北方家中休息期间B超检查怀的是男孩,虽自己作主人工流产,但鄂觉得无法向男友交待,遂产生抱一个女孩子的想法。于是在2009年11月某日凌晨,假扮护士溜进某医院产科住院部,以检查新生儿为名骗取刚生下女儿15天的产妇王某夫妇信任,将王的女儿抱走。警方在十天后于南方某城市抓获鄂某,并抱回王某的女婴。

问:对鄂某行为如何认定?说明理由。

【案例30】 阅读标记:（　）

张某系某制药厂负责人,1998年10月来到某区劳务市场招聘车间工人。张某接到王某的简历,觉得王某身体不错,很适合在制药厂的生产车间工作,于是和王某签订了为期3年的劳动雇用合同。王某曾经提出自己1986年出生,年纪太小恐怕不能胜任制药厂的工作,张某说:"没关系,在车间工作不需要太多经验,只要把药装在瓶子里就行了。"王某遂跟随张某来到该制药厂,进入一线车间工作。一个月后,王某发现自己身体出现异常状况,先是浑身起了红斑状的疹子,后来出现腰痛的症状,并且伴随小便的不正常。王某一个月后到医院进行身体检查,检查结果为长期处于辐射状况之下,导致肾功能衰竭,并有可能影响以后的生育功能。但该制药厂知道此事后,并未做出任何反应,1999年2月王某将当初招聘自己,并且有隐瞒事实真相行为的张某起诉至法院。

问:张某的行为属于民事范畴还是刑事范畴?如果属于后者,那张某的行为是否构成犯罪?说明理由。

【案例31】 阅读标记:（　）

村民谢某从当地电器市场上买回一台34英寸海信牌彩色电视机,但6天后即被盗走。谢某四处查询都没有结果,于是便向当地派出所报案。谢某去邻居林某家串门时,发现林某家有一台34英寸的海信彩电,林某告诉谢某这是自己刚从电器市场上买回来的。谢某知道林某家经济一向不宽裕,便怀疑林某家的34英寸的海信彩电即是自己所丢失的那台。谢某急忙从林某家出来,赶到村委会,向村里的党支部书记报告林某偷窃一事。村支部书记于是马上向派出所报案。派出所即对林某进行传唤,并经过调查取证,发现林某家的彩电的确是林某自己购买的。后来,林某从邻居处得知自己被冤枉是谢某告发,便以谢某诬告陷害为由向法院提起诉讼。

问:谢某的行为是否构成诬告陷害罪?请说明理由。

【案例32】 阅读标记:（　）

张某的母亲廖某患有癌症,经医治无效而死亡,于是张某想把刚去世的母亲与已经去世3年的父亲一起合葬在圣灯乡。因为张某的居住地离圣灯乡还有一段距离,因此,张某找到圣灯乡乡长王某提出了此要求。由于正逢初春时节,当地风俗忌讳迁葬,所以此事遭到圣灯乡群众的强烈反对。张某认为这是圣灯乡乡长王某从中作梗,便组织一帮地痞流氓将其母亲的灵柩放置在王某所住楼房的临街商店门前,并将一些花圈靠在商店房的前檐下,烧纸、放炮和吊唁活动不断,时间长达20天。在此期间,张某等人还多次在商店门前对王某及其家人进行辱骂,言语不堪入耳,影响十分恶劣。后来在当地居民委员会的调解和干涉下,张某才将其母的灵柩抬走。王某在此期间被迫呆在家中闭门不出,被单位记为旷工,给王某造成直接经济损失1 000余元。

问:张某的行为是否构成犯罪?构成何种犯罪?请说明理由。

【案例33】 阅读标记:（　）

张某长期怀疑其妻子王某有外遇。一日,两人因为小事发生了争吵。张某大怒之下,揪住王某的头发,用红墨水在王某脸上写上"我是娼妇,我有

50

外遇"等字眼，把王某拖到自己家门外的大街上，用手按住王某迫使其跪在地上，大声吆喝周围的街坊邻居前来观看，长达 3 个小时。直到有人拨打"110"，警察赶来才制止了张某的行为。

问：张某的行为是否构成犯罪？构成何种犯罪？请说明理由。

【案例 34】 阅读标记：（　）

某乡信用社工作人员李某在信用社、乡政府门口等处的墙壁上，都发现有人用红油漆书写的诽谤自己的文字，捏造自己与同村一名女青年有不正常的关系，语言极其下流。这给李某的生活造成很大影响，李某曾请朋友或亲自守候试图将书写者抓获，均未能成功。后来，李某与同单位的同事出差返回信用社，在经过乡政府的东门时，发现一人正在墙上用红色油漆书写，李某与其同事便将写字的人抓获，发现此人正是同学王某，遂将王某送到派出所。据王某交代，正是因为李某的原因，自己从前的女朋友才会和自己分手，导致自己年逾 30，连一个对象都找不到，王某对李某一直意图报复，所以才会用红油漆书写诽谤李某的文字。

问：王某的行为是否构成诽谤罪？为什么？

【案例 35】 阅读标记：（　）

某市公安局刑侦大队接到一名由派出所移送的涉嫌非法拘禁他人的犯罪嫌疑人孙某，值班民警安排资深民警钱某和当时在此实习的警官大学学生谢某对孙某进行审讯。谢某和钱某将孙某带至刑侦大队审讯室后，用手铐将其双手反铐在铁窗栏杆上后对其进行审讯。在审讯过程中，钱某由于有紧急情况要出警，于是就叫谢某先停止审讯并监视孙某，等待其回来一起审讯。但谢某却单独继续审讯，为了让孙某如实交代其所实施的全部犯罪行为，谢某不仅一直让孙某脚尖着地，双手反背地挂铐在栏杆上，还对孙某用警棍进行殴打，不给其吃饭，不让其上厕所。当天下午 6 点左右，孙某脸色发白，浑身瘫软，谢某才发觉孙某体力已经不支，遂将其手铐打开，并拿了杯水给他喝，孙某终于支持不住，下午 8 点被送往当地医院急救。由于长时间挂铐，孙某的双手血管遭到破坏，已经失去知觉。后经法医鉴定孙某为重伤。

问：谢某是否构成刑讯逼供罪？说明理由。

【案例 36】 阅读标记：（　）

某区派出所民警张某与某乡派出所的干警在去一起抢劫案件的现场途中，见国道旁有两人在等车，发现两人形迹可疑。张某上前询问，这两人自称名叫王某和李某。张某怀疑这两人是这起抢劫案的犯罪嫌疑人，遂将这两人带回乡派出所以扣留。第二天早上 8 点左右，张某与乡派出所的干警赵某、钱某、孙某对王某进行讯问。在讯问过程中，张某用一根长约 50 厘米、粗约 40 毫米的灰白色橡皮管击打王某的臀部、胸部和背部。在 9 点 30 分左右，张某让赵某、钱某去休息，由其本人与孙某留下继续讯问。在此期间，张某又用一块厚木板击打王某的背部、双腿及臀部等处，造成王某的双腿内外侧皮下大面积淤血，深达肌层。上午 10 点左右，张某让赵某、钱某接替其继续讯问，但讯问两个多小时仍无结果，便将王某关押。第三天早上 7 点左右，在把王某带往现场辨认的途中，张某发现王某神情不对，立即把王某送往医院。王某经抢救无效，于当日下午 3 点死亡。经过市公安局法医鉴定，结果为："王某生前患有心腔内血栓形成和肺、气管、心包等处感染，在受到多次皮肤、皮下组织挫伤出血、疼痛等因素的刺激下，激发心内血栓断裂出血而死亡。"

问：张某的行为构成刑讯逼供罪还是故意杀人罪？说明理由。

【案例 37】 阅读标记：（　）

朱某、祝某、崔某、范某分别系某县公安局刑警大队副大队长、教导员、国内安保大队副大队长、刑警大队二中队副队长。朱某等 4 人在对犯罪嫌疑人李某审讯过程中，为达逼取口供迅速破案之目的，对李违法使用械具进行体罚。审讯停止后对李继续违法使用械具，使其长时间站立，逼迫其尽快交代案情。因体罚时间很长，诱发李某心肌炎发作，心力衰竭，心源性休克死亡。案发后 4 人还先后三次订立攻守同盟，企图逃避法律制裁。在本案中，朱、祝指挥并参与、崔、范积极参与。

问：对朱某、祝某、崔某、范某 4 人的行为如何认定？说明理由。

【案例 38】 阅读标记：（　）

张某系某市市委组织部部长，因为有人写匿名信告发其为让自己女儿上学方便，而动用公款购买一部小轿车的以权谋私的行为，受到上级监察部门的审查。经审查，张某的行为属实，张某因此受到了上级监察部门的警告处分。张某对此事一直耿耿于怀，想要查出是谁写了这一封匿名信。张某通过自己的亲戚关系设法看到了检举自己的匿名信，并根据字迹认定是自己的下属王某所写，因为王某一直喜好书法，其笔迹非常有特点。此后，张某多次利用自己的职权阻拦王某的升迁，还将王某现有职务往下调了一级。后来，张某还以单位精简人员为由，通知王某在家待岗。

问：张某的行为是否构成犯罪？说明理由。

【案例 39】 阅读标记：（　　）

张某是某市教育局的局长，其女儿学习成绩一般，但张某想要其女儿直接保送上大学，于是让女儿的高中班主任老师王某篡改其女儿高中三年的学习成绩。王某开始不愿意，后来张某对王某说："我担保这事不会连累到你。"王某才假造成绩表并签字。张某女儿的成功保送引起他人很大不满，教师王某出于一名教育工作者的良心，写信揭发了此事。张某的女儿最后未能如愿以偿，张某也受到了纪律处分。张某知道这件事情是王某揭发的之后，怀恨在心，多次以该中学教师编制已满，需要裁员的名义，压制该中学的校领导。后来，该中学以编制已满为理由将王某辞退。

问：张某的行为构成何罪？为什么？

【案例 40】 阅读标记：（　　）

某镇将补选镇长，赵某串通钱某先后多次纠集孙某、李某、张某、王某、伍某等 5 人到赵某家中，密谋策划贿赂该镇人大代表，让代表选举自己当该镇镇长。商定该镇 47 名人大代表中必须贿赂半数以上，以确保赵某当上镇长。后来，钱某将赵某预先准备好的各装有人民币 3 000 元的 40 个信封袋交给孙某等 5 人，让孙某等 5 人分头贿赂各自联系的镇人大代表，并要求人大代表选举赵某当镇长。赵某还亲自贿赂 6 人，合计行贿金额 6 万元。该镇召开人大会议补选镇长，选举结果是 47 名代表投票，镇长候选人黄某得 23 票，赵某得 15 票，无效票 6 票也写上"赵某"姓名，弃权 2 票。由于赵某、钱某的贿选行为，致使镇长选举无法依法进行。破案后，追缴回贿赂赃款 4.7 万元。

问：赵某和钱某的行为是否构成犯罪？构成何种犯罪？说明理由。

【案例 41】 阅读标记：（　　）

雍某的母亲汪某 62 岁，寡居多年，后与刘某认识交往几年，打算结婚。但雍某认为作为儿子不能同意 60 多岁的老母再嫁人，于是百般干涉，甚至发展到多次将母亲反锁至房内不准出门与刘某见面，

并殴打上门看望母亲的刘某，致刘某轻微伤。后其母汪某与刘某将雍某起诉至法院。

问：对雍某的行为如何认定处理？简要说明理由。

【案例 42】 阅读标记：（　　）

张某与王某系同学，1999 年元旦双方登记结婚。后来张某与其妻王某因为家务发生争执，导致夫妻感情出现裂痕。2001 年 11 月，张某以双方系非法同居关系而且没有领取结婚证为理由起诉与王某离婚，王某经法院合法传唤，无正当理由没有到庭参加诉讼。后法院依据原告张某陈述的事实，确认了双方系非法同居关系，并判决予以解除。在法院向王某送达判决书后，王某亦未上诉。判决书生效后，张某又再次结婚，王某得知后，向法院提起刑事自诉，要求追究张某重婚罪的法律责任。

问：张某的行为是否构成重婚罪？说明理由。

【案例 43】 阅读标记：（　　）

赵某经常在醉酒后对妻子钱某进行打骂。一日，赵某醉酒后，以妻子有外遇为借口，将妻子的衣服剪坏、烧毁，并用皮带对妻子的背部、四肢等部位进行殴打，还用一块长约 60 厘米、宽约 50 厘米、3 厘米厚的木板击打钱某的背部、双腿及臀部等处，造成钱某的双腿内外侧皮下大面积淤血。张某还让妻子下跪作为体罚，时间长达 10 个多小时。后来，赵某发现钱某神情不对，即将其送往医院。钱某经抢救无效，于当日下午死亡。经尸检，钱某是由于多次被钝物击打头部、背部、四肢，加之下跪造成疲劳过度，致使呼吸循环功能衰竭。没有发现大量旧伤。

问：赵某的行为构成虐待罪还是故意伤害罪？说明理由。

【案例 44】 阅读标记：（　　）

戴某生下女儿小红后即到省城打工，直到女儿快到上小学年龄才接来上学。由于母女多年的分离，小红常有不听话的表现，而戴某则极不耐烦，经常粗暴地打骂小红。在长达一年半的时间里，戴某对年仅 6 岁的女儿用蚊香烫其胸部、背部，拧抓其四肢，抓住头部撞地等。终于在 2008 年 11 月的一个晚上，多次推拉其女儿头部撞地后致其昏迷送医。数日后，小红不治身亡。

经鉴定，小红浑身是青紫伤、烫伤；死因系钝性外力多次作用头部，致闭合性颅脑损伤。

事后戴供述其"教育方式不对"，"曾几次推拉

女儿做仰卧起坐，致其头部多次撞击地面"。

问：对戴某的行为如何认定？简要说明理由。

【案例 45】 阅读标记：（　）

钱某是某工厂工人，家中共有兄妹二人，妹妹已出嫁，母亲早年去世，其父（65 岁，由于工伤事故丧失劳动能力）一直随其生活。钱某认为父亲拖累全家人的生活，一直心存不满。一日，钱某听人说其父有存款 3 万余元，便向其父询问，其父不承认有存款。在这之后，钱某以妻子下岗无收入等理由，要求父亲去妹妹家生活。其父因为女儿早年患有小儿麻痹症，自己的生活尚且不能自理，而且经济条件也比较困难，所以未同意。当天下午，钱某之妻孙某借故对公公进行辱骂，不准其进屋，并将老人推倒在地。晚饭时，钱父哀求儿子给点饭吃，钱某未予理睬，老人便自己盛饭吃。孙某则冲上前去把饭碗抢下来，将老人赶出门外。当晚老人在村口服毒而死。

问：钱某的行为构成虐待罪还是遗弃罪？说明理由。

【案例 46】 阅读标记：（　）

王某在某市人民医院妇产科生下一对孪生早产女婴。根据医嘱，王某的丈夫张某将孪生女婴又送往儿童医院住院治疗。入院时，这对女婴生命力极其微弱，医生告知张某可能会出现危险症状，导致死亡的后果。张某在预交了 4 000 元医疗费后即离去。经过医务人员 1 个多月的精心治疗和护理，婴儿病情好转可以出院，医院即按照张某提供的住址，先后多次发电报、去信通知张某夫妻来医院办理女婴出院手续，均不见回音。在此期间，王某因产后体质虚弱，又患肝炎，在某医院治疗。张某则给儿童医院打电报称事务繁忙暂无法脱身，请医院再保育女婴一些日子，待事办妥后即带款接女儿出院。此后，张某仍迟迟不到医院接女婴。儿童医院遂让其亲戚赵某代为通知张某夫妇到医院办理出院手续。后来，张某到医院当面答应回去筹款，接女儿回家，但回去后又无音讯，使女婴在医院置留长达 11 个月之久。

问：张某和王某的行为是否构成犯罪？构成何罪？为什么？

【案例 47】 阅读标记：（　）

陈某系在某城市务工的人员，其与女友朱某同居后在某社区医院生下不足月份的女婴，由于该婴儿发育不成熟，医院建议转至条件好的医院治疗。陈某背着朱某，在婴儿产下 5 个小时后将婴儿抱走

抛弃在一山岭附近的路旁，次日凌晨 7 时女婴被过路人发现时已经死亡。其女友朱某以为陈某将女儿转院治疗，直至案发时才获悉孩子被扔进山里已死亡，十分伤心。

问：对陈某的行为如何认定？简要说明理由。

【案例 48】 阅读标记：（　）

洪某曾在医院当过护工，发现器官移植是赚钱的好生意，遂干起了"人体器官买卖中介"。洪某成立了由亲属、朋友共 10 人组成的所谓体检公司。10 人作了分工，有从事以诱骗手段寻找"捐献者"（供体）的；有为捐献者提供生活起居、营养保障和医学检查的；有联系需求方（受体）的；有专门监管看管供体（怕供体者反悔）的。在长达一年的时间里，洪某做成了肾脏器官买卖生意 8 单，肝脏器官买卖生意 2 单。后因一捐献者在手术中出现大出血死亡而案发，洪某等 10 人全部被警方抓获。经查获洪某等 10 人赚取近千万元人民币。

问：对洪某等人的行为应如何认定处罚？

【案例 49】 阅读标记：（　）

黄某，男，59 岁，2016 年 1 月通过一家政公司介绍到王某家当保姆，每月 3 000 元外管吃管住。工作内容是对 78 岁的王某（行动不便）24 小时全程照看，包括洗衣做饭、外出遛弯儿、喂饭喂药、端屎端尿，等等。王某的女儿也几乎每天回家看父亲一趟。自 5 月份起，她发现父亲身上出现多处淤青，听邻居反映其家中多次传出吵嚷声和"啪啪"响声，后发现父亲精神惊恐，遂引起对男保姆的怀疑。7 月份，王某的女儿趁黄某带父亲外出遛弯时，自己在家里安装了摄像头。没想到当晚从监控画面中看到黄某多次拍打躺在床上的父亲王某，口中重复"起不起，起不起"；第二天上午视频显示，赤裸上身穿围裙的黄某把老人搬坐起来，准备放在轮椅上，在让老人搂住其脖子以便抱起时，老人直挺坐在床沿上无法自行抬臂，黄某开始对着老人吼叫，老人并不还口，后黄某又把老人两只胳膊强硬搬起来扣在自己脖子上；当天下午监控画面又显示，老人坐在轮椅上，黄某面对老人站着，先是指着床铺对其大声吵嚷，后指老人鼻子大声辱骂，情急下扇老人耳光、推打头部。随后王某的女儿报警，警察在问老人保姆是不是经常殴打他时，得到肯定回答。而黄某称自己是第一次当保姆，伺候老人粗心大意。老人身上多处皮下出血淤青，经鉴定构成为轻微伤。

问：对黄某的行为如何认定处理？

【案例50】 阅读标记：（　）

平平14周岁时随母亲许某改嫁，自此叶某成为平平的继父。平平读初二，学习很好，性格也活泼好动，周末叶某和许某经常带平平外出游玩并在外就餐，一家人显得十分和睦。待平平15周岁时，妈妈许某因工作需要出差外地一个多月。此时，叶某便独自与平平相处，周末仍带平平出去郊游并就餐，平平对继父叶某也很亲切。在许某出差两周后的一个周末，叶某便和平平在郊区农家乐住宿，为了省钱叶某便和继女平平同宿一间客房。当晚叶某便和继女平平发生了两性关系。此后两周内，叶某又多次和平平发生了性关系。自此，平平便不爱说话，也不集中精力学习。妈妈许某出差回来后，发现平平异常，经多次询问，平平便告诉了叶某和她之间的事情。许某非常生气，立即向警方报案，并提出和叶某离婚，给女儿平平转学到另一学校。

问：对叶某的行为如何认定？并简要说明理由。

 案例分析

【案例1】

本案是一起出于激愤而杀人的恶性案件，是由于夫妻之间互相忠实的义务受到违背而诱发的。李某的行为具备故意杀人罪的主客观要件，因此李某构成故意杀人罪。但是，**由于案发时王某和肖某有过错在先，致使李某精神受到伤害，而导致情绪激奋无法控制从而实施犯罪。**综合全案考虑，李某亦具有酌定从轻处罚的一些情节，可以从轻处理。

【案例2】

本案争议主要集中在李某的犯罪形态问题。

根据我国刑法规定，故意犯罪的停止形态分为犯罪既遂、犯罪未遂、犯罪中止和犯罪预备四种形态。犯罪预备是指为了犯罪准备工具，创造条件，而由于行为人意志以外的原因未能着手实施犯罪的犯罪形态。从**主观上**看，行为人的目的和意图都是为了使犯罪行为能顺利地进行，之所以只处于预备状态是因为行为人意志以外的原因造成的，是违背行为人意志的。犯罪预备的客观特征表现为了犯罪准备工具，制造条件，但尚未开始着手实施犯罪。本案中李某为了杀死王某而与张某一起制定计划、购买菜刀等行为都属于为犯罪准备条件的行为，此时犯罪行为尚未着手。一旦犯罪行为着手实施就已经脱离了预备阶段，而进入实行阶段。就故意杀人罪来说，行为人开始了剥夺他人生命的行为，就已经着手实施了故意杀人行为。本案中，李某、张某与王某一起喝酒时，虽然他们已经接近王某，但仍然只是在为杀死王某作准备，张某下楼等候确认王某是否喝醉也属于为实施犯罪创造便利条件的行为。因此，此时犯罪处于预备阶段。

犯罪中止是指行为人自动放弃犯罪，并且有效地防止犯罪结果的发生。**从主观上说**，在有条件继续实施犯罪行为的情况下，行为人必须自愿放弃犯罪，而不是出于其他原因致使犯罪不能继续进行。从客观上说，犯罪中止发生在犯罪既遂之前。行为人必须有效地防止犯罪结果的产生。由于犯罪中止的社会危害性比较小，因此，刑法规定没有造成损害的，应该免除处罚；造成损害的，应该减轻处罚。在本案中，李某由于不忍心杀害王某，而对张某谎称王某并未喝醉，没有按照原计划进行，致使张某在有可能杀死王某的情况下未能得逞；李某又告诉张某不要再插手她与王某之间的事情。之后李某在张某、王某厮打时进行劝阻，并对王某实施积极抢救。**从客观上来说**，李某在条件成熟的时候放弃了犯罪行为的实施，并且采取措施防止犯罪结果产生；从主观上来说，李某放弃犯罪行为是属于自愿而不是出于其他迫不得已的原因。因此李某的行为属于犯罪中止。

【案例3】

本案的焦点在于李某的年龄问题。

杨某此时已满18周岁，其以勒索钱财为目的，绑架并杀害黎乙，构成绑架罪，这是没有争议的。但是李某正处于已满14周岁不满16周岁的阶段。《刑法》第17条第2款规定，已满14周岁不满16周岁的人，犯故意杀人、故意伤害致人重伤或者死亡、强奸、抢劫、贩卖毒品、放火、爆炸、投放危险物质罪的，应当负刑事责任。在本案中杨某与李某绑架并杀害了被绑架人，绑架和杀害都是二人的合意，**李某的行为在主客观方面符合绑架罪的构成要件**，是否应该为绑架罪承担责任呢？在《刑法》第17条第2款规定的犯罪中没有绑架罪，因此李某对绑架行为不承担责任，他的行为也不构成绑架罪。但是李某的行为是由绑架和杀人两个行为组成，虽然他对绑架罪不负刑事责任，但是他对故意杀人行为应当承担刑事责任，并且**李某在主客观方面符合故意杀人罪的构成要件**，应该认定为故意杀人罪。

关于量刑问题，依照《刑法》第17条规定，

不满18周岁的人犯罪，应当从轻或减轻处罚，并不得适用死刑。

【案例4】

宋某的行为构成（间接）故意杀人罪。

宋某与柳某认识不久，主观上并无杀死柳某的动机，排除直接故意杀人的可能。而以掐脖子方式试探其女友是否"真心"，存在着致人死亡的可能，而且本案中宋某已经预见到掐脖子会死人，但仍采取这种方式，符合放任致人死亡结果的发生的意志因素，这正是间接故意的主观罪过特征，故应认定宋某的行为构成了（间接）故意杀人罪。

宋某的行为不应认定为过于自信的过失致人死亡罪，因为宋某并不具备在认识到掐脖子会死人的情况下，凭借一定的主客观条件相信能够避免掐死人的危害结果的发生的心态，而是采取了放任的态度。

鉴于宋某是未成年人，符合应当从轻或者减轻处罚的规定。而宋某还符合自首的情节规定，对其可以从轻或者减轻处罚。

宋某事先喝酒的行为不能作为从轻处罚的法定情节。

【案例5】

案件争议的焦点在于王某的行为是否属于正当防卫。

《刑法》第20条第1款规定，为了使国家、公共利益、本人或者他人的人身、财产和其他权利免受正在进行的不法侵害，而采取的制止不法侵害的行为，对不法侵害人造成损害的，属于正当防卫，不负刑事责任。正当防卫明显超过必要限度造成重大损害的，应当负刑事责任，但是应当减轻或者免除处罚。本案中，王某曾经被张某强奸，其后又长期受到其性骚扰，在案发当天，张某又欲对其进行奸淫，张某的行为已经对王某构成正在进行的不法侵害。而且当时王某正在洗澡，无法向周围邻居或者其他人求救，情急之下操起菜刀向张某砍去，从主观上看王某的目的是为了自卫，而且王某当时处在极度惊恐之中，无法分辨防卫的限度。同时，《刑法》第20条第3款规定，对正在进行行凶、杀人、抢劫、强奸、绑架以及其他严重危及人身安全的暴力犯罪，采取防卫行为，造成不法侵害人死亡的，不属于防卫过当，不负刑事责任。**本案中的情况属于针对强奸犯罪的防卫，王某面临的是正在进行的强奸行为，因此可以采取特殊防卫。因此王某的行为不构成犯罪，不需要承担**刑事责任。

【案例6】

本案涉及在抢劫过程中故意杀人案件的定罪问题。

抢劫罪是以非法占有为目的，当场使用暴力、胁迫或者其他方法，强行夺取公私财物的行为。故意杀人的行为在抢劫罪中有两种表现：首先，在抢劫过程中由于使用暴力导致被害人死亡的，以抢劫罪定罪处罚；其次，在抢劫行为完成之后，出于杀人灭口或者其他目的，杀死被害人的，按照抢劫罪和故意杀人罪定罪，实行数罪并罚。

在本案中，**王某具有两个故意**，一个是抢劫的故意，一个是杀人的故意。将李某从家中骗出将其砸晕是实施抢劫的手段，在王某砸开李某家门拿完钱离开后，抢劫行为就已经得逞，抢劫罪处于既遂形态。当王某又产生了杀人的故意，之后其行为使得李某当场死亡，符合故意杀人罪的构成要件，属于犯罪既遂形态。因此对王某的行为应该以抢劫罪和故意杀人罪数罪并罚。

【案例7】

自杀是自愿结束自己生命的行为，在实践中分别以下情况区别对待：（1）以暴力、威胁的方法逼迫他人自杀的，或者以相约自杀的方式欺骗他人自杀而本人并不自杀的，实质上是借助他人之手完成故意杀人的行为，符合故意杀人罪的构成，应以故意杀人罪论处。（2）诱骗、帮助未满14周岁的人或者丧失辨认或控制能力的人自杀的，实质上也是借助他人之手完成故意杀人的行为，符合故意杀人罪的构成，应以故意杀人罪论处。（3）实施刑法规定的作为或不作为而造成他人自杀身亡的，他人自杀身亡的情况应作为一个定罪或者量刑的情节，结合其他案件情节加以考虑。例如，侮辱、诽谤他人，造成他人自杀的案件，他人自杀或者自杀身亡的情节，应作为一个严重情节，在定罪时加以考虑。（4）教唆、帮助意志完全自由的人自杀的，即他人本无自杀的意思而故意诱发他人产生自杀之意而自杀，或者他人已有自杀之意思而在精神上加以鼓励使其坚定自杀意图，或者在客观上提供便利使其自杀意图得以实现的情形，不以犯罪论。

在本案中，张某与王某相约共同自杀，但张某后悔而中止了自杀。由于相约自杀是张某先提出来的，因此张某放弃自杀的念头后也就有义务劝说王某放弃自杀念头，以免发生死亡结果。但是，**在王**

某自杀时张某不但没有加以制止,反而认为王某死后自己可以和李某在一起,对王某的死亡采取放任的态度。在邻居发现后,张某又积极阻拦,追求王某死亡结果的发生。因此,张某在主观上具有杀人的故意,客观上有以不作为方式导致王某死亡的行为。因此张某构成故意杀人罪。

【案例8】

安乐死在未被国家立法允许的情况下应属非法。任何人应患有不治之症、濒临死亡的人或者其亲属的请求,为免除其所遭受的极端痛苦而无痛苦地致患者死亡的,应该以故意杀人论,但是一般属于故意杀人情节较轻的情形。

在本案件中,李某不顾医院医生劝阻,坚决要求对其母注射药物促成其速死,并在医生用药的处方上面签字,声明愿意承担责任。李某和王某的行为均构成故意杀人罪,但是由于李某是因其母濒死而向医生提出要求,王某所开出的处方也并非是致夏某死亡的根本原因,因此本案情节轻微,危害不大,可以在量刑时加以考虑。

【案例9】

本案争议的焦点在于吴某的行为究竟是构成故意伤害罪,还是过失致人死亡罪。就故意伤害罪和过失致人死亡罪的区别来说,主要体现如下:首先,故意伤害罪主观上存在伤害的故意,而过失致人死亡罪则不存在伤害的故意;其次,从后果上来看,如果故意伤害罪发生致人死亡的后果,那就是故意伤害罪量刑时从重的情节,属于结果加重犯;而过失致人死亡罪中死亡的后果是定罪不可缺少的要件。

在本案中,吴某在劝阻酒后滋事而遭到拒绝的情况下,将自己手中的砖头砸向他人。作为一个有健全思考能力的成年人,他应该知道如果砖头砸中要发生的危害后果,而且对这种后果采取了放任的态度,属于间接故意,并且发生了致人死亡的结果,**因此吴某的行为属于故意伤害罪的结果加重犯**。而对于他人死亡的结果,吴某是没有预见的,而且就吴某的认知范围并且结合当时的激愤情绪来讲,他也不可能预见。因此,吴某不构成过失致人死亡罪。

【案例10】

钱某的行为构成过失致人死亡罪。

本案争议的焦点在于钱某主观心理的判定。在本案中,钱某明知在汽车高速行驶的情况下,张某被蹬落在地会发生人身伤害的危害结果,却基于摆

脱张某纠缠,保护自身安全和逃避税务人员扣押车辆的双重动机,仍然将张某蹬落车下,最终造成其死亡的后果。因此,钱某在**主观方面**并不具有伤害张某的故意,主要想摆脱张某,对张某死亡的后果是不追求、不放任的。因此,钱某的心理属于应当预见会发生严重人身伤害后果,但因为情势紧急没有预见的过失心理,具体属于疏忽大意的过失。所以,本案中钱某的行为不构成故意伤害罪,而应当构成过失致人死亡罪。

【案例11】

本案中古某的行为构成了故意伤害罪,公司的总经理严某也应依法承担故意伤害罪的刑事责任。

本案是一起强拆民房案件,期间直接加害于郝某并致重伤的人员是古某,故古某的行为符合了故意伤害罪的特征。

根据 2014 年 4 月 24 日全国人大常委会对《刑法》第 30 条的立法解释,公司、企业、事业单位、机关、团体等单位实施刑法规定的危害社会的行为,刑法分则和其他法律未规定追究单位的刑事责任的,对组织、策划、实施该危害社会行为的人依法追究刑事责任。本案中,该房地产公司决策雇人实施强拆行为,致被害人郝某受重伤,符合上述立法解释的规定,故应对该公司总经理严某追究故意伤害罪的刑事责任。

【案例12】

强奸罪是以暴力、胁迫或者其他手段,使妇女在不敢、不知或者不能反抗的情况下,与妇女发生性交行为。强奸罪侵害的客体是妇女性的不可侵犯的权利以及身心健康。客观方面表现为以暴力、胁迫或者其他手段强制与妇女发生性关系的行为。强奸罪的客观方面分为以下两个方面:首先,性交违背妇女意志;其次,强行进行性交。暴力手段,是指犯罪分子直接对妇女采用殴打、捆绑、卡脖子、按倒等危害人身安全或者人身自由,使被害妇女不能抗拒的手段;胁迫手段,是指犯罪分子对被害妇女威胁、恐吓,从而达到精神上的强制,使被害妇女不敢抗拒的手段;其他手段,是指除暴力、胁迫以外的,使被害妇女不知抗拒或者无法抗拒的手段。例如,利用妇女重病或者熟睡之机,进行奸淫;以醉酒或者药物麻醉,利用催眠术使妇女不知反抗等方法对妇女进行奸淫。

本案是一起乘妇女熟睡之机与之发生性交的强奸案。从表面上看,刘某并没有采取暴力或者胁迫的手段,而且赵某也没有进行反抗,貌似不构成强

奸罪。但刘某对赵某的强奸是乘其熟睡之机进行的，被害妇女赵某此时是不知和不能反抗；在赵某惊醒后误以为是其男友，所以没有反抗，而且被害妇女赵某在产生怀疑后，随即向公安机关告发，表明赵某不愿意与刘某发生性关系，与刘某发生性关系是违背赵某意志的，所以刘某的行为构成强奸罪。

另一个值得注意的地方就是，刘某属于假释人员。《刑法》第86条规定，被假释的犯罪分子，在假释的考验期内，如果再犯新罪，应撤销假释，把前罪没有执行的刑罚和后罪所判处的刑罚，依照《刑法》第71条的规定，决定执行的刑罚。因此，在量刑时要考虑到刘某在假释考验期内又犯新罪，应该把前罪没有执行完毕的刑罚与强奸罪所判处的刑罚实行并罚，以决定执行的刑罚。

【案例13】

根据《刑法》第17条规定，已满16周岁的人犯罪，应当负刑事责任。已满14周岁不满16周岁的人，犯故意杀人、故意伤害致人重伤或者死亡、强奸、抢劫、贩卖毒品、放火、爆炸、投毒放危险物质罪的，应当负刑事责任。同时又规定，已满14周岁不满18周岁的人犯罪，应当从轻或者减轻处罚。因此，李某的行为构成强奸罪，应当从轻处罚。又因被害人吴某系幼女，以强奸论，从重处罚。本案中，行为人李某的强奸犯罪行为同时具备了法定的从轻或减轻处罚及从重处罚情节，故审判机关应综合考虑量刑。

注意：《刑法修正案（九）》第43条对《刑法》第360条进行修订，删除了第2款规定的嫖宿幼女罪，今后对嫖宿幼女的行为一律以强奸罪论，从重处罚。

【案例14】

李某与张某虽然有过同居关系，但是这并不等于两人之间就是夫妻关系，所以李某与张某发生性关系的行为不能够认为是婚姻关系存续期间丈夫强奸妻子的行为。在本案中，认定李某行为性质的关键在于如何理解强奸罪定义中的"胁迫"。胁迫是指犯罪分子对被害妇女威胁、恐吓，从而达到精神上的强制，使被害妇女不敢抗拒的手段。胁迫这种强制行为既可以针对妇女本身进行，也可以针对与妇女自身利益攸关的事情，从而使妇女不敢反抗，达到"违背妇女意志"的程度。"胁迫"的严重程度，是根据妇女本身的实际情况所决定的，只要使妇女丧失了足以反抗的勇气即构成胁迫。李某在提

出的要求遭到拒绝之后，掏出水果刀以自杀相威胁，这种行为对于张某来说，属于精神上的强制，致使张某因担心事情张扬，而不得已与李某发生性关系，并且在当晚李某又采取同样的手段达到与张某发生性关系的目的。这是违背张某意愿的，因此，李某的行为构成强奸罪。

【案例15】

张某私自架设电线，目的在于解决自家的生活用电问题，并不针对其他任何人。张某在得知电线破损以后，已经预见到如果不采取措施，将会出现他人触电伤亡的后果，但他没有听从电工的要求更换新的电线，而是把电线的破损处用塑料薄膜包扎起来，并用手去碰触包扎的地方，觉得没有电麻的感觉，就轻率地认为不会出事故。这种已经预见自己的行为可能发生危害社会的结果却轻信能够避免，以致发生危害结果的行为，完全符合过失犯罪的特征。因过失行为致人死亡的，构成过失致人死亡罪。

违章行为的故意和对危害结果的过失，是过失犯罪的一个主要特征。张某违反用电管理规定，私自架设电线，并且不按规定将电线架空，而是将电线搭在西瓜地的铁丝网架上，这些行为都是故意的，但不能因此就认为张某具有杀人的故意。从张某架设电线的目的，到他发现电线破损后采取包扎措施，直到触电事故发生后他对受害人李甲的抢救活动，都可以看出张某对李甲的死亡既不希望也不放任，所以不能以故意杀人罪来定罪。

这里还必须把张某的行为与过失以其他危险方法危害公共安全罪区别开来。过失以其他危险方法危害公共安全罪，是指过失使用放火、决水、爆炸、投毒以外的危险方法，危害公共安全，致人重伤、死亡或者使公私财产遭受重大损失的行为。这种犯罪行为侵犯的客体是公共安全，即不特定多数人的生命、健康和重大财产的安全。张某所承包的西瓜地处于偏僻地方，很少有人来往。私拉电线为的是解决自己的生活用电问题，而不是在果园周围架设电网以防止小偷，主观上不是为了加害于人，客观上也不足以危害公共安全。只是由于李甲的过失行为，加上他触电当时又踩在水塘之中，才发生了触电身亡的严重后果。因此，张某的行为构成过失致人死亡罪而不构成过失以其他危险方法危害公共安全罪。

【案例16】

张某将王某领进垒有火炕的储藏室住下后，双方就形成法律上的住店服务合同关系。作为经营者

的张某就有保障王某生命、财产安全的义务。这种义务的履行，不仅要求张某尽到关于安全的提醒义务，还要求其采取切实有效的保障措施。对此，张某显然没有完全、适当地履行其应尽的义务。尤其在他把明确不符合条件、不在经营许可范围内的储藏室租给王某的情况下，更加增大了他的注意义务。

本案中，张某一直没有在旅店中巡查。同时，张某在明知垒有火炕的房间没有通风设备，易造成危险的情况下，没有采取相应的安全防范措施，而只是提醒王某不要关窗。这表明，张某认为只要提醒了王某就不会发生煤气中毒，但事实上，此储藏室根本不具备充分防止危险发生的条件，这充分体现了张某轻信能够避免损害结果发生的心理状态。此外，张某的行为是引发王某中毒的直接原因，他将王某安排在储藏室，使王某处于一种极有可能发生煤气中毒的危险境地，又没有采取安全有效的保障措施，最终导致王某死亡。可见，他的行为已具备了过失犯罪所要求的客观条件。所以，张某的行为构成过失致人死亡罪。

【案例 17】

强制侮辱罪和侮辱罪有相似之处，二者都在主观上具有故意侮辱他人的意图，在客观上都可以通过采用暴力手段达到目的。**二者的区别在于强制侮辱罪在主观上是基于精神极度空虚，或者变态心理，为了寻求性刺激、性兴奋的目的；而侮辱罪往往是行为人基于私仇或者泄愤报复等动机，以贬低他人人格和名誉为目的，与性方面的需求没有直接关系。**客观上侮辱罪必须在公共场所公然侮辱，而强制侮辱罪并不以公然为要件。强制侮辱罪必须采用强制手段，侮辱罪则不一定要求强制手段，非强制手段也可以构成侮辱罪。强制侮辱罪的对象是指妇女，而侮辱罪的对象不仅限妇女。在本案中，案件的起因是因为张某怀疑自己的丈夫王某与其公司同事孙某有不正当关系，因此张某实施的一系列行为都与发泄私愤和报复为动机和目的。并且李某在撕破孙某上衣的时候，并没有寻求性兴奋、性满足和性刺激的主观要求，只是以贬低他人人格和名誉为目的。因此，在该案件中张某和李某的行为应该定为侮辱罪，而不是强制侮辱罪。

注意：《刑法修正案（九）》第 13 条已将《刑法》第 237 条修订为强制猥亵、侮辱罪。

【案例 18】

本案的焦点在于强制侮辱罪与故意伤害罪的区别。

强制侮辱罪是指违背妇女意志，以暴力、胁迫或者其他方法强制侮辱妇女的行为。故意伤害罪是指故意伤害他人身体健康的行为。强制侮辱罪在主观上是基于精神极度空虚，或者变态心理，为了寻求性刺激、性兴奋的目的；故意伤害罪在主观上只是有伤害的故意，与性方面的需求没有直接的关系。在犯罪对象上，强制侮辱罪的对象是特定的，只能是妇女；故意伤害罪的犯罪对象可以是不特定的其他人。

在本案中，李某因为不能正确对待前面几次恋爱的失败，因而产生了寻找异性寻求刺激的变态心理。为了寻求性刺激、性兴奋，李某通过用匕首刺划过路的单身女青年来达到自己的目的，满足自己的变态心理。因此，**李某在主观上是基于精神极度空虚或者变态心理，为了寻求性刺激、性兴奋的目的；客观上，实施了对过路的女青年动手抚摸胸部，将女青年的臀部刺伤等行为，符合强制侮辱罪的构成要件，**因此对李某的行为应该定性为强制侮辱罪。至于李某曾用匕首刺伤几名女青年，都因为伤害后果较轻，因此不应认为构成故意伤害罪而与强制侮辱罪实行并罚。但是，如果致女青年重伤、死亡的话，则应根据相关的司法解释，以故意伤害罪或故意杀人罪论处。

【案例 19】

李某的行为构成猥亵儿童罪，依照强制猥亵、侮辱罪的法定刑规定从重处罚。

李某对未满 14 周岁的儿童以欺骗、引诱等手段抚摸其身体的敏感部位，属于性侵儿童，侵犯了儿童人格尊严和身心健康，已符合猥亵儿童罪的构成特征。根据《刑法修正案（十一）》第 28 条对《刑法》第 237 条第 3 款对猥亵儿童罪的修改和增补，本案李某的猥亵行为对儿童花花造成了伤害，故应在 5 年以上有期徒刑的幅度内量刑。

【案例 20】

非法拘禁罪，是指以拘押、禁闭或者其他强制方法，非法剥夺他人人身自由的行为。非法剥夺人身自由是一种持续行为，即该行为在一定时间内处于继续状态，使他人在一定时间内失去身体自由，不具有间断性。行为的特征是非法拘禁他人或者以其他方法非法剥夺他人的身体自由。凡符合这一特征的均应认定为非法拘禁罪。非法拘禁行为，只有达到相当严重的程度，才构成犯罪。时间持续的长短不影响本罪的成立，只影响量刑。但时间过短、

瞬间性的剥夺人身自由的行为，则难以认定成立本罪。

本案中，赵某为了使犯有强奸罪的丈夫逃避法律制裁，实施了两个犯罪行为，触犯了两个罪名。其一是赵某教唆孙某出具假证明以包庇犯罪分子，其行为属于《刑法》第 310 条的包庇罪的教唆犯；其二是她把孙某拘禁起来，非法剥夺其人身自由，其行为又触犯了《刑法》第 238 条的非法拘禁罪。在这两种犯罪行为中，**前者是目的行为，后者是方法，即手段行为，两者之间具有牵连关系**。出于一个犯罪目的，手段行为或者结果行为又触犯其他罪名的，在刑法理论上属于牵连犯。对于牵连犯的处罚原则是"从一重处断"，即按其中的一个重罪定罪判刑，不实行数罪并罚。非法拘禁罪的法定刑比包庇罪的法定刑要重，因此就本案而言，对赵某的行为应按非法拘禁罪定罪判刑。

【案例 21】

结合本案具体情况我们可以看出，张某虽然身为人民警察，但其对有赌博行为的嫌疑人王某的审查既没有接受任何指派，又没有掌握其赌博的证据，而是出于对与其妻子婚前曾有过性关系的仇恨心理，为泄私愤，而滥用职权对王某进行报复的个人行为。尤为严重的是，在对王某用械具拘禁期间，还采用大便手纸堵嘴的卑劣手段，对王某进行侮辱摧残。因此，**张某的行为，完全是假借司法权而非法剥夺他人人身自由，对他人人身权利进行侵害的非法拘禁行为**。故按照我国刑法的规定，以非法拘禁罪对张某定罪科刑是比较适宜的。

【案例 22】

绑架罪是指以勒索财物或绑架他人作为人质为目的，使用暴力、胁迫、麻醉或其他方法劫持或以勒索财物为目的偷盗婴儿的行为。**在本案中，张某以向李乙的父亲勒索财物为目的，在主观上符合绑架罪的主观构成要件。本罪在客观方面表现为以暴力、胁迫、麻醉或其他方法劫持他人的行为。暴力是指直接对身体实施打击和强制；胁迫是指以不顺从就实施暴力相威胁，对受害人实行精神强制，使其恐惧不敢反抗的行为。张某使用暴力手段将李乙劫持，符合绑架罪的客观构成要件。绑架罪勒索财物行为的指向对象为被绑架人以外的第三人，即被绑架人的近亲属或其他人，而不可能是被绑架人；绑架罪由于将被绑架人作为人质向第三人索取财**

物，因此获取财物的时间不可能是绑架行为实施的当时，也一般不可能是当场获取财物。抢劫罪只能是当场及在暴力、胁迫行为实施的当时劫取财物。张某使用暴力并不是意图当场向李乙索取财物，而是向其父亲李甲索取财物。因此，就张某的行为来看，应该定绑架罪而不是抢劫罪。

【案例 23】

犯罪未遂是指已经着手实施犯罪，由于犯罪分子意志以外的原因而没有得逞。犯罪中止是指行为人自动放弃犯罪，并且有效地防止犯罪结果的发生。从主观上说，在有条件继续实施犯罪的情况下，行为人必须自愿放弃犯罪，而不是出于其他原因致使犯罪不能继续进行。从客观上说，犯罪中止发生在犯罪预备阶段之后，既遂之前。行为人必须有效地防止犯罪结果的产生。犯罪中止法定的时间条件是"在犯罪过程中"。是否是"在犯罪过程中"，不应当以是否既遂为标准，而应当以犯罪是否实际完成为标准。

本案中，张某的行为已构成绑架罪的既遂，不可能再是中止。

根据《刑法修正案（七）》第 6 条的规定，对绑架罪的法定刑增加一档"情节较轻的，处 5 年以上 10 年以下有期徒刑，并处罚金"。将刑法原来对绑架罪处 10 年有期徒刑的最低法定刑降为 5 年有期徒刑，以适应绑架罪的复杂情况，贯彻罪责刑相适应原则。对本案中张某的处罚可以适用上述新修订的规定。

因张某虽构成绑架罪，但最终释放了人质，放弃勒索钱财，符合情节较轻的规定。

注意：《刑法修正案（九）》第 14 条已对《刑法》第 239 条第 2 款作出修订，即"杀害被绑架人的，或者故意伤害被绑架人，致人重伤、死亡的，处无期徒刑或者死刑，并处没收财产。"

【案例 24】

绑架罪是指以勒索财物为目的的绑架他人，或者绑架他人作为人质，或以勒索财物为目的偷盗婴儿的行为。本罪在客观方面表现为以暴力、胁迫、麻醉或其他方法劫持他人的行为。暴力是指直接对他人的身体实施打击和强制；胁迫是指以不顺从就实施暴力相威胁，对受害人实行精神强制，使其恐惧不敢反抗的行为。绑架罪由于是将被绑架人作为人质向第三人索取财物，因此获取财物的时间不可能是绑架行为实施的当时，也一般不可能是当场获取财物。抢劫罪只能是当场及在暴力、胁迫行为实施

的当时劫取财物。本案中，张某等行为人将沈某夫妇用暴力带离住所，到当地一家造纸厂的废旧车间内拘禁他们的人身自由达10余个小时。在此期间，张某等人向沈某夫妇勒索存款。**沈某夫妇被侵害的权利包括财产权利和人身权利，而最重要的是人身权利被侵害，并且张某等人在当场取得财物，因此，应定为抢劫罪。**

【案例25】

拐卖妇女、儿童罪，是指以出卖为目的，拐骗、绑架、收买、贩卖、接送、中转妇女、儿童的行为。只要实施其中一种行为的，即构成本罪。因此，凡是以出卖为目的，实施了上述行为之一的，不论最终是否得到钱款，均构成拐卖妇女、儿童罪。本罪的犯罪对象为年满14周岁的妇女或者未满14周岁的儿童。**本罪在主观方面只能是故意，并且一定是以出卖为目的。**

在本案中，张某等人以出卖为目的，拐骗女青年李某，卖给赵某为妻，并且获取赃款，构成拐卖妇女罪的既遂。其后的拐卖女青年孙某和黄某的行为虽然最后都未能收到钱，但仍然是以出卖为目的；拐骗黄某没有收到钱则是出于买家不放心所造成的。虽未得到钱款，但其犯罪行为已经实施终了，应认定为拐卖妇女罪的既遂。

【案例26】

在本案中，赵某和钱某应当通过诉讼或其他合法途径，保护自己的合法权益。但他们将孙甲的未成年女儿骗出，以她作为人质，写恐吓信胁迫孙甲交出3万元钱，**这就超出了讨债的民事活动范围。**如果赵某和钱某的犯意仅是如此，可将他们的行为定为非法拘禁罪。但当他们此举的目的未能达到时，他们的犯意起了变化，将孙乙卖给了他人。这表明他们拐骗妇女、儿童的目的已由勒索钱财转化为出卖获利，其行为完全符合拐卖妇女、儿童罪的主观要件和客观要件，已构成拐卖妇女、儿童罪。拐卖妇女、儿童罪，所说的"儿童"，是指不满14岁的人。被害人孙乙仅13周岁，因此，赵某和钱某的行为应定拐卖儿童罪。这期间钱某、赵某强奸孙某的行为属于拐卖儿童罪的加重法定刑的情节。

【案例27】

苑某夫妇的行为符合了收买被拐卖儿童罪的构成，根据《刑法修正案（九）》第15条对《刑法》第241条第6款的修订，可以从轻处罚。

收买被拐卖的儿童罪，是指不以出卖为目的，收买被拐卖的儿童的行为。苑某夫妇并非基于出卖目的，花2万元从人贩子手中购买被拐卖来的婴儿作儿子，侵犯了儿童的人身自由权利和人格尊严，符合了收买被拐卖的儿童罪的构成要件。但鉴于实践中的复杂情况，《刑法》第241条第6款规定，对收买来的儿童没有虐待行为，不阻碍对其解救的，可以从轻处罚。

【案例28】

人不是商品，不能用来买卖，亲生儿子也不是属于自己本人的财产，因此，本案中刘某出卖自己亲生儿子的行为无疑具有刑事违法性和严重的社会危害性，符合法定犯罪构成，应受到刑事处罚。刘某的行为符合拐卖妇女、儿童罪的法定构成要件。依据《刑法》第240条规定，**拐卖妇女、儿童是指以出卖为目的，有拐骗、绑架、收买、贩卖、接送、中转妇女、儿童的行为。**因此，凡是以出卖为目的，实施了上述行为之一的，不论最终是否得到钱款，均构成拐卖妇女、儿童罪。该罪侵犯的客体是妇女、儿童的人身自由和人格尊严权；其主体为一般主体，其中并没有排除被拐卖对象的家属；其主观方面是直接故意，且有出卖牟利之目的；客观方面只要有拐和卖行为之一者即可。

本案中，刘某是为了与情人有钱花而故意出卖亲生儿子的，其主观上具有明显的出卖牟利之目的，而不是为了摆脱抚养义务；客观上刘某实施了对亲生儿子出卖获利之作为行为，已经严重侵害了幼儿的独立人格尊严。因此，刘某构成拐卖儿童罪。

【案例29】

本案中鄂某的行为构成了拐骗儿童罪。

鄂某拐骗抱走刚出生女婴的行为在客观上符合拐卖儿童罪和拐骗儿童罪的特征；但在主观上，鄂某骗取抱走女婴的行为并不是为了出卖牟利，而是为了自己和男友收养，这符合了拐骗儿童罪的主观特征。

【案例30】

雇用童工从事危重劳动罪是指雇用未满16周岁的未成年人从事超强度体力劳动，或者从事高空、井下作业，或者在爆炸性、易燃性、放射性、毒害性等危险环境下从事劳动，情节严重的行为。雇用童工从事危重劳动罪的犯罪主体可以是单位，也可以是自然人。单位犯罪，只追究直接责任人员的刑事责任。在本案中，药厂的负责人是张某，而

且是张某将王某招聘到车间工作的，因此张某既是直接负责的主管人员，又是直接的责任人员。

本案中，张某明知未成年人在汞辐射环境下工作会对身体造成严重损害（作为该单位负责人，他不可能不知道在车间工作的危害，而且当初招聘王某就是看中其身体素质较好，能够在该环境下工作），并且放任这个危害后果的产生，属于间接故意。本案中，**张某雇用当时只有 13 周岁的王某在汞辐射的毒害性环境下工作，并且导致王某的肾功能衰竭，发生严重后果，已经符合了雇用童工从事危重劳动罪的主客观要件。**因此，张某已经构成雇用童工从事危重劳动罪。

【案例 31】

诬告陷害罪是指意图使他人受到刑事追究，故意捏造犯罪事实，向国家机关或有关单位作虚假告发的行为。构成诬告陷害罪，主观上要求行为人有诬告的故意，并且有使他人受到刑事追究的目的。诬告陷害与错告都属告发错误，但两者有实质差别。错告，在主观上没有虚构犯罪事实的故意，而是客观上因误解而发生了告诉失实的后果，错告并非诬告，不是犯罪行为。

本案中，谢某怀疑林某家的 34 英寸的彩电系偷窃所得，向村支部书记告发，**其主观上并没有捏造事实使林某受到刑事追究的故意，**而是因为认识错误而产生的错误告发的行为。因此，谢某的行为不构成诬告陷害罪。

【案例 32】

侮辱罪，是指使用暴力或者以其他方法，公然贬损他人人格，破坏他人名誉，情节严重的行为。本罪侵犯的客体是他人的人格尊严和名誉权；本罪在主观方面表现为直接故意，并且具有贬损他人人格，破坏他人名誉的目的；本罪在客观方面表现以暴力或其他方法公然贬损他人人格、破坏他人名誉，情节严重的行为。

本案中，**张某公然把灵柩、花圈放在王某的家门口长达 20 天之久，并多次辱骂王某。**不仅严重贬低了王某的人格，使王某被迫旷工，损失达 1 000 多元，而且给王某一家人的生活带来了很大的影响，上述侮辱行为已经达到了"情节严重"的程度。张某主观上有侮辱王某的故意，因为花圈、灵柩在当地农村被视为一种非常不吉利的东西，人们往往是避而远之，这一点张某是十分清楚的，但张某为了达到报复王某、诋毁其人格的目的，故意采取在王某家门口的商店门前放灵柩、花圈的手段对王某进行侮辱。因此，张某的行为符合侮辱罪的构成要件，构成侮辱罪。

【案例 33】

在本案件中，张某在其妻子王某脸上写卜污秽的话语后，强行将王某按在大街上跪着，用暴力方法公然贬低王某的人格，引来周围群众围观，破坏了王某的名誉。这种行为符合侮辱罪的主客观构成要件，因而张某构成侮辱罪。

注意：《刑法修正案（九）》第 16 条对《刑法》第 246 条增加了第 3 款，通过信息网络实施第一款规定的行为，被害人向人民法院告诉，但提供证据有困难的，人民法院可以要求公安机关提供协助。

【案例 34】

诽谤罪，是指捏造并散布虚假事实，损害他人人格与名誉，情节严重的行为。诽谤罪的主观方面表现为故意，并以损害他人人格和名誉为目的。本案中，王某由于平时对李某有很深的成见，出于泄愤的目的，在乡信用社、乡政府门口等处的墙壁上用红油漆书写诽谤李某的文字，捏造李某与同村一名女青年有不正常的关系，具有损害李某人格、贬低李某名誉的故意。诽谤罪的客观方面表现为捏造并散布某种虚假的事实，损害他人人格、贬低他人名誉的行为。**王某写在墙壁上的下流语言中所涉及的事和人纯属捏造，内容完全属于虚构，而且语言极其下流，给李某的生活造成很大影响，属于情节严重的情况。**因此，王某的行为在主观和客观上都符合诽谤罪的犯罪构成要件，应当构成诽谤罪。

注意：《刑法修正案（九）》第 16 条对《刑法》第 246 条增加了第 3 款，通过信息网络实施第一款规定的行为，被害人向人民法院告诉，但提供证据有困难的，人民法院可以要求公安机关提供协助。

【案例 35】

刑讯逼供罪，是指司法工作人员对犯罪嫌疑人或者被告人实行刑讯逼供的行为。刑讯逼供罪的主体是特殊主体，即司法机关工作人员，除司法机关工作人员以外的其他人不能构成刑讯逼供罪。客观方面表现为对犯罪嫌疑人或者被告人采用肉刑或者变相肉刑，逼取口供的行为。2002 年 12 月《全国人民代表大会常务委员会关于〈中华人民共和国刑法〉第九章渎职罪主体适用问题的解释》中规定，在依照法律、法规规定行使国家行政管理职权的组织中从事公务的人员，或者受国家机关委托代表国

家机关行使职权的组织中从事公务的人员，或者虽未列入国家机关人员编制但在国家机关中从事公务的人员，在代表国家机关行使职权时，有渎职行为，构成犯罪的，依照刑法关于渎职罪的规定追究刑事责任。上述规定并未把刑讯逼供罪纳入其中，因此根据罪刑法定的基本原则，本案件中，谢某属于刑讯逼供罪的主体不适格，不能成为刑讯逼供罪的犯罪主体。由于谢某不属于国家司法机关工作人员，谢某对犯罪嫌疑人孙某的行为属于故意伤害行为。**本案件中的谢某还是在校学生，只是在实习，并不是正式的司法工作人员，因而构成故意伤害罪。**

【案例36】

我国《刑法》第247条规定，司法工作人员对犯罪嫌疑人、被告人实行刑讯逼供或者使用暴力逼取证人证言的，处3年以下有期徒刑或者拘役。致人伤残、死亡的，依照本法第234条、第232条的规定定罪从重处罚。司法工作人员刑讯逼供或者暴力取证，在通常情况下只构成刑讯逼供罪或暴力取证罪，但是如果因此而致人伤残或者死亡的，就要按故意伤害罪或者故意杀人罪定罪，并且从重处罚，这在刑法理论上称为转化犯，即行为人在实施一种较轻的犯罪时，由于在一定条件下其行为的性质发生了变化，法律规定以另一种较重的犯罪论处。**本案张某实施的刑讯逼供行为，致使犯罪嫌疑人死亡，依照《刑法》第247条的规定，不应以刑讯逼供罪定罪处刑，而应以故意杀人罪定罪从重处罚。**

【案例37】

朱某、祝某、崔某、范某4人的行为构成故意伤害罪的共同犯罪，且朱、祝二人为主犯，崔、范二人为从犯。

本案中朱某等4人长时间对犯罪嫌疑人李某违法使用械具造成李某死亡的事实，属于对李某使用肉刑或者变相肉刑逼取口供的行为。朱某等人为了迅速破案而达到获取口供的目的，其行为反映出刑讯逼供的故意十分明显。从主客观事实反映出朱某等4人的行为构成了刑讯逼供罪，但由于致李某死亡，故依据《刑法》第247条的规定，转化为故意伤害（致人死亡）罪或者故意杀人罪。刑讯逼供致人死亡的，应分析行为人对于死亡的心理态度。如果对死亡结果是过失心理态度，依第247条规定的故意伤害（致人死亡）定罪从重处罚；如果是希望或者放任的心理态度，则应当依第247条规定的故意杀人罪定罪从重处罚。本案中朱某等4人破案心

切，目的是为尽快获取到口供，竟长时间对李某刑讯逼供，并无致李某死亡的主观故意，但对李某的死亡应负过失责任。故朱某等4人的行为构成了故意伤害罪。

鉴于本案中朱某、祝某的行为应居共同犯罪中主犯地位，而崔某、范某的行为应居共同犯罪中从犯地位，对其分别判处重轻不同的刑罚。又鉴于其事后多次订立攻守同盟的恶劣态度，对其应考虑从重处罚。

【案例38】

报复陷害罪，是指国家机关工作人员滥用职权、假公济私，对控告人、申诉人、批评人、举报人实施报复陷害的行为。本罪侵犯的客体是公民的民主权利和国家机关的正常活动。这里的民主权利是指公民的批评权、申诉权、控告和举报权，这些权利是我国公民享有的重要的民主权利，是公民行使管理国家权利的一个重要方面，受到国家法律的严格保护。为了切实保障公民的上述权利，刑法对侵犯公民上述权利的行为规定了报复陷害罪。报复陷害是同国家工作人员滥用职权、假公济私联系在一起的，因此，报复陷害罪不仅侵犯了公民的民主权利，而且还严重损害了国家机关的声誉，破坏了国家机关的正常活动。本罪侵害的对象，只限于控告人、申诉人、批评人、举报人这四种人。本罪在客观方面表现为滥用职权、假公济私，对控告人、申诉人、批评人或举报人实行打击报复陷害的行为。行为人必须是滥用职权、假公济私，即违反有关规定，超出职权范围，假借公事名义陷害他人。本罪的主体是特殊主体，即国家机关工作人员。

在本案中，**张某是国家机关的工作人员，多次利用自己的职权对曾经检举自己的王某进行打击报复。因此，张某的行为在主观和客观上都已经符合了报复陷害罪的犯罪构成要件，构成报复陷害罪。**

【案例39】

报复陷害罪，是指国家机关工作人员滥用职权、假公济私，对控告人、申诉人、批评人、举报人实行报复陷害的行为。在本案中，张某是国家机关的工作人员，利用自己的职权迫使王某篡改其女儿的高中成绩，**在王某检举揭发后，张某又多次利用自己的职权对曾经检举自己的王某进行打击报复，最后导致王某失业。因此，张某的行为在主观和客观方面都已经符合了报复陷害罪的犯罪构成要件，构成报复陷害罪。**

【案例 40】

破坏选举罪，是指在选举各级人民代表大会代表和国家机关领导人时，以暴力、威胁、欺骗、贿赂、伪造选举文件、虚报选票数等手段破坏选举或者妨碍选民和代表自由行使选举权和被选举权，情节严重的行为。本罪的主体是一般主体；主观方面表现为直接故意；本罪的客观方面表现为在选举各级人民代表大会代表和国家机关领导人时，以暴力、威胁、欺骗、贿赂、伪造选举文件、虚报选票数等手段破坏选举或者妨碍选民和代表自由行使选举权和被选举权，情节严重的行为。在本案中，**为了能当选镇长，赵某和钱某采取用金钱贿赂镇人大代表的非法手段破坏选举，妨害选民自由行使选举权和被选举权，造成无法选举产生该镇镇长的严重后果，社会危害性大，其行为已构成破坏选举罪。**

【案例 41】

雍某的行为构成了暴力干涉婚姻自由罪，应该追究其刑事责任。

本案是一起子女干涉父母亲再婚的案例。一般的干涉他（她）人结婚或离婚自由的不成立犯罪，我国刑法规定行为人采用暴力手段干涉他人婚姻自由的行为构成犯罪。所谓暴力手段，是指对被干涉者的人身实施捆绑、殴打、禁闭、强抢等打击和强制的行为方式。本案中雍某将母亲汪某禁闭于房内以及殴打与母亲见面的刘某的行为，已属于暴力手段干涉母亲再婚的情况。《刑法》第 257 条规定，犯暴力干涉婚姻自由罪，除致被害人死亡的，需"告诉的才处理"。本案中，被害人汪某以及刘某将雍某起诉至法院，符合"告诉的才处理"的规定，人民法院应当按照《刑法》第 257 条第 1 款的规定，对雍某在 2 年以下有期徒刑或者拘役的法定刑内裁量刑罚。

【案例 42】

重婚罪，是指有配偶而重婚或者明知他人有配偶而与之结婚的行为。重婚罪在客观方面表现为有配偶者（已经结婚者）又与他人结婚，或者无配偶者明知他人有配偶而与之结婚。这里讲的结婚，包括登记结婚和事实婚姻两种状况。登记结婚，是指行为人到国家婚姻登记机关登记结婚的行为。事实婚姻，是指行为人未到婚姻登记机关登记，便公开以夫妻名义共同居住生活在一起。

本案中，**张某的行为是在婚姻效力的存续期间，又与他人登记结婚的行为。**本罪的主体是特殊主体，即有配偶而重婚或者明知他人有配偶而与之结婚者。主观方面为故意。在本案中，法院在对张某所诉的解除同居关系的案件的处理中是没有过错的。因为王某没有到庭，法院只好依据张某的陈述进行裁决，民事诉讼法也赋予了法院对不到庭可缺席审理的权力。同时依据自认规则的规定，当事人一方对对方的陈述没有提出质疑视为认可，法院是完全有理由确认李某的主张属实。因为张某起诉解除的是一种虚假的法律关系，即非法同居关系。法院对这种虚假的法律关系的解除，并不能否决双方客观上原本存在的合法的婚姻关系，因为双方所领取的结婚证的法律效力并没有丧失。张某的行为构成了重婚罪，因为其与王某之间的婚姻关系并没有解除。

【案例 43】

虐待罪，是指对共同生活的家庭成员经常以打骂、捆绑、冻饿、限制自由、污辱人格、不给治病、不给饭吃或者强迫过度劳动等方法，从肉体上和精神上进行摧残迫害，情节恶劣的行为。本罪侵犯的对象只能是共同生活的家庭成员。本罪在客观方面表现为经常虐待家庭成员的行为，既包括积极的作为，如殴打、捆绑、禁闭、讽刺、谩骂、侮辱、限制自由、强迫超负荷劳动等，又包括消极的不作为，如有病不给治疗、不给吃饭等。行为必须具有经常性、一贯性，这是构成本罪的一个必要特征。偶尔的打骂、冻饿、赶出家门，不能认定为虐待行为。虐待行为必须是情节恶劣的，才构成犯罪。本罪在主观方面表现为故意，即故意对家庭成员进行肉体上和精神上的摧残和折磨。如果行为人出于对家庭成员进行肉体上和精神上摧残和折磨的故意，在实施虐待行为过程中，造成家庭成员轻伤或者重伤的，其行为构成虐待罪，不构成故意伤害罪；如果行为人在主观上具有伤害家庭成员身体健康的故意，并且在客观上实施了伤害家庭成员的行为，则其行为构成故意伤害罪，不构成虐待罪。

本案中，**在客观方面**，赵某对妻子进行连续殴打，并让妻子罚跪 10 个多小时。**在主观上**，赵某明知自己对妻子的殴打行为可能引起妻子身体健康的损害而放任这种结果的发生，具有伤害的犯罪故意。另外，根据尸检结论，赵某妻子的死亡是由于被钝器击打头部、背部、四肢，造成呼吸循环功能衰竭死亡，没有发现大量旧伤，因此死亡并非长期虐待的结果。因此，本案应定性为故意伤害罪。

【案例 44】

戴某的行为构成虐待罪和故意伤害罪。本案中，戴某对其亲生女儿小红在长达一年半的时间里，进行肉体殴打和摧残，致 6 岁小孩浑身是伤，已达情节恶劣，构成虐待罪。另外，在长期虐待小红过程中，又于 2008 年 11 月的一个晚上将其头部多次撞击地面，表现为故意伤害的行为。对于小红因多次撞击地面后昏迷死亡，对死亡结果戴某应负过失罪责。因此戴某暴力伤害女儿致死构成了故意伤害罪。

对戴某应按照虐待罪和故意伤害罪实行数罪并罚。

注意：《刑法修正案（九）》第 18 条修订了《刑法》第 260 条第 3 款的规定，即"第一款罪，告诉的才处理，但被害人没有能力告诉，或者因受到强制、威吓无法告诉的除外。"

注意：《刑法修正案（九）》第 19 条增设了《刑法》第 260 条之一，即虐待被监护、看护人罪。

【案例 45】

虐待罪，是指对共同生活的家庭成员经常以打骂、捆绑、冻饿、限制自由、污辱人格、不给治病或者强迫做过度劳动等方法，从肉体上和精神上进行摧残迫害，情节恶劣的行为。遗弃罪，是指对于年老、年幼、患病或者其他没有独立生活能力的人，负有扶养义务而拒绝扶养，情节恶劣的行为。两罪在犯罪客观方面表现不同，遗弃罪表现为对没有独立生活能力的家庭成员，具有扶养义务而拒绝扶养的行为；而虐待罪则表现为经常或连续折磨、摧残家庭成员身心健康的行为。两罪在主观方面虽均是故意，但故意的内容不同。遗弃罪的故意，即行为人明知自己应当履行扶养义务，也有实际履行扶养义务能力而拒绝扶养；而虐待罪的故意是行为人有意识地对家庭成员进行肉体摧残和精神折磨。

在本案中，钱某的行为明显不符合虐待罪的构成要件。首先，钱某的行为并未侵犯其父的身体健康权，而是侵犯了其受赡养的权利；其次，钱某的行为前后只有几天时间，且并未有摧残、折磨行为，主要是不尽赡养义务的不作为；最后，钱某的主观方面虽然也是故意，但故意的内容不是对其父进行肉体或精神上的摧残、折磨，而是故意逃避赡养义务。因此，钱某不构成虐待罪。

在客观上，钱某作为儿子，对父亲负有扶养义务，却拒绝让自己年老多病、已经丧失独立生活能力的父亲吃饭，同时放任妻子对父亲推打和拒之门外的行为，最终导致老人自杀身亡。其行为客观上是一种对无独立生活能力的家庭成员应当扶养而拒绝扶养，情节恶劣的行为。主观上，钱某自私自利，为获得存款不顾老人的生活，故意拒绝赡养老人，已具备犯罪的故意。因此，钱某的行为已经符合遗弃罪的犯罪构成要件，构成遗弃罪。

【案例 46】

遗弃罪，是指对于年老、年幼、患病或者其他没有独立生活能力的人，负有扶养义务而拒绝扶养，情节恶劣的行为。构成遗弃罪必须同时具备四个条件，即有法律上的扶养义务；有履行扶养义务的能力；有拒绝扶养的故意和行为；情节恶劣。"拒绝扶养"是指行为人拒不履行长辈对晚辈的抚养义务、晚辈对长辈的赡养义务以及夫妻之间的扶养义务，具体表现为不提供扶助、离开被扶养人等。在行为内容上，"拒绝扶养"不仅指不提供经济供应，还包括对生活不能自理者不给予必需的生活照料。"拒绝扶养"从客观方面揭示了本罪表现为不作为的犯罪行为方式，即消极地不履行所负有的扶养义务，如子女对失去劳动能力又无经济来源的父母不承担经济供给义务，子女对生活不能自理的父母不予照料等。

在本案中，张某和王某开始时虽然积极将女婴送往医院抢救，预交了治疗费，但张某在将女婴送进医院后就一走了事。**在长达 11 个月的时间里，他只向医院发了一份电报，从未到医院探视，对女儿的情况不闻不问，置之不理，长期没有领回女婴的实际行动。**在医院多次催促后，仍没有作出应有的努力，其不作为的行为表现得相当明显。这种行为不仅危害了女婴的合法权益，同时也侵害了医院的权益，影响了医院的正常工作，使医院蒙受较大的经济损失，社会反响较大，其情节已经达到恶劣的程度，因此应当认定其行为构成遗弃罪。

【案例 47】

陈某的行为构成遗弃罪。本案中作为亲生父亲的陈某具有扶养未成年子女的义务，却对刚出生几个小时患病的女儿拒绝扶养，不给治疗，并弃至荒山致其死亡，情节恶劣，其行为已构成遗弃罪。

【案例 48】

本案中洪某等人的行为构成组织出卖人体器官罪和故意杀人罪，实行数罪并罚。

洪某组织亲朋 10 人成立所谓"人体器官买卖中介"，公然违反国家法律，实施了领导、策划、

指挥、招募、雇用、控制出卖他人人体器官的行为，严重侵害了公民的生命、健康权利，且时间长、组织多人多次出卖肾脏、肝脏等人体器官，达到情节严重，构成了组织出卖人体器官罪并应适用《刑法》第 234 条之一的加重法刑的规定即"处 5 年以上有期徒刑，并处罚金或者没收财产"判处。

对于一名供体在手术中死亡的，可构成故意杀人罪。

对洪某等人所犯二罪，实行数罪并罚。

【案例 49】

黄某的行为构成虐待被看护人罪。本案中，黄某作为被王某家从家政公司雇用的看护行动不便的老人的看护人，负有看护职责，俗称保姆。然而，作为男保姆的黄某却在几个月内对被看护的老年人多次以辱骂、推搡、拍打、扇耳光等方式进行虐待，造成被看护人身上多处皮下出血、淤青等多发软组织损伤，损伤程度为轻微伤。黄某的行为触犯

了《刑法修正案（九）》第 19 条新增后的《刑法》第 260 条之一规定的虐待被监护、看护人罪，应在"3 年以下有期徒刑或者拘役"的法定刑之内判处刑罚。并根据《刑法》第 37 条之一第 1 款之规定，黄某在刑满之日起禁止从事保姆职业，期限为 3 至 5 年。

【案例 50】

叶某的行为构成负有照护职责人员性侵罪。

《刑法修正案（十一）》第 27 条增设的《刑法》第 236 条之一规定，对已满 14 周岁不满 16 周岁的未成年女性负有监护、收养、看护、教育、医疗等特殊职责的人员，与该未成年女性发生性关系的，成立负有照护职责人员性侵罪。本案中，叶某作为平平的继父，负有照护只有 15 周岁的继女平平的特殊职责，然而叶某却与未成年的继女平平发生性关系，利用未成年的继女相对弱势的地位，侵害了未成年女性的性自主决定权，故成立本罪。

第五章　侵犯财产罪

 本章要求掌握的罪名

抢劫罪，盗窃罪，诈骗罪，抢夺罪，侵占罪，职务侵占罪，挪用资金罪，敲诈勒索罪，故意毁坏财物罪，破坏生产经营罪，拒不支付劳动报酬罪

 本章精要

侵犯财产罪，是指故意非法占有、挪用公私财物，或者故意破坏生产经营、毁坏公私财物的行为。

本类罪的客体是公共财产和公民私有财产所有权。财产所有权，是指财产所有人对自己的财产享有占有、使用、收益、处分的权利。公共财产是指国家所有的财产；劳动群众集体所有的财产；用于扶贫和其他公益事业的社会捐助或者专项基金的财产；在国家机关、国有公司、企业、集体企业和人民团体管理、使用、运输中的私人财产，以公共财产论。公民的私有财产是指下列财产依法归个人：家庭所有的生产资料；个体户和私营企业的合法财产；依法归个人所有的股份、股票、债券或者其他财产。

本类罪的客观方面表现为非法占有、挪用或者毁坏公私财物的行为。

本类罪的犯罪主体只能由自然人构成，既可以是一般主体，也可以是特殊主体。单位不能成为本

类犯罪的主体。

本类罪的主观方面表现为故意，过失不构成本类犯罪。

 经典案例

【案例 1】 阅读标记：（　）

张某、王某、李某以捡破烂和偷窃为生，一日商定对居住在铁路立交桥东侧河边一条水泥船上以收破烂为生的陈某实施抢劫，同时以张某为主初步策划了抢劫过程中的具体分工。当晚 9 点左右，张某、王某、李某三人前往陈某居住的水泥船附近伺机作案，并准备了石块和尼龙绳等作案工具。晚 12 点左右，按照事先的分工，由李某、王某持尼龙绳在舱外守候，张某则以找席子睡觉为由进入陈某居住的船舱。张某先用手掐陈某的颈部，陈某挣脱后逃向舱门，并呼救。守在舱口的李某与王某即用尼龙绳套住陈某的头颈并紧勒，随即张某也参与，李某则脱手用砖块和小板凳砸陈某的头部，王某也随即用石块和螺纹钢击打陈某的头部。三人将陈某杀死后，在船舱中劫得现金 800 元，然后逃离现场。

问：张某等 3 人构成抢劫罪还是故意杀人罪？为什么？

【案例2】 阅读标记：（ ）

王某与张某吃完午饭后，来到钱某所开的麻将馆，钱某、孙某就与王某、张某打麻将。半小时后，王某二人赢了一盘，钱某与孙某以王某、张某二人打假牌为由，要求王某、张某二人退钱。王某、张某二人欲离开茶馆下楼，遭到钱某、孙某等10余人的围殴。张某趁乱离开后到该镇的县医院包扎伤口，然后乘车到其亲戚陈某家。钱某等人认为张某可能到外面喊人来打架，就给郭某打电话称有人打事，叫其带人来。郭某带着20余人在某宾馆外与钱某、孙某等10余人会合后，在宾馆外马路上正好拦住刚从县医院包扎治疗出来的王某，要王某退出3000元钱。王某将身上的现金800元交给钱某，保证下午6时前再交2200元。下午6时前，王某借得现金1000元交给了孙某。随后钱某、孙某等30余人带上铁棒等工具乘车来到陈某家找张某退钱，张某说没钱，钱某等人便让陈某拿3000元钱出来，不拿钱就不允许张某走。陈某害怕张某被打，与钱某讨价还价后，就找本组村民借了现金2000元，交给了钱某。钱某一伙人才离开陈某家。

问：钱某的行为构成抢劫罪还是敲诈勒索罪？说明理由。

【案例3】 阅读标记：（ ）

张某到王某的小卖部买方便面，并与王某闲聊。正好王某的妻子要上街买东西，问王某要钱，王某从钱包中取出一叠钱抽出三张100元钞票交给妻子。张某在旁目睹了全过程。之后，张某即与王某坐在同一条长凳上闲谈。这时，有一位顾客来买饮料，王某即起身招呼顾客，钱包滑落地上，张某趁王某不备，将钱包拣起藏入衣袋中。张某与王某闲谈几句后，借故匆匆离开，将钱包藏匿于家里的书柜内，钱包内有现金3756元。王某发现钱包丢失后，怀疑是张某所为并找张某询问，张某矢口否认，王某即向公安局报案。同日下午，在公安人员的追查下，张某承认了拿走钱包的事实。

问：张某的行为属于普通的民事不当得利还是构成盗窃罪？说明理由。

【案例4】 阅读标记：（ ）

赵某在某酒店大厅内，趁英国籍客人Jackson在办理住宿手续之机，窃得该旅客密码箱一只，内有便携式手提电脑、文件夹、移动电话、飞机票等物。在此之后，赵某又到另一饭店大厅，在总服务台附近，趁埃塞俄比亚籍客人Andrew不备，在其敞开的公文皮包内窃得皮夹一只，内有3500美元、VISA信用卡三张、身份证、驾驶证、马来西亚居住证、国际通用银行阳光卡等物。盗窃后，赵某将所窃的美元兑换得人民币3.6万元。后来，赵某持窃得的三张信用卡，仿冒失主Andrew的英文签名，与其女友一起，先后购物、娱乐、食宿40余次，花费数额计人民币2.6万余元。

问：赵某的行为构成何种犯罪？为什么？

【案例5】 阅读标记：（ ）

张某多次利用夜间无人之机到其工作的变压器厂设计处，将该厂的电力变压器全套图纸及产品计算书等技术成果盗出，进行复印或复制。张某共盗窃图纸资料360份，5300页，其中涉及具有较大商业价值的205份，4300页；涉及重大技术革新成分的155份，1000页。与此同时，张某用书信的方式，以提供大型变压器技术咨询及软件为内容，先后与青岛、柳州、哈尔滨三个变压器厂的技术人员取得联系，同上述厂家签订6份合同。张某将所盗的部分图纸及产品计算书复印件、复制品以及该厂从国外引进的变压器技术资料的复印件转让给上述厂家，获利15万余元。经市变压器研究所对上述技术资料进行鉴定，认定其所盗技术资料均为重要技术成果资料，涉及具有较大商业价值的技术资料认定价值45万元，涉及重大技术革新成分的技术资料认定价值6万元，合计价值为51万元。

问：张某的行为是否构成盗窃罪？说明理由。

【案例6】 阅读标记：（ ）

赵某与钱某系多年老友。赵某的丈夫孙某向钱某借款3万元，后来，赵某又向钱某借款1.5万元，两项合计4.5万元。后钱某向孙某多次催收，孙某屡次许诺近期归还，但是根本不予归还。某日，赵某及其子小赵雇请钱某为其收购当地特产金橘。当天下午，赵某将收购当地特产金橘用的4.5万元现金交给其子，并要钱某陪同去存入信用社。存款时，钱某替小赵填写了单据并记住了取款密码，存折由小赵保存。当晚，钱某与小赵同住一个房间，趁小赵洗澡之机，钱某盗取了存折，并于次日上午到信用社将存款全部取出。回家后的第二天，钱某打电话给孙某告知其取走4.5万元现金的事实，并要求赵某夫妇归还其欠款。当天下午孙某即赶到钱某家，但并没有同意立即把钱还给钱某。

后来孙某向公安机关报案。

问：钱某的行为是否构成盗窃罪？为什么？

【案例7】 阅读标记：（ ）

王某找到初中同学张某，想让张某帮他找一辆货车往石家庄运棉纱，并承诺每一趟运输都会给张某2 000元的报酬，张某当即表示同意。张某本身并没有货车，但后来发现其居所附近的一个居民小区内，一直停放着一辆解放牌货车，于是就产生了把这车搞来以便运输的念头。次日晚，张某来到该居民小区，用砖头把车窗玻璃砸开，用自制的铁片把汽车的锁打开，将车开到纺织厂附近一处废墟隐藏起来。第三天，张某把该货车的车牌用另一车牌号替代，并打电话告诉王某说找到一辆车，可以运货了。在车装好棉纱开往石家庄的途中，收费站有关人员检查车辆牌照，张某以为自己盗车的行为已经被发现，于是弃车逃跑，当即被检查人员抓回，送往当地派出所。

问：对张某的行为应该如何定性？说明理由。

【案例8】 阅读标记：（ ）

王某曾经租住过某平房，临搬走时，偷偷留下了一把该平房的钥匙。2011年6月的一天，因修空调路过该平房，就拿原先的钥匙试开门，果然开了门，后进了房间。这一次，王某轻松拿走新住户放在抽屉内的43元零用钱。此后的一周内，王某又先后光顾了此房间两次，共拿走现金243元。就在最后一次得手即将离开房间时，被赶巧回来的住户胡某堵在屋内，并将其扭送至派出所。

问：对王某的行为应如何认定？并简要说明理由。

【案例9】 阅读标记：（ ）

张某、王某、孙某、李某、万某于2008年夏天谋划弄钱。2008年8月的一天早晨7点半，张某、王某给正在天津出差的北京某公司的刘某打电话，其中张某假冒刘的上小学五年级的儿子小捷的哭声"爸！是我……"。刘某惊慌地问："小捷！你怎么了？"此刻王某以南方人的口音称，"你儿子在我们手上，想要儿子就拿30万元来"。王某让刘某立刻把30万元现金汇到指定账户，而且期间不能挂断电话，否则就撕票。刘某立刻赶回北京，在2小时内将30万元分5次汇到指定账户，而且一直不敢挂断电话。对方收到钱后告诉刘某去某地领儿子。刘某到那里并未见到儿子，打电话给儿子的班主任后才知道儿子根本没出事正在上课。而刘某的

30万元早已被孙某、李某、万某在武汉的两台ATM机上取走。后5人分别在苏州、深圳、厦门被抓获。

问：张某、王某、孙某、李某、万某的行为构成什么犯罪？说明理由。

【案例10】 阅读标记：（ ）

2006年4月21日晚，许某到某市商业银行自动柜员机（ATM）取款。许某的银行卡不具备透支功能，余额为176.97元。许某在ATM机上无意中输入取款1 000元的指令，柜员机随即出钞1 000元，而银行卡账户里却只被扣除存款1元。许某意识到银行ATM机出现异常，能够超出账户余额取款且不能如实扣账。于是，许某先后在三个时间段内，持银行卡在该自动柜员机取款170次，共计取款17万多元。同月24日下午，许某携款逃匿，案发时仍未归还。

问：许某的行为如何定罪量刑？为什么？

【案例11】 阅读标记：（ ）

某歌舞厅服务员张某捡到王某遗失在歌舞厅的钱包，钱包内有中国工商银行牡丹灵通卡、居民身份证等物。张某把钱包交到歌厅前台，并向在场的副经理李某说明了情况。李某打开钱包，发现有牡丹灵通卡。于是，李某持该卡，通过王某的居民身份证号码猜出该卡密码后，分别在商业银行的自动取款机、中国工商银行某储蓄所冒用王某的名义共提取现金人民币5万元。翌日上午，王某发现钱包丢失后向公安机关报案。

问：李某的行为是构成诈骗罪还是侵占罪？说明理由。

【案例12】 阅读标记：（ ）

陈某，系某市郊一个乡镇聘用的城管协管员。陈谎称可以帮助当地农民办理退休、社保等手续，说办了证后可享受到每月1 000元的退休金以及医保待遇，但办理一份手续需收取8万元左右的费用。许多农民信以为真，纷纷找陈某帮忙办理。陈某先后纠集其亲属共8人参与了所谓的办理工作。他们一共为390多人制作了假的退休证、医疗保险手册、社保手册等证件，向受害人收取了3 800多万元。当受害人持陈某发的证件去领退休金、进行医保保销时，被告知是假证件，方知上当受骗。陈某从中获赃2 846万元，其余7人获700多万元。

问：对本案中陈某等8人的行为如何认定处

理？简要说明理由。

【案例 13】 阅读标记：（ ）

某县医院在 2012 年 11 月至 2013 年 10 月长达一年的时间里，虚构住院人名、数字，多次办理假出院，共套取医保资金 500 余万元。后被知情人检举揭发。公安机关抓捕了该院的院长李某、院医保科负责人王某、财务科负责人洪某。对此事上述人员供认不讳。

问：对该起套取巨额国家医保资金的案件谁应承担刑事责任？并简要说明理由。

【案例 14】 阅读标记：（ ）

张某为无业青年，一直以来都想用抢钱的方式不劳而获。经过好几个月的调查，张某发现在镇上东街住的一位无儿无女的七旬老翁王某是比较理想的犯罪对象，遂决定从王某处下手抢钱。某日，张某拿着一把花生豆，边吃边敲开王某的房门，说自己是王某的远房亲戚。在王某开门之后，张某就把手中的花生豆扔向王某的脸部，王某出于本能下意识地躲避了一下。这时候，张某发现了王某左手戴的金戒指，立即上前抓住王某的手迅速取下金戒指，往门外逃窜。由于王某大声呼救，张某被闻声赶来的邻居抓住，送到当地的派出所。

问：张某的行为构成抢劫罪还是抢夺罪？说明理由。

【案例 15】 阅读标记：（ ）

张某驾驶富康牌出租车，从某市大街口送乘客王某到西区间向桥。王某下车时，将随身携带的公文包遗忘在车内，包内有现金人民币 4 530 元及其他物品。张某发现王某遗忘的公文包后，将其带回家中，见包内装有不少现金，决定将其据为己有。公安人员接到王某的报案后，随即找到张某，但张某否认拾到公文包。当公安人员依法搜查其住所并发现王某的公文包后，张某才交代了全部事实。

问：张某的行为是否构成犯罪？构成何种犯罪？说明理由。

【案例 16】 阅读标记：（ ）

赵某在 KTV 包厢陪客人唱歌，当天晚上 12 点左右，客人钱某将公文包放在包厢的座位上，然后去上厕所。在钱某上厕所的时候，包厢内其他客人觉得时间太晚，于是结账离开。赵某把客人送出门后，看到了钱某的公文包，发现里面有现金、手机

等物，于是趁着钱某还没有回来，拿走了公文包内的现金约 2 万余元后，迅速离开。钱某上厕所回来之后，发现其他的客人都已经离开，拿起自己的公文包也准备走的时候，发现公文包有些异样，于是打开公文包检查，发现里面的现金被盗。钱某向公安机关报案后，赵某被抓获。

问：赵某的行为构成侵占罪还是盗窃罪？说明理由。

【案例 17】 阅读标记：（ ）

杨某系某机场清洁工，2008 年年底的一天，她在做清洁场地时发现一小纸箱放在行李车上无人看管，以为是乘客丢弃之物，遂将小纸箱放置一洗手间工具间内。后约同事打开查看，发现里面是一包包的黄金首饰。她获知后未上交，下午下班时带回了家。后来查明，杨某拿走的是某珠宝公司王某出差携带的重 14 公斤、内装价值 261 万元黄金首饰的纸箱。王某因机场不予办理托运而暂时离开纸箱去其他柜台（距离约 22 米）找值班主任咨询，回来后未见纸箱即以被盗报案。公安人员得知是杨某拿走了纸箱后，到其家中出示警察证件并询问拿纸箱事，杨即承认并交出了纸箱。

问：对杨某的行为如何认定？说明理由。

【案例 18】 阅读标记：（ ）

某集团公司出资在北京设立兴旺食品有限公司，由张某任经理。兴旺食品有限公司因业务需要在某银行分理处开立了公司账户。后来，因其所开账户 1 年内没有业务往来，银行分理处通知兴旺食品有限公司清理公司账户。公司经理助理杨某在销户时发现公司多了一个账户，并且多出 3 万元钱，遂将此账户的有关情况向张某汇报。经张某决定，杨某到某分理处更换了预留印鉴，并将账户余额 3 万元转汇至兴旺食品有限公司开立于某信用社的账户上。张某授意杨某开具了化名为"方伟"的集资单，编造兴旺食品有限公司向"方伟"集资 3 万元的事实。杨某按张某要求以备用金名义从某信用社公司账户内取出该 3 万元。张某和杨某以归还"方伟"集资款的方式，将该款私分。

问：本案中张某和杨某的行为是否构成职务侵占罪？为什么？

【案例 19】 阅读标记：（ ）

某公司业务员赵某和同事钱某受公司委派到某地收货款，收到货款后住进了某宾馆，钱某将所收货款 6 万余元放进自己的提包并置于房内电

视柜内。第二天上午，赵某到宾馆楼下叫一名杂货铺店员给钱某打电话将其骗到宾馆楼下，赵某趁此机会返回房内盗走全部货款，寄存于宾馆前台小件寄存处。钱某回房后发现货款被盗，追问赵某，赵某称不知货款去向，钱某于是向当地公安机关报案。

问：赵某的行为构成职务侵占罪还是构成盗窃罪？说明理由。

【案例 20】 阅读标记：（ ）

某私营企业负责人张某为了帮助其妹妹在上海市购买商品房，利用其作为公司财务部主任的便利，批出 3 万元的款项到其妹妹的个人账户。后来，该私营企业进行半年财务盘点，发现其中有 3 万元的账目没有明细记载，通过银行查证，查出汇往上海市的某银行账户。于是，该企业向公安机关报案，经过一个星期的调查，发现是张某所为。

问：张某的行为是否构成挪用资金罪？说明理由。

【案例 21】 阅读标记：（ ）

张某以其女友王某曾经被李某强奸为由，纠集一伙当地的流氓，向李某索要赔偿费，并将李某带至租来的一辆轿车上。当车行至栅桥时，张某命李某下车，并和同伙一起将李某打倒在河沟内。之后，张某等人称"要么拿 2 万元私了，要么去公安局把你告发，让你坐牢"。李某无奈，便打电话向其父筹款，称有麻烦，需要 2 万元。其间，李某一直被锁在车厢内。在与李某之父约定碰面地点后，当日下午 2 点左右，张某与其他两人至约定地点收取了李某之父带来的人民币 2 万元，才将李某放走。

问：张某的行为构成绑架罪还是敲诈勒索罪？说明理由。

【案例 22】 阅读标记：（ ）

2008 年 7 月，北京某集团副总裁刘某找到负责管理 Donews、猫扑网编辑工作的徐某，安排徐某在前述两个网站大量发布并转载不利于"奇虎 360 安全卫士"杀毒软件的评论文章。8 月初，"奇虎 360 安全卫士"负责人齐某找到刘某，要求删除不实的负面文章，刘某当即提出"删除文章需支付费用"。经过多次协商达成一致，"奇虎 360 安全卫士"一方支付 23 万元删除负面新闻费。齐某于 9 月 24 日向警方报案。

问：刘某的行为如何定性？为什么？

【案例 23】 阅读标记：（ ）

2007 年 7 月 3 日，王某伙同他人以"李大龙"的名义给被害人张某打电话，称有人要伤害其身体，以出钱才能平安等语言相威胁，向张某索要钱财，并要求张某向其指定的农行账户汇款。当日，张某向其账户内汇入人民币 5 000 元。同年 7 月 9 日，王某伙同他人以"程虎"的名义给被害人李某打电话，以语言相威胁向李某索要人民币 1 万元，未果。被害人向公安机关报案。

问：王某的行为如何定性？为什么？

【案例 24】 阅读标记：（ ）

2006 年 5 月 10 日，某著名摇滚歌手窦某因对新京报的某条报道不满，前去该报社交涉，在交涉过程中，他把报社办公室内的 DVD 机、电脑、电视机等物品予以摔毁。当日下午 5 点左右，窦某再次来到这家报社，并往报社职工停放在报社门前的一辆小轿车上泼洒汽油，然后用打火机点燃。经评估，损坏财物价值 5 000 多元。

问：窦某的行为如何定性？为什么？

【案例 25】 阅读标记：（ ）

尹某是某水利局下属单位排灌站的一名退休职工。1981 年，排灌站从单位属地中划了一块土地给尹某，供其自建房屋。2003 年，排灌站因故要求尹某将其房屋无偿拆除，遭其反对。站长刘某提出由排灌站支付尹某 4 万元补偿款，但尹某认为补偿不够，双方最终未能达成协议。2004 年 6 月 29 日晚 7 时许，刘某安排下属租来一台推土机，趁尹某不在家，强行将其房屋推倒。经鉴定，受损房屋及物品价值合计 2.8 万余元。

问：刘某的行为如何定性？为什么？

【案例 26】 阅读标记：（ ）

赵某发现邻居王某家境比较富裕，决定伺机在王某家里行窃。某日晚上 10 点左右，赵某见到王某家里没有人，来到王某家里盗走了价值 5 000 元的掌上电脑。当晚，王某回到家中，发现掌上电脑失窃，于是向公安机关报案。公安人员在询问赵某后，赵某担心其行为败露，回到家中就把该掌上电脑砸毁。

问：赵某的行为构成盗窃罪还是故意毁坏财物罪？说明理由。

【案例 27】 阅读标记：（ ）

2013 年 11 月 30 日骑自行车的陈某与骑自行车的中年女士宫某同停在路口等绿灯时，陈突然抢走宫某车筐里的一个布拎包向前一溜烟骑去。宫某反应过来后大喊，陈被前面的两个骑车人挡住，将其抓获后交给巡警。宫某的布包中有一捆青菜和 500 元现金。

问：对陈某的行为如何认定？说明理由。

【案例 28】 阅读标记：（ ）

胡某与赵某系邻居，因小孩子打架之事，胡某认为受到了赵某家欺负，一直心生怨愤，想找茬出气。2013 年 6 月的一个深夜，胡某对赵某家承包地的玉米青苗实行踩踏，致使当年赵家的玉米减产一半。后胡某向警方自首，并主动对赵某家的损失进行了赔偿。赵某家请求法院从宽处罚胡某。

问：对胡某的行为应如何处理？

【案例 29】 阅读标记：（ ）

刘某系江南某市一服装厂的老板，2012 年 2 月至 8 月间，拖欠 40 余名工人共计人民币 159 100 元的劳动报酬。同年 8 月 26 日刘某为逃避支付这笔劳动报酬，改变联系方式，藏匿至 3 000 公里外的某省。同年 8 月 30 日该市人力资源和社会保障局在刘某的服装厂张贴《劳动保障监察期限改正责令书》，责令其于同年 9 月 4 日前支付所欠工人劳动报酬，但刘某到期仍不支付。同年 10 月，刘某被警方抓获，其家属代为支付了拖欠的 159 100 元工人劳动报酬。

问：对刘某的行为应如何处理？

 案例分析

【案例 1】

抢劫罪，是以非法占有为目的，对财物的所有人、保管人当场使用暴力、胁迫或其他方法，强行将公私财物抢走的行为。本罪在客观方面表现为行为人对公私财物的所有者、保管者或者守护者当场使用暴力、胁迫或者其他对人身实施强制的方法，当场抢走财物或者迫使受害人当场交出财物的行为。这种当场对身体实施强制的犯罪手段，是抢劫罪的本质特征，也是它区别于盗窃罪、诈骗罪、抢夺罪和敲诈勒索罪的最显著特点。在实施抢劫财物过程中先杀人后劫财物的，即在抢劫财物过程中，先将财物的所有人、保管人杀死，剥夺其反抗能力，当场劫走其财物的，杀人是劫走财物的必要手

段。此类案件应定抢劫罪。

在本案中，**行为人以非法占有为目的，潜入作为陈某家庭生活场所的船只，采用暴力手段将陈某杀死后再劫取现金，已触犯《刑法》第 263 条之规定，构成抢劫罪。属于入户抢劫，又因抢劫致人死亡，属于量刑时应该考虑的从重情节。因此，张某等人的行为构成抢劫罪，而非故意杀人罪。**

【案例 2】

本题的关键在于正确区分抢劫罪和敲诈勒索罪的客观方面。

抢劫罪的"威胁"是由行为人当面直接对被害人发出的；敲诈勒索罪的"威胁"，可以是当面发出的，也可以是通过书信、电话、电报等形式发出，可以是行为人本人发出，也可以通过第三人发出。抢劫行为与敲诈勒索行为对使用以暴力相威胁的时间和要求交出财物的时间不同。以暴力相威胁的方法进行抢劫，行为人实施暴力的时间和要求交出财物的时间均为当场。敲诈勒索的行为人，有时是当场取得财产，也有的是事后的一定时间内取得财物或财产性质的利益，但敲诈勒索的行为人，以暴力威胁的时间和要求交出财物的时间，都不是当场，或者至少其中之一不在当场。二者的犯罪对象也是不同的，抢劫行为威胁的对象只是在场的财物所有者、管理者；敲诈勒索行为人威胁的对象则不限于在场者，也可以是不在场的其他人。

在本案件中，**钱某等人对张某、王某进行暴力威胁，几个小时以后才取得财物。从时间上看，没有当场要求和取得财物，而是事后对王某本人和张某的亲属进行威胁以求取得财物，符合敲诈勒索罪的特征。**

另外，抢劫罪中行为人对劫取的财物没有具体数额要求，仅限于在场的财物；而敲诈勒索行为人对强索财物有具体数额要求，不仅包括在场财物，而且也可以是不在场的财物或财产利益。本案中的行为人对被害人提出了明确的现金数额，而且还有人从中调和，商定具体的现金数额，显然不符合抢劫罪的特征，应当认定为敲诈勒索罪。

注意，自 2011 年 5 月 1 日起施行的《刑法修正案（八）》第 40 条对《刑法》第 274 条作了修改补充，对多次敲诈勒索行为入罪；最高法定刑提高至有期徒刑 15 年；增加罚金刑。

【案例 3】

根据《刑法修正案（八）》第 39 条修订后的《刑法》第 264 条规定，盗窃罪，是指以非法占有

为目的，盗窃公私财物，数额较大的，或者多次盗窃、入户盗窃、携带凶器盗窃、扒窃的行为。秘密窃取，是指行为人采取自认为不会被财物所有人、管理人、持有人发觉的方法，将公私财物据为己有。

在本案当中，**张某在主观上有非法占有他人钱财的目的。**他目睹了王某从钱包内拿钱的全过程，明知钱包为王某所有且钱包内装有现金却企图占为己有。在客观上张某实施了秘密窃取的行为。王某的钱包虽然掉落在地，但它是掉落在王某自己的店内，钱包仍在王某的掌握控制范围内。张某趁王某不备将钱包拿走，仍然是一种秘密窃取行为。张某以非法占有为目的，采取秘密手段窃取他人钱包，内有现金 3 756 元，数额较大，不属于民事上的不当得利，其行为已构成盗窃罪。

【案例 4】

分析本案件的关键点在于，如何认定赵某在盗窃了现金和信用卡之后，冒用埃塞俄比亚籍客人 Andrew 的签名，对信用卡进行消费的行为。赵某以非法占有为目的，秘密窃取英国籍客人 Jackson、埃塞俄比亚籍客人 Andrew 的财物，数额较大，已经构成盗窃罪。事后还冒用埃塞俄比亚籍客人 Andrew 的签名，消费其信用卡。**但这种行为只是为了取用信用卡的存款所采取的必然手段，是其盗窃行为的继续，属于事后不可罚的行为，不应另定诈骗罪。**

【案例 5】

盗窃行为的对象是公私财物，盗窃的公私财物，既指有形财物，也包括电力、煤气、天然气、重要技术成果等无形财物。重要技术成果不同于电力、煤气、天然气等无形财物，它属于智力成果，可以由不同主体在不同空间、时间中同时、反复使用，不同使用者也可同时、反复获得利益。盗窃重要技术成果不仅侵犯了所有人对重要技术成果的所有权，同时也侵犯了所有人对重要技术成果的独占收益权。因此，在本案中，**张某以非法占有为目的，秘密窃取电力变压器全套图纸及产品计算书等技术成果，合计价值 51 万元，已经构成盗窃罪。**

【案例 6】

盗窃罪主观方面必须以非法占有公私财物为目的，如果行为人在主观上不具有非法占有的目的，那么其行为就不能以盗窃罪论处。

本案中，钱某虽然实施了秘密窃取他人财物的行为，但却是在向赵某夫妇多次催收借款而赵某夫妇虽然承诺近期归还，但实际上拒不归还的情形下实施的，其目的是为了索债，而不是非法占有赵某夫妇的财产。况且钱某在取走 4.5 万元存款后立即打电话给赵某夫妇，要求赵某夫妇归还其欠款，更说明钱某在主观上没有非法占有他人财物的故意，而只是为了讨回借款。因此，**钱某的行为在主观上不以非法占有为目的，不符合盗窃罪的构成要件，不能构成盗窃罪。**

【案例 7】

本案的焦点在于偷开机动车辆行为的定性。根据相关司法解释，以非法占有为目的，将偷开的机动车辆变卖或者留用，应该定盗窃罪；如果为了进行其他犯罪活动，把偷开的车辆作为犯罪工具使用的，可以按其实施的犯罪从重处罚；在偷开机动车辆的过程中，因为过失撞死、撞伤其他人员或者撞坏车辆，又构成其他犯罪的，应该按照交通肇事罪与构成的其他犯罪实行数罪并罚；为其他目的，多次偷开机动车辆，并将其遗弃，严重扰乱工作、生产秩序，造成严重损失的，按照扰乱社会秩序罪论处；为游乐，偶尔偷开机动车辆，情节轻微的，可以不认为是犯罪，应当责令赔偿损失。

在本案件中，张某在晚上秘密开走货车，使货车的主人失去对车的控制。张某将偷开的货车留用，意图帮助王某多次进行货运，说明张某也没有要将汽车归还的意图。因此，**张某在主观上具有非法占有的目的。**综上，张某的行为已经构成盗窃罪。

【案例 8】

王某的行为构成盗窃罪。

2011 年 5 月 1 日起生效的《刑法修正案（八）》第 39 条修订后的《刑法》第 264 条规定，盗窃公私财物，数额较大的，或者多次盗窃、入户盗窃、携带凶器盗窃、扒窃的，构成盗窃罪。本案中，王某三次入户窃取他人财物的行为，虽数额不大，但已符合多次盗窃、入户盗窃的法律规定，构成了盗窃罪。

【案例 9】

张某、王某、孙某、李某、万某的行为构成了共同诈骗罪。本案反映了近一两年诈骗罪的新特点，电话诈骗是犯罪分子猖狂作案的重要手段。本案中张某等 5 人事先通谋，精心策划了谎称绑票，使受害人刘某产生错误认识，误以为儿子真被绑架

了，基于交赎金赎回儿子的急切心情，在短时间内将30万元打到骗子们指定的账户内。犯罪分子的诈骗手段虽不断翻新，但以非法占有为目的，以虚构事实使受害人信以为真后自己处分财产，而犯罪分子从而侵犯他人合法财产所有权的诈骗罪本质未变。故张某等5人应以诈骗罪，按在共同诈骗罪中所起作用大小分别判处刑罚。

【案例10】

许某的行为构成盗窃罪，但应在法定刑以下量刑。许某的取款行为性质可以分为两种：许某第一次在柜员机取款并多占有银行999元的利益属于民法上的不当得利，但此后的取款行为则属于盗窃行为。在客观上，第一，许某的行为具有"秘密性"特征。虽然许某持有的是其本人的银行卡，柜员机旁亦有监控设备，这些都只是使银行事后能够查明许某的身份，但不足以使银行能够当场发觉并制止许某的恶意取款行为。第二，许某的行为属于盗窃金融机构，且数额特别巨大。自动柜员机是银行对外提供客户自助金融服务的设备，机内储存的资金是金融机构的经营资金，许某盗窃自动柜员机中资金的行为依法属于"盗窃金融机构"的行为，且属于数额特别巨大。在主观上，第一次取款后的后续取款行为，许某具有非法占有银行财产的故意。

在量刑上，许某的行为属于盗窃金融机构，数额特别巨大，没有法定减轻处罚情节，应当判处无期徒刑以上刑罚。但是，许某的情况具有特殊性：第一，许某取款的柜员机出了故障，而非正常的"金融机构"；第二，与采取破坏柜员机或进入金融机构营业场所内部盗窃等手段相比，许某行为的社会危害性要小；第三，许某的犯罪极具偶然性，是在柜员机出现故障这样极为罕见和特殊的情形下诱发的犯罪。因此，对于许某可依照《刑法》总则第63条第2款的规定，报最高人民法院核准，适用酌情减轻处罚，在法定刑以下判处刑罚。

注意，自2011年5月1日起施行的《刑法修正案（八）》第39条对《刑法》第264条的修改，取消盗窃罪适用死刑的规定。

【案例11】

诈骗罪，是指以非法占有为目的，用虚构事实或者隐瞒真相的方法，骗取数额较大的公私财物的行为。侵占罪是指将代为保管的他人财物、他人的遗忘物或者埋藏物非法占为己有，数额较大，拒不退还或者交出的行为，其实质就是将对财物的合法占有转变为非法占有。本案中，李某取得他人的卡，只是占有了该卡本身，并未实际取得该卡所记载的一定数额的财产。只要不去查询和使用，该卡的价值就不会实现，原持卡人也不会丧失对这部分财产的所有权。因此，单独就该牡丹卡而言，其本身是不具有多少价值的。只有具有一定使用价值的财物，以及代表一定财产权益的有价支付凭证、有价证券、有价票证等，才可以成为侵占罪的犯罪对象。

在本案中，李某拾得牡丹卡后，通过王某的身份证号码猜出密码，到银行柜台、自动提款机上进行提款的行为，实质上是通过冒用银行卡所有人的名义，采取欺骗手段，骗取银行信任从而支付数额较大的款项，**完全符合诈骗犯罪采用虚构事实、隐瞒真相的手段，使他人陷入错误认识从而自愿交付财物的特征。**因此，本案应以诈骗犯罪定性。在具体罪名上应定性为信用卡诈骗罪。

【案例12】

陈某等8人的行为构成了诈骗罪的共同犯罪，且诈骗公私财物数额特别巨大，应当适用诈骗罪的最高法定刑档次判处刑罚。

陈某等人以非法占有他人财物为目的，虚构事实，编造不可能实现的谎言，骗取390多名受害农民的信任，使之仿佛"自愿地"交出钱款办理所谓的"退休证""医保手册"等以图享受退休待遇和医保待遇，实则是陈某等人采用欺骗手段，以办理"退休""社保"为名，骗取了农民的财物。根据"两高"2011年4月8日起施行的《关于办理诈骗案件具体应用法律若干问题的解释》第1条规定，诈骗公私财物价值50万元以上的，应认定为"数额特别巨大"，陈某等人诈骗390多名农民的钱款达3 800多万元，自然属于"数额特别巨大"的情形。

对陈某等人应当在10年以上有期徒刑或者无期徒刑，并处罚金或者没收财产的法定刑档次中裁定刑罚。且陈某为这起共同诈骗罪的主犯，应当按照其所组织、指挥、参与的全部犯罪处罚；对其他7名参与者，以从犯处罚。

【案例13】

本案是一起典型的单位骗取医保的案件，单位中的行为人李某、王某、洪某的行为符合了诈骗罪的构成特征，应承担诈骗罪的刑事责任。

根据全国人大常委会2014年4月24日通过的对《刑法》第266条的立法解释，以欺诈、伪造证

72

明材料或者其他手段骗取养老、医疗、工伤、失业、生育等社会保险金或者其他社会保障待遇的，属于《刑法》第266条规定的诈骗公私财物的行为。又根据对《刑法》第30条的立法解释，企业、事业单位、机关、团体等单位实施刑法规定的危害社会的行为，刑法分则和其他法律未规定追究单位的刑事责任的，对组织、策划、实施该危害社会行为的人依法追究刑事责任。本案中某县医院属于事业单位，实施了刑法规定的骗取医疗保险金的行为，且数额特别巨大，具有严重社会危害性，但刑法分则未规定单位可以做诈骗罪的主体，故对组织、策划、实施骗取医保的危害行为的自然人李某、王某、洪某依法追究其诈骗罪的刑事责任。

【案例14】

抢劫罪与抢夺罪同属侵犯财产的犯罪，彼此之间存在紧密的联系。首先，在客体要件上，二者都侵犯了公私财产所有权；其次，在客观方面，抢劫罪使用的是暴力、胁迫或者其他方法，往往造成受害人伤亡；抢夺罪使用的是强力夺取的方法，直接作用于被抢夺的财物，但有时也会发生致人重伤、死亡的结果。两罪暴力和强力性质不同，但从一定意义上说，暴力也是一种强力。因此，二者在客观方面，不仅行为方式有相似之处，而且危害结果也可能相同。再次，在一定条件下，抢劫罪和抢夺罪可以相互转化。《刑法》第269条规定了抢夺罪转化为抢劫罪的情况。抢劫罪与抢夺罪的主要区别在于，抢劫罪在客观方面表现为使用暴力、胁迫或者其他方法劫取公私财产的行为，劫取公私财物的数额不限；抢夺罪在客观方面表现为公然夺取公私财物数额较大的行为，但是行为人并未对财物所有人或保管人采取暴力或者胁迫的手段。因此，抢劫的时候，行为人的强力是使用在受害人的身上；而抢夺罪中，行为人的强力则是用在被抢夺的财物上。

本案特殊的地方在于张某用一把花生豆袭击王某，其行为不具有明显的暴力特征。但是，张某把花生砸向王某依然是用袭击身体的方法，直接作用于身体，侵犯了王某的人身权利。抢劫罪的其他方法，是指使用暴力、胁迫以外的方法使得财物所有人、保管人不知反抗或无法反抗，而当场劫取财物的行为。在本案中，**张某知道王某只是一位七旬的老翁，仅一把花生豆就能把他制住，使其无法反抗**。因此，张某的行为已经符合抢劫罪的犯罪构成要件，构成抢劫罪。另外，本案属于入户抢劫的情形，应当按照有关加重处罚条款处罚。

【案例15】

侵占罪，是指以非法占有为目的，将他人交给自己保管的财物或他人的遗忘物、埋藏物非法占为己有，数额较大，拒不交还的行为。本案中，**张某以非法占有为目的，将王某的遗忘物隐匿在家中，且数额较大，在公安人员向其询问时拒绝交出，其行为符合侵占罪的犯罪构成要件，因此构成侵占罪**。

【案例16】

侵占罪，是指以非法占有为目的，将代为保管的他人的财物或者他人的遗忘物、埋藏物占为己有，数额较大，且拒不归还、拒不交出的行为。盗窃罪则是以非法占有为目的，多次秘密窃取或者窃取公私财物数额较大的行为。二者的区别在于，从犯罪对象上来看，侵占罪的犯罪对象是代为保管的他人的财物或者他人的遗忘物、埋藏物；盗窃罪的犯罪对象可以是任何财物。从客观行为来看，侵占罪是将代为保管的他人的财物或者他人的遗忘物、埋藏物占为己有，数额较大，且拒不归还、拒不交出的行为；盗窃罪则是秘密地多次窃取或者窃取公私财物数额较大的行为。从主观上来看，二者的犯罪故意产生于不同的时间，侵占罪的犯罪故意产生于占有他人的财物之后；盗窃的犯罪故意产生于占有他人财物之前。

在本案中，**钱某的公文包只是在上厕所的时候临时放在包厢的座位上，他并没有将自己的公文包遗忘**。赵某注意到该公文包并直接取出里面的现金，从客观行为上来看，赵某并没有拒不归还或者拒不交出，因为钱某根本不知道是赵某取走现金而要求赵某归还，所以赵某的行为是秘密窃取。因此，赵某的行为构成盗窃罪，而不是侵占罪。

【案例17】

本案中杨某的行为不构成犯罪。

杨某在机场拿走置放行李架上的纸箱行为不属于以非法占有为目的的秘密窃取他人财产的行为，是误认为他人的遗弃而拣拾，即"误拿"了他人财物，此时，杨某不构成盗窃罪，因不符合盗窃罪的主客观要件。

但是，当杨某在发觉是"误拿"了他人财物时，自然应承担起返还财物的责任。此时，杨某将纸箱拿回家，这是将自己合法占有下的他人财物据为己有，性质上属于侵占，但是否构成侵占罪呢？因我国刑法把"拒不退还"或"拒不交出"作为侵占罪成立的条件，本案中杨某在警方到其家中询问时，即承认并交出了纸箱，则不具备"拒不交出"的情节，从而也就不构成侵占罪。

因此，杨某的行为不构成犯罪。

【案例18】

职务侵占罪，是指公司、企业或者其他单位的人员，利用职务上的便利，将本单位财物非法占有，数额较大的行为。在职务侵占罪中，**侵犯的客体是公司、企业或者其他单位的财物所有权，犯罪的对象是公司、企业或者其他单位的财物。**在本案件中，张某和杨某利用职务上的便利，将本单位财物——现金3万元非法占为己有，数额较大，已经构成了职务侵占罪。

【案例19】

本案中，**赵某的行为构成职务侵占罪还是盗窃罪，关键是看赵某有没有利用职务上的便利。**从赵某的行为来看，赵某"利用职务或者工作上的便利"并不明显。首先，赵某虽然是在和钱某一起收货款的过程中才熟悉货款所放的位置，但这并没有体现出赵某作为公司业务员主体身份的特殊性，与其职务或者工作上产生的便利并没有关系。假设赵某不是该公司的业务员，而是与钱某同行的朋友或只是同居一室的房客，赵某仍然有可能知道上述情况。其次，赵某用欺骗的手段使钱某离开房内，秘密窃取了全部货款并转移。因此，赵某的行为应该构成盗窃罪，而不是职务侵占罪。

【案例20】

挪用资金罪，是指公司、企业或者其他单位的人员，利用职务上的便利，挪用本单位资金归个人使用或者借贷给他人，数额较大，超过3个月未还，或者虽未超过3个月，但数额较大，进行营利活动的，或者进行非法活动的行为。在本案件中，张某利用自己职务上的便利，通过财务部门，挪用该单位3万元的资金，**数额较大**，而且3月份汇出，**9月份仍未归还，已经超过3个月**，因此张某的行为已经构成挪用资金罪。

《刑法修正案（十一）》第30条修订增补《刑法》第272条第3款，挪用资金符合犯罪构成的，"在提起公诉前将挪用的资金退还的，可以从轻或者减轻处罚。其中，犯罪较轻的可以减轻或者免除处罚。"

【案例21】

绑架罪，是以勒索财物为目的，以他人为人

质，使用暴力、胁迫或者其他方法，劫持他人的行为。敲诈勒索罪是指以非法占有为目的，对公私财物的所有人、管理人实施威胁或者要挟的方法，强行索要数额较大的公私财物或者多次敲诈勒索的行为。从客观上看，敲诈勒索罪是以威胁或者要挟的方法迫使本人交出财物，而绑架罪则以绑架他人、限制他人人身自由等方法，威胁被劫持人的家属或其他相关人员交出财物。

在本案中，张某虽然对李某实施了殴打的行为，但是张某等人并没有要绑架他的意图，只是以其曾经犯过的罪行作为要挟，逼迫其交出2万元现金。**张某等人以非法占有他人财物为目的，以揭发他人违法犯罪行为相威胁，勒索他人财物数额较大，已构成敲诈勒索罪。**

【案例22】

刘某的行为构成敲诈勒索罪。在客观上，刘某利用负面新闻对"奇虎360安全卫士"造成的负面影响为要挟，要求对方支付23万元删除负面新闻费，数额较大；主观上，刘某以非法占有财物为目的，故意实施敲诈勒索行为。需要注意，本罪的成立要求数额较大，其起点为1 000元至3 000元，数额巨大的起点为1万元至3万元。

【案例23】

王某的行为构成敲诈勒索罪。在客观上，王某以身体伤害相威胁，要求被害人将一定数目的款项汇入指定银行账户，且数额较大；主观上，王某以非法占有财物为目的，故意实施敲诈勒索行为。需要注意，如果在讨回合法债务过程中，使用了带有某种威胁性的言辞、举动的行为，一般不以敲诈勒索罪论处。

注意，2011年5月1日起生效的《刑法修正案（八）》第40条已对《刑法》第274条作出修改补充，将多次敲诈勒索行为入罪，并将敲诈勒索罪的最高法定刑提升为15年有期徒刑，还增设了罚金刑。

【案例24】

窦某的行为构成故意毁坏财物罪。在客观上，窦某毁损了新京报某办公室内的办公用品及报社职工的小轿车，且损害价值5 000多元，属于数额较大；在主观上，窦某是故意，目的是通过毁损对方财物以发泄不满。需要注意，本罪的目的是毁坏公私财物，而不是非法占有他人财物。

【案例 25】

刘某的行为构成故意毁坏财物罪。在客观上，刘某安排推土机，强行推倒尹某房屋，且价值 2.8 万余元，属于数额较大；主观上，刘某基于毁损的目的，故意推倒尹某房屋。

【案例 26】

赵某以非法占有为目的，在王某家中秘密窃取财物，**数额较大**，其行为已经构成盗窃罪。事后，为了掩盖自己的盗窃罪罪行，砸毁王某的掌上电脑，故意损坏他人财物，而且数额较大，构成故意毁坏财物罪。因此，应该以盗窃罪和故意毁坏财物罪实行并罚。

【案例 27】

陈某的行为构成抢夺罪。

根据 2013 年 11 月 18 日起施行的最高人民法院、最高人民检察院《关于办理抢夺刑事案件适用法律若干问题的解释》第 1 条和第 2 条的规定，陈某抢夺的财物虽未达"数额较大"即 1 000 元至 3 000 元以上的标准，但符合"驾驶机动车、非机动车抢夺的""数额较大"的标准按照上述标准的"百分之五十确定"的情形，故对陈某的行为应以抢夺罪定罪处罚。

注意：《刑法修正案（九）》第 20 条修订了抢夺罪的客观要件，即增加了"或者多次抢夺的"内容。

【案例 28】

胡某的行为符合生产经营罪的构成。胡某因泄愤报复的目的，毁坏赵某家正在生长中的玉米青苗，符合以其他方法破坏生产经营。鉴于胡某的主动自首、积极赔偿损失受害方请求对其宽恕，法院对其作了拘役 2 个月的判罚。

【案例 29】

根据 2011 年 5 月 1 日施行的《刑法》修正案（八）新增的《刑法》第 276 条之一的规定，刘某的行为属故意以逃匿的方法逃避支付 40 余名劳动者的劳动报酬，数额较大（符合拒不支付 10 名以上劳动者的劳动报酬且累计数额在 3 万元至 10 万元以上的情形），经人力资源社会保障部门依法以限期改正责令书责令支付劳动报酬后，在指定的期限内仍不支付，其行为已构成拒不支付劳动报酬罪。

鉴于刘某在侦查阶段如实供述自己的罪行，其家属代为支付工人的全部劳动报酬，尚未造成严重后果，按《刑法》第 276 条之一的第 3 款规定，符合在提起公诉前支付劳动者的劳动报酬，并依法承担相应赔偿责任的，可以减轻处罚。

第六章　妨害社会管理秩序罪

 本章要求掌握的罪名

妨害公务罪，袭警罪，伪造、变造、买卖国家机关公文、证件、印章罪，招摇撞骗罪，伪造、变造、买卖身份证件罪，非法获取国家秘密罪，投放虚假危险物质罪，编造、故意传播虚假恐怖信息罪，组织考试作弊罪，代替考试罪，非法侵入计算机信息系统罪，破坏计算机信息系统罪，拒不履行信息网络安全管理义务罪，帮助信息网络犯罪活动罪，高空抛物罪，聚众斗殴罪，寻衅滋事罪，组织、领导、参加黑社会性质组织罪，赌博罪，开设赌场罪，组织参与国（境）外赌博罪，伪证罪，妨害作证罪，虚假诉讼罪，扰乱法庭秩序罪，窝藏、包庇罪，掩饰、隐瞒犯罪所得、犯罪所得收益罪，拒不执行判决、裁定罪，脱逃罪，妨害传染病防治罪，医疗事故罪，非法行医罪，污染环境罪，盗伐林木罪，走私、贩卖、运输、制造毒品罪，非法持有毒品罪，组织卖淫罪，强迫卖淫罪，传播性病罪，制作、复制、出版、贩卖、传播淫秽物品牟利罪，传播淫秽物品罪

 本章精要

应注意**妨害公务罪**客观方面的不同表现形式。在行为对象上，侵害行为指向执行职务的三种人员：国家机关工作人员、全国和地方各级人大代表和红十字会工作人员。在行为手段上，只限于暴力、威胁两种方法，其中的暴力以造成轻伤为限。在阻碍国家安全机关、公安机关依法执行国家安全工作任务的情形发生时，如果未使用暴力、威胁方法，必须具备造成严重后果的条件，才构成本罪。在行为时间上，阻碍红十字会工作人员执行职务只能发生在"在自然灾害和突发事件中"。

注意：《刑法修正案（十一）》第 31 条修订《刑法》第 277 条第 5 款，即成立"袭警罪"，并有单独的法定刑。

伪造、变造、买卖国家机关公文、证件、印章

罪的犯罪客体是国家机关的正常公务活动以及公众对于国家机关公务活动的合理信赖。犯罪对象是国家公文、证件和印章，其具体范围应当从两点来把握：必须以国家名义制作；直接体现或者标志着国家机关的职权活动。

招摇撞骗罪强调行为人在不具有某种具体国家机关工作人员身份的前提下冒充该身份（这种身份不包括军人身份）实施诈骗行为，行为人的诈骗行为和这种身份之间具有密切的联系，即正是基于被害人对国家机关工作人员的信任，行为人才能够获得非法利益。另外还应当注意到行为人所获得的非法利益的多样性。

伪造、变造、买卖身份证件罪的犯罪对象包含居民身份证、护照、社会保障卡、驾驶证等依法可以用于证明身份的证件。

非法获取国家秘密罪的犯罪客体是国家的保密制度。犯罪对象是"国家秘密"，即依照《中华人民共和国保密法》及有关保密的法规之规定，基于国家安全和利益的考虑，在一定时间内仅限一定范围的人员知悉的事项。客观行为表现是非法获取，即表现为窃取、刺探、收买的任一种行为。

投放虚假危险物质罪的客观表现是行为人将虚假的爆炸性、毒害性、放射性、传染病病原体等物质，向机关、团体、企事业单位、公共场所、公共交通工具或者个人进行投放，造成公众心理恐慌，致使社会秩序混乱的行为。该罪侵犯的客体是社会管理秩序。如行为人投放了真实的危险物质，则侵犯的是社会公共安全，应认定为投放危险物质罪。

编造、故意传播虚假恐怖信息罪在客观上表现为两种行为，一种是编造并不存在的虚假爆炸威胁、生化威胁、放射威胁等恐怖信息的行为，另一种是明知是虚假的恐怖信息而故意传播的行为。行为人只要具备上述行为之一，严重扰乱社会秩序的，即成立本罪。行为人既实施编造，同时又故意传播虚假恐怖信息的仍成立一罪，判处刑罚时可考虑从重。有证据证明，对于不明真相，误传某个虚假恐怖信息的，因无故意罪过的存在而不成立犯罪。

组织考试作弊罪，代替考试罪是2015年8月29日全国人大常委会颁布的《刑法修正案（九）》第25条增设的《刑法》第284条之一所规定，注意适用这两个罪名时在客观要件中强调的是法律规定的国家考试，仅限于全国人民代表大会及其常务委员会制定的法律中规定的考试，考试既可以由国家一级统一组织实施，也可以由地方根据法律规定组织实施。

非法侵入计算机信息系统罪强调侵犯客体是国家事务、国防建设、尖端科学技术领域的计算机信息系统的安全。非法侵入这三大法定保护系统之一的行业即成立犯罪。

破坏计算机信息系统罪要注意其犯罪对象是计算机信息系统的功能和计算机信息中存储、处理、传输的数据及应用程序。构成本罪要求破坏行为导致"后果严重"。

拒不履行信息网络安全管理义务罪是《刑法修正案（九）》第28条增设的《刑法》第286条之一所规定，注意本罪为特殊主体即网络服务提供者，可以是自然人和单位；客观方面表现为具备4种法定情形之一的。

帮助信息网络犯罪活动罪是《刑法修正案（九）》第29条增设的《刑法》第287条之二所规定，注意本罪侵犯的是复杂客体，既侵犯了正常的信息网络管理秩序，又帮助网络诈骗等其他犯罪得以实施，侵害了他人的人身财产等合法权益；主观方面为故意。

聚众斗殴罪的犯罪主体限定为聚众斗殴的首要分子、其他积极参加者。客观方面表现为首要分子聚集众多的人实施斗殴破坏公共秩序的行为。

寻衅滋事罪的行为人在主观方面既不是以占有他人财物为目的，也不是出于私仇宿怨，以损害特定个人为目的，而是在是非荣辱观念颠倒的心理支配下以公然破坏和滋扰社会公共秩序的方式寻求刺激，即无事生非，小题大做，行为人具有向整个社会秩序公然挑战的心理。行为人一般对犯罪的时间、地点没有选择，但多集中于公共场所。行为人在犯罪对象的选取上也具有偶然性。在行为方式上，行为人较少采用事前准备的犯罪工具，危害后果比较轻微，以轻伤为限。

《刑法修正案（八）》第42条对《刑法》第293条作出修订：一是将恐吓他人情节恶劣的行为入罪；二是纠集他人多次实施寻衅滋事行为，严重破坏社会秩序的，法定最高刑升至10年有期徒刑，增设罚金刑。

组织、领导、参加黑社会性质组织罪的要点是掌握黑社会性质组织的基本特征，以及黑社会性质组织与犯罪集团或一般共同犯罪组织的区别。根据《刑法修正案（八）》第43条对《刑法》第294条的修改规定，黑社会性质的组织应同时具备以下四个特征：（1）形成较稳定的犯罪组织，人数较多，有明确的组织者、领导者、骨干成员基本固定；（2）有组织地通过违法犯罪活动或者其他手段获取经济利益，具有一定的经济实力，以支持该组织的活动；（3）以暴力、威胁或者其他手段，有组织地

多次进行违法犯罪活动，为非作恶，欺压、残害群众；（4）通过实施违法犯罪活动，或者利用国家工作人员的包庇或者纵容，称霸一方，在一定区域或者行业内，形成非法控制或者重大影响，严重破坏经济、社会生活秩序。

本次修订，将组织者、领导者的法定刑单列为 7 年以上有期徒刑，而积极参加者为 3 年以上 7 年以下有期徒刑。并将犯此罪的增设没收财产刑、罚金刑。另外还应当注意，本罪是行为犯，行为人一旦实施上述行为，即构成犯罪既遂。

赌博罪主要把握主观上以营利为目的；客观行为包含聚众赌博和以赌博为业两种行为方式。

开设赌场罪是《刑法修正案（六）》第 18 条第 2 款对《刑法》第 303 条新增订的罪名。该罪的成立不受情节是否严重的限制。只要实施了开设赌场的行为即成立本罪。

《刑法修正案（十一）》第 36 条对《刑法》第 303 条增加了第 3 款："组织中华人民共和国公民参与国（边）境外赌博，数额巨大或者有其他严重情节的"，依照开设赌场罪的规定处罚。

伪证罪的犯罪主体具有特殊性，只限于刑事诉讼过程中的证人、鉴定人、翻译人、记录人。在犯罪客观方面，行为人必须实施了与客观事实不相符合的虚假的证明行为；主观上具有包庇被告人、犯罪嫌疑人或者陷害他人的故意心理。

妨害作证罪要注意其在客观上使用法定方式阻止证人作证或逼使他人作证。本罪行为发生在证人作证的各种诉讼活动中。

虚假诉讼罪是《刑法修正案（九）》第 35 条增设的《刑法》第 307 条之一所规定，注意本罪的主体可以是个人和单位，司法工作人员利用职权与他人共同实施虚假诉讼犯罪行为的，从重处罚；在实施虚假诉讼中，同时构成其他犯罪的，依照处罚较重的规定定罪从重处罚。

扰乱法庭秩序罪由《刑法修正案（九）》第 37 条修订了《刑法》第 309 条的规定，对具体扰乱法庭秩序的行为细化规定为 4 种情形，行为人只要具备该 4 种法定情形之一的即成立本罪。

窝藏、包庇罪的行为人在主观上必须对犯罪人的身份有明确认识，具有窝藏或者包庇犯罪人的故意。如果行为人事前与犯罪人达成通谋的，与犯罪人构成共同犯罪。在客观方面，行为人藏匿犯罪人的行为属于窝藏行为，帮助罪犯逃匿和作假证明的行为属于包庇行为。

掩饰、隐瞒犯罪所得、犯罪所得收益罪应注意行为人对赃物性质的明知，行为人如果缺乏该认识，不构成本罪；如果行为人事先与犯罪分子通谋，在事后帮助其窝藏、转移、收购、代为销售赃物的，行为人与之构成共同犯罪，不再构成本罪。在客观方面，对于收购赃物的行为要考虑买赃的用途，买少量赃物自用的行为一般不属于收购赃物行为，不构成掩饰、隐瞒犯罪所得、犯罪所得收益罪。《刑法修正案（七）》第 10 条新增单位可以成为本罪的主体。

拒不执行判决、裁定罪主要把握客观方面的不同行为方式，对行为人以暴力方式拒不执行判决、裁定的，其行为同时触犯本罪和妨害公务罪，属于法条竞合，按照特别法优于一般法的处理原则，以本罪处理。

注意：《刑法修正案（九）》第 39 条对《刑法》第 313 条进行了修订，增设单位可以成为本罪的主体。此外，增设了"情节特别严重的，处三年以上七年以下有期徒刑，并处罚金"的规定。

脱逃罪的犯罪主体是特殊主体，即依法被关押的罪犯、被告人、犯罪嫌疑人。本罪是行为犯，其犯罪既遂的标准是行为人逃出了监管场所，摆脱监管人员的控制。已经逃离了监管场所的范围，摆脱监管人员的控制的，是犯罪既遂；实施了脱逃行为，但在监管场所内即被抓获的，或者虽然逃出了监管场所的范围，但在监管人员的直接注视下被抓获的，是脱逃罪的未遂。

妨害传染病防治罪注意犯罪的对象是甲类传染病以及依法确定采取甲类传染病预防、控制措施的传染病。该罪主观罪过为过失。

医疗事故罪是过失犯罪，必须有严重危害后果的发生才构成本罪，否则，即使医务人员违背了有关医务工作的法律、法规或医疗操作规范，出现严重不负责任的行为，但未导致就诊人死亡或严重损害就诊人的身体健康的后果，也不成立犯罪。本罪的犯罪主体是特殊主体，不仅限于医疗人员，还包括卫生防疫人员、护理人员、医疗技术人员（化验师、药剂师、麻醉师、放射人员）等。

非法行医罪中，首先应当明确"行医"的含义。一般来说，"行医"是指医生根据其专业知识和专业技能进行的疾病诊断、治疗、预防和身体的保健以及生育的处置等专门活动，这种活动必须由医生严格依照其专业规范进行，否则医疗行为将因为其本身包含的危险，造成诊疗对象身体健康受到伤害的后果。其次，注意本罪的犯罪主体是未取得行医资格的人，包括不具有医师资格的人和具有医师资格但未取得执业资格的人。最后，本罪为职业犯。职业犯是指以反复实施同种犯罪行为职业的犯罪，对于职业犯而言，行为人必须将某种活动作为一项业务，持续或反复地实施，至于行为人是否以

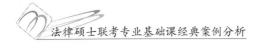

营利为目的，不是本罪的构成要件。

污染环境罪是过失犯罪，犯罪对象比较特殊，只限于《刑法修正案（八）》第46条对《刑法》第338条修订后规定的有放射性的废物、含传染病原体的废物、有毒物质或者其他有害物质。本罪与过失以危险方法危害公共安全罪属于法条竞合关系，本罪是特别法，后者是一般法。对故意造成环境污染的，应当构成以危险方法危害公共安全罪。

盗伐林木罪中要注意对"森林""盗伐"行为以及数量较大的理解。

走私、贩卖、运输、制造毒品罪在犯罪主体上具有特殊之处，14周岁以上的行为人可构成贩卖毒品罪。在危害结果方面，毒品数量多少不影响本罪的成立，毒品数量以查证属实的数量计算，而不以纯度折算。本罪是选择式罪名，犯罪行为人只要实施其中的一种行为即构成本罪；如果实施了两种或两种以上的行为，只构成一罪，不能分别定罪并实行数罪并罚。

非法持有毒品罪主要把握"持有"含义。持有是一种事实上的支配与被支配的关系，即行为人与毒品之间存在着支配与被支配的关系。在行为人持有毒品的情况下，如果有证据证明行为人是为了进行走私、制造、贩卖、运输毒品或为他人窝藏毒品而暂时持有毒品，则按照相应的罪名定罪；如果不能证明这些犯罪的存在，则成立非法持有毒品罪。另外还应当注意，本罪是数额犯，行为人只有持有一定数量的毒品才构成犯罪。

组织卖淫罪应注意行为人的行为方式，即通过对卖淫人员的控制和支配行为，使其集中起来在固定的场所进行卖淫活动，并形成一定规模。

注意：《刑法修正案（九）》第42条对组织卖淫罪、强迫卖淫罪作了修改和增订。

强迫卖淫罪客观表现为强迫他人卖淫的行为。指违背受害人意志，采用暴力、胁迫或者其他强制手段，逼迫他人（含妇女、幼女、男子）卖淫。主观上有强迫的故意。

注意：《刑法修正案（九）》第42条对组织卖淫罪、强迫卖淫罪作了修改和增订。

传播性病罪主观上要求行为人"明知"，是指包含三种情形之一的：一是有证据证明曾到医院就医，被诊断为患有严重性病的；二是根据本人的知识和经验，能够知道自己患有严重性病的；三是通过其他方法能够证明被告人是明知的。

制作、复制、出版、贩卖、传播淫秽物品罪的主体不仅包括自然人，也包括单位。在主观方面必须具有牟利的目的，否则只构成传播淫秽物品罪。客观方面具有制作、复制、出版、贩卖、传播五种

行为，行为人实施一种行为即构成本罪。实施两种以上行为的，不进行数罪并罚。

传播淫秽物品罪主观方面不以牟利为目的，客观方面必须达到情节严重才构成本罪。

 经典案例

【案例1】 阅读标记：（ ）

李某因涉嫌故意伤害罪被刑事拘留，当镇干部进驻该村做善后工作时，李某之子纠集部分村民围住镇干部谩骂，砸坏镇干部的汽车、摩托车，并对镇干部进行殴打，要求放人。遭到拒绝后，李某之子等人将三名镇干部关在柴房达数个小时，三名镇干部后被赶来的公安人员解救出来。

问：李某之子的行为构成何罪？为什么？将镇干部关进柴房的行为应当如何处理？理由是什么？

【案例2】 阅读标记：（ ）

在防治"新冠肺炎"疫情期间，某村外出务工人员杨某、陆某两人从疫区返回老家，在老家所在县的汽车站下车后，经县红十字会防疫人员检查发现两人体温异常，红十字会有关工作人员迅速采取防控措施要将两人隔离。但两人声称体温异常是在车上喝酒所致，而且两人根本没有在疫区停留，只是经过疫区。两人自恃有理，不听劝解，对实施隔离措施的工作人员先是谩骂、侮辱，进而拳打脚踢，致使车站秩序混乱，检查和隔离工作难以顺利进行。其间，两名红十字会工作人员被殴打致软组织受伤，一些桌椅和检测设备受到损坏。

问：杨某、陆某的行为构成何罪？为什么？应当如何处理？

【案例3】 阅读标记：（ ）

李某沿街张贴招工广告，巡查的城市管理综合执法队员张某当场将广告没收，二人遂发生纠纷，其间李某用拳头将张某鼻部打成轻伤。张某是城市管理综合执法队聘用的事业编制人员，不具有国家机关工作人员的正式编制。

问：李某的行为如何定性？为什么？

【案例4】 阅读标记：（ ）

河北某县农民范某的弟弟和弟媳因拒不履行法院生效法律文书，多次抗拒法院执行工作，该县法院依法决定司法拘留其夫妻二人15天。2006年7月10日，执法人员来到范家宣布并执行司法拘留决定。

范某闻讯赶到现场，指使其妻子等人躺在警车前，拦截警车，而后强行闯入警车把弟弟和弟媳带下。之后，范某伙同妻子和弟弟、弟媳等人手持砖头对法院工作人员进行殴打、辱骂，有5名法院工作人员被打成轻微伤。范某暴力抗法达2小时之久。

问：范某的行为如何定性？为什么？

【案例5】 阅读标记：（　　）

贾某以牟利为目的，伪造我国驻某国使馆领事部关于赴该国的入境管理证、担保书等假证明书共计40多份，并在这些假证明书上盖上自己伪造的我国驻该国大使馆领事部的印章，然后将其卖给他人，先后获利7万元余元。

问：贾某的行为构成何罪？为什么？

【案例6】 阅读标记：（　　）

黄某从2000年1月以来购买专门设备，先后伪造该市财政局、规划局、土地局、房产局等不同部门的大量公文，并私刻多枚公章，以牟取非法利益。在调查过程中还发现其伪造了大量根本不存在和已经撤销的国家机关的公文、证件和印章。

问：黄某的行为构成何罪？为什么？

【案例7】 阅读标记：（　　）

某乡卫生院医师陈某与其同乡林某共同策划，由林某提供伪造的绝育手术证明书，由陈某为育龄妇女做假结扎手术并填制绝育手术证明书，从中获取的非法利益由两人共同分享。而后，林某将一本伪造的50份绝育手术证明书和私刻的"县计划生育服务中心证明章"和县医院院长的私章各一枚交给陈某使用。陈某先后为该县的育龄妇女苏某等6人做假绝育结扎手术，填写伪造的绝育手术证明书并加盖伪造的印章后，交给育龄妇女，从中收取人民币共计7 000元，陈某分得赃款4 000元。

问：陈某和林某的行为构成何罪？为什么？应当如何处理？

【案例8】 阅读标记：（　　）

蔡某为下岗工人，先后多次在该市不同发廊要求发廊小姐为其进行全身按摩，按摩后，蔡某出示随身携带的假"公安工作证"，冒充公安人员，借口发廊搞色情按摩，对发廊处以一定数额的罚款，从而获取非法所得。蔡某以此为手段，先后骗得多家发廊经营者的人民币6 000多元。

问：蔡某的行为构成何罪？为什么？

【案例9】 阅读标记：（　　）

任某系某公安局办公室的警务人员，一日了解到顾某因涉嫌故意伤害被刑事拘留，但行为性质并不严重，于是身着警服私自找到了顾某的妻子赵某，自称是分管刑事侦查的公安局副局长，只要赵某给他5万元，可把这件事"摆平"，使顾某无罪获释。赵某深信不疑，遂凑足5万元交给任某。任某收到钱后，并未给赵某办任何事。后顾某因为其故意伤害行为受到追诉，赵某即告发了任某。

问：任某的行为构成何罪？为什么？

【案例10】 阅读标记：（　　）

郭某和代某冒充人民警察，某日在某区劳务市场以检查暂住证为名，对多个无证民工实施罚款，获取现金2 500多元。随后，两人以回派出所做进一步调查为由，将一名无暂住证，也无身份证的打工女青年陶某从该市场带至偏僻处，以言语恐吓陶某，威胁将其遣送回原籍。陶某再三哀求两人不要这样做，后来两人同意放陶某走，但提出必须与陶某发生性关系，陶某被逼无奈，只好答应。

问：郭某、代某的行为构成何罪？为什么？应当如何处理？

【案例11】 阅读标记：（　　）

王某（20岁）数次参加高考，均因成绩差而未被录取。某日，王某得知在张某处可以购买到当年高考试题，便说服其父母给他1万元，并花8 000元从张某处购得当年试题。后证实，王某购买的题目的绝大部分与当年高考题目相同。

问：对王某的行为如何定性？请简要说明理由。

【案例12】 阅读标记：（　　）

王某系某冷饮厂解聘的工人。2011年6月的一天夜间，王某出于对冷饮厂老板陈某的报复，将自己煮的绿茶水2斤倒入冷饮厂的食品原料中，致使第二天生产售卖出的冷饮有异味，公众误食后以为中毒产生心理恐慌，有20余人到当地医院就诊。后卫生、质检等部门责令冷饮厂停产整顿一天，追查原因。经检疫检验，该冷饮并无毒害性。后王某去派出所自首，承认出于报复心理，向冷饮厂投放虚假的毒害性物质，让陈某遭受巨大损失。

问：对王某的行为如何认定？为什么？

【案例 13】 阅读标记：（　　）

2012 年 8 月 30 日 22 时 29 分，任某为阻止债主熊某到广东东莞向自己索债，通过网络使用任意显示功能虚拟了湖北襄阳市一个座机号，并于 22 时 23 分拨打深圳机场的客服投诉电话，谎称当天从襄阳飞往深圳的深圳航空公司 ZH9706 航班上有爆炸物，该爆炸物将于飞机起飞后 45 分钟爆炸。此时，飞机离起飞只剩 6 分钟，航空公司立即疏散近百名旅客下飞机，全面检查飞机上的一切物品，事后查明飞机上并无爆炸物，但给近百名旅客造成恐慌心理，给航空公司造成较大的财产损失。

问：任某的行为构成何种犯罪？为什么？

【案例 14】 阅读标记：（　　）

王某的女友陈某与王某分手而与张某交往，王某觉得丢面子扬言要暴打张某和陈某，两人遂结怨，约定择日一决高下。某日，王某纠集甲、乙、丙等七人手持擀面杖等物与张某纠集的丁某等三人手持铁管、弹簧锁在某地商务中心对面路上进行斗殴，造成多人受伤，甚至伤及周围群众。

问：王某、张某的行为构成何罪？请简要说明理由。

【案例 15】 阅读标记：（　　）

2013 年 11 月 9 日晚，卞某等 6 人一起饮酒。当晚 23 时许，卞某因在酒后划拳时手受伤由其他 5 人陪同就近到一家市立医院治疗。卞某等 6 人因违反就医流程要求拍片，被该院放射科值班医生王某、秦某拒绝，遂谩骂并踹门进入放射科办公室殴打王、秦二位医生，致王某头部、右上肢损伤，秦某右耳、面部、口唇皮肤裂伤，二人伤情均构成轻微伤。卞某等 6 人还造成放射科办公室内医用显示器、榉木门和 2 把木凳毁坏，价值人民币 4 200 元。卞某等 6 人归案后自愿认罪并积极进行赔偿。

问：对卞某等 6 人的行为应如何认定和处理？并简要说明理由。

【案例 16】 阅读标记：（　　）

胡某与陈某在某酒店就餐后，因饮酒过多，拒不给付饭钱，还对前来结账的服务员进行辱骂，后来酒店经理出面干涉，不仅未解决问题，也遭到两人殴打。顾客王某、李某在劝架过程中也被打伤。胡某和陈某两人还砸坏桌椅，向周围吃饭的顾客投掷杯盘，造成该酒店停业近三个小时。后经法医鉴定，胡某与陈某的行为致一人轻伤，一人轻微伤。

问：胡某、陈某的行为构成何罪？为什么？应如何处理？

【案例 17】 阅读标记：（　　）

贾某、李某、周某三人为无业青年，一日在农贸市场闲逛时，发现丁某的水果货摊生意很好，贾某就过去对丁某说拿一箱水果尝尝，丁某还未答应，李某随即搬起一箱水果就要走去。丁某见状便加以阻止，李某便立即将水果丢在一旁，和贾某、周某一起对丁某拳打脚踢，造成丁某多处软组织受伤。丁某见自己势单力薄，无法抵挡，便答应三人将水果搬走。此时，贾某说已无兴趣吃水果，让丁某拿 200 元买烟钱，丁某无奈只好答应，三人遂离去。

问：贾某、李某、周某三人的行为构成何罪？理由是什么？

【案例 18】 阅读标记：（　　）

2008 年 8 月的某日凌晨 1 时许，王某、吉某伙同习惯于带尖刀的平某、余某至某炼油厂职工居住的生活区门口，因欲进入该生活区而遭保安罗某、钟某阻拦，王某等 4 人即与保安罗某等 2 人发生争执，并强行进入到生活区。在生活区内巡逻执勤的保安田某、孟某闻讯赶到，即对王等 4 人指责让其离开。王等 4 人即采用拳打脚踢等手段对保安罗某、田某、孟某进行殴打。后王某、吉某一起殴打罗某，平某、余某一起殴打田某、孟某。其间，平某用随身携带的尖刀朝田某、孟某的胸腹部各刺一刀后与余某一起逃离现场；而正在殴打罗某的王某、吉某被其他赶到的保安当场抓获。被刺的田某、孟某因失血过多，送医院抢救无效后身亡。经法医检验：田某、孟某系被他人用锐器刺破心脏及下腔静脉引发失血性休克死亡；罗某身上有轻微伤。

问：对王某、吉某、平某、余某的行为如何认定和处理？为什么？

【案例 19】 阅读标记：（　　）

个体运输司机苏某在驾驶货车从市里返回县城的途中，欲超过前边同方向行驶的一辆货车，经多次用大灯变光示意，前车故意不让道，还故意阻挡后车，占道行驶 10 余里。当行至某公路饭店时，前车停下，苏某遂停车并找到前车司机孟某理论，孟某解释说他以为要超车的是一同拉煤的车，出于开玩笑取乐，才没有给其让路。苏某听完解释后非

常生气，遂大声咒骂，并动手击打孟某。孟某也操起一根铁棍进行还击，孟某的几个同伙也赶过来帮忙。由于人少力单，苏某被打伤（后来经过法医鉴定，脾脏受损，构成轻伤）。斗殴停止后，车继续前行，苏某在车上通知了家人，其妻子、兄弟等五六人在某检查站路口处，将孟某的车堵住，孟某见此情形将车门关闭，弃车而逃。苏某便用铁锹砸碎两侧车门玻璃，将车开到县城一家加工厂院内扣留。当天孟某向公安机关报案，公安机关要求苏某把车退给车主孟某，苏某强调自己被打伤，向孟某索要医药费，拒不退车，并卸掉两个轮胎。

问：苏某行为是否构成犯罪？如果构成犯罪，罪名是什么？为什么？

【案例 20】 阅读标记：（　）

徐某、游某在该县城关等地经营舞厅，逐渐聚敛一笔钱财。为继续扩充势力，两人纠集一批刑满释放人员及社会闲散人员开设地下赌场，还指使手下殴打一赌场的庄家李某，端掉其聚赌窝点，迫使李某依附于他，使其势力进一步扩大。徐某后又买通当地三个派出所主要负责人，获得非法保护，逐渐形成数十人参加的犯罪组织。该组织在徐某、游某等人的指挥下，在当地称王称霸，实施了一系列的重大犯罪。为了消灭对手、扩大地盘，徐某、游某纠集手下，将竞争对手林某殴打致死。徐某、游某等人利用赌场资金放高利贷，获取高额非法利益。徐某、游某还指使手下，以强力控制了该县的主要商贸市场和集市，对商户强买强卖，收取保护费，获利数十万元。利用同样的手段，徐某的组织还控制了当地的娱乐场所。除此之外，徐某等人指使他人将举报其犯罪的廖某等人伤害致死，并扬言谁再敢这样做，廖某之死就是其下场。

问：徐某、游某的行为构成何罪？为什么？

【案例 21】 阅读标记：（　）

张某自刑满释放后来到某市，经营某实业公司。后来张某的表弟韩某以及安某、董某、郑某等人先后投奔到张某手下，张某被组织成员称作"大哥"，其表弟被组织成员称作"四哥"，两人在该组织中居于核心地位，安某、董某、郑某等人则是该犯罪组织的骨干。其组织还有不成文的帮规，组织成员对张某和韩某二人绝对服从。有一次，张某得知其组织成员周某对其不忠，便指使手下将其杀死后焚尸灭迹。张某等人利用诈骗手段及其他各种名义向银行贷款 600 多万元，但均未归还。张某等人还在当地倒买倒卖走私汽车进行非法营利活动。另

外，张某等人还利用非法聚敛的钱财进行聚众赌博、购买毒品、枪支弹药等非法活动。

问：张某、韩某的行为构成何罪？为什么？应当如何处理？

【案例 22】 阅读标记：（　）

自 1993 年至 2008 年的 15 年时间里，汪某依靠经商积累，与当地政府、司法机关的某些官员有了特殊的交情，还先后笼络了张某、李某等 11 名社会闲散人员成为骨干，成立了润峰实业有限公司。

2004 年 4 月，许某等 4 人在当地合伙开矿过程中产生矛盾，许有意卖掉矿产。汪某见有利可图，欲低价购买，由于压价太过，许不同意卖矿。汪便指使下属去威胁许，并以 370 万元的低价强行将该矿收买，且在支付 260 万后便不再支付余款。几个月后，汪某便以 750 万元的高价强迫杨某购买此矿，非法获得 380 万元。

2006 年 9 月，汪某听说陈某、刘某因另一宗合伙开矿之事发生纠纷，便出面"摆平"此事。汪某见有利可图，便命下属李某等 20 多人携带砍刀、木棍前去"护矿"，威胁刘某退出采矿，并威胁陈某索要人民币 100 万元。

汪某等人还非法开设赌场，大肆非法敛财，多次打伤参赌人员。汪某的润峰公司在 2001—2008年，还逃税 4 500 多万元。

问：对汪某等人的行为如何认定和处理？为什么？

【案例 23】 阅读标记：（　）

2011 年 8 月，某地的生意人江某做生意亏了本，于是动起了歪脑筋，联络玩蟋蟀时认识的罗某、聂某、张某，决定将本省的蟋蟀爱好者组织起来，用斗蟋蟀的方式赌博。四人分工，江某亲自去收购蟋蟀，张某、罗某负责组织人、找场地、找工具，聂某当裁判。经过两周的紧张策划，于 9 月下旬先后四次组织了 70 多人参与蟋蟀赌博，赌资累计 9 万余元，江某等 4 人从中抽头 5 000 多元。被群众举报后遭查获。

问：对江某、罗某、聂某、张某的行为如何认定？为什么？

【案例 24】 阅读标记：（　）

李某是某市司法鉴定中心精神病鉴定小组副组长，受该市某区人民法院委托，在负责鉴定信用卡诈骗案被告人陈某有无刑事责任能力时，受陈某父

母的托请，明知陈某有完全刑事责任能力，却违背事实，故意鉴定陈某为"精神分裂症（早期），无刑事责任能力"，意图使被告人陈某逃避法律制裁。后经该省精神病司法鉴定委员会技术鉴定组复鉴，证明陈某无精神病，作案时有刑事责任能力。

问：李某的行为构成何罪？为什么？

【案例 25】 阅读标记：（　）

某县公安局接到张某的报案，声称其经营舞厅的雇员梁某被姜某殴打致死。公安局即派人进行调查，法医顾某对梁某的尸体进行了检验。顾某在检验尸表时，发现踝关节上有一伤痕，已结痂，顾某认为该伤痕很轻微，与死因无关，便未记入笔录。顾某对头部、胸腔、腹腔等部位检查后，未发现明显的损伤及异常现象。当天晚上，根据尸检情况，顾某口头向局领导汇报，梁某系疾病导致死亡，可以排除暴力打击致死的可能。而后，顾某重新整理制作了尸检笔录第二页，并与原尸检笔录的第二页进行了更换。一周后，顾某正式制作了"关于对梁某尸体检验分析意见书"，结论为"梁某系疾病引起的休克死亡"。犯罪嫌疑人姜某遂被无罪释放。在尸体鉴定做出 50 多天后，姜某虽不认识顾某，但为了表示对顾某的感激之情，先后两次请顾某吃饭，并向其赠送烟、酒等礼物。后梁某家属又进行申诉，经该省高级人民法院法医技术室的复核鉴定，结论为"死者梁某生前患有心脏病等多种疾病，在胃高度充盈及胃黏膜出血等因素刺激下，导致急性心力衰竭而死亡"。

问：顾某的行为是否构成伪证罪？为什么？

【案例 26】 阅读标记：（　）

某厂职工李某搭乘王某驾驶的出租车回家，在车行至其所居住的小区门口时，双方因付车费问题发生争执并相互厮打，王某用刀将李某头部砍伤，李某随即到小区医务所进行了包扎治疗。凌晨时分，李某被人搀扶前往某医院外二科继续进行治疗。李某的父亲（该医院院长）叫来外二科主治医师杨某接诊，杨某对李某诊断为失血性休克，对其输血 800 毫升，并安排李某住院继续治疗。后来，人民法院对王某故意伤害李某一案进行审理，并委托法医鉴定中心对李某的伤势做法医复合鉴定，该中心派法医多次到医院调取李某的住院病历。由于李父事前关照杨某把其子的受伤情况写得重一点，让王某多受点罪，所以杨某主动拿出他所写的虚假抢救记录复印件交给法医。法医鉴定中心遂以杨某的陈述和治疗记录为依据，对李某的伤情做出了重伤结论的

复核鉴定。法院后来以故意伤害罪判处王某有期徒刑 7 年。一审判决后，王某提出上诉。经司法部司法鉴定中心重新鉴定，李某的损伤程度为轻伤。据此，法院以故意伤害罪重新对王某判处有期徒刑 2 年。

问：李父、杨某的行为构成何罪？为什么？二人的主体身份有何特征？

【案例 27】 阅读标记：（　）

修某于 1995 年向好友柳某、甄某借款 30 万元给在外地投资打油井的姐姐，约定月息 1 分至 2 分不等。借条系修某签字。其姐在外地打井失败，无钱归还。修某背上了巨额债务。2008 年 4 月，柳、甄二人将修起诉至法院要求还款。修某为了达到少还柳等二人借款的目的，遂伪造了一张向熊某借 66 万元的借条，约定月息 1.5 分，借条落款是 1996 年 12 月 10 日，然后让熊某去起诉自己。修某拥有一套价值 50 万元的房产，她想法院判决拍卖房子的款去偿还债主，只能按比例还给柳、甄二人，就不用全额还清了。2009 年 2 月，熊某持修某伪造的借条起诉修某偿还 66 万元本金及利息的借款。法院判决修某偿还借款。

柳、甄得知熊某的起诉并获法院判决后，遂向检察院提出抗诉，认为有诈。检察院将 66 万元借条作了鉴定，鉴定出借条内容系 2003 年 5 月之后书写而成，这与借条的落款时间 1996 年 12 月 10 日相差甚大。在科学鉴定结论面前，修某、熊某承认了作假借据的全部实情。

问：对修某、熊某的行为如何认定？为什么？

【案例 28】 阅读标记：（　）

沈某将他自己的汽车借给王某使用，王某驾驶该车将一骑三轮车的人撞伤后开车逃逸，伤者经医院抢救无效死亡。王某找到沈某说明真相后，逃回老家躲藏。公安机关确定肇事车辆系沈某所有，遂传唤沈某了解案情，沈某未向警方如实陈述自己所了解的事实真相，声称汽车从未借给他人使用，是自己驾驶不慎撞到路边围栏而受到损坏的。

问：沈某的行为构成何罪？为什么？

【案例 29】 阅读标记：（　）

韩某在同学张某家得知张某等人共谋贩卖盗窃来的大量手机，不但没有检举揭发，反而积极为其保密。后来，张某等人在火车站贩卖手机时被查获，张某趁人不备逃走。当晚张某逃到韩某家中藏匿，韩某同时将张某交其保管的 8 部手机和贩卖手

机的非法所得 6 000 元转移保存。

问：韩某的行为构成何罪？为什么？

【案例 30】 阅读标记：（　）

贾某因吸食毒品耗费大量金钱，在无经济能力继续购买毒品的情况下，在本市大肆盗窃摩托车并销往外埠以获得毒资。后考虑到自销赃物过于繁琐，遂找到同乡赵某，许以一定报酬，让其代为销售赃物。赵某遂答应下来，先后获得赃款 4 000多元。

问：赵某的行为构成何罪？为什么？

【案例 31】 阅读标记：（　）

陈某是机动车修理工，一天见前来修车的付某的摩托车没有车钥匙，而且油箱下面露着的线也是后来接上的，遂怀疑该摩托车是付某偷来的。陈某设法迫使付某承认了这一事实后，就要以 100 元钱买下该摩托车，否则就报警让付某坐牢。付某因害怕坐牢，被迫答应了陈的要求。

问：陈某的行为构成何罪？为什么？

【案例 32】 阅读标记：（　）

王某系个体经营者，某日，张某找到他，拿出 2 万元现金让其保管。当王某问钱从哪里来时，张某做了一个"偷"的手势并说不要多问。2 个月后，张某又来到王某处并交给他一个小铁盒，王某问是何物，张某说是从云南搞过来的白粉，王某坚决不同意保存，认为太危险，无奈张某苦苦相求，并说很快拿走，王某勉强同意。后来张某在寻找买主时被公安机关抓获，根据张某的供述，公安机关从王某处搜查出海洛因 100 多克和 2 万元现金。

问：王某的行为构成何罪？为什么？

【案例 33】 阅读标记：（　）

家禽养殖专业户瞿某先后多次向某饲料公司购买饲料，共拖欠货款 8 万多元。该饲料公司向人民法院提起诉讼，法院根据饲料公司的申请，裁定对瞿某价值 7.7 万元的财产采取保全措施，对其养殖的 1 500 只鹅和 4 000 只鸭进行查封，并告知上述保全财产变卖后必须用于支付饲料公司的货款。判决生效后，瞿某逾期不履行判决，还将部分被查封的家禽予以变卖，将变卖款支付给某饲料商店。法院遂又发出限期执行通知书，先后多次传唤瞿某责令其履行判决，但是瞿某仅支付 1 万元以应付执行，剩余欠款其仍以种种理由拖延履行。与此同

时，瞿某将查封的其他家禽陆续变卖，将所得款共计 5 万多元付给另一家饲料商店，致使判决最终无法执行。

问：瞿某的行为构成何罪？为什么？

【案例 34】 阅读标记：（　）

郑某长期借贷不还，债权人徐某起诉后，法院判决郑某应在判决生效后向徐某还借款港币 200 万元，人民币 18 万元及利息。在判决发生法律效力后，郑某一直不履行还款义务。在法院多次发出通知和传票并通过他人通知其到法院来履行生效的判决的情况下，郑某也始终不到法院与执行人员联系。判决生效两个月后，郑某与女友欲离境出国旅游，在机场被扣留，其间，郑某暗中将一块价值人民币 1 万余元的雷达牌手表转移给女友。郑某被拘留后继续隐瞒其住处、经济收入及可供执行的财产，拒不配合调查。后查明，郑某可供执行的财产有房产一套、名贵手表若干、高档家用电器数台以及 20 多幅名画等大量财物，价值达人民币 200 多万元。

问：郑某的行为构成何罪？为什么？其女友接受其转移的财产是否构成共犯？

【案例 35】 阅读标记：（　）

某区国土管理局依法将该区某临街土地拍卖出让，左某等 8 户农民在拍卖中依法取得国有土地使用权及有关权属证明文件。此后，左某等人在该块土地上进行拆迁建房，但遭到了原土地使用权人王某、朱某的阻挠。左某等人遂提起民事诉讼，要求排除妨碍，准予建房，并同时提出先予执行申请。法院经审查后做出民事裁定书，裁定王某、朱某不得干涉、阻拦左某等人的建房行为，并决定集中执行裁定。获知此消息后，王某动员组织村民抗拒执行该民事裁定，说"拆迁违法，影响全村人的利益"，要求"妇女、老年人都去执行现场，男壮年不准上前"。执行当日，法院执行人员依法向王某、朱某等人送达执行通知书，王某拒绝在送达回证上签字，还公开表示拒绝执行法院裁定内容。当法院执行人员劝说阻拦执行的老人、妇女离开时，王某、朱某高喊"法院打人了"，煽动妇女、老人三十几人一起围攻、撕扯、拖拽、追打执行人员，执行人员被迫撤离到乡政府院内，朱某又带领十几个妇女、老人追到乡政府，并将乡政府大门关上，不让执行人员离开。直至当晚，执行人员才得以撤离。事后查明，4 名干警被打成不同程度的轻微伤，3 支电警棍被抢走，警车受到轻微

损坏。

问：王某、朱某的行为构成何罪？为什么？案外人的行为达到情节严重时，构成何罪？为什么？

【案例 36】 阅读标记：（ ）

孙某因犯罪交由公安局拘役所执行刑罚，随该所二队在农场劳动改造时，乘管教人员不备逃离农场，但随即在农场南站被抓获。

问：孙某的行为构成何罪？为什么？其属于何种犯罪停止形态？

【案例 37】 阅读标记：（ ）

华某在服刑期间接到家中来信，信中告知其子患重病住院，华某遂申请请假出狱探望，但考虑到华某为重刑犯，监狱机关未批准其申请。两天后，利用在监外劳动的机会，华某趁机逃跑，一周后返回监狱。

问：华某的行为构成何罪？为什么？其属于何种犯罪形态？

【案例 38】 阅读标记：（ ）

小学生唐某因头痛、发烧，由其母亲陈某带至医院就诊，被诊断为上呼吸道感染收入该院小儿科。唐某住院后，主治医生关某作了常规询问，按"上感"给予治疗，对唐某静点双黄连、青霉素、维持液各一组。由于当班护士不负责任，静点青霉素后未在治疗卡上注明，导致接班护士重给唐某静点青霉素。当日晚 10 时，唐某排脓血便一次，根据送检便常规结果，确认为"菌痢"。由于多静点了一组青霉素，关某不敢再使用青霉素，只给予清洁灌肠及物理降温，但唐某的体温仍无明显下降，其母提出换老医生就诊或转院，关某答等明天再说，随后到休息室休息。第二日凌晨 3 时许，因小孩仍未退烧，在唐母的再三要求下，关某只下医嘱给唐某口服阿司匹林，没有采取其他措施。早晨 7 时，关某又下医嘱注射青霉素。随后，关某给儿科主任王某打电话，告知唐高烧不退，请求其诊断。王某迅速赶到病房，发现唐某已出现抽搐，对症处理后有所缓解，9 时许，唐某面色灰发，呼吸减弱，经抢救无效于 10 时死亡。

问：关某的行为构成何罪？为什么？

【案例 39】 阅读标记：（ ）

王某系某市人民医院退休外科主治医师，在未

办理医疗机构执业许可证的情况下，在老家开个体诊所。某日，马某夫妇带其 10 个月的男婴到该诊所看病，王某诊断其患有"嵌顿疝"，有肠坏死的可能，需要做手术。该手术需要专门的手术器械——肠钳，但王某的诊所没有。王某遂在此条件下进行手术，手术中王某发现患儿真有部分肠管已坏死，但由于没有肠钳，手术被迫中断，致患儿呼吸衰竭，最终死亡。

问：王某的行为构成何罪？为什么？

【案例 40】 阅读标记：（ ）

王某一直利用庙会等公开场合吹嘘自己可以用某些特殊手段治疗疾病。李某有精神病，医治无效，其家人遂请王某为其诊断。经李某家人同意后，王某将李某带到自己家为其治疗。在随后几天内，王某布置仪式，烧香放炮，求神拜佛，为李某招魂，同时还采用手掐、鞭打、火烧等方法对李某进行强烈刺激，但均未见效果。一日，王某采用更激烈的方式对李某进行治疗，因用力过大，失手将李某掐死。

问：王某的行为是否构成犯罪？如果构成犯罪，其罪名是什么？为什么？

【案例 41】 阅读标记：（ ）

吴某从同村的赵某处购得旧氯气罐 3 只，当时即被告知其中 1 只罐内装有残存的有毒氯气，并且不能排放。后来，吴某欲以 1 000 元价格将该 3 只氯气罐卖给专营收购旧物品的王某。因王某得知罐内有氯气不好处理不愿购买，吴某便与王某商定，由吴某将装有氯气的罐子运至王某家，并在王某屋后水沟中将残存氯气排放至水中，王某安排他人帮吴某排放氯气。后来，吴某按约定将氯气罐运至某机动三轮车停放点，王某电话通知其妻姜某为吴某带路将氯气罐运至王某家屋后。姜某借来扳手，吴某用扳手将氯气罐阀门打开使罐内氯气排放至沟内的水中。被排放入水体中的氯气散发到空气中后，致使该县某小学 200 多名师生于当日开始出现呕吐、头晕等中毒症状，花去医疗费共计人民币近 10 万元；同时造成当地近百亩农作物受损和 10 多头牲畜被毒死，直接经济损失价值人民币 8 万余元。

问：三人的行为构成何罪？为什么？应当如何处理？

【案例 42】 阅读标记：（ ）

某化肥厂位于长江上游的支流沱江附近，在未

报经环保局批复同意的情况下，厂长贾某等领导擅自集体研究决定进行设备技术改造并试生产，结果由于违规操作，出现设备故障，使没有经过完全处理的高浓度氨氮废水直接外排，导致沱江流域严重污染，造成沿岸近百万群众饮用水暂停供应，直接经济损失达 1 亿多元。

问：贾某等人的行为属于何种性质？应当如何处理？

【案例 43】 阅读标记：（ ）

2010 年 7 月 3 日，某矿业公司位于某地的铜矿厂发生污水渗漏事故，9 100 立方米废水外渗引发某江河流域大面积污染，造成沿江两个县的鱼类大面积死亡和水质污染。

2011 年 5 月被法院认定为有罪并判处该矿业公司及其副总裁陈某、环保安全处长黄某、铜矿厂厂长林某、副厂长王某、环保车间主任刘某刑罚。

问：法院应认定某矿业公司以及陈某、黄某、林某、王某、刘某犯何种罪？应判处何种刑罚？请简要说明理由。

【案例 44】 阅读标记：（ ）

龚某系承包某市一选矿厂的生产业主，违反通过环评的铁矿选矿生产工艺后，私自改装生产工艺，违法安装了金属铟生产线，进行"湿法提铟"，生产工作中所排出的废水中含有明显毒性的重金属镉和铊。经过偷排废水及雨水冲刷，致有毒的镉、铊污染物流入当地一水库。曾一度致水库的镉浓度超标 4 倍，铊浓度超标 1.3 倍，致水源严重污染。为稀释污染物浓度，水库曾关闭数日。

问：对龚某及所承包厂的行为如何定性？说明理由。

【案例 45】 阅读标记：（ ）

李某到云南大理打工时与贾某相识，贾某要求李某帮忙带一样东西到昆明，李某表示同意。贾某于是把自己买的 750 克鸦片用塑料膜包成条状，使其减少鸦片气味，然后装入用毛巾缝的袋子里，让李某系在腰上带上火车。李某问是什么东西，贾某说："别多问，带到就行了。"李某在携带过程中隐隐约约闻到一点气味，但不知道是什么。后来李某所携带的鸦片在途中被查获。

问：贾某触犯了什么罪名？其犯罪形态是什么？李某的行为性质如何？与贾某是否构成共同犯

罪？为什么？

【案例 46】 阅读标记：（ ）

中国公民贾某原住缅甸境内，曾有吸食鸦片的习惯，全家搬回云南定居时将其在缅甸制造的 130 克鸦片带回自己吸食。后送给邻居 10 克用以治病，邻居给他 300 元钱，他开始表示不要，后来也收下了。后来，贾某被举报，其剩余鸦片被公安机关从家中查获。

问：贾某共有几种有可能构成犯罪的行为？贾某的这些行为性质如何？为什么？

【案例 47】 阅读标记：（ ）

江某、李某均系吸毒人员，二人系好友关系。李某因买不到毒品，问江某处是否有毒品，江某说有，李某遂以 400 元 1 克的价格从江某处购买海洛因 10 克用于吸食。此后 2 个月内，李某又先后 9 次以 400 元 1 克的价格从江某处购买海洛因，每次购买 5 克，均用于吸食。江某每次均以购买价卖给李某，未从中牟取利润。

问：江某的行为是否构成犯罪？如果构成犯罪，罪名是什么？为什么？

【案例 48】 阅读标记：（ ）

某市公安局根据群众举报，派侦查人员设伏，抓获贩毒嫌疑人陈某，发现海洛因 2 克，后又去陈某租住的职工宿舍进行搜查，当即从其房间搜出一个黑色密码箱，箱内有小铁盒一个，内装数小袋海洛因共 340 克；又从房间梳妆台抽屉里及化妆盒内搜出海洛因 15 克，共查获海洛因 355 克。据陈某交代，黑色密码箱是其表哥放在他这里的，他不知道里面有什么，剩下的毒品是自己在当地从毒贩处购买的，他本人并没有出卖牟利，只是有时自己会吸食。公安人员经过调查也未发现其他证据证明陈某有贩毒行为。

问：陈某的行为构成何罪？为什么？

【案例 49】 阅读标记：（ ）

贾某在某邮电局内采取全球特快专递方式向李某邮寄海洛因 10 克，被工作人员发现举报，贾某当即逃离现场。当日下午，贾某在其租住的饭店房间内被公安人员抓获，公安人员又从贾某身上搜查出海洛因 31 克，贾某声称该毒品系从广东购得，用于自己吸食。

问：贾某的行为构成何罪？为什么？其犯罪形

态如何？

一／般／经／典／案／例

【案例50】 阅读标记：（　）

赵某在某市开设娱乐城，自任总经理，为牟利而提供色情服务。为了对付公安机关的查处和管理卖淫妇女，赵某要求统一保管卖淫妇女的身份证，对卖淫妇女实行集体吃住、统一收费、定期体检和发避孕工具的措施。

问：赵某的行为构成何罪？为什么？

【案例51】 阅读标记：（　）

贾某系刑满释放人员，一日贾某来到李某家中，与李某商量准备用其房屋做"淫窝"来组织他人卖淫嫖娼，并希望李某一同干，李某表示同意，并主动要求承担管钱管物的工作，并负责把门望风。其后的1个月内，贾某先后组织20多人次进行卖淫嫖娼活动，李某收入房租和其他酬劳5 000多元。这期间，贾某诱骗外地女青年周某到李某住处，并告知李某当天晚上让其接客。当晚，周某拒不卖淫，李某遂将其强行奸污，对周某说你已经不是黄花姑娘了，不挣点钱，就别想走。周某被迫开始卖淫。

问：贾某、李某的行为构成何罪？为什么？应如何处理？

【案例52】 阅读标记：（　）

某日，陈某、王某在广州甲地采用看管、胁迫等方法，强迫被害人吴某卖淫，牟取非法利益。一个月后，又带吴某到广州乙地租房，强迫吴某多次卖淫，所得嫖资由陈某管理。两个月后，陈某、王某采用上述同样方法，将蒋某控制在该出租屋内，多次强迫蒋某在出租屋从事卖淫活动，所得嫖资由陈某管理。某日，公安人员根据群众举报，到该出租屋内将准备带被害人吴某和蒋某外出卖淫的王某、陈某抓获，并解救出吴某和蒋某。

问：陈某和王某的行为构成何罪？请简要说明理由。

【案例53】 阅读标记：（　）

马某，女，28岁，在某洗浴中心从事地下卖淫活动。某日，马感到身体有异样不舒服时，悄悄到私人诊所就医，被诊断为患有梅毒。但马某为了挣钱，仍然招揽嫖客，继续卖淫行为。在接到群众举报后，警方突袭该洗浴中心后，查获患有性病仍进行卖淫的马某。

问：马某的行为构成何罪？

【案例54】 阅读标记：（　）

1999年10月的一天，无业人员阮某从该县城环岛西侧一个叫高远的人手中，以每张2.8元的价格购得淫秽光盘800张。后阮某按照事先约定，携带这些淫秽光盘到该地区芦庄路口，以每张3.1元的价格，倒卖给在此等候的何某。后何某又以每张7元左右的价格予以全部销售。阮某获利240元，何某获利3 120元。同年11月某日，何某与阮某联系定购1 000张淫秽光盘。次日下午，阮某携带着从高远手中购买的6 000余张淫秽光盘，乘出租车到芦庄路口，在与何某进行交易过程中，被巡逻民警当场查获，并收缴淫秽光盘6 250张。

问：何某的行为构成何罪？应当如何处理？

【案例55】 阅读标记：（　）

1999年11月，某区宝塔录像厅正式对外营业，治安责任人为施某，其妻龙某具体负责管理播放。同年12月下旬，施某让工作人员高某为宝塔录像厅装置一台转换器，从而使放映室与宿舍内的放像机联结。2000年1月25日晚，由龙某收门票3元至5元不等，雇用人员郑某放映录像片，当该场次即将结束时，观众已达50余人。为吸引观众继续观看下一场次，龙某开启转换器开关，自己跑进宿舍，将一盘淫秽录像带放入宿舍内的放像机中，并按上放映键。录像厅内的屏幕遂开始播放具体描写性行为、性交的淫秽影片。龙某利用此手段，先后多次播放淫秽影片增加盈利。龙某还利用自己的录像设备，复制淫秽录像带50多盘，供出租和放映使用。2000年3月某日，宝塔录像厅在播放淫秽录像时，被人举报。

问：龙某的行为构成何罪？

【案例56】 阅读标记：（　）

张某为某市海珠区"七彩屋"个体音像商店老板。为招揽生意，张某在1999年上半年间，对于购买其音像制品的顾客，免费出租自己所有的淫秽光盘和录像带400余次。另外，还通过电子邮件的方式向一些熟客发送大量淫秽电子图片和电子书刊。

问：张某的行为构成何罪？

【案例57】 阅读标记：（　）

2007年10月19日，华某在某市的一个路口设摊贩卖淫秽影碟以牟利，并以每张人民币2.10元

的价格贩卖给邵某 10 张，得款人民币 21 元。后被警方查获，并当场从其携带的纸箱中查获影碟 749 张。经鉴定，其中 747 张为淫秽影碟。

问：华某的行为如何定性？为什么？

【案例 58】 阅读标记：（ ）

某地女子方某失业在家，一次偶然的机会，她看到网络上真人演绎的裸聊视频后，深受"启发"，认为这是一条致富的捷径，便买来了摄像头，提供裸聊服务。方某订了一套收费标准，不同级别、不同价码，"生意"迅速在全国铺开。从 2006 年 11 月到 2007 年 5 月案发，方某的裸聊"生意"遍及全国 22 个省、市、自治区，仅在电脑上查获聊天记录的就有 300 多名观众，网上银行汇款记录达千余次，计 2.4 万元。2007 年 5 月，方某的服务因未能满足一名付费"观众"的预期，而被后者向公安机关告发。

问：方某的行为如何定性？为什么？

【案例 59】 阅读标记：（ ）

钟某、易某从 2013 年底至 2014 年 10 月间租用了多台服务器，使用恶意代码修改了互联网用户路由器的 DNS（域名系统）设置，使得东北三省、北京、山东等地部分联通用户在登录"2345.com"导航网站时，就会跳转至钟某、易某设置的某导航网站。在短短 10 个月的时间内，两人通过该方式实施劫持流量，通过出售截取的流量获得违法所得收入达 75 万余元。后因用户大量投诉，2345 网站报警后警方破获该案。

问：钟某、易某的行为应如何认定处罚？

【案例 60】 阅读标记：（ ）

苑某 2010 年大学毕业后，无固定工作，收入来源主要是参加一些考试培训机构的临时性工作。2015 年年底，苑某在某大城市"搞到"了 2016 年国家研究生入学考试的试题和答案，回到家乡省城进行"招生"。至考试前，苑某通过自己以及下线共招收考生 70 名，每名考生需缴纳 5 000 元至 1 万元不等的"培训费"，同时向考生承诺，考试通过了后再收钱，考前不收钱。

2015 年 12 月下旬离研究生入学考试还有 5 天时，苑某提前在考点附近的宾馆为考生开房，并将 2016 年研究生入学考试的英语作文题提前透露给考生，同时从网上购买了 75 套隐形无线电接收装置和 4 套发射器，将发射器分别布置在 70 名考生的 4 个考点附近，同时对考生培训隐形接收器使用方法。

当地公安机关在研究生考试前一天接到一知情人举报，称试题外泄。在考试当日凌晨 4 点，苑某在布置完无线电发射装置回到宾馆门口时被抓获归案。经审讯，苑对其行为供认不讳。

问：苑某的行为应如何认定？为什么？

【案例 61】 阅读标记：（ ）

武某已报名参加 2016 年的研究生统考，但自己缺乏考试的信心，于是想花钱雇人代考。后通过网上联系到在校二年级研究生熊某，答应出 3 万元由熊代替考试。熊某于 2015 年 12 月 26 日代替武某考试英语时被监考人员当场发现，并于当日被警方抓获，后武某主动向警方投案，二人都如实供述了上述事实。

问：武某、熊某的行为如何定性？为什么？

【案例 62】 阅读标记：（ ）

易某为 M 通信技术有限公司的主管业务人员。该公司自 2014 年获得虚拟运营商牌照后，开始开展虚拟转售业务。作为危害网络信息安全的电信诈骗、垃圾短信等违法现象也始终伴随其运营中。易某为追求盈利目的，较长时间内放任其主管的业务中存在大量违法活动，后被监管部门责令采取改正措施，甚至被关停掉 23 500 个电话号码，以阻止通讯信息诈骗的猖獗活动。但易某为追求利润仍不对公司采取有力整改措施，结果导致用户信息泄露，其中郑某等电信诈骗分子于 2016 年 8 月间骗走一名身患绝症的病人近万元治疗费后引发该病人自杀身亡。

问：易某及 M 公司的行为如何定性？为什么？

【案例 63】 阅读标记：（ ）

李某及其领导的 H 通信公司发现有人利用信息网络为治疗白血病做虚假广告，盈利效果极佳，遂在自己的通信公司上专门打造提供治疗白血病广告的推广平台，凭借其优厚的实力，迅速将这类广告的推广业务揽其麾下。经营一段时间后，该广告宣传的医疗效果并不佳，还耽误不少病人的最佳治疗期，并出现医治反效果的病例。后被多人告发。

警方介入后，李某及其 H 公司被查处因推广此类广告获利巨丰，但却造成严重的危害后果。

问：李某及 H 公司的行为如何定性？为什么？

【案例 64】 阅读标记：（ ）

农民工单某 2015 年 2 月春节过后随本村包工

头刘某赴某建筑工地干活，到年底也未拿到工钱。单某去刘某家数次索要工钱 3 万元，刘某妻子孙某总推脱说刘某出差去了外地。至 2016 年春节过后，单某再去刘家要钱时，孙某却拿出了一份人民法院出具的与丈夫刘某的离婚调解书。该调解书载明刘某与孙某已经离婚，因刘某的过错未分得财产，而且刘某欠下的债务需自行承担。后单某发现，与他同样遭遇的尚有另外 5 人，也就是说刘某欠了单某等人的 18 万元工钱躲到外地。于是单某等 6 人向当地劳动监管部门反映情况，强烈要求刘某支付劳动报酬。后经监管部门了解，刘某、孙某以虚假诉讼的方式实行假离婚，目的是逃避履行给付义务，非法占有单某等 6 人的合法劳动报酬 18 万元。

问：刘某、孙某的行为如何定性？为什么？

【案例 65】 阅读标记：（　　）

孙某因不满法庭对其与妻子的离婚判决，遂在宣判后冲至法官面前，揪住法官衣领进行殴打，并点火要烧毁法庭。后被法警当场制止并将其抓获。

问：孙某的行为如何定性？为什么？

【案例 66】 阅读标记：（　　）

拉某某，系某国家在华的留学生，2014 年勾结广东省的陈某，先后 5 次引诱、介绍多名外国人非法入境，滞留广东某地，打黑工，滋扰当地社会秩序。后案发警方将拉某某、陈某抓获。经查，拉某某、陈某共获利 30 万元。

问：对拉某某、陈某的行为如何认定和处罚？

【案例 67】 阅读标记：（　　）

郭某某于 2012 年底在澳门赌场认识了一名外籍职业德州扑克赌徒康某某，很快发展为情人关系在北京同居。2013 年 2 月，郭让助理吕某在朝阳区某高档公馆以月租 1.9 万元的租金租下了一居室成立了赌场。赌场中，设循桌筹码、POS 机、"荷官"（专业发牌手），还有从澳门过来的外籍专业玩家。但绝大多数赌客不是专业玩家，他们绝大多数是郭的朋友，输钱的也大多是这些人，往往一个小时内会输几万甚至十几万，而在这样的局里，郭通常是赢家。赌局还要抽水——每一把的 3% 到 5%。每场赌资金额都是上百万元，仅抽取提成，郭某某就获利数十万元。后被群众举报，警方一举捣毁郭某某设的赌窝，并抓获郭某某。

问：如何认定本案中的郭某某的行为？

【案例 68】 阅读标记：（　　）

2020 年 1 月 20 日，湖北武汉市某医院从事护工工作的粟某随妻子、儿子、儿媳、孙女一起由儿子驾车返回老家过年。其老家有全村吃过年酒席的传统。1 月 21 日粟某在本村吃酒席期间接触多人。1 月 22 日粟某出现发热咳嗽症状，其儿子开车将其送至镇医院就诊，后粟某乘坐中型面包客车从镇上返回老家，车上接触多人。1 月 23 日上午，粟某病情恶化，其儿子开车将其送至地级市中心医院就诊，医生怀疑其疑似"新型冠状病毒感染者"，让其隔离治疗。粟某不听劝阻悄悄逃离医院，并乘坐中型面包客车返回镇子上，车上接触多人。1 月 23 日下午 2 时许，工作人员将粟某强制隔离治疗。其在被确诊和收治隔离后，仍隐瞒真实行程和活动轨迹，导致疾控部门无法及时开展防控工作，大量接触人员未找回。疾控部门花费很大力量仅找到接触者 21 人，粟某及这 21 人所在的三个社区近千人被隔离观察。

问：如何认定粟某的行为？

【案例 69】 阅读标记：（　　）

杨某虽然已经工作，但仍属"啃老"一族，经常向父母要钱，外出喝酒或赌钱，其父母不堪忍受，欲赶他出去找房居住。杨出于泄愤目的，某日将父母的手机、平板电脑、水果刀等物品从 14 层楼的窗户内抛出，部分物品砸落在小区的公共道路上，并且不同程度地砸坏停放在楼下的三辆轿车（经鉴定，三辆轿车属轻度毁损，修车花费人民币 3 000 元）。

问：对杨某的行为如何认定和处罚？并简要说明理由。

【案例 70】 阅读标记：（　　）

张某是居住在某小区的居民，对该小区因新冠疫情传播被依法实施封闭式管理十分不满。某日在对该小区进行第 3 轮核酸检测时，附近派出所民警汪某被指派依法维持秩序，心有怨言牢骚的张某在等待检测时突然冲向正在依法维持排队秩序的民警汪某，用力将其推倒在地并骑在汪某的身上进行殴打。后经其父张某某的强硬拉拽方才住手。

问：对张某的行为应如何认定？并简要说明理由。

【案例 71】 阅读标记：（　　）

肖某在互联网上与境外一赌博网站取得联系并

充当代理，从网站获得会员账号后管理下线会员，从下线收取地下六合彩码单后，报单给上钱。半年时间肖某为境外该赌博网站招揽组织均为中华人民共和国公民的 10 名亲朋好友参与境外赌博，涉案赌资 5 000 多万元。后有的参与人因赌博引起家庭发生变故后将此案予以告发，案件方被破获。

问：对肖某的行为如何认定？并简要说明理由。

 案例分析

【案例 1】

李某之子的行为构成妨害公务罪。

在主观上，李某之子具有故意妨碍镇干部执行公务的直接故意；**在客观上**，李某之子对镇干部进行谩骂并实施殴打，同时还砸坏执行公务的机动车辆，尽管这些行为有的指向人身，有的指向财物和设施，但是都属于妨害执行公务的暴力行为。因此，李某之子的行为构成妨害公务罪。

李某之子将镇干部关进柴房的行为，属于一种非法拘禁行为，但因为没有达到严重危害程度，所以不单独构成非法拘禁罪。对此行为应当视为行为人妨害公务行为的具体组成部分，即行为人采取的是对人身自由施加控制的一种暴力行为，以此阻碍公务的执行。所以，对李某之子实施的非法拘禁的行为不应单独定罪。

【案例 2】

杨某、陆某的行为构成妨害公务罪。

在本案中，"新冠肺炎"疫情不单纯是一种严重传染疾病的爆发和流行事件，还是直接涉及公共利益的重大突发事件。拒绝执行县红十字会工作人员防控措施，若行为人采取威胁、暴力手段，故意妨碍疫情防治工作的进行，同时构成了妨害传染病防治罪和妨害公务罪，应按照处罚较重的妨害传染病防治罪定罪处罚。本案中杨某、陆某的行为，还应按照共同犯罪处理。

【案例 3】

李某的行为构成妨害公务罪。依据 2000 年 4 月 24 日起施行的司法解释，张某尽管不具有国家机关工作人员的正式编制，在形式上不具有国家机关工作人员身份，但张某没收李某广告的行为是接受国家机关委托从事行政执法活动、行使行政执法职务的行为，李某故意以暴力方法阻碍张某执行职务，直接以暴力方法作用于张某的身体，将其鼻部打伤，属于以暴力方法阻碍国家机关中受委托从事行政执法活动的事业编制人员依法执行行政执法职务的行为，可以妨害公务罪论处。

【案例 4】

范某的行为构成妨害公务罪。根据《关于执行刑法第三百一十三条的解释》的精神，以暴力、威胁，或者聚众哄闹、冲击执行现场，围困、扣押、殴打执行人员阻碍法院执行工作人员依法执行职务的，可以妨害公务罪论处。需要注意的是，本罪与拒不执行判决、裁定罪的区别。第一，妨害公务罪通常必须是以暴力、威胁方法实施，且行为人侵害公务人员的行为必须发生在后者依法执行公务期间，而拒不执行判决、裁定罪则不要求必须使用暴力、威胁的方法，可以是能够损害法院裁判约束力、权威性的任何方法。第二，妨害公务罪的主体是一般主体，而拒不执行判决、裁定罪的主体则是特殊主体，即必须具有执行判决、裁定义务的当事人或者依照法律对判决、裁定负有协助执行义务的人。本案中范某的行为属于妨害公务罪，其弟弟、弟媳根据案件情况涉嫌拒不执行判决、裁定罪。

【案例 5】

贾某的行为构成伪造国家机关公文、证件、印章罪。

本案中，贾某主观上明知自己的行为是非法擅自制造国家机关公文、证件、印章，仍然基于获利目的而为之，具有直接故意；客观方面，贾某实施了具体的伪造我国使馆的有关公文、证件和印章的行为。因此，贾某的行为符合伪造国家机关公文、证件、印章罪的特征，构成伪造国家机关公文、证件、印章罪。

贾某出卖伪造的公文、证件的行为被伪造行为所吸收，不再单独定罪。

【案例 6】

黄某的行为构成伪造国家机关公文、证件、印章罪。

本案中值得注意的是**黄某伪造根本不存在和已经撤销的国家机关的公文、证件和印章的行为性质**。由于伪造国家机关公文、证件、印章罪的犯罪客体是国家机关的正常公务活动以及公众对于国家机关公务活动的合理信赖，因此，无论行为人所伪造的公文、证件、印章是否有其真实存在的原型，只要其被伪造出来就可能使公众产生错误认识，就

会直接侵害到国家机关正常的公务活动。因此，本案中黄某伪造根本不存在和已经撤销的国家机关的公文、证件和印章的行为仍然构成伪造国家机关公文、证件、印章罪。

【案例 7】

陈某的行为和林某构成伪造国家机关公文、印章罪，两人属于共同犯罪。

本案中，陈某、林某事前通谋，以获利为目的为育龄妇女做假手术，并用伪造的绝育手术证明书予以证明，两人在**主观上**具有伪造国家机关公文的直接故意；**客观上**两人进行分工，林某实施了具体的伪造行为，陈某则具体使用了伪造的证件和印章，因此，两人的行为符合伪造国家机关公文、印章罪的特征，构成伪造国家机关公文、印章罪，两人应当按照共同犯罪处理。

【案例 8】

蔡某的行为构成招摇撞骗罪。

本案中，蔡某**主观上**明知自己是下岗工人，不具有公安执法人员的身份，却意图冒用此身份，获得非法利益，因此，具有利用国家机关工作人员特殊身份诈骗钱财的直接故意；**客观上**，蔡某冒充公安人员执法，使受害人产生错误认识接受其罚款，从而获取非法利益，因此，蔡某的行为符合招摇撞骗罪的构成要件，应当以招摇撞骗罪追究其刑事责任。

【案例 9】

任某的行为构成招摇撞骗罪。

本案中，任某**主观上**明知自己只是公安局办公室的一般警务人员，无权对顾某案件的处理做出决定或提出意见，但却冒充公安局的领导，借此身份获取非法利益，具有利用国家工作人员身份诈骗财物的直接故意；**客观上**任某谎称自己是分管刑事侦查的副局长，能够为赵某帮忙，从而获得赵某的信任，骗取其现金 5 万元。因此，任某的行为符合招摇撞骗罪的特征，应当以招摇撞骗罪定性。

本案值得注意的是任某的行为手段。任某虽然是公安人员，具有国家工作人员的身份特征，但并不具有更高一级的国家工作人员身份，因此其冒充公安局副局长的行为，仍然属于冒充国家工作人员。所以，在招摇撞骗罪中，应当注意的是行为人所冒充的身份，行为人本身的身份特征并不重要，其对犯罪成立没有影响。

【案例 10】

郭某、代某的行为构成招摇撞骗罪和强奸罪，两人属于共同犯罪。

本案中，两行为人故意冒充公安人员，对民工施以罚款、骗取钱财的行为构成招摇撞骗罪没有疑问，**本案的疑点在于两行为人与陶某发生性关系的行为应当如何定性。**我们认为其应当构成强奸罪，而非招摇撞骗罪。招摇撞骗罪的特征在于行为人假借国家工作人员身份使被害人形成错误认识，对行为人产生信赖，从而自愿从事某种行为，使行为人获得某种财产性利益或其他利益。在本案中，陶某虽然对郭某、代某两人的身份深信不疑，但要其以出卖肉体为代价换取自由仍然是违背其意志的。换言之，陶某当时是慑于两人的胁迫才与之发生性关系，并非出于自愿。因此，郭某、代某两人的强奸行为符合强奸罪的特征，应当按照强奸罪定性。

由于两人先后触犯招摇撞骗罪和强奸罪，因此，应当按照数罪并罚的原则进行处理。

【案例 11】

王某的行为构成非法获取国家秘密罪。

客观上，王某以收买的方式获取当年高考题目，该行为是非法获取国家秘密罪的行为方式之一；高考题目属于国家秘密。主观上，王某是故意，明知高考试题属于自己不应该知道的国家秘密，仍然购买。王某在主体上也符合本罪是一般主体的要求。所以，王某构成非法获取国家秘密罪。

【案例 12】

王某的行为构成投放虚假危险物质罪。

本案中，王某出于报复心理，向解聘自己的冷饮厂的冷饮食品中投放了虚假的毒害性物质，公众误食后引发心理恐慌，造成多人赴医院就诊、企业停业整顿的社会秩序混乱局面。根据《刑法修正案（三）》第 8 条所增设的《刑法》第 291 条之一的规定，投放虚假的爆炸性、毒害性、放射性、传染病病原体等物质，严重扰乱社会秩序的，成立投放虚假危险物质罪。故王某的行为属于投放虚假的毒害性物质，严重扰乱了社会秩序，成立投放虚假危险物质罪。

【案例 13】

任某的行为构成编造虚假恐怖信息罪。

本案中，任某出于躲债的动机，故意编造并不

存在的飞机上存在爆炸威胁的恐怖信息，造成社会恐怖、财产损失，严重扰乱社会秩序，符合《刑法》第291条之一规定的编造、故意传播虚假恐怖信息罪的构成要件。故任某的行为构成了编造虚假恐怖信息罪。

【案例14】

王某和张某的行为构成聚众斗殴罪。

客观上，王某和张某各自纠集多人组成一方，进行相互厮打，符合聚众斗殴罪的行为方式。主观上，王某和张某是直接故意，是为了解决所谓的面子问题的不正当目的。本罪主体要求是首要分子和积极参加者，在本案中，王某和张某是本次聚众斗殴的首要分子。故王某和张某的行为构成聚众斗殴罪。

【案例15】

本案中卞某等6人的行为构成了寻衅滋事罪，可酌情从轻处罚。卞某等6人酒后在医院谩骂、随意殴打值班医生，致2人轻微伤，情节恶劣；任意损毁公私财物造成4 200元的财产损失，情节严重。上述涉医违法行为均已触犯《刑法》第293条的规定，构成寻衅滋事罪。鉴于卞某等6人归案后具有坦白情节，并积极赔偿损失，故应酌情从轻处罚。（分析该案例时注意参照2014年4月22日最高人民法院、最高人民检察院、公安部、司法部、国家卫生和计划生育委员会《关于依法惩处涉医违法犯罪维护正常医疗秩序的意见》的规定。）

注意：《刑法修正案（九）》第31条对《刑法》第290条的罪状中增设聚众扰乱"医疗"秩序。

【案例16】

胡某、陈某的行为构成寻衅滋事罪，两人构成共同犯罪。

本案中，胡某、陈某两人在公共场所借酒滋事、无事生非，在**主观上**明知自己的行为属于无理取闹，仍然在公共场所逞强要横，具有寻衅滋事的直接故意；**在客观上**，胡某、陈某不仅拒付饭钱、随意辱骂、殴打有关人员，并致1人轻伤，还损毁酒店财物，干扰其他顾客就餐，造成酒店不能正常营业，已经严重影响了这一公共场所的正常秩序。按照2013年7月22日起施行的最高人民法院、最高人民检察院《关于办理寻衅滋事刑事案件适用法律若干问题的解释》的第2条第1项、第6项的规定，胡、陈二人的行为已达"情节恶劣"。因此，

两人的行为符合寻衅滋事罪的构成要件，构成寻衅滋事罪。

两人属于共同犯罪，均应按照主犯处理。

2011年5月1日起生效的《刑法修正案（八）》第42条对《刑法》第293条作出修订：一是将恐吓他人，情节恶劣的行为入寻衅滋事罪；二是对纠集他人多次实施寻衅滋事行为，严重破坏社会秩序的，独立增设法定刑为5年以上10年以下有期徒刑，可以并处罚金。

【案例17】

三行为人的行为构成寻衅滋事罪，三人属于共同犯罪。

本案中，行为人的**主观心理**主要是一种无事生非、随意挑衅的心理，强拿摊贩水果并不是其真正目的。**在客观行为上**，三人先是随意拿取他人财物，进而又打骂丁某，最后还强索200元钱的行为，不仅造成了丁某身体的伤害和财产的损失，更重要的在于严重侵害了市场的正常交易秩序。因此，综合全案来看，三人的行为符合寻衅滋事罪中"强拿硬要"的行为特征，应当构成寻衅滋事罪。

2011年5月1日起生效的《刑法修正案（八）》第42条对《刑法》第293条作出修订：一是将恐吓他人，情节恶劣的行为入寻衅滋事罪；二是对纠集他人多次实施寻衅滋事行为，严重破坏社会秩序的，独立增设法定刑为5年以上10年以下有期徒刑，可以并处罚金。

【案例18】

王某、吉某、平某、余某4人构成共同故意伤害罪，按各自在犯罪中起的作用分别承担轻重不同的刑事责任。

王某等4人半夜强行进入有保安值勤的生活区，随意殴打阻止他们行为的保安人员，破坏社会秩序，情节恶劣，符合寻衅滋事罪的构成，但在故意殴打他人的行为中发生了用尖刀刺伤他人致死的严重危害后果，此时又构成了故意伤害（致死）罪，符合想象竞合犯的特征。这也就是说，王某等4人出于一种寻衅滋事破坏社会秩序的故意，实施一种行为——"殴打他人"（含拳打脚踢、用尖刀刺伤人），但同时触犯了数个罪名即寻衅滋事罪与故意伤害罪，属于想象的数罪，构成想象竞合犯。对于想象竞合犯，应按照刑罚较重的犯罪定罪处罚，本案中应以故意伤害罪定罪，并按故意伤害致他人死亡的法定刑进行处罚。

法律硕士联考专业基础课经典案例分析

鉴于本案系 4 人共同犯罪，且证据证明平某用尖刀刺人的行为是田某、孟某致死的直接原因，而王某、吉某、余某 3 人的殴打行为对田某、孟某、罗某的死伤后果的发生也具有一定因果关系，故应分别判处重轻不等的刑罚。

【案例 19】

苏某的行为不构成犯罪。

首先，本案中，苏某伙同他人，借助优势地位，使孟某产生恐惧心理弃车逃跑，进而砸坏车窗，强行开走孟某的汽车，其**在客观上**确有采用强制手段非法获得他人财产的行为，但**在主观上**，苏某并无以暴力、胁迫等强制手段非法占有他人财产的目的，其主观心理主要是以此手段向孟某索要其应当偿付的医药费。因此，苏某的行为不符合抢劫罪的构成要件，不能以抢劫罪定罪处罚。

其次，在本案中，苏某强行扣车的行为事出有因。苏某是在被孟某打成轻伤后意图报复和索要赔偿的双重心理支配下，才召集有关人故意拦截孟某的车辆，但因为孟某弃车逃离，其报复目的自然无法实现，因此，其扣车的行为主要目的就在于向孟某索取医药费。因而，苏某的行为不属于基于炫耀武力、无事生非心理的强拿硬要行为，因此亦不构成寻衅滋事罪。对该案中的医疗费及汽车损失应按民事纠纷处理。

【案例 20】

徐某、游某的行为构成组织、领导黑社会性质组织罪。

首先应当确定两人创立、发展的组织是否是黑社会性质组织。根据《刑法修正案（八）》第 43 条对《刑法》第 294 条的修订后的规定来判断，该组织纠集数十人参加，已经有一定规模；该组织在当地称王称霸，已经形成非法控制；该组织聚众赌博获得巨额非法资金，同时还控制市场，具有相当的经济实力；该组织买通当地派出所，形成保护伞；该组织长期在当地实施违法犯罪活动，严重影响当地正常的社会秩序。所以，可以认定该组织为黑社会性质组织。因此，徐某、游某的行为构成组织、领导黑社会性质组织罪。

对徐某、游某组织、策划和实施的其他犯罪行为应当分别定罪。在本案中，两人涉及的罪名有故意杀人罪、故意伤害罪、赌博罪、强迫交易罪、行贿罪，对上述罪行应当按照数罪并罚的原则处理。

【案例 21】

本案的关键在于判断张某、韩某所创立发展的组织是否带有黑社会性质。本案中，张某领导的犯罪组织虽然具有一定规模和相当的经济实力，也多次实施了违法犯罪活动，但仍然没有在一定区域或者行业内形成非法控制或重大影响，只对社会秩序有一定影响，但远不是严重破坏，因此，该组织还不是黑社会性质组织，而属于有一定规模的犯罪集团。所以，张某、韩某不构成组织、领导黑社会性质组织罪。

在本案中，对张某、韩某组织、策划、实施的犯罪行为，应当分别定性为故意杀人罪、故意伤害罪、走私罪、贷款诈骗罪、贩卖毒品罪、非法持有枪支弹药罪，对上述罪行应当数罪并罚。张某、韩某应承担首要分子的刑事责任。

【案例 22】

汪某等人的行为构成组织、领导、参加黑社会性质组织罪、行贿罪、强迫交易罪、敲诈勒索罪、开设赌场罪、故意伤害罪、聚众扰乱社会秩序罪、逃税罪等，对上述各罪依法实行数罪并罚。

汪某为首在长达 15 年的时间内形成了较稳定的犯罪组织，有明确的组织者、领导者、骨干成员，人数较多；有组织地通过违法犯罪手段获取经济利益，具有一定的经济实力；以暴力、威胁等手段，有组织地多次进行违法犯罪活动，为非作恶，欺压、残害群众；通过行贿手段，腐蚀拉拢国家工作人员对其进行包庇，使其在较长时间内，在当地矿业等领域形成一霸，严重破坏当地经济、社会生活秩序。汪某等人的行为符合了组织、领导、参加黑社会性质组织罪的特征。

汪某等人的行为在构成组织、领导、参加黑社会性质组织罪的同时，又实施了行贿、强迫交易等犯罪行为，应依照《刑法》第 294 条第 3 款的规定按数罪并罚原则处罚。

【案例 23】

江某、罗某、聂某、张某构成共同赌博罪。

江某等 4 人组织几十人，以斗蟋蟀的方式进行赌博，从中抽头，符合了赌博罪中聚众赌博的行为特征。根据《司法解释》，"聚众赌博"的一种表现是组织三人以上赌博且符合下列三种情形之一的：(1) 抽头渔利数额累计达到 5 000 元以上的；(2) 赌资数额累计达到 5 万元以上的；(3) 参赌人数达到 20 人以上的。本案中，江某等 4 名被告组织 70 余人参赌，累计赌资已达 9 万余元，抽头渔

一般经典案例

92

利数额已达 5 000 元以上，完全符合上述《司法解释》的规定。江某等 4 人主观上具备直接故意并以营利为目的。故江某等 4 人的行为完全符合了赌博罪的构成要件。

江某、罗某、聂某、张某 4 人共同策划，进行了不同的分工，共同完成了聚众赌博的行为，并共同抽头渔利，故应按共同赌博罪，各自承担相应的刑事责任。

【案例 24】

李某的行为构成伪证罪。本案中，李某**在主观上明知被告人陈某具有刑事责任能力，却违背事实**将其鉴定为无刑事责任能力人，属于隐匿罪证的行为；陈某为了开脱被告人的刑事责任以使其逃避法律的制裁，积极追求危害结果的发生，具有直接故意。**客观上**，作为司法鉴定中心精神病鉴定小组副组长，李某具有鉴定人这一特殊身份，在接受人民法院委托，为被告人进行鉴定的诉讼过程中，出于个人私情，故意对被鉴定人作出虚假的"无刑事责任能力"的鉴定，隐瞒了与案件有关的重要情节。因此，李某的行为妨害了司法机关的正常活动，符合伪证罪的构成要件，应以伪证罪追究其刑事责任。

【案例 25】

顾某的行为不符合伪证罪的主要特征，不构成犯罪。

本案中，**在主观方面**，顾某并没有隐匿罪证从而包庇姜某不受刑事制裁的犯罪故意，因为顾某和梁某死亡案件中的嫌疑人姜某无任何关系，顾某虽然后来认识姜某并接受姜某的吃请及礼物，但该行为与顾某之前作出的有利于姜某的鉴定结论无直接的联系。**在客观方面**，顾某在检验尸体时认为尸表有一结痂伤痕与死因无关，未记入笔录，而且在整理尸检笔录时将原笔录第二页更换，这些行为并不合乎法律规定，但并非犯罪的故意行为。另外，高级人民法院的复核鉴定意见也证明了顾某作出的尸检鉴定报告是正确的。因此，顾某在客观上没有实施违背事实真相作出非法鉴定的行为。综合全案，顾某的行为不构成伪证罪。

【案例 26】

杨某的行为构成伪证罪。在刑事诉讼过程中，杨某受到李父的指使，意图加重王某的刑事责任，对决定案件性质的李某的伤情，故意向司法鉴定人员作虚假证明，致使法医鉴定中心做出了错误的复核鉴定，造成法院对王某轻罪重判的严重后果。其

行为符合伪证罪的构成要件，应当追究其刑事责任。**应当注意的是**，本案中，杨某是负责李某伤情处理的医院医生，对李某的伤情有直接的了解和认识，因此其身份特征是证人，而非鉴定人。

本案中李父属于案外人，不具有证人的身份，因此其指使杨某作伪证的行为不构成伪证罪，而应当构成妨害作证罪。

【案例 27】

修某的行为构成妨害作证罪，熊某的行为构成帮助伪造证据罪。

本案中，修某为达到少偿还债权人柳某、甄某款项的目的，指使熊某作伪证，通过法院的民事审判获得不法利益，侵犯司法机关正常的诉讼活动，符合《刑法》第 307 条第 1 款规定的妨害作证罪的构成特征。熊某则以故意帮助当事人伪造证据的行为提起民事诉讼，妨害了司法机关的正常诉讼活动，符合《刑法》第 307 条第 2 款的规定，构成了帮助伪造证据罪。

【案例 28】

沈某的行为构成包庇罪。

本案中，沈某**在主观上明知王某交通肇事行为可能涉嫌犯罪**，仍然向公安机关作假证，意图使王某逃避刑事追究，具有包庇罪的直接故意；**客观上**，沈某在公安机关传唤时，没有提供案件的真实情况，反而为包庇王某作伪证。因而，沈某的行为符合包庇罪的构成要件，应当按包庇罪追究刑事责任。

【案例 29】

韩某的行为构成窝藏罪，掩饰、隐瞒犯罪所得、犯罪所得收益罪。

本案的疑点在于如何理解韩某知悉张某贩卖赃物而为其保密的行为。我们认为，该行为只能表明韩某对张某销赃行为的一般性了解和认识，并不能反映其主观上已经具有了与张某等人共同销售赃物的故意，同时也不能够表明韩某已经形成了事后要窝藏、包庇张某的故意，因此，韩某的保密行为并不具有独立的刑法意义，韩某不是张某掩饰、隐瞒犯罪所得、犯罪所得收益罪的共犯。

基于此，韩某在家中窝藏张某以及为其保存赃物的行为都属于单独的犯罪行为，其行为分别符合窝藏罪和掩饰、隐瞒犯罪所得、犯罪所得收益罪的构成要件，因此，对韩某的行为应当以此两罪追究其刑事责任，并按照数罪并罚的原则处理。

一 / 般 / 经 / 典 / 案 / 例

【案例30】

赵某的行为构成掩饰、隐瞒犯罪所得、犯罪所得收益罪。

本案中，赵某**主观上明知**摩托车系贾某盗窃所得，为获得私利，仍然实施代为销售行为，具有销售赃物的故意；**客观上**赵某实施了代为销售赃物的行为。因此，赵某的行为符合掩饰、隐瞒犯罪所得、犯罪所得收益罪的构成要件，应当以掩饰、隐瞒犯罪所得、犯罪所得收益罪定罪处罚。

【案例31】

陈某的行为构成敲诈勒索罪，不构成掩饰、隐瞒犯罪所得、犯罪所得收益罪。

本案中，陈某在得知摩托车是赃物后，随即以报警让付某坐牢的手段进行威胁，使其产生恐惧心理，迫使付某接受自己的条件，以100元的价钱"买"下实际价值数千元的摩托车。由此可以看出陈某购买行为的真实目的并非购买赃物，而是非法占有赃物。买赃自用的行为尽管属于非法，但仍然是一种买卖关系，赃物价格是由销赃方与购买方协商而定，不是一方胁迫另一方接受。所以，尽管在表面上陈某以100元的价格购买了摩托车，两人具有买卖关系，**但是实际上该结果的发生是因为陈某掌握付某违法犯罪的事实，以报警威胁而实现的。**因此，陈某购买付某摩托车的行为实际是以购买为名，行敲诈之实，符合敲诈勒索罪的特征，以敲诈勒索罪定性更为准确。

另外，还应注意敲诈勒索罪的犯罪对象不要求为他人合法所有或者占有的财产，即便公私财产处于他人的非法控制状态下，也不能否认财物真正所有者的合法性。本案中，付某虽然对摩托车的控制是非法的，但摩托车主也并未真正丧失摩托车的所有权，而陈某采用威胁方式从付某处取得，实质上仍侵犯了摩托车所有者的财产利益。

【案例32】

王某的行为分别构成掩饰、隐瞒犯罪所得、犯罪所得收益罪和窝藏毒品罪。

王某主观上明知2万元现金是张某偷来的，具有赃物性质，客观上仍然实施了帮助其藏匿的行为，因此，对王某的行为应当定性为掩饰、隐瞒犯罪所得、犯罪所得收益罪。

本案中应当注意的是王某帮助张某窝藏白粉的行为。毒品作为赃物犯罪的犯罪对象，具有一定的特殊性，窝藏毒品的行为可以成立独立的罪名。因此，本案中，王某的行为应当按照刑法的专门规定定性为窝藏毒品罪。还需要明确的是，王某的行为不构成非法持有毒品罪，因为其主观故意的内容非常明确，即明知毒品是张某从云南贩运过来的，仍然帮助其保存，这与非法持有毒品罪主观方面所要求的持有故意是有区别的。

所以，王某的行为分别构成掩饰、隐瞒犯罪所得、犯罪所得收益罪和窝藏毒品罪，应数罪并罚。

【案例33】

瞿某的行为构成拒不执行判决、裁定罪。

本案中，在法院的判决、裁定生效后，瞿某屡次将法院查封的财产予以变卖，把所得款项支付给债权人以外的其他人的行为，已经表明其**主观上具有对人民法院已经发生法律效力的判决拒不执行的故意；客观上**，瞿某作为执行义务人完全具有偿债能力却不予执行判决，不仅使财产保全的裁定没有得到正当执行，也最终造成法院的判决无法执行的结果。综合全案，瞿某的行为已经使正常的司法秩序受到了严重侵害，其行为符合拒不执行判决、裁定罪的特征，因此应当以拒不执行判决、裁定罪追究刑事责任。

【案例34】

郑某的行为构成拒不执行判决罪。

在本案中，郑某负有履行判决的义务，而且根据其财产状况，郑某完全有能力履行判决，但却采取种种手段隐瞒财产状况，拖延履行，还企图出国旅行以逃避履行，其间还向其女友转移财产，综合来看，郑某的行为符合拒不执行判决罪的特征，应当定性为拒不执行判决罪。

郑某的女友接受其转移的财产的行为，不构成共犯。主要理由在于行为人主观上缺乏与郑某一起通过实施财产转移行为而不履行判决的直接故意。反之，如果事前行为人之间存在通谋，则构成拒不执行判决罪的共犯。

【案例35】

王某、朱某的行为构成拒不执行裁定罪。在本案中，王某、朱某是负有执行法院先予执行裁定义务的人，其有能力执行该裁定，**但以暴力打击、煽动闹事等方式拒不执行该裁定，使法院执行机关的执行活动根本无法正常进行。**因此，王某、朱某的行为符合拒不执行裁定罪的构成特征，应当以拒不执行裁定罪追究刑事责任。

案外人的行为构成了妨害公务罪。具体而言，案外人不是负有执行法院判决、裁定义务的人，其

行为并没有直接侵犯国家审判机关的正常活动，因此不构成拒不执行判决、裁定罪。案外人对执行干警进行围攻属于以暴力、威胁方法阻碍国家机关工作人员依法执行公务的行为，应当构成妨害公务罪。

【案例 36】

孙某的行为构成脱逃罪，属于犯罪未遂。

本案中，在押犯孙某基于故意，虽未直接从监管机构逃脱，但利用外出劳动的机会脱离监管的行为，仍然属于脱逃行为，因此其行为构成脱逃罪。

孙某在农场南站被立即抓获，表明其行为已经进入到脱逃的具体实施阶段，但因为监管人员及时抓捕这一孙某意志以外的原因，使其未能彻底脱离监管机关控制，未造成脱逃的实际结果。因此，孙某的行为构成脱逃罪的犯罪未遂。

【案例 37】

本案中，华某的行为构成脱逃罪是没有疑问的，关键在于判断华某返回监狱的行为对全案性质的影响。华某在逃离监狱后一周返回，**表明行为人事实上已经彻底脱离了监管机关的控制，脱逃的结果已经发生**，因此，华某的脱逃行为已构成犯罪既遂。华某后来主动返回监狱的事实对犯罪既遂的行为性质没有影响，但可以作为从轻处罚的量刑情节考虑。

【案例 38】

关某的行为构成医疗事故罪。

在本案中，关某作为唐某的主治医生，在病人病情一直未得到缓解的情况下，**严重不负责任**，一方面没有及时采取有效的措施进行治疗，另一方面对病人家属的请求置之不理，还照常休息，导致治疗被延误，病人发生病危，并最终死亡。关某的行为与病人唐某死亡有直接的因果关系，其行为符合医疗事故罪的构成要件，应当以医疗事故罪定罪处罚。

【案例 39】

王某的行为构成非法行医罪。

本案中，王某虽然具有主治医师的技术职称，具备了医师身份，**但因为其没有办理医疗机构执业许可证，因此并没有获得合法的执业资格**，因此其开设诊所进行诊疗活动的行为属于非法行医。在对马某之子的诊疗过程中，王某明知不具备充分的手术条件，仍然坚持进行手术，最终因缺乏手术器材，酿成患儿死亡的严重结果。因此，对王某非法

行医并造成严重后果的行为，应当按照非法行医罪认定。

如果仅仅单纯地看待王某的手术行为，毫无疑问，其属于一起严重的医疗事故，应当以医疗事故罪追究行为人的责任。但实际上，由于王某酿成的医疗事故行为发生在其非法执业的活动过程中，因此该行为就具有了非法行医的性质，因此，不应当认定为医疗事故罪，而应当以非法行医罪处理。

【案例 40】

王某的行为应当构成过失致人死亡罪。

在本案中，王某的行为虽然号称是医疗行为，但实际上其行为根本不包含任何医疗行为的内容，完全是没有任何医学知识和医学技能根据的一种封建迷信活动，因而其行为不符合非法行医罪的"行医"特征，不能以非法行医罪认定。

王某**在主观上**对李某的死亡具有过失心理，李某的死亡是违背其意志的；**客观上**王某的行为直接造成了李某的死亡，其行为符合过失致人死亡罪的特征，因此，王某的行为构成过失致人死亡罪。

【案例 41】

吴某、王某、姜某三人的行为构成污染环境罪。三行为人**主观上**明知氯气是有毒物质，但为了个人私利，对可能产生的危险后果未作任何考虑，最终造成了违背其主观意志的结果发生，是一种疏忽大意的过失心理。**客观上**，三人对有毒物质不加任何处理，便向水中排放，其行为造成了严重的环境污染，已构成污染环境罪。同时还使附近小学师生中毒，大面积农作物受损，牲畜被毒死，危害后果特别严重，因此，应当以污染环境罪的第二个量刑档次处罚。

三人虽然共同实施了排放有毒物质、造成严重环境污染后果的行为，但由于行为人在主观上是过失心理，构成过失犯罪，因此，不能按照共同犯罪来处理，应当分别定性为污染环境罪，分别处罚。

【案例 42】

贾某等化肥厂领导的行为在性质上是单位行为，构成污染环境罪的单位犯罪。贾某等厂领导作为污染环境的直接负责的主管人员应当对此后果承担刑事责任，接受刑事制裁，该化肥厂则应当接受罚金的制裁。

本案中，贾某等厂领导全面负责厂内各项工作，但却未认真履行职责，未经报批手续，即擅自集体决定进行设备技术改造和试生产，对该过程中

可能出现的严重环境污染的后果没有估计和判断，结果使高浓度危险废水直接排放，造成水资源严重污染、居民饮用水暂停供应的巨大危害后果。其行为符合污染环境罪的特征，应当以污染环境罪的单位犯罪定性处罚。**应当强调的是，贾某等厂领导的行为并不是个人行为**，而应当视为代表该化肥厂意志的单位行为，因此，本案中犯罪主体是化肥厂及其直接负责的主管人员贾某等人。

【案例43】

某矿业公司以及陈某、黄某、林某、王某、刘某犯污染环境罪。对该矿业公司应判处罚金，对陈某等五名自然人应判处自由刑，并处罚金。

本案中，某矿业公司下属的铜矿厂发生严重污水渗漏事故，致9 100立方米的超大量污水排进江里，造成大面积水质污染和大批鱼类死亡。该矿业公司及其直接负责的主管人员和其他直接责任人员主观上存在过失。综合主客观要件看，该矿业公司及陈某等五名直接负责的主管人员和其他直接责任人员的行为符合了污染环境罪的构成要件，故法院应认定其构成污染环境罪。

本案中因污水排放量巨大，导致的污染环境后果特别严重，故对该矿业公司应酌情判处数额巨大的罚金，对陈某等五名自然人被告根据其罪责大小，在3年以上7年以下有期徒刑的量刑档次内分别判处不等的自由刑，并处不等的罚金。

【案例44】

龚某及承包的选矿厂的行为构成污染环境罪。

根据"司法解释"的规定，龚某承包的选矿厂违反国家规定，私改环评规定，私改生产线，非法排放含明显毒害性的重金属镉、铊的废水至饮用水水源中，严重污染环境，致损害人体健康的污染物排放超过标准3倍以上，并致水源取水中断12小时以上。因此龚某及其该选矿厂的行为符合《刑法》第338条规定的污染环境罪的构成要件，并符合了《刑法修正案（十一）》第40条对《刑法》第338条修订增补的在饮用水源保护区排放有毒物质，情节特别严重的规定。

对龚某适用自然人犯本罪的即7年以上有期徒刑，并处罚金的法定刑处罚，对选矿厂作为单位主体适用判处罚金刑。

【案例45】

贾某的行为构成运输毒品罪。**在主观上，贾某希望将鸦片从大理转移至昆明，具有明确的运输毒**

品的犯罪故意；**客观上**，贾某虽然没有亲自实施运输毒品的行为，但利用李某帮助其实施了运输行为。

运输毒品罪是行为犯，即运输行为一经实施即表明犯罪成立，而且属于犯罪既遂。本案中，虽然贾某利用李某帮助其实施运输毒品的目的未能实现，但是因为李某乘坐火车帮助其携带鸦片标志着运输行为已经开始，所以贾某的行为构成犯罪既遂。

李某不构成犯罪，因为其对所携带的物品的性质并不清楚，不知道是在运输毒品，在主观上缺乏运输毒品的故意。因此，李某虽然客观上实施了运输毒品的行为，却不构成运输毒品罪。

【案例46】

贾某共有三种行为可能构成犯罪：将鸦片带回国内的走私行为；将鸦片送给他人治病并收钱的行为；私藏鸦片的行为。

从贾某回国定居时带回鸦片的数量且主要是为自己吸食用的角度看，按《刑法》第13条"但书"的规定，不以走私毒品罪论处。贾某送给邻居10克治病并收了300元钱不是贩卖毒品的牟利行为，只是违法行为。贾某后来持有鸦片，供自己吸食的行为，因剩余鸦片数量达不到非法持有毒品罪的定罪标准，所以也不构成犯罪。

【案例47】

江某的行为构成贩卖毒品罪。

本案的关键在于理解贩卖毒品是否须以牟利为目的。任何直接故意犯罪的目的都是行为人所希望、追求的客观危害结果在主观上的反映，因而，犯罪目的属于犯罪成立的必备要件，而行为人的犯罪动机则属于选择要件，只有刑法明文规定其为构成要件的，才属于该罪的构成要件。刑法对贩卖毒品罪没有明文规定以牟利或营利为目的，因此，以牟利为目的不是贩卖毒品罪的构成要件。

本案中，江某向李某出售毒品主观上不以牟利为目的，但客观上实施了贩卖毒品的行为，完成了毒品交易，其出售毒品的犯罪目的已经实现，至于其主观上是希望牟利还是帮助朋友，只是江某贩卖毒品的动机，不影响犯罪成立，而且，江某的行为客观上造成毒品的流散，扰乱了社会管理秩序，其向朋友出售毒品的行为与为牟利而出售毒品的行为在社会危害性方面并无二致，因此，江某的行为构成贩卖毒品罪。

【案例48】

陈某的行为构成非法持有毒品罪。

陈某主观上明知海洛因属于毒品，却仍然置国家明令禁止于不顾，私自吸食，虽然没有贩卖、走私等犯罪故意，但明确地具有持有毒品的犯罪故意；客观上陈某为了吸食而非法持有毒品，因此陈某的行为符合非法持有毒品罪的构成特征，构成非法持有毒品罪。

【案例 49】

贾的行为构成运输毒品罪和非法持有毒品罪。

本案中，贾某明知毒品为禁止流通物，仍然采用邮寄方式，意图使毒品转移至别处，构成运输毒品罪，但由于该行为被及时发现，贾某运输毒品的行为在着手后并没有完成，因此，其行为属于运输毒品罪的犯罪未遂。

在贾某房间查出贾某藏有毒品的事实，客观上表明了其非法持有毒品的行为；在主观上，因为贾某只承认毒品供自己吸食，同时也没有其他证据表明贾某持有的毒品用于贩卖或其他非法目的，因而贾某只具有非法持有毒品的故意。因此，贾某的行为构成非法持有毒品罪的犯罪既遂。

对贾某所犯的运输毒品罪和非法持有毒品罪应当数罪并罚。

【案例 50】

赵某的行为构成组织卖淫罪。

主观上，赵某明知组织妇女提供色情服务属于非法行为，仍然为牟取非法利益而希望这一危害结果发生，具有组织卖淫的直接故意；客观上，赵某对卖淫妇女有计划地进行管理和组织，具有组织卖淫的具体行为。因此，赵某的行为符合组织卖淫罪的特征，应当以组织卖淫罪定性。

注意：《刑法修正案（九）》第 42 条对《刑法》第 358 条进行了修订，修订内容为：（1）废除对该条规定的组织卖淫罪和强迫卖淫罪最高法定罪——死刑的规定；（2）增设组织、强迫未成年人卖淫从重处罚的规定；（3）犯该两罪并有杀害、伤害、强奸、绑架等犯罪行为的，依数罪并罚的规定处罚。

【案例 51】

贾某的行为构成组织他人卖淫罪。本案中，贾某主观上具有组织他人进行卖淫的故意，客观上租用固定场所，由专人管理，先后组织 20 多人次进行卖淫活动，因此，贾某的行为符合组织卖淫罪的特征，应当构成组织卖淫罪。

李某的行为构成协助组织他人卖淫罪和强迫卖淫罪。李某明知贾某组织他人进行卖淫犯罪活动，仍然积极参与，并为卖淫者管钱管物，把门望风，在主观上具有协助组织卖淫的故意，客观上实施了协助组织他人卖淫的行为，因此，李某的行为构成协助组织他人卖淫罪。

在协助组织他人卖淫活动中，李某虽强行奸污女青年周某，但其目的是强迫周某卖淫，因此不构成强奸罪，而属于强迫卖淫罪中的加重情节，因而，对李某的行为应当以强迫卖淫罪定性处理。

贾某与李某的行为实质上属于共同犯罪，但刑法条文对组织卖淫的帮助行为单独规定了罪名，所以两人的行为属于单独犯罪，应当分别处理。其中对李某的行为应当以协助组织他人卖淫罪、强迫他人卖淫罪分别定罪量刑，依照数罪并罚原则处理。

注意：2011 年 5 月 1 日起生效的《刑法修正案（八）》第 48 条对《刑法》第 358 条第 3 款协助组织卖淫罪的罪状予以详细明确规定，并提高了法定刑。

【案例 52】

陈某和王某构成强迫卖淫罪。

客观上，陈某和王某违背吴某和蒋某的意志，强迫吴某和蒋某卖淫。主观上，陈某和王某是直接故意。需要注意的是本罪的行为人一般以营利为目的，但营利目的不是本罪的构成要件内容。

【案例 53】

马某的行为构成了传播性病罪。

马某在从事卖淫的过程中，已染上梅毒这种严重性病，并已就医，自己主观上是明知的。但其为了挣钱，继续从事卖淫活动。马某的行为符合了《刑法》第 360 条第 1 款的规定，明知自己患有梅毒、淋病等严重性病而进行卖淫的行为，故构成了传播性病罪。至于实际是否已造成他人染上性病的结果，不影响该罪的成立。

注意：《刑法修正案（九）》第 43 条删除《刑法》第 360 条第 2 款嫖宿幼女罪的规定。

【案例 54】

何某的行为构成贩卖淫秽物品牟利罪。

本案中，何某为牟取非法利益，贩卖淫秽光盘。主观上明知其购买和贩卖的光盘属于淫秽物品，并且具有营利目的；客观上具有购买和贩卖行为。因此，何某的行为符合贩卖淫秽物品罪的构成特征，应当按照本罪处理。

应当注意的是，阮某在贩卖淫秽光盘时被当场查获，其犯罪行为不属于犯罪未遂。因为行为人为了贩卖目的而购进淫秽光盘，只要淫秽光盘已买到

即为贩卖淫秽物品的犯罪既遂。

【案例55】

龙某的行为构成复制、传播淫秽物品牟利罪。

在本案中，龙某以牟利为目的，在其负责经营的录像厅内播放淫秽录像并复制淫秽录像带。**在主观上明知**录像带具有淫秽内容而向公众播放，并进行复制，且具有营利目的；**客观上**，具有传播和复制淫秽录像带的行为。因此，龙某的行为构成复制、传播淫秽物品罪。

【案例56】

张某的行为构成传播淫秽物品罪。

本案中，王某向顾客免费出租淫秽光盘和录像带的行为虽出于招揽生意的动机，但**在主观方面**并不具有直接的营利目的，只具有传播淫秽物品的故意。**在客观上**，张某利用顾客购买音像制品的机会，向他人免费出租淫秽光盘和录像带，以及利用电子邮件发送淫秽图片、淫秽电子书刊的行为属于传播淫秽物品的行为。张某的行为侵害了良好的社会风尚，符合传播淫秽物品罪的特征，应以本罪定性。

【案例57】

华某的行为构成贩卖淫秽物品牟利罪。客观上，华某贩卖淫秽影碟700多张，满足相关司法解释确定的贩卖淫秽影碟、软件、录像带100至200张（盒）以上的起刑标准；主观上，华某以营利为目的，故意贩卖。

需要注意的是本罪的既遂与未遂的区分。相关法律和司法解释没有明确本罪的既遂与未遂的标准，在司法实践中存有较多争议。考虑到淫秽物品的社会危害性，一般来说，本罪并不以将淫秽物品贩卖完毕和牟取到非法利益为构成要件，而是行为人一经实施贩卖数量达到司法解释规定的淫秽物品的起刑标准的行为就应被认定犯罪既遂。

【案例58】

方某的行为构成非法传播淫秽物品牟利罪。在对象上，方某的裸聊内容属于淫秽物品；在客观上，方某的裸聊内容遍及全国22个省、市、自治区，仅在电脑上查获聊天记录的就有300多名观众，满足相关司法解释确定的最低起刑点；在主观上，方某是为了牟利而故意从事裸聊行为。

需要注意本罪与传播淫秽物品罪的区别。制作、复制、出版、贩卖、传播淫秽物品牟利罪是选择性罪名，以具体实施的犯罪行为而定罪，因此，

本案应定非法传播淫秽物品牟利罪。本罪与传播淫秽物品罪的区别在于主观上是否具有牟利目的。

【案例59】

钟某、易某的行为构成破坏计算机信息系统罪，应被追究刑事责任。

本案中涉及对互联网使用流量劫持行为的认定，以往有青岛联通因在用户使用百度时弹出自己经营的广告属于流量劫持行为，360公司篡改百度搜索页面劫持流量，对此法院判定青岛联通、360公司的流量劫持行为构成对百度的不正当竞争，承担民事赔偿责任，这被称作"搭便车"行为，侵害者实现流量劫持的行为并没有侵入、破坏他人计算机系统，故不构成刑事案件。而在本案中，钟某、易某二人的行为与上述"搭便车"的行为不同，二人通过使用恶意代码，修改用户路由器的DNS设置，来实施流量劫持，实施的行为相当于"抢车"的行为，且后果严重，社会危害性大，符合了《刑法》第286条规定的破坏计算机信息系统罪的构成。

注意：《刑法修正案（九）》第27条对《刑法》第286条增设了第四款，单位可以成为本罪的主体。今后，企业之间如果实施通过对计算机信息系统进行修改、删除、增加、干扰等方式的操作，后果严重的，亦可追究刑事责任。

【案例60】

苑某的行为构成组织考试作弊罪。

苑某的行为符合了《刑法修正案（九）》第25条增设的《刑法》第284条的第1、2款的规定，即在法律规定的国家研究生入学英语考试中，组织70人于宾馆居住，购买安装无线电发射装置，为考生提供隐形无线电作弊器材并培训使用，构成了组织考试作弊罪。

【案例61】

武某、熊某的行为构成代替考试罪。

按照《刑法修正案（九）》第25条增设的《刑法》第284条之一的第4款的规定，武某、熊某在法律规定的国家研究生入学考试中，分别实施了考生让替考者代替自己考试和代替考生进行考试的行为，两人构成了代替考试罪。

【案例62】

易某及其M通信公司构成了拒不履行信息网络安全管理义务罪。

根据《刑法修正案（九）》第28条增设的《刑法》第286条之一的规定，易某及其M公司属于网

络服务提供者，负有法律、行政法规规定的信息网络安全管理义务，但在该公司运营活动中，片面追求盈利，不履行上述管理义务，致电信诈骗、垃圾短信等危害网络信息安全的违法行为猖獗，经监管部门责令采取改正措施后仍拒不改止，致使用户信息泄漏，造成郑某等人电信诈骗成功，导致被害人救命钱被骗后自杀身亡的严重后果发生，故符合了拒不履行信息网络安全管理义务罪的构成。

该罪在客观方面表现为 4 种法定情形，行为人只要具备其中一种情形的即成立犯罪。该罪可以由个人和单位构成。

【案例 63】

李某、H 公司构成了帮助信息网络犯罪活动罪。

《刑法修正案（九）》第 29 条增设的《刑法》第 287 条之二规定，明知他人利用信息网络实施犯罪，为其犯罪提供互联网接入、服务器托管、网络存储、通讯传输等技术支持，或者提供广告推广、支付结算等帮助，情节严重的构成帮助信息网络犯罪活动罪。本案中李某及其 H 公司明知他人利用网络进行虚假医疗广告的发布，专门为提供此类广告推广打造平台，造成严重医疗后果，符合了帮助信息网络犯罪活动罪的构成特征。

【案例 64】

刘某、孙某的行为构成虚假诉讼罪和诈骗罪，应当以处罚较重的诈骗罪定罪处罚。

《刑法修正案（九）》第 35 条增设的《刑法》第 307 条之一规定，以捏造的事实提起民事诉讼，妨害司法秩序或者严重侵害他人合法权益的，构成虚假诉讼罪。本案中，刘某、孙某夫妇为逃避履行给付义务而进行虚假的离婚诉讼骗取人民法院的调解书，以达到非法占有单某等人的 18 万元合法劳动报酬之目的，构成了虚假诉讼罪，同时构成了诈骗罪。

因其诈骗他人财产数额巨大，其法定刑重于虚假诉讼罪，故依照《刑法》第 307 条之一的第 3 款的规定，依照处罚较重的诈骗罪定罪处罚。

刘某、孙某夫妇二人构成了共同犯罪，应按照二人在共同犯罪中起的不同作用分别承担各自的刑事责任。

【案例 65】

孙某的行为构成扰乱法庭秩序罪。

《刑法修正案（九）》第 37 条修订后的《刑法》第 309 条对扰乱法庭秩序的行为作了细化规定，有 4 种扰乱法庭秩序情形之一的，即符合了该罪的构成特征，其中殴打司法人员、毁坏法庭设施等行为

即属于 4 种法定情形的内容。故孙某的行为构成了扰乱法庭秩序罪。

【案例 66】

拉某某、陈某虽分别系外国人和中国人，但他们的行为共同构成了组织他人偷越国（边）境罪。二人为牟取暴利，公然违反我国关于国（边）境管理的法律法规，多次组织多名外国人进入我国境内，构成了组织他人偷越国（边）境罪，应按《刑法》第 318 条的规定处罚。

【案例 67】

《刑法修正案（六）》对《刑法》第 303 条增订第 2 款开设赌场罪。郭某某的行为符合主观上的营利为目的，客观上提供赌博场所，提供赌具、资金、设定邀约众多赌客、抽取提成等方式，多次进行赌博活动，获利数额巨大，情节严重，符合开设赌场罪的构成。

注意：《刑法修正案（十一）》第 36 条对《刑法》第 303 条增订第 3 款，即"组织中华人民共和国公民参与国（境）外赌博，数额巨大或者有其他严重情节的"，以开设赌场罪处罚。

【案例 68】

粟某的行为构成了妨害传染病防治罪。1 月 20 日，粟某从新型冠状病毒发现地出发时，因从事医院护工工作，应该预见到新冠病毒有可能感染到本人，但怀有侥幸心理，仍与家人同车回老家过年，并参加众多人的吃酒席聚会。当出现症状被医生确诊为疑似患者并将其隔离治疗时，粟某拒绝执行医院的防控措施，私自出逃，拒绝隔离治疗，并又接触多人。当被当地卫生防疫机构的工作人员强制隔离治疗并被医院确诊和收治后，仍隐瞒实情，导致新冠病毒有严重传播的危险。粟某的一系列行为符合了《刑法》第 330 条的规定，构成妨害传染病防治罪。待其治愈后应对其处 3 年以下有期徒刑或者拘役。

【案例 69】

杨某的行为应以高空抛物罪定罪处罚。

《刑法修正案（十一）》第 33 条增设的《刑法》第 291 条之二规定，从建筑物或者其他高空抛掷物品，情节严重的，成立高空抛物罪。本案中杨某对于父母欲赶他出家门心生怨恨，故意从高楼层抛掷固体物品至小区公共道路上，结合 14 层楼的高度及抛掷的具有一定重量的手机、平板电脑和尖锐的

刀具等因素，而且已经现实地发生了不同程度毁坏他人轿车的侵害结果，故杨某的高空抛物行为现实地危害到公共秩序，应认定为高空抛物罪。本案中杨某的高空抛物行为致他人的三辆轿车造成损毁，因属于轻度毁损，尚不构成故意毁坏公私财物罪，故不成立高空抛物罪与故意毁坏公私财物罪的想象竞合犯，也就不适用有高空抛物行为，同时构成其他犯罪的，依照处罚较重的规定定罪处罚的《刑法》第291条之二第2款的规定。

【案例70】

张某的行为构成袭警罪。

《刑法修正案（十一）》第31条修订后的《刑法》第277条第5款暴力袭击正在依法执行职务的人民警察的行为，从妨害公务罪中独立出来单独成立袭警罪，并对暴力袭警行为增设了两档法定刑。本案中张某的行为就符合了袭警罪的构成，即暴力推倒并殴打正在依法执行职务的人民警察的行为。

【案例71】

肖某的行为构成组织参与国（境）外赌博罪。

《刑法修正案（十一）》第36条新增设的《刑法》第303条第3款规定，组织中华人民共和国公民参与国（境）外赌博，数额巨大或者有其他严重情节的，独立成罪，依照开设赌场的法定刑处罚。本案中肖某针对中华人民共和国公民进行招赌吸赌，且数额达到5 000多万元，招揽组织人数为10名，符合了本罪的构成。

第七章　贪污贿赂罪

本章要求掌握的罪名

贪污罪，挪用公款罪，受贿罪，利用影响力受贿罪，行贿罪，对有影响力的人行贿罪，巨额财产来源不明罪

本章精要

贪污罪在犯罪的客观要件方面，强调行为人必须利用自己主管、管理、经手公共财物的职权而实施贪污行为，而不是仅利用熟悉环境、方便出入、容易作案等方便条件。在具体行为方式上，除了侵吞、窃取、骗取这几种典型贪污行为之外，国家工作人员在国内公务活动或对外交往中接受礼物，依照国家规定应当交公而不交公的行为，挪用公款后携款潜逃的行为都属于贪污行为。在犯罪对象上，并不局限于公共财物，非国有单位财产如果被行为人利用职务便利侵占的，也能够成为贪污罪的犯罪对象。在犯罪主体要件方面，贪污罪要求行为人具备国家工作人员身份，其一般包括《刑法》第93条规定的几种类型，如果行为人具备受国家机关、国有企事业单位委托管理国有财产的身份，且有前述行为，同样构成贪污罪。

还应当注意贪污罪的共犯情况。与国家工作人员勾结，利用国家工作人员的职务便利，共同侵吞、窃取、骗取或者以其他手段非法占有公共财物的，以贪污罪的共犯论处；与公司、企业或者其他单位的人员勾结，利用公司、企业或者其他单位人员的职务便利，共同将该单位的财物非法占为己

有，数额较大的，以职务侵占罪的共犯论处；公司、企业或者其他单位中，不具有国家工作人员身份的人与国家工作人员勾结，分别利用各自的职务便利，共同将本单位财物非法占为己有的，按照主犯的犯罪性质定罪。

注意：《刑法修正案（九）》第44条对《刑法》第383条规定的贪污罪进行了重大修订，即按贪污数额（不再是具体规定出数额）较大、巨大、特别巨大或者有其他较重情节、其他严重情节、其他特别严重情节，使国家和人民利益遭受特别重大损失的，重新设置了贪污罪的法定刑，并增设了第3款、第4款（终身监禁）的规定。

挪用公款罪的犯罪对象除了专项公益性款物外只能是公款，其区别于贪污罪对象所包括的公款和公物；在犯罪行为方式上，要特别注意"挪用公款归个人使用"的理解；在犯罪主体上，挪用公款罪的主体只能是国家工作人员，不包括非国有公司、企业或者其他单位的人员和受国家机关、国有企事业单位委托经营、管理国有财产的人员；在犯罪故意上，挪用公款罪的目的是暂时占有、使用公款，行为人不具有永久性地非法占有公款的目的。

受贿罪中首先应当注意贿赂的含义，贿赂必须是财物或者能够以金钱价值计算的财产性利益。其次是受贿行为包括三种形式，一是职权受贿（包括索贿和收受贿赂），此情形中要求行为人具有一定职权范围内的权力，即根据其职务享有的决定、办理、处置某种事务的权力。收受贿赂必须以"为他人牟取利益"为条件，至于牟取的利益是否合法、是否得逞，不影响受贿罪的成立；索贿不以为他人

牟取利益为条件。二是经济受贿，即国家工作人员在经济往来中，违反国家规定，收取各种名义的回扣、手续费归个人所有的行为。三是斡旋受贿，即国家工作人员利用本人职权或地位形成的便利条件，通过其他国家工作人员职务上的行为，为请托人牟取不正当利益，索取或收受请托人财物的行为。

利用影响力受贿罪是《刑法修正案（七）》第13条新增的独立罪名。注意犯罪主体包含了国家工作人员的近亲属、其他关系密切的人，离职国家工作人员及其近亲属、其他关系密切人；客观方面是上述人员利用影响力与请托人交易财物，达到数额较大或者具有较重情节的行为。

行贿罪要注意行为人牟取利益的属性，只有为牟取不正当利益，给予国家工作人员以财物的，才构成行贿罪。如果未牟取不正当利益，或者因被勒索而给予财物，没有牟取不正当利益的，不是行贿。在主观方面要注意行为人必须具有牟取不正当利益的目的。

注意：《刑法修正案（九）》第45条修订了《刑法》第390条对行贿罪的处罚，即增设了罚金刑，并对行贿人减轻处罚或者免除处罚作了从严规定。

对有影响力的人行贿罪是《刑法修正案（九）》第46条增设的《刑法》第390第之一的规定，注意该罪的行贿对象是"有影响力的人"包含了5种特定关系人。

巨额财产来源不明罪中，应当注意本罪的行为特征，行为人不能说明其财产合法来源的行为是持有行为与不作为行为的结合。《刑法修正案（七）》第14条新增法定量刑幅度，"差额特别巨大的，处五年以上十年以下有期徒刑。"

 经典案例

【案例1】 阅读标记：（ ）

某高等专科学校招生工作中，副校长贾某和党委副书记李某负责招生工作。两人共谋以学校名义在此次招生中收取"点招费"，用于单位的小金库支出。到招生结束时共收取"点招费"30万元，两人于是又商量在其中搞出来一点给自己，遂又从"点招费"中挪出10万元，贾某分得6万元，李某分得4万元。

问：贾某、李某的行为构成何罪？为什么？

【案例2】 阅读标记：（ ）

张某为某国有物资公司经理。2003年初，该物资公司与上属的集团公司（国有企业）签订经营承包合同。合同规定，物资公司一年内应实现利润20万元，超额利润的20%上交集团公司，集团公司再将其中的50%奖给承包者。到2003年11月，由于物资公司经营出现亏损，张某考虑到自己刚任物资公司经理，决定在账面上虚做100万元左右的利润，这样不但自己面子上好看些，而且可以在集团公司年终考核时得一些承包奖。张某即关照物资公司会计王某、出纳朱某采取虚开验收入库单和虚开销售发票的办法虚增利润近200万元，使物资公司该年度的财务报表上体现利润101万元。2004年1月，集团公司根据物资公司上报财务报表所反映的利润进行考核，并于当年2月发给张某承包奖金8万多元。

问：张某的行为是否构成犯罪？如果构成，其触犯何种罪名？为什么？

【案例3】 阅读标记：（ ）

任某是某银行支行储蓄所的职员。某日，王某在该储蓄所用储蓄卡取走一部分存款后，将储蓄卡遗忘在柜台上，被当班柜员任某捡到。拿到卡后，任某趁同事们不注意查了这张储蓄卡的有关信息，发现该卡没有设置密码，有4.5万元存款，遂使用银行业务系统，重新设置了这张卡的密码。次日，任某先后在三处ATM机上取出5 000元，并得知这张卡还没有挂失，于是她又赶紧在另外两家储蓄所各取出2万元。为防止事情泄露，拿到钱后她将储蓄卡扔进了附近的垃圾桶里。

问：任某的行为构成何罪？为什么？

【案例4】 阅读标记：（ ）

贾某系国有公司业务员，在代表公司接受进口货物时，发现溢货现象，贾某清点后发现溢货250打。几天后，贾某将此溢货以每件500元的价格卖给个体经营者李某，并要李某将货款汇至其原来工作过的某外贸公司的账上。该外贸公司的财务人员按照公司总经理的指示，从银行提取现金1万元交给了贾某。贾某则以李某的名义，以借款为名填写了借支单。案发以后，贾某称外贸公司给他的1万元是他为自己原单位做了12.5万元"贡献"后所得到的奖金。后经查证，溢货实为200打。

问：贾某的行为是否构成贪污罪？为什么？贾某误将属于本公司的50打货物当做溢货转卖是何性质？为什么？

一/般/经/典/案/例

【案例5】 阅读标记：（ ）

某县公安局民警杨某未上班在家休息，其朋友张某打电话告诉他城内一家商店里有人正在赌博。杨某随即赶到张某处，并约了几个社会上的朋友一起前去抓赌。到了那家商店，果真见有 5 人正在赌博，杨某亮出了工作证，说："我们是来抓赌的，如果你们不想被处罚，就把身上所有的钱拿出来！"赌博的几个人便交出了所有的钱，共计 3 000 多元。在此后一段时间里，杨某与其他几个无业的朋友用同样的手段先后"抓赌"5 次，共计得到赌资 1 万余元。

问：杨某的行为构成何罪？为什么？

【案例6】 阅读标记：（ ）

张某系某国有单位领导，在负责为单位采购一批电脑时，虚开一张 2.2 万元的发票在电脑发票中一起报销，单位其他人员均不知情。后来，单位组织职工外出旅游，因财务上现金不够，张某拿出 2 万元交给会计，说是暂时垫付一下，会计为张某写了一张收条。同年 11 月，张某在单位年终做账时告诉会计，那笔 2 万元借款本来就是公家的，不用还了。至于为什么是公家的钱，张某没有向会计说明。案发后，张某不承认贪污事实，提供了两张共计 1 800 元的餐饮发票，说是 2.2 万元中为单位开支的。

问：张某的行为是否构成犯罪？可能构成何种罪名？理由是什么？

【案例7】 阅读标记：（ ）

李某系某国有外贸公司经理，2002 年 4 月，李某未经集体研究，以个人名义将公司的 100 万元自有资金借给好友吴某主管的集体性质的运输公司。吴某为表感谢，送 1 万元给李某作为"过节费"，李某接受。至年底案发时，这笔借款尚有 80 余万元未归还。

问：李某的行为构成何罪？为什么？应如何处理？

【案例8】 阅读标记：（ ）

李某系某国有公司经理。某日，李某的两个朋友陈某、王某想在市内注册开办一家贸易公司，由于开办此类公司需要注册验资资金 200 万元，而他们仅能筹集到 100 万元，于是他们找到李某帮忙，李某遂指示公司财务人员将其公司资金 100 万元打入陈某和王某的账户。工商部门验资注册 10 日后，陈某、王某即归还此款。

问：李某的行为是否构成犯罪？如果构成，触犯何种罪名？为什么？

【案例9】 阅读标记：（ ）

某私营企业经理周某想从某钢铁公司购进一批钢材，因资金不足，找到曾有业务往来的某国有公司经理阎某，希望其帮助解决资金困难。阎某经过考虑，遂到银行以该单位名义开具一张半年期的 50 万元银行承兑汇票交给周某。1 个月后，周某还给阎某单位 20 万元。4 个月后，周某将余款 30 万元付给阎某的单位。

问：阎某的行为是否构成犯罪？如果构成犯罪，构成何罪？

【案例10】 阅读标记：（ ）

某市市长贾某以其子出国为由，向该市某实业有限公司总经理丁某提出为其兑换美元。丁某认为，贾某要求兑换美元，但又不给用于换美元的人民币，显然就是要钱的意思，但考虑到贾某是高官，机会难得，于是去贾某家里以祝贺其子出国深造为名，送给其人民币 10 万元。

问：贾某的行为构成何种罪名？为什么？应当如何处罚？

【案例11】 阅读标记：（ ）

尹某系某省考试院招生处处长，负责全省高考招生工作。一日，某考生家长找到尹某，要求对其子给予照顾，并送上现金 8 000 元。尹某了解到该生分数很高，完全可以被录取，但佯装不知，慨然应允，并接受 8 000 元钱。

问：尹某的行为构成何罪？为什么？其犯罪形态如何？

【案例12】 阅读标记：（ ）

某国有工程筹建组工作人员贾某在工程发包前，与投标方李某相互勾结，承诺帮助其中标，李某则给予贾某 30 万元人民币作为好处费。在工程招标过程中，贾某发现李某的投标书不符合规定，将会落标。为了能得到李某事前承诺的好处费，贾某将其所保管的标书调换成李某事后修改过的标书，从而使其顺利中标。工程开工后，李某在贾某的办公室内给予其 30 万元人民币。次日，贾某担心赃款放在其办公室不安全，便嘱咐李某代为其保管，待工程结束后再取回。嗣后，李某以其个人名义将该 30 万元人民币存入银行。不久，贾某因其他经济问题而案发。

问：贾某的行为构成何罪？属于什么犯罪形态？为什么？

【案例 13】 阅读标记：（ ）

汪某，女，20 世纪 90 年代初与赵某发展成为情人关系。赵某曾担任某省计划与经济委员会副主任、该省航空投资公司总经理、当地机场工程建设指挥部党委副书记、常务副总指挥和该省交通厅厅长等职务。1994 年至 2006 年期间，赵某利用职务上的便利，在工程招投标、工程建设等工作中，为他人谋取利益，多次通过汪某，以"咨询费""业务费"和"借款"等名义收受他人所送钱物，共计折合人民币 620 余万元。

问：汪某的行为如何定性？为什么？

【案例 14】 阅读标记：（ ）

从 2003 年 5 月开始，刘某任某县水利局副局长。2005 年三四月间，金某等人合伙成立公司准备在当地一条江的河段采沙并经营沙场，以疏浚名义向该县水利局报批手续时，给予负责审批的刘某"干股"，截至 2008 年 10 月，刘某收受干股分红已查明的有 8.7 万元。

问：刘某的行为如何定性？为什么？

【案例 15】 阅读标记：（ ）

王某听说省车辆报废回收有限公司（国有公司）下属汽车拆改部门有意对外发包，王某即找到该公司经理吴某洽谈，经双方公平协商，签订承包合同，由王某承包该公司所属汽车拆改部，承包期 1 年。王某经营几个月后，生意逐渐红火，第一年就获利 70 余万元。在此期间，王某为防止在履行合同中节外生枝及希望次年继续签订承包合同，两次送给吴某好处费 4 万元。由于王某经营状况良好，后来该公司与王某续签承包合同 1 年。其间，王某出于同样的考虑，再次送给吴某好处费 6 万元。

问：王某的行为构成何罪？为什么？

【案例 16】 阅读标记：（ ）

房某系某市检察院民行处检察员。2005 年 4 月该市某房地产开发公司因不服市法院的判决，到检察院民行处申诉。案件尚未立案，房某即将该案介绍给当地律师上官某代理，从 2005 年 5 月至 2006 年 5 月的一年时间内，房某先后 4 次收受、索要律师上官某付的 87 万元人民币。但因该案不符合立案条件，故最终未正式立案。上官某因未代理成此案，向房某索回钱款时遭拒而案发。

问：对房某、上官某的行为如何认定？为什么？

【案例 17】 阅读标记：（ ）

李某系某市公安总队长章某的妻子，作为医生已病退在家多年。李某因接受了开公司的表弟 20 万元现金，而请求章某的原同事叶某（系当地的税务局长）免除其表弟公司的税款 200 万元。经查章某并不知道此事，而叶某碍于与章原同事的情面以及李某经常为其老母亲提供健康咨询等，不好意思拒绝李某的请求，从而免除了李某的表弟公司的税款。

问：对李某的行为如何认定？并简要说明理由。

【案例 18】 阅读标记：（ ）

刘某、张某为某国有酒厂正、副厂长，为解决酒厂部分资金困难，找到市粮油食品公司副总经理王某帮忙，王某遂将两人介绍给公司下属分公司的经理霍某，并要求其借钱给刘某的酒厂，霍某答应帮忙。刘某为尽快借到钱，与张某商量向王某行贿。当晚，在某宾馆，刘某将其所带的公款 4 万元交由张某，让张某将钱送给王某。张某从中截留 1 万元，将 3 万元送给王某。粮油食品公司的下属公司随后分两次借给酒厂人民币 40 万元。年底，刘某为感谢王某，并想再次从该公司借钱，在公司经理室送给王某人民币 1 万元。第二年初，该分公司又借给酒厂 20 万元人民币。

问：刘某、张某的行为构成何罪？为什么？

【案例 19】 阅读标记：（ ）

唐某系某市一民营中介置业咨询公司总经理，蒋某系该市规划局长。为建筑商开发楼市违法扩大容积提供咨询是唐某中介公司的唯一业务。其间唐的公司与多个开发商签定协议多笔，每笔收受 100 多万元咨询费。为满足开发商的请托，唐某找到蒋某批准，事成后共同分配所收咨询费。其间，蒋某利用规划局长职权多次给办事部门打招呼，放行开发商的违法扩容建筑。在长达一年多的时间内，唐、蒋共收取了 700 多万元的"咨询费"，批准违法建筑 6 处。

问：对唐某、蒋某的行为如何认定？对建筑商的行为如何认定？为什么？

【案例 20】 阅读标记：（ ）

洪某在任市公安局局长期间，利用职务之便，长时间、多次批准他人走私汽车入户和批准他人到香港定居或从事商务活动，从中收受贿赂共计港币19万多元、人民币70多万元。案发后，检察机关查获洪某的财产共计为港币84万元、人民币270万元、美元6万元。从中扣除洪某受贿所得及其他合法收入，尚有港币60万元、人民币110万元来源不明。

问：洪某的行为构成何罪？为什么？

【案例21】 阅读标记：（ ）

段某原系某市人大常委会主任、党组书记，第十届全国人大代表，第十届省人大代表，第十三届市人大代表，因涉嫌一起爆炸案而被调查。经查，段某有折合人民币120万元的财产不能说明财产的具体来源。

问：对段某持有的120万元的财产的行为如何定性？为什么？

【案例22】 阅读标记：（ ）

邢某系国家某机关政府贷款二处原处长，因涉嫌受贿罪被调查。经查，邢某以其个人名义的存款，共计美元27万余元、人民币23万余元，而邢某所说的这些款项的来源经查证并不属实。

问：邢某的行为如何定性？为什么？

【案例23】 阅读标记：（ ）

商某，系甲机场集团公司的董事长。殷某系乙航空服务公司的负责人，承包了南航和海航的多个航班。彭某某某工程公司的负责人。熊某系甲公司旗下的子公司分管机场建设的副总经理。2009年，殷某的朋友甘某想承接某广告传媒有限公司在甲公司管辖范围内的某航站楼广告经营权。殷某找到商某多次约会、吃饭，为朋友甘某拿到了这项业务，殷分多次送给商某8万元美金和40万元人民币。后因遇金融危机，甘的广告经营状况变差，殷又通过商某核减2009年和2010年的广告费合计金额4 000万元。这期间，殷逢年过节先后给商某10万元购物卡和20万元银行卡。彭某希望自己的公司在甲公司旗下的子公司的机场扩建工程招标中中标，找商某帮忙打招呼。商将彭介绍给该子公司分管机场建设的副总经理熊某，彭的公司得以顺利中标，期间彭多次送给商某现金、手表等价值40余万元的"酬谢礼物"，送给熊某20万元的财物。后被群众举报，此案被查处。

附：甲公司及其子公司为国有控股公司，商

某、熊某系国家工作人员。殷某、彭某系私营企业的负责人。

问：如何认定商某、熊某、殷某、彭某的行为性质？简要说明理由。

【案例24】 阅读标记：（ ）

某地产商杨某为拿到该市一黄金地段楼盘，分三次送给主管副市长邢某的夫人段某价值300万元的高档首饰、名表等物品，送给邢某的儿子邢某宝高档进口车一台和100万元的生日大礼。然后在段某和邢某宝的帮忙下，在内定的中标中杨某顺利获得该地块。

后因邢某的违纪行为被查处过程中发现了杨某送予邢某夫人段某和儿子段某宝的案件。

问：杨某的行为如何定性？为什么？

【案例25】 阅读标记：（ ）

白某某系前全国人大环境资源委员会副主任委员，曾任云南省委书记多年。白某某在2000年至2013年长达14年的时间内，先后利用职务之便以及职权和地位形成的便利条件，为多人在房地产开发、获取矿权、职务晋升等事项上牟取利益，直接或者通过其妻子非法收受他人财物，共计折合人民币2.46亿元。此外其尚有巨额财产明显超过合法收入，不能说明来源。

白某某于2013年落马归案后，如实供述自己的罪行，主动交代了办案机关尚未掌握的大部分受贿犯罪事实，并认罪悔罪，全部上缴了赃物赃款。

问：对白某某如何定性处罚？为什么？

 案例分析

【案例1】

贾某、李某两人构成贪污罪，属于共同犯罪。

本案的关键是"点招费"的性质。国家行政主管部门明令禁止学校在招生工作中收取"点招费"，贾某、李某两人作为校领导却公然违反这一规定，擅自决定收取"点招费"，这本身就是违法行为。"点招费"虽然是两人以学校名义违法收取的费用，但在行政主管部门未对学校的乱收费行为进行查处前，这笔费用应当视为由学校管理的公共财产，即公款，因而贾某、李某两人共谋截留并侵吞该款的行为，已经侵犯了公共财物的所有权，符合贪污罪的特征，构成贪污罪。

【案例 2】

张某的行为构成贪污罪。

在本案中，行为人张某鉴于公司经营的实际状况，在难以完成合同的情况下，为获得承包奖金，采取欺骗手段，掩盖真实的经营业绩，非法获得集团公司所颁发的奖金。**在主观上，**张某具有非法占有公共财物的目的；**在客观上，**张某利用其担任公司经理的职务便利，指使会计虚开验收入库单和虚开销售发票，虚增公司利润，最终非法占有其不应获得的承包奖金的行为，属于利用骗取手段占有公共财物的行为，因此，张某的行为符合贪污罪的构成特征，应当定为贪污罪。

从实施犯罪的阶段分析，张某在 2003 年所实施的行为仅是其全部贪污行为中的手段行为部分，只有当张某在 2004 年 2 月非法占有了承包奖金时，张某的贪污行为才实施终了，因此，张某非法占有承包奖金的行为是其贪污行为构成犯罪既遂的标志，此前张某的行为如果被发现，将构成贪污罪的犯罪未遂。

【案例 3】

任某的行为构成盗窃罪，不构成贪污罪。

本案的关键在于判断任某设置密码的行为，因为该行为是任某取得储户存款行为的前提。具体而言，由于该储蓄卡并未设置密码，所以任何拾到者都可能被视为合法的持有人，能够利用银行系统设置新的密码，对存款进行自由存取，除非失主及时挂失。因此，具有国家工作人员身份的任某重新设置密码的行为与其他不具有此身份的人设置密码的行为在本质上没有不同。任某的行为虽然与其职务工作有关联，但她所利用的便利条件并不是其职务便利，而是一般的工作便利。因此，**任某设置密码后并取得储户存款的行为，并不是利用职务便利侵占公共财物的行为，应当属于一般的盗窃行为，构成盗窃罪。**

【案例 4】

贾的行为构成贪污罪。

本案的关键是溢货的性质。国有公司对于发货商多发的货物，有保管义务，发货商在法定期限内追索的，应予以返还；如超过法定期限，发货商不追索，溢货即属国家财产，依法应上交国家。本案中，虽然发货商还没有发现溢货问题而进行追索，溢货的权属性质还未最终确定，但由于货物已被国有公司接受并处于其保管的状态下，因此，溢货仍然具有公共财物的性质。贾某作为国有公司

的业务员，利用职务之便变卖公共财产，通过此手段获得个人利益，已经侵犯了公共财物的所有权，其行为符合贪污罪的构成要件，应当定性为贪污罪。

贾某将本属其公司的 50 打货物误认为是溢货而变卖，属于对象认识错误，但 50 打货物所具有的公共财物的属性并没有因此改变，所以贾某变卖 50 打的行为也构成贪污罪，在计算贪污数额时，不应当遗漏。

【案例 5】

杨某的行为应定贪污罪。

根据法律规定，人民警察在非工作时间，遇有其职责范围内的紧急情况，应当履行职责。在杨某得知"有人赌博"的举报后，必须前去查处该违法行为，而且杨某到赌博现场后亮明了自己的身份，也就应当视为履行职责的行为。至于杨某没有及时请示报告给公安局，并伙同社会无业人员抓赌的行为，应视为履行职责程序上的错误，但不能否认其职务行为的性质。**杨某抓赌收缴的赌资应当上交，因而赌资实际具有"公共财物"的性质。**杨某作为国家工作人员，利用查处违法行为的职务便利，将应当上交的赌款直接侵吞占为己有的行为，符合贪污罪的构成要件，因此应当以贪污罪追究其刑事责任。

【案例 6】

张某的行为构成贪污罪。

本案的关键在于界定张某贪污行为的完成时间。张某的贪污故意形成于虚开发票之时，在将 2.2 万元的发票拿到财务报销后，其贪污行为即告结束。这一过程中张某的行为完全符合贪污罪的构成要件，应当认定为贪污罪。至于后来张某向单位垫付 2 万元旅游款项，以及在年终清账时，告诉会计不要还款，是其因为害怕贪污行为暴露，企图通过"归还"这种方法躲避法律的惩罚的一种行为，**并不影响其先前虚开发票报销贪污公款的性质。**

1 800 元的餐饮发票与前面的报销行为也毫无关系，因为发票一直在张某本人身上，只要张某出具发票，单位就可以为其报销的，因此，张某的贪污数额应当是 2.2 万元。

【案例 7】

李某的行为构成挪用公款罪和受贿罪。

本案中，李某**在主观上**具有非法私自使用国有单位资金的直接故意，明知挪用公款非法，但为了

朋友关系仍然执意而为；在客观上，李某作为国家工作人员，利用其担任经理的职务便利借公款100万元给自己的朋友进行营利活动，数额巨大。李某的行为符合构成挪用公款罪的特征，应当定性为挪用公款罪。

李某的行为同时还构成受贿罪。在本案中，从整体来看，李某挪用公款的行为实际是接受吴某的请托，为其谋取利益的行为，而事后接受1万元"过节费"则属于收受贿赂的行为。因此，从主客观两个方面来判断，李某作为国家工作人员，为给好友谋求使用资金的利益，利用其职务便利，挪用本公司巨款借给吴某从事营利活动，事后又非法收取其现金贿赂的行为完全符合受贿罪的构成要件，应当构成受贿罪。

对李某构成的挪用公款罪和受贿罪应当数罪并罚。

【案例8】

李某的行为构成挪用公款罪。

本案中，首先，应当明确陈某、王某注册登记公司的行为，属于营利活动。刑法关于挪用公款罪中所称营利活动是指以营利为目的且为法律所允许的一切经营活动，注册验资就是为了办理营业执照，属于营利活动的前提行为，当然具有营利行为的性质。对这种情况，刑法规定只需挪用数额较大的公款，就可成立犯罪，至于挪用的时间长短，不影响挪用公款罪的成立，李某挪用100万元的公款显然符合此情形。其次，陈某、王某这种注册登记成立贸易公司的行为，属于抽逃注册资金的行为，理所当然也属于非法活动，由于李某主观上对陈某、王某在公司登记主管部门注册登记后又抽逃出资的行为计划是明知的，因此，李某将本单位100万元资金挪给陈某、王某使用的行为符合挪用公款归个人使用进行非法活动的界定。基于此，李某的行为构成挪用公款罪。

【案例9】

阎某的行为构成挪用公款罪。

本案的关键是判断"汇票"是否属于公款的性质。我们认为，首先，银行承兑汇票是一种银行与企业之间的汇票，可以通过背书转让的形式达到支付的目的，无论持有人是谁，银行都将无条件支付。因而，银行承兑汇票在支付功能上等同于货币，因此，阎某以单位名义开具的50万元银行承兑汇票具有同等数额货币的支付功能，实际代表着该单位的公款。其次，在本案中，阎某在明知周某让其挪用公款为他补缺的情况下，仍到银行开出50万元的银行承兑汇票给周某从事营利活动，其行为在表面上好像并没有侵害公款的使用权，但是实质上，该单位对此项票据金额在支取和使用方面受到了严格限制，被挪用的银行承兑汇票仍然构成对公款使用权侵害的风险，公款损失危险始终存在。最后，应当注意的是，汇票虽然是周某以单位名义开具的，但这只表明了汇票的签发单位，并不表明周某是以单位名义借款给阎某，此借款行为仍然是阎某以个人名义实施的行为，属于"归个人使用"的立法解释中"以个人名义将公款供其他单位使用"的情形，而非"个人决定以单位名义将公款供其他单位使用，牟取个人利益的"情形。

综合全案，阎某作为国家工作人员，利用职务便利，以开具汇票的形式，实际将单位公款用于其他单位的营利活动，数额巨大，其行为应当构成挪用公款罪。

【案例10】

贾某的行为构成受贿罪。

索贿是一种特殊形式的受贿罪，只要是国家工作人员利用职务上的便利主动索要他人财物就构成犯罪，而不以"为他人牟取利益"为构成要件。详言之，只要行为人主动索要贿赂，无论其是否具有利用职务上的便利为他人牟取利益的行为，都是索贿行为，而不是收受贿赂行为。本案中贾某作为国家工作人员，有意向丁某提出兑换美元的要求，后来又接受丁某的贺礼，其行为属于一种暗示形式的索贿行为，应当按照受贿罪从重处罚。

【案例11】

尹某的行为构成受贿罪。

本案中，尹某在主观上虽然明知考生可以被录取，但基于牟取私利的心理，仍然接受考生家长的现金，具有接受他人贿赂的直接故意；客观上，尹某作为国家工作人员，具有管理招生工作的职务便利，虽然其最终没有利用该职务便利，实施为考生牟取利益的具体行为，但却允诺以自己的职务便利为考生上学的事宜帮忙，这仍然是一种"为他人牟取利益"的行为。因此，尹某的行为符合受贿罪的特征，应当构成受贿罪。虽然尹某没有为考生牟取上学的具体利益，但是接受了考生家长的贿赂，该行为已构成受贿罪的犯罪既遂。

【案例12】

贾某的行为构成受贿罪的犯罪既遂。

贾某与李某事前共谋，承诺为李某牟取私利，之后，贾某实施了为李某调换标书从而使其顺利中标的行为，并且在办公室接受贿赂款，事实上已经使 30 万元钱款的所有权发生转移，即已置于贾某实际控制之下。这就已经表明贾某主观上具有占有李某 30 万元好处费的故意，客观上也完成了受贿行为，因此，贾某的行为符合受贿罪的全部构成特征，应当定性为受贿罪。

贾某的行为属于受贿罪的既遂。**本案关键在于理解对接受的贿赂实际控制。**接受贿赂行为不能仅局限于由犯罪分子本人实际占有，也包括其关系人，如子女、爱人、下属工作人员、朋友的实际占有，因为在这种情况之下，财物已移入其本人实际控制或支配范围，行为人并不丧失对该财物的所有权。本案中，贾某之后又将贿赂款交予李某保管，是贾某在受贿完成以后的行为，而且其言明是保管，说明其主观上仍有占有的故意，客观上所有权也仍在其控制之下，不影响受贿的既遂。

【案例 13】

汪某的行为构成受贿罪（共犯）。在主体上，赵某是国家工作人员，汪某是赵某的情妇，因此汪某属于特定关系人；在客观上，汪某与赵某通谋，利用后者作为国家工作人员职务上的便利为请托人谋求利益而收受请托人财物；在主观上，汪某和赵某属于故意。

需要注意，特定关系人受贿罪（共犯）与介绍贿赂罪的区别。特定关系人受贿罪（共犯）的成立要求特定关系人与国家工作人员通谋，授意请托人将有关财物给予特定关系人的，对特定关系人以受贿罪的共犯论处。如果特定关系人只在受贿的国家工作人员与行贿人中间起牵线搭桥的作用，促成贿赂行为，且情节严重的，则属于介绍贿赂罪。

【案例 14】

刘某的行为构成受贿罪。在客观上，刘某利用身为某县水利局副局长职务便利，批准了金某等人名为疏浚河道、实为经营沙场的申请，并接受金某公司的干股；在主观上，刘某是故意。

需要注意，干股方式受贿的受贿数额的计算方式。干股是指未出资而获得的股份。进行了股权转让登记，或者相关证据证明股份发生了实际转让的，受贿数额按转让行为时股份价值计算，所分红利按受贿孳息处理。股份未实际转让，以股份分红名义获取利益的，实际获利数额应当认定为受贿

数额。

【案例 15】

王某的行为构成行贿罪。

本案中，王某与吴某签订合同进行承包经营的活动属于一种与国家工作人员之间发生的"经济往来"，在此过程中王某违反国家规定，**主观上**具有给予国家工作人员财物的直接故意，**客观上**实施了给予吴某大量钱款的行为，因此，王某的行为是在"经济往来"中，违反国家规定，给予国家工作人员财物，符合行贿罪的基本特征，应当定性为行贿罪。

【案例 16】

房某的行为构成受贿罪，上官某的行为构成行贿罪。

房某利用检察院工作人员的身份向律师上官某介绍案件并收受、索取巨额钱款，符合国家工作人员利用职务之便，索取他人财物，或者非法收受他人财物并为他人谋取利益的职务受贿行为性质。虽因客观原因未立案，从而最终没有实施为行贿人谋利益的行为，但并不影响受贿罪的成立。

上官某为获得案件的代理，不惜违反有关规章制度，主动给付具有检察职务的房某巨额钱款，交换其职务之权为自己谋取不正当利益，故构成行贿罪。当然，其中被房某勒索的财物，因其没有获得不正当利益的部分，不应视为行贿罪的内容。

【案例 17】

李某的行为构成利用影响力受贿罪。

根据《刑法修正案（七）》第 13 条增订的《刑法》第 388 条之一的规定，李某属于国家工作人员的近亲属，利用其丈夫章某国家工作人员职权或者地位形成的便利条件，通过其他国家工作人员即税务局长叶某职务上的行为，为请托人即李某的表弟的公司牟取不正当利益，收受了请托人 20 万元财物。李某的行为构成了利用影响力受贿罪。

【案例 18】

刘某的行为构成行贿罪。在本案中，刘某的行为属于在经济往来中，违反国家规定给予国家工作人员财物，数额较大的行为，应当构成行贿罪。

应当注意的是，刘某虽然谋求的是一种正当利益，但并不影响其行为性质，主要原因在于该行贿行为发生在经济往来活动中，刑法对此种行贿行为成立犯罪没有要求行为人具备牟取特定利益的要

件。另外还应当明确，刘某的行为虽然以为单位牟取利益为出发点，但该行贿行为因为未经酒厂领导的集体决定，所以不能视为单位行贿行为，因而刘某的行为不构成单位行贿罪。

张某由于和刘某合谋行贿，因此构成行贿罪的共犯。张某同时还构成贪污罪，因为其基于非法占有的目的，私自截留了用于行贿的公款，符合贪污罪的构成要件。

【案例19】

唐某、蒋某构成共同受贿罪，建筑商构成单位行贿罪。

该案是中介组织参与腐败的案件。唐某办的置业咨询公司并未经营正当业务，而是专为开发商行贿及为官员受贿提供服务。期间由于该公司的老总唐某与拥有市规划权力的蒋某有事先通谋，利用蒋的职权为开发商谋取违法扩容的不正当利益，从而收受"咨询费"名义的巨额贿赂款，故唐、蒋二人构成共同受贿罪。而开发商作为单位为谋取不正当利益而行贿的构成了单位行贿罪。

【案例20】

洪某的行为构成受贿罪和巨额财产来源不明罪，对两罪应当实行并罚。

洪某作为公安局局长，利用职务便利，违法批准汽车走私入户以及批准他人定居香港，收受他人钱财的行为符合受贿罪的特征，应当构成受贿罪。

在洪某的财产中，除去已经查明的受贿所得及他的合法收入以外，尚有 60 万元港币及 110 万元人民币，洪某不能说明其来源是合法的，也不能查证该款系其他犯罪所得，**而此财产数额明显超过洪某作为国家工作人员可能享有的合法收入**，因此，洪某的行为符合巨额财产来源不明罪的特征，应当构成巨额财产来源不明罪。

【案例21】

段某的行为构成巨额财产来源不明罪。在主体上，段某是国家工作人员；在客观上，段某持有明显超过合法收入的巨额财产，但不能说明其合法来源；在主观上，段某对该巨额财产是明知而占有，且又不能说明其合法来源，因而是故意犯罪。

【案例22】

邢某的行为构成巨额财产来源不明罪。在主体上，邢某是国家机关工作人员。在客观上，邢某持有明显超过其合法收入的巨额财产，但不能说明其

合法来源。"不能说明"包含拒不说明财产来源；无法说明财产的具体来源；所说的财产来源经司法机关查证并不属实；所说的财产来源因线索不具体等原因，司法机关无法查实，但能排除存在来源合法的可能性和合理性的。在主观上，邢某对该巨额款物是明知占有而不能说明其合法来源，属于故意。

【案例23】

商某、熊某的行为构成受贿罪。殷某、彭某的行为构成行贿罪。

该案是一起发生在行政权力高度集中、审批不透明以及存在不正当竞争的行业的腐败窝案，是官商关系异化的案件。

发生在商某与殷某之间的权钱交易，是商人殷某通过贿赂商某，使商某直接利用本人职务上的主管权力，数次为殷某谋取到利益，而使国家利益遭受重大损失。发生在商某与彭某之间的权钱交易，是商人彭某通过贿赂商某，使担任单位领导职务的商某通过其有隶属关系的熊某的职权，为彭某谋取到利益，而破坏公正的招投标竞争秩序，使社会利益遭受重大损失。熊某与彭某之间属于直接的权钱交易关系。

故本案中，作为国家工作人员的商某、熊某的行为构成了受贿罪，作为私营企业主的殷某、彭某的行为构成了行贿罪。

【案例24】

杨某的行为构成对有影响力的人行贿罪。

依据《刑法修正案（九）》第 46 条增设的《刑法》第 390 条之一的规定，为谋取不正当利益，向国家工作人员的近亲属或者其他与该国家工作人员关系密切的人，或者向离职的国家工作人员或者其近亲属以及其他与其关系密切的人行贿的，构成对有影响力的人行贿罪。本案中杨某为顺利拿下黄金地段的楼盘，向主管副市长的夫人、儿子进行巨额行贿，符合了该罪的规定。故对杨某的行为应当认定为对有影响力的人行贿罪。

【案例25】

白某某的行为构成了受贿罪和巨额财产来源不明罪。鉴于其受贿数额特别巨大，犯罪情节特别严重，社会影响特别恶劣，给国家和人民造成特别重大损失，论罪应当判处死刑，并与巨额财产来源不明罪定行数罪并罚，合并执行死刑。但因其 2.46 亿元的受贿事实的大部分系主动交代，又认罪悔罪，全部上缴赃物赃款，具有法定、酌

定从轻处罚情节，故对其判处死刑，缓期二年执行。同时根据《刑法修正案（九）》第44条修订后的《刑法》第383条新增设的第4款的规定，犯贪污罪被判处死刑缓期执行的，人民法院根据犯罪情节等情况可以同时决定在死刑缓期执行二年期满依法减为无期徒刑后，终身监禁，不得减刑、假释。白某某的受贿犯罪刑罚依法适用上述对贪污罪的规定。

第八章　渎职罪

本章要求掌握的罪名

　　滥用职权罪，玩忽职守罪，故意泄露国家秘密罪，徇私枉法罪，民事、行政枉法裁判罪，执行判决、裁定失职罪，执行判决、裁定滥用职权罪，私放在押人员罪，食品、药品监管渎职罪，传染病防治失职罪，放纵制售伪劣商品犯罪行为罪

本章精要

　　滥用职权罪在客观方面包括两类行为。一是超越职权，即国家机关工作人员在行使职权时超越了自己的权限，实施了自己不该实施的行为；二是不正当地行使职权，即国家机关工作人员没有合法或者合理地利用自己的职权，实施了法律不允许实施的行为。滥用职权罪在主观方面是故意。

　　玩忽职守罪，与滥用职权罪在性质上均属于渎职罪的范畴，二者在侵犯的客体、危害后果和主体上基本上是相同的，区别在于主观方面和危害行为不完全相同。玩忽职守犯罪表现为行为人对工作严重不负责任，不履行或者不正确履行职责，致使公共财产遭受重大损失的行为。其包含三个要素：即行为人实施了不履行或不正确履行职责的行为，可以表现为作为，也可以表现为不作为；行为造成公共财产、国家和人民的利益的重大损失；公共财产、国家和人民的利益遭受的重大损失之间存在着因果关系。玩忽职守罪主要是不履行职责义务的行为，是过失犯罪；滥用职权则是故意犯罪，表现为违反法律规定的权限和程序，超越限度或者是没有限度地履行职责的行为。两者的本质区别是职责的义务性和权限的范围性差别。

　　故意泄露国家秘密罪的犯罪主体是负有保密义务的国家机关工作人员和其他人员，犯罪客体是国家的保密制度。本罪中"泄露"的含义具体是指负有保密义务的行为人，违反有关保密制度的规定，将国家秘密被不应当知悉的人知悉的行为，这种泄密的行为必须达到情节严重才能构成犯罪，否则只属于一般违法行为。

　　徇私枉法罪中应注意对"对明知有罪的人而故意包庇不使他受追诉"行为的理解，这种包庇行为容易和其他类似的犯罪混淆，比如私放在押人员罪、帮助犯罪分子逃避处罚罪、包庇罪等，要加以区分。本罪中的包庇行为是与其他枉法行为结合在一起的，它只是枉法行为的延续或者后果。另外，徇私枉法罪的包庇行为是发生在刑事诉讼过程之中的行为，其具体表现形式多种多样，比如通过伪造、隐匿、毁灭证据对有罪的人故意不立案，立案后不进行侦查、不采取强制措施或者违法变更强制措施，不提起公诉，不进行审判等。

　　民事、行政枉法裁判罪发生的时空条件必须是在民事和行政审判活动当中。

　　执行判决、裁定失职罪是过失犯罪，犯罪行为必须发生在执行判决、裁定的活动中，犯罪主体是司法工作人员中的执行人员。犯罪客观方面主要表现为在执行判决、裁定时严重不负责任，不履行或者消极履行职责的行为。

　　执行判决、裁定滥用职权罪的主观方面既包括过失，也不排除间接故意。在犯罪客观方面，主要表现为一种超越法律规定，不按法律程序行使职权的行为。

　　私放在押人员罪主要应当把握"在押"的含义和私放行为的对象。"在押"包括依法被关押和押解两种，而不能单纯理解为"被关押"。"在押"主要是指犯罪嫌疑人、被告人因被拘留、逮捕关押于看守所等羁押场所，或者已决罪犯在监狱或者其他监管场所内执行刑罚，同时在押也指在押解途中或者参加户外劳动的情况。私放行为的对象严格限制于犯罪嫌疑人、被告人、罪犯三类。

　　另外还应当注意私放在押人员罪与徇私枉法罪的联系和区别。两罪在主观方面都是直接故意，在客观方面都有利用职务上的便利条件的行为，主体都是司法工作人员，而客体也都是司法机关的正常活动。区分二罪的关键在于下列几个因素：（1）主体的范围。前罪必须是负有监管、看守职责的司法工作人员；后罪包括所有司法工作人员。（2）客观行为表现。前罪必须是利用职权或者利用职务上负有监管、看守职责的便利而实施私放在押人员的行为；后罪虽然利用职务上的便利实施行为，但行为

人不具有监管、看守职责。（3）行为相对人的性质。前罪中必须是在押人员；后罪中既可以是在押人员，也可以不是在押人员。（4）主观目的。前罪的目的必须是使相对人的全部犯罪事实不受追诉或者使罪犯脱离监控；后罪（仅指包庇有罪的人）的目的既可以是使相对人的全部犯罪事实不受追诉或者无罪释放，免除罪责，也可以是使相对人的部分犯罪事实不受追诉或者减轻罪责。

食品药品监管渎职罪的犯罪主体是政府有关部门中负有食品药品安全监督管理职责的国家机关工作人员，例如农业、商务、科技、物流运输、环保、卫生、工商、审评、质检等监管管理部门的工作人员。客观方面表现为滥用食品药品安全管理的职权或者对食品药品安全管理玩忽职守，造成严重后果或者有其他严重情节。主观方面表现为故意或过失。

传染病防治失职罪的犯罪主体是从事传染病防治的政府卫生行政部门的人员。客观方面因有 5 种失职行为之一，导致传染病传播或流行达到情节严重的程度。主观方面为过失。

放纵制售伪劣商品犯罪行为罪的犯罪主体是对生产、销售伪劣商品犯罪行为负有追究责任的国家机关工作人员。主观方面表现为故意，以徇私、徇情的动机驱使不去履行法律规定的查处追究职责，情节严重的成立本罪。根据司法解释，具有下列 4 种情形之一的视为情节严重：（1）放纵生产、销售假药或者有毒、有害食品犯罪行为的；（2）放纵依法可能判处 2 年有期徒刑以上刑罚的生产、销售伪劣商品犯罪行为的；（3）对三个以上有生产、销售伪劣商品犯罪行为的单位或者个人不履行追究职责的；（4）致使国家和人民利益遭受重大损失或者造成恶劣影响的。

 经典案例

【案例 1】

2000 年 1 月某日，某铁路派出所民警占某受所领导指派，到黄家营火车站处理一起在道岔上放置障碍物的案件。在案发地，在对犯罪嫌疑人杨某（有精神分裂症病史）调查了解后，无法确认其身份和住址，还发现其举止怪异，神志不清，怀疑可能是精神病人，便和该站站长商量将杨某弄到远离车站的公路上去。后来，占某得知半小时后有货车要来，就决定将杨某送上该车带走。货车到站后，占某安排民工用绳子将杨某捆住，强行弄上货车一盖车内带走。在车上，杨某上身穿一件毛衣，下身穿一件三角裤，其余衣服及鞋子放在一边。杨某在

外流落 14 天，被其亲属找回，杨某双脚冻伤致双足坏死，双小腿被截肢。经法医鉴定，杨某损伤程度属重伤，伤残三级。

问：占某的行为构成何罪？

【案例 2】

赵某系某县教育局人教股长。2008 年 12 月上旬，赵担任该县教育局组织的 100 名代课教师转正式教师的招考工作的领导职务。赵得知报考人员周某的国家二级乙等普通话测试证系周的妹妹从外地办理的假证时，遂产生牟利念头。此后，26 名报考人员按 500 元～1 400 元不等的标准，共付给赵某 2.3 万元。赵收取费用后，利用职务之便，将教师资格证提前办给对方，使 26 人通过资格审查，获得考试资格。随后，周某通过其妹在外地为这 26 人办理了假的普通话测试证（每本收 300 元）。后经人举报查获本案。在本案中周某从中获赃款 2 200 元，赵某获赃款 12 300 元。

问：对赵某的行为如何认定？为什么？

【案例 3】

张某为省体育彩票中心副主任。在未经省体育彩票中心主任办公会议研究的情况下，张某超越职权修改并签发了某体育彩票文件。该文件规定：省体育彩票中心聘用杨某成立专职体育彩票销售队伍，负责各市即开型体育彩票的销售，并要求各市体育局、体育彩票管理站积极配合。张某明知杨某系个人承销，仍违反国家有关规定，于 2003 年 1 月和 2004 年 2 月，代表省体育彩票中心与杨某签订了两份"中国体育彩票即开型规模销售承销合同"，由杨某在 2003 年和 2004 年分别承销 1 500 万元和 1 800 万元即开型体育彩票。2003 年 5 月，张某擅自同意杨某为"即开规模销售主管"。此后，杨某即以此身份在全省各地进行即开型体育彩票的销售。当杨某提出将彩票销售过程中所产生的弃奖归自己所有时，张某明知国家规定弃奖应归国家所有并纳入公积金管理，却超越职权表示同意。2004 年 1 月，在某地区的即开型体育彩票销售过程中，共产生 40 余万元弃奖，该地区体育彩票站站长及省体育彩票中心发行部副部长根据张某的要求，将上述弃奖划归杨某个人所有。

问：张某的行为是否构成犯罪？如果构成犯罪，罪名是什么？

【案例 4】 阅读标记：（　）

某厂职工林某在一家包子铺吃晚饭时，因为久

等无座和服务员王某发生争吵，随后两人动手，林某脸部被王某击伤。林某认为自己吃了亏，随后纠集厂里的工友10余人返回包子铺，寻衅滋事，扬言要收拾王某。包子铺附近的一小商店店主李某害怕出事，就赶到距离其商店大约200米远的治安岗亭报案。当时，民警赵某正在休息，李某向其报警并要求赵某到现场去制止，赵某则以"别人都出警了，自己去不了"为由，让李某到别处报警。李某先后两次又来报警，赵某仍然拒绝出警。直到赵某的另外两名同事赶到现场制止时，王某已被林某用刀刺伤，经抢救无效死亡。

问：赵某的行为构成何罪？为什么？

【案例5】 阅读标记：（　）

王某、卓某为无业青年，一日在某宾馆三楼包厢唱歌、喝酒。在喝酒过程中，两人将正在打扫卫生的服务员张某强行带到包厢，要求其陪歌、喝酒。张某不从，王某、卓某两人先后对张某进行强奸。张某后来趁两人睡熟之机跑出来到派出所报案，向副所长冯某反映了自己被强奸的经过，并说两人还在宾馆睡觉，要求冯某去抓人，其中一个人自称是"二猫"（指王某）。冯某听后却说："二猫那么有钱，又有地位身份，不可能干那种事。"说完便骑车离开派出所。张某又打电话找到在外地办事的所长施某报警，施某立即指示干警林某等抓捕案犯。当林某等人将王某、卓某两人带回派出所里时，正好冯某在所长办公室，林某便将二人交给冯某。在冯某办公室里，冯某向张某说："是否他们两个轮奸你？"张某说"是"，冯某又问王某、卓某是否轮奸张某，两人回答说"是"，并说是昨晚喝酒太多才强奸的。冯某听完之后便对张某说："你是卖淫的，他们是嫖娼的，这事可大可小，要抓一起抓，你们自己到外面解决吧。"王某、卓某听后便离开派出所，张某就责问冯某："这么大的事就这样完了？人就这样走了？"和冯某争吵起来。后来，所长施某回到所里，当其了解情况后，便通知市公安局刑警支队展开抓捕行动，只抓获犯罪嫌疑人卓某。

问：冯某的行为构成何罪？为什么？

【案例6】 阅读标记：（　）

陈某，原某市公安局龙岗分局消防大队一中队中队长，负责龙城街道辖区的防火监督和灭火救援工作。2007年，龙岗消防大队曾三次来到辖区的舞王歌舞厅进行验收，每次都不合格，每次都只给出整改意见。2008年8月消防大队来验收，一位工作人员站上台面，从天花板上撕下一块隔音海绵，当着老板娘王某的面，用打火机点燃，海绵倏然烧尽，王某被警告要将海绵换掉或刷上防火涂料，但以后却不了了之。2008年9月20日，该歌舞厅发生大火，致使44人丧生。

问：陈某的行为如何定性？为什么？

【案例7】 阅读标记：（　）

张某系某城区房屋土地管理中心的一房管所所长。张在1995—2004年任该所长期间，严重不负责任，将属于白某等5人所有的14间私房当作公房管理，并于1998年9月将上述房屋的使用权由甲单位转移给乙单位，后乙单位因使用需要将房屋翻修拆改。2002年，产权人白某等5人提起诉讼，法院判决白某等胜诉，房管所、甲单位赔偿白某等5人房屋灭失的损失416多万元，其中房管所承担411多万元。

问：对张某的行为如何认定？为什么？

【案例8】 阅读标记：（　）

律师于某与助理律师卢某共同担任马某贪污案的一审辩护人，于某为准备出庭辩护安排卢某去该市人民法院复印了马某贪污案的有关案卷材料。马某的亲属知道后，遂向卢某提出看看复印材料的要求。卢某在电话请示于某得到同意后，将有关复印材料留给了马某的亲属朱某等人。在详细翻看了复印的案卷材料并针对起诉书进行研究后，朱某等人根据案卷材料反映的情况对有关证人逐一做了工作。后来于某在进行调查取证时，相关证人均出具了虚假的证明材料。在马某贪污案开庭审理时有关证人仍然作了虚假证明，导致正常的诉讼活动严重被扰乱，使该案两次延期审理。

问：于某的行为构成何罪？为什么？

【案例9】 阅读标记：（　）

张某是某中学教师，与其学生金某关系极为密切。在中考之际，为帮助金某顺利升入某重点高中，张某趁无人之机，用自己持有的试卷保管室钥匙将保管室打开，进入存放"初中毕业招收高中、中专统一考试试卷"的文件柜前，用随身携带的老虎钳和榔头砸坏锁具，撬开柜门，把装有考试卷的密封包装袋拿出柜门外，撕开包装袋密封口逐一寻找金某已考过的语文、物理等试卷。试卷找到后，张某还把已考过的上述考卷各一袋和未考的化学、政治试卷及语文、物理等空白试卷各几份一起带在身上，在处理完作案现场后，返回到自己家中。当

晚，张某把金某喊到自己家中，拿出从保管室中窃取的试卷，让金某用空白卷照抄已考四科成绩较好的同学的考试答案。抄完后，张某把金某重做的这四科的试卷与其原考试卷调换，并整理整齐。张某还把未考的化学、政治试卷拆开，让金某看，并帮助其解答。

问：张某的行为构成何罪？为什么？

【案例10】 阅读标记：（　　）

陈某系某县公安局预审员，负责办理张某故意伤害案。在办案期间，陈某了解到张某是其小学同学赵某的外甥，因为这一层关系，张某遂答应赵某等张某家属的请托，为不追究张某的刑事责任帮忙。陈某利用其工作便利，销毁了张某作案的犯罪工具——一根铁棍，在讯问笔录中，把"张某用铁棍击打被害人头部"情节加以修改，改为"用手击打被害人头部"，同时还指使张某的亲属伪造张某的身份证明，以证明其未满16周岁。在此期间，陈某先后多次接受赵某及张某家属的吃请，并收受张某家属送去的烟、酒、水果等物品，价值2 000元。

问：陈某的行为构成何罪？为什么？应当如何处理？

【案例11】 阅读标记：（　　）

徐某是某区公安分局侦查员，一日接到举报后，在该区某仓库查到大量穿山甲、娃娃鱼等珍贵野生动物，同时还发现某大型餐饮企业的老总李某是所查获珍贵野生动物的物主。徐某考虑到自己在该企业参与入股经营，于是并未向组织汇报，也没有及时采取措施，反而暗中向李某透露消息，以致该批珍贵野生动物被李某迅速转移而无法追缴，李某也迅速逃离到其他地区未被及时抓捕。

问：徐某的行为构成何罪？为什么？

【案例12】 阅读标记：（　　）

某派出所民警唐某接到其分管片区某中学的报案，称该校一名高一女生被人强奸，唐某根据线索很快抓获犯罪嫌疑人田某。后来，唐某考虑到该区是自己负责管理的文明示范小区，发生这样的案件，要被取消荣誉，影响自己的前途，而不情愿立案。同时，被害人也因为担心损害自己的名誉，提出不愿将事态扩大，希望将此作为治安案件处理。唐某遂只对田某作出罚款2 000元的处罚，并要求其赔偿被害人5 000元。唐某为防止有关部门事后追查，还让两个当事人对有关证言和供述笔录进行

了修改。

问：唐某的行为构成何罪？为什么？

【案例13】 阅读标记：（　　）

贾某系某县公安局刑警大队队长，在交往过程中，与某个体老板李某成为朋友。某日晚，刑警大队获得情报，在某歌舞厅有人进行毒品交易。贾某遂带领两名干警赶到歌舞厅，经人指认，抓获李某等三名涉嫌贩毒人员，并从李某的衣服内查获一包海洛因（内装10余小包，总重20余克），从另两人身上查获毒品海洛因各1包。经盘问，二人指证是李某临时招募他们向歌厅的客人贩毒的，并且是卖掉1包后到李某处再拿1包及好处费。李某见老朋友贾某带队，遂谎称自己是来听歌的，没有贩毒，毒品是刚才警察进来时混乱中有人故意放在其衣服内的，而且也根本不认识这二人。贾某明知李某是贩毒的主犯，但碍于交情，便以这二人说不出李某的基本情况、证据不足为由，将李某放行。后来李某因再次贩毒被县公安局抓获，并供认了此情况。

问：贾某的行为构成何罪？为什么？

【案例14】 阅读标记：（　　）

王某系某基层人民法院经济庭副庭长，一直希望能够得到领导的提拔和重用。在其负责主审某有限责任公司破产案件的过程中，分管副院长李某要其想办法把该公司的一辆价值20万元的轿车从破产财产中划出去，并允诺事后将其提拔为经济庭庭长，王某当即应允。后来，王某利用加班机会，亲自伪造收条，并偷盖该案清算小组印章，将该轿车排除在申请破产的财产之外。此后的办案过程中，王某故意隐瞒此情节，未将该债权告知清算小组，从而使清算小组的清算报告中未体现该债权。最终，王某根据清算小组的清算报告作出民事裁定书，对清算报告的破产分配方案加以确认。副院长李某见时机成熟，便与该公司经理钱某一起将该轿车变卖，得款20万元，二人均分。

问：王某的行为构成何罪？为什么？

【案例15】 阅读标记：（　　）

丁某和陈某为某法院执行员，根据法院的民事裁定要对被执行人黄某先予执行68万元，以使申请人王某的个人企业购买急需的生产资料，迅速恢复生产。在案件执行过程中，被执行人黄某曾多次请客并向丁某和陈某二人赠送礼物，同时还向二人表示将认真执行法院的裁定，并提供了具体财产清

单，后来还先行执行了8万多元。于是，丁某和陈某二人未按照法律规定程序在规定时间采取执行措施，后来，黄某利用这一时机，采取非法手段，迅速转移其财产，使案件最终无法得到执行。申请人王某的工厂因为缺乏资金，迟迟难以进入正常运转，损失达50多万元。

问：丁某和陈某行为构成何罪？为什么？

【案例16】 阅读标记：（　）

刘某个体经营一家金属物资公司，其向某工程塑料厂销售了价值49万元的钢材，但该厂一直拖欠刘某的公司货款38万多元，刘某遂将塑料厂起诉到某人民法院。双方在法院的调解下自愿达成了还款协议。法院同时根据刘某的诉讼保全申请，作出裁定查封塑料厂的一幢两层办公楼和一台吊车。法院派执行员黄某、姜某执行这一裁定时，塑料厂厂长向二人许诺，如果少查封一些财产，将给二人一些好处。黄某和姜某二人遂只查封了该厂的一台吊车。还款期截止时，由于应当查封的两层办公楼早已被该塑料厂变卖，刘某只得到6万多元的还款。

问：黄某和姜某二人的行为构成何罪？为什么？

【案例17】 阅读标记：（　）

贾某系某县公安局副局长，分管看守所。一日，某派出所抓获一名盗窃分子李某，其盗窃物品价值人民币2 000余元。根据相关规定，其盗窃属于"数额较大"，遂对其刑事拘留，羁押于看守所。次日，李某的父亲找到老战友贾某，请其想办法救救他的儿子，贾某一口承诺。后来，贾某遂利用分管看守所的便利，私开证明，编造李某系一起重大贩毒案件的线人，将李某释放。

问：贾某的行为构成何罪？为什么？

【案例18】 阅读标记：（　）

张某系某监狱干部，自担任管教干部以来，与该监狱在押犯王某相识，并认其为同乡。张某曾利用值班之机，数次让王某出狱。某日晨，王某请求张某答应其再次出监，张某遂以外出劳动为由，将王某带出监狱，并准许他回家探望后当天立即归监。当日下午，王某返回时，发现监狱门口有数位干警在聊天，误以为事情败露，遂趁机脱逃。

问：张某的行为是否构成私放在押人员罪？为

什么？

【案例19】 阅读标记：（　）

樊某某某市的一名行政执法官员，是依法负责该市的明光街道东片区私设屠宰场（点）、非法屠宰畜禽行为的查处工作的执法队长。

武某系协助樊某从事上述查处工作的班长。

2011年11月底的一天，群众向樊某领导的执法队举报了洪某私宰死、病、残猪的私宰场，执法队现场扣了1 500斤猪肉并丢弃到鱼塘处理。第二天，洪某找到樊某说情，樊表示同意。在明知洪私宰的是死、病、残猪的情况下，樊多次暗示班长武某对洪某予以关照。从此，武某每月收受洪某的"好处费"人民币2 000元，不仅日常巡查时流于形式，而且在其参与的4次查处行动前向洪某通风报信，致使该私宰场始终未被真正取缔。四个月后，根据群众的强烈反映，明光街道办事处组织联合检查，查处了洪某的私宰场，现场查获死、病、残猪12头。交执法队处理后，洪某又找到樊某、武某说情，樊某要求按以前做法将问题猪肉抛到鱼塘内，洪某提供了自家的一口鱼塘，樊默许，武某将查获的12头问题猪抛到了洪某指定的鱼塘内，洪某又叫人把猪肉捞回卖掉。

案发后，经鉴定，洪某的私宰场出售的猪肉已达23万余斤，价值人民币74万余元；收取加工死猪982头，约计人民币2万元。经该市出入境检验检疫局动植物检验检疫技术中心对现场查获的猪肉样本的检验显示，猪肉大肠菌群、磺胺类超标，口蹄疫病毒、圆环病毒、高致病性蓝耳病毒呈阳性。

樊某、武某在履行职务查处私设屠宰场和非法屠宰畜禽的过程中，多次接受洪某的吃请，樊某4次收受赃款人民币9 000元、武某收受"好处费"人民币8 000元。

问：樊某、武某的行为构成何罪？为什么？

【案例20】 阅读标记：（　）

贺某系某县农业执法单位的一名科级干部，主管检查处理与农业生产、农民利益密切相关的生产、销售农药、化肥、种子是否合格的工作。

2010年12月，并未取得农作物种子生产销售许可证的余某开设的佳稻种业有限公司购买了6万斤总价值51.6万元的散装杂交水稻种子，在没有取得相关单位授权的情况下，雇人仿冒印制一品牌种子包装袋分装，然后非法卖给200余户农民共计2万余斤，获利6万余元。后被该品牌的所有者发现并报告给贺某所在的农业执法单位。贺某了解情况后，发现是其姐夫余某的公司所为，便找人帮余某补办了农作物种子销售许可证，允许其继续出售。第二年，使用余某公司售卖种子的农民并未获增产，计算后反而损失了 4 万多元。而品牌种子所有者也发现余某公司售卖的是冒牌货，并使自己的真货当年少卖出数万斤，造成巨大损失。后余某的公司被依法取缔，余某因销售伪劣种子罪被判处 2 年有期徒刑，并处罚金 10 万元。

问：对贺某的行为如何认定？为什么？

【案例 21】 阅读标记：（　）

王某系县县疾控中心负责人，在 2020 年 1 月底接到县医院吴医生就该医院有疑似新冠病毒肺炎症状的病人的举报信后，没有引起重视，只顾忙于春节前的工作上的杂事处理，对举报信未及时调查、处理，更未采取相关的预防、控制措施。两天后吴医生举报的疑似患者确诊，并造成 3 名医护人员感染新冠病毒和患者亲友 5 人感染。

问：对王某的行为如何认定？

 案例分析

【案例 1】

占某的行为构成滥用职权罪。

在本案中，占某身为公安人员，在执行职务期间，未能正确履行职权，擅自决定对身份不明、住址不详、举止怪异的被害人杨某违法捆绑，强行送车带走，导致杨某在外流落多日，被冻坏双脚后截肢，致以重伤。占某的行为**在主观上**具有不正当行使职权的故意，**客观上**违法行使职权，并造成严重后果，其行为构成滥用职权罪。

【案例 2】

赵某构成买卖国家机关证件罪和滥用职权罪。本案中，赵某身为县教育局的机关工作人员，竟违反国家法律法规，利用职务之便，买卖国家教育机关的教师资格证件，从中牟利，触犯了滥用职权罪名和买卖国家机关证件罪名。注意买卖国家机关证件罪的成立前提，是该证件有真实的机关存在。本案中赵某的滥用职权符合徇私舞弊滥用职权的状况，主观上是故意。

【案例 3】

张某的行为构成滥用职权罪。

本案中，张某作为省体育彩票中心副主任，

受国家机关委托行使对体育彩票销售监督管理的职责，其违反国务院、财政部有关规定，**超越职权范围**，修改并签发违规的文件，后又超越职权将体彩销售过程中的弃奖划归杨某所有，给国家造成重大经济损失。张某滥用其管理彩票销售的职责，严重不负责任，给国家彩票事业造成了严重损失。其行为符合滥用职权罪的构成要件，应以本罪定性。

【案例 4】

赵某的行为构成玩忽职守罪。

在主观上，赵某应当预见到自己不出警的行为可能会引起危害后果，但是却疏忽大意，对伤事件的可能后果没有预料；**在客观上**，赵某应当认真履行出警义务，却寻找其他借口拒不出警，也不向其他民警求援，对本职工作严重不负责任，造成伤害事件事态扩大、王某死亡的严重后果。因此，赵某的行为构成玩忽职守罪。

【案例 5】

冯某的行为构成玩忽职守罪。

冯某作为派出所副所长，在接警后，对报案人不认真询问了解案情，仅凭个人经验做出判断，没有采取及时措施。在犯罪嫌疑人被抓获并承认犯罪事实的情况下，又严重不负责任，不做任何进一步调查，轻易对案件定性，导致犯罪人逃跑，造成严重后果。因此，冯某**在主观上**具有对工作严重不负责任的过失心理，**在客观上**实施了不认真履行职责的行为，危害后果严重，符合玩忽职守罪的构成要件，应当以玩忽职守罪定罪处罚。

【案例 6】

陈某的行为构成玩忽职守罪。在主体上，陈某是国家机关工作人员；在客观上，陈某对涉及人民群众生命财产安全的防火监督工作严重不负责任，对消防工作有严重缺陷的舞王歌舞厅不认真履行职责，致使 44 人丧生，使国家和人民的利益遭受重大损失；在主观上，陈某属于过失，其应当预见玩忽职守行为会给社会带来重大危害，但却不负责任地心存侥幸，不抓整改落实，轻信火灾不会发生。

【案例 7】

张某构成玩忽职守罪。本案中，身为房管所所长的张某，没有认真核查该房屋的产权，就同意将房屋转租（甲单位转租给乙单位），且在发现承租单位拆房翻修过程中，没有积极履行其认为是公房

进行管理的职责，致使房屋灭失，房管所遭受重大经济损失，其行为完全符合玩忽职守罪的构成特征。

【案例8】

于某的行为不构成犯罪。

案件进入审判阶段后，检察机关随案移送的证据材料未被法律规定为国家秘密，因此，律师于某通过合法手续，从法院复印马某贪污案案卷材料的行为以及让马某亲属查阅案卷材料的行为都是其履行律师职责的正当行为，不构成犯罪。如果检察机关在移送的案卷上标明密级，或者在诉讼活动过程中有关人员告知于某有关马某贪污案的案卷材料是国家秘密，不得泄露给他人，但于某仍将这些材料故意透漏给马某的亲属，则违反其应当遵守的保密义务，如果情节严重，将构成故意泄露国家秘密罪。

【案例9】

张某的行为构成非法获取国家秘密罪。

张某**在主观上**明知中考试卷属于国家机密，但为了谋求个人私利，仍然采取盗窃手段非法获取，积极追求这一危害结果发生；**客观上**，张某潜入试卷保管室，采用秘密窃取的手段获得还未考过的两科试卷，属于非法获取国家秘密的行为。因此，张某的行为构成非法获取国家秘密罪。

本案应当注意的是，张某的行为并不构成故意泄露国家秘密罪。理由在于，尽管其盗窃行为的主观动机是获取中考试卷后，将其透露给自己的学生，客观上也先后实施了盗窃国家秘密和泄露国家秘密的行为，但因为张某不具有掌握国家秘密、负有保密义务的工作人员身份，主体身份特征缺乏，因此其泄密行为并不构成故意泄露国家秘密罪，只能对其盗窃行为按照非法获取国家秘密罪追究刑事责任。

【案例10】

陈某的行为构成徇私枉法罪。

陈某作为公安局预审人员，具有司法工作人员的身份，**在主观上**明知其修改犯罪嫌疑人年龄和案件具体情节的行为，将使张某受到从轻追诉，仍然基于私情，积极追求这一结果的发生，具有徇私枉法的直接故意；**客观上**，陈某接受张某家属的吃请和贿赂，利用其担任预审员主管该案预审工作的职务便利，在讯问笔录中虚假记载、故意隐瞒重要案件事实，还指使其亲属提供虚假的身份证明，以使

张某逃避刑事追究。陈某的行为已扰乱了司法机关的正常活动，构成徇私枉法罪。

陈某在实施枉法行为的过程中，主要是利用伪造和毁灭证据的手段帮助张某逃避刑事追究，该行为同时触犯帮助毁灭、伪造证据罪。由于帮助毁灭、伪造证据的行为与枉法行为具有手段与目的的牵连关系，构成牵连犯，根据从一重处罚的原则，陈某的行为仍然按照徇私枉法罪定性处理。

本案中，张某接受贿赂并实施徇私枉法行为，其受贿行为同时构成受贿罪，根据刑法规定，贪赃枉法行为同时构成受贿罪和徇私枉法罪的，应当从一重处罚。本案中，因为张某的受贿数额较小，如果定受贿罪，其法定刑轻于徇私枉法罪，所以，张某的行为应当按照较重的徇私枉法罪定罪处罚。

【案例11】

徐某的行为构成徇私枉法罪。

本案中，徐某**在主观上**为徇私利，明知自己不向组织报告，也不采取其他有效措施的行为将导致犯罪嫌疑人李某逃脱刑事制裁，仍然积极追求该结果的发生，具有徇私枉法、放纵犯罪人的直接故意；**在客观上**，徐某身为侦查人员，不履行自己查禁犯罪的工作职责，利用自己负责本案的职务便利，包庇犯罪人嫌疑人李某，向李某通风报信，造成赃物被转移，嫌疑人逃脱的严重后果，因此，徐某的行为符合徇私枉法罪的构成要件，应当按照徇私枉法罪追究刑事责任。

本案还应当注意的是，徐某的行为同时触犯了帮助犯罪分子逃避处罚罪，因犯罪主体和犯罪手段构成法条竞合，按照重罚优于轻罚的处理原则，应按照徇私枉法罪定罪处罚。

【案例12】

唐某的行为构成徇私枉法罪。

唐某**在主观上**明知田某的行为构成犯罪，但为了保住个人荣誉和前途，有意放纵嫌疑人，使其免受刑事追究，具有徇私枉法的直接故意；**客观上**，唐某利用处理该案件的职务便利，指使和帮助当事人伪造有关证据，从而掩盖事实真相，使田某的行为被当做一般的治安案件处理，未受到刑事追究，因此，唐某的行为构成徇私枉法罪。

本案中，唐某的行为还触犯了帮助伪造证据罪。唐某帮助当事人伪造证据的行为具有双重后果，一方面严重干扰了正常的诉讼活动，破坏了证

据制度；另一方面则使犯罪嫌疑人因此而避免了刑事追究，使唐某徇私枉法的结果得以出现。因此，唐某的行为在触犯帮助伪造证据罪的同时，与枉法行为形成了手段与目的的牵连关系，属于牵连犯，按照从一重处罚的原则，对唐某的行为定性为徇私枉法罪处罚更重，因此，唐某的行为应当按照徇私枉法罪处理。

【案例 13】

贾某的行为构成徇私枉法罪。

本案中，贾某是刑警大队队长，作为司法工作人员，在证据确凿的情况下，**主观上**明知李某是贩卖毒品的犯罪嫌疑人，其利用职权将李某放走的行为将直接使李某逃避刑事追究，但仍然追求该结果的发生，具有徇私枉法的直接故意；**客观上**，贾某利用直接负责此案的职务便利，以证据不足放走与其有私交的犯罪嫌疑人李某，其行为属于包庇有罪的人不受追诉，因此，综合全案，贾某的行为符合徇私枉法罪的特征，应当以徇私枉法罪定罪处罚。

本案中还应当注意的是，贾某放走李某的行为不构成私放在押人员罪。李某虽然当时已经因涉嫌贩毒被公安人员控制人身自由，但此状态不属于"在押"状态。另外，由于还未进入立案程序，所以刑事诉讼程序实际上并未启动，因而，李某不属于私放在押人员罪的犯罪对象，即不属于被告人、罪犯中的任何一种，故此，贾某的行为不能定私放在押人员罪。

【案例 14】

王某的行为构成民事枉法裁判罪。

本案中，**在主观方面**，王某为牟取个人升迁的私利，在民事审判过程中，明知轿车属于破产财产，仍然采用非法手段将其划为非破产财产，具有违背事实进行裁判的直接故意；**客观上**，王某采取了伪造证据的手段，使清算小组错误地作出破产财产分配方案，从而顺利实施了枉法裁判行为，最终导致价值 20 万元的破产财产没有被债权人受偿，因此，王某的行为符合民事枉法裁判罪的特征，应当以此定罪处罚。

【案例 15】

丁某和陈某行为分别构成执行裁定失职罪，不构成共同犯罪。

在主观上，两行为人应当知道如果不及时采取先予执行措施，将使申请人的利益受到损害，但由

于被黄某的行为所蒙蔽，造成了两人不愿看到的严重后果出现，属于疏忽大意的过失；**在客观上**，两行为人对先予执行工作严重不负责任，仅因为黄某的一面之词，就违反法律程序，不按规定时间采取执行措施，使被执行人转移财产，造成申请人利益的重大损失，因此，两人的行为构成执行裁定失职罪，应当分别定罪处罚。

【案例 16】

黄某和姜某二人的行为构成执行裁定滥用职权罪，二人构成共同犯罪。

黄某二人**在主观上**明知其超越职权，不按照裁定依法查封财产的行为将有可能对债权人的利益造成重大损失，但为了一己之利，仍然实施该行为，放任危害结果的发生，具有间接故意；**客观上**，二人作为执行人员，应当严格按照裁定实施查封行为，却利用职权，对塑料厂的两层办公楼不予查封，最终导致债权人的利益遭受重大损失。因此，黄某和姜某二人的行为符合执行裁定滥用职权罪的特征，应当依照该罪追究刑事责任。

【案例 17】

贾某的行为构成私放在押人员罪。

本案中，贾某系分管看守所的副局长，是负有监管职责的司法工作人员，其**在主观上**明知将李某释放的行为将使其逃脱监管，仍然追求该结果的发生；**在客观上**，贾某利用其职权私开证明，编造虚假理由，私自将在押的犯罪嫌疑人李某释放。因此，贾某的行为符合私放在押人员罪的特征，构成私放在押人员罪。

【案例 18】

张某的行为不构成私放在押人员罪。

本案中，张某作为监管人员，利用其职务便利，违反规定，私放犯人回家的行为最终导致了犯人逃脱的结果，**在客观方面**基本符合私放在押人员罪的特征，但**在主观方面**，张某是基于老乡关系，利用其职务便利，暂时使王某逃避监管，从而使其能够回家探望，张某的目的并非在于永久地使王某脱逃出狱，从而彻底摆脱监管，因而其不具备私放在押人员的故意，所以不构成私放在押人员罪。

王某脱逃的结果是张某本身违规行为直接造成的，其行为与王某的脱逃结果有直接的因果关系，因此，张某仍然对此应承担刑事责任。由于此结果并非张某所希望发生的，其具有过失的心理，所

以，张某的行为应当构成失职致使在押人员逃脱罪。

【案例 19】

樊某、武某的行为构成食品、药品监管渎职罪和受贿罪。

在本案中，樊某、武某系负有食品药品安全监督管理职责的国家机关工作人员，其职责分工就是专门负责查处私设屠宰场（点）、非法屠宰畜禽的行为。但面对群众长时间多次举报，却不依法取缔从业人员洪某私设的猪肉屠宰场，不依法查处洪某的非法屠宰行为，后果严重，致使数量巨大的病、死猪肉流入市场，构成巨大的食品安全隐患，危害人民群众的生命与健康，严重影响国家机关对食品安全的正常监管活动。故樊某、武某的行为构成了《刑法修正案（十一）》第 45 条第 1 款新修订的《刑法》第 408 条之一规定的食品、药品监管渎职罪。

在履职期间，樊、武二人还多次收受洪某的"好处费"，且数额已达到法定标准，构成了受贿罪。

对樊某、武某应以食品、药品监管渎职罪和受贿罪实行数罪并罚。

【案例 20】

贺某的行为构成放纵制售伪劣商品犯罪行为罪。

在本案中，贺某系负责查处制售伪劣农药、化肥、种子违法犯罪行为、追究行为人责任的国家机关工作人员。贺某面对并未取得农作物种子生产销售许可证资质的其姐夫余某，徇私舞弊，不履行法律规定的查处追究余某售卖伪劣种子犯罪行为的职责，情节已达严重程度。故贺某的行为构成了《刑法》第 414 条规定的放纵制售伪劣商品犯罪行为罪。

【案例 21】

王某的行为构成传染病防治失职罪。

在本案中，王某身为疾控中心负责人、属于从事传染病防治的政府卫生行政部门委托行使负责传染病防治的监管人员，对医院医生关于疫情的举报严重不负责任，未及时调查、处理和采取关于新冠病毒肺炎的预防、控制措施，致使发生多人感染此病毒的严重后果。王某主观上存在侥幸心理，工作上严重不负责任，致使传染病病毒传播、流行量达到情节严重的程度。故王某的失职行为构成了传染病防治失职罪。

第二部分

复杂经典案例

硕士联考专业基础课
经典案例分析

复/杂/经/典/案/例

 经典案例

【案例1】 阅读标记：（　　）

贾某对某门卫怀恨在心，便欲除之，但又不愿意伤及无辜，故迟迟未下手。一日晚，贾某发现该门卫单独值班，便乘机把定时炸弹放入该值班室。而同时，该门卫因觉无聊，便邀来几个朋友打牌，结果门卫与被邀请的几个朋友均被炸死。

问：（1）贾某的行为构成何种犯罪？

（2）对贾某是否应数罪并罚？司法操作中如何处置？

【案例2】 阅读标记：（　　）

王某、石某、孙某购买铁制空心钉若干，并积攒空啤酒瓶若干。在 2009 年春天的几个月内，三人数次到某高速公路的一个地段撒落铁制空心钉和碎啤酒瓶，待过路的小汽车扎破轮胎，车主下来换轮胎时，三人乘机偷走被扎坏轮胎的小汽车内的财物。三人屡屡得手，至破案时已扎坏 10 余辆车的轮胎，并偷走 30 余万元的财物。

问：（1）王某、石某、孙某三人的行为构成何种犯罪？并简要说明理由。

（2）对王某、石某、孙某是否应按数罪并罚原则处理？为什么？

【案例3】 阅读标记：（　　）

2001 年 7 月间，李某到琼山区龙塘镇周某的服装加工厂打工，吃住均在周某家。同年 11 月 11 日，李某为了劫取周某的钱款，便趁周某为女儿办婚事停工之机，回老家龙桥镇某村将其母亲用于毒

杀老鼠的两瓶白色粉状灭鼠药取走。11 月 16 日下午 6 时许，李某利用为周某一家煮饭之机，将两瓶老鼠药投放到米饭中。晚饭时，李某借故外出，不与周某等五人一起吃饭。周某及其妻子、女儿和两名工人吃了李某煮的米饭后，便先后出现了头晕、呕吐等中毒症状，被送往琼山区人民医院抢救后脱险。经医院诊断，周某等五人为急性灭鼠药中毒。当晚，由于周某父亲及亲戚等人在家，李某无法下手，但她并没有放弃劫取钱款的念头。第二天早上，周某父亲及亲戚均到医院看望病人，便将钥匙交给李某。李某拿到钥匙后，趁家中无人之机，用钥匙打开周某的卧室，从其衣柜中拿走了现金人民币 5 000 元。11 月 19 日上午，周某等人从医院回来后，发现 5 000 元现金不见了，便追问李某，李某对其投毒和劫取钱款之行为均供认不讳，并主动将 5 000 元现金退还给周某。

问：（1）李某构成何种犯罪？请简要说明理由。

（2）本案应如何定罪量刑？是否适用数罪并罚？

【案例4】 阅读标记：（　　）

屠某与贺某同在某镇的集市上摆摊卖护肤保健品，因价格问题二人产生了矛盾。贺某怀恨在心，伺机报复。2011 年 10 月的一天，贺买了 4 支果丹皮和一包灭鼠药，将鼠药涂抹在果丹皮内后又恢复原状。10 月 31 日这天贺将其中一支果丹皮悄悄放在正在集市上卖货的屠某的身后，中午屠卖货间歇时捡食果丹皮后身体出现危险症状被人立即送县医院抢救，一直处在神志不清的抢救过程中。贺为制造混乱，转移警方侦查视线，又在以后的一周内，

分三次将其余 3 支果丹皮分别投放在另一个集市、某小学生放学回家的路上、某中学门口三处地点，致赶集的李某的 2 岁小儿子、7 岁的小学生姚某、17 岁的高二学生于某捡食后中毒身亡，同时姚某的同学 7 岁的杨某和王某因与姚一起分食了果丹皮而中毒送医抢救后落下了眼睛失明的残疾。后经鉴定，该鼠药为多年前已被禁止买卖的剧毒鼠药——"毒鼠强"。破案后将贺某与卖鼠药的洪某抓获。

问：(1) 对贺某、洪某的行为如何认定？并简要说明理由。

(2) 对该案中行为人的行为应如何处罚？为什么？

【案例 5】 阅读标记：( )

王某、李某和赵某是外地来津务工人员。三人分别于 2000 年 7、8 月间，利用从火车车厢上卸煤之机，不顾铁路运输安全，盗窃火车刹车系统的主要零件闸钎和闸瓦。其中王某盗窃闸钎和闸瓦各 5 个，李某盗窃闸瓦 6 个，赵某盗窃闸钎 5 个，后分别将所盗物品变卖。尽管其所盗窃之物价值不高，但其行为险些造成列车倾覆出轨的惨剧。

问：三人的行为构成盗窃罪还是破坏交通工具罪？简要说明理由。

【案例 6】 阅读标记：( )

贾某成立了一个恐怖活动组织，领导一帮"兄弟"进行恐怖犯罪活动，自称老大。有一次，贾某手下的一个头目郭某擅自领一班人在外面杀死了自己的一个仇人，贾某听到消息后很生气，认为郭某"目无组织纪律"，就对郭某进行了处罚，砍掉他的一只手。后来，公安机关侦破了杀人案，将贾某也缉捕归案。

问：(1) 贾某的行为构成哪些犯罪？

(2) 对于贾某的行为应如何处罚？

(3) 贾某的行为是否构成故意杀人罪？

【案例 7】 阅读标记：( )

刘某结婚后，其妻发现他整天一个人呆呆的，精神不太正常，就带小孩回家，夫妻从此分居。为此，刘某对社会产生不满，萌发劫持飞机到台湾的念头。1999 年 10 月 5 日，刘某将事先准备好的两把水果刀分别藏好，避过机场安全检查后，登上北京飞往上海的航班。在飞行途中，刘某突然从座位走向飞机驾驶舱门口附近，手持一把水果刀顶在女乘务员王某的胸部威胁说要飞机飞往台湾，但被飞

机上的安全员和旅客及时制止。飞机安全到达上海浦东机场后，公安机关抓获了刘某。经相关医院司法精神病学鉴定，刘某患有轻度精神发育迟滞的毛病，属于限制责任能力。

问：(1) 如何对刘某的行为定罪？

(2) 刘某的行为是否属于犯罪未遂？

(3) 如何理解刘某的量刑情节？

【案例 8】 阅读标记：( )

巫某于 2008 年 5 月至 2009 年年底伙同邹某、习某（均已判刑）在家乡商议"致富"门路——到另外一个二线城市制造枪支出售。巫出资租房作为制造枪场所并购买造枪的一切工具和设备，邹某、习某提供枪样，制作枪械部件图纸并联系了五家加工枪械零部件的小作坊。然后由巫某与习某对小作坊生产出的枪械零部件进行再加工、组装，先后制造出唧筒式猎枪 32 支（查获时已售出 17 支）和仿六四式手枪 18 支（查获时已售出 10 支），其间巫某还雇用他人（已判刑）购买并供上述猎枪配置使用的枪弹 200 余发（查获时已售出 100 发）。后巫某将非法制造的猎枪、仿六四式手枪配上购买到的枪弹向外销售给鲁某等 22 人（均已判刑）。2009 年年底的一天，鲁某等三人非法持从巫某处购买的 3 支猎枪在与聚赌者陈某等人发生冲突中，开枪射击致三人重伤，一人轻伤，从而案发。经鉴定，巫某制造的枪支均以火药为动力发射弹丸，有杀伤力；其购买并又随枪支出售的猎枪弹均系 12 号标准猎枪弹和制式六四式手枪弹，均有杀伤力。

问：(1) 巫某的行为构成何种犯罪？

(2) 对巫某处罚时应如何认定"情节"及适用刑罚？

【案例 9】 阅读标记：( )

某公司司机周某酒后驾驶无牌照的小轿车，载着张某（14 岁）和唐某（15 岁）从某市新华西街向东行驶，在超车时，周某违章并线，将在人行道上行走的妇女郑某及其儿子李某撞倒，李某当场死亡，郑某被挂带于小轿车的底盘下。此时周某踩了刹车，但听到张某、唐某二人说："有人追来了，快跑。"周某在明知车底有人的情况下又驾车逃跑，将郑某拖拉 500 余米，致郑某颅骨骨折，广泛性脑挫裂伤，胸腹重度复合伤，急性创伤性休克死亡。

问：应当如何对周某定罪量刑？请简要说明理由。

【案例10】 阅读标记：（　）

王某于酒后驾车，在一个三岔路口因车速过快来不及刹车，误闯红灯，将一过马路的老人撞倒。王某下车故意向行人说要将被害人送至医院抢救，实际欲将被害人扔到一偏僻处掩埋。王某在将被害人送至偏僻处的过程中，因过于紧张，将一过路行人撞倒。王某为逃窜，加速行车，又将一个骑车的人撞伤。此后后面有人一直紧追，王某更加慌张，驶入逆行道撞倒一骑车的人。王某发现骑车的人正抓住其车门把手，要求其停车，但是王某急于逃跑，对此不管不问，而将该人甩下致其重伤。最后王某逃至一郊区将最初撞倒的老人掩埋。后王某被公安机关抓获，经法医鉴定证实该老人因窒息而死亡。

问：对王某的行为应如何定性？在量刑中应当注意什么事项？

【案例11】 阅读标记：（　）

矿工王某，下班后站在矿门口抽烟，这时一辆卡车正要进厂。王某一时心血来潮，要和司机开个玩笑，就把自己手里的烟头往汽车的驾驶室里扔。烟头正好扔在司机的脸上，司机忽然被烟头一烫，吃了一惊，身子一歪，结果未把握好方向盘，使汽车撞在路边的一根电线杆上。司机的脸撞在了车厢的栏杆上，碰伤了眼睛，后被送往医院抢救，做了眼球摘除手术。

问：王某的行为是否构成重大责任事故罪？简要说明理由。

【案例12】 阅读标记：（　）

胡某、严某、赖某三人平时以替客户清洗抽油烟机为业，但觉得很辛苦且挣钱数量不大，遂预谋使用假品牌的抽油烟机灶具冒充知名品牌骗取钱财。具体分工是严、赖二人负责联系买家，胡负责送货、安装、谈价钱、开票。自2007年夏天至2008年春天，三人先后在客户王某、叶某、刘某、吴某、朱某等五家清洗抽油烟机时，发现这些抽油烟机或多或少有毛病，遂谎称自己认识"樱花""方太""华帝"等知名品牌送货人员，可以送来一台。当客户同意后，他们便让同伙送来以便宜价购买没有品牌的货物冒充上述知名品牌的货物，谈好价格后进行安装，并为客户开具某有限责任公司的销售专用发票。2008年5月的一天，朱某家的抽油烟机突然有异响，便拨打发票上的客服电话，无法接通，才察觉被骗，遂报案。后胡某、严某、赖某三人被查获，三人交待还曾以同样手法卖给王某、

叶某、刘某、吴某四家假的抽油烟机，其销售金额共11 000元，三人从中赚取了8 000余元，所用销售发票系伪造。

问：对胡某、严某、赖某的行为应如何认定和处理？为什么？

【案例13】 阅读标记：（　）

杨某出生于河南省某县，后来成为香港居民进而成为"外商"，是原深圳市飞威工贸有限公司总经理。杨某于1996年6月至1998年6月期间，伙同温某等买卖食用油"特定商品进口登记证明"和许可证进口棕榈油、豆油、菜油等。在进口过程中，杨某与其同伙采取少报多进、伪报品名、不报直接卸货等手段，走私食用油入境，经查证共走私食用油82.75万吨，偷逃应缴税额24亿多元人民币。在走私过程中，杨某先后向海关总署原副署长王某行贿160万余元人民币，以实现其走私目的。

问：（1）杨某的行为是否构成走私普通货物、物品罪？简要说明理由。
　　（2）对杨某的行为是否应数罪并罚？简要说明理由。

【案例14】 阅读标记：（　）

杨某为获取高额利润，通过他人介绍结识了在A市新华印刷厂制版车间工作的李某、赵某，并两次前往A市，要求二人为其印制1934年版面值为500元和100元的假美元。李某、赵某同意后，即用本车间的照相制版设备，制出了假美元胶片。杨某为此付给李、赵二人人民币各5 000元。为能印制出假美元，杨某从B市购回名片机一台，试制假美元未获成功。同期，李某、赵某两人又前往C市印刷一条街查看资料，并购回一台小型胶印机，由赵某调试机器，试印出了部分假美元。为此，杨某又付给李某人民币3 000元，赵某人民币5 000元。为了印出效果更好的假美元，杨某出资人民币8.4万元，同李某一起到某省印刷物资公司购回一台胶印机及立式制版照相机，并在C市某酒楼租房，进行制版，印制了大量1934年版、1966年版假美元。刘某以4 000元人民币的价格从杨某手中购得1934年版面值为500元假美元100张，共计金额5万元，1966年版假美元100张，并将1934年版假美元卖出。

（附：假定1934年版假美元在案发时，市场可以流通；1966年版不可以流通。）

问：杨某构成何罪？简要说明理由。

【案例 15】 阅读标记：（ ）

杜某因犯盗窃罪被判处 2 年有期徒刑，2000 年 9 月刑满释放。杜某于 2003 年 4 月 18 日在某保险股份有限公司某中心支公司（以下简称支公司）以自己为被保险人和受益人，投保了两份意外伤害保险，保额为 16.4 万元。2003 年 9 月 15 号杜某找到黄某，劝说黄砍掉他的双脚，并承诺将所得高额保险金中的 16 万元用于偿还所欠黄某 10 万元债务本金及红利。黄某在杜某的多次劝说下答应。之后，由杜某确定砍脚的具体部位，由黄某准备砍刀、塑料袋等作案工具，在该市辖区内寻找地点，伺机实施。2003 年 6 月 17 日晚 9 时许，杜某按事先与黄某之约在商量好的地点由黄某用随身携带的砍刀将杜某双下肢膝盖以下脚踝以上的部位砍断。之后，黄某将砍下的双脚装入事先准备好的塑料袋内，携带砍刀逃离现场，在逃跑途中分别将两只断脚、砍刀丢弃。杜某在黄某离开后呼救，被周围群众发现后报警，后被接警而至的民警送医院抢救。案发后，杜某向公安机关、支公司报案谎称自己是被三名陌生男子抢劫时砍去双脚，以期获得保险赔偿。后因公安机关侦破此案而未能得逞。经法医鉴定与伤残评定，杜某的伤情属重伤，伤残评定为三级。

问：（1）杜某的行为构成何种犯罪？有何法定量刑情节？应当如何处罚？
（2）黄某的行为构成何种犯罪？黄某与杜某是否构成共同犯罪？

【案例 16】 阅读标记：（ ）

房某于 2004 年 5 月 11 日 7 时在市场销售肉类制品时，市场税务助征员孙某、李某依法向房某征收人民币 600 元的定额税，房某置之不理，拒绝交税。助征员李向其指出，不交税应停止营业。房某大声嚷嚷："我就是不交税，看你把我怎样！"由于房某态度恶劣，助征员当即决定扣留货物，房某即揪住助征员的衣领并持身边的一个棍子殴打助征员。由于房某对孙某、李某二人的殴打导致孙某、李某受伤。经法医鉴定：被害人孙某外伤后左侧第八、九、十根肋骨折致使呼吸困难；被害人李某胸导管损伤；两人伤情均构成重伤。房某闹事后，其家人见后果严重，力劝房某主动认错。房某在家人的劝说之下，到当地的公安机关主动交代了事情的主要经过并表示承认错误。

问：房某的行为构成何种犯罪？本案有何法定量刑情节？简要说明理由。

【案例 17】 阅读标记：（ ）

古某与万某之间系男女朋友的恋爱关系，同居三年。2008 年春季，万某怀孕后流产，其母让她到男友古某家暂住。双方因年龄尚小未办理结婚手续，也未举办结婚仪式。2008 年 6 月的一个晚上 5 点，万某因琐事与古某发生激烈争吵，古一气之下外出，万遂产生自杀念头。当时只有万某一人在家，万便将"婆婆"徐某放在桌子底下的灭老鼠药放在厨房中午吃剩的一碗菜里，准备服毒自杀。在服毒前万某先回到卧室给自己的母亲和弟弟写遗书。在万某写遗书期间，万某的男友古某与其母徐某回来吃晚饭，到厨房盛了中午吃剩的饭菜吃掉，不一会儿二人出现呕吐、抽搐、痛苦叫喊等中毒症状。万某见状后即将桌子底下剩余的灭鼠药放进茶中喝掉，接着跑到自己父亲的坟前大哭，惊动了在田里干活的姐姐，其姐将万某送医院抢救生还，然而其男友古某与"婆婆"徐某都因送医院太晚而致胃部被切除五分之四的后果发生。

问：对万某的行为应如何认定和处理？

【案例 18】 阅读标记：（ ）

某日，栾某到自动取款机取款后，忘了将卡退出便离开。陈某欲插自己的卡取款，插不进去才发现有卡未退出。于是陈某按"继续服务"键，然后按"取款"键，从自动取款机里取出该信用卡里的 5 750 元人民币，拒不退还。

问：陈某的行为构成侵占罪、盗窃罪还是信用卡诈骗罪？简要说明理由。

【案例 19】 阅读标记：（ ）

某日下午，薛某通过自家电话与合肥电信签订一份小灵通"零首付"入网协议，领取一部小灵通手机自用。事后，薛某发现该业务存在客户指定电话捆绑审查不严的漏洞，便与王某商议，决定多搞点小灵通卖钱。12 月 1 日到 12 月 8 日，薛某先后三次冒用他人名义签订 14 部小灵通"零首付"入网协议，骗得小灵通手机 14 部。王某将其中的 12 部拿去销售，共得赃款17 120 元。

问：（1）薛某的行为构成何罪？简述定罪理由。
（2）王某与薛某的行为是否构成共同犯罪？

【案例 20】 阅读标记：（ ）

刘某是某市东风汽油加工厂的车间工人，因没有城市户口，属于临时工性质。刘某与同事陈某发生口角，受到陈某讥笑，遂产生杀害陈某的念头。刘某私自买回八根雷管，分别扎成四捆。当天晚上刘某潜入陈某家所在居民院，发现陈某正在看电视，于是点燃一捆雷管扔进陈某家客厅，由于陈某警觉立刻破窗而出才幸免于难。刘某发现陈某安然无恙又将其余的雷管扔向陈某，几次爆炸陈某均未受伤，只是将屋内价值5 000元左右的财产损坏，邻居闻声报案，将刘某抓获。

问：刘某的行为构成爆炸罪还是故意杀人罪？为什么？

【案例21】 阅读标记：（ ）

张某在某大学毕业后被分配到某市第二中学工作，后来与王某确立了恋爱关系，并且开始同居。由于王某家庭条件不好而且没有正式工作，因此张某与王某的婚事遭到张某家人的反对，张某对王某渐渐疏远。王某以为与张某之间已经彻底没有希望，决定将张某杀死后再自杀。一日，王某将一把准备好的菜刀放在口袋里，找到张某后，抽出菜刀，对张某面部和胸部一阵乱砍，王某见张某手已经被砍断而且浑身是血，才放下菜刀。张某赶紧往外跑，王某在张某出去后，准备割脉自杀，此时张某已经喊来别人，将王某送到当地派出所。

问：王某的行为属于故意伤害罪还是故意杀人罪？并分析其犯罪形态。

【案例22】 阅读标记：（ ）

黄某从单位下班回到其所住小区休闲俱乐部时，看见刘某与四川来当地打工的张某因小事发生争吵，黄某当即从地上捡起一块砖头过去追打张某，刘某上前拦住黄某，表示晚上来报复张某。之后，刘某和黄某商量，决定让黄某召集人对张某进行报复，刘某告诉黄某"不要打死他，教训教训他就行了"。当天晚上10点左右，黄某召集谢某、王某两人到四川籍民工住所后，谢和王某冲进民工住所，对正在熟睡的张某进行毒打，张某在送到医院后抢救无效死亡。经法医鉴定，张某是因为钝器作用于头部导致颅骨骨折颅脑损伤而死亡。

问：如何看待刘某的行为？说明理由。

【案例23】 阅读标记：（ ）

李某在外面酒吧喝完酒回家的途中，在路上遇到下夜班回家的单身女青年张某。当时，李某见张某单身一人，于是心生邪念，走上前堵住张某的去

路，欲对张某实行奸淫。张某坚决不从，并且大声呼救。李某见状就强行脱去张某的衣服和裤子，对张某进行强制猥亵。这个时候，吴某听到张某的呼救声，从地上捡起一块砖头，走到李某和张某面前，张某向吴某求救，吴某不但没有制止李某的行为，反而对李某说"这事儿我就喜欢看，你快点，不要被其他人发现"。于是李某又去脱掉张某的内裤，张某仍然大声叫救命。吴某在旁边站了一小会儿，为其把守，发现李某仍然没有得手，就对李某说"你动作还是快点吧"。然后又对张某说道："大姑娘，你放松一点，现在的人思想就是这样。"并且趁此机会对张某的乳房和阴部进行猥亵。李某将张某强奸后，和吴某一起逃跑。张某当即报案，第二天二人均被抓获。

问：对于吴某的行为应当如何定性？为什么？

【案例24】 阅读标记：（ ）

肖某、李某携带手铐、电警棒，分别驾驶一辆助力自行车在市区闲逛，在行驶至该市红星南路时，看见某歌舞厅门口的伍某（24岁，曾多次因卖淫受过行政处罚），即上前与伍某聊天，问伍某是否愿意同他们一起去玩，伍某表示同意，伍某遂与两人又租车在市区游荡。途中，三人嘻嘻哈哈地闲聊，肖某、李某两人谎称自己是公安人员，李某还佯装用手机给"派出所"打电话，称"张队长，我们抓了个鸡婆，怎么处理？"随后关上手机说"张队长让我们自己处理"。接着，两人把车停下，与伍某谈价钱，没有谈出结果。此时，伍某心里害怕，要求下车回家，两人不允许，并拿出手铐和电警棒给伍某看。后来，两人将伍某带到肖某家，在肖某家中，肖某又拿出电警棍给伍某看，再次胁迫。后两人先后三次将伍某奸淫，直到第二天凌晨3时左右才放伍某走，一分钱未付。当天下午，伍某到公安机关报案，两人被抓获。

问：肖某、李某两人的行为是嫖娼还是构成强奸？说明理由。

【案例25】 阅读标记：（ ）

张某想要强奸公司的同事王某，于是同其熟人李某（女）商量，由李某以请王某到家里做客吃晚饭为幌子，将王某引诱到了李某的家中。在晚饭时，张某和李某二人设法用酒将王某灌醉，这个时候，李某借口身体不适，故意离家去别处睡觉。张某正准备强奸王某时，王某惊醒，并且大声喊救命。张某害怕被邻居发觉，用手扣住王某的嘴，被王某狠咬一口。张某于是用手猛扼王某的颈部，致

王某窒息死亡。李某第二天回家，发现王某已死，惊恐之余，答应为张某掩盖罪行。当天晚上，张某和李某二人将王某的尸体装入麻袋运送到郊外，投进了河里。

问：张某的行为构成何种犯罪？李某的行为是否构成犯罪？构成何种犯罪？

【案例 26】 阅读标记：（　　）

赵某与居住在同一栋单元楼的邻居的女儿钱某（12 岁零 3 个月，身高 162 厘米，体重 49 千克）相识之后，赵某经常到钱某家中帮助钱某做功课，钱某也经常串门到赵某家里做客玩耍。在相识之后，赵某和钱某还经常结伴外出游玩，在这过程当中，赵某曾经问起钱某的年龄，钱某告诉赵某说自己已经 16 岁了。某日晚，赵某和钱某外出游玩回家之后，赵某把钱某叫到自己的房间里，对钱某搂抱之后，向钱某提出发生性关系的要求。钱某开始不同意赵某的要求，后来赵某发誓说一定会对钱某负责，将来一定会娶她。钱某同意了，两人于是发生了性关系。在这之后，两人多次在赵某家中发生性关系，致使钱某怀孕，还作了两次人工流产。后来钱某在其父亲的逼问下说出了整件事情发生的经过，钱某的父亲便命令女儿与赵某断绝往来，还把钱某送到外地念书，但钱某与赵某仍然有书信往来，被钱某的父亲发现之后，将赵某告发。

问：赵某的行为是否构成强奸罪？说明理由。

【案例 27】 阅读标记：（　　）

某村村民赵某对钱某和孙某两人说："现在找到不到工作，口袋里面没有钱了，我们想点办法去搞点钱花，你们有没有什么好的主意。"王某说："从广东来做生意的李某住在一家宾馆，他身上一定很有钱。"于是赵某等三人经过谋议，决定从李某身上打主意，从他那里抢点钱来花。第二天凌晨 1 点左右，赵某、钱某和孙某来到李某住的宾馆北门，从后窗凉台爬进李某的房间，见一人躺在床上睡觉，便认为是李某，孙某和钱某于是按住其双手还有双脚，并用绳子绑住这人的双手，赵某拿起一块湿毛巾堵住他的嘴，然后三人搜遍"李某"全身和房间，除了几件寻常的旧衣服和几支很普通的烟外，没有其他的收获。于是，赵某认为"李某"一定把钱藏起来了，又怕在宾馆时间太长被发现，就将"李某"带到附近一间已经荒废的炼油厂的车间内，并用绳子绑住"李某"手脚，到早晨 9 点，赵某发现绑架错人，不是从广东来的那个李某，经盘问才知道是来该市出差的黄某，三人见没钱可以

拿，就恶狠狠地威胁黄某说："回去后不可将这事传出去，如果你敢把这件事情传出去，我们就给你好看。"然后将黄某放回。

问：上述案例中三人的行为是构成抢劫罪、非法拘禁罪还是绑架罪？说明理由。

【案例 28】 阅读标记：（　　）

栗某系南方某地一农民，2008 年 6 月的一天傍晚将本村年仅 20 岁的姑娘樊某诱骗至租来的一辆小轿车上，谎称去二百千米外的省城游玩。栗某将事先准备的作案工具绳子、锄头等提前放入后备厢内，伺机在去省城的路上对樊某实施抢劫。凌晨 3 时车行至一大桥附近，栗某停车，将昏昏欲睡的樊某用绳子绑在座位上，抢走樊某的提包内现金人民币 130 余元及价值 990 元的手机一部，还有一张农行的金穗卡，并逼迫樊某说出该卡密码。樊某挣扎，栗某用绳子猛勒其脖子致她昏迷后又将其手脚捆绑后扔到后备厢。早晨 5 时许，栗某开后备厢后见樊某仍在挣扎，便找路边石头砸其头部，用随身携带的小剪刀刺樊某的喉部和手臂，再次致其昏迷。早上 6 时，栗某见樊某仍未死，便停下车去路边一杂货店购买水果刀一把，并欲将车继续开至一汽车训练场杀害樊某。苏醒后的樊某趁栗某上厕所之机，掀开汽车后备厢逃到公路上向过路行人金某求救，金某用手机报警。栗某见状谎称是小夫妻俩打架，拉住樊某往车上拖，并用新买的水果刀刺她的腹部，因樊某抵挡且衣服较厚而致刀柄断裂未刺中，栗某将樊某拖上车后继续殴打，并说"你的命真大，这样做都弄不死你！"当车行至一加油站附近时，樊某猛然跳下车向路人呼救。栗某大声说"孩子没了不要紧，我们还年轻，我带你去医院"以搪塞路人，并再次拉樊某上车。栗某威胁樊某不许报警，可以"私了"，否则继续杀她，樊某答应后，栗某遂送她去附近的医院。途中，樊某要回了被抢的手机、银行卡等物，并打电话叫朋友赶到医院。早上 8 时许，栗某将樊某送进了医院，并在樊某的朋友要求和监督下筹集了 4 000 元医疗费。樊某报了警，将栗某抓获。经鉴定，樊某为轻伤。

问：（1）栗某的行为应如何定性？简要说明理由。

　　（2）对栗某应如何处罚？简要说明理由。

【案例 29】 阅读标记：（　　）

钱某通过其姐夫吴某介绍，和好朋友赵某一起将同村的女青年夏某卖给外地农民谭某为妻，获赃款 4 000 余元，赵某和钱某共分得赃款 2 000 余元。

谭某后来觉得自己付钱太多，有些吃亏，于是又讨价还价，讨回了2 000元，并留两人住宿在家里。赵某和钱某对此事十分生气，对夏某说："你怎么这么不值钱，害得我们兄弟没有办成事，还白跑一趟，搭进去不少路费。"当晚，赵某和钱某觉得留着夏某已经没有价值，于是想把夏某除掉。晚饭后，趁谭某外出之机，赵某用砖头猛击夏某的头部，钱某则用一条绳子绑住夏某的手脚，使其不能动弹。在确信夏某已经死亡之后，两人立即逃跑，谭某发现夏某尸体之后立即向当地派出所报案。一个星期之后，赵某和钱某被抓获。

问：赵某和钱某的行为构成何种犯罪？说明理由。

【案例30】 阅读标记：（ ）

冷某于2008年4月的一天以探望70多岁的"舅爷爷"为名进入许某家，拿出事先准备好的含有安眠药成分的胶囊冒充保健品"蜂胶"让许某服用。许某服用后昏睡，冷取走许某抽屉里的700元后逃逸。半个月后，冷某以同样的方法至远亲70多岁的郭某家中诱郭服下胶囊，但郭某未出现昏睡反应，冷某趁郭去厕所之际，将郭某孙女的一台笔记本和数码相机拿走逃逸。事后鉴定，冷某让郭某服下的"蜂胶"中安眠成分已失效。

问：对冷某的行为如何认定处理？为什么？

【案例31】 阅读标记：（ ）

张某和王某在某市第二小学附近，看见小学生李某的胸前挂着一串钥匙，便一路跟随李某到李某家的住处，并潜伏在附近找机会作案。当天下午3点左右，李某从家里走出来准备去上学的时候，在一偏僻处，张某和王某立即冲上前去，揪住李某的头部，对李某进行殴打并强行从李某胸前拽走了李某家里的钥匙。随后，张某和王某跑到李某的家门口，用从李某身上抢来的钥匙打开李某的家门，在李某家中拿走价值8 000元的笔记本电脑一台。两人在案发的第三天被公安机关抓获。

问：两人抢走钥匙并且入室取走财物的行为构成抢劫罪还是盗窃罪？说明理由。

【案例32】 阅读标记：（ ）

赵某和钱某系某市无业青年，早就产生过盗窃的念头。某日，两人预谋之后，一起跑到该市某区东四胡同三单元七门处，赵某先敲了敲门，听见里面没有什么动静。于是对钱某说："里面可能没有

人，我们可以动手了。"于是钱某就用随身携带的环形针插进锁孔，在倒腾一阵之后把门弄开了。两人于是入室行窃，正在找寻财物的时候，户主孙某下班回到家中。赵某见有人回来，立即从里面屋子跑出来，双手捂住孙某的嘴，把孙某按倒在床上。钱某拿起一块木板，往孙某的头部猛打几下，之后又拿起一个啤酒瓶子，向孙某的胸部和背部猛击。孙某来不及喊出声音就已经当场昏迷。赵某和钱某惊慌之下撇下孙某就往外逃窜。孙某经法医鉴定构成中度伤害。

问：本案中，赵某、钱某两人的行为构成何罪？说明理由。

【案例33】 阅读标记：（ ）

赵某在四川省某市结识钱某，两人商定用蒙汗药将运输棉纱的司机迷昏后劫取棉纱，并一同购买了蒙汗药。随后两人一直寻找作案机会。某日，两人搭乘个体户孙某驾驶的载有12吨棉纱由当地驶往某市的东风半挂车（车辆价值4.5万元，棉纱价值32万元）到四川省某乡。天黑时，车行至国道314线甘沟路段98千米处，钱某趁孙某停车换轮胎之机，用菜刀逼孙某交出汽车钥匙，并拿钥匙开走了车。在开了一段距离之后，赵某告诉钱某如果孙某还活着，去公安局报案的话，那他们就很狼狈，不如把孙某灭口算了。于是两人往回开车，发现孙某还停留在原地打电话。钱某下车意欲杀害孙某，用石头朝其头部砸了一下，致孙某倒地。之后钱某抬着孙的头部，赵某抬着孙的双脚（腿、脚还在动），将其扔到路基下。因怕被人发现，两人走下路基，又把孙某往下拖了几米。钱某又用石头朝孙某砸了几下，并用石头将其压住。然后两人一起驾车逃离现场。孙某因头部受打击，造成严重颅脑损伤、脑挫裂伤死亡。

问：赵某、钱某的行为构成何种犯罪？说明原因。

【案例34】 阅读标记：（ ）

经常吸食海洛因等毒品的张某在某市鸿运酒家吃饭的时候，碰见了自己的朋友王某和李某，张某告诉他们说自己吸食海洛因的花费很大，最近很窘迫。王某和李某听后，对张某说："我们附近有一家麻将馆，那里的老板也经常吸食海洛因，不如我们去那里偷，这样海洛因也有了，钱也有了。"张某听后表示同意。某日晚上10点左右，张某、王某和李某三人，潜入该麻将馆，用事先准备好的锯子将锁锯开，然后行窃。张某等人盗走大约30克

海洛因以及 5 000 余元现金。张某盗窃的时候对王某和李某说："这么多的海洛因，我一时还用不了，不如把它卖了吧。"两人当即表示同意。于是张某第二天联络该市毒品市场头子，将偷来的海洛因以 6 000 元钱的价格卖出。后来由于麻将馆老板及时发现而报案，张某等人被公安机关抓获。

问：对张某等人的行为应该如何定性？说明原因。

【案例 35】 阅读标记：（　）

2009 年 1 月初，在南方某城市张某、王某、陈某共同策划并找到已怀孕 5 个月的朋友华某与其丈夫申某商量在闹市街头上演撞车赔偿事件，事成后平分所得款项。

在 1 月中旬的某日中午一时，申某骑摩托车带怀孕妻子华某至某地，故意撞向谭某驾驶的本田车后摔倒在地，并因突发的事故致无辜的骑车人黄某被撞致腿骨折（属重伤）。随后，在附近等待的张、王、陈等三人假扮过路群众拦停谭某的车，要求送孕妇华某去医院治疗，谭随即与陈、王、张送华某还有伤腿的黄某去医院。此时，张某以华某表哥身份出现，并于谭商谈赔偿事宜，王某、陈某则假装陪华某夫妇进入医院检查。陈某随后出来说华某已经流产，需要做手术交押金。张某随即向谭某索要了住院押金 3.3 万元人民币，之后张某又向谭某要人民币 3 万元用于私了，并假装拨打 122 报警电话（张某将王某在手机里的姓名修改为"122"），王某冒充接线生接听电话后表示撞到孕妇比较麻烦，且双方已离开事故现场，交警不好处理，建议谭某与被撞人员私了。

随后谭某和张某开车去银行取款 3 万元交给张某。此间，谭某打电话告知了妻子马某，马某买了水果去医院但并无找到因流产住院治疗的患者，马上打电话告诉谭某，谭某坚持到医院看看华某。张某见事情败露，便携带 3 万元下车逃离现场。而伤腿的黄某在医院治疗的先期费用 2 万元也由谭某垫付。

事后，华某及丈夫申某逃跑，张某、王某、陈某三人被抓获。

问：对张某等五人的行为如何认定和处理？

【案例 36】 阅读标记：（　）

张某、王某夫妇俩人在某国有金属厂矿工作。张某是负责金属分离的车间工人，王某曾经教唆张某多次窃取金属车间的铂金，一共窃得铂金 30 余两。后来，王某发现在金属车间有一批送来分离的铂金，回家对张某说起此事，于是张某利用对车间

情况的熟悉，当天晚上潜入该车间，把该批铂金用小凿子敲了一小块 10 两左右，带回家后打算拿到银行换成现金。

问：张某的行为构成盗窃罪还是贪污罪？说明理由。

【案例 37】 阅读标记：（　）

李某因为琐事故意将本村村民张某打伤（经法医鉴定构成轻伤），张家遂向派出所报案，李某当时没有被抓获。一周后，张父到乡派出所报告，称李某已经返回家中，派出所民警尹某和聘用人员赵某等人接受所长指示前去抓捕李某。在李家，李某之父要求尹某等人出示抓捕的法律手续，因当日是休息日，尹某没有办理立案和刑事拘留手续，因此没有出示，李父便与尹某等人发生争执，并阻碍尹某等人的抓捕行为。当尹某等人欲强行给李某带械具时，李父及李兄挡在李某身前，从尹某手中夺下手铐扔掉，还将过来劝阻的赵某的手臂、颈部抓伤，致使李某借机逃脱。

问：李父、李兄的行为是否构成犯罪？为什么？如果构成犯罪，其触犯何种罪名？为什么？

【案例 38】 阅读标记：（　）

王某是农贸市场个体屠宰户，因生意不好，屡次拖欠税款。某日，税务人员刘某又向王某征收生猪屠宰税，王某不但不给，还破口大骂刘某。刘某继续耐心向其宣讲税收知识，劝说其交税。王某对此感到很不耐烦，推搡刘某，让其离开，刘某则坚持不走，还要求其跟随自己去税务所缴纳税款并接受罚款。王某恼羞成怒，突然拿起挂猪肉用的钢制尖棒扎入刘某大腿正面部分，刘某腿部当即涌出鲜血。刘某随即被旁观群众送往医院救治。

问：（1）如果刘某的伤势经鉴定为重伤，王某构成何罪？为什么？

（2）如果刘某的伤势经鉴定为轻伤，王某构成何罪？为什么？

【案例 39】 阅读标记：（　）

尚某为铁路分局领导，享有对计划内火车票进行分配的职权。如果具有尚某签发并加盖其私章的计划内火车票订票单，即可顺利购买到火车票。王某与尚某有亲戚关系，多次通过这一便利条件购买到火车票。在年关时节，火车票购买困难，王某见此情形遂产生牟利意图。其以尚某交给的火车票订票单为模本进行复制，并刻制尚某印章，模仿尚某

签名，制作大量的假火车票订单，将此兜售给个人，共获利 1 万多元。

问：王某的行为是否构成犯罪？如果构成犯罪，其触犯的罪名是什么？理由是什么？

【案例 40】 阅读标记：（　　）

吴某是某市技术监督局办公室副主任，属行政管理人员，无权办理该局产品质量监督科负责承办的"产品质量监督检查合格证书"，但吴某利用自己任办公室副主任能够拿到空白合格证书的便利条件，受朋友或熟人之托，私自在空白的合格证书上填写有关项目内容，并借机在证书上偷盖该局的公章，先后多次为 20 多个乡镇企业、中外合资企业伪造了汽车配件、服装、鞋帽、家用电器等产品的质量监督检查合格证书 36 份，收取企业上交的"办证费"共计 1 万多元，全部占为己有。

问：吴某的行为触犯何罪？为什么？应当如何处理？

【案例 41】 阅读标记：（　　）

贾某自称是某国家机关财务处会计，受该处处长委托购买办公设备，与某公司经理李某签订了一份买卖合同，合同约定购买价值 60 万元的电脑及其他办公设备，合同上盖有某机关合同专用章。签约后，李某按合同约定交付了设备，但贾某一直未兑付货款。经多次催款，贾某均以种种理由拒付，于是李某向公安机关报案。经查，该国家机关在编人员中没有贾某，合同专用章系伪造的印章。

问：（1）贾某有几种犯罪行为？触犯何种罪名？
　　（2）对贾某的行为应如何处理？为什么？

【案例 42】 阅读标记：（　　）

严某搭乘客车回江西老家，在旅途中，客车副驾驶姚某与睡在司机卧铺位置的严某发生口角，但此事不久便平息。当日中午，严某的丈夫洪某接到严某电话，说在客车上被司机欺侮。洪某随后邀集徐某等人商量准备教训司机，给妻子出气。洪某还提出搞司机一点钱，并让徐某执笔写下一张赔款单。当日下午，洪某等人在其老家的汽车站等到姚某驾驶的客车，洪某当即喝令姚某下车，并和徐某等人一起上前殴打姚某，姚某未敢反抗。后来，姚某在被逼问"此事公了还是私了"的情况下，无奈交出 500 元钱，并在事先准备好的赔款单上签下自己的名字，洪某等人得款后逃离现场。事后查明，

姚某身体有多处皮外伤。

问：洪某的行为构成何罪？理由是什么？

【案例 43】 阅读标记：（　　）

郭某驾驶一辆自卸货车和表哥金某一起去运货。当车行驶到省城北京路国际汽车城附近时，郭某因驾驶不慎，将车开到人行道上，连续撞倒 4 个行人，造成 1 人死亡、3 人轻伤的后果。案发时，金某考虑到郭某年龄还小，不能让其坐牢，于是就和郭某商量好说出事时是自己开的车。在侦察过程中，警方根据两人的上述证言，将金某逮捕。后来，郭某又主动投案，说明事实真相。

问：郭某、金某的行为性质是什么？应如何处理？

【案例 44】 阅读标记：（　　）

贾某为一故意伤害罪的目击证人，在出庭作证时考虑到被告人李某是自己多年战友的独生子，遂生恻隐之心，意图进行虚假陈述，为被告人开脱罪责。但因为在作证时过于紧张，其故意陈述的虚假证词仍然与实际情况基本符合，最终对被告人的犯罪行为提供了有力的有罪证据，使李某被定罪。

问：贾某的行为是否构成犯罪？如果构成犯罪，罪名及其犯罪形态是什么？为什么？

【案例 45】 阅读标记：（　　）

张某的儿子（不满 15 周岁）多次入户实施盗窃行为，盗取手机、手表、首饰等物，累计数额达 11 000 余元，所盗物品均拿回家中藏匿。张某明知其儿子拿回家中的物品系盗窃所得，非但不进行制止，反而帮助其儿子藏匿和对外销售所盗物品。

问：张某的行为是否构成犯罪？如果构成犯罪，其触犯的罪名是什么？为什么？

【案例 46】 阅读标记：（　　）

贾某是某厂电工，李某是无业青年，两人私交甚笃。一日，李某找到贾某，提出与贾某一起盗窃电缆，遭到贾某的拒绝。李某便问贾某能否帮助他代为销售赃物，贾某表示同意，并将家中的螺丝刀等工具借给李某使用。几天后李某将窃得的赃物交给贾某出售，贾某先后代售三次，并分得赃款 3 000 多元。

问：贾某的行为构成何罪？为什么？应当如何处理？

【案例47】 阅读标记：（ ）

吴某因非法拘禁行为被判处有期徒刑2年，在服刑期间，因为表现良好，获准回家探望5天。回家后，吴某得知其外地亲戚发生意外，于是不听家人劝阻执意前去探望，在外地停留近20天，后被抓获归案。

问：吴某的行为构成何罪？为什么？

【案例48】 阅读标记：（ ）

英国人阿某于2007年6月的一天乘飞机抵达我国新疆的乌鲁木齐市国际机场时，被我海关查获其身上携带4 030克高纯度海洛因（达84.2％纯度）进入我国国境内，被我国警方抓获。

问：英国人阿某的行为应如何适用法律进行认定和处理？为什么？

【案例49】 阅读标记：（ ）

苏某是某医学院四年级的学生，在医院担任实习医生期间，受亲戚之托，私自为楚某作节育复通手术，因缺乏临床经验，对突然发生的大出血束手无策，致使楚某因失血过多死亡。

问：苏某的行为构成何罪？为什么？

【案例50】 阅读标记：（ ）

杨某是某地乡乡人聚居区为人熟知的接生婆（无医师资格和行医许可证）。某日晚杨某接到李某的电话，被告知其妻刘某将临产，要杨某去接生。杨某遂携自备的药品、器械至刘某的住地为刘某接生。当日16时，刘某分娩出一男婴。在对产妇和婴儿进行一番处理并收取400元接生费后，杨某回家取为婴儿注射的免疫针剂。大约半小时后，当杨某再次来到李家时，刘某称其眼睛发麻、模糊，杨某因不明缘由，故未对刘某做进一步的检查处理，给婴儿打针后离开李家。但因为不放心，杨某随即又打电话给李某，询问刘某的情况，并叮嘱李某赶快送刘某去医院。而李某则认为妻子不会出太大问题，同时还考虑到如果住院可能花费太高，就没有立即把妻子送往医院。直到刘某情况进一步恶化，李某于19时左右拨打"120"呼救，当急救人员到达李家时，发现刘某神志丧失、呼吸停止、颈动脉搏动消失，经抢救无效，刘某死亡。经对刘某尸体检验，刘某系因发生胎盘残留造成产后子宫出血致失血性休克而死亡，如果发现及时，可以挽救生命。

问：杨某的行为构成何罪？为什么？杨某是否

应对刘某死亡的结果承担责任？为什么？

【案例51】 阅读标记：（ ）

贾某携带1 000克西药去痛片来到昆明，研磨成粉后，准备冒充海洛因贩卖。因与李某、周某熟识，便找到两人叫其帮助贩卖海洛因。次日，李某从贾某处拿了300克假毒品，在昆明市某饭店附近出售时，被公安机关查获。同日晚，贾某又叫周某帮其贩卖海洛因，二人携600克假毒品在一酒吧准备贩卖时被查获。

问：(1) 贾某触犯了什么罪名？为什么？
(2) 李某、周某的行为性质如何？与贾某是否构成共同犯罪？
(3) 贾某、李某、周某三人触犯罪名的犯罪形态如何？

【案例52】 阅读标记：（ ）

杨某经营A公司，为该公司的法定代表人，2000年1月，杨某以公司的名义与某国有食品有限公司签订了租赁协议书。双方约定：食品公司将所属全部固定资产、生产设备、配套设施等资产全部租赁给A公司使用，租赁期5年（合同签订之日开始），月租金人民币3万元；食品公司的财产所有权属自身，A公司对食品公司的财产只有使用权，不得对财产进行出售、转让、抵押或作其他任何有损食品公司财产权的处置。合同签订后，根据价格认证中心的评估报告认定，全部机械设备及办公用品计人民币85万元。A公司租赁后开始经营，但因经营不善，资金周转困难，公司全面停产。同年8月，杨某指使其下属变卖租赁的价值9万余元的发电机组及锅炉设备，获赃款人民币5万余元，被杨某用于日常开支。同年底，因一时无法找到买主，杨某又让下属将部分设备及办公用品分别转移至某库房内藏匿。经鉴定，转移的机械设备及办公用品价值人民币60万余元。

问：杨某的行为构成何罪？为什么？

【案例53】 阅读标记：（ ）

张某是一家煤炭储运公司经理，其公司卖出的一批煤因质量太差被某单位拒收后，张某找到某国有电厂厂长李某帮忙，希望将这批煤销售给电厂，价格为180元/吨。李某找到自己的密友某个体老板赵某商量，决定借此机会给自己赚点钱。李某和赵某商定，由赵某以180元/吨的价格购进，再由李某按电厂的正常定价以230元/吨的价格从赵手中买进这批煤。后来赵某以此方式赚取 30 余万元，李某从赵某处分得人民币 10 万元。

问：李某和赵某的行为构成何罪？为什么？应当如何处理？

【案例 54】 阅读标记：（　　）

卢某系某市建设局副局长并兼任危房改造项目协调办主任，全面负责危房改造及出售等事宜。卢某在筹建某危房改造项目过程中，与民营企业锦城公司老总栗某商定，决定让锦城公司承建部分房屋，锦城公司以向该项目公司支付预付工程款的形式，出资 200 万元（占项目股份的 20%）做挂名股东，待项目公司成立后再将 200 万元出资所占的 20% 股份转至卢某名下。2008 年 2 月，性质为有限责任公司的项目公司成立，锦城公司以占 20% 的股份成为第一大股东。其后锦城公司将股份转让协议盖章后交给卢某，卢因考虑到公司刚成立，自己正式入股公司的时机尚不成熟，没有在股份转让协议上签字，便将该协议锁至自家的保险柜中。2009 年 4 月，其他股东在清查公司设立费用时，发现了一张预收锦城公司工程款 200 万元的收据，遂报案。至案发时，卢某并未从项目公司支取任何费用。

问：对卢某的行为如何认定？为什么？

【案例 55】 阅读标记：（　　）

伍某在担任某财经专科学校校长期间，擅自将该校 30 万元的 1 年定期存单提供给银行作质押担保物，其个人向银行借款 18 万元供他人用于营利性活动。4 个月后案发时，伍某尚未归还贷款，这张定期存单也未到期。

问：伍某的行为构成何罪？为什么？

【案例 56】 阅读标记：（　　）

贾某为全国足球甲级联赛的裁判，在其担任主裁判的若干场比赛中，在比赛中不公正执法，有意控制比赛进程，影响比赛结果，为足球俱乐部牟取利益，总计接受足球俱乐部贿赂 30 多万元。

问：贾某的行为构成何罪？为什么？

【案例 57】 阅读标记：（　　）

黄某是普通工人，其母余某是某市工商银行行长，现已退休。黄某受他人之托，先后多次通过该市工商银行信贷科长分别为 6 家公司从该银行贷款 6 笔，总计 500 多万元。这些贷款均符合银行的放贷要求。黄某为上述单位贷款后，先后从这 6 家

公司索取和收受好处费 3 万多元。

问：（1）黄某的行为是否构成受贿罪？为什么？

（2）如果余某通过工商银行信贷科长为 6 家公司贷款，从而索取或收受好处费，其是否构成犯罪？为什么？

【案例 58】 阅读标记：（　　）

余某因挪用本单位资金，被依法逮捕，余某之妻徐某找到好友赵某，希望赵某出面让其担任法院审判员的丈夫李某帮忙将余某放出来，并表示一定给予重谢。赵某回家后对李某讲了这件事，李某先是表示拒绝，但禁不住妻子的反复劝说，又表示说看她愿意拿出多少钱。赵某上班后将此事告之徐某，徐某于次日送给赵某、李某 1 万元现金，二人当即收下。后李某利用职务便利自己办理此案，在审判活动中，想方设法为余某开脱，因被人察觉而事发。

问：（1）李某的行为构成何罪？为什么？

（2）赵某的行为与李某的行为关系如何？应当如何处理？为什么？

【案例 59】 阅读标记：（　　）

某县副县长甘某经他人介绍认识了香港商人李某，在交往过程中，得知李某与该市市委书记姜某关系密切，经过李某牵线搭桥，与姜某的情妇、某私企老总赵某认识，在其后的 1 年间，甘某为自己的工作调动、职务升迁事宜，先后 4 次给赵某送去人民币 10 多万元、港币 7 万多元，赵某全部接受，并答应帮忙。

问：甘某的行为构成何罪？为什么？

【案例 60】 阅读标记：（　　）

刘某（女）故意杀人后自杀未遂，被送往某医院外科住院部大楼六层病房医治，公安机关安排了男、女警员二人一组分班对刘某进行 24 小时监护。在监护治疗期间，刘某先后有过勒颈、翻窗等自杀行为，但都被值班干警及时发现并阻止。在刘某入院一周后，女警员张某和协警员马某（无正式编制）负责对刘某进行监护。当天下午 3 时许，张某在向马某交代注意监护后离开病房打开水。此时，马某的女友打来电话，马某接听了电话，刘某趁机提出要"方便"，要求马某回避（尿盆在病房中）。马某便转过身背向刘某继续接听电话，刘趁机拉开病房阳台门爬上阳台。张某这时正好回到病房，发

复/杂/经/典/案/例

现刘某正在阳台上，而马某正背对其接听电话。张某急忙赶过去阻止时，刘某已经从阳台上跳下，自杀身亡。

问：张某、马某的行为是否构成犯罪？为什么？如果构成犯罪，其触犯的罪名是什么？

【案例 61】 阅读标记：（ ）

周某是某区人民检察院控告申诉科科长，在查办某汽车修理厂厂长崔某涉嫌重大贪污的举报过程中，故意将举报信交给崔某，崔某将举报信复印一份后还给周某，周某从崔某处索取人民币 8 000 元。其后，在查办某食品公司副总经理陆某受贿问题的举报工作时，周某先将该举报信的内容泄露给其好友王某，后经王某介绍，周某约陆某至其家中，将此举报信件给陆某看，陆某从而得以迅速销毁罪证，其犯罪行为未能及时查处。在此期间，周某通过陆某解决了其女儿经营的餐厅的流动资金问题。

问：周某的行为构成何罪？为什么？

【案例 62】 阅读标记：（ ）

一日晚，某市公安局巡警江某与其友吴某等人酒后到舞厅娱乐。后吴某等人因琐事与他人发生冲突，用刀将两人捅成重伤，然后逃离现场。江某在现场看到吴某持刀行凶时并没有制止，案发后也不阻止其逃跑，更不向公安机关报告，而是继续玩乐。案发次日，刑警大队向江某了解情况时，江某隐瞒了自己在案发现场看到的事实。在得知刑警大队有可能采取行动后，江某又赶快向吴某打电话通风报信，说"刑警队今晚要来找你，你自己注意点"，吴某等人获悉后迅速外逃。

问：江某的行为构成何罪？为什么？

【案例 63】 阅读标记：（ ）

华某系某公安局副局长，直接负责犯罪案件举报管理工作。一日，发现有检举信检举自己有受贿行为，华某遂利用职权，直接指使有关人员以诬告陷害为名对举报人郭某立案侦查。后经查证，郭某的举报属实。

问：华某的行为构成何罪？为什么？

【案例 64】 阅读标记：（ ）

谢某系某看守所干警，一日在看守所与小学同学廖某意外见面，了解到谢某因涉嫌贪污被羁押。在接触过程中，廖某希望利用谢某的关系，逃出看守所。而谢某考虑到两人从小一起长大，且两家有

世交，于是产生了将其放走的念头。而后谢某将看守所换岗时间和看守所地形详细告诉了廖某，并为其提供了老虎钳等工具。廖某遂选择一合适时间，利用谢某提供的信息和工具脱逃成功。

问：谢某的行为构成何罪？为什么？

【案例 65】 阅读标记：（ ）

贾某系某监狱干警，对自己的工作环境和经济收入一直不满意，经人指点，产生了利用自己看管犯人的职务便利来捞钱的想法。后来，贾某与在押犯李某相识，两人达成协议，贾某放其出监，李某以 5 万元作为酬劳。在一次犯人外出劳动时，贾某有意放松了对李某的看管，致使李某利用此机会逃脱。

问：贾某的行为构成何罪？为什么？

【案例 66】 阅读标记：（ ）

胡某系某县县人民法院分管民事审判庭工作的副院长。2006 年夏天，胡某与前妻王某的女儿胡妮提出购买一辆中高档车，胡某答应留意。之后，胡妮又看中县城某房地产开发商刘某开发的别墅，提出购买一套，胡某也答应。一个月后，胡某主动联系车行老板万某，提出买广州本田车一辆，要求万某为其打折，同时承诺在涉及车市交易的案件上给予该车行关照。二个月后，胡某又主动联系房地产开发商刘某，让刘某为其预留两套别墅，要求为其打折，同时承诺可以在涉及房地产公司的案件上给予该公司关照。车行老板万某同意售车价格打七折。房地产开发商刘某同意在售房价格上打八折。与当地当时的车市、房市销售最低价相比，胡某通过获取汽车、房屋差价的方式，取得车行和房地产公司的 150 余万元款项。后被人举报案发。

在查处该案中，还发现胡某家中存有 18 万美元和 30 万港元，胡某虽提供了这些款项的来源线索，但因这些线索不具体而导致司法机关无法查实。

问：对胡某的行为应如何认定？如构成犯罪，其触犯的罪名是什么？应如何处理？

【案例 67】 阅读标记：（ ）

仲某，男，44 岁，无业。2008 年春天的一个夜晚，仲某来到北京市某国际商务会馆，洗完澡后，点了炸牛排和 12 瓶啤酒。吃饱喝足，仲某做了足疗、松骨、刮痧、拔罐和其他保健项目八次。其间，他又点了熊猫、中华高档香烟。

仲某一直消费到次日晚，消费额共计 6 500 余

元，仍无离开的意思。会馆要求他先付款再继续消费，仲某将工作人员打发出自己的房间。当晚 11 时许，仲某下楼要走，正好被会馆经理撞上，仲某称自己没钱付账，会馆立即报警。

当警方赶来时，仲某先以威胁方法欲跳楼阻碍警方的盘查，后看无效则承认自己无业无钱，想着能赖账就赖账，反正会馆拿他没办法。

经查，仲某曾因诈骗罪被判有期徒刑 2 年，于 2006 年底刑满释放。

问：对仲某的行为如何认定？如何处理？为什么？

【案例 68】 阅读标记：（ ）

魏某系某公安分局协警队员。2011 年 4 月的某日凌晨，民警袁某带领魏等三名协警抓获其他办案单位网上追逃的涉嫌贩毒嫌疑犯刘某，将刘随身物品清点后予以扣押（未制作清单）。随后，民警袁某与三名协警一起将刘及扣押的物品带至袁所在的派出所审讯室。袁安排魏等两名协警看守（袁与另一名协警另有任务离开）。在看守过程中，刘透露曾因涉嫌贩毒于 2010 年 3 月被抓获。凌晨 4 点左右刘因胃痛请求魏某为其在被扣押的背包中找药，魏找药时发现了刘的背包中有一张银行卡。后在聊天时，魏得知这是一张存有 6 万余元的卡，遂起贪念意欲窃取，并借故套问出密码。凌晨 6 时许，魏趁另一名协警外出上厕所之机，将该银行卡窃取。其后，魏将卡中 6 万余元取出。同年 8 月，刘某向公安机关报案。

问：对魏某的行为如何认定处理？为什么？

【案例 69】 阅读标记：（ ）

祝某系某市一快递公司雇用的人员，年龄 18 岁，户籍在该市。2011 年 11 月底的一天，自 16 岁已痴迷网络游戏的祝某与同事胡某一起下班回家。途中，祝某突然想去上网，但因身上没有钱，他就向胡借钱，遭到拒绝。但祝知道老板刚给胡发了工钱，就吓唬胡说能找与自己家住一个胡同的兄弟来教训他。胡还是不给，祝就朝胡的后背打了两拳，并用膝盖顶他的下身，最后把胡压倒在地，胡只好掏出内装 1 221 元的钱包给了祝。祝就拿这些钱去了网吧。晚上回家后被母亲得知此事，第二天由母亲陪同到当地派出所自首。

检方以抢劫罪将祝某起诉至当地法院。庭审时，祝当庭认罪。其母亲主动赔偿了受害人 1 000 余元，并取得了对方的谅解。祝所在的街道司法所向法庭出具了对祝某的社会调查报告。调查报告证

实，祝某的一贯表现良好，具备了对其开展社区矫正的条件。法院最终认为，祝某的行为构成抢劫罪。但考虑案情本身及祝在案发后的表现，法院对其判处有期徒刑 2 年，缓刑 3 年，罚金 4 000 元，缓刑考验期间禁止其进入网吧等经营互联网上网服务的营业场所。祝某当庭表示服判，说"我一定遵守判决，不再去网吧了！"据承办法官介绍，祝某在 3 年缓刑期间，由街道司法所监督其表现，如发现他 3 次违规进入网吧，法院将撤销缓刑，收监执行。

问：对法院就该案的认定处理如何评价？

【案例 70】 阅读标记：（ ）

郭某与其侄媳妇范某因宅基地多占一尺地方之事产生纠纷，经常互相谩骂。2012 年 5 月 5 日中午一点，郭某赶集回来在村头巧遇范某，范某又对郭某叫骂，郭某也与范某对骂，以至于两人撕扯在一起，后被邻居劝开后各自回家。郭某回到家后从家中拿出一把柴刀，将范某家的房门撞开后朝范某的头部及背部连砍数刀，将范某砍倒在地。郭某提刀出门时遇见范某的娘家嫂子吴某（本村人，曾与郭某打过架）来访，遂又持刀朝吴某头部猛砍两刀，致吴某当场死亡。村民闻讯赶来后，郭某已逃回家中并向派出所电话报案称自己杀了人。当日下午三点，派出所民警李某、王某二人前来抓捕郭某，郭某听到院子里有动静，误认为是吴某的亲属来报复，便躲到门后，待民警李某刚踏进郭某的屋子门口时，郭某便朝李某的头部猛砍一刀（后经鉴定为轻伤并十级伤残）。随后，郭某被当场抓获。经鉴定，范某构成重伤。

问：对郭某的行为应当如何认定和处罚？说明理由。

【案例 71】 阅读标记：（ ）

王某曾于 2006 年 6 月 26 日被法院以敲诈勒索罪判处有期徒刑 3 年。2013 年 5 月 15 日 8 时许，王某在深圳某城乡结合部，用特别购买的手机分别拨打西安、北京、上海、乌鲁木齐、兰州、南京等六地机场的电话，声称在 ZH9243（西安到深圳）、ZH9866（南京到深圳）、ZH9889（北京到深圳）、HO1111（上海到深圳）、MU2325（兰州途经西安到深圳）的五个航班上有人肉炸弹，还致电乌鲁木齐候机楼派出所声称"有炸弹"。打完电话后，王某将手机卡拆出，丢弃在垃圾桶内，连忙乘车逃往东莞。王某的行为导致全国七地机场（含备降的桂林机场）、安检、公安、消防等部门启动应急预案，耗费大量人力、物力、财力进行防爆排查，致 3 家航空公司的 5 架次航班（共 758 名乘客）或备降、

或返航、或延迟起飞，无法正常抵达目的地，给乘客带来极大的心理恐慌，并导致深圳航空后续9个航班843名旅客延误，东方航空后续3个航班458名旅客延误，上海吉祥航空后续10个航班1369名旅客延误。经会计师事务所审计，王某的行为造成上述航空公司直接经济损失人民币397 071.48元，还造成机会损失人民币394 186元。5月16日凌晨王某被警方抓获，归案后自愿认罪。

问：对王某的行为如何认定处罚？

【案例72】 阅读标记：（　）

韩某为某大学招生就业处处长，在长达近10年的时间内，利用该大学自主招生的职务便利，接受他人请托，在招录考生、调整专业等事项上，明码标价，分别为20余人加分收钱（如加分20分收5万～20万元，加分200分收50万～80万元，以艺术特长生、国学院自主招生），先后收受贿赂1 000余万元。

在请托人中，于某为其女儿谋求支教推免研究生资格，向韩某行贿数额巨大。此外，于某在7年内还请托韩某利用其职务之便，为11名学生在入学、调整更改录取专业等方面提供帮助，并将巨额请托款转交给韩某。请托人汪某也在先后6年内请托韩某利用其职务便利，为8名学生在入学、调整专业等方面提供帮助，并将巨大的请托款项转交给韩某。

请托人吴某在被追诉前主动交待了其请托韩某利用其职务之便，为儿子调整专业而送3万元的事实。

问：（1）对此案中涉案人韩某、于某、汪某、吴某的行为应如何认定？
（2）对此案中上述涉案人员的行为应如何处罚？

【案例73】 阅读标记：（　）

王某系北京某区环保局煤改电管理中心干部，吴某系国有热能公司北京分公司经理，二人因工作关系成为朋友。2012年12月至2015年9月间，王某利用自己负责该区煤改电居民低谷电补贴核算、发放的职务便利，伙同吴某采集、收买社会人员的身份证件，开立270个银行存折账户，虚构享受补贴居民信息，多次骗取低谷电补贴共计1 140万余元。其中，吴某所办理的240个存折账户内，转入低谷电补贴共计1 039万余元。2015年10月底，因害怕暴露，王某自行到检察机关投案，交代了伙同朋友吴某骗取煤改电补贴资金的事实，并于

当日协助侦查人员将吴某抓获归案。案发后，二人积极退赔。

问：本案中王某、吴某的行为如何认定和处理？为什么？

【案例74】 阅读标记：（　）

陈某、刘某、李某三人共同商定分批购进用"工业酒精"即甲醇兑制的"散装白酒"，并贴上茅台酒的商标，使用收购的旧茅台酒瓶子分装后对外销售。在得到村镇干部送达的"此酒有毒，已毒死了人，要封存，不准再卖"的县质检局的通知后，无视政府禁令，继续出售，致多人饮此酒后致伤致残。后被警方抓获。

问：对陈某、刘某、李某三人的行为应如何认定和处罚？

【案例75】 阅读标记：（　）

尚某2014年1月因犯走私普通货物罪、走私废物罪被判处有期徒刑3年，缓刑5年，由某市司法局依法对其实行社区矫正，并在此期限内禁止出境。然而，尚某在缓刑考验期内故意逃避监管，特别是2016年1月对其重申缓刑的监督管理规定后，仍隐瞒持有普通护照、大陆居民往来台湾通行证以及往来港澳通行证的情况，违法出境15次累计长达56天，分别前往澳门、香港、越南、泰国、塞班等地，且多次前往内地其他市县十余次。被群众举报，被当地司法部门予以书面警告。

问：尚某的行为该如何处理？

 案例分析

【案例1】

（1）贾某的行为构成爆炸罪。爆炸罪是指故意针对不特定多数人或者重大公私财产实施爆炸，危害公共安全的行为。本案中，贾某**客观上**实施了爆炸行为，造成了重大人员伤亡，危害了公共安全；贾某将定时炸弹置放在不特定人员出入的值班室，对不特定多人的人身安全的侵犯存在间接故意。

贾某的行为构成故意杀人罪。故意杀人罪是指行为人故意非法剥夺他人生命的行为。贾某因对某门卫不满而报复，采用爆炸手段造成了某门卫的死亡，因此构成故意杀人罪。

（2）本案应定爆炸罪。本案属于爆炸罪和故意杀人罪的想象竞合，想象竞合是指行为人基于一个犯罪意图所支配的数个不同的罪过，实施一个危害行为，而触犯两个以上异种罪名的犯罪形态。对想

象竞合犯无需实行数罪并罚，一般采取"从一重处罚"的原则予以处罚。因此，对本案不应数罪并罚，而宜依据从一重原则，以爆炸罪论处。

【案例2】

（1）王某、石某、孙某的行为触犯了三个罪名，即盗窃罪、以危险方法危害公共安全罪和故意毁坏财物罪。

本案中，王某等三人盗窃的故意和行为十分明显，且盗窃多次，窃得数额30余万元属特别巨大，因此成立盗窃罪不存在争议。

本案中，王某等三人采取在高速公路上，故意毁坏高速行驶的多辆小汽车轮胎的方式作案，这种行为触犯了以危险方法危害公共安全罪和故意毁坏财物罪，且该二系想象竞合犯。

本案中的想象竞合犯，因王某等三人基于一个故意盗窃的犯罪意图支配，而派生出扎坏10余辆小车轮胎的故意毁坏他人财产的直接故意罪过和以危险方法危害公共安全的间接故意罪过。三人只实施了一个在高速路上毁坏小汽车轮胎的危害行为。但该行为却侵犯了他人合法财产所有权和社会的公共安全，即触犯了故意毁坏财物罪和以危险方法危害公共安全罪二个不同的罪名，基于上述特征，三人的作案方式构成了想象竞合犯。

（2）王某、石某、孙某的行为虽触犯了三个罪名，但不适用数罪并罚原则处理。这是因为：

本案的手段行为是想象竞合犯，对想象竞合犯采取触犯的数罪中最重的犯罪论处，故对王某等三人的行为应以危险方法危害公共安全罪论处。

本案中王某等三人的目的犯罪是盗窃罪，采用的手段触犯了以危险方法危害公共安全罪，故形成目的罪与手段罪的牵连关系。其处理原则是择一重罪处断，而不实行数罪并罚。本案中三人盗窃数额30余万元已属特别巨大，其法定刑为10年以上有期徒刑或者无期徒刑；而三人触犯到的以危险方法危害公共安全罪，由于尚未造成严重后果，其法定刑为3年以上10年以下有期徒刑。二者相比，择一重罪处断，故对王某、石某、孙某三人应以盗窃罪并在10年以上有期徒刑或无期徒刑的法定刑幅度内决定刑罚。

【案例3】

（1）李某的行为构成投放危险物质罪。投放危险物质罪是指行为人故意实施投放毒害性、放射性、传染病病原体等物质危害公共安全的行为。在本案中，李某实施了投放毒药危害不特定多数人的

生命安全的行为，构成投放危险物质罪。

李某的行为构成抢劫罪，抢劫罪是指以非法占有为目的，当场使用暴力、胁迫或者其他方法，强行劫取他人财物的行为。这里的其他方法，是指行为人实施暴力、胁迫以外的其他使被害人不知反抗或不能反抗的方法。例如，药物麻醉、用酒灌醉、使用催眠术或用毒药毒昏等，致使被害人处于不知反抗或者不能反抗的状态。因此，本案中李某的行为构成抢劫罪。

（2）本案宜定投放危险物质罪。本案属于牵连犯，牵连犯是指实施某一犯罪为目的，其方法行为或者结果行为又触犯其他罪名的犯罪形态。**牵连犯的处断原则，一般是从一重处断。** 在本案中是目的行为和方法行为的牵连，即为抢劫而采取了投毒的手段。因此，本案不适用数罪并罚，而宜依据从一重原则，以投放危险物质罪论处。

【案例4】

（1）贺某的行为触犯了两个罪名，即故意杀人（未遂）罪和投放危险物质罪。洪某的行为构成了非法买卖危险物质罪。

本案中，贺某基于怀恨报复屠某的心理，精心准备了剧毒的犯罪工具，直接对准屠某实施了致其于死地的行为，证明贺某是采用毒药故意杀人的，符合了故意杀人罪的主客观要件。因屠某被及时送医抢救未发生死亡的结果，属于未遂的犯罪形态。贺某又将三支剧毒的果丹皮，在不同时间投放在不同的地点，针对不特定的多人实施毒害行为，导致无辜的3名少年儿童死亡和2名儿童重伤的严重后果发生，贺某的行为又构成了投放危险物质罪。贺某的投放危险物质的行为还符合了连续犯的特征，即贺某基于数个同一的投放危险物质的犯罪故意，连续多次实施数个性质相同的投放危险物质的犯罪行为，触犯同一罪名（投放危险物质罪）的犯罪形态。

洪某的售卖"毒鼠强"行为触犯了《刑法》第125条规定的非法制造、买卖、运输、储存危险物质罪。因该罪为选择性罪名，洪某的行为应认定为非法买卖危险物质罪。

（2）对贺某的故意杀人（未遂）罪，应按照《刑法》第232条故意杀人罪的法定刑和《刑法》第23条第2款未遂形态可以从轻或者减轻的处罚规定裁量刑罚。

对贺某的投放危险物质罪，应按照《刑法》第115条规定的致人重伤、死亡的法定刑，又因其属于连续犯而应从一重处。

复/杂/经/典/案/例

对贺某的两个罪适用数罪并罚原则。鉴于贺某实施的上述两个严重犯罪，且罪行极其严重，符合了适用死刑的条件。

洪某售卖"毒鼠强"给贺某后致 3 人死亡、3 人重伤的结果发生，符合了"两高"2003 年 10 月 1 日起施行的《关于办理非法制造、买卖、运输、储存毒鼠强等禁用剧毒化学品刑事案件具体应用法律若干问题的解释》第 2 条第 2 项规定的"在非法制造、买卖、运输、储存过程中致 3 人以上重伤、死亡，或者造成公私财产损失 20 万元以上的"情节严重的标准，按《刑法》第 125 条规定的处 10 年以上有期徒刑、无期徒刑或者死刑的法定刑裁量刑罚。

【案例 5】

三人的行为构成破坏交通工具罪。

盗窃罪是指以非法占有为目的，秘密地多次窃取或者窃取数额较大的公私财物的行为。破坏交通工具罪是指破坏火车、汽车、电车、船只、航空器，足以使火车、汽车、电车、船只、航空器发生颠覆、毁坏危险，尚未造成严重后果或者已经造成严重后果的行为。盗窃罪和破坏交通工具罪的关键区别在于犯罪对象与侵犯客体不同，破坏交通工具罪的犯罪对象必须是正在使用中的交通工具，侵犯的客体是交通运输安全；盗窃罪的犯罪对象为一般公私财产，侵犯的客体是公私财产所有权。因此，如果行为人盗窃正在使用中的交通工具的重要部件、设施，足以使交通工具发生颠覆、毁坏危险，危害公共安全的，应该以破坏交通工具罪论处。本案中王某等三人盗窃火车刹车系统的主要零件闸钎和闸瓦，火车又是处于使用中，**已经使火车处于颠覆的危险之中**。因此三人的行为构成了破坏交通工具罪。

【案例 6】

（1）贾某的行为构成了组织、领导、参加恐怖组织罪。

组织、领导、参加恐怖组织罪是指为首策划组织、领导或者积极参加恐怖活动组织的行为。本案中，**贾某组织了一个恐怖活动组织，领导一帮"兄弟"进行恐怖犯罪活动，自称老大，因此构成组织、领导、参加恐怖组织罪**。

贾某的行为构成了故意伤害罪。故意伤害罪是指故意非法损害他人身体健康的行为。贾某认为郭某"目无组织纪律"，就对郭某进行了处罚，砍掉他的一只手，构成了故意伤害罪。

（2）对贾某的行为应该实行数罪并罚。

数罪并罚是指对一行为人所犯数罪合并处罚的制度。我国刑法中的数罪并罚是指人民法院对一行为人在法定时间界限内所犯数罪分别定罪量刑后，按照法定的并罚原则及刑期计算方法决定其应执行的刑罚的制度。这种制度的实质在于，依照一定准则，解决或协调行为人所犯数罪的各个宣告刑（包括同一判决中的数个宣告刑或两个以上不同判决中的数个宣告刑）与执行刑之间的关系。**依据刑法规定，犯组织、领导、参加恐怖组织罪并实施杀人、爆炸、绑架等犯罪的，数罪并罚**。因此，应对贾某所犯实行数罪并罚。

（3）贾某的行为不构成故意杀人罪。

对组织、领导犯罪集团的首要分子，按照集团所犯的全部罪行处罚。对于上述规定以外的主犯，应当按照其所参与的或者组织、指挥的全部犯罪处罚。在本案中，郭某杀人不在贾某的组织或指挥范围，因此，对贾某不宜以故意杀人罪论处。

【案例 7】

（1）刘某的行为构成劫持航空器罪。以暴力、胁迫或者其他方法劫持航空器的，构成劫持航空器罪。本案中，刘某用水果刀胁持女乘务员而要求飞机转换航向飞向台湾，因此构成劫持航空器罪。

（2）刘某的行为属于劫持航空器罪的未遂。根据刑法规定，已经着手实行犯罪，由于犯罪分子意志以外的原因而未得逞的，属于犯罪未遂。本案中刘某已经着手实施劫持航空器犯罪，但是飞机上的安全员和旅客对其进行了及时制止，属于由于自己意志以外的原因而没得逞，因此构成劫持航空器罪未遂。

（3）对刘某应当减轻处罚。刑法规定，**对于未遂犯，可以比照既遂犯从轻或者减轻处罚**；同时刘某是限制刑事责任能力人，依相关规定，尚未完全丧失辨认或者控制自己行为能力的精神病人犯罪的，应当负刑事责任，但是可以从轻或者减轻处罚。所以，对刘某可以从轻或者减轻处罚。

【案例 8】

（1）巫某的行为构成非法制造、买卖枪支、弹药罪。本案中，巫某违反国家枪支管理规定，结伙非法制造枪支，购买弹药配置到枪支上，然后对外出售，从中获利，其行为构成了非法制造、买卖枪支、弹药罪。巫某非法制造、买卖的枪支、弹药数量大，大部分流入社会，有部分枪支被不法分子购买后用于违法犯罪，已造成多人受伤的严重后果，犯罪性质恶劣，对公共安全危害极大。巫某在本案共同犯罪中起主要作用，系主犯。

需要说明的是，本案的构成并不要求以获利为目的。

（2）巫某非法制造、买卖枪支、弹药的行为应认定为"情节严重"，符合《刑法》第125条第1款关于："非法制造、买卖、运输、邮寄、储存枪支、弹药、爆炸物的，处3年以上10年以下有期徒刑；情节严重的，处10年以上有期徒刑、无期徒刑或者死刑"的规定。关于对"情节严重"的认定，具体依照2001年5月15日发布、2009年11月16日修正的《最高人民法院关于审理非法制造、买卖、运输枪支、弹药、爆炸物等刑事案件具体应用法律若干问题的解释》第1条第2项、3项以及第2条第1、4项的规定，非法制造、买卖枪支5支以上的，属于"情节严重"，或者非法制造、买卖枪支1支以上或买卖非军用子弹100发以上，并具有造成严重后果等其他恶劣情节的，也属于"情节严重"。本案中巫某起主要作用非法制造了50支枪，并买卖了200余发子弹，且具有造成三人重伤、一人轻伤的严重后果，应当认定为"情节严重"。

本案非法制造、买卖枪支、弹药数量巨大，涉案人数众多，犯罪人分工具体，犯罪规模及影响巨大，危害后果严重，巫某在其中的作用特别突出。巫某的罪行已经达到极其严重的程度，依法可适用死刑。

【案例9】

（1）周某的行为构成交通肇事罪。交通肇事罪是指违反交通运输管理法规，因而发生重大事故，致人重伤、死亡或者公私财产遭受重大损失的行为。在本案中，周某在超车时违章并线，属于违反交通运输管理法规的行为。客观上周某将在人行道上行走的妇女郑某及其子李某撞倒，造成了致人重伤、死亡的严重后果，符合交通肇事罪的构成要件，因而构成交通肇事罪。

（2）周某构成故意杀人罪。故意杀人罪，是指故意非法剥夺他人生命的行为。在本案中，周某明知郑某还挂在车下，但为逃跑，不顾郑某死活将郑某拖拉500余米之远，对郑某的死亡在主观心态上是完全持一种放任的态度，构成间接故意杀人罪。

（3）本案应对周某定交通肇事罪和故意杀人罪，**实行数罪并罚**。

【案例10】

（1）王某的行为构成故意杀人罪。故意杀人罪是指故意非法剥夺他人生命的行为。在逃逸前，本案属于交通肇事罪，但依据最高人民法院的司法解释，行为人在交通肇事后为了逃避法律责任，将被害人带离事故现场后隐藏或者遗弃，致使被害人无法得到及时救助而死亡的，应当以故意杀人罪论处，因此王某对待老人的行为构成故意杀人罪。

（2）王某的行为还构成以危险方法危害公共安全罪。以危险方法危害公共安全罪是指使用与放火、投放危险物质、决水、爆炸方法的危险相当的其他危险方法，危害公共安全的行为。王某为逃逸，在公共路段上，违反交通规则，将一过路行人撞倒；王某为逃窜，加速行车，又将一个骑车的人撞伤；此后后面有人一直紧追，王某更加慌张，驶入逆行道又撞倒一骑车的人。王某发现骑车的人正抓住其车门把手，要求其停车，但是王某急于逃跑，对此不管不问，而将该人甩下致其重伤，危害了不特定多数人的安全；**在主观上**，王某对这种结果持一种间接故意，一种放任的态度。所以王某的行为符合以危险方法危害公共安全罪的基本特征，构成以危险方法危害公共安全罪。

（3）对王某的行为按数罪并罚原则处理。我国刑法中的数罪并罚，是指人民法院对行为人在一定时间界限内所犯数罪分别定罪量刑后，按照法定的并罚原则及刑期计算方法决定其应执行的刑罚的制度。本案中，王某构成数罪，应数罪并罚。

【案例11】

王某的行为不构成重大责任事故罪，而是构成过失致人重伤罪。

重大责任事故罪是指工厂、矿山、林场、建筑企业或者其他企业、事业单位的职工不服从管理、违反规章制度，或者强令工人违章冒险作业，因而发生重大伤亡事故或者造成严重后果的行为。值得强调的是该行为的发生时间必须是在生产、作业过程中；同时行为的性质是与生产、作业直接相关。上述两个条件是构成重大责任事故罪的必备要件。本案的案发时间是在下班后，并且王某扔烟头的行为与生产、作业没有直接关系，因此，不构成重大责任事故罪。

对于王某宜定过失致人重伤罪。过失致人重伤罪是指过失伤害他人身体，致人重伤的行为。本案中，王某随手扔烟头是与司机开玩笑的行为，**主观上**并没有致司机重伤的故意，对于司机的受伤结果王某并不追求也不放任，而是持一种坚决否定的态度，属于疏忽大意的过失。即王某应当预见自己扔烟头的行为可能造成司机的失控、导致发生一定的

事故，从而对司机的身体造成侵害的后果，可是王某因为疏忽大意而没有预见，同时王某又具备预见这个结果的能力和义务，因此可以认定王某的行为系由过失造成。**客观上王某的行为造成了司机的重伤后果，严重侵犯了司机的身体健康权利，因此对于王某应定过失致人重伤罪。**

【案例 12】

胡某、严某、赖某三人的行为不构成犯罪，应按照一般违法行为处理。

本案中三人的行为虽有欺骗性质，但仍属于销售伪劣产品的行为。根据《刑法》第 140 条的规定，本案胡某等三人将非品牌的抽油烟机冒充真的知名品牌抽油烟机卖给客户，从中获取非法利润，属于以次充好的行为手段。所谓"以次充好"，根据 2001 年 4 月 9 日"两高"《关于办理生产、销售伪劣商品刑事案件具体应用法律若干问题的解释》，是指以低等级、低档次产品冒充高等级、高档次产品，或者以低残次、废旧零配件组合、拼装后冒充正品或者新产品的行为。胡某等人以非品牌抽油烟机冒充知名品牌抽油烟机的行为即属于以低等级、低档次产品冒充高等级、高档次的产品的"以次充好"的销售伪劣产品的行为。胡某等人主观上是故意用次品充正品、以非品牌产品冒充知名品牌产品以获取非法利润。其行为对国家关于抽油烟机这种产品质量的管理制度和消费者朱某等人的合法权益造成侵害。胡某等三人符合了刑法关于销售伪劣产品的主客观方面规定，但因构成销售伪劣产品罪需达法定的销售金额 5 万元以上的标准，而其销售金额只有 11 000 元，故不构成犯罪，属一般违法行为，应受到有关行政管理部门的罚款等处。又鉴于胡某等三人伪造销售发票不足追诉标准"25 份"以上的数量规定，故应根据《刑法》第 13 条关于"情节显著轻微危害不大的，可不认为是犯罪"的规定，也不认为其构成伪造增值税专用发票罪。

本案中胡某等三人的行为为什么不以诈骗罪论处？的确，生产、销售伪劣产品罪与诈骗罪有许多相似之处，如都是故意犯罪，都有以假充真的欺骗行为。但二罪主要的区别是：

（1）犯罪目的不同。生产、销售伪劣产品罪以获取非法利润为目的，而诈骗罪则以非法占有为目的；

（2）侵犯的客体不同，前者是国家对产品质量的监督管理制度和消费者的合法权益，后者主要侵犯的是公私财物所有权；

（3）欺骗手段的性质不同，前者为获取非法利

润，决定采取以假充真、以次充好的欺骗手段，即以次品、不合格产品的货物的真实存在去用于买卖交易，后者往往是打着销售的幌子，并无完成交易的意图，而无偿占有他人的财物。从以上区别观察本案胡某等三人的行为，属于故意销售伪劣产品的行为，但因销售金额不足 5 万元的法定定罪标准，故应认定为销售伪劣产品的一般违法行为。

【案例 13】

（1）杨某的行为构成走私普通货物、物品罪。

走私普通货物、物品罪是指违反海关法规，逃避海关监管，非法运输、携带、邮寄国家禁止进出口的武器、弹药、核材料、假币、珍贵动物及其制品、珍稀植物及其制品、淫秽物品以及国家禁止出口的文物、金银和其他贵重金属以外的货物、物品进出境，偷逃应缴纳税额 5 万元以上的行为。

本案中，杨某伙同温某等买卖食用油"特定商品进口登记证明"和许可证进口棕榈油、豆油、菜油等，在进口过程中，杨某与其同伙采取少报多进、伪报品名、不报直接卸货等手段，走私食用油入境，**偷逃应缴纳税额 24 亿多元人民币**，因此构成走私普通货物、物品罪。

（2）杨某的行为不构成数罪并罚。

为便于走私，杨某先向向海关总署原副署长王某行贿 160 万余元人民币，构成行贿罪，但行贿罪和走私普通货物、物品罪构成牵连关系。依牵连犯的一般处罚原则，应择一重处罚。

注意，自 2011 年 5 月 1 日起生效的《刑法修正案（八）》第 27 条对《刑法》第 153 条第 1 款作出修订，取消走私普通货物、物品罪适用死刑的规定。

【案例 14】

杨某构成伪造货币罪。伪造货币罪是指违反国家货币管理法规，仿照真货币的形状、色彩、图案等特征，使用各种方法非法制造假货币，冒充真货币的行为。**此处的货币不仅包括人民币也包括外币，同时伪造正在流通的 1934 年版美元，因此杨某构成伪造货币罪。**

杨某的行为构成诈骗罪。诈骗罪是指以非法占有为目的，用虚构事实或者隐瞒真相的办法，骗取数额较大的公私财物的行为。本案中，杨某为牟利，伪造并停止流通的 1966 年版美元，并将其卖给不知情的刘某，因此，构成了诈骗罪。

【案例 15】

（1）杜某的行为构成保险诈骗罪。

根据《刑法》第198条规定，投保人、受益人故意造成被保险人死亡、伤残或者疾病，骗取保险金的，构成保险诈骗罪。本案中，杜某具有骗取保险金的故意。杜某在保险公司投保时就备日后骗取保险金的主观目的。在投保以后，杜某作为投保人、被保险人和受益人，伙同他人故意造成自己伤残，企图骗取数额特别巨大的保险金，其行为已构成保险诈骗罪。

杜某的行为构成保险诈骗罪的未遂。

犯罪未遂是指已经着手实行犯罪，由于犯罪分子意志以外的原因而未得逞。保险诈骗罪是结果犯，但结果犯仅是就犯罪既遂标准而言的。已经着手实施保险诈骗，但因意志以外的原因未得逞的，系保险诈骗未遂。**本案中，杜某意图通过使自己受到重伤的手段来达到骗取巨额保险金的目的。杜某已经报警并向保险公司谎称自己是被三名陌生男子砍去双脚，期望获得保险赔偿。这说明杜某已经着手实行保险诈骗。**由于公安机关侦破此案，杜某并未获得保险金。由此，杜某的行为构成了保险诈骗罪的未遂。

杜某属于累犯。

累犯是指因故意犯罪被判处有期徒刑以上的犯罪分子，刑罚执行完毕或者赦免以后，在5年以内再犯应当判处有期徒刑以上刑罚之故意犯罪的犯罪人。杜某前后所犯两个罪即盗窃罪和保险诈骗罪都属于故意犯罪，且两罪都被判处有期徒刑以上刑罚。杜某再犯保险诈骗罪的时间在盗窃罪刑罚执行完毕后的5年以内。以上分析表明，杜某构成累犯。

以上杜某构成犯罪未遂和属于累犯都是法定的量刑情节。犯罪未遂可以比照既遂犯从轻或者减轻处罚，累犯应当从重处罚。综上，对于杜某应当根据保险诈骗罪并考虑两种法定量刑情节综合确定刑罚。

（2）黄某的行为构成故意伤害罪。

本案中，黄某对杜某实施了暴力行为，用砍刀将杜某双下肢膝盖以下脚踝以上的部位砍断，造成杜某三级伤残，属于重伤。因此黄某的行为构成故意伤害罪。

黄某和杜某的行为构成共同犯罪。保险诈骗罪虽然由特殊主体构成，即投保人、被保险人或者受益人，以及保险事故的鉴定人、证明人、财产评估人。黄某与杜某有过事前通谋并且与杜某配合实施了致使杜某重伤的行为，具有帮助行为。黄某的主体身份特征不充足决定了其不能构成保险诈骗罪的实行犯，但不影响其成为保险诈骗罪的帮助犯。因

此，黄某和杜某能构成保险诈骗罪的共同犯罪。此外，法律不能阻止任何人自伤、自残或自杀，更无法对任何实施自伤、自残或自杀行为的人设定并追究其刑事责任（除非法律有特别的规定，如军人战时自伤、自残以逃避义务的）。所以杜某的行为不构成故意伤害罪。因此黄某和杜某的行为也不能构成故意伤害罪的共同犯罪。

【案例16】

本案中房某的行为构成故意伤害罪。

（1）房某的行为构成故意伤害罪。

房某实施了抗税行为。根据《刑法》第202条规定，纳税人和扣缴义务人以暴力、威胁方法拒不缴纳税款的行为构成抗税罪。在实施抗税行为过程中，抗税人使用暴力致人重伤、死亡，构成故意伤害罪、故意杀人罪的，分别依照《刑法》第234条第2款、第232条的规定定罪处罚。**房某作为纳税人，在税收人员对其征收税款时，态度恶劣，以暴力手段拒不缴纳税款，已经完全符合抗税行为的要件。**房某的暴力行为已经造成孙某和李某二人重伤，应当对房某按照故意伤害罪定罪处罚。

（2）房某的行为构成自首。

自首是指犯罪人犯罪以后自动投案，如实供述自己的罪行，或者被采取强制措施的犯罪嫌疑人和正在服刑的罪犯，如实供述司法机关还未掌握的本人其他罪行的行为。本案中，房某在造成孙某和李某重伤以后，到当地公安机关主动投案，说明了事情的经过并如实供述了自己的罪行，符合一般自首的规定，构成自首。对于自首的犯罪分子，可以从轻或者减轻处罚，其中犯罪较轻的可以免除处罚。本案中，对于房某可以从轻或者减轻处罚。

综上所述，对于房某的行为应当按照故意伤害罪从轻或者减轻处罚。

【案例17】

万某的行为构成故意伤害罪，而且因其重伤后果，而应以故意伤害罪的重伤结果档次的法定刑量刑。

本案是一起基于行为人先行行为引起危险的不作为犯。万某因服毒自杀而将剩菜中放入毒药，然后其男友及男友母亲误食中毒，该行为中万某具有疏忽大意的过失心理态度（即应当认识到古、徐有可能误食而疏忽大意没有认识到）。因万某基于过失心理态度导致古、徐二人中毒的先行行为引起古、徐二人身体受损的危险发生，此时万某具有防止古、徐二人因中毒而伤亡的结果发生的作为义

务，而且当时万某有能力去履行这一义务，但由于万某的不履行致古、徐送医太晚造成重伤结果的发生。万某当时的不作为心态，其罪过形式是放任其伤或死的结果发生。在这种情况下，一般按实际造成的结果定罪。因此应认定万某构成故意伤害罪，且以重伤结果的法定刑量刑。

【案例 18】

陈某的行为构成信用卡诈骗罪。

该案中陈某虽然捡拾了栾某的信用卡，并非盗窃的信用卡，但陈某当时用了不属于自己的信用卡取了栾某的 5 750 元人民币，性质上仍然属于"冒用他人信用卡"，非法侵占了他人的数额较大的合法财产，故性质上应以信用卡诈骗罪论处。

【案例 19】

（1）薛某的行为已经构成合同诈骗罪。

合同诈骗罪，是指以非法占有为目的，在签订、履行合同过程中，骗取对方当事人财物，数额较大的行为。该罪的客观行为主要有以下五种表现形式：以虚构的单位或者冒用他人名义签订合同的；以伪造、变造、作废的票据或者其他虚假的产权证明作担保的；没有实际履行能力，以先履行小额合同或者部分履行合同的方法，诱骗对方当事人继续签订和履行合同的；收受对方当事人给付的货物、货款、预付款或者担保财产后逃逸的；以其他方法骗取对方当事人财物的。合同诈骗罪在客观上表现为，在签订、履行合同的过程中，采用虚构事实或隐瞒真相的方法，使对方当事人产生错觉，信以为真，从而骗取数额较大财物的行为。在本案中，薛某利用合肥电信"小灵通"业务存在客户指定电话捆绑审查不严的漏洞，先后三次冒用他人名义签订 14 部小灵通"零首付"入网协议，**骗得小灵通手机 14 部。**因而属于"以虚构的单位或者冒用他人名义签订合同"的情形，所以薛某的行为构成合同诈骗罪。

（2）王某与薛某的行为构成共同犯罪。

共同犯罪是指两人以上共同故意犯罪。在本案中，薛某和王某商议，利用"小灵通"业务中存在的漏洞，冒用他人名义签订 14 部小灵通"零首付"入网协议，骗得小灵通手机 14 部卖钱，应承担共同犯罪的刑事责任，因而王某和薛某一起共同承担合同诈骗罪的刑事责任。

【案例 20】

爆炸罪属于危害公共安全的犯罪。爆炸罪的客观方面表现为使用爆炸的手段，对不特定的多数人的生命和财产造成损失，危害公共安全；主观方面表现为危害公共安全的故意；客体是公共安全，即危害不特定的多数人的安全。爆炸罪与故意杀人罪的区别就在于行为人实施的危害行为侵犯的目标是特定的个人还是不特定的多数人。如果是前者就属于故意杀人罪的主观故意，而后者则属于危害公共安全的犯罪的主观故意。从后果上来看，造成损害的大小也是爆炸罪与故意杀人罪的界限，如果以爆炸的手段故意杀害特定的人的行为危及到了公共安全就属于爆炸罪的范畴。

本案中刘某的行为应当构成故意杀人罪，理由如下：刘某的主观故意是杀害特定人陈某，而不是危害公共安全；刘某爆炸的对象是特定的个人，而不是不特定的多数人，而且他的炸药包也并没有投掷在公共场所，而是投掷在陈某家中；从后果上看，**受到威胁的只有陈某的生命和财产安全，**而不是不特定的多数人的生命和财产安全。本案中，陈某家的财产由于刘某的行为受到损坏，刘某已构成故意毁坏财物罪。刘某实施一个行为触犯两个罪名，属于想象竞合犯的情况，应在故意杀人罪和故意毁坏财物罪两个罪名中择一从重罪处罚。

【案例 21】

本案争议的焦点在于王某的行为是故意伤害罪还是故意杀人罪；王某的犯罪行为是犯罪未遂还是犯罪中止。故意杀人罪是指故意非法剥夺他人生命的行为。故意杀人罪主观上必须具有剥夺他人生命的故意，即杀害他人的故意；侵害的客体是他人的生命。故意伤害罪的主观构成要件为损害他人身体健康的故意；客体是他人的身体健康。在本案中，王某主观上的想法是杀死张某，并非伤害张某；客观方面王某在行为过程中对着张某面部和胸部等要害部位猛砍，是由非法剥夺他人生命的故意所支配的非法剥夺他人生命的行为。因此，王某的行为符合故意杀人罪的构成要件，成立故意杀人罪，而不是故意伤害罪。

犯罪未遂是指已经着手实施的犯罪，由于犯罪分子意志以外的原因而没有得逞。犯罪中止是指行为人自动放弃犯罪，并且有效地防止犯罪结果的发生。从主观上说，在有可能继续实施犯罪行为的情况下，行为人必须自愿放弃犯罪，而不是出于其他原因致使犯罪不能继续进行。从客观上说，犯罪中止发生在犯罪预备阶段之后，既遂之前。行为人必须有效地防止犯罪后果的产生。由于犯罪中止的社会危害性比较小，因此，刑法规定没有造成损害

的，应该免除处罚；造成损害的，应该减轻处罚。在本案中，王某对张某一阵猛砍之后见到张某手被砍断而且浑身是血，便放下了凶器，按照当时的情况看，**王某是有条件继续进行犯罪的，但其出于自己的意志而放弃，属于自动放弃犯罪，是犯罪中止。**

【案例22】

本案是一起共同犯罪。共同犯罪是指两人以上共同故意犯罪。从犯罪主体上看，犯罪主体不是单一主体而是二人以上；从犯罪的主观方面看，必须是故意，包括犯罪的故意和共同的故意，即主体犯罪的意图和与别人共同犯罪的意图；从犯罪的客体看，犯罪主体所侵犯的客体必须是共同的，即必须是同一客体；共同犯罪的客观方面则是共同的犯罪行为，每个不同分工的行为都是整体行为的组成部分。

在本案中，刘某虽然没有参与直接伤害张某的行为，但刘某对事前谋划起了主要作用，整个事件是由他引起的，刘某后来让黄某找两人决定报复，表明刘某对于整个事件**在主观上**是同意而且支持的，是刘某组织了整个犯罪活动。作为一个有健全认知能力的成年人，刘某应该意识到找人对张某实行殴打会导致张某受到伤害的后果，而刘某对待这种后果也是积极希望它发生的。之后黄某纠集他人殴打张某是对之前共同犯意的贯彻实施，因此，刘某在这次犯罪活动中起到了组织作用，但是，刘某只有伤害张某的故意，而没有致人死亡的故意，因此，不能认为刘某的行为构成故意杀人罪。综上所述，刘某虽然没有直接参与伤害张某的行动，但他的行为对整个活动起到了组织作用，属于共同犯罪中的主犯，构成故意伤害罪，而且发生致人死亡的严重后果，属于结果加重犯。

【案例23】

本案的焦点在于吴某的行为是否构成犯罪，又构成什么犯罪。本案属于强奸罪犯罪中的共同犯罪情形。在这个案件中，虽然吴某没有实施强奸的行为，但是从吴某的**主观认识上**看，他明知自己为李某提供帮助会发生什么后果，对于这种后果吴某是积极希望它的发生的。从吴某的客观行为上看，他不但对李某的强奸行为进行鼓励，提供帮助——跑到旁边观望有没有人过来，而且还对张某说道："大姑娘，你放松一点，现在的人思想就是这样。"吴某还对张某进行强制猥亵，配合了李某对张某的奸淫。因此，张某的性权利遭到侵犯，是李某和吴

某共同作用的结果，李某和吴某二人既有主观上共同犯罪的故意，**客观上又有共同犯罪的行为。**虽然二人的共同犯意没有事先经过预谋，但是共同犯意也可以临时形成。至于吴某对张某实行了强制猥亵的行为，根据吸收原则，强制猥亵罪被强奸罪吸收，强制猥亵这一行为在强奸罪这一特定的犯罪中，只是作为客观方面的构成要素而存在，不能构成独立的犯罪。因此吴某的行为构成强奸罪，但是属于帮助犯，在量刑时可以作为一个考虑的因素。

【案例24】

嫖娼与强奸妇女是两种完全不同性质的行为。从行为的结果上看，行为人都与妇女发生了性关系，这是两者的共同之处；从妇女的角度看，前者是妇女自愿发生性关系；后者则是不自愿的，即嫖娼不存在违背妇女意志的问题，而强奸则违背了妇女意志，这是区别两者的关键所在，也是分清罪与非罪的界限。强奸罪所侵犯的直接客体，是妇女性的不可侵犯的权利，即妇女按照自己的意志决定自己性行为的权利。根据刑法的规定，强奸罪侵犯的对象，是年满14周岁的妇女，她们均享有性的不可侵犯的权利，并不因为其身份、职业以及有无前科而有所不同。只要妇女的性的权利受到侵犯，均应受到法律的保护，即便是以卖淫为生的妇女，当她表示不愿意卖淫时，其性的权利也应受到法律的保护，即她同样具有性的不可侵犯的权利，如果有人以暴力、胁迫等手段强行与之发生性关系，也同样构成强奸罪。

从本案事实发展的过程看，伍某的主观意愿有一个变化过程。在开始阶段，她的主观动机是卖淫，否则她不会与两个素不相识的人嘻嘻哈哈地闲聊。但当她听说两人是公安人员，又听他们打电话给"派出所"时便产生了恐惧，要求回家。特别是后来又见到两人亮出手铐和电警棍，心里更加害怕，其主观意愿便由愿意卖淫转变为不愿意卖淫。但迫于当时所处的环境，她又摆脱不了两人的控制，**最后只好屈从于两人的压力，与他们发生了性关系，这是完全违背其意志的。**因此，肖某、李某的行为构成强奸罪。

【案例25】

其一，本案中，张某起意强奸王某，并同李某商量，让李某为其提供帮助，李某实施了具体的帮助行为。张某、李某二人形成了共同的强奸故意，客观上分别（分工）实施了相应的犯罪行为。李某虽然作为一名女性，不能单独成为强奸罪的犯罪主

体，但妇女可以成为强奸罪的共犯。在本案中，李某就是作为张某强奸罪的帮助犯出现的，所以应当以强奸罪共同犯罪论处，也定强奸罪。

其二，张某在实施强奸王某的过程中，由于其已经实施了强奸罪的着手实行行为 **采取了暴力、威胁以外的其他方法（即灌醉酒的方法）使被害妇女失去反抗能力**，强行与其发生性关系，但是由于王某被惊醒而极力反抗从而使张某的强奸行为未能最终得逞，这显然是张某意志以外的因素造成的。根据故意犯罪停止形态基本理论，应当属于强奸罪的未遂。同理，根据共同犯罪的基本理论，另一共犯人——李某的强奸罪也是未遂。

其三，张某强奸未能得逞，由于害怕邻居发觉，张某产生了杀人灭口的故意，实施了剥夺王某生命的行为，构成故意杀人罪。

其四，对于张某的故意杀人行为，李某是不负刑事责任的，因为张某、李某二人仅有强奸的共同故意，而没有杀人的共同故意，李某也没有实施故意杀人犯罪行为，即杀害王某的行为与结果仅由张某一人负刑事责任。

其五，李某明知张某实施了故意杀人行为后，又为其掩盖罪行，将尸体投放河中以企图隐藏罪证，这一行为属于包庇的性质，构成《刑法》第310条的包庇罪。

【案例26】

本案关键在于赵某是否明知钱某是幼女。如果行为人明知对方是幼女仍然与之发生性关系，不管对方是否自愿，均构成强奸罪；如果行为人不明知对方是幼女而与之发生性关系，在对方自愿的情况下，不构成犯罪。所以，只有行为人对是幼女这一事实有明确的认识的时候，至少是有可能认识的时候，才能体现出严重的社会危害性，从而构成奸淫幼女的强奸犯罪。在不明知对方是幼女，又没有使用暴力、胁迫或者其他手段的时候，社会危害性无从体现。因此，当行为人确实不知道，也不可能知道对方是幼女时，在对方自愿的情况下双方发生性关系，不属于强奸罪。

在本案中，赵某对于钱某是幼女，并没有明确地知道。当赵某问起钱某的年龄时，钱某告诉赵某自己已经16岁了，而且钱某的身高162厘米、体重49公斤，说明身体也都已经发育成熟，并不能从钱某的外表上看出钱某是幼女。所以赵某对于钱某是幼女这一事实，既不知道，也没有可能知道。因此，赵某在主观上不具有奸淫幼女的故意。另外，在赵某与钱某发生性关系的时候，两人均是出于自愿，**虽然钱某只有12岁，但是双方的性行为属于恋爱中的自由行为**。因此，赵某主观上没有强奸的故意，不构成强奸罪，并且性行为是在钱某的同意下进行的，因此，赵某不构成奸淫幼女的强奸罪。

【案例27】

绑架罪与非法拘禁罪的区别主要在于，绑架罪的构成不仅要求有非法剥夺他人人身自由的行为，而且要求有勒索财物或满足行为人不法要求的目的以及与此相应的勒索财物或提出不法要求的实行行为；而非法拘禁罪仅要求行为人具有剥夺他人人身自由的目的。绑架罪与抢劫罪都以取得财物为目的；在客观上都可以表现为暴力、胁迫等强制手段；在侵犯的合法权益方面，两者也都同时侵犯了公民的人身权利和财产权利，因而两者是十分近似的犯罪。但是绑架罪是以非法剥夺人身自由的方法，并以被绑架人的安全向其亲属或其他人进行要挟，勒索财物行为的指向对象为被绑架人以外的第三人，即被绑架人的近亲属或其他人，而不可能是被绑架人；抢劫罪的方法则一般表现为当场使用暴力手段，要挟的人及劫财行为指向的对象一般具有同一性。

本案中，赵某、钱某以及孙某三人**主观上**有非法占有他人钱财的故意，而且三人事前进行预谋计划，明确分工，并准备了作案工具，当场对"李某"实施暴力行为，包括将其挟持到附近一间已经荒废了的炼油厂的车间内，并绑住其手脚，然后搜寻钱财。抢劫罪侵犯的客体是复杂客体，即人身权利和财产权利，所以尽管赵某等三人未抢到钱财，但仍然侵犯了被害人的人身权利，所以构成抢劫罪的既遂。

三人将黄某当成李某而对其抢劫、绑架，是犯罪分子对行为对象的错误认识造成的，并不影响犯罪故意的成立。因此上述三人的行为成立抢劫罪。

【案例28】

（1）栗某的行为构成抢劫罪和故意杀人罪（未遂）。栗某以非法占有为目的，以绳子捆绑被害人的暴力手段强行劫取被害人的现金、手机、农业银行信用卡等财物，构成了抢劫罪。栗某在实施抢劫后为了灭口，采取了绳子勒、石头砸、刀子刺等多种暴力手段去非法剥夺被害人的生命，构成了故意杀人罪。但栗某虽然实施了长达8小时、多次重复性的侵害行为仍未将被害人樊某致死，最终被迫将樊某送至医院。受害人樊某之所以未被栗某杀死，其原因属于栗某意志以外的原因，即被害人的多次反抗、求救，时间已是白天，路人很多；在被害人明智地"承诺私了"待朋友到达确保其安全后再报警将栗某抓获。这一过程反映了栗某未杀死樊某的行为属于故意杀人未遂，而非栗某自动中止故意杀人的犯罪中止形态。犯罪中止与犯罪未遂，一般比较容易区分。二者区分的关键要看阻止犯罪达成既然状态的是"犯罪分子意志以内的原因"还是"犯罪分子意志以外的原因"，即犯罪分子未完成犯罪是具有"自动性"还是"被迫性"。本案中栗某最后虽然送樊某去了医院，返还了抢劫的财物，并支付了医疗费，显然上述行动均并非出于栗某的"自愿""自动"，而是在长达 8 个小时对樊某仍未完成杀死，且又在白天，众目睽睽、已被路人金某报了警的现实情况下，栗某被迫放弃杀死樊某的意图。栗某是出于意志以外的原因停止犯罪，属于犯罪未遂而非犯罪中止。

（2）对栗某的抢劫罪和故意杀人罪应实行数罪并罚。当然对其故意杀人未遂的情节，可以比照杀人既遂从轻或者减轻处罚。

【案例 29】

在本案中，赵某和钱某以出卖为目的，将女青年夏某卖给谭某。**在主观上二人有出卖妇女的故意，客观上**又实施了拐卖夏某的行为，符合拐卖妇女罪的构成要件，构成拐卖妇女罪的既遂。后来，在谭某将钱索回一部分之后，赵某和钱某觉得自己做了亏本生意，于是产生了杀害夏某的念头，并且将犯意付诸实施，这在主客观方面都已经符合了故意杀人罪的犯罪构成要件。因此，本案当中，赵某和钱某的行为构成了拐卖妇女罪和故意杀人罪，应数罪并罚。

【案例 30】

冷某构成抢劫罪和盗窃罪，应对二罪实行数罪并罚。

本案中冷某事先谋划，以非法占有为目的，以用药物麻醉使他人昏睡方法劫取他人财物，第一次劫取许某的 700 元构成了抢劫罪，第二次劫取郭某家财物因药物失效而意外阻止了冷某的抢劫行为，构成了抢劫未遂，这两次行为符合连续犯理论，因此应以一个抢劫罪论处。且冷某的抢劫行为符合"入户抢劫"的《刑法》第 263 条的加重情节规定，量刑时应适用该加重情节的法定刑判罚。

对于冷某第二次抢劫未遂的情况下，又趁郭某去厕所之际，拿走郭家中财物的行为，应认定为秘密窃取他人财物，且数额已达巨大，构成了盗窃

罪。这里，冷某的主观上虽是以非法占有为目的，但此时已不再是抢劫的故意，而是盗窃的故意即认为被害人没有发现的情况下秘密拿走其财物。这属于一个独立的犯罪构成。

对冷某所犯的抢劫罪与盗窃罪应实行数罪并罚。

【案例 31】

在本案中，两个行为人有两个行为，先是把李某的钥匙抢走，后来又入室取财。李某的钥匙是李某及其家人掌握自己家里财物的工具，这一点是二人十分清楚的。因此，二人想要抢走的不仅仅是单纯的钥匙这一金属物品，而是通过钥匙开门获得李某家里的财产。失去了自己家里的钥匙，也就失去了对自己家中财物进行控制的能力。在抢劫罪当中，以暴力相威胁的方法进行抢劫，行为人对受害人实施暴力的时间和要求受害人交出财物的时间，均为当场。**张某和王某当场对李某使用暴力，而当场取得了李某家里的钥匙，就意味着有了对李某家中财物进行控制的能力。**两人的一系列行为密切相关，不能分开独立来看待。因此，张某和王某的行为符合抢劫罪两个"当场"的特征，应该认定为抢劫罪，而不是盗窃罪。

【案例 32】

根据《刑法》第 269 条规定，犯盗窃、诈骗、抢夺罪，为窝藏赃物、抗拒抓捕或者毁灭罪证而当场使用暴力或者以暴力相威胁的，依抢劫罪的规定定罪处罚。

在本案中，赵某、钱某以非法占有为目的，进入孙某家中秘密窃取财物的行为已经构成盗窃罪。孙某中途回家发现二人正在行窃，二人为了逃跑对孙某当场使用暴力，打伤孙某，其行为性质已经从盗窃转化成为抢劫。因此，对于钱某和赵某的行为应该以抢劫罪处理。二人的行为是否构成入户抢劫？实践中一般认定这种在户内实施暴力的，应构成入户抢劫。

【案例 33】

抢劫以后又杀人的案件与抢劫没有内在联系，因此是两个独立的犯罪，应分别定抢劫罪和故意杀人罪，实行并罚。

在本案当中，赵某和钱某实施了以非法占有为目的，对财物的所有人当场使用暴力，强行将其财物抢走的行为，构成了抢劫罪的既遂状态。在两人实施了抢劫行为之后，赵某告诉钱某如果孙某还活

着，去公安局报案的话，那他们就很狼狈，不如把孙某灭口算了。因此，事后两人返回原地杀害孙某的行为与事先的抢劫行为没有内在联系，**是两个独立的犯罪，应分别定抢劫罪和故意杀人罪**，实行两罪并罚。至于抢劫后为了护赃等而当场使用暴力杀人的，应视为抢劫行为的继续，只能定为抢劫罪，为护赃而当场行凶杀人，可作为从重处罚情节。

【案例 34】

在本案件中，张某等人盗窃的物品包括现金和毒品。**对于盗窃的一般财物，在盗窃后贩卖的，属于事后不可罚之行为**，因此，只构成盗窃罪。对于某些特殊物品或者禁止个人倒卖和持有的物品，在盗窃后销售、持有或者贩卖，则又另行构成他罪。毒品属于刑法中规定的特殊物品的行列，因此，张某等人盗窃和贩卖毒品的行为构成手段行为和目的行为的牵连犯，按照牵连犯的处理原则，从一重罪处罚。因此，就毒品部分而言，张某等人盗窃后又贩卖的行为构成贩卖毒品罪；就现金部分而言，张某等人盗窃现金的数额为 5 000 元左右，属于数额较大的情况，因此就此部分已经构成盗窃罪。所以，对张某等人的行为应该实行盗窃罪和贩卖毒品罪数罪并罚。

【案例 35】

该案是一起"撞车党"诈骗案件。张某、王某、陈某以及在逃的华某、申某犯共同诈骗罪。

本案共同诈骗的特征十分鲜明，属事前通谋，精心策划采用孕妇被车撞为幌子，各自分工行骗，诈骗所得 6.3 万元属于数额巨大，应在 3 年以上 10 年以下有期徒刑的法定刑内分别判处刑罚，并处罚金。

该"撞车党"诈骗案造成黄某重伤的结果由在现场制造事故的华某、申某夫妇单独承担过失重伤罪的责任。华、申二人应当预见在闹市街头上演危险撞车事件会引发人员伤亡等事故的发生，但由于其作案心切而疏忽大意导致骑车人黄某重伤的结果发生。因此，此二人应承担过失重伤罪的罪责，并附带民事赔偿。

综上，张某、王某、陈某比华某、申某在本起共同诈骗罪中责任更加重大，故应处重一些的刑罚。而华某、申某的诈骗罪责则稍轻于张某等三人，但却与过失重伤罪实行数罪并罚。

【案例 36】

贪污罪必须具备的条件是：从主体看，行为人

必须是国家工作人员；从客观行为上看，必须是利用职务上的便利；犯罪对象也必须是国家公共财产。在本案件中，该金属厂矿属于国有性质，因此，张某的国家工作人员的身份是毋庸置疑的，而且犯罪对象是国有的稀有金属，也符合贪污罪的特征。但是，**从客观行为上看**，张某并没有利用自己职务上的便利，而是因为对工厂周围的环境较为熟悉，所以才能顺利潜入车间实施盗窃行为。行为人利用自己对环境的熟悉的便利条件秘密窃取财物的行为，不属于利用职务上的便利，而是符合盗窃罪的秘密窃取公私财物数额较大的特征，应该以盗窃罪处理。

【案例 37】

李父、李兄的行为不构成犯罪。

妨害公务罪的立法本意在于维护国家机关工作人员依法执行职务的正当性，保护国家机关正常合法的公务活动，因此，国家机关工作人员履行职务的前提是必须遵守法律的各项规定，包括程序性规定。如果国家机关工作人员履行职务行为时，未按要求出示证明其行为合法的相关证件和手续，那么，相关行为人推断国家机关工作人员的行为违法就是合情合理的，换言之，这种行为不属于执行公务的行为。在本案中，李父和李兄虽然采取暴力行为阻碍警察及派出所聘用人员对李某先行拘留，但因为该**抓捕行为并未办理任何法律手续，因而欠缺合法性**，所以李父、李兄的妨害行为不是对依法执行职务行为的侵犯，不构成妨害公务罪。

【案例 38】

（1）刘某的伤势若鉴定为重伤，则王某的行为则应构成故意伤害罪。本案中，王某的行为具有妨害公务罪和抗税罪的性质，但由于其行为造成被害人重伤的危害结果，在结果要件上不符合两罪的特征，已经超过"轻伤"的界限，行为性质就已经发生转化。因此，王某的行为应当按故意伤害罪处理。

（2）如果刘某的伤势经鉴定为轻伤，则王某的行为同时触犯妨害公务罪和抗税罪，构成法条竞合。由于王某刺伤刘某的行为主要是抗拒、阻挠刘某执行征收税款的公务，**根据特别法优于一般法的适用原则，对王某的行为应当按抗税罪处理。**

【案例 39】

王某的行为构成伪造国家机关公文罪。

本案的关键是判断王某所复制的火车票订票单

是否具有国家机关公文的性质。一般而言，"公文"是指以国家名义制作的处理公务的书面文件，比如命令、决定、批复，等等，其通常具有较为严格的形式特征，包括签发的机关、签发时间、送达单位等都有一定的要求。但在国家机关公务事宜日趋庞杂的条件下，为提高效率，某些国家机关公文严格的形式特征被弱化，**国家机关负责人以个人名义签发的一些文件同样具有国家机关正式文本的效力**，比如批示、指示等。因此，这些文件的签发就意味着某种代表国家机关的公务活动开始执行，所以，伪造这类文件的行为也应当视为伪造国家机关公文。本案中，尚某签发的火车票订票单就具有上述性质，其虽然是一种简易的签发公文的形式，但仍然属于执行火车票分配计划的一种公务活动，所以，王某伪造火车票订票单的行为属于伪造国家机关证件的行为，应当定性为伪造国家机关公文罪。

【案例 40】

吴某的行为构成伪造国家机关证件罪和贪污罪。

本案中，吴某**主观上明知**自己无权办理"产品质量监督检查合格证书"，仍然违反有关规定，追求伪造国家机关公文结果的发生；**客观上**，吴某利用空白的合格证书私自为多家企业办理"产品质量监督检查合格证书"，属于伪造国家机关公文的行为，已经侵害了国家机关的正常管理活动和信誉。因此，吴某的行为符合伪造国家机关证件罪的特征，构成伪造国家机关证件罪。

吴某作为国家机关工作人员，利用职务便利，隐瞒事实真相为有关企业办理伪造的质检合格证书，并将"办证费"占为己有，在主观上具有非法占有公共财产的直接故意；在客观上直接侵吞具有公共财物性质的"办证费"，其行为符合贪污罪的特征，应当构成贪污罪。

吴某实施的伪造质检证书的行为和侵吞"办证费"的行为具有手段与目的的牵连关系，构成牵连犯，按照从一重处罚的处理原则，对吴某的行为应定性为贪污罪。

【案例 41】

（1）贾某有两种犯罪行为，即伪造印章行为和诈骗行为，可能触犯的罪名有合同诈骗罪、招摇撞骗罪、伪造国家机关印章罪。

（2）贾某的行为构成合同诈骗罪。要区分贾某的行为是构成合同诈骗罪还是招摇撞骗罪。本案中贾某的行为既符合合同诈骗罪的犯罪构成，又符合招摇撞骗罪的犯罪构成，但行为人主观上只有一个犯罪故意，客观上也只实施了一个犯罪行为，其冒充国家机关工作人员只是为了骗取财物，没有涉及其他利益，因此，对贾某行为的定性形成法条竞合。在法条竞合的情况下，一般应遵循特别法、特别条款优于普通法、普通条款的原则。但也有例外，即当特别条款的法定刑明显低于普通条款的法定刑时，就应该按照重法优于轻法的原则处理。本案中贾某不仅诈骗数额特别巨大，而且冒充国家机关工作人员实施诈骗，严重损害了国家机关的威信和形象，属于情节严重。此情形下，招摇撞骗罪的法定刑明显低于合同诈骗罪，因此应适用重法优于轻法的原则，对贾某的行为定性为合同诈骗罪。

贾某伪造印章是合同诈骗的手段行为，与合同诈骗形成牵连关系，不应当数罪并罚。**对于牵连犯，一般适用从一重处罚的原则。**由于合同诈骗罪法定刑重于伪造印章罪，所以贾某的行为应当以合同诈骗罪定罪处罚。

【案例 42】

洪某的行为构成寻衅滋事罪。

本案的定性涉及对寻衅滋事罪中的"强拿硬要"行为的理解。"强拿"一般指行为人用强制性的力量使他人不敢反抗而获取财物的行为，行为中含有暴力、威胁的手段。"硬要"意即无理、强行索要，是指行为人对他人实施某种压力，使其在被逼无奈的情况下交出自己的财物。寻衅滋事罪与抢劫罪、敲诈勒索罪在客观行为方面尽管有所相似，但区别还是非常明显。寻衅滋事罪强制手段的效果强调被害人因为害怕心理为息事宁人而自愿交出财物，而不是因为不敢抗拒、无法反抗而完全被动地交出财物。

本案的难点即在于洪某等人殴打司机姚某以及后来迫使其交钱的行为性质。从本案的缘起看来，洪某是因为听到妻子受了司机姚某的"污辱"，为了发泄心头的愤恨之情，才纠集他人打算教训姚某一顿。从这里可以看出，洪某的主观故意内容与寻衅滋事罪主观要件要求的报复生事、横行霸道心理更相符合，而不是抢劫罪或者敲诈勒索罪中的非法获取他人财物的故意心理。另外，从洪某索要钱财的数量和对姚某殴打造成的结果来看，其行为也是有分寸的，主要是为了满足洪某报复的目的。因此，洪某等人因个人小事把客车拦下，肆意殴打司机，寻衅报复的行为主要侵害了车站正常的运输管理秩序。综观全案，洪某的行为应当构成寻衅滋事罪。

【案例43】

本案中，郭某**在客观上**虽然有提供虚假证词的行为，**在主观上**有使自己逃避刑事责任的故意，但是由于其本人是案件的当事人，不具有证人身份，因而不符合伪证罪的主体特征，不构成伪证罪，应当直接按照交通肇事罪处理。

金某是郭某交通肇事行为的证人，负有如实作证的义务，在刑事诉讼的过程中却为包庇其表弟免受刑事处罚，承认自己是肇事者，对案件的重要情节做出虚假陈述，隐匿案件事实真相。因此，金某的行为符合伪证罪的基本特征，对其行为应当以伪证罪定性处罚。

【案例44】

贾某的行为构成伪证罪，属于犯罪未遂。

本案的核心问题涉及对陈述内容是否"虚伪"的判断。我们认为，对"虚伪"的判断应坚持主客观相一致的原则，具体而言，如果陈述者主观上基于还原案件真实面貌的意愿将其所经历的事实作出陈述，无论其陈述内容最终是否与客观事实相符，因为行为人缺乏作伪证的直接故意，因此，不能认定行为人构成伪证罪；如果陈述者主观上基于虚假的还原案件真实面貌的意愿对其所经历的事实作出陈述，无论其陈述内容最终是否与客观事实相符，因为行为人具有作伪证的直接故意，因此其行为都将触犯伪证罪，但犯罪形态会有所不同。

本案中，贾某为了顾念战友之情，有意违反事发当时的真实情况作出证言，意图隐瞒罪证，因此，行为人**在主观上**存在犯罪的直接故意。**在客观上**，行为人陈述的事实与客观事实基本符合，因此其陈述行为无法引起危害结果的出现，即未对刑法所保护的司法秩序造成侵害，但仍然有构成侵害的危险，因而具有一定的社会危害性。所以，贾某的行为仍然符合伪证罪的基本特征，但因为其实际所陈述的是真实证言，因此属于"手段不能犯"的情形，构成伪证罪的犯罪未遂。

【案例45】

张某的行为构成掩饰、隐瞒犯罪所得、犯罪所得收益罪。

本案的关键在于对"犯罪所得的赃物"如何理解，这涉及窝藏、转移、收购或者代为销售赃物犯罪与衍生它们的"前罪"（盗窃、抢夺、诈骗等犯罪）之间的关系问题，即"赃物犯罪"是否要求"前罪"必须构成犯罪。一般认为，成立"赃物犯罪"并不要求"前罪"必须构成犯罪。"赃物犯罪"与衍生它们的"前罪"之间的关系，是一种既相互联系又相互区别的关系，如果没有"前罪"，就不存在"赃物犯罪"；但"赃物犯罪"毕竟是一种独立的犯罪，它具有自己独特的社会危害性和犯罪构成，因此，其对"前罪"的依附是相对的。也就是说，只要是由犯罪分子通过违法、犯罪手段取得的赃物就是"犯罪所得的赃物"，不一定非要犯罪分子的行为完全符合犯罪构成的全部要件，非要受到刑事处罚不可。

在本案中，张某之子因年龄不满16周岁，其盗窃行为不构成犯罪的事实并不影响张某的行为性质，原因就在于合法财物只要是通过非法手段被他人获取，即具有了赃物的性质，而非法获得财物的行为定性与赃物的性质没有关系。因此，张某之子盗窃所得的物品**仍应视为"犯罪所得的赃物"**，因此，张某基于故意而代为藏匿、销售的行为构成掩饰、隐瞒犯罪所得、犯罪所得收益罪。

【案例46】

贾某的行为构成盗窃罪的共犯。

在本案中，贾某虽然拒绝与李某一起直接实施盗窃行为，但贾某在明知李某要着手实施犯罪的情况下，仍然为李某提供作案工具，帮助李某实施犯罪行为，这表明贾某在李某具体实施犯罪行为之前，主观上已具有与李某共同盗窃的故意；客观上，贾某为李某提供螺丝刀等作案工具，并负责销赃，与李某相互联系，彼此配合，存在共同犯罪行为，因此贾某的行为属于事前通谋的共同犯罪，应当构成盗窃罪。

贾某虽然有销赃行为，并从销赃中分得赃款，但这种行为并不独立构成销售赃物罪。销售赃物罪的主体是作案取得该赃物的行为人之外的人，贾某作为李某的共犯显然不具备这样的身份，因此，不构成销售赃物罪。

注意，自2011年5月1日起生效的《刑法修正案（八）》第39条已对《刑法》第264条作出修改：一是将入户盗窃、携带凶器盗窃、扒窃的行为入罪；二是取消盗窃罪适用死刑的规定。

【案例47】

吴某的行为构成脱逃罪。

本案的关键在于判断吴某在外地停留行为的性质。我们认为，吴某虽经监管机关同意归家探望，获得了合法的自由，**但这种自由仍然是相对的**，即行为人必须遵守有关规定，并按照期限归监，因为其刑罚毕竟没有执行完毕，行为人在本质上还属于在押犯。因此，当行为人超过规定期限而没有返回监狱时，事实上仍然造成了脱离监管机关监管的结果，处于一种非法的自由状态。其特殊之处在于，行为人并非直接脱离监管机关的控制，而是一种间接脱离行为，但其本质仍然属于脱逃行为。所以，吴某的行为符合脱逃罪的构成要件，应当定性为脱逃罪。

【案例 48】

英国人阿某的行为构成走私毒品罪，应适用我国《刑法》第 6 条、第 347 条、第 48 条、第 59 条、第 60 条的规定，对其判处死刑并处没收财产。

英国人阿某明知是高纯度的海洛因，却故意违反我国海关法的规定，将其携带进入我国境内，符合我国《刑法》第 347 条的规定，构成走私毒品罪。根据我国《刑法》第 6 条的规定，凡在中华人民共和国领域内犯罪的，除法律有特别规定的以外，都适用我国刑法。阿某不属于享有外交特权和豁免权的外国人，不具有法律特别规定的情形，因此按照属地管辖原则，对阿某的走私毒品罪应适用我国刑法判处。又因阿某走私海洛因的数量是4 030 克，根据我国《刑法》第 347 条的规定，走私海洛因 50 克以上的，处 15 年以上有期徒刑、无期徒刑或者死刑，并处没收财产，阿某走私海洛因数量应属特别巨大和情节特别严重，从而达到罪行极其严重的情形。根据我国《刑法》第 48 条的规定，死刑只适用于罪行极其严重的犯罪分子。本案中，英国人阿某即属罪行极其严重的犯罪分子，因此应在其法定刑幅度内选择死刑。并根据我国《刑法》第 59 条、60 条规定，对其并处没收财产。

【案例 49】

苏某的行为构成过失致人死亡罪。

本案中，苏某虽然是医学院的学生，具有一定的专业知识和专业技能，但还不具有医师资格和执业资格，仍然不能够从事正规的医疗活动。因此，苏某利用实习机会，私自为楚某进行手术的行为是一种非法的医疗活动。另外，苏某**主观上**并不具有反复、多次实施手术行为的目的，**客观上**苏某也只实施了一次医疗行为，所以苏某的行为并不符合非法行医罪作为职业犯的特征，不构成非法行医罪。对苏某的行为应当按照过失致人死亡罪定性。

苏某的行为也不构成医疗事故罪。虽然苏某具有实习医生的身份，但由于其所进行的医疗行为不属于代表医院进行的正规诊疗活动，而是一种个人行为，因此，苏某手术造成病人死亡也就不能视为医疗事故，因而不能按照医疗事故罪定罪处罚。

【案例 50】

杨某的行为构成非法行医罪。

本案中，杨某明知自己不具有医师资格和执业资格，却仅凭经验一直为他人提供接生服务，其行为属于非法的医疗行为。杨某虽然为刘某完成了接生，但仍然因为缺乏专业知识和专业技能，不仅对刘某身体造成内出血的严重伤害，还难以判断由此引发的危险并进行处理，以至于最终出现了刘某死亡的结果，因此，杨某的行为应当构成非法行医罪。

杨某不应当对刘某死亡的结果承担责任。非法行医罪中的致人死亡，是指不具有医师资格或者执业资格的行为人的医疗行为直接导致他人死亡，即行为人的医疗行为对死亡后果的产生具有决定性作用。本案中，**杨某的非法行医行为尽管造成刘某产后出血，但并未直接引发刘某死亡的后果。**杨某同时还叮嘱李某将妻子赶快送往医院治疗，这一行为很显然也不具有延误治疗的性质。因此，杨某的行为不是刘某死亡的唯一原因。而刘某之夫李某疏忽大意，并因为经济方面的考虑，在妻子出现危险近3 个小时后才通知医院，使治疗时间被延误，因此李某的行为对刘某的死亡也产生一定的作用。在这种情况下，刘某的死亡与杨某的接生行为和李某的耽误诊治行为都具有因果关系，缺少任何一种行为都不足以产生刘某死亡的后果，因此，就不能认定杨某的行为对刘某死亡的结果起了决定作用。所以，杨某应承担"严重损害就诊人身体健康"的刑事责任，而非"造成就诊人死亡"的刑事责任。

【案例 51】

(1) 本案认定的关键是贾某的主观故意的内容。贾某隐瞒事实真相，用去痛片粉冒充海洛因贩卖，骗取他人钱财，其主观上具有诈骗的故意，没有贩毒的故意，因此构成诈骗罪。

(2) 李某、周某二人把去痛片粉当成海洛因贩卖，在主观上有贩毒的故意而无诈骗的故意，在客观上也实施了贩卖的行为，因此构成贩卖毒品罪。

共同犯罪是否成立关键在于判断行为人之间是否形成共同的犯罪故意并实施共同的犯罪行为。在本案中，虽然三行为人有共同贩卖假毒品的行为，但不具有共同的犯罪故意。贾某具有诈骗的故意，李某、周某具有贩卖毒品的故意，因而，三人不成立共同犯罪。进一步讲，贾某是间接正犯，其利用

李某、周某来帮助自己实行诈骗犯罪，李某、周某与贾某没有共同实施诈骗的主观认识，只是贾某进行诈骗的工具。

（3）李某在某饭店以及贾某、周某在酒吧贩卖去痛片粉的行为，对贾某本人来说，实际上都是其所实施的诈骗行为，这些行为都已经着手实行进入到具体实施阶段，由于被警察抓获这一行为人意志以外的原因而被迫停顿，使其未能骗得财物，因此，贾某的行为构成诈骗罪的犯罪未遂。

贩卖毒品罪属于行为犯，当毒品从贩卖者转移到购买者时，即成立犯罪既遂，反之则构成犯罪未遂。在本案中，李某、周某存在主观上的认识错误，把去痛片粉当成海洛因而贩卖，属于"对象不能犯"的情况，因此，不论两人是否完成了买卖行为，都只构成贩卖毒品罪的犯罪未遂。

【案例 52】

杨某的行为构成贪污罪。

本案涉及对"受委托管理、经营国有财产的人员"的理解。首先，一般而言，委托人必须是国家机关、国有公司、企业、事业单位、人民团体，而被委托人并不具有作为贪污罪主体资格的国家工作人员身份。其次，委托事项具有特定性。被委托人具有受国家机关、国有公司、企业、事业单位、人民团体委托管理、经营国有财产的职责，对国有财产拥有一定的处分权。这在客观上与国家工作人员对国有财产的经营、管理等职务活动的公务性有相同之处，也具有一定的"从事公务"的性质。如果行为人受委托的事项是从事具体的保管、经手、生产、服务等劳务活动，则不属于"受委托管理、经营国有财产的人员"。最后，委托和被委托关系通常基于合同关系而产生。比如以承包、租赁合同的方式经营、管理国有企业或者国有财产，就属于"受委托经营、管理国有财产"。

本案中，杨某与食品公司签订租赁协议，双方形成租赁关系，杨某虽不是国家工作人员，但按照租赁协议的规定，食品公司将属于国家所有的机械设备及办公用品租赁给杨某，杨某就取得了该机械设备及办公用品等国有财产的使用、收益权，同时又负有妥善保管的义务，负有经营、管理上述国有财产的职责，因此，杨某属于刑法规定的"受委托管理、经营国有财产的人员"。杨某明知租赁的设备及办公用品系国有资产，**仍在租赁、经营国有资产期间，利用职务上的便利，以非法占有为目的，指使他人将国有资产变卖、藏匿，据为己有，其行为应以贪污罪论处。**

【案例 53】

李某与赵某的行为构成贪污罪，两人属于共同犯罪。

从表面上看，赵某从张某处购进这批煤再卖给电厂是两个合法的买卖关系，但实质上，在交易关系的背后掩藏着李某利用其职务便利非法占有电厂公共财产的贪污行为。首先应当明确的是，电厂给付赵某的煤炭款并不是此次交易中应当支付的合理对价，其与正常对价的差额部分原本属于电厂不应支付的钱款，具有公共财产的性质。因而，李某在明知电厂能够以 180 元/吨的价格购进这批煤的情况下，却利用其作为电厂厂长的职务便利，通过赵某低价购进再高价转卖给电厂，从而与赵某分得成交差价的行为，在主观上已经充分体现出李某非法占有电厂公共财产的目的，在客观上属于国家工作人员利用职务便利，采取诈骗手段占有公共财物的行为，因此，李某的行为符合贪污罪的构成要件，应当定性为贪污罪。

对于赵某而言，其虽不具有国家工作人员的身份，但**主观上**出于利用李某的职务便利使自己获得非法收益的动机，与李某共同策划，形成了非法侵占电厂公共财物的共同犯罪故意；**客观上**赵某利用其自有资金低价买进，高价卖出，为李某非法占有公共财物提供了直接的帮助，是共同贪污行为的组成部分。因而，赵某的行为构成贪污罪的共犯。

根据两人在犯罪中的作用，李某应当按照贪污罪的主犯处理，赵某应当按照贪污罪的从犯处理。

【案例 54】

卢某的行为应认定为受贿罪未遂。

该案是新形势下受贿犯罪的新表现，里面有民刑交混的复杂问题。根据民商法的规定及法律原则，锦城公司出资 200 万元成为项目公司的第一大股东是伪装行为，预付 200 万元工程款承建部分危房改造项目是隐藏行为。即行为人的内在意思是后者，而外在行为却是前者。该案件，其外在行为，即出资成为公司股东的行为是有效的，而其隐藏行为，即预付工程款承建危改项目的行为是无效的。按照商法外观主义的要求，以外在行为为标准。当认定锦城公司出资的 200 万元为股份时，其以协议方式将自己的股权转让给卢某，这属于卢某收受干股问题。干股是指未出资而获得的股份。根据 2007 年 7 月 8 日"两高"《关于办理受贿刑事案件适用法律若干问题的意见》第 2 条，国家工作人员利用职务上的便利为请托人谋取利益，收受请托人提供的干股的，以受贿论处。但是该案中，卢某虽接受

了锦城公司转让股份的协议书，但因卢某认为条件不成熟而暂时搁置，从民商法层面看，卢某并未取得锦城公司转让股份的所有权即未取得股东资格。但从刑法的角度，卢某已利用职务之便为李某的锦城公司获得承揽工程建设项目的利益而与之交换无偿转让股份（即收受干股），已符合权钱交易的受贿罪本质，侵犯了公务行为的廉洁性。因意外原因尚未转让成功未变更股权登记的，应以受贿罪未遂论处。

复/杂/经/典/案/例

【案例 55】

伍某的行为已构成挪用公款罪。

本案的关键在于判断伍某用公款存单设定质权的行为性质。伍某以公款存单向银行提供质押担保为其个人申请贷款，实际上擅自在公款所有权上为私人债务设立了一个质权。而质权设置后会出现的一个可能的结果是，如果出现任何必须对质押物强制优先受偿的情形，银行随时都可以就该存单记载的财产权利强制划拨并优先受偿，而无需定期存单到期。因此，**该公款存单上记载的公共财产权利实际上一直就处于一种风险状态**，这种风险状态将造成该公款的使用安全性受到本不应有的侵害。所以，伍某将公款为私债作质押的行为在本质上是一种挪用公款的行为，使得公款不能够按照公共的用途得到使用，进而脱离公款所有权单位的控制，侵害了公款合法正当的使用权。因此，伍某的行为符合挪用公款罪的特征，应当以挪用公款罪定性处罚。

【案例 56】

贾某的行为构成受贿罪。

本案的关键在于如何认定全国足球联赛中裁判的主体身份及其在比赛中进行执法活动的性质，这涉及对《刑法》第 93 条所规定的"其他依照法律从事公务的人员"的理解。中国足球协会是唯一的、全国性足球专项体育社会团体法人，是全国性、非营利性的联合组织，代表国家负责管理有关足球方面的全国体育竞赛活动。因此，中国足协组织足球联赛是在依法从事公务活动，对于被足协选派的全国足球联赛裁判，其执法比赛的工作，是公务活动。所以，足球裁判也应认为属于依照法律从事公务的人员。至于从事裁判工作的人是否担任其他工作并不重要，因为关键在于判断其在执法比赛活动的过程中是否是执行公务，而不在于其本身是否是国家工作人员。因此，在执法比赛的过程中，足球裁判属于国家工作人员中的"其他依照法律从

事公务的人员"，其利用职务便利控制比赛结果，为俱乐部牟取利益而接受贿赂的行为，属于受贿行为，应当构成受贿罪。本案中，贾某作为执法足球联赛的裁判，具有国家工作人员身份，其利用职务便利控制比赛结果，为俱乐部牟取利益，并接受俱乐部钱款的行为符合受贿罪的特征，应当定性为受贿罪。

【案例 57】

（1）黄某的行为构成利用影响力受贿罪。根据《刑法修正案（七）》第 13 条第 2 款的规定，黄某系离职的国家工作人员的近亲属，利用了该离职的国家工作人员即其母亲余某原职权或地位形成的便利条件，通过其他国家工作人员职务上的行为即现工商银行信贷科长的职务行为，为请托人 6 家公司谋取不当利益，收受或索取请托人数额较大的财物人民币 3 万多元，构成了利用影响力受贿罪。

（2）余某的行为构成利用影响力受贿罪。根据《刑法修正案（七）》第 13 条第 2 款的规定，余某属于离职的国家工作人员，即曾经是国家工作人员，现因退休的原因目前已离开了国家工作人员岗位的人。余某利用原工商银行行长的职权或地位形成的便利条件，通过在职的现工商银行信贷科长的职务行为，为请托人谋取不当利益，索取请托人财物或收受请托人财物，数额较大的，构成利用影响力受贿罪。

【案例 58】

（1）李某的行为构成受贿罪。李某作为司法工作人员利用职务便利收受他人贿赂，意图使有罪的余某逃避刑事制裁的行为实际触犯了两个罪名，即徇私枉法罪和受贿罪，应当按照数罪并罚的原则处理。但由于刑法分则特别规定对构成受贿罪、徇私枉法罪的贪赃枉法行为应从一重处罚，在本案中，对李某按照受贿罪处理，处罚更重，因此，李某的行为构成受贿罪。

（2）赵某的行为应当定性为受贿罪。本案中，李某是有身份者，赵某是无身份者，赵某与李某共同受贿的行为属于无身份者教唆有身份者共同实施犯罪的情形，应当按照有身份者的行为定罪。具体而言，在主观方面，赵某要李某利用自己职务上的便利将余某放出来，并收受余某之妻的贿赂时，李某开始不同意，后经赵某的多次劝说，李某终于同意，两人共同受贿的犯罪故意已经形成。在客观方面，赵某、李某两人的行为既有分工，又相互联系，共同实施了受贿犯罪行为。其中赵某是利用李

某职务上的便利收受他人财物，李某则利用其职务上的便利为他人获取非法利益。赵某虽不具有国家工作人员的身份，**但利用了具有国家工作人员身份的李某的职务便利受贿，属于受贿罪的共犯，因此**应以受贿罪对其定罪。

【案例 59】

甘某的行为是否构成行贿罪需要根据两种不同情况进行分析。

第一种情况，如果赵某没有将甘某行贿请托的事项告诉市委书记姜某，则甘某的行为不构成行贿罪。理由在于，甘某行贿的对象赵某并不具有国家工作人员身份，因此甘某的行贿行为不具有行贿罪要求的对象条件，不构成行贿罪。

第二种情况，如果赵某将甘某行贿请托的事项告诉市委书记姜某，姜某对此事有所了解并认同，则甘某的行为构成行贿罪。理由在于，虽然甘某行贿行为的直接对象赵某并不具有国家工作人员身份，但其行贿行为最终通过赵某指向了具有国家工作人员身份的姜某，赵某只是甘某实现其向姜某行贿目的的桥梁和中介，赵某实际上只起到传递贿赂的作用，因此，甘某的行贿行为符合行贿罪所要求的对象条件，即向国家工作人员行贿。另外，由于甘某违反公务人员升迁有关规定，主动跑官、要官，**其所谋求的是一种"不正当利益"**，因此，甘某的行为符合行贿罪的特征，应当以行贿罪定罪处罚。

【案例 60】

张某的行为不构成玩忽职守罪。本案中，张某的行为属于基本履行职责的行为，不符合玩忽职守罪客观构成要件。具体而言，张某在病房中一直按照职责要求进行监护，其外出打开水的行为是在一定客观条件下发生的合理行为，而且在实施这一行为时，张某还特别叮嘱同事注意监护，因此，张某外出打水的行为不属于严重不负责，只能认定为一般的工作失误，而不属于玩忽职守行为，张某的行为不构成玩忽职守罪。

马某的行为构成玩忽职守罪。理由在于，马某在接到张某外出打开水前的监护交代后，监护任务已经全部集中于其一人身上，马某本应提高警惕，加强监护。但因刘某提出"方便"，马某只得转身回避，此时马某实际更应该注意刘某的行为，但他却仍然接听电话使其监护注意力进一步分散，从而使刘某有机会跳楼自杀。因此，马某的行为**在主观上具有疏忽大意的过失，在客观上**

违背监护的职责要求，对刘某看护不严，造成其死亡，属于严重不负责任的行为，所以马某的行为构成玩忽职守罪。

本案中，马某虽然是无正式编制的协警员，但因为其接受了公安机关的委派，履行监护犯罪嫌疑人的职责，因此具有了从事公务的性质，所以应当被视为国家机关工作人员，符合玩忽职守罪的犯罪主体要件，能够成立本罪。

【案例 61】

周某的行为首先触犯了故意泄露国家秘密罪。在本案中，周某在主观上为获得个人私利，主动向他人提供有关案件举报材料，作为国家工作人员，其明知该行为属于泄露国家秘密的行为，仍然追求该行为的发生，具有直接故意；客观上，周某违背保密制度规定，把作为国家秘密的案卷材料，直接交给有关当事人观看和复印，使有关机密信息泄露给不应当知悉该项秘密的人，背弃了自身担负的保密义务。因此，赵某的行为完全符合故意泄露国家秘密罪的特征，应当构成本罪。

周某的行为同时触犯受贿罪。周某作为国家工作人员，**主观上为获得个人好处**，利用掌握他人举报材料的职务便利，故意向被举报人泄露机密信息，借此手段索取贿赂，其行为也符合受贿罪的特征，应当构成受贿罪。

从周某行为的主观故意而言，主要是通过向案件当事人泄露有关案件的机密来索取贿赂，牟取非法利益。其泄露国家秘密的行为是索取贿赂行为的手段行为，两者具有手段与目的的牵连关系，构成牵连犯。按照从一重处断的原则，由于故意泄露国家秘密罪的法定刑轻于受贿罪，所以对周某应当以受贿罪进行处理。

【案例 62】

江某的行为首先构成玩忽职守罪。江某作为巡警，担负维护社会治安，处理突发事件的职责，在遇到正在发生的犯罪行为时，应当履行自己的职责，及时采取措施制止犯罪。但江某却置个人职责于不顾，不仅不及时制止朋友的犯罪行为，也不向公安机关报告，严重不负责任，致使两名被害人被刺成重伤。因此，江某不履行警察职责的行为已经达到情节严重，符合玩忽职守罪的构成要件，应当构成玩忽职守罪。

江某故意隐瞒事发当时案件情况真相的行为构成伪证罪。因为江某当时正在案发现场，目睹事件经过，因而具有证人的身份。在后来案件的侦查过程中，江某为了使朋友逃避刑事制裁，基于故意心理，隐瞒了吴某行凶伤人的重要情节，因此构成伪证罪。

江某事后向朋友通风报信的行为触犯了帮助犯罪分子逃避处罚罪。在主观上，行为人具有帮助其朋友逃避刑事责任的直接故意，明知其行为将使犯罪嫌疑人逃脱抓捕，仍然希望该结果发生；客观上，江某作为公安巡警，是具有查禁犯罪活动职责的国家工作人员，却利用工作的便利条件，通过电话方式，向犯罪嫌疑人泄露了公安机关采取抓捕行动的消息。因此，江某的行为构成帮助犯罪分逃避处罚罪。应当注意，江某的行为不构成徇私枉法罪，主要理由在于江某并非利用其职务便利实施了对吴某犯罪的包庇行为，而是利用工作的便利实施了该行为，与其职务只存在一种间接的联系，因此，应当按照帮助犯罪分子逃避处罚罪处理。

对江某的上述三种犯罪行为，应当按照数罪并罚的原则进行处理。

【案例 63】

华某的行为构成徇私枉法罪。在本案中，华某作为司法工作人员为徇私利，隐瞒自己受贿的事实真相，明知举报人郭某无罪，仍然利用职权追究郭某的刑事责任，**具有主观直接故意；客观上**，华某利用其职务便利，以诬告陷害的名义对举报人进行立案侦查，使其受到了原本不应承担的刑事追究。因此，华某的行为符合徇私枉法罪的特征，应当构成徇私枉法罪。

华某的行为同时触犯了报复陷害罪。华某作为国家工作人员，隐瞒事实真相，捏造罪名，违背法律利用自己的职权追究举报人的刑事责任，从而实现自己打击报复的目的，符合报复陷害罪的特征，应当构成报复陷害罪。

在这种情形下，行为人同时触犯了徇私枉法罪和报复陷害罪两个罪名，但只有一个犯罪故意，且只实施了一个行为，**构成想象竞合犯，应当按照从一重处罚的原则处理**。因为徇私枉法罪的法定刑较重，因此，华某的行为应当定性为徇私枉法罪。

【案例 64】

谢某的行为构成私放在押人员罪。本案中应当注意的是谢某的行为特征。谢某虽然没有直接将廖某放走，但是仍然利用职务便利为廖某提供信息以及其他帮助，使廖某逃脱监狱、摆脱监管，因此，谢某的行为构成私放在押人员罪。

还应当注意的是，谢某并不是廖某脱逃罪的共犯。谢某虽然客观上有帮助廖某脱逃的行为，是廖某脱逃行为的组成部分，但在主观上，谢某是利用自己的职权，违法使廖某脱离监管，其故意心理所追求的结果和廖某脱逃故意所追求的结果尽管有所重合，但还是有所差别，是一种独立的故意心理，符合私放在押人员罪的主观特征。

【案例 65】

贾某的行为构成受贿罪。

本案中，贾某作为国家工作人员，收受贿赂，为犯人牟取逃脱监管的非法利益，构成受贿罪。另一方面，贾某利用职务便利，故意放走在押犯人的行为又构成私放在押人员罪。在贾某的受贿行为与私放在押人员行为的关系中，目的行为是索取贿赂并收受贿赂，而手段行为则是私放在押的囚犯，两行为构成牵连关系。**按照牵连犯从一重处罚的处理原则，依受贿罪处罚较重**，因此，本案中贾某的行为应按照受贿罪定罪处罚。

【案例 66】

胡某的行为构成了受贿罪和巨额财产来源不明罪，应实行数罪并罚。根据"两高"2007 年 7 月 8 日《关于办理受贿案件适用法律若干问题的意见》第 1 条规定，国家工作人员利用职务上的便利为请托人谋取利益，"以明显低于市场的价格向请托人购买房屋、汽车等物品"的形式收受请托人财物的，以受贿罪论处。而在本案中，胡某实际上没有利用职权为车行、房地产公司谋取利益，万某及其车行、刘某及其房地产公司也从来没有就涉及诉讼业务向胡某提出任何要求。也就是说，车行、房地产公司对胡某没有请托，既然没有请托，也就不存在胡某是否为请托人万某、刘某谋取利益的问题，胡某的行为特征不符合《关于办理受贿案件适用法律若干问题的意见》的规定。对胡某的行为不适用上述规定认定受贿罪。但是胡某利用自身身份和职权，主动找到万某、刘某要求打折，并主动承诺可以为车行、房地产公司谋取利益，显然是通过索取"打折"的手段索取非法利益，胡某的行为符合了受贿罪中索贿的法律特征。对胡某以七折低价购车和以八折低价购房的行为，应当根据《刑法》第 385 条、第 386 条的规定，以索贿形式的受贿罪从重处罚。

鉴于在受贿案查处中，发现胡某持有巨额外币且查不清合法来源，并排除这些外币合法来源的可能性，认定其犯巨额财产来源不明罪。

复/杂/经/典/案/例

故应对胡某所犯的受贿罪从重处罚并和巨额财产来源不明罪实行数罪并罚。

【案例67】

仲某的行为构成了诈骗罪和妨害公务罪,应实行数罪并罚,且仲某系累犯,应当从重处罚。

仲某分文不带而去国际商务会馆消费了6 500余元后欲悄悄离去被发现,在主观上具有非法占有商务会馆财产的故意;客观上使用了隐瞒真相的诈骗方法,即基于社会经验吃饭都要付钱的一般的认识,仲某欺骗商务会馆的经理和工作人员,准予其消费,然而仲某吃饭、做保健却不想付钱,也无钱可付,属于"白吃白住"类的骗财行为,鉴于其骗取数额较大的财产,故构成了诈骗罪。

当警方对其依法盘查时,仲某以威胁方法阻碍警方执行职务,构成了妨害公务罪。

故应对仲某以上述二罪实行并罚。又鉴于仲某系被判有期徒刑以上刑罚的犯罪分子,刑罚执行完毕以后,在五年以内再犯应当被判处有期徒刑以上刑罚之罪的,构成累犯,应当从重处罚。

【案例68】

魏某的行为构成了贪污罪。

本案值得关注的两点是:(1)刘某银行卡及卡内存款的财产性质;(2)魏某的协警队员的主体身份。

《刑法》第91条第2款规定,在国家机关、国有公司、企业、集体企业和人民团体管理、使用或者运输中的私人财产,以公共财产论。公安机关在侦查案件过程中扣押、保管的犯罪嫌疑人的物品,应属于在国家机关管理中的私人财产,依法以公共财产论。本案中,涉嫌贩毒的嫌疑人刘某的随身物品已清点后予以扣押(当然应该依法制作清单),属于在公安机关的管理之下,而刘某的银行卡及卡内6万余元存款在被扣押的物品之中,自然属于在国家机关管理中的私人财产,此时其财产性质以公共财产论。魏某窃取该银行卡及卡内6万余元属于窃取公共财产。

魏某的协警队员的主体身份是否属于国家工作人员,应根据《刑法》第93条第2款"其他依照法律从事公务的人员"及全国人大常委会《关于〈中华人民共和国刑法〉第九章渎职罪主体适用的解释》中"虽未列入国家机关人员编制但在国家机关中从事公务的人员"的规定精神进行认定。看守嫌疑人、看管扣押物品等活动是公安机关依法应当履行的公务活动,协警参与刑事侦查工作,系在侦查人员的带领和安排下执行任务,工作内容包括抓捕、看押、蹲守等,其履行任务的内容属于刑事诉讼法等法律规定的公务,履行地点是在公安机关,法律后果也由公安机关承担(上述工作均有公安机关的相关文件规定)。协警在协助公安机关执行看守、巡逻等工作时,系依法从事公务,属于"其他依照法律从事公务的人员"。魏某身为一名协警,虽未列入公安机关人员的正式编制,但属于在公安机关中从事公务的人员,因此依法以国家工作人员论。

本案中,民警袁某带领魏某等三名协警抓获嫌疑人刘某及扣押刘随身携带的物品,后将刘某带至派出所的审讯室,上述执法过程符合相关规定,但安排看守时只安排两名协警在场是有违规定的,然而这并不否认魏某看守刘某的行为是在履行职责、执行公务。恰恰魏某利用了协警身份和看守嫌疑人的职务之便,将公安机关已扣押的财物窃取,符合了国家工作人员利用职务之便,以窃取手段非法占有公共财物的贪污罪的构成要件。

【案例69】

(1)法院对祝某因上网而以暴力手段故意劫取胡某1 221元工钱的行为认定为抢劫罪是正确的。

(2)祝某犯罪后有自首情节,认罪态度较好,且积极赔偿被害人的损失,取得对方的谅解,可适用缓刑。

(3)根据2011年5月起实施的《刑法修正案(八)》第11条对《刑法》第72条的修订,宣告缓刑,可以根据犯罪情况,同时禁止犯罪分子在缓刑考验期限内从事特定活动,进入特定区域、场所,接触特定的人。该规定由法官裁量,适用于缓刑执行期间,即向祝某发出了"禁止令"。法院对"禁止令"的使用,需要考察具体被告人的犯罪情节和性质、犯罪原因和动机、人格特征及一贯表现等因素。本案中,祝某在未成年时就已痴迷网络游戏,抢劫原因也是为了抢钱去上网,其社会调查报告显示他一贯表现良好,综合考虑后法院发出了禁止令,即缓刑考验期间,禁止祝某进入网吧是恰当的。

【案例70】

(1)郭某的行为构成故意杀人罪。

郭某与范某因宅基地多占一尺地方之事争执本应属于可以通过合法途径解决之小事情,与吴某曾打过架也系琐事,但郭某却心胸狭隘报复心理极重,对李某头部的误砍也系报复心理作祟,以致持砍柴刀连续砍击多人的要害部位,非法剥夺他人生命的意图明显，并造成一人当场死亡、一人重伤、一人轻伤的严重后果，其行为符合故意杀人罪的特征。

（2）郭某砍杀范某、吴某后向派出所打电话报案称自己杀了人，却又砍伤前来抓捕的民警的行为是否应认定为自首？答案是否定的。

因为郭某电话报案的行为虽具有自动投案的意思表示，但却在发现有人进家时，蓄意躲到门后持刀猛砍来人头部，继续实施其故意杀人的行为，表明其主观上并未彻底放弃和终止继续犯罪的意图，缺乏自愿将自己置于司法机关的控制之下接受审查和裁判的主观意愿，不属于自动投案，不构成自首。自首的本质是犯罪嫌疑人在犯罪后能够主动将自己交付国家追诉，具有主动性和自愿性。本案中郭某电话报警后又继续实施犯罪的行为从本质上不符合自首的。

【案例71】

王某的行为构成了编造虚假恐怖信息罪。

根据2013年9月30日起施行的最高人民法院《关于审理编造、故意传播虚假恐怖信息刑事案件适用法律若干问题的解释》的规定，王某故意编造在多架次航空器内发生爆炸威胁的虚假恐怖信息，致使机场、安检、公安、消防等职能部门采取紧急应对措施，多架次航班备降或返航，造成直接经济损失39万余元（属于《解释》规定的"20万元以上"），引起社会恐慌或公共安全危机，严重扰乱社会秩序，符合《刑法》第291条之一规定的编造虚假恐怖信息罪。

王某曾因敲诈勒索罪被判处有期徒刑且刑满释放后不足5年，属于累犯，应当从重处罚。王某归案后自愿认罪，属于酌情考虑的从轻处罚情节。

【案例72】

（1）本案中韩某的行为应认定为受贿罪，于某的行为应认定为行贿罪、介绍贿赂罪，汪某的行为应认定为介绍贿赂罪，吴某的行为应认定为行贿罪。

本案属于涉贿案件的窝案。韩某利用其掌握大学自主招生的职务便利，在长达近10年的时间内，接受他人的请托，为多人提供帮助，非法收受数额特别巨大的贿赂款，应当以受贿罪论处。

于某涉嫌为自己的女儿推免研究生而行贿韩某，数额巨大构成了行贿罪，此外还在较长时间内为10多人请托韩某且数额巨大，构成了介绍贿赂罪。汪某亦在较长时间内为多人请托韩某且数额巨

大，构成了介绍贿赂罪。

吴某为了自己的儿子调专业而行贿韩某3万元也构成了行贿罪。

（2）韩某受贿时间长、数额特别巨大、社会影响极其恶劣，应适用《刑法修正案（九）》第44条修订后的规定，处10年以上有期徒刑或者无期徒刑并处没收财产的法定刑判处。于某应以行贿罪和介绍贿赂罪实行数罪并罚，并适用《刑法修正案（九）》第45条修订后的规定，增设罚金刑处罚。汪某应以介绍贿赂罪，并适用《刑法修正案（九）》第48条修订后的规定，增设罚金刑处罚。

吴某属于在被追诉前交待行贿3万元于韩某的犯罪事实，应适用《刑法修正案（九）》第45条修订后的规定，按行贿罪可以从轻或者减轻处罚。

【案例73】

本案中王某、吴某的行为构成买卖身份证件罪，盗用身份证件罪，贪污罪。对其应依照贪污罪的规定定罪处罚。应根据二人的责任，犯罪后表现，分别罚当其罪。

《刑法》第280条第3款规定了伪造、变造、买卖居民身份证件罪，其中"买卖"行为是为《刑法修正案（九）》第22条修订后新增加的行为，并将犯罪对象从原先的"居民身份证"扩大至"护照、社会保障卡、驾驶证等依法可以用于证明身份的证件"。本案中王某、吴某收买社会人员的身份证件即属于此种行为。

本案中王某、吴某收买社会人员的身份证件并非其目的，而是将这些身份证件盗用于开立银行存折账户，骗取国家煤改电补贴的资金。

王某、吴某二人均为国家工作人员，利用职务便利，骗取公共财物，且数额特别巨大，构成了共同贪污罪。

王某、吴某实施贪污犯罪的同时，其方法行为（或称手段行为）又构成了买卖身份证件罪，滥用身份证件罪，故应当依照牵连犯的处断原则即适用从一重罪处断原则定罪处刑，不实行数罪并罚，而按处罚较重的贪污罪定罪处罚。

在对本案的处理中，考虑到二人虽系共同犯罪，但王某是主犯，吴某是从犯；王某具有自首和立功的法定情节；二人在案发后均具有积极退赃的表现。据此，应分别从轻、减轻判处刑罚。

【案例74】

陈某、刘某、李某三人的行为应认定为销售有毒食品罪，假冒注册商标罪，销售假冒注册商标的

商品罪，应按销售有毒食品罪的最高一档法定刑规定判处刑罚。

陈某、刘某、李某三人明知购进的是掺有甲醇这种有毒的非食品原料的毒酒情况下，且得到政府的禁止销售禁令后，仍将有毒白酒销售给消费者，致多人伤残的严重后果发生，符合了销售有毒食品罪的犯罪构成。为了谋取非法利益，还冒充已经注册的茅台酒对外售卖。其犯罪方法牵连到假冒注册商标罪，即销售有毒食品罪与假冒注册商标罪是牵连犯关系，应适用从一重罪处断原则定罪处刑，自然应以销售有毒食品罪论处。三人在销售有毒食品罪的同时，还触犯了销售假冒注册商标的商品罪，符合了想象竞合犯的构成，对于想象竞合犯应采用"从一重罪处断"的原则论处，自然应以销售有毒食品罪论处。

鉴于陈某、刘某、李某三人的恶劣主观意图、无视政府禁令、公然大量销售毒酒，发生致多人伤残的危害后果，对其应适用《刑法》第 144 条、第 141 条的规定处罚，即在"处 10 年以上有期徒刑、无期徒刑或者死刑，并处罚金或者没收财产"的法定刑规定中判处刑罚。

【案例 75】

尚某因犯罪被判有期徒刑 3 年，缓刑 5 年，并依法实行社区矫正。但尚某在缓刑考验期限内，未经批准多次擅自离开居住的县市，且明知自己属于法律禁止出境的人员而多次出境，故意脱离监管且次数多、时间长，违反法律有关缓刑的监管规定，情节严重，应依法由当地人民法院作出裁定：撤销对尚某宣告缓刑 5 年的执行部分，对其收监执行原判有期徒刑 3 年的刑罚。禁止刑罚执行完毕之日起从事跨境商贸活动，期限为 3 年。

下编

民法学

第一部分

一般经典案例

第一章　民法总则

本章精要

民法总则部分要求考生在掌握《中华人民共和国民法典》（以下简称《民法典》）的基本原理的基础上，对一些具体制度的适用有较好的理解和把握。在本章中，关于民事主体部分，需要掌握民事行为能力的种类以及对民事法律行为效力的影响；监护人的设定和监护人的职责；宣告失踪和宣告死亡的条件和程序、各自的法律后果；法人的类型及其各自的特殊规则，非法人组织；个体工商户和农村承包经营户对外承担的财产责任；合伙财产和合伙债务的承担。

民事法律行为是民法中的重要制度，需要掌握民事法律行为的有效要件；附条件民事法律行为、附期限民事法律行为；无效民事法律行为，可撤销民事法律行为，效力待定的民事法律行为的种类。

代理制度需要掌握代理的适用范围、滥用代理权的行为、无权代理与表见代理。

诉讼时效部分主要掌握诉讼时效的适用范围；诉讼时效的种类；诉讼时效的中止、中断和延长；诉讼时效和除斥期间的区别。

经典案例

【案例1】 阅读标记：（　）

李强（男）和许晓玲（女）系夫妻。婚前许晓玲就患有精神分裂症，婚后经治疗虽有所好转，但对日常生活仍有巨大影响，经常训斥甚至打骂李强。

两年后，李强到法院要求离婚。法院判决两人离婚，共有财产2万元经李强同意判归许晓玲所有。法院指定许晓玲的父亲许炳义作为许晓玲的监护人，许炳义以自己年老力衰无力照顾许晓玲为由拒绝监护。许晓玲的哥哥许晓海表示愿意担任许晓玲的监护人，许晓玲的姐姐许晓梦也表示愿意担任监护人，二人发生争执，于是法院指定许晓海为许晓玲的监护人。1年后，许晓玲的姐姐许晓梦发现，许晓海动用许晓玲离婚后获得的2万元做生意，而且由于经营不善已经赔掉大半。许晓梦立刻提出，许晓玲的钱应该用来保障其生活，不得挪作他用，并要求取代许晓海担任许晓玲的监护人。许晓海辩称，自己做生意所挣的钱也是用来扶养许晓玲的。双方争执不下，许晓梦诉至法院，请求法院变更许晓玲的监护人。

问：（1）许炳义拒绝监护的理由是否成立？为什么？

（2）许晓海有无权利动用被监护人许晓玲的财产？为什么？

（3）本案应如何处理？为什么？

【案例2】 阅读标记：（　）

8岁的金英子是儿童影星，片酬颇丰。其伯父金某不幸身患重病，支出巨额医药费，家中不堪重负，故向金英子之父金峰求助。金峰在征得金英子同意后，以金英子的名义赠与金某3万元。金英子之母叶芳得知后大为不悦，请求法院撤销该赠与。而金峰则认为，自己的行为得到了金英子的同意，是合法有效的。

问：金峰代金英子所为赠与行为是否有效？为什么？

【案例3】 阅读标记：（　）

李某和丁某为夫妻，生有一女。李某曾向朋友张某借款 10 万元，后李某到外地经商，下落不明。3 年后，张某向人民法院申请宣告李某失踪，但其妻丁某坚决反对。人民法院宣告李某失踪，但在李某的财产代管人的选择问题上，其妻丁某与李某之母王某发生了争议。经查，在李某下落不明期间，丁某暗中将家中财物转移到娘夫家中。

问：（1）张某有无权利申请宣告李某失踪？为什么？
（2）法院在李某之妻丁某反对的情况下宣告李某失踪，是否合法？为什么？
（3）李某的财产代管人应该是谁？请说明原因。

【案例4】 阅读标记：（　）

涂某是一位旅游爱好者。2004 年夏天，涂某决定独身赴西藏旅行，并表示要到一些人迹罕至的地方去探险。其妻林某苦苦劝阻，无果。涂某留下一份遗嘱给自己的父母，然后就去了西藏。刚开始，涂某还时常寄信、寄明信片回家，但自 2005 年 3 月 1 日起，涂某就音讯全无。涂某一家到处打听仍无结果。2010 年 4 月 2 日，涂某的妹妹从父母处得知，涂某在遗嘱里给自己留了一些财产，便找到林某要求分割财产。林某不同意，坚信涂某一定会回来。为分得财产，涂某的妹妹不顾林某的反对，向法院申请涂某死亡。同时，涂某的单位也准备向法院申请涂某死亡，以便将其除名。

问：（1）涂某的单位有权申请宣告涂某死亡吗？为什么？
（2）法院是否应当支持涂某的妹妹的申请？为什么？

【案例5】 阅读标记：（　）

1998 年 1 月，王子同和朋友合伙到南方做生意，不料一去不复返，音讯全无，家人四处查访无果。王子同年轻的妻子张琴带着幼子王贝贝生活，经济很是困难。2002 年 3 月，张琴在娘家人的劝告下，向法院申请宣告王子同死亡。王子同的父母表示坚决反对，只同意申请宣告失踪。最后，法院宣告王子同死亡。张琴、王贝贝和王子同的父母继承王子同的财产。2004 年 4 月，张琴和郭自强结婚，

但因为郭自强不愿意要孩子，张琴只好忍痛将王贝贝依法送养给吕雄夫妇。2005 年 1 月，郭自强遭遇车祸死亡。2010 年 8 月，王子同突然归家。原来他做生意被骗去身上全部财产，自觉无颜见人，在外流浪了几年，无奈实在思念妻儿，于是返乡。得知家中变故后，王子同向法院申请，请求：（1）恢复和张琴的婚姻关系；（2）撤销吕雄夫妇和王贝贝的收养关系；（3）张琴和父母返还财产。

问：（1）在王子同父母只同意申请宣告失踪的情况下，法院根据张琴的申请宣告王子同死亡，是否合法？为什么？
（2）王子同和张琴的婚姻关系能否自行恢复？为什么？
（3）如果吕雄夫妇不同意解除收养关系，法院是否应根据王子同的请求判决解除吕雄夫妇和王贝贝之间的收养关系？为什么？
（4）王子同的父母和张琴是否应返还财产？为什么？

【案例6】 阅读标记：（　）

8 岁的小明在光远小学上三年级。某日，在上手工劳动课时，上课老师的孩子突然生病，于是他吩咐同学们保持课堂秩序，然后赶紧送孩子上医院去了。淘气的小明于是和同桌小光打闹玩耍，一不小心用做手工的剪刀刺伤了小光的眼睛，花费医疗费数万。小明的父母已经离异，小明随母亲生活。小光的父母要求小明的母亲负担医疗费。小明的母亲则认为，是光远小学管理不善导致了损害的发生，应当由学校承担责任。

问：（1）学校是否应当承担侵权责任？为什么？
（2）小明的父母是否应当承担责任？为什么？

【案例7】 阅读标记：（　）

原告肖玲玲，从小深得外祖母王氏喜爱。2008 年夏天，9 岁的肖玲玲在王氏家中过暑假。王氏对肖玲玲说："你好好学习，我给你 2 万块钱，以后上大学用。"次日，王氏果真以肖玲玲的名义在银行开立账户并存入 2 万元人民币。肖玲玲回家后将此事告知其母李一萍。2011 年夏天王氏去世，她的子女李一萍、李一明和李一丹在分割遗产时对王氏以肖玲玲的名义存入银行的 2 万元的归属发生争议，诉至法院。李一萍主张这笔钱应归肖玲玲，不能划入遗产范围。而李一明和李一丹则认为，赠与

发生时肖玲玲才 9 岁，没有民事行为能力，因此赠与无效，这笔钱应列入遗产范围参与分割。

问：（1）肖玲玲作为 10 岁以下的未成年人，能否取得该赠与？

（2）该赠与行为是否为以肖玲玲考上大学为条件的附条件民事法律行为？为什么？

【案例 8】 阅读标记：（　）

2017 年，王丁丁的父亲去世，母亲张利随即再嫁。12 岁的王丁丁十分不满，主动搬到爷爷奶奶家去住，张利每月给付生活费。2017 年 12 月 2 日，王丁丁在玩耍时和同学李东东发生争执，用石块将李东东的额头砸伤，花去医疗费 2 万元。李东东的父亲李秋生要求张利赔偿医疗费。张利以自己经济困难为由拒绝，并告知李秋生：王丁丁的父亲生前留给王丁丁一张 1 万元的存款单，被王丁丁拿到爷爷奶奶家去了。王丁丁的爷爷承认存单是在自己手里，但表示存款单是王丁丁的父亲留给王丁丁上大学的存款，不能用来赔偿李秋生，并要求李秋生向张利索赔。李秋生于是代李东东向法院起诉，请求张利和王丁丁的爷爷奶奶赔偿医疗费。

问：（1）王丁丁的监护人是谁？为什么？

（2）本案应如何处理？为什么？

【案例 9】 阅读标记：（　）

2016 年 2 月，A 公司和 B 公司经过多次协商后，决定共同发起设立 C 公司。A 公司和 B 公司在发起人协议上约定：（1）C 公司拟注册资本为 150 万元，其中 A 公司投资 50 万元，以货币形式出资，B 公司投资 100 万元，以厂房和生产资料形式出资；（2）出资各方按照投资比例分享利润、分担风险。同年 6 月 10 日，A 公司依照约定将 50 万元汇入 B 公司开设的账户。此后，双方制定了公司章程，选举确定了董事会，并且举行了三次董事会议，制定了生产经营计划。但是，上述程序完成后，C 公司迟迟没有开展业务活动，也没有办理登记注册手续。A 公司多次催促，B 公司就是不去登记注册并开展生产经营活动。2017 年 5 月，A 公司因为自身经营情况需要，要求 B 公司退回其投资款项，而 B 公司坚决不同意，双方发生争议。A 公司于是将 B 公司诉至法院，要求其返还投资款 50 万元。

问：（1）C 公司是否成立？为什么？

（2）B 公司是否应当将 50 万元投资款返还给 A 公司？为什么？

【案例 10】 阅读标记：（　）

A 公司下设两个分公司：一个是设在上海的分公司，一个是设在深圳的分公司。2010 年，深圳分公司的经理叶某持分公司营业执照和合同文本与 B 公司签订了一份货物买卖合同，由深圳分公司向 B 公司提供皮鞋一批，总价款为 10 万元。合同订立后，B 公司即依约支付了定金。一个星期后，深圳分公司按合同规定的期限交货，但经 B 公司检验，该批皮鞋不符合合同约定，于是 B 公司当即提出质量异议且要求双倍返还定金并支付违约金。而深圳分公司坚持要 B 公司付清货款。于是 B 公司将 A 公司和深圳分公司诉至法院。A 公司辩称：深圳分公司常年在深圳经营，平时的利润都留在分公司，只按年上缴约定的承包金额；A 公司章程规定，下属分公司经理的委任，须经董事会决定，董事长签字，而深圳分公司现任经理叶某却是本公司总经理李某未经公司董事会决定，擅自以本公司执行机构的名义通过决议的方式委任的，因此 A 公司不应承担责任。

问：（1）A 公司是否应当承担责任？为什么？

（2）B 公司能否要求 A 公司和深圳分公司返还定金并支付违约金？为什么？

【案例 11】 阅读标记：（　）

某市国有投资部门出资 51%，其他 10 名股东出资 49% 组建了 A 机械有限责任公司。2017 年 5 月 5 日，国有投资部门作出了撤销 A 公司董事长李某职务的决定，并通知了其他 10 名股东，但没有及时到工商行政管理部门办理变更登记手续。在此期间，李某应 B 公司请求，以 A 公司的名义为 B 公司提供了 100 万元的担保（保证）。

问：该保证合同是否有效？为什么？

【案例 12】 阅读标记：（　）

A 装修公司在完成一幢大楼的装修工作后，公司董事长将剩余的木地板、厨卫用具等卖给 B 物业管理公司。在合同订立之后履行之前，A 公司找到了出价更高的买家，因此以自己公司的营业执照上的核准经营范围并无销售木地板、厨卫用具等业务为由主张合同无效，而 B 公司急需这批货，坚持要求 A 公司履行合同。A 公司一计不成又生一计，向 B 公司出示了一份公司内部规章。该规章规定："凡是签订价值超过 10 万元的合同，必须经董事会讨论通过"。A 公司说，公司董事长和 B 公司签订合同并没有得到董事会批准，因此

157

合同无效。经过多次接触，双方仍然无法达成彼此都能接受的意见，于是 B 公司向法院起诉了 A 公司。

问：（1）A 公司以该买卖合同超越公司的经营范围为由主张合同无效，有无法律依据？为什么？

（2）A 公司以董事长签订合同没有得到董事会授权为由主张合同无效，有无法律依据？为什么？

（3）该买卖合同效力如何？

【案例 13】 阅读标记：（　）

2016 年初，某县物资局业务员甲和腾飞建筑公司工程负责人乙签订一份购销合同，约定：由甲供给乙一批建材，乙应于同年 6 月前付清货款。签订合同后，物资局向腾飞公司交付了价值 12 万元的建材，腾飞公司以资金周转出现临时困难为由，仅支付了 4 万元，余款 8 万元由乙给物资局出具欠条一张。半年后，物资局向腾飞公司追要货款时，腾飞公司的财务主管给物资局出具还款计划一份，保证所欠材料款待工程款拨付时付给。2017 年，腾飞公司与乙签订协议一份，约定：乙作为腾飞公司工程负责人，是一个独立的核算主体，自负盈亏，因该工程所引起的有关债权债务，由乙负责偿还，一概与腾飞公司无关。2017 年底，物资局见合同款项久拖不还，多次交涉全无用处，一怒之下将腾飞公司和乙一并告上法庭，要求他们承担连带责任。腾飞公司表示，第一，该合同是乙以自己的名义和物资局签订的，没有加盖腾飞公司公章；第二，自己和乙之间有约在先，乙独立核算，因此，乙所负债务一概与公司无关。

问：（1）单位聘用人员在履行职务中以自己的名义对外签订的合同是否应由该单位承担责任？

（2）单位与其聘用人员间的约定是否能对抗善意第三人？

（3）本案应如何处理？

【案例 14】 阅读标记：（　）

甲、乙、丙成立一合伙企业，丙是有限合伙人。丙未经授权便持授权委托书以合伙企业的名义与丁公司签订一份买卖合同，向丁公司购买 5 吨稻米，后合伙企业拒绝付款。

问：（1）买卖合同是否有效？为什么？

（2）甲、乙、丙应当如何对丁公司承担责任？为什么？

【案例 15】 阅读标记：（　）

甲、乙、丙合伙开办了一家砖厂，生意兴隆，发展势头很好。不幸的是，丙在出外洽谈业务时，被歹徒袭击，因救治不及时而去世。丙的妻子张华和他们 12 岁的儿子林佳亮继承了他的财产。张华向甲和乙提出，希望甲和乙能让儿子林佳亮继承父业，成为砖厂的合伙人。甲和乙表示，于情于理，林佳亮入伙都是应该的，但是，一旦林佳亮成为合伙人，张华作为他的法定代理人必然要插手砖厂事务，他们不能接受和一个女人共事，因此不同意林佳亮入伙。甲和乙又告诉张华，丙去世后，砖厂的管理一度陷于混乱，此间，一笔生意失败，造成大量亏损，在办理退伙结算时，张华和林佳亮应分担一部分亏损。张华坚持要林佳亮入伙，而且拒绝分担合伙债务。于是双方对簿公堂。

问：（1）甲和乙有无权利拒绝林佳亮入伙？为什么？

（2）张华和林佳亮有无义务分担丙去世后砖厂产生的债务？为什么？

【案例 16】 阅读标记：（　）

甲、乙、丙、丁共同投资设立了 A 有限合伙企业（以下简称 A 企业）。合伙协议约定：甲、乙为普通合伙人，分别出资 10 万元；丙、丁为有限合伙人，分别出资 15 万元；甲执行合伙企业事务，对外代表 A 企业。2010 年 A 企业发生下列事实：

2 月，甲以 A 企业的名义与 B 公司签订了一份 12 万元的买卖合同。乙获知后，认为该买卖合同损害了 A 企业的利益，且甲的行为违反了 A 企业内部规定的甲无权单独与第三人签订超过 10 万元合同的限制，遂要求各合伙人作出决议，撤销甲代表 A 企业签订合同的资格。

4 月，乙、丙分别征得甲的同意后，以自己在 A 企业中的财产份额出质，为自己向银行借款提供质押担保。丁对上述事项均不知情，乙、丙之间也对质押担保事项互不知情。

8 月，丁退伙，从 A 企业取得退伙结算财产 12 万元。

9 月，A 企业吸收庚作为普通合伙人入伙，庚出资 8 万元。

10 月，A 企业的债权人 C 公司要求 A 企业偿还 6 月份所欠款项 50 万元。

11 月，丙因所设个人独资企业发生严重亏损不能清偿 D 公司到期债务，D 公司申请人民法院强制执行丙在 A 企业中的财产份额用于清偿其债务。人民法院强制执行丙在 A 企业中的全部财产份额后，

甲、乙、庚决定 A 企业以现有企业组织形式继续经营。

经查：A 企业内部约定，甲无权单独与第三人签订超过 10 万元的合同，B 公司与 A 企业签订买卖合同时，不知 A 企业该内部约定。合伙协议未对合伙人以财产份额出质事项进行约定。

要求：

根据上述材料，分别回答下列问题：

(1) 甲以 A 企业的名义与 B 公司签订的买卖合同是否有效？并说明理由。

(2) 合伙人对撤销甲代表 A 企业签订合同的资格事项作出决议，在合伙协议未约定表决办法的情况下，应当如何表决？

(3) 乙、丙的质押担保行为是否有效？并分别说明理由。

(4) 如果 A 企业的全部财产不足清偿 C 公司的债务，对不足清偿的部分，哪些合伙人应当承担清偿责任？如何承担清偿责任？

(5) 人民法院强制执行丙在 A 企业中的全部财产份额后，甲、乙、庚决定 A 企业以现有企业组织形式继续经营是否合法？并说明理由。

【案例 17】 阅读标记：（　）

2008 年，黄某和邓某登记结婚。婚后，黄某以婚前从父母处继承所得的遗产为本钱开了一家服装店从事个体经营，起字号为"有缘服饰"，并以自己的名义在工商局注册登记，领取了营业执照，服装店所得收益用于家庭共同生活。2010 年 3 月，黄某从批发商张某处进了一批货，货款共 3 万元，约定同年 6 月份结清。到了 7 月初，黄某向张某表示自己资金周转发生困难，要求张某宽限两个月。张某不同意，诉至法院。法院查明，除去生活必需品，黄某和邓某家的财产共值 3.8 万元，包括黄某婚前购买的价值 8 000 元的摩托车、"有缘服饰"（婚后开办）的经营收入 2 万元、邓某的婚前个人财产 4 000 元，婚后的工资收入 6 000 元。

问：如果黄某主张服装店是其个人投资、个人经营，营业执照上的户主也是他自己，因此他只能以"有缘服饰"的经营收入 2 万元承担责任，而不能以家庭共有财产偿债，法院是否应当支持黄某的主张？

【案例 18】 阅读标记：（　）

甲、乙、丙三人合伙成立了一个服装店，每人出资 4 万元，并约定按照出资比例分配利润和承担亏损。经营 1 年后，服装店不赚反赔，共欠供货商 A 货款 3 万元。甲不看好服装店的前景，遂提出退伙，丙、乙同意。三人达成退伙协议：甲退出合伙关系，放弃对服装店的投资，以此作为不承担服装店亏损的代价。甲退伙后，丙和乙找了一个新的合伙人丁，三人继续经营了 1 年，结果又欠 A 货款 1 万元。因服装店不能如期偿还货款，A 将服装店诉至法院。

问：(1) 甲退伙前产生的服装店债务应如何清偿？为什么？

(2) 甲退伙后产生的服装店债务应如何清偿？为什么？

【案例 19】 阅读标记：（　）

佟冬 17 周岁，高中毕业后没有考上大学，待业在家，有心出去闯荡，苦于缺乏资金无法成行。佟冬生母因难产而死，他一直随生父和继母张敏生活，直到去年生父遭车祸去世。目前佟冬和张敏同住。某日，佟冬在张敏的抽屉里发现生父的遗嘱，内容为：生前的所有积蓄留给张敏供日常生活之用，祖上留下的房屋六间，其中四间归佟冬所有，剩余两间归张敏所有。过了一段时间，佟冬听说邻居张伯想租两间临街屋子开百货店，便动了心思，想把房子出租出去，拿到租金就出门闯荡。于是，他趁张敏回娘家探亲之机，主动找到张伯，表示愿意把自己家的两间街面房出租。张伯表示要和佟冬家大人谈。佟冬担心张敏知道后不同意，便偷出张敏抽屉里的遗嘱给张伯看，并说："我们家房子我都是有份的，我就能做主。"张伯见到白纸黑字颇感放心，于是一次性付给佟冬 3 个月租金 3 000 元，随即请工人拆除房屋，装修店面。张敏回家后见此情景大吃一惊，和张伯交涉后方知佟冬所作所为。张敏对张伯表示，自己不同意出租这两间房屋，要求张伯立即停止施工并且恢复房屋原状。张伯置之不理，继续施工。张敏无奈，诉至人民法院。

问：(1) 张伯和佟冬所签出租合同效力如何？为什么？

(2) 张敏表示反对佟冬所签合同后，合同效力如何？为什么？

(3) 张敏有无权利要求张伯立刻停工，恢复原状？为什么？

【案例 20】 阅读标记：（　）

李某计划给女朋友张某买一部市价 1 900 元的

摩托罗拉 V300 手机作为生日礼物。但是由于还是在校学生,囊中羞涩,李某一直没有出手。一日,李某陪同学到某商场购物,无意中发现该商场的 V300 手机仅售 900 元,大喜过望。交款前,李某心存疑虑地询问售货员甲价格是否属实。甲是第一天在商场上班,手机的价格标签也是他贴上去的。他对李某的问题作了肯定性回答。李某于是放心将手机买下。第二天,经同事提醒,甲发现自己犯了一个大错,把价格标签 1 900 元误写成 900 元。经多方查找,商场总算找到李某。但李某表示,手机已经送给女朋友张某,张某因为父母送了更好的一款手机,已经在二手市场将 V300 手机转让给于某,得款 1 700 元。商场于是将李某和于某诉至人民法院,要求退货。

问:(1) 李某和商场之间的民事法律行为性质如何?

(2) 李某和商场之间的买卖合同效力如何?为什么?

(3) 商场对李某和于某的诉讼请求是否能够成立?为什么?

【案例 21】 阅读标记:( )

王大伯中年丧妻,和独生子王强相依为命多年。王强长期患病,不能工作,两人仅靠王大伯摆地摊卖小商品所得收入度日,经济情况十分糟糕。2010 年 6 月,王强病情突然恶化入院,急需大笔医疗费用,王大伯四处筹资,无果。邻居董某向来喜欢王大伯家祖传的古董花瓶一对,多次表示要高价购买,均被王大伯以祖传之物不可卖为由拒绝。这次,董某认为机会来了,遂找到王大伯,表示愿以 1 万元购这对市价为 5 万元的花瓶。王大伯本十分不愿,无奈急用钱而仓促之间又找不到合适的买主,只好答应了这笔买卖。双方交货付款完毕。后王强终因病情过于严重去世。有人提醒王大伯去要求董某按照花瓶的市价补足价款。王大伯表示,儿子已死,自己要那么多钱也没有用,算了。同年 11 月,因过于悲痛且身体底子本来就不好,王大伯去世,其弟王二伯继承了他的财产。得知王大伯和董某之间的交易后,王二伯找到董某,要求董某补足价款或者返还花瓶,董某不允,王二伯遂诉至人民法院。

问:(1) 董某和王大伯之间的民事法律行为性质如何?为什么?

(2) 董某和王大伯之间的买卖合同效力如何?为什么?

(3) 王二伯是否有权要求董某补足价款或

者返还花瓶?为什么?

【案例 22】 阅读标记:( )

周鹏飞于 2008 年开了一家网吧,共拥有电脑 20 台,并雇用张景为网吧管理员。由于网吧地点偏僻,到 2010 年,网吧就已经负债累累,无法经营下去。周鹏飞见此情况,决定把电脑都处理掉,然后关门大吉,于是开始四处寻觅买主。但是由于电脑本来就是二手买来的,比较破旧,要再次转手非常困难,一直没能卖出去。周鹏飞打起了老实巴交的张景的主意,要求张景买下其中 10 台电脑,张景不同意,于是周鹏飞声称自己和黑道关系很铁,如果张景不识相就要放他的血。过后几天,周鹏飞伙同几个朋友到张景家喝酒打牌,喧闹了一宿。张景迫于无奈,答应买下周鹏飞的 10 台电脑,但由于没有足够现金,就打了一张欠条:"今搬走周鹏飞电脑 10 台,价值 1.5 万元,货款 15 天内付清。"第二天,周鹏飞派人将电脑送到张景家。15 天后,张景仍然无力支付。周鹏飞多次索要无果,将张景诉至人民法院,请求人民法院判令张景支付货款 1.5 万元。张景反诉,要求撤销该合同。

问:(1) 周鹏飞和张景的买卖旧电脑的合同效力如何?为什么?

(2) 本案应该如何处理?

【案例 23】 阅读标记:( )

朱某作为学校交流生到美国学习 1 年,回国前购买 DC 一台,准备送给女朋友作为礼物,发票上写明该 DC 为日本原装货。朱某没有拆开包装。回国后,朱某才知道女朋友家里给买了一台性能更加优越的 DC。2008 年 8 月,朱某将该 DC 转卖给张某。张某回家后拆开包装,发现该 DC 并非日本原装货,而是在中国南方某工厂组装的,但他心想价格不贵,也就没有追究。2009 年 10 月,张某发现 DC 频频出现故障,于是找到朱某,要求其退还货款,朱某不同意,于是张某提起诉讼,请求人民法院撤销该合同。

问:(1) 朱某的行为是否构成欺诈?为什么?

(2) 该合同是否属于重大误解的情形?为什么?

(3) 张某能否请求撤销该合同?为什么?

【案例 24】 阅读标记:( )

2010 年 3 月,A 厂和 B 厂签订一份供货合同,双方约定:A 厂每月向 B 厂供应某型号机器配件

一／般／经／典／案／例

500 件，单价 10 元；每月 30 号结清当月货款；合同期限不定，自 B 厂自行研制配件成功并通知 A 厂之日起合同解除。合同订立后，双方均依约履行，合作愉快。2011 年 8 月，B 厂研制的配件成功并顺利投产，于是书面通知 A 厂解除合同。A 厂以自己的货都是按照 B 厂要求的规格定制无法另售他人为由拒绝解除合同，并继续向 B 厂发货，B 厂拒收货物并拒付货款。于是，A 厂将 B 厂起诉到人民法院，请求人民法院判决 B 厂承担违约责任。

问：（1）A 厂和 B 厂之间民事法律行为的性质如何？

　　（2）B 厂是否要承担违约责任？为什么？

【案例 25】 阅读标记：（　　）

王力是某单位后勤科主管。某日，王力的表弟张勇家所养的一头牛突然患病死亡。张勇找到王力，和他商量，看是否能把死牛处理给王力单位的食堂。王力碍于面子，答应了张勇的请求，利用职务之便以单位食堂的名义买下了死牛，支付给张勇 1 200 元，张勇给了王力 300 元作为报酬。由于牛肉感染了病毒，王力所在单位的职工在食堂食用牛肉后，多人发生中毒，单位为此支出医疗费用 5 000 余元。恰好张勇的一个邻居也在王力单位工作，偷偷将实情告诉了单位领导。单位责令王力追回牛肉价款 1 200 元，并负担单位支出的医疗费用 5 000 余元。王力表示，牛肉是张勇的，自己只是代理单位购买牛肉，发生不良后果只是张勇和单位之间的事情，跟自己无关。单位遂将王力和张勇作为共同被告诉至法院。

问：（1）王力的抗辩理由是否成立？为什么？

　　（2）单位的损失应该由谁承担？为什么？

【案例 26】 阅读标记：（　　）

甲原籍是某山区茶乡。春节期间，甲回老家探亲，同事乙委托甲买上等茶叶 10 斤，并付款 1 000 元。春节期间无茶叶出卖，甲将情况告知乙，乙说你转托一人在春天 3 月再买吧。甲回城前的一天晚上，丙正好前来探望甲，于是甲便委托丙代乙买 10 斤上等茶叶，丙应允。甲将 1 000 元放在信封里交付给丙。丙在当晚回家途中，1 000 元被人所抢，抢劫案未侦破。甲回城后将此事告知乙，为此引起纠纷。乙将甲和丙一起诉到法院，要求他们对自己的 1 000 元损失承担连带赔偿责任。

问：（1）甲对乙的损失有无赔偿义务？为什么？

　　（2）丙对乙的损失有无赔偿义务？为什么？

　　（3）乙的损失应如何承担？

【案例 27】 阅读标记：（　　）

2010 年冬天，北京气温骤降，持续多日，一时间羽绒服热销，供不应求。由于先前气象专家均预测该年冬天是"暖冬"，各大商场的羽绒服存货均为数不多。A 百货商场采购部主管李某看到市场需求后，未经公司授权，擅自向羽绒服生产商 B 公司采购 5 000 件羽绒服。货物到达后，A 百货商场即开始对外销售，仅仅三日就销售出 1 000 件。不料天有不测风云，三日后天气即急剧变暖，并且持续半月有余，羽绒服销量大减。眼看冬季就要过去，A 百货商场总经理张某心急如焚，B 公司又多次追讨货款，遂主张采购部主管李某的行为构成无权代理，否认该合同的效力，拒付货款。B 公司无奈，诉至法院。

问：（1）在 A 百货商场追认合同之前，李某代理 A 百货商场与 B 公司签订的合同效力如何？为什么？

　　（2）本案应当如何处理？为什么？

【案例 28】 阅读标记：（　　）

廖某是甲公司的业务员，随身携带盖有该公司公章的空白合同书和介绍信，以便对外签约。后廖某因严重违反甲公司的规章制度被解雇，但是由于甲公司的离职手续比较繁琐，廖所保管的空白合同书和介绍信并未被及时收回。廖某凭借空白合同书和介绍信以甲公司的名义与乙公司签订了 20 万元的彩电购买合同，并约定交货一个月后一次性付清全部价款。乙公司交货一个月后，多次催告廖某付款，无果，后来廖某干脆换掉所有联系方式。乙公司无从得知廖某下落，于是向甲公司催账，要求甲公司支付 20 万元货款。甲公司以廖某已被其解雇为由拒绝付款，乙公司这才知道廖某已经不在甲公司工作。双方争执不下，于是乙公司将甲公司诉至法院。

问：（1）廖某以甲公司的名义与乙公司签订的合同效力如何？为什么？

　　（2）本案应如何处理？为什么？

【案例 29】 阅读标记：（　　）

2010 年 3 月，某咖啡厅请书法家甲为其写字 5 幅，6 月底以前交付，笔墨纸张均由咖啡厅提供，且咖啡厅先行支付甲全部报酬 10 000 元。甲一直忙于其他事务，无暇为咖啡厅写字。5月中旬，甲应邀到外地上课，临走前嘱咐学生乙，要他立即按照咖啡厅的要求写字5幅，并在6月底以前交付。乙照办。咖啡厅拿到字以后，并未发现异常。后屡有客人怀疑这些字并非出自甲之手，咖啡厅起了疑心，将字拿到专业机构鉴定，发现果真是赝品。于是咖啡厅将甲诉至法院，要求其承担违约责任。

问：(1) 甲和乙之间是什么性质的法律关系？甲委托乙写字的行为是否有效？为什么？

(2) 咖啡厅有权提出什么诉讼请求？

【案例 30】 阅读标记：（　）

被告王某因工作关系经常往返于香港和北京之间。原告李某是王某的邻居，听说在香港能以低于大陆商场很多的价格买到外国大牌化妆品，遂委托王某代购倩碧、贝加斯等护肤品一批，价值 3 000 元。2010 年 9 月，王某到香港出差，邀请朋友谢某和其一道去商场购买李某所托物品。途中，谢某提出自己前段时间在网络上卖护肤品，现在手头还剩下一点货，可以极低的价格出售给王某，自己只求脱手，王某则可以获取价差。王某经考虑后应允。10 月，王某返京，将护肤品交付给李某。李某使用该护肤品后，出现红肿、刺痛等症状，后经专业人士鉴定，李某才知道该护肤品是假货。经逼问，王某说明了实情。李某要求王某返还货款并赔偿损失，被王某拒绝。李某遂将王某和谢某诉至法院，要求两人返还货款并赔偿损失。

问：(1) 王某和谢某的行为的性质和后果是什么？

(2) 李某的诉讼请求是否成立？为什么？

【案例 31】 阅读标记：（　）

张老伯患有风湿病多年，久治不愈。后有朋友介绍说在东南亚可以买到一种民间偏方，对治疗风湿病有奇效。张老伯辗转多次，终于找到一个经常往返于于中国和东南亚的商人李某。2010 年 6 月 8 日，张老伯交给李某 2 万元人民币，委托其代为寻找购买该偏方。2010 年 12 月 2 日，李某从东南亚返回中国，带着花费 1.8 万元人民币购得的民间偏方去拜访张老伯，却被其家人告知，张老伯因心脏病突发已于 2010 年 11 月去世。张老伯的儿子张某拒绝接受该偏方，并要求李某归还 2 万元人民币，理由是李某的代理权因被代理人张老伯的去世而终止，因此代理行为无效。李某不同意。于是张某将李某诉至法院。

问：李某的代理行为是否有效？为什么？

【案例 32】 阅读标记：（　）

甲是一养殖大户。某日，甲发现自己所养的一头牛食欲不振，无精打采。凭着多年经验，甲猜测这头牛可能是得了某种瘟病，时日无多。为了挽回损失，甲和乙商量，准备把牛以 500 元的价格卖给乙。乙看牛的气色不好，怀疑有病，甲拍着胸脯保证牛绝对健康。乙考虑到甲"养牛大王"的名声，而且 500 元的价格也比较合适，于是答应买下。签订合同的时候，甲对乙说："我是个干脆的人，不喜欢拖泥带水。如果这牛有什么毛病，你必须在两个月内跟我讲，过了两个月我不退你钱，你也不准上法院告我。"乙应允。三个月后，该牛因病死亡。乙觉得自己做了笔亏本买卖，遂诉至法院，诉称甲有欺诈行为，主张撤销合同。甲辩称，自己和乙有言在先，超过两个月乙就丧失起诉权，请求法院维持合同。

问：(1) 甲的行为是否构成欺诈？为什么？

(2) 该买卖合同的效力如何？为什么？

(3) 甲和乙关于诉讼时效期间的约定是否有效？为什么？

【案例 33】 阅读标记：（　）

2008 年 4 月，陈朋答应将一块名贵手表卖给方忠，作价 8 000 元。由于陈朋参加 5 月 10 日的托福考试需要使用手表，因此双方约定待托福考试结束当天交付手表，交付后一个月内交钱。考试结束后陈朋如约交付，但两个月过去了，方忠仍未付款。陈朋忙于准备 GRE 考试，也无暇催讨。2011 年 5 月 20 日，陈朋出外游玩时不幸遭遇车祸，成了植物人。陈朋家人对谁来担任监护人发生了严重争议，迟至 2011 年 6 月 20 日才确定由陈朋的伯父甲担任陈朋的监护人。2011 年 8 月份，甲在清理陈朋的财产时，发现尚有方忠的欠款没有追回，遂向方忠主张权利。方忠则以债务已过诉讼时效期间为由拒绝支付手表价款。

问：(1) 陈朋对方忠的付款请求权的诉讼时效期间从哪天开始计算？为什么？

(2) 陈朋对方忠的付款请求权是否已过诉讼时效期间？为什么？

【案例 34】 阅读标记：（　）

2006 年 9 月 1 日，黄某从朋友李某处借款 5 000 元，双方约定按照银行同期存款利率计算利

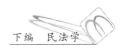

息，但是未约定还款期限。2007年6月1日，李某急需用钱，要求黄某在一个月以内还款。黄某置之不理。李某无奈，只好从别处借款解了燃眉之急，因为面子问题也就没有再向黄某催要。2010年8月1日，李某再次向黄某索要借款，黄某称手头紧一时还不起，于是双方达成一个还款协议：黄某在两个月以内还清借款，李某放弃对利息的请求权。两个月后，黄某仍未还款，李某于是将其诉至法院。黄某辩称，李某的还款请求权已过诉讼时效期间，不应受到法律保护。

问：（1）根据《民法典》规定，李某的还款请求权是否已过诉讼时效期间？为什么？

（2）本案应如何处理？为什么？

【案例35】 阅读标记：（　）

2005年2月14日，彭均在路过某小区一栋居民楼时遭遇飞来横祸，被一花盆砸伤头部。路人将彭均送至医院，诊断为颅顶部颅骨凹陷性骨折。经医院精心治疗，一个月后彭均痊愈出院。据查，该花盆是三楼居民刘永在晾晒衣物时不慎碰倒跌下阳台的。刘永深感内疚，主动承担了彭均住院期间的全部费用。

2009年初，彭均多次出现阵发性昏迷等症状。同年2月28日，经医院诊断确定为"颅骨骨折后未排除外伤癫痫"，医疗费用甚高，彭均无力承担。同年3月10日，彭均向人民法院起诉刘永，要求刘永承担已经发生的和将来的所有相关医疗费用。刘永辩称，花盆砸人事件发生后，彭均经医院治疗已经痊愈，当时自己支付了全部费用，彭均一直未有异议。现在事过多年，诉讼时效期间已过，彭均索赔没有法律依据，请求法院驳回诉讼请求。

问：（1）根据《民法典》规定，本案的诉讼时效期间是多长？

（2）本案的诉讼时效期间从何时开始起算？为什么？

（3）法院是否应当支持彭均的诉讼请求？

 案例分析

【案例1】

（1）许炳义拒绝监护的理由成立，因为**监护人必须有监护能力**。《民法典》第28条规定，无民事行为能力或者限制民事行为能力的成年人，由下列有监护能力的人按顺序担任监护人：①配偶；②父母、子女；③其他近亲属；④其他愿意担任监护人

的个人或者组织，但是须经被监护人住所地的居民委员会、村民委员会或者民政部门同意。据此，担任监护人必须具有监护能力，倘若没有监护能力，即没有民事行为能力，也不具有保护和管教被监护人的能力，则不能担任监护人。本案中，许晓玲的父亲许炳义年老体弱，这无疑是没有监护能力的。《民法典》第28条规定，无民事行为能力或者限制民事行为能力的成年人，由下列有监护能力的人按顺序担任监护人：①配偶；②父母、子女；③其他近亲属；④其他愿意担任监护人的个人或者组织，但是须经被监护人住所地的居民委员会、村民委员会或者民政部门同意。据此，监护人应当具有监护能力，这是作为监护人的前提条件，如果第一顺序的监护人没有监护能力，则应由第二顺序的具有监护能力的人担任监护人，以此类推。据此，本案中，许炳义年老力衰无监护能力，则应由第三顺序即由其他近亲属担任监护人。这里的"近亲属"，根据《民法典》第1045条第2款规定，**配偶、父母、子女、兄弟姐妹、祖父母、外祖父母、孙子女、外孙子女为近亲属**。据此，许晓玲的哥哥许晓海、姐姐许晓梦都是许晓玲的近亲属，可以作为监护人。《民法典》第31条规定，对监护人的确定有争议的，由被监护人住所地的居民委员会、村民委员会或者民政部门指定监护人，有关当事人对指定不服的，可以向人民法院申请指定监护人；有关当事人也可以直接向人民法院申请指定监护人。居民委员会、村民委员会、民政部门或者人民法院应当尊重被监护人的真实意愿，按照最有利于被监护人的原则在依法具有监护资格的人中指定监护人。依据本条第一款规定指定监护人前，被监护人的人身权利、财产权利以及其他合法权益处于无人保护状态的，由被监护人住所地的居民委员会、村民委员会、法律规定的有关组织或者民政部门担任临时监护人。监护人被指定后，不得擅自变更；擅自变更的，不免除被指定的监护人的责任。据此，对于争当监护人的，有关当事人可以直接申请法院指定监护人，法院可以依法从同一顺序的监护人中指定监护人。本案中，许炳义年老力衰无监护能力，法院应从后一顺序有监护能力的人中指定，即指定许晓海为监护人于法有据。

（2）许晓海没有权利动用许晓玲的财产，《民法典》第35条第1款规定，**监护人应当按照最有利于被监护人的原则履行监护职责。监护人除为维护被监护人利益外，不得处分被监护人的财产**。本案中，许晓海用许晓玲的财产来做生意，且赔掉大半，不属于"为维护被监护人的利益"，因此是不

一／般／经／典／案／例

合法的。

（3）许晓海应赔偿许晓玲的财产损失；同时，法院应撤销许晓海的监护权，指定许晓梦担任许晓玲的监护人，《民法典》第34条3款规定，**监护人不履行监护职责或者侵害被监护人合法权益的，应当承担法律责任。**《民法典》第36条第1、2款规定，**监护人有下列情形之一的，人民法院根据有关个人或者组织的申请，撤销其监护人资格，安排必要的临时监护措施，并按照最有利于被监护人的原则依法指定监护人：①实施严重损害被监护人身心健康行为的；②怠于履行监护职责，或者无法履行监护职责且拒绝将监护职责部分或者全部委托给他人，导致被监护人处于危困状态的；③实施严重侵害被监护人合法权益的其他行为。本条规定的有关个人和组织包括：其他依法具有监护资格的人，居民委员会、村民委员会、学校、医疗机构、妇女联合会、残疾人联合会、未成年人保护组织、依法设立的老年人组织、民政部门等。**

【案例2】

金峰代金英子所为赠与行为无效。《民法典》第35条第1款规定，**监护人应当按照最有利于被监护人的原则履行监护职责。监护人除为维护被监护人利益外，不得处分被监护人的财产。**这一限制性规定不以被监护人的同意为转移，因为被监护人都是无民事行为能力人或者限制民事行为能力人。本案中，金峰代理金英子的赠与行为，虽然得到了金英子的同意，但却不是为了金英子的利益，因此无效。

【案例3】

（1）张某有权申请李某失踪，因为他是利害关系人。《民法典》第40条规定，自然人下落不明满2年的，利害关系人可以向人民法院申请宣告该自然人为失踪人。申请宣告失踪的利害关系人，包括被申请宣告失踪人的配偶、父母、子女、兄弟姐妹、祖父母、外祖父母、孙子女、外孙子女以及其他与被申请人有民事权利义务关系的人。这里的"有民事权利义务关系的人"包括被申请宣告失踪人的债权人、债务人、合伙人以及有限责任公司的股东等。**张某作为被申请人李某的债权人，和李某有民事权利义务关系，因此有权申请李某失踪。**

（2）法院的做法是合法的。根据民法规定，有权申请公民失踪的利害关系人没有先后顺序，只要其中有人提出申请且满足宣告失踪的实质条件，即使其他利害关系人反对，人民法院仍然应当作出失

踪宣告。

（3）法院应指定王某为李某的财产代管人。《民法典》第42条第1款规定，失踪人的财产由其配偶、成年子女、父母或者其他愿意担任财产代管人的人代管。**指定失踪人的财产代管人，应遵循对失踪人财产有利的原则。**李某之妻丁某将家中财物转移到娘家家中，显然不利于李某财产的管理，故不应由其代管，而应由李某之母王某代管。

【案例4】

（1）单位无权申请宣告涂某死亡，因为单位和涂某之间是劳动权利义务关系，而非民事权利义务关系，不属于有权申请下落不明人死亡的"利害关系人"。

（2）法院应当支持涂某的妹妹的申请。因为涂某下落不明满4年，涂某的妹妹属于利害关系人，有权向人民法院申请涂某死亡。虽然涂某的妻子反对涂某的妹妹申请宣告涂某死亡，**但民法取消了利害关系人申请宣告死亡的顺序限制。**

【案例5】

（1）法院的做法是合法的。《民法典》第47条规定，对同一自然人，有的利害关系人申请宣告死亡，有的利害关系人申请宣告失踪，符合本法规定的宣告死亡条件的，人民法院应当宣告死亡。此外，宣告失踪不是宣告死亡的必经程序。公民下落不明，符合申请宣告死亡的条件，利害关系人可以不经申请宣告失踪而直接申请宣告死亡。但利害关系人只申请宣告失踪的，应当宣告失踪；利害关系人有的申请宣告死亡，有的不同意宣告死亡，则应当宣告死亡。本案中，张琴是王子同的妻子，为利害关系人，有权向人民法院申请宣告死亡，人民法院应当宣告死亡。

（2）王子同和张琴的婚姻关系不能自行恢复。《民法典》第51条规定，被宣告死亡的人的婚姻关系，自死亡宣告之日起消灭。死亡宣告被撤销的，婚姻关系自撤销死亡宣告之日起自行恢复，**但是其配偶再婚或者向婚姻登记机关书面声明不愿意恢复的除外。这里的"再婚"，包括配偶再婚后又离婚或者再婚后配偶又死亡等情形。**本案中，张琴是再婚后配偶又死亡的，因而王子同和张琴的婚姻关系不能自行恢复。即使张琴同意继续和王子同做夫妻，两人也必须重新办理结婚登记手续。

（3）法院不应判决解除收养关系，《民法典》第52条规定，**被宣告死亡的人在被宣告死亡期间，其子女被他人依法收养的，在死亡宣告被撤销后，不得以未经本人同意为由主张收养关系无效。**

（4）王子同的父母和张琴应返还财产。《民法典》第53条第1款规定，被撤销死亡宣告的人有权请求依照本法第六编取得其财产的民事主体返还财产；无法返还的，应当给予适当补偿。本案中，王子同的财产因其被宣告死亡而由其父母和张琴继承，如果原物仍在，应当返还；如果不能返还原物，王子同的父母和张琴应对王子同进行适当补偿。

【案例6】

（1）学校应当承担责任。根据《民法典》第19条规定，8周岁以上的未成年人为限制民事行为能力人。据此，小明满8周岁，为限制民事行为能力人。《民法典》第1200条规定，限制民事行为能力人在学校或者其他教育机构学习、生活期间受到人身损害，学校或者其他教育机构未尽到教育、管理职责的，应当承担侵权责任。本案中，小明刺伤小光的眼睛，该损害发生于学校，而且老师在上课时间擅自外出，学校没有尽到教育、管理职责，应当承担侵权损害赔偿责任。

（2）小明的父母不承担责任。因为对于小光的损害，由学校承担侵权责任，因此，小明的父母不再承担侵权责任。《民法典》第1188条第1款规定，无民事行为能力人、限制民事行为能力人造成他人损害的，由监护人承担侵权责任。监护人尽到监护职责的，可以减轻其侵权责任。此为监护人承担侵权责任之规定。本案中，适用该规定的前提是**学校不承担侵权责任，亦即，在学校没有过错，换言之，在学校尽到教育、管理职责而不承担责任时，监护人才承担责任。**值得一提的是，假如本案中学校无过错，则应由小明的母亲承担监护人责任。《民法典》第27条第1款规定，父母是未成年子女的监护人。《民法典》第1084条规定，父母与子女间的关系，不因父母离婚而消除。离婚后，子女无论由父或者母直接抚养，仍是父母双方的子女。离婚后，父母对于子女仍有抚养、教育、保护的权利和义务。据此，假如学校无过错，学校不承担责任。虽然小明的父母已经离异，小明随母亲生活，小明的母亲应当承担监护责任；同时，离婚的事实并不影响小明的父亲的监护人的地位，小明的父亲也应当承担监护责任。

【案例7】

（1）肖玲玲有权接受该赠与。《民法典》第19条规定，8周岁以上的未成年人为限制民事行为能力人，实施民事法律行为由其法定代理人代理或者经其法定代理人同意、追认，**但是可以独立实施纯**

获利益的民事法律行为或者与其年龄、智力相适应的民事法律行为。据此，**未成年人从事的纯获利益的行为有效。**从法理上说，王氏赠与肖玲玲的2万元，对于肖玲玲而言是纯获利益的行为，并不需要其具备行为能力。因此，肖玲玲有权接受2万元赠与。

（2）该赠与行为不是附条件民事法律行为。所谓附条件民事法律行为，是指以未来某一条件的成就或者不成就为生效要件或者解除要件的民事法律行为。本案中，王氏的话旨在鼓励肖玲玲好好学习，而不是指肖玲玲上大学后赠与才生效，因此不属于附条件民事法律行为。

【案例8】

（1）王丁丁的监护人是母亲张利，而非爷爷奶奶。《民法典》第27条规定，父母是未成年子女的监护人。未成年人的父母已经死亡或者没有监护能力的，由下列有监护能力的人按顺序担任监护人：①祖父母、外祖父母；②兄、姐；③其他愿意担任监护人的个人或者组织，但是须经未成年人住所地的居民委员会、村民委员会或者民政部门同意。据此，本案中，王丁丁搬到爷爷奶奶家居住的事实并不能改变他和母亲张利之间的被监护人和监护人的关系。

（2）应首先用王丁丁的父亲留给王丁丁的存款单偿债，不足部分由其母亲张利偿还。《民法典》第1188条规定，无民事行为能力人、限制民事行为能力人造成他人损害的，由监护人承担侵权责任。监护人尽到监护职责的，可以减轻其侵权责任。**有财产的无民事行为能力人、限制民事行为能力人造成他人损害的，从本人财产中支付赔偿费用。不足部分，由监护人赔偿。**本案中，王丁丁继承了父亲所留的遗产1万元存款，属于有财产的限制民事行为能力人，因此，他应该首先用这1万元赔偿李东东，剩余部分由其监护人张利承担。

【案例9】

（1）C公司尚未成立，因为营利法人必须经过工商登记成立。《民法典》第77条规定，营利法人经依法登记成立。据此，虽然A公司和B公司发起设立C公司，但C公司没有开展业务活动，也没有办理登记注册手续，因此，C公司因未依法办理登记而没有设立。

（2）B公司应将50万元投资款返还给A公司。由于C公司没有依法办理登记手续，即虽经设立，但并没有最终成立，没有取得法人资格。《公司法》

第 28 条规定，股东应当按期足额缴纳公司章程中规定的各自所认缴的出资额。股东以货币出资的，应当将货币出资足额存入有限责任公司在银行开设的账户；以非货币财产出资的，应当依法办理其财产权的转移手续。股东不按照前款规定缴纳出资的，除应当向公司足额缴纳外，还应当向已按期足额缴纳出资的股东承担违约责任。由于 B 公司经催告后在合理期限内仍未履行其主要义务之一——办理注册登记手续，A 公司依法有权解除发起人协议，并可要求 B 公司返还财产，追究其相应的违约责任。

【案例 10】

（1）A 公司应该承担责任，因为：

①《公司法》第 14 条规定，公司可以设立分公司。设立分公司，应当向公司登记机关申请登记，领取营业执照。分公司不具有法人资格，其民事责任由公司承担。公司可以设立子公司，子公司具有法人资格，依法独立承担民事责任。

②《民法典》第 85 条规定，营利法人的权力机构、执行机构作出决议的会议召集程序、表决方式违反法律、行政法规、法人章程，或者决议内容违反法人章程的，营利法人的出资人可以请求人民法院撤销该决议，但是**营利法人依据该决议与善意相对人形成的民事法律关系不受影响**。据此，本案中，公司总经理李某以执行机构做出决议的方式对分公司经理叶某的委任违反了法人章程。深圳分公司经理叶某的委任不符合公司章程规定，这属于公司的内部事务，不能对抗善意第三人。

（2）不能，只能请求定金或者违约金，不能同时请求两者。《民法典》第 588 条规定，当事人既约定违约金，又约定定金的，一方违约时，对方可以选择适用违约金或者定金条款。

【案例 11】

该保证合同有效。《民法典》第 61 条规定，依照法律或者法人章程的规定，代表法人从事民事活动的负责人，为法人的法定代表人。**法定代表人以法人名义从事的民事活动，其法律后果由法人承受**。《民法典》第 64 条规定，**法人存续期间登记事项发生变化的，应当依法向登记机关申请变更登记**。虽然国有投资部门撤销了李某的职务，但在到工商行政管理部门办理变更登记手续之前，李某仍是 A 公司的法定代表人，其对外进行的经营活动应由 A 公司承担责任。因此，该保证合同对 A 公司有效，A 公司应承担该合同的后果。

【案例 12】

（1）《民法典》第 505 条规定，当事人超越经营范围订立的合同的效力，应当依照本法第一编第六章第三节（民事法律行为的效力）和本编的有关规定确定，不得仅以超越经营范围确认合同无效。据此，当事人超越经营范围订立的合同，如果不具有民事法律行为无效的情形，也没有违反国家限制经营、特许经营等情形的，应当认定为有效。本案中，对木地板、厨卫用具等的经营并不违反国家限制经营、特许经营以及法律、行政法规禁止经营规定，所以该合同不因超越法人经营范围而当然无效。

（2）没有法律依据。《民法典》第 504 条规定，**法人的法定代表人或者非法人组织的负责人超越权限订立的合同，除相对人知道或者应当知道其超越权限外，该代表行为有效，订立的合同对法人或者非法人组织发生效力。A 公司的内部规定对于善意第三人不具约束力。**

（3）合同有效，A 公司应按照合同约定履行交货义务。

【案例 13】

（1）单位聘用人员在履行职务中以自己的名义对外签订的合同应由该单位承担责任，法律依据是《民法典》第 170 条规定，**执行法人或者非法人组织工作任务的人员，就其职权范围内的事项，以法人或者非法人组织的名义实施的民事法律行为，对法人或者非法人组织发生效力。法人或者非法人组织对执行其工作任务的人员职权范围的限制，不得对抗善意相对人。**乙和物资局签订建材买卖合同属于职务行为，因此腾飞公司受该合同约束，不能以合同没有加盖公章为由拒绝承担责任。

（2）**单位与其聘用人员间的约定不能对抗善意第三人**，因为《民法典》第 504 条规定，法人的法定代表人或者非法人组织的负责人超越权限订立的合同，除相对人知道或者应当知道其超越权限外，该代表行为有效，订立的合同对法人或者非法人组织发生效力。物资局在和乙签订合同的时候，并不知道腾飞公司和乙之间关于债务承担的约定，因此这一约定不能约束物资局。

（3）腾飞公司应按照合同约定履行付款义务。

【案例 14】

（1）买卖合同有效，因为丙与丁签订的合同是因表见代理订立的合同，是有效的。《民法典》第 172 条规定，**行为人没有代理权、超越代理权或者**

代理权终止后，仍然实施代理行为，相对人有理由相信行为人有代理权的，代理行为有效。

（2）甲、乙、丙应当对丁公司的债务承担无限连带责任。首先，甲、乙应当承担无限连带责任。《合伙企业法》第2条第2款规定，**普通合伙企业由普通合伙人组成，合伙人对合伙企业债务承担无限连带责任**。其次，丙也应当对欠丁公司的债务承担无限连带责任。丙是有限合伙人，应当以出资额为限承担责任，但根据《合伙企业法》第76条规定，**第三人有理由相信有限合伙人为普通合伙人并与其交易的，该有限合伙人对该笔交易承担与普通合伙人同样的责任。有限合伙人未经授权以有限合伙企业名义与他人进行交易，给有限合伙企业或者其他合伙人造成损失的，该有限合伙人应当承担赔偿责任**。据此，丙应当承担与甲、乙同样的责任，即无限连带责任。

【案例15】

（1）甲和乙有权拒绝林佳亮入伙。《合伙企业法》第50条第1款和第3款规定，合伙人死亡或者被依法宣告死亡的，对该合伙人在合伙企业中的财产份额享有合法继承权的继承人，按照合伙协议的约定或者经全体合伙人一致同意，从继承开始之日起，取得该合伙企业的合伙人资格。合伙人的继承人为无民事行为能力人或者限制民事行为能力人的，经全体合伙人一致同意，可以依法成为有限合伙人，普通合伙企业依法转为有限合伙企业。全体合伙人未能一致同意的，合伙企业应当将被继承人的财产份额退还该继承人。

本案中，林佳亮作为丙的**遗产继承人**，没有得到全体合伙人的同意，因此不能取得合伙人资格。

（2）张华和林佳亮没有义务分担丙去世后产生的债务。《合伙企业法》第53条规定，**退伙人对其退伙前已发生的合伙企业债务，与其他合伙人承担连带责任**。丙的去世导致其当然退伙，死亡日为当然退伙日。丙去世致管理混乱而产生的亏损，是丙退伙后的债务，退伙人不承担责任，张华和林佳亮作为丙的继承人当然也没有义务分担这个亏损。

【案例16】

（1）甲以A企业的名义与B公司签订的买卖合同有效。根据《合伙企业法》第37条的规定，合伙企业对合伙人执行合伙企业事务以及对外代表合伙企业权利的限制不得对抗善意的第三人。在本题中，B公司属于不知情的善意第三人，因此，买卖合同有效。

（2）实行合伙人一人一票并经全体合伙人过半数通过的表决方式。《合伙企业法》第30条第1款规定，合伙人对合伙企业有关事项作出决议，按照合伙协议约定的表决办法办理。合伙协议未约定或者约定不明确的，实行合伙人一人一票并经全体合伙人过半数通过的表决办法。

（3）①乙的质押行为无效。根据《合伙企业法》第25条的规定，普通合伙人以其在合伙企业中的财产份额出质的，须经其他合伙人一致同意；未经其他合伙人一致同意，其行为无效，由此给善意第三人造成损失的，由行为人依法承担赔偿责任。在本题中，普通合伙人乙的质押行为未经其他合伙人的同意，因此，质押行为无效。②丙的质押行为有效。根据《合伙企业法》第83条的规定，有限合伙人可以将其在有限合伙企业中的财产份额出质；但是，合伙协议另有约定的除外。在本题中，由于合伙协议未对合伙人以财产份额出质事项进行约定，因此，有限合伙人丙的质押行为有效。

（4）①普通合伙人甲、乙、庚应承担无限连带责任；②退伙的有限合伙人丁以其退伙时从A企业分回的12万元财产为限承担有限责任。

（5）甲、乙、庚决定A企业以现有企业组织形式继续经营不合法。根据《合伙企业法》的规定，有限合伙企业仅剩普通合伙人的，应当转为普通合伙企业。在本题中，人民法院强制执行丙在A企业中的全部财产份额后，有限合伙人丙当然退伙，A企业中仅剩下普通合伙人，A企业应当转为普通合伙企业。

【案例17】

法院不应当支持黄某的主张。《民法典》第56条第1款规定，**个体工商户的债务，个人经营的，以个人财产承担；家庭经营的，以家庭财产承担；无法区分的，以家庭财产承担。以公民个人名义申请登记的个体工商户，如果用家庭共有财产投资，或者收益的主要部分供家庭成员享用的，其债务应以家庭共有财产清偿**。本案中，虽然服装店是用黄某的婚前财产投资，由黄某个人经营，营业执照上的户主也只有黄某一人，但是由于服装店所得收益用于家庭共同生活，因此黄某对张某的欠账应以家庭共有财产偿还。黄某和邓某的家庭共有财产共2.6万元，包括"有缘服饰"的经营收入2万元和邓某的婚后工资收入6 000元。黄某应以这2.6万元偿债。

【案例18】

(1) 甲退伙前服装店产生的 3 万元债务，由甲、乙、丙、丁四人承担连带清偿责任。《合伙企业法》规定，合伙人对合伙期间的债务对外承担连带责任，合伙内部关于债务承担的约定不能对抗第三人，故甲也应承担责任。《合伙企业法》规定，入伙的新合伙人对入伙前合伙企业的债务承担连带责任。故丁对其入伙前的合伙债务也承担连带清偿责任。

(2) 甲退伙后服装店产生的 1 万元债务，由乙、丙、丁三人承担连带责任。按照《合伙企业法》规定，退伙人只对其退伙前已发生的合伙企业债务与其他合伙人承担连带责任，对其退伙后产生的合伙债务则不承担清偿责任。

【案例19】

(1) 张伯和佟冬所签出租合同效力待定。《民法典》第 145 条规定，限制民事行为能力人实施的纯获利益的民事法律行为或者与其年龄、智力、精神健康状况相适应的民事法律行为有效；实施的其他民事法律行为经法定代理人同意或者追认后有效。相对人可以催告法定代理人自收到通知之日起 30 日内予以追认。法定代理人未作表示的，视为拒绝追认。民事法律行为被追认前，善意相对人有撤销的权利。撤销应当以通知的方式作出。本案中，佟冬 17 周岁，属于限制民事行为能力人，对于出租房屋这种重大民事行为，不应认为与其年龄、智力、精神健康状况相适应，因而必须得到其法定代理人张敏同意或者追认，才能生效。在得到张敏追认前，该合同处于效力待定的状态。

(2) 张敏表示反对佟冬所签合同后，合同无效。因为民法规定，法定代理人拒绝追认限制民事行为能力人订立的合同的，合同无效。

(3) 张敏有权要求张伯立刻停工，恢复原状。因行为人欠缺相应的民事行为能力而效力待定的合同，法定代理人拒绝追认的，合同无效，合同相对人应恢复原状、返还原物，或者赔偿损失。

【案例20】

(1) 李某和商场之间的行为属于重大误解的民事法律行为。所谓重大误解，是指"行为人因对行为的性质、对方当事人、标的物的品种、质量、规格和数量等的错误认识，使行为的后果与自己的意思相悖，并造成较大损失的"的民事法律行为。该款手机市场价格为 1 900 元，由于售货员的工作疏忽错写成 900 元而以 900 元出售，这是违反商场的

内心真实意思的，因而构成重大误解。

(2) 李某与商场之间的买卖合同是可撤销合同。《民法典》第 147 条规定，基于重大误解实施的民事法律行为，行为人有权请求人民法院或者仲裁机构予以撤销。

(3) 商场对李某的诉讼请求能够成立，因为根据《民法典》规定，因重大误解订立的合同，当事人有权请求人民法院或仲裁机构予以撤销。商场提出退货要求，但手机已被于某善意取得，因而在合同被撤销后，李某应当赔偿损失。商场对于某的诉讼请求不能成立，因为于某已经基于善意取得制度取得了该手机的所有权。

【案例21】

(1) 董某和王大伯之间的民事行为属于显失公平的民事法律行为。《民法典》第 151 条规定，一方利用对方处于危困状态、缺乏判断能力等情形，致使民事法律行为成立时显失公平的，受损害方有权请求人民法院或者仲裁机构予以撤销。本案中，董某趁王大伯急需钱财为子治病的危困状态，以 1/5 的价格买下花瓶，给王大伯造成重大损失，构成显失公平的民事法律行为。

(2) 王大伯和董某之间的买卖合同为可撤销合同。根据《民法典》第 151 条规定，因显失公平而为的民事法律行为可以撤销，因此，王大伯与董某之间的合同为可撤销合同。

(3) 王二伯无权要求董某补足价款或者返还花瓶，因为撤销权已经消灭。《民法典》第 152 条规定，有下列情形之一的，撤销权消灭：①当事人自知道或者应当知道撤销事由之日起 1 年内、重大误解的当事人自知道或者应当知道撤销事由之日起 90 日内没有行使撤销权；②当事人受胁迫，自胁迫行为终止之日起 1 年内没有行使撤销权；③当事人知道撤销事由后明确表示或者以自己的行为表明放弃撤销权。当事人自民事法律行为发生之日起 5 年内没有行使撤销权的，撤销权消灭。本案中，王大伯明确表示不再追究董某的责任，放弃了撤销权，因此王二伯无权请求撤销该买卖合同。

【案例22】

(1) 该买卖合同是可撤销合同。《民法典》第 150 条规定，一方或者第三人以胁迫手段，使对方在违背真实意思的情况下实施的民事法律行为，受胁迫方有权请求人民法院或者仲裁机构予以撤销。以给公民及其亲友的生命健康、荣誉、名誉、财产等造成损害或者以给法人的荣誉、名誉、财产等造

成损害为要挟，迫使对方作出违背真实的意思表示的，可以认定为胁迫行为。在认定胁迫时，应考虑以下几个因素：①行为人有胁迫故意；②行为人实施了胁迫行为；③胁迫的本质在于对表意人的自由一直进行干预，具有违法性；④须表意人受胁迫而陷入恐惧状态；⑤须表意人受胁迫而作出违背真实意思的意思表示。本案中，张景是因受到周鹏飞的胁迫才打欠条的。首先，周鹏飞有胁迫的故意和胁迫的行为，且其要"放张景的血"显然是违法行为。周鹏飞伙同朋友到张景家闹事，就是要使张景产生恐惧；其次，张景在周鹏飞的一系列行为威胁之下产生了恐惧，意识到如不满足周鹏飞要求，很可能会被伤害，张景基于上述恐惧心理写下了欠条。周鹏飞的行为构成胁迫，因此该买卖合同属于可撤销合同，张景享有请求变更或者撤销该合同的权利。

（2）人民法院应支持张景撤销该买卖合同的诉讼请求，撤销该合同，张景应将电脑返还周鹏飞。

【案例 23】

（1）朱某的行为不构成欺诈。《民法典》第 148 条规定，**一方以欺诈手段，使对方在违背真实意思的情况下实施的民事法律行为，受欺诈方有权请求人民法院或者仲裁机构予以撤销**。所谓欺诈，指的是**一方当事人故意告知对方虚假情况，或者故意隐瞒真实情况，诱使对方当事人作出错误意思表示的，可以认定为欺诈行为**。本案中，朱某自己并不知道该 DC 是组装货，不存在故意告知虚假情况或者故意隐瞒真实情况的问题，因此其行为不构成欺诈。

（2）该合同属于重大误解的情形。所谓重大误解，指的是"行为人因对行为的性质、对方当事人、标的物的品种、质量、规格和数量等的错误认识，使行为的后果与自己的意思相悖，并造成较大损失的，可以认定为重大误解。"张某误认为该 DC 为日本原装货而购买，属于对标的物的品种有错误认识，构成重大误解。

（3）张某不能请求撤销该合同，因为张某在知道撤销事由之日起 90 日内没有行使撤销权，撤销权消灭。《民法典》第 152 条规定，有下列情形之一的，撤销权消灭：①**当事人自知道或者应当知道撤销事由之日起 1 年内、重大误解的当事人自知道或者应当知道撤销事由之日起 90 日内没有行使撤销权**；②**当事人受胁迫，自胁迫行为终止之日起 1 年内没有行使撤销权**；③**当事人知道撤销事由后明确表示或者以自己的行为表明放弃撤销权。当事人**

自民事法律行为发生之日起 5 年内没有行使撤销权的，撤销权消灭。本案中，张某在知道撤销事由（2008 年 8 月）超过 90 日后才主张撤销合同，已经因除斥期间经过而丧失撤销权。

【案例 24】

（1）是附解除条件的民事法律行为，以 B 厂自行研制配件成功并通知 A 厂为解除条件。该合同自订立之日起生效，自 B 厂通知 A 厂之日起合同解除。

（2）B 厂不承担违约责任。2011 年 8 月，B 厂自行研制配件成功，合同因所附条件成立而解除，且 B 厂已依约履行通知义务，因此不构成违约。A 厂的存货因规格问题无法出售给他人，这是正常的商业风险，应由 A 厂自行承担。

【案例 25】

（1）王力的抗辩理由不成立。王力作为单位的代理人和第三人张勇串通，损害被代理人的利益，按照法律规定应当和第三人负连带责任。在这种情况下，被代理人不承担代理所产生的法律后果。

（2）王力和张勇对单位的损失承担连带赔偿责任，因为《民法典》第 164 条第 2 款规定，代理人和相对人恶意串通，损害被代理人合法权益的，代理人和相对人应当承担连带责任。

【案例 26】

（1）没有。《民法典》第 169 条第 2 款规定，转委托代理经被代理人同意或者追认的，被代理人可以就代理事务直接指示转委托的第三人，代理人仅就第三人的选任以及对第三人的指示承担责任。甲将购买茶叶的事宜转委托丙，事先已经征得乙的同意，因此转委托所引起的法律后果由委托人乙承担。

（2）没有。丙已经尽到了复代理人负有的注意义务。被抢劫属于意外事件，可作为免责的理由。因此，乙应当自行承担这 1 000 元损失。

（3）乙自行承担损失。

【案例 27】

（1）在 A 百货商场追认之前，该合同效力待定。《民法典》第 171 条第 1 款规定，行为人没有代理权、超越代理权或者代理权终止后，仍然实施代理行为，未经被代理人追认的，对被代理人不发生效力。据此，行为人无权代理订立的合同为效力待定合同，须经被代理人追认方对被代理人发生效力。本案中，李某在没有得到 A 百货商场授权的情况下，擅自与 B 公司订立合同，构成无权代理，而且没有证据表明 B 公司有理由相信李某有代理权，不成立表见代理，因此该合同效力待定。

（2）该合同有效，A 百货商场应当按照合同履行付款义务。无权代理所订立的合同，经被代理人追认后，即补足了其所欠缺的代理权而使合同确定生效，当事人应依约履行，否则应依法承担违约责任。本案中，**A 商场接受 B 公司的货物并实际对外销售的行为，应认定为对李某的无权代理行为的追认。**因此，合同的效力状态由起初的效力待定转为确定生效。

【案例 28】

（1）该合同有效，廖某的行为构成表见代理。所谓表见代理，指的是没有代理权、超越代理权或者代理权终止后的无权代理人，以被代理人名义进行的民事行为在客观上使第三人相信其有代理权而实施的代理行为。《民法典》第 172 条规定，行为人没有代理权、超越代理权或者代理权终止后，仍然实施代理行为，相对人有理由相信行为人有代理权的，代理行为有效。表见代理依法产生有权代理的法律效力，即无权代理人与第三人之间实施的民事法律行为对于被代理人具有法律约束力，被代理人与第三人之间产生、变更或消灭相应的法律关系。本案中，**廖某持有盖有甲公司公章的空白合同书和介绍信，乙公司有理由相信其已经得到甲公司授权，廖某的行为构成表见代理，其签订的合同为有效合同，对甲公司有法律上的约束力。**

（2）甲公司应依约履行支付货款的义务，其所受损失可以向廖某追偿。表见代理对被代理人发生有权代理的效力，被代理人甲公司不得以行为人廖某无权代理为由抗辩，也不得以自己无过失为由抗辩。同时，廖某侵犯了甲公司的财产权，甲公司有权追究廖某的侵权责任。

【案例 29】

（1）甲和乙之间是代理法律关系。甲委托乙为咖啡厅写字的行为无效，《民法典》第 161 条第 2 款规定，**依照法律规定、当事人约定或者民事法律行为的性质，应当由本人亲自实施的民事法律行为，不得代理。**这是因为，为咖啡厅写字的行为具有严格的人身属性，所以，甲委托他人代为写字的行为无效。

（2）咖啡厅有权要求甲重新为其写字 5 幅，并可要求甲赔偿咖啡厅因此所受损失。

【案例 30】

（1）属于代理人和第三人串通、损害被代理人的利益的行为，应由代理人和第三人负连带责任。

（2）成立。《民法典》第 164 条第 2 款规定，**代理人和相对人恶意串通，损害被代理人合法权益的，代理人和相对人应当承担连带责任。**

【案例 31】

李某的代理行为有效。《民法典》第 174 条规定，被代理人死亡后，有下列情形之一的，委托代理人实施的代理行为有效：①代理人不知道且不应当知道被代理人死亡；②被代理人的继承人予以承认；③授权中明确代理权在代理事务完成时终止；④被代理人死亡前已经实施，为了被代理人的继承人的利益继续代理。作为被代理人的法人、非法人组织终止的，参照适用前款规定。据此，**委托代理人接受委托后，不知道被代理人死亡而实施代理行为的，行为有效。**本案中，李某在接受委托后，并不知道被代理人已经死亡，因此其代理行为有效。

【案例 32】

（1）甲的行为构成欺诈。欺诈的构成要件有四：①一方当事人有欺诈的故意；②一方当事人实施了欺诈行为；③对方当事人作出错误的意思表示；④对方当事人错误的意思表示的作出与欺诈行为间有因果关系。本案中，甲明知牛有病，却故意隐瞒真实情况，向乙保证牛的健康状况良好。乙买牛和甲的虚假保证具有因果关系，因此甲的行为构成欺诈。

（2）该合同属于可撤销合同。《民法典》第 148 条规定，**一方以欺诈手段，使对方在违背真实意思的情况下实施的民事法律行为，受欺诈方有权请求人民法院或者仲裁机构予以撤销。**本案中，甲实施了欺诈行为，因此受害方乙有权请求撤销合同。

（3）该约定无效。《民法典》第 188 条第 1 款规定，**向人民法院请求保护民事权利的诉讼时效期间为 3 年。法律另有规定的，依照其规定。**《民法典》第 197 条规定，**诉讼时效的期间、计算方法以及中止、中断的事由由法律规定，当事人约定无效。当事人对诉讼时效利益的预先放弃无效。**根据上述规定，诉讼时效期间是法定的，不因当事人的约定而改变。

【案例 33】

（1）从 2008 年 6 月 10 日开始计算。《民法典》第 188 条第 2 款中规定，**诉讼时效期间自权利人知**

道或者应当知道权利受到损害以及义务人之日起计算。法律另有规定的，依照其规定。按照合同约定，陈朋所享有的付款请求权为约定履行期限的债权请求权，其履行期限届满之日为 2008 年 6 月 9 日，其诉讼时效期间计算应从届满之日的第二日开始计算，故应为 2008 年 6 月 10 日。

（2）陈朋对方忠的付款请求权没有超过诉讼时效期间，因为诉讼时效中止事由消除后，诉讼时效期间尚未届满。《民法典》第 188 条第 1 款规定，向人民法院请求保护民事权利的诉讼时效期间为 3 年。《民法典》第 194 条规定，**在诉讼时效期间的最后 6 个月内，因下列障碍，不能行使请求权的，诉讼时效中止：①不可抗力；②无民事行为能力人或者限制民事行为能力人没有法定代理人，或者法定代理人死亡、丧失民事行为能力、丧失代理权；③继承开始后未确定继承人或者遗产管理人；④权利人被义务人或者其他人控制；⑤其他导致权利人不能行使请求权的障碍。自中止时效的原因消除之日起满 6 个月，诉讼时效期间届满。**本案中，陈朋遭遇车祸变成植物人后，迟至 2011 年 6 月 20 日才确定监护人，这一事由构成诉讼时效中止，2011 年 6 月 20 日为中止事由消除之日，自该日起满 6 个月，即 2011 年 12 月 20 日诉讼时效期间届满，陈朋的监护人甲于 2011 年 8 月主张权利，没有超过诉讼时效。

【案例 34】

（1）李某的还款请求权没有超过诉讼时效期间。2007 年 6 月 1 日，李某要求黄某还款的行为，导致诉讼时效期间中断，从该日起重新计算 3 年诉讼时效期间，至 2010 年 8 月 1 日李某再次向黄某索要借款时，诉讼时效期间已过。《民法典》第 192 条规定，**诉讼时效期间届满的，义务人可以提出不履行义务的抗辩。诉讼时效期间届满后，义务人同意履行的，不得以诉讼时效期间届满为由抗辩；义务人已自愿履行的，不得请求返还。**根据《最高人民法院关于审理民事案件适用诉讼时效制度若干问题的规定》第 19 条第 1 款的规定，诉讼时效期间届满，当事人一方向对方当事人作出同意履行义务的意思表示或者自愿履行义务后，又以诉讼时效期间届满为由进行抗辩的，人民法院不予支持。据此，2010 年 8 月 1 日双方达成还款协议，属于义务人在超过诉讼时效期间后作出同意履行义务的意思表示的情况，因此黄某的抗辩无法获得人民法院的支持。总之，李某的权利应受到法律保护。

（2）黄某应当归还李某的借款，但是不计利息。

【案例 35】

（1）诉讼时效期间为 3 年。《民法典》第 188 条第 1 款规定，向人民法院请求保护民事权利的诉讼时效期间为 3 年。法律另有规定的，依照其规定。

（2）本案的诉讼时效的起算时间为 2009 年 2 月 28 日。《民法典》第 188 条第 2 款规定，诉讼时效期间自权利人知道或者应当知道权利受到损害以及义务人之日起计算。法律另有规定的，依照其规定。据此，本案的诉讼时效期间不能从 2005 年 2 月 14 日彭均头部受伤之日起算，因为当时彭均阵发性昏迷等症状并未出现，当然也未确诊。2009 年，彭均阵发性昏迷等症状出现，经科学诊断确系由当日外伤引起，此时权利人才知道损害事实，因此本案的诉讼时效期间的起算时间为 2009 年 2 月 28 日。因此，本案的诉讼时效期间不能从 2005 年 2 月 14 日彭均头部受伤之日起算，因为当时彭均阵发性昏迷等症状并未出现，当然也未确诊。2009 年，彭均阵发性昏迷等症状出现，经科学诊断确系由当日外伤引起，故本案的诉讼时效期间的起算时间应为 2009 年 2 月 28 日。

（3）法院应支持彭均的诉讼请求，判决刘永承担所有相关医疗费用。本案的诉讼时效期间自 2009 年 2 月 28 日起为 3 年，彭均在诉讼时效期间内起诉。另外，依据《民法典》第 1253 条规定，建筑物、构筑物或者其他设施及其搁置物、悬挂物发生脱落、坠落造成他人损害，所有人、管理人或者使用人不能证明自己没有过错的，应当承担侵权责任。所有人、管理人或者使用人赔偿后，有其他责任人的，有权向其他责任人追偿。可见，刘某作为责任人应当承担侵权责任。总之，法院应判决刘永承担侵权责任，支付彭均的医疗费用。

第二章 物 权

 本章精要

物权是权利人依法对特定的物享有直接支配和排他的权利，包括所有权、用益物权和担保物权。按照民法典规定，物权包括物权通则、所有权、用益物权、担保物权和占有五个分编的内容。

物权通则的主要内容包括物权的概念、特征、种类、物权的基本原则、物权的变动和物权的保护等。(1) 物权的特征有：在权利性质上，物权是支配权；在权利效力范围上，物权是绝对权；在权利的客体上，物权的客体是物，且原则上为有体物，权利作为客体仅为特例；在权利的效力上，物权具有优先效力、追及效力、排他效力；在物权的发生上，物权的设定采取法定主义；在权利的保护方法上，物权的保护以恢复权利人对物的支配为主要目的，偏重于"物上请求权"的方法，赔偿损失仅为补充方法。(2) 物权的基本原则包括平等保护原则、物权法定原则、物权客体特定原则和公示、公信原则。(3) 物权的变动即是指物权的设立、变更、转让和消灭。就物权主体而言，是指其取得物权和丧失物权；就物权内容而言，是指物权的内容发生变化。物权的变动可分为法律行为和法律行为之外的原因引起的物权变动。基于法律行为物权的变动，对于不动产而言，其物权的设立、变更、转移和消灭，经依法登记，发生效力；未经登记，不发生效力，但是法律另有规定的除外。对于动产而言，其物权的设立和转让，自交付时发生效力，但是法律另有规定的除外。法律行为之外的原因引起的物权变动，包括基于法律文书、继承、事实行为等原因引起的物权变动，不以登记或者交付作为物权变动的原因。(4) 物权的民法保护方法包括请求确认物权、请求返还原物、请求排除妨害或消除危险、请求恢复原状和请求赔偿损失。

所有权是指所有权人对自己的不动产或者动产，依法享有占有、使用、收益和处分的权利。所有权的主要内容有所有权的概念、特征、分类、取得、业主的建筑物区分所有权、相邻关系和共有等。(1) 所有权是物权中最完整、最全面的权利。所有权具有全面性、整体性、弹力性、排他性、恒久性等特征。所有权的权能包括积极权能和消极权能。积极权能包括占有权、使用权、收益权和处分权；消极权能是指排除他人干涉的权能。为了公共利益的需要，依照法律规定的权限和程序可以征收集体所有的土地和组织、个人的房屋以及其他不动产。(2) 民法典将所有权分为国家所有权和集体所有权、私人所有权。(3) 所有权的取得包括原始取得和继受取得。原始取得方式有生产、收取孳息、先占、添附、拾得遗失物、发现埋藏物、善意取得等。其中，善意取得是案例分析重点内容。《民法典》第311条规定，无处分权人将不动产或者动产转让给受让人的，所有权人有权追回；除法律另有规定外，符合下列情形的，受让人取得该不动产或

者动产的所有权：①受让人受让该不动产或者动产时是善意的；②以合理的价格转让；③转让的不动产或者动产依照法律规定应当登记的已经登记，不需要登记的已经交付给受让人。受让人依照上述规定取得不动产或者动产的所有权的，原所有权人有权向无处分权人请求损害赔偿。当事人善意取得其他物权的，参照适用上述规定。所有权的继受取得方式包括买卖、互易、赠与、继承遗产、接受遗赠等。(4) 建筑物区分所有权是指业主对建筑物内的住宅、经营性用房等专有部分享有所有权，对专有部分以外的共有部分享有共有和共同管理的权利。建筑物区分所有权具有复合性、整体性、专有权的主导性和客体的多元性特征。建筑物区分所有权的内容包括专有权、共有权和管理权。(5) 不动产相邻关系是指相互毗邻的不动产的所有人或使用人因对不动产行使所有权或使用权而发生的权利义务关系。不动产的相邻权利人应当按照有利生产、方便生活、团结互助、公平合理的原则，正确处理相邻关系。处理相邻关系的依据是法律、法规；法律、法规没有规定的，可以按照当地习惯。主要的相邻关系有：相邻不动产通行或利用关系，相邻用水、排水关系，相邻通风、采光、日照关系，相邻不可量物侵害防免关系。(6) 共有是指两个以上的权利主体对同一项财产都享有所有权。共有有按份共有和共同共有之分。按份共有人的权利有：依份额享有共有权、分割请求权和转让权、优先购买权、在共有份额上设定担保物权和物上请求权等。共同共有人的权利和义务有：按照约定或者规定行使共有权并承担义务，共同管理的义务，处分权，物上请求权，以及共有费用的负担等。

用益物权是指用益物权人对他人所有的不动产或者动产，依法享有占有、使用和收益的权利。用益物权的主要内容包括用益物权的概念、特征、土地承包经营权、建设用地使用权、宅基地使用权、居住权和地役权等。(1) 土地承包经营权自土地承包经营权合同生效时设立。土地承包经营权人依照法律规定，有权将土地承包经营权互换、转让。未经依法批准，不得将承包地用于非农建设。土地承包经营权互换、转让的，当事人可以向登记机构申请登记；未经登记，不得对抗善意第三人。土地承包经营权人可以自主决定依法采取出租、入股或者其他方式向他人流转土地经营权。流转期限为5年以上的土地经营权，自流转合同生效时设立。当事人可以向登记机构申请土地经营权登记；未经登记，不得对抗善意第三人。通过招标、拍卖、公开协商等方式承包农村土地，经依法登记取得权属证

书的，可以依法采取出租、入股、抵押或者其他方式流转土地经营权。(2) 设立建设用地使用权，可以采取出让或者划拨等方式。工业、商业、旅游、娱乐和商品住宅等经营性用地以及同一土地有两个以上意向用地者的，应当采取招标、拍卖等公开竞价的方式出让。设立建设用地使用权的，应当向登记机构申请建设用地使用权登记。建设用地使用权自登记时设立。建设用地使用权人有权将建设用地使用权转让、互换、出资、赠与或者抵押，但是法律另有规定的除外。建设用地使用权转让、互换、出资、赠与或者抵押的，使用期限由当事人约定，但是不得超过建设用地使用权的剩余期限。建设用地使用权转让、互换、出资或者赠与的，附着于该土地上的建筑物、构筑物及其附属设施一并处分。建筑物、构筑物及其附属设施转让、互换、出资或者赠与的，该建筑物、构筑物及其附属设施占用范围内的建设用地使用权一并处分。住宅建设用地使用权期限届满的，自动续期。续期费用的缴纳或者减免，依照法律、行政法规的规定办理。非住宅建设用地使用权期限届满后的续期，依照法律规定办理。该土地上的房屋及其他不动产的归属，有约定的，按照约定；没有约定或者约定不明确的，依照法律、行政法规的规定办理。(3) 宅基地使用权可以转让，但不能单独转让，只能与合法建造的住房一并转让。宅基地使用权连同房屋一并转让的，再申请宅基地的，不予批准。宅基地使用权不得设定抵押。(4) 居住权无偿设立，但是当事人另有约定的除外。设立居住权的，应当向登记机构申请居住权登记。居住权自登记时设立。居住权可以通过遗嘱方式设立。居住权不得转让、继承。设立居住权的住宅不得出租，但是当事人另有约定的除外。居住权期间届满或者居住权人死亡的，居住权消灭。居住权消灭的，应当及时办理注销登记。(5) 地役权自地役权合同生效时设立。当事人要求登记的，可以向登记机构申请地役权登记；未经登记，不得对抗善意第三人。地役权的期限由当事人约定，但是不得超过土地承包经营权、建设用地使用权等用益物权的剩余期限。土地所有权人享有地役权或者负担地役权的，设立土地承包经营权、宅基地使用权等用益物权时，该用益物权人继续享有或者负担已设立的地役权。土地上已设立土地承包经营权、建设用地使用权、宅基地使用权等用益物权的，未经用益物权人同意，土地所有权人不得设立地役权。地役权不得单独转让。土地承包经营权、建设用地使用权等转让的，地役权一并转让，但是合同另有约定的除外。地役权不得单独抵押。土地经营

权、建设用地使用权等抵押的，在实现抵押权时，地役权一并转让。需役地以及需役地上的土地承包经营权、建设用地使用权等部分转让时，转让部分涉及地役权的，受让人同时享有地役权。供役地以及供役地上的土地承包经营权、建设用地使用权等部分转让时，转让部分涉及地役权的，地役权对受让人具有法律约束力。

担保物权是指以担保债务清偿为目的，而在债务人或者第三人的特定物或者权利上设立的定限物权。担保物权的主要内容有担保物权的概念、特征、混合担保、抵押权、质权和留置权等。(1) 担保物权具有从属性、不可分性、物上代位性和优先受偿性特征。设立担保物权，应当订立担保合同。担保合同是主债权债务合同的从合同。主债权债务合同无效，担保合同无效，但是法律另有规定的除外。担保合同被确认无效后，债务人、担保人、债权人有过错的，应当根据其过错各自承担相应的民事责任。担保期间，担保财产毁损、灭失或者被征收等，担保物权人可以就获得的保险金、赔偿金或者补偿金等优先受偿。被担保债权的履行期未届满的，也可以提存该保险金、赔偿金或者补偿金等。(2) 被担保的债权既有物的担保又有人的担保的，债务人不履行到期债务或者发生当事人约定的实现担保物权的情形，债权人应当按照约定实现债权；没有约定或者约定不明确，债务人自己提供物的担保的，债权人应当先就该物的担保实现债权；第三人提供物的担保的，债权人可以就物的担保实现债权，也可以请求保证人承担保证责任。提供担保的第三人承担担保责任后，有权向债务人追偿。

抵押权是指债权人对于债务人或第三人提供的不转移占有作为债务履行担保的财产，在债务人不履行债务或者发生当事人约定的实现抵押权的情形时，得就该财产的价值优先受偿的权利。(1) 设立抵押权，当事人应当采用书面形式订立抵押合同。以不动产或者正在建造的建筑物抵押的，应当办理抵押登记。抵押权自登记时设立。以动产抵押的，抵押权自抵押合同生效时设立；未经登记，不得对抗善意第三人。以动产抵押的，不得对抗正常经营活动中已支付合理价款并取得抵押财产的买受人。(2) 债务人或者第三人有权处分的下列财产可以抵押：①建筑物和其他土地附着物；②建设用地使用权；③海域使用权；④生产设备、原材料、半成品、产品；⑤正在建造的建筑物、船舶、航空器；⑥交通运输工具；⑦法律、行政法规未禁止抵押的其他财产。下列财产不得抵押：①土地所有权；②宅基地、自留地、自留山等集体所有土地的

使用权,但是法律规定可以抵押的除外;③学校、幼儿园、医疗机构等以公益为目的成立的非营利法人的教育设施、医疗卫生设施和其他公益设施;④所有权、使用权不明或者有争议的财产;⑤依法被查封、扣押、监管的财产;⑥法律、行政法规规定不得抵押的其他财产。(3)以建筑物抵押的,该建筑物占用范围内的建设用地使用权一并抵押。以建设用地使用权抵押的,该土地上的建筑物一并抵押。抵押人未按照前款规定一并抵押的,未抵押的财产视为一并抵押。抵押权设立前抵押财产已经出租并转移占有的,原租赁关系不受该抵押权的影响。抵押期间,抵押人可以转让抵押财产。当事人另有约定的,按照其约定。抵押财产转让的,抵押权不受影响。抵押人转让抵押财产的,应当及时通知抵押权人。(4)债务人不履行到期债务或者发生当事人约定的实现抵押权的情形,抵押权人可以与抵押人协议以抵押财产折价或者以拍卖、变卖该抵押财产所得的价款优先受偿。协议损害其他债权人利益的,其他债权人可以请求人民法院撤销该协议。抵押权人与抵押人未就抵押权实现方式达成协议的,抵押权人可以请求人民法院拍卖、变卖抵押财产。债务人不履行到期债务或者发生当事人约定的实现抵押权的情形,致使抵押财产被人民法院依法扣押的,自扣押之日起抵押权人有权收取该抵押财产的天然孳息或者法定孳息,但是抵押权人未通知应当清偿法定孳息的义务人的除外。上述规定的孳息应当先充抵收取孳息的费用。(5)同一财产既设立抵押权又设立质权的,拍卖、变卖该财产所得的价款按照登记、交付的时间先后确定清偿顺序。(6)动产抵押担保的主债权是抵押物的价款,标的物交付后10日内办理抵押登记的,该抵押权人优先于抵押物买受人的其他担保物权人受偿,但是留置权人除外。(7)建设用地使用权抵押后,该土地上新增的建筑物不属于抵押财产。该建设用地使用权实现抵押权时,应当将该土地上新增的建筑物与建设用地使用权一并处分,但是新增建筑物所得的价款,抵押权人无权优先受偿。(8)抵押权人应当在主债权诉讼时效期间行使抵押权;未行使的,人民法院不予保护。(9)最高额抵押担保的债权确定前,部分债权转让的,最高额抵押权不得转让,但是当事人另有约定的除外。有下列情形之一的,抵押权人的债权确定:①约定的债权确定期间届满;②没有约定债权确定期间或者约定不明确,抵押权人或者抵押人自最高额抵押权设立之日起满2年后请求确定债权;③新的债权不可能发生;④抵押权人知道或者应当知道抵押财产被查封、扣押;⑤债

务人、抵押人被宣告破产或者解散;⑥法律规定债权确定的其他情形。

质权是指债务人或者第三人将其动产或者财产权利交给债权人占有或控制,以此作为履行债务的担保,在债务人不履行债务时,债权人得以该动产或财产权利的价值优先受偿的权利。(1)质权人在债务履行期限届满前,与出质人约定债务人不履行到期债务时质押财产归债权人所有的,只能依法就质押财产优先受偿。(2)质权自出质人交付质押财产时设立。(3)质权人有权收取质押财产的孳息,但是合同另有约定的除外。孳息应当先充抵收取孳息的费用。质权人在质权存续期间,未经出质人同意,擅自使用、处分质押财产,造成出质人损害的,应当承担赔偿责任。质权人负有妥善保管质押财产的义务;因保管不善致使质押财产毁损、灭失的,应当承担赔偿责任。(4)因不能归责于质权人的事由可能使质押财产毁损或者价值明显减少,足以危害质权人权利的,质权人有权请求出质人提供相应的担保;出质人不提供的,质权人可以拍卖、变卖质押财产,并与出质人通过协议将拍卖、变卖所得的价款提前清偿债务或者提存。(5)质权人可以放弃质权。债务人以自己的财产出质,质权人放弃该质权的,其他担保人在质权人丧失优先受偿权益的范围内免除担保责任,但是其他担保人承诺仍然提供担保的除外。(6)质押财产折价或者拍卖、变卖后,其价款超过债权数额的部分归出质人所有,不足部分由债务人清偿。(7)以汇票、本票、支票、债券、存款单、仓单、提单出质的,质权自权利凭证交付质权人时设立;没有权利凭证的,质权自办理出质登记时设立。法律另有规定的,依照其规定。以基金份额、股权出质的,质权自办理出质登记时设立。基金份额、股权出质后,不得转让,但是经出质人与质权人协商同意的除外。以注册商标专用权、专利权、著作权等知识产权中的财产权出质的,质权自办理出质登记时设立。知识产权中的财产权出质后,出质人不得转让或者许可他人使用,但是出质人与质权人协商同意的除外。以应收账款出质的,质权自办理出质登记时设立。应收账款出质后,不得转让,但是出质人与质权人协商同意的除外。

留置权是指合法占有债务人动产的债权人,于债务人不履行债务时,得留置该动产并以其价值优先受偿的权利。(1)债权人留置的动产,应当与债权属于同一法律关系,但是企业之间留置的除外。法律规定或者当事人约定不得留置的动产,不得留置。(2)留置权人负有妥善保管留置财产的义务;

因保管不善致使留置财产毁损、灭失的，应当承担赔偿责任。（3）留置权人有权收取留置财产的孳息。孳息应当先充抵收取孳息的费用。（4）留置权人与债务人应当约定留置财产后的债务履行期间；没有约定或者约定不明确的，留置权人应当给债务人60日以上履行债务的期限，但是鲜活易腐等不易保管的动产除外。债务人逾期未履行的，留置权人可以与债务人协议以留置财产折价，也可以就拍卖、变卖留置财产所得的价款优先受偿。（5）债务人可以请求留置权人在债务履行期限届满后行使留置权；留置权人不行使的，债务人可以请求人民法院拍卖、变卖留置财产。（6）同一动产上已经设立抵押权或者质权，该动产又被留置的，留置权人优先受偿。

 经典案例

【案例1】 阅读标记：（　）

王某在某城镇拥有一处私房。2010年王某以20万元价格将此房卖给刘某，双方签订了书面合同后，王某遂将房屋交付刘某居住，但双方基于对对方的信任未办理过户登记手续。后来王某与刘某因其他事情发生纠纷，王某又将该房屋以25万元的价格卖给了不知情的赵某，并到房屋管理部门办理了过户登记手续。其后，王某将购房款20万元退还给刘某，并要刘某搬出该房，双方发生争执，刘某诉至法院，请求确认该房屋归其所有，或由王某赔偿损失。

问：（1）刘某与赵某，谁能取得房屋的所有权？

（2）如果本案中，赵某在签订买卖房屋的合同时明知刘某与王某之间的交易关系，处理结果是否有所不同？

【案例2】 阅读标记：（　）

甲与乙共同出资购买了一间房屋，二人约定按照份额享有对该房屋所有权，二人将房屋出租给丙，房屋租赁合同约定的期间未届满时，甲因搬迁而欲转让自己对该共有房屋的份额，乙与丙均表示愿意购买，且二人提出的购买价格相同。

问：应由谁购买甲对该房屋的份额？

【案例3】 阅读标记：（　）

甲在动物园游览时，将其名贵手镯丢失，乙拾到该手镯后，交给动物园的保卫部门，该部门负责人丙见手镯价值不菲，便据为己有，但在下班途中，被小偷丁窃取，丁为销赃，将手镯以低价卖给戊，戊与甲凑巧在一家单位工作，甲认出戊戴的手镯是自己丢失的，便向戊主张取回，戊以该手镯是自己花钱买来的为由，拒不交还，遂发生争执。

问：本案中手镯的所有人是谁？

【案例4】 阅读标记：（　）

张三与李四订有房屋买卖合同，买受人李四付款后居住该房屋，但未办理过户登记手续。5年后该房屋增值10万元。现出卖人张三提出补给李四2万元收回该房。李四不同意，请求办理过户登记手续。

问：（1）李四现在可以向法院请求张三履行过户登记义务吗？法院是否应予支持？

（2）本案是否超过诉讼时效？

（3）房屋的升值利益应当归谁？

【案例5】 阅读标记：（　）

甲、乙签订一份房屋转让协议，甲将自己的两间房屋作价200万元转让给乙，由于工作地点离房屋较远，乙从未在所购房屋中实际居住。甲于次年又将房屋以240元的价格转让给丙，并为丙办理了房屋所有权转移登记。

问：（1）房屋所有权和建设用地使用权最终归谁所有？

（2）如果乙以房屋已经转让给乙为由向房屋登记机构申请更正登记，乙的申请理由能否成立？为什么？

【案例6】 阅读标记：（　）

甲继承了一套房屋，在办理产权登记前将房屋出卖并交付给乙，办理产权登记后又将该房屋出卖给丙并办理了所有权转移登记。丙因患重病无钱支付医疗费，丁趁机要求丙以极低的价格将房屋卖给丁，并完成了转移登记。

问：（1）甲在继承房屋后是否享有房屋的所有权？为什么？

（2）乙能否取得房屋所有权？为什么？

（3）丙能否取得房屋所有权？为什么？

（4）丙将房屋转移给丁并办理登记时，丁是否能够取得房屋所有权？为什么？

【案例7】 阅读标记：（　）

张某与王某是朋友关系，2009年7月，张某要去南方投资开餐馆，急需资金，于是向王某借款2万元，承诺2009年底还清本息，并用张某自有的一辆摩托车作抵押，双方就抵押办理了相关的手续。在张某去南方期间，张某的弟弟擅自将摩托车开走，途中发生交通事故，摩托车报废。张某在南方经营亏损，债务履行期届满后，无力偿还本息，且张某基于兄弟情分，没有向其弟弟主张损害赔偿请求权。另外，张某办理摩托车抵押登记手续时，其弟在场，完全知悉抵押事宜。

问：在张某放弃其损害赔偿请求权的情况下，王某可否要求张某的弟弟承担民事责任？其主张的具体理由是什么？

【案例8】 阅读标记：（　　）

金某在某市拥有一套临街的独立住宅，在金某赴外地出差回来后，发现宏大广告公司在其房屋临街的外墙上刷写了一条妇女卫生巾的广告，字迹清晰醒目，导致金某受到左右邻居的嘲笑，其与宏大广告公司交涉未果，遂向法院提起诉讼并要求宏大广告公司承担精神损害赔偿。

问：（1）宏大广告公司是否有权使用金某的房屋外墙？

（2）宏大广告公司应否对金某承担精神损害赔偿责任？

【案例9】 阅读标记：（　　）

甲公司因无力偿还欠银行的贷款，法院在执行程序中便强制将甲公司用于贷款抵押的房地产拍卖，乙公司应买后，没有办理过户登记手续但领取了执行法院发给的权利移转证书。甲公司发现房地产仍登记在自己名下后，又将该房产出卖给丙公司，双方到房产管理部门办理了登记后，丙公司将房屋价款付清。乙公司发现此事后，向法院提起诉讼。

问：乙公司是否取得了涉案房产的所有权和地产的使用权？其是否有权要求丙公司返还该房地产？

【案例10】 阅读标记：（　　）

2010年3月，孙晓因购房向其好友宋元借款5万元，并以其现有住房为抵押物，双方到房屋管理部门办理了登记，因工作人员疏忽，将抵押错误登记在第三人名下，双方当事人因彼此信赖亦未发现该登记错误。后借款到期后孙晓一直未偿还宋元本金，宋元多次催要，孙晓遂决定将原有房屋出售以偿还债务，在查阅房屋登记簿时孙晓发现抵押没有登记，便在宋元和买受人均不知道登记事宜的情况

下，将房屋以市场评估价格转卖并办理了登记过户手续，所得价款用于投资股票而亏空。宋元见孙晓已丧失偿债能力，遂诉至法院请求拍卖抵押房屋并就价款优先受偿。

问：（1）在孙晓出售房屋前，宋元对涉案房屋是否拥有抵押权？

（2）善意买受人能否取得房屋所有权？

（3）宋元现在能否主张对该房屋的抵押权？

【案例11】 阅读标记：（　　）

甲继承其父亲遗留的一架钢琴，欲卖给朋友乙，3月1日，甲、乙签订了买卖合同，其中约定3月3日交付钢琴。3月3日时，甲向乙表示可以转让钢琴的所有权，但甲还想借用钢琴3天，乙同意，并当场支付了价金。甲在3月4日得知丙也想购买一架钢琴且出价很高，便又将钢琴卖给丙，并于合同订立当时交付了钢琴并收取了价款。3月5日，甲又向丁虚称其钢琴借给了丙使用，于是又将钢琴卖给了丁，由于出卖之时，甲没有实际占有钢琴，其与丁约定，将甲对丙的返还请求权让与丁，以代替交付，转移钢琴所有权。

问：本案中有哪些法律关系？谁是钢琴的最终所有人？

【案例12】 阅读标记：（　　）

王、潘两家同住李村，王家有子王达，潘家有女潘美，两人正在恋爱。两家为子女结婚住房问题议定：由潘家出钱，王家出工，在王家已有的3间平房上面加盖上房3间作新人成家之用，双方对上房3间的权属未作约定。上房3间盖成后，王达和潘美因为性情不合而解除恋爱关系。为此，王、潘两家反目成仇，并对房屋权属发生争议。

问：根据法律规定与民法原理，分析上述3间上房的所有权归属以及如何协调当事人的利益关系。

【案例13】 阅读标记：（　　）

王某与林某是同村村民，王某全家于1997年迁往外地，由于归期不能确定，便将自有房屋4间借给林某居住，并委托林某妥善管理。林某在王某离开后，一直居住在该4间房屋内。2007年林某的儿子结婚需住房，林某便将王某的房屋装修了一下，作为其儿子的新房。自己又在王某房屋所占的院内盖了厢房3间。2011年王某全家回迁，让林某

腾出房屋。林某遂将王某原有的 4 间房屋让出，但自己仍住在所盖的 3 间厢房内拒绝搬离，并称房屋是他自己所盖，归其所有，如王某愿意，可以卖给王某。王某认为林某虽然自己盖了房，但使用的是他的土地，于是起诉至法院，请求法院判令林某搬出双方争议的厢房。

问：本案中林某能否取得其所盖房屋的所有权？为什么？

【案例 14】 阅读标记：（　）

私营企业主王某办公用的一台电脑损坏，遂嘱咐秘书张某扔到垃圾站。张某将电脑搬到垃圾站后想，与其扔了不如拿回家给儿子用，于是将电脑搬回家，经修理后又能正常使用。王某得知电脑能够正常使用后，要求张某返还。

问：张某能否取得该电脑的所有权？

【案例 15】 阅读标记：（　）

甲有四匹马要卖掉，乙前来商议，甲对乙说："你先牵马回去试用一个月，满意的话你就买下来，价款 5 000 元。"乙牵回了四匹马，未付款。

问：（1）如果马 1 在试用期间于某日放养时被洪水冲走，该损失由谁承担？

（2）如果马 2 在试用期间生下了一匹小马，该小马应归谁所有？

（3）试用买卖期限届满，乙决定购买该 4 匹马，但 5 天前甲与丙又签订了一份买卖合同，将 4 匹马卖给了丙，现丙因不能取得该 4 匹马，起诉甲，应如何处理？

【案例 16】 阅读标记：（　）

2009 年 5 月，小李从小王手中购得一头母牛，因当时小王的卖价比较合理，小李并没有想到该牛的来路不明。事实上，该牛是小王拾得的邻村杜某失散的牛。小王在拾得牛后见无人寻找便将牛卖给了小李。小李买到牛后，母牛生下了一头小牛，小李将小牛出售，得价款 500 元。后来杜某发现了其丢失的牛在小李处，便要求小李返还，后者不同意，认为自己从小王手中花钱买来，有牛的合法所有权。二人发生争执，杜某诉至法院。

问：谁有母牛的所有权？谁有小牛的所有权？

【案例 17】 阅读标记：（　）

赵某与孙某相交甚好，二人合伙做生意时，合

资购买了一辆轿车，并登记在合伙企业的名下，后赵某之妻生病急需用钱，合伙企业和孙某都无力资助。赵某没有办法，趁孙某去外地之际，将该轿车卖给刘某，双方商定的价格是 12 万元，刘某当日即交付了全部购车款，双方到当地车辆管理部门办理轿车所有权手续时，赵某谎称孙某授权其转让轿车所有权，于是将车籍转到刘某名下。孙某回来后发现此事，与赵某发生争执，并向法院提起诉讼，要求刘某返还轿车。

问：基于以上案情，分析本案如何处理。

【案例 18】 阅读标记：（　）

钱某与赵某是夫妻关系，双方于 2010 年购买了一块瑞士产的豪华手表，价值 1 万元。后因二人产生家庭矛盾，钱某未经赵某同意，擅自把手表拿走，并同孙某协商以 9 000 元的价格卖给了孙某。孙某得到手表后，被周某盗走，并以 5 000 元的价格卖给了邻居武某。后武某在佩戴该手表时被孙某发现，就手表的归属发生了纠纷。

问：（1）孙某能否取得该表的所有权？为什么？

（2）武某能否取得该表的所有权？为什么？

【案例 19】 阅读标记：（　）

甲和乙是某公司职工，两人同住一个宿舍。因工作需要，公司于 2010 年派遣甲去公司设在北京的办事处工作 6 个月。甲在临行时，将自己的一个台式电脑交给乙保管和使用。2 个月后，甲给乙打电话，说自己在北京买了一台"DELL"牌笔记本电脑，家中的那个台式电脑可以适当价格卖掉。本公司的另一员工丙得知该消息后，找到乙，表示愿意买下甲的那个台式电脑，但是又不愿多出钱。因此，丙便对乙说："你可以打电话告诉甲，说他台式电脑的显示器出了毛病，图像有点模糊，要求他降低价格出售。"乙当时有点犹豫，但是考虑到自己和丙的关系非常好，因此便按照丙的意思给甲打了电话。甲信以为真，便电话告诉乙说，如果电脑的显示器坏了，可以降低价格把电脑卖掉。于是，乙便以 1 000 元的低价将甲的台式电脑卖给了丙。甲从北京返回后，得知事情真相，要求丙返还台式电脑。丙答复说，5 天前已以 2 000 元的价格卖给了丁。经查，丁买下电脑时以上情况并不知情，2 000 元的价格与市价相差无几。

问：（1）乙、丙买卖台式电脑的行为属于什么性质的行为？

(2) 甲可以请求乙、丙承担什么责任？

(3) 丁是否可以取得该电脑的所有权？

【案例 20】 阅读标记：（　）

2010 年 8 月 8 日，张文元出差前往某市，将现金 1 800 元放在手提包的夹层中。在公共汽车上，手提包被小偷偷走。后该小偷被公安机关抓获。小偷供称，在手提包内没有发现什么值钱的东西，就把包扔了。该手提包被陈双元在上班途中拾得。

问：(1) 陈双元与张文元之间存在什么样的民事法律关系？

(2) 假如陈双元打算上班报到后，将拾得的手提包交给有关机关，但在途中又被小偷偷走，陈双元是否应当承担民事责任？为什么？

(3) 假如陈双元拾得手提包并发现了该 1 800 元钱，将这 1 800 元挥霍了，陈双元应当承担不当得利返还责任还是侵权民事责任？为什么？

(4) 假如陈双元拾得手提包并发现了 1 800 元钱，将这 1 800 元钱偿还了自己的债务，张文元可否要求陈双元的债权人返还？为什么？

【案例 21】 阅读标记：（　）

大李和小李兄弟二人各出资 5 万元买了一辆夏利车跑出租，二人轮流在白天和夜间工作，每月各分盈余的一半。一天，小李在夜间开车时，见十字路口车辆稀少便闯了红灯，不幸与右侧开过来的摩托车相撞，摩托车驾驶人张某受伤严重，住院治疗共花费 4.3 万元。张某要求小李承担医药费，小李认为车是自己与哥哥共有的，车辆肇事，也应由二人共同承担责任。大李则认为，小李违章驾驶，酿成事故，应自负责任。二人均不支付张某的医疗费，张某起诉至法院。

问：(1) 大李与小李对该夏利车的权利是什么性质？

(2) 对于车辆肇事的责任，二人应如何承担？

【案例 22】 阅读标记：（　）

王丽与宋飞是继母女关系，宋飞的亲生父亲即王丽的丈夫是宋大鹏。宋大鹏 2008 年去世时，留下夫妻二人共同修建的房屋 6 间，一直由宋飞和王丽共同居住使用，各住三间。2013 年，宋飞去国外居住，6 间房屋遂由王丽单独居住，2015 年，王丽未经宋飞同意，擅自通过熟人将 6 间房屋的产权变更为自己一人所有。宋飞回国后，要求分割财产，请求法院确认自己对房屋中的一间拥有所有权。

问：本案应如何处理？

【案例 23】 阅读标记：（　）

郑某与李某原系夫妻，二人于 2019 年离婚，在共同生活的 6 年期间，修建了相互连接的房屋共 8 间。根据二人达成的离婚财产分割协议，离婚时每人分得 4 间，由于房屋 8 间属于一个整体，无法分割，因此二人在离婚财产分割协议中约定 8 间房屋由二人按份共有，但 8 间房屋并未办理变更登记，房屋仍登记于郑某名下。郑某要迁往外地居住，遂将自己的 4 间房屋出卖给王某，双方签订了书面买卖合同并办理了过户登记手续，李某得知此情况，认为郑某出售房屋时没有通知自己，侵犯了自己的优先购买权，于是请求法院确认郑某与王某的房屋买卖合同无效。

问：(1) 李某是否享有房屋的优先购买权？为什么？

(2) 如果郑某将出售房屋的情况在合理期限通知了李某，如何确认该"合理期限"？

(3) 李某是否有权请求确认郑某与王某的房屋买卖合同无效？为什么？

(4) 王某能否取得房屋所有权？为什么？

【案例 24】 阅读标记：（　）

甲、乙、丙、丁分别购买了某住宅楼（共四层）的一至四层住宅，并各自办理了房产证。

试问：

(1) 如果甲出卖其住宅，乙、丙、丁是否享有优先购买权？为什么？

(2) 该住宅楼的外墙广告收入应由谁分享？

(3) 如四层住户丁欲在楼顶建一花圃，则需要由哪些业主同意？

【案例 25】 阅读标记：（　）

甲、乙是同幢楼上下层邻居。甲住二楼，乙住一楼。2010 年 10 月 30 日，乙在装修房屋时，在一楼腾出一间房屋开个便民店，并将写有商店字号的霓虹灯招牌挂在一楼与二楼之间的外墙上。广告招牌影响了甲的休息，因此甲要求乙摘去商店的招牌，并且不得在一楼开商店，乙不予理会，双方诉至法院。

问：(1) 乙可否在一楼开设商店？
　　(2) 甲是否有权要求乙摘去招牌？

【案例 26】 阅读标记：( )

张某与李某系邻居。2009 年 10 月，李某准备盖一座高 9 米的两层楼房，在与张某协商时张某不同意他盖那么高。李某认为，在自己的宅基地上建房，想盖多高就盖多高，别人无权干涉。经现场勘验，李某楼房后檐高 8.27 米，距张某房屋仅 6.6 米，张某房高 4.2 米。张某遂以李某为被告诉至法院，请求法院判令被告按规定留出采光和通风距离。

问：(1) 李某是否可以在自己的宅基地上想盖多高的楼房就盖多高的楼房？为什么？
　　(2) 李某盖了高楼后，张某的什么权利遭受到了侵害？
　　(3) 本案应当如何处理？法律依据是什么？

【案例 27】 阅读标记：( )

田某家和孙某家承包的土地相邻，田某耕种自家土地时必须经过孙某的土地。2010 年初，两家因一点琐事发生矛盾，自此结怨，孙某不再同意田某从他的土地上通行、排水，否则每年留下"买路钱"500 元。

问：田某还可以利用孙某家的地通行、排水吗？

【案例 28】 阅读标记：( )

老人甲雇用保姆乙（女）照看自己的生活，保姆乙自受雇以来，一直照料老人的起居生活达 20 年之久，甲、乙培养了深厚的感情。由于乙家贫困，居无定所，甲为了乙老有所居，甲、乙签订书面合同，约定将五间住房中划出一间供乙居住，直至乙去世。甲、乙二人到登记机构办理了权利登记。甲去世后，甲的子女丙、丁继承甲的房屋，请求乙搬出房屋，并支付长期居住房屋的使用费。

问：(1) 乙对划出的一间房屋享有何种权利？
　　(2) 丙、丁是否有权请求乙搬出房屋？
　　(3) 丙、丁是否有权请求乙支付长期居住房屋的使用费？
　　(4) 乙在居住期间是否有权将其居住的房屋出租？

【案例 29】 阅读标记：( )

A 酒店与某市公园签订租赁合同，双方商定由 A 酒店承租公园内的醉仙饭店，并投资改建为 A 酒店的分店，醉仙饭店门前的停车场及公园的两个大门由租赁双方共同使用，租赁期限为 10 年。随后，A 酒店向规划局申请改建醉仙饭店，规划局查明该饭店的土地使用权属于园林局，遂发文要求园林局办理报建手续。规划局根据园林局的申请，核准将醉仙饭店改建成一栋四层楼的酒楼，建筑面积为 8 000 平方米。改建期间，A 酒店在原醉仙饭店的北侧加建一幢三层面积为 900 平方米的附属用房，在西侧加建一幢四层面积为 1 500 平方米的酒楼雅座。规划部门发现后，认为园林局未批准擅自扩大建设规模，侵占绿地，违反了城市规划法的规定，影响了城市规划，遂作出处罚决定，没收上述违章加建的两座楼房。园林局对该处罚不服，向市政府有关主管部门申请复议。

问：请回答复议机关如何处理此案。

【案例 30】 阅读标记：( )

某航运公司经县人民政府批准，以划拨方式取得一宗地的建设用地使用权，批准用途为建职工宿舍。次年，航运公司在该宗地上兴建住宅楼。工程竣工后，航运公司公开向社会出售楼房，将这幢楼房卖给了某副食品公司。当地土地管理部门查实情况后认为，航运公司公开出售自建住宅楼，属于非法转让划拨建设用地使用权的行为，依法对航运公司进行了处罚，同时，通知购房人补办建设用地使用权出让手续，缴纳建设用地使用权出让金。购房人认为，缴纳建设用地使用权出让金是航运公司的事，所以拒绝缴纳建设用地使用权出让金。

问：(1) 土地管理部门对航运公司行为的认定是否正确？
　　(2) 购房人拒缴建设用地使用权出让金的理由能否成立？为什么？

【案例 31】 阅读标记：( )

甲公司于 2008 年 3 月 16 日与某市土地管理局签订土地使用权出让合同，受让该市某立交桥东南侧土地使用权，面积为 98 792 平方米，每平方米地价为 315 元。合同还规定，2008 年 3 月底甲公司支付 50% 的土地出让金，4 月底付清全部土地出让金。2008 年 4 月 28 日甲公司与乙公司签订了土地使用权转让合同书，约定：将该立交桥东南侧 130 000 平方米土地转让给乙公司，每平方米地价

390 元；甲公司于 2008 年 7 月 30 日前完成居民拆迁和"三通一平"工作，延误交付土地，按月利率15‰承担预付款的利息；乙公司于合同签订后 7 日内预付地价 80%，余款于 7 月 31 日付清，延误付款，一天罚款 5 000 元。合同签订后，至 2008 年 5 月 6 日，乙公司陆续支付 80%的预付款。但甲公司到 2008 年 7 月 30 日，并未完成居民拆迁和"三通一平"工作，无法交付土地。2008 年 9 月甲公司因未依法交足土地出让金，所受让的土地使用权被依法收回。乙公司对此不知情，于 11 月 8 日再次催要土地，但此时甲公司早已不再进行拆迁和"三通一平"工作。经查，甲公司在该立交桥东南侧并无其他土地使用权，其取得的 98 792 平方米的土地使用权规定用途是住宅建设，而且剩余土地出让金一分未付。

问：(1) 本案中的土地使用权出让合同是否有效？为什么？

(2) 本案中的土地使用权转让合同是否有效？为什么？

(3) 本案中甲公司因转让土地使用权应承担哪些责任？

(4) 市土地管理局收回土地使用权的法律依据是什么？

【案例 32】 阅读标记：（ ）

2009 年 8 月 16 日，某市土地管理局通过拍卖方式，与某房地产开发公司签订了一份国有土地使用权出让合同。根据合同约定：该幅土地面积为 20 000 平方米，用于安居工程住房开发。土地出让金为 2 000 万元，预付定金 400 万元，其余出让金在 2009 年 12 月 31 日之前交付。该公司取得土地后，于当年 10 月开始对该幅土地进行开发，修建商品房。2009 年 11 月，该公司向某市土地管理局支付了 1 000 万元，其余 600 万元直至 2010 年 5 月，虽经土地管理局多次催交，该公司均以各种理由拒付。

问：(1) 该公司有哪些违法行为？为什么？

(2) 该市城市规划部门对该合同的履行有无权利？为什么？

(3) 该市土地管理局对本案有哪些民事权利和行政权利？

【案例 33】 阅读标记：（ ）

某市钢铁公司向银行申请贷款 1 000 万元，用于对该公司原有设备的更新改造，银行同意提供贷款。签订贷款合同之前，银行要求公司提供足够的

抵押物，钢铁公司于是提供了一块公司准备用于盖职工宿舍的土地进行抵押。该土地是钢铁公司采取出让方式获得的。于是银行与该公司签订了贷款合同，并且办理了抵押土地的手续，但是银行和公司都没有对这块土地的价值进行评估。钢铁公司在获得贷款后，着手进行了设备的更新改造工作。在取得贷款的 1 年多时间里，钢铁公司在用于抵押的土地上建起了简易仓库，存放新采购的设备，其间还将一部分土地租给邻近的某公司临时存放货物。银行对此并未提出异议。后钢铁公司在更新设备过程中由于经营遇到困难，按期还贷的计划无法实现。银行看到按期收回贷款已无可能，于是要求拍卖钢铁公司抵押的土地，以抵偿贷款。钢铁公司在此时却提出，土地的所有权属于国家，钢铁公司无权将其抵押，并要求现在收回。银行坚决不同意，并提出不仅要将土地进行拍卖，而且要求钢铁公司将土地抵押期间所得的收益也交给银行。双方争执不下，于是银行向法院起诉。

问：(1) 钢铁公司能否将以出让方式取得的土地进行抵押？为什么？

(2) 银行能否对该土地抵押期间的收益主张权利？为什么？

(3) 本案应如何处理？

【案例 34】 阅读标记：（ ）

某市甲化工厂为扩大生产规模，拟投资 5 000 万元建一个分厂，向该市人民政府申请集体经营建设用地 40 亩。为保证按时使用土地，甲化工厂与乙村村委会签订了土地使用权出让合同。该合同规定由乙村向甲化工厂出让土地 40 亩，土地使用权出让金 2 000 万元，土地用途为工业用地。有关合同的其他内容均参照国家出让土地使用权的标准写明。为了扩大生产经营规模，甲化工厂将该土地使用权抵押给银行，获取银行贷款 3 000 万元。

问：(1) 乙村能否将集体经营建设用地出让给甲化工厂？

(2) 甲化工厂若取得乙村集体经营建设用地使用权，应满足哪些条件？

(3) 甲化工厂能否在集体经营性土地上设定抵押？

【案例 35】 阅读标记：（ ）

甲公司与乙公司约定：为满足甲公司开发住宅小区观景的需要，甲公司向乙公司支付 100 万元，乙公司在 20 年内不在自己厂区建造 6 米以上的建筑。甲公司将全部房屋售出后不久，乙公司在自己

的厂区建造了一栋 8 米高的厂房。

　　问：谁有权要求乙公司拆除超过 6 米的建筑?

【案例 36】 阅读标记：（　）

　　甲有一座面向大海的房屋，为了保证自己能在房子里欣赏海边的风景，甲与其邻居乙约定，乙在 4 年内不得在自己的土地上建造高楼建筑，为此甲每年支付乙 4 000 元作为补偿。随后，甲与乙进行了相关登记。2 年后，乙将其土地转让给了丙，丙在该土地上建了一座高楼，建楼的手续齐备，但甲对此提出异议，双方发生纠纷诉至法院。

　　问：（1）本案中甲、乙双方约定的是何种权利?

　　　　（2）丙是否有权在土地上建造高楼?

【案例 37】 阅读标记：（　）

　　2009 年 1 月 8 日，公民甲向公民乙借人民币 50 万元，约定于半年后返还，利息 5 万元。作为条件，乙要甲为其设定抵押权。甲无适当财产作担保，便请其姐夫任总经理的丙公司帮助解决。丙公司将一份购销合同给甲，表示可用此合同作抵押担保。合同载明，丙公司售与丁公司海鲜产品（品种、规格、数量、单价等条款从略）50 吨，总价款 62 万元，于 2009 年 5 月 31 日之前付清。甲交乙审阅后，乙认定合同真实、有效，又感到丙公司资信无虞，便同意拿该合同作担保，于是与丙签订了以该购销合同为标的的抵押权合同。

　　2009 年 7 月 8 日，甲还本付息的期限已至，但无力清偿。乙遂向丙公司行使抵押权。但丁公司此时尚未给付丙货款，而丙公司则处在破产清算中。乙遂向清算人登记有抵押权的债权。经催索，丁公司所欠货款及违约金于 8 月 5 日被收回。乙即要求清算组织使其行使对于该项财产的优先受偿权，但遭拒绝。清算组织内有两种意见：（1）乙只能与其他破产债权人平等受清偿；（2）乙与丙之间的抵押权合同无效，乙不属破产债权人。乙来到律师事务所请教。

　　问：（1）甲、丙之间是否形成担保关系? 如不形成，请述理由; 如形成，请说明属何种类的担保。

　　　　（2）除了甲是乙的债务人外，乙对丙有无民事权利? 如无，请述理由; 如有，请说明权利的内容及性质。

　　　　（3）清算组织的意见有无道理?

【案例 38】 阅读标记：（　）

　　甲公司与乙银行于 2019 年 3 月 1 日签订抵押

合同约定：甲公司在未来一年内大概需要贷款资金 1 亿元，乙银行每季度提供一批贷款，甲公司以其办公大楼在 1 亿元范围内提供抵押，并办理了抵押登记。3 月 15 日，甲公司向乙银行借款 4 000 万元，借期 3 个月。4 月 1 日，甲公司又向乙银行借款 4 000 万元，借期 2 个月。6 月 20 日，甲公司偿还了 1 000 万元。7 月 1 日，乙银行将其中 500 万元债权转让给丙资产管理公司，并通知了甲公司。7 月 15 日，该办公大楼被法院查封。

　　问：（1）若甲公司未偿还丙公司债务，丙公司是否有权就办公大楼优先受偿? 为什么?

　　　　（2）甲公司于 6 月 20 日偿还的 1 000 万元，应当认定清偿的是哪笔债务? 为什么?

　　　　（3）7 月 15 日，乙银行享有优先受偿权的主债权数额是多少? 为什么?

　　　　（4）就拍卖办公大楼所得价款，债权人乙银行和丙公司谁有优先受偿权? 为什么?

【案例 39】 阅读标记：（　）

　　甲向乙借款 20 万元，甲的朋友丙、丁二人先后以自己的轿车为乙的债权与乙签订了抵押担保合同，并依法办理了抵押登记。但彼此未与乙约定所担保的债权份额及顺序，两辆轿车价值均为 15 万元。

　　问：（1）抵押担保合同是否生效? 为什么?

　　　　（2）抵押权是否成立? 为什么?

　　　　（3）若甲到期未履行债务，乙可以怎样行使抵押权?

【案例 40】 阅读标记：（　）

　　周某与李某签订书面质押合同，将自己的金佛出质给李某，并移转占有; 周某又与肖某签订质押合同，将自己持有的甲公司股权出质给肖某，并交付股票，但未办理任何手续。

　　问：如何认定质押合同的效力? 质权是否设立?

【案例 41】 阅读标记：（　）

　　冯某系养鸡专业户，为改建鸡舍和引进良种需资金 20 万元。冯某向陈某借款 10 万元，以自己的一套价值 10 万元的音响设备抵押，双方立有抵押字据，但未办理登记。冯某又向朱某借款 10 万元，又以该设备质押，双方立有质押字据，并将设备交付朱某占有。冯某得款后，改造了鸡舍，且与县良种站签订了良种鸡引进合同。合同约定良种鸡款共计2万元，冯预付定金4000元，违约金按合同总额的10%计算，冯某以销售肉鸡的款项偿还良种站的货款。合同没有明确约定合同的履行地点。后来，县良种站将良种鸡送交冯某，要求支付运费，冯某拒绝。因发生不可抗力事件，冯某预计的收入落空，冯某因不能及时偿还借款和支付货款而与陈某、朱某及县良种站发生纠纷。诉至法院后，法院查证上述事实后又查明：朱某在占有该音响设备期间，不慎将该设备损坏，送蒋某修理。朱某无力交付修理费1万元，该设备现已被蒋某留置。

问：（1）冯某与陈某之间的抵押关系是否有效？为什么？
（2）冯某与朱某之间的质押关系是否有效？为什么？
（3）朱某与蒋某之间是何种法律关系？
（4）对该音响设备，陈某要求行使抵押权，蒋某要求行使留置权，应由谁优先行使其权利？为什么？
（5）冯某无力支付县良种站的货款，合同中规定的定金条款和违约金条款可否同时适用？为什么？

【案例42】 阅读标记：（ ）

甲向乙借款5万元，并以一台机器作抵押，办理了抵押登记。随后，甲又将该机器质押给丙。丙在占有该机器期间，将其交给丁修理，因拖欠修理费而被丁留置。

问：（1）抵押权是否成立？为什么？
（2）质押权是否成立？为什么？
（3）留置权是否成立？为什么？
（4）乙、丙、丁三人之间的受偿顺序如何？为什么？

【案例43】 阅读标记：（ ）

甲公司因转产致使一台价值1000万元的精密机床闲置。该公司董事长与乙公司签订了一份机床转让合同。合同规定，精密机床作价950万元，甲公司于10月31日前交货，乙公司在交货后10天内付清款项。在交货日前，甲公司发现乙公司的经营状况恶化，于是通知乙公司中止交货并要求乙公司提供担保；乙公司予以拒绝。又过了1个月，乙公司的经营状况进一步恶化，于是甲公司提出解除合同。乙公司遂向法院起诉。法院查明：（1）甲公司股东会决议规定，对精密机床的处置应经股东会

特别决议；（2）甲公司的机床原来由丙公司保管，保管期限至10月31日，保管费50万元。11月5日，甲公司将机床提走，并约定10天内付保管费，如果10天内不付保管费，丙公司可对该机床行使留置权。现丙公司要求对该机床行使留置权。

问：（1）甲公司与乙公司之间转让机床的合同是否有效？为什么？
（2）甲公司中止履行的理由能否成立？为什么？
（3）甲公司能否解除合同？为什么？
（4）丙公司能否行使留置权？为什么？

【案例44】 阅读标记：（ ）

甲公司向乙银行贷款1000万元，约定2015年12月2日一次性还本付息。甲公司以自己的一栋房屋作抵押。甲到期没有清偿债务，乙银行每个月都向其催收，均无效果，最后一次催收的时间是2017年3月6日。

问：乙银行在哪一时间前行使抵押权，才能得到法院的保护？

【案例45】 阅读标记：（ ）

某市居民陈某准备外出做生意，急需现款，便向个体户李某借款14万元，李某提出要提供担保，陈某便表示让其好友林某出面作担保，林某表示愿意以其所有的房屋一栋抵押给李某（价值为15万元），并由林某与李某签订了抵押合同。合同订立后，林某提出由于手续复杂，费用过高，反复要求不办理登记手续，李某最后表示同意。此后，李某与陈某签订了借款合同，约定了利息及借款期限。后陈某经营失败无力偿还债务，李某遂起诉要求林某履行合同约定的还本付息的义务，并要求对抵押房屋的拍卖、变卖价款优先受偿。

问：本案中的抵押权是否成立？

【案例46】 阅读标记：（ ）

邓某有一台电视机，显示器出了问题，便送到关某开的电器修理部修理，修理完好后，邓某以暂时没有现金为由请求缓交560元的修理费，关某开始没有同意，并主张待邓某交纳了修理费后才能取走电视机。邓某反复劝说，并说明该电视机已经以2000元的价格卖给了李某，待李某支付价款后即偿还修理费，于是关某将电视机交给了邓某，但邓某一直没有偿还所欠修理费。关某咨询律师，得知其作为修理人，在邓某没有支付修理费的情况下

一般/经/典/案/例

182

享有法定的留置权，于是关某起诉到法院，要求确认其享有的对邓某电视机的留置权。

问：本案中关某的留置权是否成立？

【案例 47】 阅读标记：（ ）

甲向乙借款 5 000 元，并将自己的一台笔记本电脑出质给乙。乙在出质期间将电脑无偿借给丙使用。丁因丙欠钱不还，趁丙不注意时拿走电脑并向丙声称要以其抵债。

问：本案中存在哪些占有返还请求权？

【案例 48】 阅读标记：（ ）

甲走失一头母牛，后该牛被邻县乙拾得并带回家中。乙多方查找失牛人未果，便当成自家的牛照料起来。后母牛产下一头牛犊。一次偶然的机会，甲发现其所丢的母牛在乙处，因此要求乙返还母牛及牛犊。乙只同意返还母牛，而要求保留牛犊。

问：本案应如何处理？

 案例分析

【案例 1】

（1）王某与刘某虽然签订了书面的买卖合同，也实际交付了房屋给买受人，但根据《民法典》第209条规定，不动产物权的设立、变更、转让和消灭，经依法登记，发生效力；未经登记，不发生效力，但是法律另有规定的除外。依法属于国家所有的自然资源，所有权可以不登记。《民法典》第215条规定，当事人之间订立有关设立、变更、转让和消灭不动产物权的合同，除法律另有规定或者当事人另有约定外，自合同成立时生效；未办理物权登记的，不影响合同效力。因此，刘某虽然实际占有、使用该房屋，但却不是该房屋的合法所有人。在王某又将该房屋转卖给赵某并办理了登记过户手续后，赵某合法取得了房屋所有权，其基于所有权，可以请求刘某搬出房屋，返还原物。刘某基于有效的买卖合同，仅仅取得对王某的债权请求权，该请求权不得对抗赵某的物权，这就是所谓的物权优先性原则。因此，本案正确的处理方式是法院确认赵某拥有该房屋的使用权，由王某对刘某承担违约责任。

（2）如果赵某非善意，根据《民法典》第154条的有关规定，导致其与王某的合同因恶意串通损害第三人利益而无效，赵某就不能取得房屋所有权。王某本人仍然是房屋的所有人。

【案例 2】

《民法典》第306条规定，按份共有人转让其享有的共有的不动产或者动产份额的，应当将转让条件及时通知其他共有人。其他共有人应当在合理期限内行使优先购买权。两个以上其他共有人主张行使优先购买权的，协商确定各自的购买比例；协商不成的，按照转让时各自的共有份额比例行使优先购买权。据此，乙作为房屋的按份共有人，享有对该房屋的优先购买权。《民法典》第726条规定，出租人出卖租赁房屋的，应当在出卖之前的合理期限内通知承租人，承租人享有以同等条件优先购买的权利；但是，房屋按份共有人行使优先购买权或者出租人将房屋出卖给近亲属的除外。出租人履行通知义务后，承租人在15日内未明确表示购买的，视为承租人放弃优先购买权。据此，承租人丙也享有优先购买权。但是，承租人丙的优先购买权不能优先于按份共有人乙的优先购买权。因此，本案中，应由乙优先购买甲对该房屋的份额。

【案例 3】

《民法典》第314条规定，拾得遗失物，应当返还权利人。拾得人应当及时通知权利人领取，或者送交公安等有关部门。也就是说，拾得遗失物，拾得人不因此而取得该遗失物的所有权，失主也不会丧失所有权，因此，甲虽然丢失了手镯，在没有人合法取得所有权之前，仍然拥有该手镯的所有权。（2）《民法典》第316条规定，拾得人在遗失物送交有关部门前，有关部门在遗失物被领取前，应当妥善保管遗失物。因故意或者重大过失致使遗失物毁损、灭失的，应当承担民事责任。本案中的乙将该手镯交给保卫部门，保卫部门即负有寻找失主并归还原物以及在此期间保管遗失物的义务，保卫部门负责人丙私自扣留遗失物的行为违反法律规定，自然不能取得该手镯的所有权。（3）小偷丁从丙处窃取了手镯，其亦不因违法行为取得手镯的所有权。（4）《民法典》第311条规定，无处分权人将不动产或者动产转让给受让人的，所有权人有权追回；除法律另有规定外，符合下列情形的，受让人取得该不动产或者动产的所有权：①受让人受让该不动产或者动产时是善意的；②以合理的价格转让；③转让的不动产或者动产依照法律规定应当登记的已经登记，不需要登记的已经交付给受让人。受让人依照上述规定取得不动产或者动产的所有权的，原所有权人有权向无处分权人请求赔偿损失。当事人善意取得其他物权的，参照前两款规定。丁以低价将偷来的手镯转让给戊，依善意取得制度的原理，遗失物、盗窃物不适用善意取得制度，除非在公共市场上买取或者经过拍卖取得标的物。本案中，不具备合理价格转让条件，因此戊对该名贵手镯也不拥有所有权。综合以上分析，甲仍然为该手镯的合法所有人，基于物权的追及力以及物上请求权，无论物权的标的物辗转于何人之手，物权人仍然可以取回该标的物，行使返还原物请求权，因此本案中，甲可以要求戊归还手镯。至于戊的损失，只能基于违约责任或者欺诈理由向丁主张赔偿。

【案例4】

（1）李四可以向法院请求张三履行过户义务，法院应予支持。《民法典》第215条规定，当事人之间订立有关设立、变更、转让和消灭不动产物权的合同，除法律另有规定或者合同另有约定外，自合同成立时生效；未办理物权登记的，不影响合同效力。据此，虽然没有办理登记过户手续，但张三与李四订立的房屋买卖合同有效，张三自然应当履行办理房屋过户手续的义务。

（2）李四因一直居住该房屋，这意味着李四一直在主张权利，诉讼时效并没有超过。

（3）升值利益（非孳息）应当归买受人李四，其依据是债权，而不是所有权。

【案例5】

（1）房屋所有权和建设用地使用权都由丙享有。因为甲、丙签订房屋买卖合同，且办理了登记过户手续，丙取得房屋所有权。《民法典》第215条规定，当事人之间订立有关设立、变更、转让和消灭不动产物权的合同，除法律另有规定或者合同另有约定外，自合同成立时生效；未办理物权登记的，不影响合同效力。据此，不动产登记效力和合同效力是区分判定的。本案中，两个买卖合同都是有效的，谁办理了转移登记手续，谁就取得房屋所有权。《民法典》第356条规定，建设用地使用权转让、互换、出资或者赠与的，附着于该土地上的建筑物、构筑物及其附属设施一并处分。此为**"房随地走"**之规定。《民法典》第357条规定，建筑物、构筑物及其附属设施转让、互换、出资或者赠与的，该建筑物、构筑物及其附属设施占用范围内的建设用地使用权一并处分。此为**"地随房走"**之规定。本案中，房屋所有权归丙，则土地使用权也归丙。

（2）乙的申请理由不能成立，因为房屋所有权属于丙。乙无权就他人享有的房屋所有权申请更正登记。更正登记是指权利人、利害关系人认为不动

产登记簿记载的事项错误的，向不动产登记机构申请该登记事项予以更正所办理的登记。本案中，因为房屋所有权合法属于丙，《民法典》第220条规定，权利人、利害关系人认为不动产登记簿记载的事项错误的，可以申请更正登记。不动产登记簿记载的权利人书面同意更正或者有证据证明登记确有错误的，登记机构应当予以更正。**但如果不动产登记簿记载的登记事项无误的，登记机构不予更正**，并书面通知申请人。因此，对于乙提出的更正登记申请，不动产登记机构不应予以更正。

【案例6】

（1）甲享有房屋所有权。《民法典》第230条规定，**因继承取得物权的，自继承开始时发生效力**。据此，甲通过继承取得房屋所有权。

（2）乙不能取得房屋所有权。甲、乙之间签订的房屋买卖合同虽然合法有效，但因为甲、乙之间并未办理不动产转移登记手续，乙不能取得房屋所有权。《民法典》第209条第1款规定，**不动产物权的设立、变更、转让和消灭，经依法登记，发生效力；未经登记，不发生效力，但是法律另有规定的除外**。

（3）丙能够取得房屋所有权，因为甲将房屋出卖给丙并办理了房屋所有权转移手续。

（4）丁能否取得房屋所有权取决于丙是否在合同成立之日起1年内是否行使撤销权。因为，丁趁丙处于危困状态以极低的价格购买丙的房屋，构成因显失公平而订立的合同，该合同属于可撤销合同。《民法典》第151条规定，一方利用对方处于**危困状态、缺乏判断能力**等情形，致使民事法律行为成立时**显失公平**的，受损害方有权请求人民法院或者仲裁机构予以**撤销**。《民法典》第152条规定，有下列情形之一的，撤销权消灭：（1）**当事人自知道或者应当知道撤销事由之日起1年内**、重大误解的当事人自知道或者应当知道撤销事由之日起90日内没有行使撤销权；（2）当事人受胁迫，自胁迫行为终止之日起1年内没有行使撤销权；（3）当事人知道撤销事由后明确表示或者以自己的行为表明放弃撤销权。当事人自民事法律行为发生之日起5年内没有行使撤销权的，撤销权消灭。据此，本案中，如果丙在1年内没有行使撤销权，则该合同有效，丁取得房屋所有权；如果丙在1年内行使撤销权，则买卖合同无效，丁不能取得房屋所有权。

【案例7】

首先，王某与张某关于设定抵押权的意思表示

真实、内容合法、形式要件齐备，因此，王某取得受法律保护的抵押权。

其次，虽然一般情况下，作为侵权行为客体的财产权，主要是指所有权，但他物权作为一种民事财产权利，存在受侵害的可能，法律就要提供救济途径，否则难以称其为权利。民法侵权责任编保护的民事权利包括抵押权。在本案中，张某的弟弟的行为构成对王某抵押权的侵害：第一，张某之弟擅自开走已设立抵押权的摩托车并造成车辆毁损，由此导致王某的抵押权由于标的物的灭失而归于消灭，随后由于张某丧失偿债能力，王某实际遭受了经济损失；第二，张某之弟的行为本身没有经过合法权利人许可，因此违反法律规定；第三，张某之弟在张某办理抵押的手续时在场，在明知道存在抵押权的情况下仍擅自走摩托车，对损害后果的发生有主观过错；第四，张某之弟的不法行为与损害后果之间具有因果关系。因此，王某有权要求张某之弟承担侵权损害赔偿责任。

再次，即便张某没有放弃对其弟的损害赔偿请求权，王某在实际遭受损失的情况下仍可以向张某之弟主张损害赔偿请求权。

综上，王某基于其合法的抵押权受到侵害，可以要求侵权行为人承担相应的民事责任。

【案例8】

（1）金某对其住宅享有合法的所有权，也就对该住宅享有全面的支配权，任何人均负有不得干涉其对该住宅的支配的义务，任何人利用该住宅或住宅一部分的行为，均要取得金某的许可。本案中，**宏大广告公司未经金某许可擅自使用**房屋的外墙，已经构成对金某权利的侵害。

（2）《民法典》第179条第1款规定，承担民事责任的方式主要有：①停止侵害；②排除妨碍；③消除危险；④返还财产；⑤恢复原状；⑥修理、重作、更换；⑦继续履行；⑧赔偿损失；⑨支付违约金；⑩消除影响、恢复名誉；⑪赔礼道歉。因此，金某在与宏大广告公司协商未果的情况下，可以起诉要求宏大广告公司恢复原状，并支付其使用金某房屋外墙应付的使用费。

宏大广告公司在金某的外墙上刷写的是卫生巾的广告，造成了金某一定程度精神上的痛苦，但是，《民法典》第1183条规定，**侵害自然人人身权益造成严重精神损害的，被侵权人有权请求精神损害赔偿。因故意或者重大过失侵害自然人具有人身意义的特定物造成严重精神损害的，被侵权人有权请求精神损害赔偿。**据此，只有人身权益造成严重

精神损害的，才能请求精神损害赔偿，而对于财产权遭受损害，不能请求精神损害赔偿。本案中，宏大广告公司侵犯的是金某的财产权，而不是其人格权利和人格尊严，因此金某不能获得精神损害赔偿。

【案例9】

首先，本案中包含不动产物权变动的法律事实。一般而言，不动产物权变动可以分两种情况，一为基于法律行为的物权变动，如买卖、赠与、互易等；二为基于非法律行为的物权变动。对于第一种情况，当事人要办理不动产物权变更登记手续，继受人才能取得物权；而第二种情况下，**比如继承、强制执行、公用征收、法院判决等产生的不动产物权变动，不以登记为物权变动的生效要件。**本案中，法院在执行程序中强制拍卖甲公司的不动产，乙公司买受后取得权利移转证书之时即取得了该房产的所有权和土地的使用权，不需要办理登记手续。

其次，由于乙公司没有及时地办理物权变动的登记手续，因此其虽然取得了权利但却不能对抗善意第三人对登记状态的信任，这就是登记的公信力原则，即**在登记名义人不是真正的权利人时，第三人基于对登记的信赖，与登记名义人交易，该第三人所受利益仍得到法律的保护。**具体说来，尽管登记名义人不是所有权人，善意第三人仍能取得所有权，从而使真正权利人丧失其所有权。

因此，本案中，虽然乙公司因拍卖取得了该房地产的合法权利，但没有进行登记，丙公司在不知情的情况下，从登记名义人甲公司处取得形式要件齐备的不动产物权，依据物权的公示公信原则，其权利受到法律保护，乙公司不能要求返还。

【案例10】

首先，根据《民法典》第402条规定，以不动产或者正在建造的建筑物抵押的，应当办理抵押登记。抵押权自登记时设立。据此，以房屋抵押的，应当办理登记手续，否则，即便抵押合同生效，债权人也不能取得合法的抵押权。也就是说，在我国民法中，登记是不动产物权变动的生效要件，当事人不可以以约定排除该要件的适用；同时，登记对于不动产物权而言，亦是公示的方法。

其次，不动产物权的登记具有公信力。然而，此公信力系针对交易中的善意第三人而言。在直接当事人之间，非真正权利人不能以登记为理由对抗对方当事人的合理请求，也就是说，在不涉及第三

一／般／经／典／案／例

人利益的时候，如果有相反的证据证明登记错误，应依据事实情况确认权利归属。这一点我国《民法典》第220条规定，权利人、利害关系人认为不动产登记簿记载的事项错误的，可以申请更正登记。不动产登记簿记载的权利人书面同意更正或者有证据证明登记确有错误的，登记机构应当予以更正。不动产登记簿记载的权利人不同意更正的，利害关系人可以申请异议登记。登记机构予以异议登记的，申请人在异议登记之日起十五日内不提起诉讼，异议登记失效。异议登记不当，造成权利人损害的，权利人可以向申请人请求损害赔偿。

最后，**在涉及善意第三人时，即便登记名义人不是真正的权利人，从登记名义人处所有权的善意第三人所受利益仍得到法律的保护。这就是公信力原则的体现。**

综合以上论述，可知在本案中，孙晓出卖抵押房屋前，宋元可以持双方的抵押合同等有效证明到房屋登记部门请求更改登记，使其拥有形式完备的抵押权，但孙晓出卖了房屋后，善意买受人因信赖登记，可以取得没有抵押负担的完全所有权，此时宋元不能再主张对该房屋的抵押权，其所受损失只能请求孙晓赔偿或在行政诉讼程序中，请求登记机关承担与过错相当的责任。

【案例11】

（1）甲继承其父遗留的钢琴，甲通过继承取得钢琴所有权，是所有权的一种继受取得方式，由此产生继承法律关系，并进一步产生所有权法律关系。

（2）甲将钢琴出卖给朋友乙，是买卖合同法律关系，甲由此享有对乙的价款支付请求权，乙则有权请求甲交付标的物并转移所有权。

（3）3月3日当天，甲与乙商定由甲暂时借用钢琴，这是占有改定方式，即在甲与乙之间又成立了一个借贷合同，由乙取得对钢琴的间接占有，甲则直接占有钢琴。

（4）甲又将钢琴卖给了不知情的丙并实际转移了占有，实际上属出卖他人之物的无权处分行为。根据《民法典》第597条第1款规定，因出卖人未取得处分权致使标的物所有权不能转移的，买受人可以解除合同并请求出卖人承担违约责任。据此可以推知，无权处分的买卖合同是有效合同。据此，甲、丙之间订立的买卖合同有效，丙可以依据善意取得制度取得钢琴的所有权。需要注意的是，**善意取得制度中的动产的交付方式不包括占有改定**。例如，甲将电脑租给乙使用，乙租用电脑期间将电脑

卖给不知情的丙，并约定，乙可以继续使用电脑。本案例中，由于占有改定的交付方式存在于无处分权人和善意受让人之间，即乙、丙对钢琴的交付方式为占有改定，丙不能依据善意取得制度取得钢琴的所有权。但在下例中，虽然也存在占有改定的交付方式，但法律效果完全不同：甲将电脑卖给乙并约定由甲继续租用电脑，而后甲又将电脑卖给不知情的丙，并约定甲可以继续使用电脑，由于占有改定的交付方式并非存在于无处分权人和善意受让人之间，而是存在于无处分权人和有处分权人之间，则善意受让人丙可以依据善意取得制度取得电脑的所有权。本案例表述的情形应当与上面所举的后例类似。

（5）甲以欺骗手段将钢琴出卖给不知情的丁，是无权处分，且虽然丁是善意第三人，但丁并没有取得钢琴的占有，不符合善意取得制度中"**交付已经完成**"这一构成要件，因而丁不能取得钢琴的所有权，对于他的损失，可以请求甲承担违约责任。

【案例12】

《民法典》第322条规定，因加工、附合、混合而产生的物的归属，有约定的，按照约定；没有约定或者约定不明确的，依照法律规定；法律没有规定的，按照充分发挥物的效用以及保护无过错当事人的原则确定。因一方当事人的过错或者确定物的归属造成另一方当事人损害的，应当给予赔偿或者补偿。本案中，首先，潘家和王家在王家原有房屋上加盖上房3间是经过王家同意的，可以排除侵权的可能并适用关于添附的法律规定；其次，王、潘两家对添附物的权利归属没有事先约定，事后亦未达成协议，虽然根据盖房屋的性质，是可以拆除上房的，但这明显与立法目的不符，也会造成社会资源的浪费。妥当的做法是由王家取得这3间上房的所有权，并由王家返还潘家对建房的出资，这样既符合法律的规定，又避免了社会资源的浪费，双方当事人的利益也能兼顾。另外要说明的是，在3间上房盖好后，王、潘两家由于共同建房而成为3间上房的共有人，但发生争议后，要分清权责，就要依照添附的法律规定和理论处理。

【案例13】

《民法典》第322条规定，因加工、附合、混合而产生的物的归属，有约定的，按照约定；没有约定或者约定不明确的，依照法律规定；法律没有规定的，按照充分发挥物的效用以及保护无过错当事人的原则确定。因一方当事人的过错或者确定物

的归属造成另一方当事人损害的，应当给予赔偿或者补偿。本案中，林某在王某的宅基地范围内建造房屋，虽然不能称其为违章建筑，但宅基地使用权专属于王某，林某不能通过建房取得他人的宅基地使用权。本案从法律事实上看，属于添附中的附合。由于王某、林某并未对附合财产作出约定，法律也没有对此有明确规定，且林某明显存在过错，按照充分发挥物的效用以及保护无过错当事人的原则，附合房屋的装修以及厢房 3 间应归王某所有。王某对于因取得厢房 3 间和装修材料而使林某遭受损失的，应当给予适当补偿。

【案例 14】

首先，王某因抛弃行为而丧失了对电脑的所有权；其次，秘书张某因对无主电脑的先占而取得所有权。具体而言，所有权的消灭的原因主要有两种，一是因法律行为以外的事实消灭，例如，所有人死亡或生效判决的执行或强制执行等；另一种是因法律行为而引起的所有权的消灭，其中又包括所有权的出让和所有权的抛弃。**抛弃属于无相对人的单方法律行为，除有抛弃的意思表示之外，还必须要抛弃对该物的占有。**本案中王某的行为符合上述两方面要件，因而丧失对该电脑的所有权。

电脑被原所有人王某抛弃后，即成为无主物，并且是无主的动产，也不是国家文物保护法和珍稀野生动植物保护法所明文保护的特殊动产，因此，先占人张某可以因先占取得所有权。作为所有权的一种取得方法，先占应具备以下构成要件：（1）须为无主物。所谓无主物，是指当前不属于任何人所有之物，与以往是否曾为他人所有无关。因此，经物主抛弃之物，也可以成为先占的标的。（2）须为动产。先占的标的物仅限于动产，不动产（土地及其定着物）不得依先占而取得。但先占并非适用于一切动产。一般认为，人的尸体、由国家文物保护法和珍稀野生动物保护法所明文保护的文物和珍稀野生动物，以及他人享有独占的先占之物（如特定水面内的水产品），不得为先占的标的物。（3）须以所有的意思占有无主物。所谓"以所有的意思"，是指将占有的动产如同自己所有之物归于自己管领支配的意思。本案符合以上的条件，张某可以取得该电脑的所有权。

值得一提的是，民法典在所有权取得的规定中并未确立先占制度，依据物权法定原则，尚不能承认通过先占方式取得所有权，但是，有限度地承认以先占方式取得所有权是十分必要的。

【案例 15】

（1）本案中甲与乙签订的买卖合同在性质上属于试用买卖，《民法典》第 640 条规定，**标的物在试用期内毁损、灭失的风险由出卖人承担。**据此，该种买卖合同，出卖人将标的物交付头受人试用时，由于不具备转移所有权的意思，在试用期内，标的物也就没有实现法律意义上的交付，试用人只是临时占有标的物而已。判断标的物风险承受的标准是谁所有谁承担。因此，本案中，马 1 被洪水冲走时，所有权尚未从甲处转移至乙处，在乙对损失的造成没有过错的情况下，损失只能由所有人甲承担。

（2）《民法典》第 630 条规定，**标的物在交付之前产生的孳息，归出卖人所有；交付之后产生的孳息，归买受人所有。但是当事人另有约定的除外。**另据《民法典》第 321 条规定，**天然孳息，由所有权人取得；既有所有权人又有用益物权人的，由用益物权人取得。当事人另有约定的，按照其约定。法定孳息，当事人有约定的，按照约定取得；没有约定或者约定不明确的，按照交易习惯取得。**因此，一般情况下，孳息随原物的交付而决定所有权，但在试用买卖合同中，此交付不同于一般买卖合同中的交付，买受人不因此取得标的物的所有权，根据原物所有人拥有孳息所有权的理论，甲取得马 2 所生的小马的所有权。

（3）在甲与乙签订的试用买卖合同约定的试用期内，甲仍为 4 匹马的所有人，因此其与丙签订的买卖合同是有权处分合同，合同可以有效成立。但由于乙决定购买 4 匹马，使甲与丙的合同不能实际履行，丙可以追究甲的违约责任。另外要说明的是，甲在不能将马确定地交付于丙的情况下订立了买卖合同，违背了合同成立时就应该尽到的注意、通知说明等先合同义务，应当承担缔约过失责任，丙也可以选择向甲主张缔约过失之损失赔偿。

【案例 16】

首先，我国《民法典》第 312 条规定，所有权人或者其他权利人有权追回遗失物。该遗失物通过转让被他人占有的，权利人有权向无处分权人请求损害赔偿，或者自知道或者应当知道受让人之日起二年内向受让人请求返还原物，但是受让人通过拍卖或者向具有经营资格的经营者购得该遗失物的，权利人请求返还原物时应当支付受让人所付的费用。权利人向受让人支付所付费用后，有权向无处分权人追偿。可见，该条的规定排除

了善意取得适用的可能性，杜某有两种选择：一是要求小王赔偿损失；二是在两年内向小李要求返还母牛。但不管怎样，目前母牛的所有权仍然属于杜某。

其次，小牛作为母牛的天然孳息，应由原物所有人享有，但小李是该母牛的善意占有人，有权收取孳息。《民法典》第460条规定，不动产或者动产被占有人占有的，权利人可以请求返还原物及其孳息，但是，应当支付善意占有人因维护该不动产或者动产支出的必要费用。据此，小李作为善意占有人，其出售小牛的行为是有权处分行为，买受人可以取得小牛的所有权。

如果杜某依法将母牛追回，则小李购买母牛的价款应由小王返还，如果造成损失，小王应一并赔偿。对于小李卖掉小牛所得500元钱，杜某可依不当得利主张返还，但应扣除小李因照顾小牛而支出的必要费用，不足部分，杜某应予补偿。如果杜某没有依法在2年内追回母牛，则有权要求小王赔偿损失，对于小牛，则无权主张所有权。

【案例17】

孙某与赵某以合伙企业的名义购买了轿车，该轿车应当为合伙人双方的按份共有财产。《民法典》第301条规定，**处分共有的不动产或者动产以及对共有的不动产或者动产作重大修缮、变更性质或者用途的，应当经占有份额2/3以上的按份共有人或者全体共同共有人同意，但是共有人之间另有约定的除外。**赵某在未征得孙某同意的情况下，擅自出售轿车的行为，因未达到2/3以上的份额，是无权处分行为。《民法典》第311条规定，无处分权人将不动产或者动产转让给受让人的，所有权人有权追回；除法律另有规定外，符合下列情形的，受让人取得该不动产或者动产的所有权：①受让人受让该不动产或者动产时是善意的；②以合理的价格转让；③转让的不动产或者动产依照法律规定应当登记的已经登记，不需要登记的已经交付给受让人。受让人依照前款规定取得不动产或者动产的所有权的，原所有权人有权向无处分权人请求赔偿损失。当事人善意取得其他物权的，参照前两款规定。根据《民法典》第597条第1款规定，因出卖人未取得处分权致使标的物所有权不能转移的，买受人可以解除合同并请求出卖人承担违约责任。根据上述规定，虽然赵某处分轿车的行为是无权处分行为，但刘某与赵某签订的买卖合同为有效合同，刘某可以依据善意取得制度取得标的物的所有权。

【案例18】

（1）孙某可以取得手表的所有权。《民法典》第301条规定，处分共有的不动产或者动产以及对共有的不动产或者动产作重大修缮、变更性质或者用途的，应当经占有份额2/3以上的按份共有人或者全体共同共有人同意，但是共有人之间另有约定的除外。《民法典》第311条规定，无处分权人将不动产或者动产转让给受让人的，所有权人有权追回；除法律另有规定外，符合下列情形的，受让人取得该不动产或者动产的所有权：①受让人受让该不动产或者动产时是善意的；②以合理的价格转让；③转让的不动产或者动产依照法律规定应当登记的已经登记，不需要登记的已经交付给受让人。受让人依照前款规定取得不动产或者动产的所有权的，原所有权人有权向无处分权人请求赔偿损失。当事人善意取得其他物权的，参照适用前两款规定。根据《民法典》第597条第1款规定，因出卖人未取得处分权致使标的物所有权不能转移的，买受人可以解除合同并请求出卖人承担违约责任。根据上述规定，赵某和钱某系夫妻关系，二人对手表形成共同共有关系，钱某未经赵某同意处分手表的行为构成无权处分，但钱某与孙某签订的手表买卖合同有效，孙某依据善意取得制度取得手表的所有权。

（2）武某不能取得该表的所有权。根据案情介绍，虽然武某在买取手表时，也是善意、有偿，但是该表此时是**盗窃物，因为动产善意取得的标的物须为委托占有物**，而盗赃（盗窃物和赃物）并非基于委托而占有的标的物，不能适用善意取得。本案中，武某从周某购得的手表并非委托占有物，不能适用善意取得，武某不能取得手表的所有权。

【案例19】

（1）乙与丙签订的买卖台式电脑的合同属于滥用代理权的行为。《民法典》第164条第2款规定，**代理人和相对人恶意串通，损害被代理人合法权益的，代理人和相对人应当承担连带责任。**据此，乙作为甲的代理人，与相对人丙恶意串通，明知电脑显示器完好的情况下，为达到低价购买的目的而欺骗甲，乙与丙之间的行为属于滥用代理权的行为。值得一提的是，乙、丙之间的行为并非无权处分，假如甲并没有给乙打电话，并没有委托授权给乙，要求乙以适当的价格出售台式电脑，在这种情况下，乙将电脑卖给丙，才属于无权处分行为。

（2）甲可以请求乙、丙赔偿损失，也可以请求乙、丙承担连带赔偿责任。甲、乙之间存在委托合

同法律关系。根据《民法典》第 929 条规定，有偿的委托合同，因受托人的过错造成委托人损失的，委托人可以请求赔偿损失。无偿的委托合同，因受托人的故意或者重大过失造成委托人损失的，委托人可以请求赔偿损失。受托人超越权限造成委托人损失的，应当赔偿损失。据此，甲可以根据甲、乙之间的委托合同关系请求乙赔偿损失。另据《民法典》第 164 条第 2 款规定，代理人和相对人恶意串通，损害被代理人合法权益的，代理人和相对人应当承担连带责任。据此，甲有权请求二人承担连带赔偿责任（由于电脑被善意第三人丁取得，无法再行主张返还原物请求权），该连带赔偿应属于连带侵权（侵害物权）损害赔偿。另据《民法典》第 186 条规定，因当事人一方的违约行为，损害对方人身权益、财产权益的，受损害方有权选择请求其承担违约责任或者侵权责任。据此，甲或者主张违约责任，或者主张侵权损害赔偿责任，但是只能主张一种请求权，而不能同时主张。

（3）丁可以取得电脑所有权，因为丁是善意第三人，符合善意取得电脑的条件。依据是《民法典》第 311 条有关善意取得的规定。

【案例 20】

（1）陈双元拾得了小偷抛弃的本来属于张文元的手提包后，根据拾得遗失物的理论和法律规定，拾得人在拾得遗失物后，应及时通知遗失人或所有人。不知所有人或所有人不明时，应当发出招领公告并代为妥善保存，或者交公安机关和有关部门处理。也就是说，陈双元不能取得该手提包的所有权。他对手提包的占有属于非所有人占有，应当在张文元向其主张返还原物时，将手提包交还给所有人，从这个意义上说，陈双元与张文元之间形成了物上请求权的法律关系。

（2）根据拾得遗失物的有关理论和《民法典》第 316 条的规定，拾得人在遗失物送交有关部门前，有关部门在遗失物被领取前，应当妥善保管遗失物。因故意或者重大过失致使遗失物毁损、灭失的，应当承担民事责任。拾得人在占有遗失物期间，因故意行为或重大过失造成其毁损灭失的，应承担民事责任。从反面观之，如果拾得人造成该遗失物的毁损灭失，不是出于主观故意或重大过失，也无需承担损害赔偿责任。本案中，陈双元在打算将手提包交给有关机关的途中被小偷偷走，其本人对此事件明显不存在主观故意，因此，陈双元不应当承担民事责任。

（3）陈双元在发现手提包里的 1 800 元后，应当及时通知遗失人或所有人。不知所有人或所有人不明时，应当发出招领公告并代为妥善保存，或者交公安机关和有关部门处理，无论怎样，他不能私自处分这笔钱。因此，可以肯定，陈双元挥霍不属于他所有的钱款是违法行为；进一步说，他应当承担侵权责任或者不当得利返还责任，此时这两种法律责任出现竞合。原因在于：首先，不当得利是没有法律上的原因而受有利益，并由此造成他人损失，应当将取得的不当得利返还受损失的人。本案中，由于陈双元本人不是 1 800 元钱的所有人却将其用于自己的享乐，从而受益，此行为导致的结果是所有人张文元丧失了这笔钱的所有权，也就是说，陈双元的受益与张文元的损失之间有因果关系，完全符合不当得利返还责任的构成要件。其次，从侵权的角度看，虽然陈双元不知道钱的真正所有人是谁，但至少知道自己无权使用该 1 800 元钱，在这种情况下，仍予以挥霍，存在侵犯他人权利的故意，其行为直接造成了张文元的损失，不法行为与损失之间具有因果关系，从而也符合侵权法律责任的构成。因此，本案中，发生了侵权法律责任与不当得利返还责任的竞合，作为权利人的张文元可以择一请求。虽然所得不当得利已经不存在，但由于陈双元的恶意占有，行使两种请求权的效果差别不大。

（4）如果陈双元将该 1 800 元钱偿还了自己的债务，张文元不得要求陈双元的债权人返还。首先，货币作为一种特殊的物，一般情况下，占有即意味着所有，作为债权人的第三人无法分辨货币的真正来源，且有合法的债权为前提，受领债务人的清偿并无不当之处，因此可以确定地获得该 1 800 元；其次，在这种情况下，对于所有人张文元而言，可以向陈双元主张不当得利返还责任或者侵权的民事责任，通过该种方式使自己的利益得到保护。从这个角度看，对其并无不公。

【案例 21】

（1）大李和小李按份共有该夏利车。所谓按份共有，是指两个或两个以上的共有人按照各自在共有财产中所占的份额，分别享有权利和承担义务的一种共有关系。大李和小李各出资 5 万元购买夏利车，分别在夜间和白天驾驶营运，经营价值也按出资比例各得一半，可见二人按比例分担义务、享有权利，是典型的按份共有。

（2）《民法典》第 307 条规定，因共有的不动产或者动产产生的债权债务，在对外关系上，共有人享有连带债权、承担连带债务，但法律另有规定或者第三人知道共有人不具有连带债权债务关系的除外；在共有人内部关系上，除共有人另有约定外，按份共有人按照份额享有债权、承担债务，共同共有人共同享有债权、承担债务。偿还债务超过自己应当承担份额的按份共有人，有权向其他共有人追偿。根据该条规定，对夏利车肇事产生的责任，其兄弟二人应各负担一半。但共有关系是一种内部关系，为了更好地保护债权人的利益，法律有必要强化各共有人的责任。**如果因共有财产在使用中造成对他人的损害，对外应由每个按份共有人承担连带赔偿责任；对内则由其他按份共有人对已向债权人履行了全部赔偿责任按份分别承担各自应负的清偿责任。**因此，本案中，大李和小李均有义务全额赔付张某的医疗费用，任何一个人支付了该笔费用后，可向另一人请求其承担应付的部分。具体而言，小李违章驾驶造成事故，应当按过错程度负主要责任。

【案例 22】

本案中先后有两个不同的共有关系。首先，该6间房屋是宋大鹏和王丽共同生活期间修建的，属于夫妻共有财产，且是共同共有。其次，在宋大鹏死亡后，王丽和宋飞均是第一顺序的法定继承人，在遗产分割前，理论上一般认为形成各继承人的共有关系。就本案而言，宋大鹏死亡后，首先要分割夫妻共有财产，即王丽拥有其中3间房屋的所有权，另外的3间房屋作为宋大鹏的个人遗产，由王丽和宋飞各继承1.5间，也就是说，宋飞主张自己拥有其中一间房屋的所有权是有法律根据的。

《民法典》第301条规定，处分共有的不动产或者动产以及对共有的不动产或者动产作重大修缮变更性质或者用途的，应当经占份额三分之二以上的按份共有人或者全体共同共有人同意，但是共有人之间另有约定的除外。而王丽在宋飞不知情的情况下，私自将6间房屋过户到自己名下，是对宋飞合法权利的侵害，应当返还原物。

【案例 23】

（1）李某享有房屋优先购买权。首先，郑某、李某的关于离婚财产分割的协议合法有效。《民法典》第1087条规定，**离婚时，夫妻的共同财产由双方协议处理；协议不成的，由人民法院根据财产的具体情况，按照照顾子女、女方和无过错方权益的原则判决。对夫或者妻在家庭土地承包经营中享有的权益等，应当依法予以保护。**其次，《民法典》第305条规定，**按份共有人可以转让其享有的共有**

的不动产或者动产份额。其他共有人在同等条件下享有优先购买的权利。据此，李某是8间房屋的按份共有人，享有优先购买权。

（2）郑某应当将出售房屋的情况在合理期限内通知李某，以便李某决定是否行使优先购买权，该合理期限应为15日。《民法典》第306条规定，**按份共有人转让其享有的共有的不动产或者动产份额的，应当将转让条件及时通知其他共有人。其他共有人应当在合理期限内行使优先购买权。两个以上其他共有人主张行使优先购买权的，协商确定各自的购买比例；协商不成的，按照转让时各自的共有份额比例行使优先购买权。**据此，郑某应当在合理期限内将出售房屋的情况告知李某。参照《民法典》第726条规定，**出租人出卖租赁房屋的，应当在出卖之前的合理期限内通知承租人，承租人享有以同等条件优先购买的权利；但是，房屋按份共有人行使优先购买权或者出租人将房屋出卖给近亲属的除外。出租人履行通知义务后，承租人在15日内未明确表示购买的，视为承租人放弃优先购买权。**虽然该规定针对的是承租人的优先购买权，但可参照适用。因此，该合理期限应为15日。

（3）李某无权请求确认房屋买卖合同无效。根据《民法典》第597条第1款规定，因出卖人未取得处分权致使标的物所有权不能转移的，买受人可以解除合同并请求出卖人承担违约责任。据此，李某无权请求确认买卖合同无效。

（4）王某能够取得房屋所有权。《民法典》第311条规定，无处分权人将不动产或者动产转让给受让人的，所有权人有权追回；除法律另有规定外，符合下列情形的，受让人取得该不动产或者动产的所有权：①受让人受让该不动产或者动产时是善意的；②以合理的价格转让；③转让的不动产或者动产依照法律规定应当登记的已经登记，不需要登记的已经交付给受让人。受让人依照前款规定取得不动产或者动产的所有权的，原所有权人有权向无处分权人请求损害赔偿。当事人善意取得其他物权的，参照适用前两款规定。据此，王某可以依据善意取得制度取得房屋所有权。

【案例 24】

（1）乙、丙、丁不享有优先购买权。因为，根据我国《民法典》第272条的规定，业主对其建筑物专有部分享有占有、使用、收益和处分的权利。这便是业主在区分建筑物中享有的专有权。业主于建筑物专有部分上成立的所有权与以一般的以特定物为客体而成立的普通所有权并无差异，皆属于单

独所有权。因此，甲既可以对专有部分予以直接占有、使用，以实现其居住、营业及其他目的，也可以将专有部分予以出租、出借或于其上设定负担、或者出卖给他人。该建筑物之其他业主不得主张优先购买权。

（2）该住宅楼的外墙广告收入应由甲、乙、丙、丁分享。根据我国《民法典》第273条第1款的规定，业主对建筑物专有部分以外的共有部分，享有权利，承担义务；不得以放弃权利为由不履行义务。业主对区分所有建筑物共有部分享有的共有权，其内容包括占有、使用、单纯的修缮改良和收益。因此，该住宅楼的外墙广告收入应由各业主分享。

（3）《民法典》第278条规定，下列事项由业主共同决定：①制定和修改业主大会议事规则；②制定和修改管理规约；③选举业主委员会或者更换业主委员会成员；④选聘和解聘物业服务企业或者其他管理人；⑤使用建筑物及其附属设施的维修资金；⑥筹集建筑物及其附属设施的维修资金；⑦改建、重建建筑物及其附属设施；⑧改变共有部分的用途或者利用共有部分从事经营活动；⑨有关共有和共同管理权利的其他重大事项。业主共同决定事项，应当由专有部分面积占比2/3以上的业主且人数占比2/3以上的业主参与表决。决定前款第⑥项至第⑧项规定的事项，应当经参与表决专有部分面积3/4以上的业主且参与表决人数3/4以上的业主同意。决定前款其他事项，应当经参与表决专有部分面积过半数的业主且参与表决人数过半数的业主同意。据此，丁要在楼顶修建花圃，属于改建、重建建筑物及其附属设施的事项类型，应当由参与表决专有部分面积3/4以上的业主且参与表决人数3/4以上的业主同意。

【案例25】

（1）乙不得在一楼开商店。因为，根据《民法典》第279条的规定，业主不得违反法律、法规以及管理规约，将住宅改变为经营性用房。业主将住宅改变为经营性用房的，除遵守法律、法规以及管理规约外，应当经有利害关系的业主的一致同意。此处有利害关系的业主，自然包括但不限于乙的左邻右舍；另外，所谓同意，必须是有利害关系的业主的书面同意。

（2）甲有权要求乙摘去广告招牌。因为，根据《民法典》第273条第1款的规定，业主对建筑物专有部分以外的共有部分，享有权利，承担义务；不得以放弃权利为由不履行义务。据此，业主作为共有所有人的义务之一，便是必须依照共用部

分的本来用途使用共用部分。当然，对某些非按其本来用途使用共用部分，但无损于建筑物的保存和不违反区分所有人共同利益的，则应当允许。本案中，乙的对共有外墙壁的使用显然违反了甲的利益，因此，乙的使用行为违反其作为建筑物共有人的义务。

【案例26】

（1）不可以。因为一方行使权利的同时，不得侵犯他人的权利。《民法典》第288条规定，不动产的相邻权利人应当按照有利生产、方便生活、团结互助、公平合理的原则，正确处理相邻关系。《民法典》第293条也规定，建造建筑物，不得违反国家有关工程建设标准，不得妨碍相邻建筑物的通风、采光和日照。《民法典》第296条规定，不动产权利人因用水、排水、通行、铺设管线等利用相邻不动产的，应当尽量避免对相邻的不动产权利人造成损害。可见，李某盖高楼的行为不符合我国民法中关于相邻关系的规定。

（2）张某的采光和通风的相邻权利受到了侵害。

（3）本案中，法院应当判决被告李某不能盖过高的楼，可以在判决中限定李某盖楼的高度。法律依据是《民法典》第288条、第293条和第296条有关相邻关系的规定。

【案例27】

田某承包的土地与孙某承包的土地相邻，而且位于孙某的土地中间，不经过孙某的土地就无法耕种，因而田某和孙某因承包土地形成了相邻关系。《民法典》第290条规定，不动产权利人应当为相邻权利人用水、排水提供必要的便利。对自然流水的利用，应当在不动产的相邻权利人之间合理分配。对自然流水的排放，应当尊重自然流向。《民法典》第291条规定，不动产权利人对相邻权利人因通行等必须利用其土地的，应当提供必要的便利。

本案中，孙某拒绝了田某的要求，甚至要求田某交纳"买路钱"，不仅侵害了田某的正当利益，而且是违法的。

【案例28】

（1）乙对甲划出的一间房屋享有居住权。《民法典》第366条规定，居住权人有权按照合同约定，对他人的住宅享有占有、使用的用益物权，以满足生活居住的需要。《民法典》第367条第一款

规定，**设立居住权，当事人应当采用书面形式订立居住权合同**。《民法典》第368条规定，居住权无偿设立，但是当事人另有约定的除外。设立居住权的，应当向登记机构申请居住权登记。居住权自登记时设立。根据上述规定，甲、乙之间达成书面合同，甲划出一间房屋给乙居住，直至乙去世，且该权利办理了登记，甲、乙之间成立居住权。

（2）丙、丁无权请求乙搬出房屋。因为居住权依法成立，居住权属于用益物权，具有对抗效力，可以对抗所有权人丙、丁。

（3）丙、丁无权请求乙支付使用费。《民法典》第368条规定，居住权无偿设立，但是当事人另有约定的除外。设立居住权的，应当向登记机构申请居住权登记。居住权自登记时设立。据此，居住权是无偿的，因此，丙、丁不能请求乙支付使用费。

（4）乙无权将其居住的房屋出租。《民法典》第369条规定，**居住权不得转让、继承。设立居住权的住宅不得出租，但是当事人另有约定的除外**。据此，甲、乙并未就乙居住的房屋是否可以出租有约定，则乙无权将房屋出租。

【案例29】

在本案中，园林局和A酒店在进行改建工程时，未经规划部门批准，擅自扩大建设规模，侵占公园绿地，属于违反城市规划法的行为。根据城市规划法的规定，在城市规划区内未取得建设工程规划许可证或者违反建设工程规划许可规定进行建设，严重影响城市规划的，由县级以上人民政府规划行政主管部门责令停止建设，限期拆除或没收违法建筑物、构筑物或其他设施。可见，规划部门对园林局违法事实的认定准确，处罚有法律依据，复议机关应当维持原处罚决定。

【案例30】

（1）土地管理部门对航运公司行为的认定正确。《民法典》第347条规定，设立建设用地使用权，可以采取出让或者划拨等方式。工业、商业、旅游、娱乐和商品住宅等经营性用地以及同一土地有两个以上意向用地者的，应当采取招标、拍卖等公开竞价的方式出让。严格限制以划拨方式设立建设用地使用权。可见，在我国，建设用地使用权分为划拨的建设用地使用权和出让的建设用地使用权。划拨的建设用地使用权一般是为了公共利益的需要才无偿划拨给使用权人利用土地的；出让的建设用地使用权是能够进入市场流通的建设用地使用权。航运公司建职工宿舍楼可以利用划拨的建设用

地使用权。但是，建成后该航运公司却向社会公开销售该楼房，该楼房就变成了商品房。而商品房是只能建在出让的建设用地使用权上的。**划拨的建设用地使用权若要进入市场流通，必须转为出让的建设用地使用权，缴纳国有建设用地使用权出让金。**

（2）购房人拒缴建设用地使用权出让金的理由不能成立。因为购房人是这片土地的使用权人，必须缴纳建设用地使用权出让金。购房人和航运公司之间的争议问题，由购房人和航运公司自己解决。

【案例31】

（1）本案中的土地使用权出让合同有效。《民法典》第348条第1款规定，通过招标、拍卖、协议等出让方式设立建设用地使用权的，当事人应当采用书面形式订立建设用地使用权出让合同。据此，土地使用权出让合同因为双方当事人的意思表示一致而成立并生效。

（2）本案中的土地使用权转让合同有效。《民法典》第353条规定，**建设用地使用权人有权将建设用地使用权转让、互换、出资、赠与或者抵押，但是法律另有规定的除外。**《民法典》第354条规定，**建设用地使用权转让、互换、出资、赠与或者抵押的，当事人应当采用书面形式订立相应的合同。使用期限由当事人约定，但是不得超过建设用地使用权的剩余期限。**

（3）本案中甲公司因转让土地使用权应承担以下责任：其一，甲公司最后没能取得土地使用权，要向乙公司承担违约责任；其二，甲公司没能及时缴纳土地出让金，土地主管部门可以解除出让合同、收回土地并要求违约赔偿。

（4）市土地管理局收回土地使用权的法律依据是《城市房地产管理法》第15条，该条规定，**土地使用者必须按照出让合同约定，支付土地使用权出让金；未按照出让合同约定支付土地使用权出让金的，土地管理部门有权解除合同，并可以请求违约赔偿。**

【案例32】

（1）该公司有以下违法行为：其一，违反土地出让合同，没有按时缴纳土地出让金；其二，违反土地出让合同，擅自改变土地用途，合同中约定的是用于安居工程住房开发，该公司却用来进行了商品房开发。

（2）该市城市规划部门对该合同的履行有要求该公司把土地用来进行安居工程建设的权利。因为城市的发展规划以及相应的土地利用规划是由城市

规划部门管理的。

（3）该市土地管理局对本案有要求该公司承担违约责任或者解除土地出让合同收回土地使用权的民事权利。《城市房地产管理法》第15条规定，土地使用者必须按照出让合同约定，支付土地使用权出让金；未按照出让合同约定支付土地使用权出让金的，土地管理部门有权解除合同，并可以请求违约赔偿。

该市土地管理局还可以对该公司进行行政处罚警告、罚款直至无偿收回土地使用权。《中华人民共和国城镇国有土地使用权出让和转让暂行条例》第17条规定，土地使用者应当按照土地使用权出让合同的规定和城市规划的要求，开发、利用、经营土地。未按合同规定的期限和条件开发、利用土地的，市、县人民政府土地管理部门应当予以纠正，并根据情节可以给予警告、罚款直至无偿收回土地使用权的处罚。

【案例 33】

（1）钢铁公司能将以出让方式取得的土地进行抵押。因为以出让方式取得的建设用地使用权按照我国法律的规定可以进行抵押，《民法典》第353条规定，建设用地使用权人有权将建设用地使用权转让、互换、出资、赠与或者抵押，但是法律另有规定的除外。《民法典》第395条第（2）项也规定，建设用地使用权可以抵押。

（2）银行不能对该土地抵押期间的收益主张权利。《民法典》第412条规定，债务人不履行到期债务或者发生当事人约定的实现抵押权的情形，致使抵押财产被人民法院依法扣押的，自扣押之日起，抵押权人有权收取该抵押财产的天然孳息或者法定孳息，但是抵押权人未通知应当清偿法定孳息的义务人的除外。前款规定的孳息应当先充抵收取孳息的费用。所以，只有在银行通知该公司行使抵押权后，抵押权的效力才及于该土地上的收益和孳息。

（3）本案应当确定抵押权成立，银行可以拍卖该片土地的使用权而优先受偿。土地在抵押物被法院扣押后期间的收益也应当属于抵押物的范围。

【案例 34】

（1）乙村可以将集体经营性建设用地出让给甲化工厂。《民法典》第361条规定，集体所有的土地作为建设用地的，应当依照土地管理的法律规定办理。长期以来，我国土地制度的一个重要特点，就是实行对集体土地的统一征收管理，这意味着除了农民住房用地和乡镇企业用地，以及农村的公共事业用地以外，其他用地必须实行征收，并转为国有土地，再由政府进行统一供应，而随着城乡经济一体化发展的内在要求，这种城市农村的土地双轨制已经渐渐成为了发展的瓶颈。修正的《土地管理法》删去了从事非农业建设必须使用国有土地或者征为国有的原集体土地的规定。此外还增加了新的规定，即《土地管理法》第63条第1款规定，土地利用总体规划、城乡规划确定为工业、商业等经营性用途，并经依法登记的集体经营性建设用地，土地所有权人可以通过出让、出租等方式交由单位或者个人使用，并应当签订书面合同，载明土地界址、面积、动工期限、使用期限、土地用途、规划条件和双方其他权利义务。据此，并非集体土地都可以出让，只有经依法登记的集体经营性建设用地，才可以通过出让方式获得土地使用权。而本题中，甲化工厂取得的正是集体经济组织的经营性建设用地，因此，甲化工厂可以通过出让方式获得集体经营性建设用地的使用权。

（2）甲化工厂取得乙村集体经营性建设用地使用权，须满足的条件有：①甲化工厂与乙村签订书面集体经营性建设用地的出让合同。《土地管理法》第63条第1款规定，土地利用总体规划、城乡规划确定为工业、商业等经营性用途，并经依法登记的集体经营性建设用地，土地所有权人可以通过出让、出租等方式交由单位或者个人使用，并应当签订书面合同，载明土地界址、面积、动工期限、使用期限、土地用途、规划条件和双方其他权利义务。②乙村集体经营性建设用地出让，应当经乙村集体经济组织成员的村民会议 2/3 以上成员或者 2/3 以上村民代表的同意。《土地管理法》第63条第2款规定，前款规定的集体经营性建设用地出让、出租等，应当经本集体经济组织成员的村民会议 2/3 以上成员或者 2/3 以上村民代表的同意。③应当办理集体经营性建设用地出让登记。《民法典》第349条规定，设立建设用地使用权的，应当向登记机构申请建设用地使用权登记。建设用地使用权自登记时设立。登记机构应当向建设用地使用权人发放权属证书。

（3）甲化工厂可以将集体经营性建设用地设定抵押。《土地管理法》第63条第3款规定，通过出让等方式取得的集体经营性建设用地使用权可以转让、互换、出资、赠与或者抵押，但法律、行政法规另有规定或者土地所有权人、土地使用权人签订的书面合同另有约定的除外。

【案例 35】

小区业主有权请求乙公司拆除超过 6 米的建筑。因为根据我国《民法典》第 380 条的规定，地役权不得单独转让。土地承包经营权、建设用地使用权等转让的，地役权一并转让，但是合同另有约定的除外。本案中，甲公司对于乙公司享有地役权，但是当甲公司将房屋全部售出后，依据我国《民法典》第 357 条的规定，建筑物、构筑物及其附属设施转让、互换、出资或者赠与的，该建筑物、构筑物及其附属设施占用范围内的建设用地使用权一并处分。可见，小区业主在购买房屋后，便取得了房屋占用范围内的建设用地使用权，在无合同例外约定的情况下，也自然取得了地役权。

【案例 36】

（1）甲、乙双方约定的权利是地役权。地役权是指不动产的权利人如所有权人或使用权人，为自己使用不动产的便利或提高自己不动产的效益而利用他人不动产的权利。地役权属于用益物权的一种。

（2）丙无权盖高楼。甲的地役权期限是 4 年，并且已经履行了相关登记手续，具备对抗善意第三人的效力。丙购买的供役地之上存在甲的地役权的负担没有到期，故该地役权对丙具有约束力，丙无权在该土地上建高楼。《民法典》第 373 条第 1 款规定，设立地役权，当事人应当采取书面形式订立地役权合同。《民法典》第 374 条规定，地役权自地役权合同生效时设立。当事人要求登记的，可以向登记机构申请地役权登记；未经登记，不得对抗善意第三人。《民法典》第 383 条规定，供役地以及供役地上的土地承包经营权、建设用地使用权部分转让时，转让部分涉及地役权的，地役权对受让人具有约束力。

【案例 37】

（1）形成担保关系。该关系不属抵押担保，因为抵押权的标的须为物，而债权无从成其标的。该关系应属保证担保。甲、丙所签合同的实质意义是甲以丙的资信为担保，而非以购销合同的债权为担保。

（2）有，请求丙连带清偿的债权。基于保证担保合同要求保证人丙承担保证责任。

（3）清算组织的第一种意见有道理。乙对丙的债权无优先效力，只能与其他债权人平等受偿。

【案例 38】

（1）若甲公司未偿还丙公司债务，丙公司无权就办公大楼优先受偿。因为甲、乙之间设立的最高额抵押权不具有从属性，部分债权转让的，最高额抵押权不转让。《民法典》第 420 条规定，**为担保债务的履行，债务人或者第三人对一定期间内将要连续发生的债权提供担保财产的，债务人不履行到期债务或者发生当事人约定的实现抵押权的情形，抵押权人有权在最高债权额限度内就该担保财产优先受偿。最高额抵押权设立前已经存在的债权，经当事人同意，可以转入最高额抵押担保的债权范围。**《民法典》第 421 条规定，**最高额抵押担保的债权确定前，部分债权转让的，最高额抵押权不得转让，但是当事人另有约定的除外。**据此，部分主债权转让的，最高额抵押权不得转让。本题中，甲公司未偿还债权受让人丙公司债务时，丙公司无权主张抵押权。

（2）甲公司于 6 月 20 日偿还的 1 000 万元，应当认定清偿的是 4 月 1 日所借的债务。《民法典》第 560 条规定，**债务人对同一债权人负担的数个债务种类相同，债务人的给付不足以清偿全部债务的，除当事人另有约定外，由债务人在清偿时指定其履行的债务。债务人未作指定的，应当优先履行已到期的债务；数项债务均到期的，优先履行对债权人缺乏担保或者担保最少的债务；均无担保或者担保相等的，优先履行债务人负担较重的债务；负担相同的，按照债务到期的先后顺序履行；到期时间相同的，按照债务比例履行。**此为清偿抵充之规定。据此规定，对于清偿抵充，应当采取如下顺序进行清偿：1）**约定抵充**。它是指当事人就抵充的方法达成合意。对于清偿抵充采取私法自治原则，当事人的约定具有优先效力，即"有约定的从约定"，约定抵充优先于指定抵充和法定抵充。2）**指定抵充**。它是指一方当事人以其单方意思确定债务人的清偿应抵充的债务。指定抵充须在当事人对清偿抵充没有约定时适用。即债务人对同一债权人负担的数个债务种类相同，债务人的给付不足以清偿全部债务的，除当事人另有约定外，由债务人在清偿时指定其履行的债务。3）**法定抵充**。在当事人没有就抵充顺序作出约定，也没有按照债务人的指定来确定，则应当按照下列抵充顺序：①如果到期的债务和未到期的债务并存，应当先抵充已到期的债务。②几项债务均到期的，优先抵充对债权人无担保或者担保最少的债务。③担保数额相同的，应当优先抵充负担较重的债务。④负担相同的，按照债务到期的先后顺序进行抵充。⑤数个债务担保相同，且到期时间相同的，应按比例抵充。本题中，因两笔债务均到期，担保数额相同，且负担相同，

因此应当优先抵充先到期的债务，即 4 月 1 日所借债务。

（3）7 月 15 日，乙银行享有优先受偿权的主债权数额为 6 500 万元。《民法典》第 423 条规定，有下列情形之一的，抵押权人的债权确定：①约定的债权确定期间届满；②没有约定债权确定期间或者约定不明确，抵押权人或者抵押人自最高额抵押权设立之日起满 2 年后请求确定债权；③新的债权不可能发生；④抵押权人知道或者应当知道抵押财产被查封、扣押；⑤债务人、抵押人被宣告破产或者解散；⑥法律规定债权确定的其他情形。据此，本题中，7 月 15 日，因抵押财产已被查封，最高额抵押的债权确定。实际发生的债权余额低于最高限额的，以实际发生的债权余额为限对抵押物优先受偿，因此债权人在 6 500 万元（8 000－1 000－500）范围内可优先受偿。

（4）乙银行有优先受偿权。因为乙银行对楼房享有抵押权，而丙公司仅为普通债权人，因此乙银行应优先于丙公司受偿。

【案例 39】

（1）抵押担保合同成立并生效。因为抵押担保合同的双方当事人意思表示一致。《民法典》第 400 条第 1 款规定，设立抵押权，当事人应当采取书面形式订立抵押合同。此外，抵押物为动产，因此是否办理物权登记，不影响合同效力。

（2）抵押权成立。《民法典》第 395 条规定，债务人或者第三人有权处分的下列财产可以抵押：①建筑物和其他土地附着物；②建设用地使用权；③海域使用权；④生产设备、原材料、半成品、产品；⑤正在建造的建筑物、船舶、航空器；⑥交通运输工具；⑦法律、行政法规未禁止抵押的其他财产。抵押人可以将前款所列财产一并抵押。《民法典》第 403 条规定，以动产抵押的，抵押权自抵押合同生效时设立；未经登记，不得对抗善意第三人。《民法典》第 404 条规定，以动产抵押的，不得对抗正常经营活动中已经支付合理价款并取得抵押财产的买受人。

（3）若甲到期未履行债务，乙可就任意一辆轿车行使抵押权，再就另一辆轿车行使抵押权弥补不足；也可以同时就两辆轿车行使抵押权，各实现任意比例债权。依据民法抵押担保理论，同一债权有两个以上抵押人的，当事人对其提供的抵押财产所担保的债权份额或者顺序没有约定或者约定不明的，抵押权人可以就其中任一或者各个财产行使抵押权。抵押人承担担保责任后，可以向债务人追

偿，也可以要求其他抵押人清偿其应当承担的份额。

【案例 40】

（1）周某与李某签订的书面质押合同有效，因为行为人合格，意思表示真实且一致，符合民事法律行为生效条件，因此有效。周某与李某之间的质权也成立。《民法典》第 429 条规定，**质权自出质人交付质押财产时设立。**

（2）周某与肖某签订的书面质押合同有效，因为行为人合格，意思表示真实且一致，符合民事法律行为生效条件，因此有效。但周某与肖某之间的质权并未设立。《民法典》第 443 条第 1 款规定，**以基金份额、股权出质的，质权自办理出质登记时设立。**据此，因股权质权未办理登记而未设立。

【案例 41】

（1）有效。冯某与陈某双方立有抵押字据，且抵押物并非必须办理登记的建筑物和其他土地附着物、建设用地使用权、海域使用权等，故该字据有效。

（2）有效。双方立有质押字据，且质物已移交质权人占有。

（3）朱某与蒋某之间是承揽合同关系、留置关系。因为朱某是定作人，蒋某是承揽人，之后朱某与蒋某之间因承揽合同发生的债权发生留置关系，朱某是债务人，蒋某是债权人、留置权人。

（4）应由蒋某优先行使留置权。因抵押物未办理登记，不得对抗第三人，故陈某不能优先行使其权利。陈某与蒋某之间，蒋某的留置权有优先权。《民法典》第 402 条规定，以本法第 395 条第 1 款第（1）项至第（3）项规定的财产或者第（5）项规定的正在建造的建筑物抵押的，应当办理抵押登记。抵押权自登记时设立。《民法典》第 403 条规定，以动产抵押的，抵押权自抵押合同生效时设立；未经登记，不得对抗善意第三人。《民法典》第 404 条规定，以动产抵押的，不得对抗正常经营活动中已经支付合理价款并取得抵押财产的买受人。

（5）不可以。根据《民法典》第 588 条规定，当事人既约定违约金，又约定定金的，一方违约时，对方可以选择适用违约金或者定金条款。

【案例 42】

（1）抵押权成立。因为依据我国民法的相关规

定，动产抵押权成立于动产抵押合同成立生效时，在登记后获得对抗第三人的效力。本案中，机器抵押权因抵押合同生效而成立，因登记而具备对抗第三人效力。

（2）质押权成立。我国民法规定，动产质押于动产交付时成立。本案中的机器已经交付质权人，故成立。

（3）留置权成立。《民法典》第447条规定，债务人不履行到期债务，债权人可以留置已经合法占有的债务人的动产，并有权就该动产优先受偿。前款规定的债权人为留置权人，占有的动产为留置财产。《民法典》第448条规定，债权人留置的动产，应当与债权属于同一法律关系，但是企业之间留置的除外。本案中，因拖欠修理费机器被留置属于同一法律关系，故留置权成立。

（4）乙优先于丙受偿；丁优先于乙受偿。乙的抵押权因为在时间上早于丙的质押权，而抵押权和质押权可以并存，所以乙优先于丙受偿。丁的留置权因为是法定的担保物权，所以丁的留置权又优先于乙的抵押权。《民法典》第456条规定，同一动产上已经设立抵押权或者质权，该动产又被留置的，留置权人优先受偿。

【案例43】

（1）甲公司与乙公司之间转让机床的合同有效。因为根据《民法典》第504条规定，法人的法定代表人或者非法人组织的负责人超越权限订立的合同，除相对人知道或者应当知道其超越权限外，该代表行为有效，订立的合同对法人或者非法人组织发生效力。

（2）甲公司中止履行的理由成立。因为根据《民法典》第527条规定，应当先履行债务的当事人，有确切证据证明对方经营状况严重恶化的，可以中止履行。

（3）甲公司可以解除合同。因为根据《民法典》第528条规定，当事人依据前条规定中止履行的，应当及时通知对方。对方提供适当担保的，应当恢复履行。中止履行后，对方在合理期限内未恢复履行能力且未提供适当担保的，视为以自己的行为表明不履行合同主要义务，中止履行的一方可以解除合同并可以请求对方承担违约责任。

（4）丙公司不能行使留置权，因为丙公司已经丧失了对机床的占有。《民法典》第457条规定，留置权人对留置财产丧失占有或者留置权人接受债务人另行提供担保的，留置权消灭。

【案例44】

乙银行应当在2020年3月6日前行使抵押权，才能得到法院的保护。《民法典》第419条规定，抵押权人应当在主债权诉讼时效期间行使抵押权；未行使的，人民法院不予保护。另据《民法典》第188条第1款规定，向人民法院请求保护民事权利的诉讼时效期间为3年。法律另有规定的，依照其规定。

【案例45】

对于以建筑物抵押的，应办理登记，未办理登记的，抵押权不成立。根据《民法典》第395条第1款第（1）项和《民法典》第402条规定，对于以建筑物设定抵押的，应当办理抵押登记。抵押权自登记时设立。

我国民法奉行严格的物权法定主义原则，抵押权作为一种他物权，其设立等要严格遵循民法的规定，民法既然规定了特定财产的抵押要经过登记才能成立，当事人就不能约定抵押权不经登记亦有效成立，当事人也不能取得未经登记的特定财产的抵押权。因此，本案中，李某与林某为节约抵押登记费用而未予登记的法律后果就是债权人李某没有取得林某的房屋抵押权，也就不能请求拍卖、变卖该房屋，更无权请求房屋的变卖价款优先受偿。

【案例46】

留置权是指合法占有债务人动产的债权人，于债务人不履行债务时，得留置该动产并以其价值优先受偿的权利。作为一种法定担保物权，留置权要依法行使，要满足留置权行使的如下四项条件：（1）债权人已合法占有属于债务人的动产。（2）债权人对该动产的占有与其债权的发生出自于同一个法律关系，但企业之间留置的除外。（3）债务已届清偿期而债务人未履行债务。（4）符合法律规定和当事人的约定并且不违背公序良俗。

从本案的事实看，关某对邓某的修理费请求权的产生与电视机有直接的关系，且修理费在没有双方特殊约定的情况下，应即时付清，因此邓某债务的履行期已届满，但问题在于关某将电视机交还了邓某，不论出于什么原因，丧失了对动产的占有（包括直接占有和间接占有），也就丧失了留置权。上述留置权行使的第（1）项条件也表明，占有丧失，留置权消灭。《民法典》第457条规定，留置权人对留置财产丧失占有或者留置权人接受债务人另行提供担保的，留置权消灭。因此，法院应驳回关某的诉讼请求。

【案例 47】

根据我国《民法典》第 462 条第 1 款的规定，占有的不动产或者动产被侵占的，占有人有权请求返还原物；对妨害占有的行为，占有人有权请求排除妨害或者消除危险；因侵占或者妨害造成损害的，占有人有权请求损害赔偿。因此，甲基于其对电脑的所有权，有权请求无权占有人丁返还电脑；而乙有权基于其质权请求丁返还电脑；丙则有权基于其借用关系中的占有被侵害请求丁返还电脑。

【案例 48】

根据我国《民法典》第 460 条的规定，不动产或者动产被占有人占有的，权利人可以请求返还原物及其孳息，但是，应当支付善意占有人因维护该不动产或者动产支出的必要费用。本案中，母牛属于动产，善意占有人乙应该向甲返还母牛及其孳息即牛犊。而乙因照料母牛及牛犊所支出的必要费用可要求甲进行支付。

第三章 合 同

 本章精要

合同是民事主体之间设立、变更、终止民事法律关系的协议。按照《民法典》的规定，其内容包括合同通则、典型合同和准合同三个分编的内容。

合同通则的主要内容包括一般规定、合同的订立、合同的效力、合同的履行、合同的保全、合同的变更和转让、合同的权利义务终止和违约责任。典型合同的内容包括买卖合同，供用电、水、气、热力合同，赠与合同，借款合同，保证合同，租赁合同，融资租赁合同，保理合同，承揽合同，建设工程合同，运输合同，技术合同，保管合同，仓储合同，委托合同，物业服务合同，行纪合同，中介合同和合伙合同。准合同的内容包括无因管理和不当得利。

合同的一般规定，重点把握：（1）婚姻、收养、监护等有关身份关系的协议，适用有关该身份关系的法律规定；没有规定的，可以根据其性质参照适用本编规定。（2）当事人对合同条款的理解有争议的，应当依据本法第 142 条第 1 款的规定，确定争议条款的含义。合同文本采用两种以上文字订立并约定具有同等效力的，对各文本使用的词句推定具有相同含义。各文本使用的词句不一致的，应当根据合同的相关条款、性质、目的以及诚信原则等予以解释。

合同的订立包括要约和承诺两个阶段。关于合同的订立，应重点把握：（1）合同订立的形式。当事人订立合同，可以采用书面形式、口头形式或者其他形式。（2）要约。要约与要约邀请的区别、典型的要约邀请、要约的认定、要约的撤回和撤销、要约的失效等。（3）承诺。承诺的认定、承诺期限、承诺的生效、承诺的撤回。（4）合同的成立。主要掌握：采用合同书形式订立的合同的成立，采用确认书和通过信息网络提交订单形式订约的合同

的成立，合同成立的时间和地点，预约合同，格式条款，悬赏广告，缔约过失责任，合同成立与合同生效的区别。

合同编对合同效力没有规定的，适用民法总则编有关民事法律行为效力的规定。关于合同的效力，应重点把握：（1）合同的成立不同于合同的生效。依法成立的合同，自成立时生效，但是法律另有规定或者当事人另有约定的除外。法律、行政法规规定应当办理批准等手续生效的，依照其规定。未办理批准等手续的，该合同不生效，但是不影响合同中履行报批等义务条款以及相关条款的效力。应当办理申请批准等手续的当事人未履行义务的，对方可以请求其承担违反该义务的责任。（2）无权代理人以被代理人的名义订立合同，被代理人已经开始履行合同义务或者接受相对人履行的，视为对合同的追认。（3）法人的法定代表人或者非法人组织的负责人超越权限订立的合同，除相对人知道或者应当知道其超越权限外，该代表行为有效，订立的合同对法人或者非法人组织发生效力。（4）当事人超越经营范围订立的合同的效力，不得仅以超越经营范围确认合同无效。（5）合同中的下列免责条款无效：①造成对方人身损害的；②因故意或者重大过失造成对方财产损失的。（6）合同不生效、无效、被撤销或者终止的，不影响合同中有关解决争议方法的条款的效力。

合同的履行包括合同履行的原则、合同履行的规则、选择之债的履行、连带之债的履行、涉他合同、双务合同履行中的抗辩权、期前清偿、部分履行和情势变更原则。这部分内容重点把握合同履行的规则，债务人向第三人履行（清偿）和债务人为第三人利益履行（清偿），第三人向债权人履行（清偿），第三人代为清偿，同时履行抗辩权、先履行抗辩权和不安抗辩权的适用条件、效力，部分履行和提前清偿债务的适用条件、效力，情势变更原

则的构成要件、效力。

合同的保全是指法律为防止因债务人的财产不当减少或不增加而给债权人的债权带来损害，允许债权人行使代位权或撤销权，以保护其债权。关于合同的保全，应重点把握代位权与撤销权的成立条件、行使方式和效力。

合同权利与义务可以转让给第三人，合同权利与义务的转让包括债权让与、债务移转和合同权利义务的概括移转。关于合同权利义务的转让，应重点把握：（1）债权人可以将债权的全部或者部分转让给第三人，但是有下列情形之一的除外：①根据债权性质不得转让；按照当事人约定不得转让；依照法律规定不得转让。（2）当事人约定非金钱债权不得转让的，不得对抗善意第三人。当事人约定金钱债权不得转让的，不得对抗第三人。（3）债权人转让债权的，未通知债务人的，该转让对债务人不发生效力。债权转让的通知不得撤销，但是经受让人同意的除外。（4）债权人转让债权的，受让人取得与债权有关的从权利，但是该从权利专属于债权人自身的除外。受让人取得从权利不因该从权利未办理转移登记手续或者未转移占有而受到影响。（5）债务人接到债权转让通知后，债务人对让与人的抗辩，可以向受让人主张。（6）有下列情形之一的，债务人可以向受让人主张抵销：①债务人接到债权转让通知时，债务人对让与人享有债权，且债务人的债权先于转让的债权到期或者同时到期；②债务人的债权与转让的债权是基于同一合同产生。（7）债务人将债务的全部或者部分转移给第三人的，应当经债权人同意。债务人或者第三人可以催告债权人在合理期限内予以同意，债权人未作表示的，视为不同意。（8）债务人转移债务的，新债务人可以主张原债务人对债权人的抗辩；原债务人对债权人享有债权的，新债务人不得向债权人主张抵销。（9）债务人转移债务的，新债务人应当承担与主债务有关的从债务，但是该从债务专属于原债务人自身的除外。（10）当事人一方经对方同意，可以将自己在合同中的权利和义务一并转让给第三人。

合同权利义务关系的终止是指债的关系在客观上不复存在。合同权利义务关系的终止的事由主要包括履行、抵销、提存、免除、混同、解除。这里的解除包括协议解除、约定解除和法定解除。协议解除是指当事人通过协商一致解除合同的行为。其条件是双方达成合意。约定解除是指当事人以合同形式约定一方当事人保留解除权，该当事人行使约定的解除权而导致合同的解除。法定解除是指法律明确规定的合同解除。根据《民法典》第563条规定，法定解除的事由有：（1）因不可抗力致使不能实现合同目的；（2）在履行期限届满前，当事人一方明确表示或者以自己的行为表明不履行主要债务；（3）当事人一方迟延履行主要债务，经催告后在合理期限内仍未履行；（4）当事人一方迟延履行债务或者有其他违约行为致使不能实现合同目的；（5）法律规定的其他情形。

违约责任是指当事人不履行或者不适当履行合同义务而应当承担的民事责任。关于违约责任，应重点把握：（1）违约责任的构成要件：①当事人之间存在有效合同。②客观上有违约行为。③不存在免责事由。（2）违约责任适用无过错责任原则，法律另有规定的除外。（3）合同当事人原则上要实际履行，即当事人一方不履行非金钱债务或者履行非金钱债务不符合约定的，对方可以请求履行，但是有下列情形之一的除外：①法律上或者事实上不能履行；②债务的标的不适于强制履行或者履行费用过高；③债权人在合理期限内未请求履行。（4）履行不符合约定的，应当按照当事人的约定承担违约责任。对违约责任没有约定或者约定不明确，依据本法第510条的规定仍不能确定的，受损害方根据标的的性质以及损失的大小，可以合理选择请求对方承担修理、重作、更换、退货、减少价款或者报酬等违约责任。（5）当事人一方不履行合同义务或者履行合同义务不符合约定的，在履行义务或者采取补救措施后，对方还有其他损失的，应当赔偿损失。（6）当事人一方不履行合同义务或者履行合同义务不符合约定，造成对方损失的，损失赔偿额应当相当于因违约所造成的损失，包括合同履行后可以获得的利益；但是，不得超过违约一方订立合同时预见到或者应当预见到的因违约可能造成的损失。（7）当事人可以约定一方违约时应当根据违约情况向对方支付一定数额的违约金，也可以约定因违约产生的损失赔偿额的计算方法。约定的违约金低于造成的损失的，人民法院或者仲裁机构可以根据当事人的请求予以增加；约定的违约金过分高于造成的损失的，人民法院或者仲裁机构可以根据当事人的请求予以适当减少。当事人就迟延履行约定违约金的，违约方支付违约金后，还应当履行债务。（8）当事人可以约定一方向对方给付定金作为债权的担保。定金合同自实际交付定金时成立。定金的数额由当事人约定；但是，不得超过主合同标的额的20%，超过部分不产生定金的效力。实际交付的定金数额多于或者少于约定数额的，视为变更约定的定金数额。债务人履行债务的，定金应当抵作价款或者收回。给付定金的一方不履行债务或者

履行债务不符合约定，致使不能实现合同目的的，无权请求返还定金；收受定金的一方不履行债务或者履行债务不符合约定，致使不能实现合同目的的，应当双倍返还定金。既约定违约金，又约定定金的，一方违约时，对方可以选择适用违约金或者定金条款。定金不足以弥补一方违约造成的损失的，对方可以请求赔偿超过定金数额的损失。（9）当事人一方违约后，对方应当采取适当措施防止损失的扩大；没有采取适当措施致使损失扩大的，不得就扩大的损失请求赔偿。当事人因防止损失扩大而支出的合理费用，由违约方负担。（10）当事人都违反合同的，应当各自承担相应的责任。当事人一方违约造成对方损失，对方对损失的发生有过错的，可以减少相应的损失赔偿额。当事人一方因第三人的原因造成违约的，应当依法向对方承担违约责任。当事人一方和第三人之间的纠纷，依照法律规定或者按照约定处理。

　　合同编典型合同编详细规定了 19 类有名合同，这 19 类有名合同中，买卖合同、保证合同、保理合同、租赁合同、委托合同是重中之重。关于合同法分论，应重点把握：（1）买卖合同。①标的物交付的时间和地点。②标的物毁损、灭失的风险和利益承受。③标的物瑕疵担保责任。④标的物的检验。⑤分期付款买卖。⑥凭样品买卖。⑦试用买卖。⑧所有权保留的特约。（2）供用电、水、气、热力合同。（3）赠与合同。①赠与的撤销。②附义务的赠与。③赠与人的瑕疵担保责任。④赠与人的穷困抗辩权。（4）借款合同。①借款利率。②民间借款（包括自然人之间的借款）。（5）保证合同。①保证合同的从属性。②保证人资格。③保证合同的成立。④保证方式。⑤保证期间。⑥保证债权债务与诉讼时效。⑦保证责任与主债务更新。⑧保证责任与债权转让。⑨保证责任与债务转移。⑩一般保证的保证人在主债务履行期限届满后，向债权人提供债务人可供执行财产的真实情况，债权人放弃或者怠于行使权利致使该财产不能被执行的，保证人在其提供可供执行财产的价值范围内不再承担保证责任。⑪同一债务有两个以上保证人的，保证人应当按照保证合同约定的保证份额，承担保证责任；没有约定保证份额的，债权人可以请求任何一个保证人在其保证范围内承担保证责任。⑫保证人的追偿权。⑬保证人的抗辩权。⑭债务人对债权人享有抵销权或者撤销权的，保证人可以在相应范围内拒绝承担保证责任。（6）租赁合同。①租赁期限。②租赁物的使用、维修、保管、改良和增设他物。③转租。④租金的支付。⑤承租人解除租赁合

同的法定事由。⑥买卖不破租赁。⑦承租人的优先购买权。⑧承租人的优先承租权。（7）融资租赁合同。①融资租赁合同的成立及效力。②承租人的索赔权。③租赁物的瑕疵担保责任。④承租人占有、使用租赁物的权利。⑤因租赁物造成第三人损害的责任。⑥融资租赁合同的解除。⑦融资租赁合同届满而终止时租赁物的归属。（8）保理合同。①保理合同的内容。②应收账款转让的通知义务。③有追索权的保理和无追索权的保理的效力。④保理合同的债务清偿。（9）承揽合同。①承揽合同当事人的权利和义务。②承揽人的留置权。③定作人的任意解除权。（10）建设工程合同。①建设工程合同的内容。②建设工程合同当事人的违约责任与侵权责任。③承包人的优先受偿权。（11）运输合同。运输合同包括客运合同、货运合同和多式联运合同。关于客运合同，涉及的要点如，客运合同自承运人向旅客出具客票时成立，但是当事人另有约定或者另有交易习惯的除外；承运人应当对运输过程中旅客的伤亡承担赔偿责任；但是，伤亡是旅客自身健康原因造成的或者承运人证明伤亡是旅客故意、重大过失造成的除外。在运输过程中旅客随身携带物品毁损、灭失，承运人有过错的，应当承担赔偿责任。关于货运合同，涉及的要点如，在承运人将货物交付收货人之前，托运人可以要求承运人中止运输、返还货物、变更到达地或者将货物交给其他收货人，但是应当赔偿承运人因此受到的损失。承运人对运输过程中货物的毁损、灭失承担赔偿责任，但是承运人证明货物的毁损、灭失是因不可抗力、货物本身的自然性质或者合理损耗以及托运人、收货人的过错造成的，不承担赔偿责任。（12）技术合同。技术合同包括技术开发合同、技术转让和技术许可合同、技术咨询合同和技术服务合同。涉及的要点如，委托开发完成的发明创造，除法律另有规定或者当事人另有约定外，申请专利的权利属于研究开发人。研究开发人取得专利权的，委托人可以依法实施该专利。研究开发人转让专利申请权的，委托人享有以同等条件优先受让的权利。合作开发完成的发明创造，申请专利的权利属于合作开发的当事人共有；当事人一方转让其共有的专利申请权的，其他各方享有以同等条件优先受让的权利。但是，当事人另有约定的除外。合作开发的当事人一方声明放弃其共有的专利申请权的，除当事人另有约定外，可以由另一方单独申请或者由其他各方共同申请。申请人取得专利权的，放弃专利申请权的一方可以免费实施该专利。合作开发的当事人一方不同意申请专利的，另一方或者其他各方不

一／般／经／典／案／例

得申请专利。委托开发或者合作开发完成的技术秘密成果的使用权、转让权以及收益的分配办法，由当事人约定；没有约定或者约定不明确，依据本法第510条的规定仍不能确定的，在没有相同技术方案被授予专利权前，当事人均有使用和转让的权利。但是，委托开发的研究开发人不得在向委托人交付研究开发成果之前，将研究开发成果转让给第三人。当事人可以按照互利的原则，在合同中约定实施专利、使用技术秘密后续改进的技术成果的分享办法；没有约定或者约定不明确，依据本法第510条的规定仍不能确定的，一方后续改进的技术成果，其他各方无权分享。技术咨询合同、技术服务合同履行过程中，受托人利用委托人提供的技术资料和工作条件完成的新的技术成果，属于受托人。委托人利用受托人的工作成果完成的新的技术成果，属于委托人。当事人另有约定的，按照其约定。技术咨询合同和技术服务合同对受托人正常开展工作所需费用的负担没有约定或者约定不明确的，由受托人负担。(13) 保管合同。①保管合同的成立。②保管合同的效力。③保管人的留置权。(14) 仓储合同。①仓储合同的成立。②仓储合同的效力。③仓单。(15) 委托合同。①委托费用。②受托人依委托人的指示处理委托事务的义务。③受托人亲自处理委托事务的义务与转委托。④受托人的报告义务。⑤间接代理制度。⑥委托人支付报酬的义务。⑦受托人的赔偿责任。⑧委托合同当事人的任意解除权。(16) 物业服务合同。①物业服务合同的成立和效力。②物业服务合同内容。③物业服务人的权利和义务。④业主的权利和义务。⑤物业服务合同的终止。 (17) 行纪合同。①行纪人的介入权。②委托人支付报酬的义务和行纪人的留置权。(18) 中介合同。①委托人支付报酬的义务和中介人负担活动费用的义务。②中介人支付必要中介费用的义务。(19) 合伙合同。

准合同指的是无因管理和不当得利。(1) 无因管理。①管理人没有法定的或者约定的义务，为避免他人利益受损失而管理他人事务的，并且符合受益人真实意思的，可以请求受益人偿还因管理事务而支出的必要费用；管理人因管理事务受到损失的，可以请求受益人给予适当补偿。管理事务不符合受益人真实意思的，管理人不享有上述规定的权利，但是，受益人的真实意思违背公序良俗的除外。②管理人管理他人事务，应当采取有利于受益人的方法。中断管理对受益人不利的，无正当理由不得中断。③管理人管理他人事务，能够通知受益人的，应当及时通知受益人。管理的事务不需要紧

急处理的，应当等待受益人的指示。④管理结束后，管理人应当向受益人报告管理事务的情况。管理人管理事务取得的财产，应当及时转交给受益人。⑤管理人管理事务经受益人事后追认的，从管理事务开始时起，适用委托合同的有关规定，但是管理人另有意思表示的除外。(2) 不当得利。①得利人没有法律根据取得不当利益的，受损失的人可以请求得利人返还取得的利益，但是有下列情形之一的除外：为履行道德义务进行的给付；债务到期之前的清偿；明知无给付义务而进行的债务清偿。②得利人不知道且不应当知道获得的利益没有法律根据，取得的利益已经不存在的，不承担返还该利益的义务。③得利人知道或者应当知道取得的利益没有法律根据的，受损失的人可以请求得利人返还其取得的利益并依法赔偿损失。④得利人已经将取得的利益无偿转让给第三人的，受损失的人可以请求第三人在相应范围内承担返还义务。

 经典案例

【案例1】 阅读标记：( )

甲、乙二人共同出资，合伙经营餐馆，约定各投资一半，盈亏也按该比例分配。后经工商登记注册，性质为普通合伙。开业不久，为经营需要，经二人商议，由甲出面以餐馆名义向丙借款10万元，约定于次年12月还款。次年12月15日，丙上门向乙催讨，乙称自己只是合伙人之一，只应按合伙协议承担一半债务。双方因此发生纠纷。

问：(1) 丙只向乙要求偿还所有债务，乙是否有权拒绝？

(2) 若乙向丙偿还了所有债务，其对甲有何权利？

【案例2】 阅读标记：( )

甲公司与乙厂协议商定，乙厂在1个月内向甲公司供应0号或10号柴油20吨，并约定了价格和付款方式。15天后，乙厂即依约向甲公司提供了20吨0号柴油。由于气温骤降，0号柴油无法投入使用，甲公司要求退货，并要求乙厂改提供10号柴油。乙厂不同意，双方因此发生纠纷。

问：(1) 乙厂是否有权选择供应任意一种型号的柴油？

(2) 甲公司是否有权退货？

【案例3】 阅读标记：( )

甲向乙借款5万元，约定还款期限为1年。半

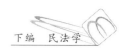

年后，乙欲购买丙一批价值 5 万元的货物，遂商议将其对甲的债权转让给丙，丙表示同意。随后，乙通知了甲。又半年，甲的借款到期。

问：此时甲应向谁履行？

【案例 4】 阅读标记：（　　）

2008 年 3 月 1 日，甲受乙欺诈，将一件价值 10 万元的祖传玉器以 1 万元的价格卖给了乙。乙当日交给甲 1 万元后，因要出远门，约定当月 30 日交付玉器。当月 30 日，乙出远门未归。甲遂将玉器向当地公证机关提存。后在公证机关保存期间，玉器因遭遇火灾而烧毁。2008 年 8 月 1 日，甲向法院提起撤销玉器买卖的诉讼并于同年 10 月 9 日胜诉，法院判决撤销了该合同。由于玉器已无法返还，于是甲要求乙赔偿玉器价金中不足 10 万的部分。

问：（1）玉器被烧毁的风险应由谁承担？
　　（2）甲是否有权要求乙赔偿？应赔偿多少？

【案例 5】 阅读标记：（　　）

某冬天的雪夜，村民某甲于野地里发现一只走失的牛，遂牵回家捆在牛栏中，等待失主认领。当晚，牛栏被雪压塌，牛被砸死。次日，甲即花费 100 元请人将牛屠宰，将牛皮牛肉等卖出，共得了 600 元。后牛的主人得知此事，遂上门要求甲返还牛款。该牛值 1 100 元。

问：（1）甲是否应当返还牛款？
　　（2）如果应当返还，应返还多少元？

【案例 6】 阅读标记：（　　）

村民某甲承包了一个果园，苦心经营，眼看丰收在望，甲突然得了急病住院治疗，家中妻儿无力照管果园。村中好友乙便主动替甲照管。在乙的经营下，果园获纯收入 4 万元。乙为照管果园先后总共花费 4 000 元。于是，乙向甲提出要求偿还他照管果园的花费 4 000 元，并要求平分剩下的 3.6 万元。甲不允，遂起纠纷。

问：（1）乙的行为是什么性质？
　　（2）对乙的请求应如何处理？

【案例 7】 阅读标记：（　　）

甲公司为促销而在报纸上刊登广告，称其有 50 台某型号笔记本电脑出售，每台价格 1 万元，比原价格低 10%，广告有效期为 1 周。乙公司于第 5 天

见到此广告后，立即电告甲公司，称其欲以广告条件购买，但甲公司称此款电脑已售完，无货可供。经协商未果，乙公司遂诉至法院，要求甲公司承担违约责任。

问：甲公司是否应承担违约责任？

【案例 8】 阅读标记：（　　）

甲公司为促销而在报纸上刊登广告，称其有 50 台某型号笔记本电脑出售，每台价格 1 万元，比原价格低 10%，欲购从速，售完为止。乙公司见到此广告后立即电告甲公司称其欲以广告条件购买，但甲公司称此款电脑已售完，无货可供。经协商未果，乙公司遂诉至法院，要求甲公司承担违约责任。

问：甲公司是否要承担违约责任？

【案例 9】 阅读标记：（　　）

甲轮胎厂因生产需要，于 2 月 25 日分别向乙、丙两公司发出购买橡胶原料的要约，两公司均声明应于 3 月 10 日前答复。乙公司于 3 月 5 日以特快专递形式表示愿按甲厂的要约条件供货，但因邮差误投，3 月 13 日方才送达甲处（正常情形应于 2 日内送达）。丙公司因内部工作人员操作疏忽，于 3 月 12 日以电子邮件方式表示愿按甲厂的要约条件供货。此时甲厂因生产急需，已另行购入了橡胶原料，并未对上述信件作任何答复。乙、丙两公司于 3 月 25 日自行组织货物并派人运送至甲处，遭甲拒收，于是发生纠纷。乙、丙分别诉至法院，要求甲接受货物并付货款。

问：甲是否有权拒收乙、丙两公司的货物？

【案例 10】 阅读标记：（　　）

甲学校于 8 月 1 日公开招标采购办公用电脑，乙公司报名并领取了《招标采购须知》，其中载明了采购货物的名称、规格和数量；中标后双方须签订买卖合同，中标人不得拒绝；投标人在交标书前交纳 1 万元保证金，待合同订立后自动转为合同定金，投标期限截止于 8 月 10 日。8 月 5 日，乙公司按照上述《招标采购须知》的要求交纳了保证金并将制作好的标书呈交甲学校。8 月 12 日，甲学校通知乙公司中标，并表示要于 8 月 15 日前按照标书内容签订买卖合同。次日，乙公司即将全部电脑送至甲学校，甲学校全部验收。8 月 14 日，甲学校因找到更好的供货渠道，通知乙公司不再与其签约，并将所收电脑及 1 万元保证金退还乙公司。乙公司认为甲学校违约，1 万元是定金，要求双倍返还。

甲学校认为《招标采购须知》明确说明要订立书面的合同，现合同未订立，不存在违约问题。双方协商不成，乙公司遂起诉至法院。

问：甲学校是否要双倍返还定金？

【案例 11】 阅读标记：（　）

王某进某超市购物，将装有手表和贵重首饰的挎包置于超市存包处免费寄存，并特意声明了贵重物品请存包员清点过目，王某领了号牌作为存包凭证。后来，保管员因看错号牌而将该挎包误交于另一顾客造成挎包丢失。王某索赔时，超市称，存包处的《存包须知》明示：无论存包者是否声明物件的价值，若遗失，每件最高补偿 10 元。该须知贴于存包处的柜台窗口，十分醒目。

问：本案中超市应如何赔偿？

【案例 12】 阅读标记：（　）

张某与某鲜花店约定，由该花店每天向在某公司上班的 J 小姐送一打玫瑰花。张某支付购买鲜花的费用。

问：（1）请分析张某、花店和 J 小姐在该法律关系中处于什么地位？
（2）张某和该花店是否需要事先通知 J 小姐，并取得她的同意？J 小姐能否拒收鲜花？
（3）如果 J 小姐拒收鲜花，则鲜花店应该如何处理？

【案例 13】 阅读标记：（　）

李某在某中学门口开设了一家运动器材商店，为招揽生意，允许学校学生赊购商品。13 岁的学生王某在该店赊购一高级网球拍，价格为 5 000 元。次日，李某向王某之父索要购拍款时，王某之父不同意为儿子购买价格如此昂贵的球拍，双方发生争执。

问：李某是否有权要求王某之父支付购拍款？

【案例 14】 阅读标记：（　）

甲公司称其有一生产项目，欲与乙公司合作，双方订立合同，约定甲公司投入 500 万元，并负责项目的审批和市场调查，乙公司投入 200 万元并在约定的时间内提供生产车间。合同订立后，乙公司即向甲公司账户汇入 200 万元并花费 20 万元将乙公司的旧有厂房改造为适合项目生产的新厂房。后来，乙公司得知甲公司所称的该项目早于 1 年前因

违反有关规定被有关部门下令停止，甲公司是想利用此项目骗取资金，遂向法院起诉，要求甲公司返还 200 万元以及相应利息，并赔偿 20 万元的改造厂房的费用。

问：法院对乙公司的请求是否应予支持？

【案例 15】 阅读标记：（　）

A 公司委托甲前往异地的 B 公司购买大米，并给甲开具加盖公章的空白介绍信一张，嘱其可酌情更改购买的数量和大米品种。甲与 B 公司商妥购买 20 吨大米并订立合同后，B 公司才想到要求甲出具 A 公司的授权文件，恰好此时甲因将授权书塞于行李中未能找出，B 公司遂向 A 公司催告，要求 A 公司于 1 个月内确认甲的身份。A 公司未作任何答复。由于担心粮价波动，B 公司遂以较低价格将大米卖给他人，同时电报通知了 A 公司。3 日后，A 公司电告 B 公司其已给甲开具了介绍信，并责怪 B 公司过于谨慎。次日，甲找到那张空白介绍信，再次与 B 公司接洽，而此时 B 公司已无大米可卖，甲遂提出购买当时销售情况很好的土豆 20 吨。由于有了上次经验，又见到甲确有 A 公司盖章的介绍信，B 公司遂立即与甲签订了合同并将货发往 A 公司。但货到 A 公司时，恰逢当地土豆价格大跌，A 公司遂以甲未获购买土豆的授权为由拒绝付款。B 公司无奈，只好起诉 A 公司，要求支付土豆款，而 A 公司亦提起反诉，不但仍然拒绝付款，还要求 B 公司履行大米的买卖合同。

问：（1）A 公司是否有权拒绝支付货款？
（2）B 公司应否履行大米的买卖合同？

【案例 16】 阅读标记：（　）

甲有机会出国留学，想卖掉自己现有的房屋，恰好同事乙想购买，双方于是订立合同，约定若 1 年内甲成功办妥出国留学手续，则将房屋卖给乙。后来，甲因故在 2 年后才办妥出国手续，正好甲之表兄丙调动至该市，暂无房住，甲遂将该房屋卖给了丙。乙得知后，认为甲不守信用，双方发生纠纷。

问：乙是否有权要求甲交付房屋？

【案例 17】 阅读标记：（　）

2009 年 10 月 1 日，甲向乙承租房屋作为商铺，双方订立合同，约定该合同于 2010 年 1 月 1 日生效。2010 年 2 月 1 日，乙见甲仍未交付房屋，遂催促甲向自己交付。甲遂花费 3 日时间整理好房屋后交付给乙。乙认为甲向自己交付的时间超过了约定

一／般／经／典／案／例

的期限，遂要求甲向自己支付合同约定的违约金，甲不同意，双方因此发生纠纷。

问：甲是否应支付违约金？

【案例 18】 阅读标记：（　　）

甲、乙订立西瓜买卖合同，约定甲以每公斤0.6 元的价格卖给乙西瓜 2 000 公斤，双方未约定履行顺序。甲向乙供应了 1 000 公斤西瓜后，要求乙支付货款，遭乙拒绝。甲诉至法院。

问：乙是否有权拒绝付款？

【案例 19】 阅读标记：（　　）

甲公司与乙机械制造厂于 3 月 1 日订立合同，由乙按照甲提供的图纸生产发电机 10 台，共计价格为 200 万元，双方约定甲应于合同签订后 3 日内支付 80 万元，4 月 15 日再支付 50 万元，余款待 6月 15 日前乙交付机器并经甲验收合格后一次付清。3 月 5 日，甲向乙交付了 80 万元并将图纸交给乙。4 月初，乙向甲提出因材料价格上涨，要求将合同价格提高至 220 万元，遭甲拒绝。4 月 18 日，甲向乙支付了 50 万元。乙遂以甲付款迟延为由退回该款项，拒绝再为甲制造机器并要求解除合同。为此双方多次协商未果，甲遂于 7 月 20 日诉至法院，要求乙承担违约责任。

问：甲公司的请求应否予以支持？

【案例 20】 阅读标记：（　　）

7 月 1 日，甲公司向乙公司购买某型号机器 3台，每台机器价值 100 万元，合同总价款 300 万元。双方订立了合同，约定甲公司在订立合同后 3日内预付 100 万元。7 月 15 日乙公司交付全部货物，甲公司于接货物后 7 日内付清余款。7 月 3 日，甲公司支付了 100 万元。7 月 10 日，乙公司将 3 台机器运至甲公司以作交付，但经验收检查，其中两台机器不符合约定，甲公司要求乙公司予以调换，乙公司同意，但没有调换。7 月 25 日，乙公司索要其余部分价款。

问：甲公司能否拒绝付款？

【案例 21】 阅读标记：（　　）

甲服装厂与乙公司于 8 月 1 日签订合同，约定甲厂于当年 12 月 20 日交付服装 1 000 套供乙出口，乙公司在收到服装后 15 日内支付服装款 15 万元。甲厂积极组织生产，于 11 月 20 日即已完成 900套。此时，甲厂发现乙公司实际上已债务缠身，并

已为逃避债务将现有资金和设备抽调出来另组公司，而其本身已是空壳。甲遂于 11 月 26 日向法院起诉，以乙公司将不能履行到期债务为由要求解除合同。

问：甲公司是否有权解除合同？

【案例 22】 阅读标记：（　　）

甲公司于 2009 年 6 月 1 日向当地银行借款 200万元，借款合同约定借款期限 1 年，于 2010 年 6月 1 日还本付息，逾期按照有关规定加收罚息。2010 年 4 月，甲公司向银行要求延期 6 个月至 2010年 12 月 1 日，银行表示同意。但甲公司到期仍未还款。2011 年 6 月 1 日，银行起诉甲公司，要求甲公司偿还本息并承担自 2010 年 6 月 1 日起的罚息。

问：甲公司是否应当偿还借款的利息并支付罚息？

【案例 23】 阅读标记：（　　）

甲向乙房地产公司购买商品房一套，合同约定乙应于房屋实际交付后 3 个月内负责办妥房屋的产权证，否则甲可以解除购房合同。上述期限届至时，乙仍未能办妥房屋的产权证。乙遂将此情况通知甲，请其于 30 日内决定是否解除合同。45 天过后，甲向乙提出解除合同，乙认为期限已过，遂不应允，甲认为乙未如期办妥房产证，合同已自动解除。乙遂诉至法院。

问：甲是否有权解除合同？

【案例 24】 阅读标记：（　　）

甲、乙签订了一份钢材买卖合同，约定由乙方向甲方供应一批钢材以供甲方建房，交货日期为2010 年 10 月 1 日，甲方预计开工时间为 2010 年 11月 1 日。合同订立后，甲预付了部分货款。交货期限届至后，乙方不能按时交货。甲方催促乙方交货，并警告乙方如果在 3 个月内不能交货，将解除合同，另谋供货商。3 个月期满后，乙方仍不能供货，甲方提出解除合同，并要求乙方返还预付的货款并赔偿损失，遭乙方拒绝，为此甲方诉至法院。

问：甲的诉讼请求应否予以支持？

【案例 25】 阅读标记：（　　）

甲与乙房地产公司订立购房合同，约定甲购买乙开发的商品房一套，乙方承诺交付的房屋必须经建设监督部门验收达到合格等级以上并符合通常的居住要求。乙方交房后，甲即在装修中发现房屋出现钢筋外露、天花板和墙面裂缝等情况，经鉴定，

一／般／经／典／案／例

房屋主体存在瑕疵，虽然并非不能通过补固加以解决，但已确实严重影响甲的居住。双方争议不决，甲遂向法院起诉，要求解除合同并要求乙方赔偿因此造成的损失。

问：甲的诉讼请求应否予以支持？

【案例 26】 阅读标记：（　）

甲向乙借款 10 万元，乙方表示同意，并要求甲提供担保。甲遂找到在某医院担任院长的亲戚以医院名义提供保证，见乙方仍不放心，又找到同事丙提供保证，丙口头表示同意担保，乙遂将款借给甲。但约定的还款期限届满，甲没有还款。乙经催讨未果，遂诉至法院，要求甲归还借款本息并要求某医院和丙共同承担保证责任。

问：乙的诉讼请求应否予以支持？

【案例 27】 阅读标记：（　）

甲公司向当地建设银行借款 500 万元，期限 1 年，由乙、丙两公司共同提供担保，约定如甲不能还款，则由乙、丙承担保证责任。到期后甲与银行协商将借款期限延长 1 年。银行将此情况通知了乙、丙，乙回函表示同意提供担保，丙未作表示。期满后，甲仍未能还款，银行催讨无果。2 个月后，银行向法院起诉，要求甲支付本息，并要求乙、丙负连带还款责任。

问：银行的诉讼请求应否予以支持？

【案例 28】 阅读标记：（　）

甲公司欠某银行贷款 50 万元，已逾期 3 年未还，其间银行也始终没有催讨。银行清理资产时发现此债权已过诉讼时效，便找到与自己有长期业务关系的丙公司，要求其为该笔贷款提供担保。丙考虑到与该银行的长期合作关系，便答应并提供了书面的保证合同，保证期间 2 年。1 年后，某银行与丙公司的关系恶化，便向法院起诉，要求丙公司承担保证责任。法院判决支持银行的诉讼请求，丙公司遂向甲公司请求追偿。

问：（1）上述法院的判决是否正确？
　　（2）丙公司是否有权向甲公司请求追偿？

【案例 29】 阅读标记：（　）

甲公司向乙公司购买价值 60 万元的空调，除 10 万元预付款外，其余 50 万元约定在货物验收后 1 个月内付清，丙公司为此提供连带担保。甲公司提货后和丁公司一起与乙公司协商，将债务转移给尚欠

甲公司 50 万元货款的丁公司，付款时间不变。考虑到丁公司的偿债能力，乙公司只同意将其中的 30 万元转移给丁公司。对此丙毫不知情。到期后，乙没有收到任何货款，遂到期后 1 个月时向法院起诉，要求甲、丙、丁连带承担 50 万元的付款义务。

问：甲、丙、丁各如何承担对甲的付款？

【案例 30】 阅读标记：（　）

甲公司与乙公司 4 月 1 日订立总价值为 200 万元的建材买卖合同，约定甲公司于当年 5 月 1 日前向乙交付货物，同时约定合同定金为 50 万元。订立合同后，乙公司交付 50 万元定金，余款于收货后付清。履行期到后，甲只提供了价值 100 万元的货物。乙公司遂诉至法院要求甲公司双倍返还定金 100 万元。

问：甲公司应向乙公司返还多少定金？

【案例 31】 阅读标记：（　）

甲借给乙 20 万元，乙借给丙 30 万元，上述借款均已届清偿期，现甲急于用钱，但经其调查了解，乙已无还款能力而丙有还款能力，甲多次催促乙向丙索还欠款，乙均置之不理。

问：（1）甲可否向丙提起诉讼实现自己的债权？
　　（2）设甲胜诉，丙应向谁履行？如何履行，履行后的法律后果如何？

【案例 32】 阅读标记：（　）

甲向乙借款 10 万元，已到期却无力偿还。经乙调查发现，甲日前在其表弟丙的怂恿下刚将家中价值 18 万元的古董作价 1 万元贱卖给丙，而丙深知甲、乙之间的债务关系。而且半个月前甲父病故时，甲宣布放弃自己的继承权，使其弟一人单独继承其父的所有遗产价值 15 万元。于是乙向法院起诉，要求撤销甲的上述行为。

问：乙的诉讼请求应否予以支持？

【案例 33】 阅读标记：（　）

甲公司与乙公司订立一份总货款为 10 万元的购销合同，合同约定违约金为货款总值的 10%，同时根据合同，甲公司向乙公司交付定金 1 万元。

问：甲公司能否在请求乙公司承担违约金的同时又双倍返还定金？为什么？

【案例 34】 阅读标记：（　）

2010 年 8 月 15 日张三和李四约定，张三将

其一祖传名画卖与李四，价款 10 万元，8 月 20 日双方同时履行各自的义务。8 月 16 日，张三因王五出价 12 万元，所以张三将其祖传名画卖与王五。

问：（1）李四能否在 8 月 16 日要求张三承担违约责任？依据是什么？李四可否解除合同？

（2）如果李四 8 月 20 日前没有要求张三承担违约责任，李四能否于 8 月 20 日要求？依据是什么？

（3）如果合同约定李四应于 8 月 18 日付款，张三于 8 月 20 日交付名画。那张三 8 月 18 日要求李四交付价款，李四能否拒绝？

【案例 35】 阅读标记：（　）

乙公司新进口一套机器设备，暂存于甲公司仓库，甲公司正急欲购买同种设备，遂向乙公司提出愿加价 5% 购买，乙公司表示同意，但要求甲公司为自己的下一笔贷款提供担保。双方订立合同，约定若乙公司成功获得贷款，则将机器卖给甲公司。合同订立后，甲公司即为乙公司出具了担保函。在等待银行贷款审批期间，机器一直存放于甲公司仓库中且未拆封使用。其间某日，甲公司仓库被雷击导致火灾，机器被烧毁。次日，乙公司通知甲公司，其已于当日从银行获得贷款，要求甲公司付购买机器的货款。甲公司此时方告诉乙公司机器被烧毁之事，并称不愿付款，乙公司遂向法院起诉。

问：甲公司是否有权不付款？

【案例 36】 阅读标记：（　）

A 市甲建筑公司为承建某地大桥，向 B 市乙水泥厂购买一批某种标号的水泥，价格为 60 万元，双方约定甲预付货款 10 万元，乙应于当年 6 月 1 日前自行将水泥送至 A 市某码头仓库，甲 3 日内派人提货后付款。合同订立后，甲公司预付了货款 10 万元。6 月 1 日，乙将货运至该仓库，但经甲方人员查验，水泥标号不符合合同要求，不能使用，遂通知乙将合乎约定的水泥尽快运送至该仓库，甲公司将会按照原先约定的方式提货。乙表示将尽快另行组织发货，但并未将该批水泥运走。7 日后，乙将合格的水泥运到该仓库并通知甲公司，但 3 日内甲公司均未派人提货。再 2 日后，A 市遇洪水，码头仓库被淹，两批水泥全遭损失。后来乙厂索要货款不成，向法院起诉，要求甲公司支付两批水泥的货款。

问：甲公司应向乙厂付款多少元？

【案例 37】 阅读标记：（　）

甲看中乙家中古董花瓶一对，欲出价 10 万元买下，但因甲未带足现金，于是双方订立了合同，甲支付了定金 2 万元，言明 3 日后带足余款交钱取瓶。3 日后，甲带现金登门，却被告知花瓶已被乙的朋友丙买走。甲于是将乙、丙共同告上法院，要求判定花瓶归自己所有。

问：（1）本案应作如何处理？

（2）若甲、乙在合同中约定"支付定金后花瓶即归甲所有"，则处理有何不同？

【案例 38】 阅读标记：（　）

甲于 2008 年 3 月 1 日从汽车生产商乙公司处购买一辆载重为 10 吨的运输车，作经营使用。2010 年 6 月 3 日，甲驾驶该车将 8 吨煤运往某地，途中右后外侧车轮钢圈突然破碎造成翻车。经交警部门认定，翻车原因即由上述钢圈突然破碎所致。甲遂起诉乙公司，要求赔偿各项损失共计 3 万元。乙公司认为，甲购车已逾 2 年均未提出质量异议，现已不能向自己提出索赔。审理中，经有关质检部门鉴定，该车钢圈均存在质量瑕疵。同时查明，甲购车前半年已有其他买主向乙公司主管部门反映同样的问题，经其主管部门派专家调查，得出结论是由于乙公司的生产线存在技术问题引起，所生产的车辆均不同程度地存在这种问题，并已下令其整改，而甲所购之车仍为其整改前所生产。

问：甲是否有权要求乙赔偿损失？

【案例 39】 阅读标记：（　）

村民张某向邻居王某买下 10 头猪，买回后不久，其中一头母猪产下 10 只小猪。王某遂向张某要求加价，张某不允，王某遂起诉至法院。经审理查明，双方当日确实是以未怀胎的价格成交，且张某买回后未对猪进行配种，该母猪确系在买回前即已怀胎。

问：10 只小猪应归谁所有？

【案例 40】 阅读标记：（　）

甲公司向乙公司购买某型号的成套设备，总价值 1 500 万元，约定分五期付款，每期 300 万元，合同订立后 3 日内付第一期，以后每 2 个月付一期，共分 8 个月付清。合同订立后，甲公司即付了

首期款，乙公司将设备提供给甲公司后，甲公司立即投入了生产。但之后，甲公司未能按期如数付款，其间虽经乙公司多次催讨，2年后甲公司总共只向乙支付了700万元。于是乙公司向法院起诉，要求解除合同并要求甲公司支付2年来的使用费100万元。甲公司辩称，由于该设备存在质量问题，无法满足生产要求，才导致生产能力下降而无法如期付款，并反诉乙公司，要求赔偿。

问：乙公司的诉讼请求应否予以支持？

【案例41】 阅读标记：（ ）

甲公司为扩大生产，向乙公司购买一条生产线的零部件和油墨400吨，均分四期供货，其中油墨每期供货100吨，同时约定每期供货的生产线零部件品名和数量，两种货物同时提供，货到后7日内付款。合同签订后，乙公司如约提供了头两期货物，均验收合格，甲公司如约付款。油墨立即用于生产，零部件暂放仓库等全部供应齐全后安装。但第三批货到后，经甲公司查验，质量均不符合约定的标准。于是甲公司拒收货物并提出解除后两期的油墨买卖合同和全部的生产线零部件合同，并把已接收的生产线零部件退还乙公司。乙公司不同意，甲遂起诉至法院，要求按上述要求解除合同并要求乙公司返还已收取的生产线零部件的货款。

问：甲公司的诉讼请求应否予以支持？

【案例42】 阅读标记：（ ）

某市水泥厂长期拖欠电费，市供电局因新任局长清理旧账，遂限其在15日内补交所欠的所有电费8万元和按规定计算的违约金1万元，否则停止供电。1周后，水泥厂缴纳所欠电费8万元，同时通知供电局，违约金计算有疑问，要求核查后再交纳。新任局长认为水泥厂又想拖欠，遂下令立即停止供电，造成水泥厂损失6万元。水泥厂遂向法院起诉要求供电局赔偿损失。

问：水泥厂的诉讼请求应否予以支持？

【案例43】 阅读标记：（ ）

甲因迁新居，原有家具无处摆放，遂问其同事乙是否愿意要，如愿意，等新居收拾好了就送给乙，乙很高兴，表示愿意。但1周后乙向甲要求搬走家具时，甲称已将家具送给乡下的侄子了。乙很不高兴，双方因此发生纠纷，乙要求甲承担违约责任。

问：甲是否应当承担违约责任？

【案例44】 阅读标记：（ ）

甲、乙两公司同时表示各捐赠20万元给某贫困乡的希望小学，小学的校长表示欢迎并致谢，并订立了捐赠的协议书，举行了欢迎仪式。但2个月后，校长未见捐款汇至，遂逐一登门询问，甲公司称其因法定代表人更换，不愿再行捐款；乙公司称其因一笔重大投资失败，目前经营十分困难，连正常经营都难以为继，要求不再履行捐赠义务。各方因此发生纠纷。

问：(1) 甲公司是否应承担赠与义务？
(2) 乙公司是否应承担赠与义务？

【案例45】 阅读标记：（ ）

甲企业为感谢曾帮助过自己的当地某银行，向其捐赠本企业生产的新产品中央空调设备一套。该银行表示感谢，但担心设备的质量，甲企业向银行保证该设备质量绝无问题，银行遂将其安装在自己的办公楼中。3个月后，因中央空调故障引发短路，毁坏银行许多办公设备，造成损失计8万元。银行要求甲企业赔偿。另经有关部门鉴定，该事故系由于中央空调设备本身质量不合格而引起。

问：甲企业是否应当赔偿银行的损失？

【案例46】 阅读标记：（ ）

2010年8月2日，李某为了表达和刘某的友谊，表示将一幅价值4 000元的字画赠与给刘某，刘某也表示同意。8月3日李某将该字画交付给刘某。2011年11月13日，二人发生冲突，刘某将李某毒打致其头部重伤住院。李某的妻子、儿子将其送往医院治疗，此时李某虽受伤，但意识仍正常。2011年11月19日，李某伤情恶化，意识丧失。虽经继续治疗，但因伤势过重于12月20日死亡。李某的妻子和儿子痛不欲生，强烈要求刘某承担相应的责任。经查，李某亲属除了妻子、儿子还有父母，但因李某的父母年老多病，一直对他们隐瞒该事，直到2012年1月20日才告诉他们。

问：(1) 2011年11月13日，可以请求撤销李某对刘某的赠与的人包括谁？依据是什么？
(2) 2011年11月19日，可以请求撤销李某对刘某的赠与的人有哪些？依据是什么？
(3) 2011年12月20日，可以请求撤销赠

一般经典案例

与的人包括谁？依据是什么？

（4）李某的父母有无撤销权？如果有撤销权的话，如何计算存续期间？

【案例 47】 阅读标记：（　）

甲向邻居乙借款 5 万元，并打了借条，约定于 1 年后还款。半年后，甲称自己生意失败，要求宽限 1 年，乙未表态，但在 1 年期限届满后并未立即催讨。期限届满后半年，乙向甲催讨，甲称乙已经同意自己延期，乙否认，并起诉到法院，要求甲偿还借款和相应利息以及相应罚息。审理中查明，借条上并未写明利息。乙称双方曾口头约定利息，但甲否认，故拒绝支付利息和相应罚息。

问：（1）甲是否应当支付利息？

（2）甲是否应当支付罚息？

【案例 48】 阅读标记：（　）

2010 年 9 月 4 日，王刚向中国建设银行某市中心支行申请贷款 50 万元，并提出以自有的价值 60 万元房产作抵押。双方于 9 月 8 日签订了借款和抵押合同，该合同为建行提供的格式合同。合同约定：市中心支行贷给王刚 50 万元，期限为 5 年，贷款利息按月息 9.5‰，逾期未还部分加收利息的 20%，以王刚的房产作抵押。2010 年 12 月 5 日，市中心支行要求王刚支付利息，但王刚拒绝，并提出应当于返还本金时一同支付。

问：（1）2010 年 12 月 5 日王刚能否拒绝支付利息？

（2）2010 年 12 月 5 日王刚拒绝支付利息的理由是否成立？

【案例 49】 阅读标记：（　）

甲将其自有的临街门面房两间分别出租给乙、丙二人经营小商店，约定租期 1 年，租金若干，按月支付。甲、乙为此订立了租赁合同，而此时恰逢丙因病住院，遂未与丙订立合同，之后因双方关系不错也就未订立合同。1 年后，甲未与乙、丙商谈续租，也未提出收回房屋，乙、丙遂继续租用，租金照付。半年后，甲忽然通知乙、丙二人，要求收回房屋，限二人于 1 个月内搬离。二人对此不满。

问：甲是否有权要求收回房屋？

【案例 50】 阅读标记：（　）

甲租用乙临街门面房 3 间，租期 2 年，租金若干。1 年后，乙因欲出国而准备将该 3 间房屋出售。甲得知后即表示欲出价 10 万买下其中的 1 间。1 个月后，丙找到甲，称自己已经以每间 11 万元的价格买下这 3 间房屋，甲可以继续租用，但是要提高租金，否则要搬走，同时出示了自己与乙的购房合同和办妥的房屋产权证。甲对此表示不满，遂起纠纷。

问：丙是否有权取得房屋所有权并要求收回房屋或提高租金？

【案例 51】 阅读标记：（　）

甲向乙承租仓库一间，租期为 3 年，租金为每月 5 000 元，按季支付。次年，甲将仓库转租给丙使用，租期 2 年，租金为每月 6 000 元，每半年一付，对此也征得了乙的同意。转租后第 3 个月，丙在仓库中抽烟，不慎引起火灾，经抢救后扑灭，但仓库主体已被严重毁坏，经评估，修缮费用需要 5 万元。乙为此提出解除租赁合同，并向甲索赔，同时要求支付其欠付的当季租金。甲认为仓库已经实际转租给丙使用，火灾也是由丙引起的，故主张修缮费用和租金均应由丙承担。双方遂起纠纷。

问：（1）修缮费用和租金应由谁承担？

（2）甲可否向丙要求支付租金？

【案例 52】 阅读标记：（　）

甲向乙租住位于市区的三居室房屋一套，合同约定租期 2 年，甲一次性交付了全部租金。甲入住 1 年后，见房屋年久失修，要求乙予以修缮，乙让甲自行解决。甲遂自行找装修公司装修，并将其中两间房屋之间的墙壁拆除。因邻居报告，乙得知甲自行拆除了内墙，遂要求甲恢复原状，甲不允，乙遂要求解除租赁合同并要求甲赔偿损失。

问：（1）乙应否负担甲的装修费用？

（2）乙是否有权要求解除合同？

【案例 53】 阅读标记：（　）

2009 年 11 月 1 日甲公司与乙公司达成机器租赁合同，双方约定：乙公司承租甲公司一套机器，月租金 10 000 元，合同期限为 2 年。2010 年 3 月 1 日，乙公司为了牟利，没有经甲公司同意，擅自将其承租的机器转租给丙公司，并且隐瞒转租事实，合同期限为 1 年，月租金 15 000 元，每月的 1 日付清当月的租金。2010 年 6 月 1 日甲公司才知道乙公司的转租行为。

问：（1）如何确定乙公司支付租金的期限？

（2）乙公司私自转租，甲公司可否解除其

与乙公司的租赁合同?

（3）如果甲公司可以解除合同，对该解除权有无限制?

（4）2010 年 6 月 1 日，甲公司行使解除权，甲公司可以向乙公司提出何种主张?

【案例 54】 阅读标记：（ ）

2010 年 2 月 1 日，甲向某著名珠宝匠乙定做两个戒指作为结婚戒指，约定所需的珠宝材料由甲提供。由于婚期定于当年的 5 月 1 日，故约定乙应于 4 月 15 日前交货。合同订立后，乙突然生病住院，医生诊断需至少住院 4 个月方可康复出院。为免耽误交货，乙遂吩咐其弟子丙制作。甲得知后，提出解除合同，乙认为丙是自己得意弟子，手艺并不比自己差，不同意解除，双方因此发生纠纷。

问：甲是否有权解除合同?

【案例 55】 阅读标记：（ ）

甲与某家具厂订立合同，委托家具厂定做一套红木家具，约定材料均由家具厂按照甲的要求自行购买。合同订立后，家具厂即按照甲的要求购买了所需木料并开始加工制作。半个月后，甲突然通知家具厂，因自己即将调离本市，不再需要这套家具，要求解除合同。家具厂称，其已购买了木料并已经加工了一半，若甲解除合同，应赔偿木料款和半个月的工作酬金。甲不同意，双方发生纠纷。

问：（1）甲是否有权解除合同?

（2）乙是否有权要求甲支付木料款和工作酬金?

【案例 56】 阅读标记：（ ）

2010 年 7 月 12 日，某市华帝公司和金鑫制造厂经过协商达成承揽合同一份。金鑫制造厂为华帝公司定作某特定型号车床 20 台，由华帝公司提供图纸、技术要求，车床所需钢材由金鑫厂提供。金鑫制造厂自华帝交付图纸之日起 60 天内完成。加工费和材料款共计 20 万元，合同签订当日华帝支付 10 万元，余款在金鑫厂交付车床并且验收合格后付清。7 月 17 日，华帝公司向金鑫制造厂提供了图纸、技术标准。

问：（1）如果金鑫厂发现华帝公司提供的图纸和技术标注不合理，应该怎么做?

（2）华帝公司怠于答复给金鑫制造厂造成损失由谁承担?

（3）如果华帝公司拒绝补正，金鑫制造厂能否解除合同?

【案例 57】 阅读标记：（ ）

甲学校与当地乙建筑公司为建设教学楼而订立施工合同，约定了工程工期及工程价款等内容。乙公司按照合同约定如期完工，经验收后交学校使用。2 年后，某日课间突然发生楼梯断裂造成多名学生受伤。学生家长要求学校赔偿，学校则以工程质量存在问题为由向乙公司索赔。乙公司不同意赔偿，称：（1）自己已经按照说明书与施工图纸完成了施工任务，其间学校也进行了监督；（2）合同约定楼梯的 1 年保修期已满。发生纠纷。

问：乙公司是否应当对事故造成的损害负赔偿责任?

【案例 58】 阅读标记：（ ）

2010 年 5 月 5 日，甲公司为新建办公楼与乙建筑公司签订建设工程施工合同。2011 年 8 月 15 日乙施工完毕，8 月 20 日甲验收合格。同日，乙请求甲支付工程款 120 万元，但甲以种种理由拒绝。就在乙请求甲支付工程款的同时，丙公司也向甲主张债权 100 万元。

问：（1）乙能否与甲协商将该工程折价或者请求人民法院拍卖该工程? 如果可以，应该怎么来行使该权利?

（2）乙是否就工程折价或者拍卖的价款优先于丙受偿? 为什么?

（3）如果甲是一学校，甲与乙达成施工合同是为了建设学校急需的教室，乙能否主张折价或者拍卖? 为什么?

【案例 59】 阅读标记：（ ）

2010 年 12 月 20 日，甲购买当年 12 月 22 日自 A 市前往 B 市的火车票一张。22 日，甲在 A 市检票上车，乘坐某铁路分局的火车于 12 月 23 日晚到达 B 市，下车时因车梯太滑，致使甲摔倒受伤，经诊断右腿骨折，共花费治疗费用 2 000 元。甲要求该铁路分局赔偿。双方因此发生纠纷。

问：本案合同的订立时间是什么? 对甲的诉讼请求应如何处理?

【案例 60】 阅读标记：（ ）

李某下班回家，在乘坐该市运输公司 119 路公共汽车的途中，被车窗外飞进的一块小石头击中左

眼球，当场出血，被送往就近医院治疗，但因伤情严重导致失明。李某要求运输公司赔偿，但运输公司拒绝赔偿，理由是：李某的伤是外来的原因造成的，运输公司没有过错。

问：（1）运输公司对李某的伤应否承担赔偿责任？为什么？

（2）如果李某是按照运输公司的规定享受免票待遇的人，运输公司是否仍应当承当责任？为什么？

（3）如果李某是打开车窗把头伸出去眺望而受伤，运输公司是否承担责任？为什么？

【案例 61】 阅读标记：（　）

甲为活动方便，在离火车发车前 7 小时，将随身携带的两个包裹寄存于车站边乙开办的小件寄存处，乙向甲开具了寄存条并收取了费用。后因取包裹人太多，乙一时疏忽将甲的包裹错给了别人。甲为此要求乙赔偿损失，并称包内有现金 5 000 元。经查明，甲寄存时并未对此声明。

问：乙是否应当向甲赔偿损失？应赔偿哪些损失？

【案例 62】 阅读标记：（　）

2011 年 7 月 16 日，张某和李某签订保管合同，双方约定：李某因长期外出将自己的一头牛交给张某看管，报酬（含饲料费）每月 100 元。2011 年 7 月 18 日，李某将牛交付给张某。在张某照料期间，该牛疾病发作死亡。经兽医诊断该牛已经患传染病 2 个月，是因为没有及时治疗而死亡。张某自己的牛已经被传染，为治疗花了 500 元。

问：（1）张某和李某之间的合同何时成立？为什么？

（2）假设李某明知自己的牛患疾病而没有告诉张某，张某是否就该牛的死亡承担责任？为什么？

（3）张某能否就自己的 500 元的损失向李某主张？为什么？

【案例 63】 阅读标记：（　）

2009 年 11 月 3 日，甲销售公司与乙仓储公司达成协议，乙为甲保管其新购进的 500 辆自行车，保管费 10 000 元，期限 2 个月；任何一方违约，应按保管费的 30% 向对方一次性支付违约金。合同订立后，原告即开始清理其两个仓库，并拒绝

了有关单位要求为其保管货物的请求。11 月 8 日，原告突然接到被告的通知，因其租到了更便宜仓位，不再需要乙保管。乙要求甲承担违约责任，甲主张货物没有交付，合同还没有成立，所以拒绝承担责任。

问：（1）甲、乙之间的合同是否已经成立？何时生效？

（2）甲应否承担违约金的责任？为什么？

【案例 64】 阅读标记：（　）

2010 年 5 月，乙公司委托甲按其所定价格代理其转让设备一套。合同订立后，乙公司向甲支付了报酬，并将设备交给甲。同年 7 月，甲找到买主丙公司，以自己的名义与丙公司签订了买卖合同，约定待丙公司验收货物后付款。8 月，甲负责将设备运至丙公司仓库，丙公司人员验货时发现设备中某关键零部件没有运到，遂通知甲尽快运来，否则不付货款。甲检查后发现该部件已被自己在运送过程中不慎丢失。双方正在为此交涉时，乙公司向甲催问委托事项的办理情况，为推卸责任，甲称设备已卖给丙公司，但丙公司不付款，所以自己也无法将货款交给乙公司，并向乙公司出示了自己与丙公司的买卖合同。乙公司遂向丙公司催讨。丙公司称：（1）自己是与甲订立的买卖合同，乙公司无权要求自己支付货款；（2）设备中的关键部件没有运到，自己有权不付款。

问：（1）乙公司是否有权直接要求丙公司支付货款？

（2）丙公司是否有权拒绝付款？

（3）若丙公司有权拒绝付款，乙公司可以采取什么措施保护自己利益？

【案例 65】 阅读标记：（　）

甲公司生产 1 000 台空调，预计 5 月份下线，于 2010 年 3 月委托乙公司代理销售事宜，约定待 5 月份下线后就将空调交给乙公司售卖并支付了报酬。合同订立后，恰好丙公司找到乙公司要买空调，于是乙公司当即以自己的名义与丙订立合同，约定丙向乙购买 1 000 台空调，当年的 5 月份交货，丙公司预付了部分货款。当年 6 月，丙公司迟迟不见乙公司发货，遂上门催讨。乙称系由于甲公司未向自己交货所致，并向丙出示了自己与甲的委托合同。丙遂向法院起诉甲公司，要求甲供货。后经律师调查，甲公司生产失败，且公司资产状况不佳，遂申请撤诉，转而起诉乙公司。

问：丙公司能否要求乙公司供货？

一／般／经／典／案／例

【案例 66】 阅读标记：（ ）

甲公司欲进行某大厦的房地产开发，委托乙公司为其进行独家销售策划，并按照约定支付报酬。其后，乙公司将上述受托事宜转托给其子公司丙处理，并签订了合同。合同订立后，丙即着手开展工作，并将大厦的标志设计方案和销售计划交甲公司，其间双方对方案和计划进行了多次的探讨和修改。半年后，甲公司致函乙公司，称由于未能办下大厦的用地批文，要求解除合同。丙公司遂要求甲公司赔偿其已经开展工作的损失 5 万元和可得利益的损失，并支付相应的报酬。甲公司称：（1）自己是委托乙公司做策划，丙公司无权要求自己赔偿损失；（2）自己有权随时解除合同。

问：（1）甲公司是否有权解除合同？
（2）丙公司是否有权要求赔偿损失和支付相应报酬？

【案例 67】 阅读标记：（ ）

2010 年 4 月 8 日，中国银行某市中心支行与大江律师事务所签订一份委合同，双方约定：中心支行委托大江律师事务所代理其与市水泥厂欠款纠纷一案，大江律师事务所指派两名律师代理该案；代理费按照收回欠款的 3% 收取，合同有效期为自合同签订之日至本案诉讼终结。合同签订后，大江律师事务所指派的两名律师进行了调查取证，支付差旅费 550元。2010 年 4 月 15 日，中心支行想委托另一家律师事务所代理该案，所以通知大江律师事务所解除合同，大江律师事务所要求赔偿垫支的差旅费 550 元。

问：（1）中心支行能否解除合同？为什么？
（2）大江律师事务所能否请求中心支行承担 550 元差旅费？为什么？

【案例 68】 阅读标记：（ ）

甲将一批布匹委托乙商行出卖，双方约定，每米布售价为当时的市场定价 20 元，乙商行的报酬为售价的 5%。1 个月后布价突然上涨，乙商行以每米 22 元的价格卖出一批布。对多出的售价收益双方未能达成协议。

问：（1）这笔多出的收益应该归谁所有？
（2）乙商行此时能否以 20 元价格将布买下以赚取差价？如果这样做了，乙商行还能否要求获得约定的报酬？

【案例 69】 阅读标记：（ ）

2009 年 11 月 5 日，张某委托甲信托商行出卖自己收藏的一幅宋朝名画，卖价不低于 15 000 元，甲以卖价的 5% 获取报酬，高于 15 000 元部分按照 10% 获取报酬，画卖出后 5 日内将价款扣除报酬后及时移交张某。11 月 6 日，张某将画交给甲，甲将该画标价 18 000 元展出。11 月 9 日，王某同甲协商，以 16 500 元成交，但提出先付款 8 500 元，余款 7 日内付清。甲同意王某的要求，但提出王某须出具欠条。王某出具的欠条载明"王某欠甲现金 8 000 元，自打欠条之日起 7 日内付清"。到期后，王某迟迟不能付清，并称该画是赝品。

问：（1）张某与甲之间的合同是属于何种性质的合同？
（2）甲能否向王某直接行使请求付款的权利？为什么？
（3）张某可否向甲主张赔偿因王某不履行付款义务而给自己造成的损失？为什么？
（4）甲能否自己认购张某委托出卖的名画？应具备什么条件？如果甲自己认购，能否向张某主张报酬？

【案例 70】 阅读标记：（ ）

甲中介公司受乙木器厂委托，为乙木器厂联系购进一批木材，报酬为 2 000 元。经甲公司联系，乙木器厂与丙木材公司达成买卖合同。甲为进行联系花去费用 350 元。乙和丙双方经过协商将合同解除。

问：（1）乙能否以合同解除为由而主张不支付甲报酬？为什么？
（2）甲能否请求乙承担联系费用 350 元？为什么？
（3）如果乙和丙没有达成合同，甲能否向乙主张联系费用？为什么？

【案例 71】 阅读标记：（ ）

2011 年 4 月 23 日，某市甲汽车修理厂和乙开发公司签订了"立式振动光式机"技术转让合同，双方约定：乙将自己的"立式振动光式机"技术转让给甲，技术转让费是 12 000 元；乙提供全部图纸和资料，并负责甲的两名技术人员的培训。

问：（1）合同签订后，经试制发现存在严重的技术缺陷，根本不能试制出样机。甲能否请求乙承担违约责任？
（2）如果技术本身不存在缺陷，但该技术属于丙开发公司所有，乙仅有使用权，则该案应如何处理？

一/般/经/典/案/例

【案例72】 阅读标记：（　）

滨海市青龙山水泥有限公司与东江市华隆建筑有限公司于2010年4月签订买卖合同，双方约定：在2010年5月25日至30日之间，由青龙山水泥有限公司向华隆建筑有限公司提供建筑用425号水泥1 000吨，每吨500元；由青龙山有限公司负责运输，交付地点为华隆有限公司承建的东江市联华大厦工地；交货后1个月内华隆有限公司付清所有款项500 000元；如果一方违约，要给付对方违约金50 000元。同年5月24日开始，青龙山有限公司公司所在地发生洪水灾害，运输中断，直到6月15号该地运输才恢复正常。青龙山有限公司6月18日将水泥交付的同时，并告知华隆建筑有限公司没有按时交付的理由是洪水暴发。华隆有限公司表示接受水泥，但要求青龙山有限公司缴纳违约金，并承担其没有及时通知而造成的经济损失10 000元。

问：（1）青龙山有限公司是否要承担50 000元违约金？
（2）青龙山有限公司是否应当赔偿华隆有限公司的损失10 000元？
（3）如果因为青龙山有限公司在迟延履行期间发生洪水暴发，导致合同不能履行，其是否要承担违约责任？

【案例73】 阅读标记：（　）

2019年2月11日，委托人甲银行与乙公司签订了有追索权国内保理合同，合同约定：乙公司将其应收账款1 000万元转让给甲银行，甲银行为其提供公开型有追索权保理业务，若丙公司（保理预付款买方）没有按期足额归还保理预付款，甲银行有权向乙公司进行追索。同日，甲银行分别与丙公司、丁公司签订了本金最高额保证合同（保理业务专用），约定丁公司其为乙公司承担连带责任保证，保证范围为主合同项下全部债务。丙公司于2019年3月12日签收了乙公司的债权转让通知书，表示知悉、理解并同意通知书的全部内容。甲银行于2019年3月12日在中国人民银行征信中心办理了出让人为乙公司、受让人为甲银行的债权转让登记。上述事项办理完毕后，甲银行依约向乙公司发放了保理预付款项800万元。但乙公司和丙公司私下协商终止了基础买卖合同，丙公司未于应收账款到期日时向甲银行支付应付账款，乙公司也未于保理预付款到期日向甲银行偿还保理预付款，丁公司也未履行保证责任，甲银行为维护自己合法权益，起诉至法院。

问：（1）本案主要形成哪些法律关系？
（2）保理合同法律关系的实质是什么？
（3）乙公司和丙公司私下协商终止了基础买卖合同对甲银行是否发生效力？
（4）甲银行是否可以向乙公司和丙公司主张应收账款债权？
（5）丁公司何时开始承担保证责任？如何确定丁公司承担保证责任的保证期间？

【案例74】 阅读标记：（　）

2019年12月3日，甲银行与乙公司签订隐蔽型有追索权保理合同，根据合同约定，甲银行为乙公司提供应收账款保理融资服务，融资信用额度为1 500万元，乙公司承诺按期无条件对转让给甲银行的应收账款进行回购。2019年12月4日，乙公司向甲银行提交了"应收账款转让申请书"，申请转让其享有的对应主债务人为丙公司的应收账款，要求甲银行发放基本保理款1 500万元。同日，甲银行经审核后发出了"应收账款转让核准书"，并按照约定向乙公司发放了1 500万元基本保理款，保理期间为2019年12月4日至2020年3月4日，乙公司的回购日为2020年3月5日。甲银行就上述应收账款的转让事项办理了应收账款转让登记手续。保理期间届满后，丙公司未将应收账款回购汇入保理账户，乙公司也未在承诺回购日履行回购义务。2020年3月8日，甲银行向乙公司发出"应收账款回购通知书"，要求乙公司立即支付回购款，并请求丙公司支付应收账款。乙公司虽按照合同约定支付了2020年4月15日之前的逾期利息，但至今仍然没有履行回购义务。故甲银行诉请乙公司支付原告保理回购款及40%的逾期利息。

问：（1）甲银行与乙公司签订的隐蔽型有追索权保理合同是否有效？
（2）2020年3月8日，甲银行是否有权请求乙公司支付回购款及逾期利息？为什么？
（3）甲银行请求丙公司支付应收账款，该请求是否成立？为什么？

【案例75】 阅读标记：（　）

甲住宅小区业主共同决定聘请乙物业管理公司管理甲住宅小区的物业，甲小区业主委员会与乙物业管理公司签订物业服务合同，合同期限为5年。在物业服务期间，乙公司将小区全部物业委托给丙物业管理公司进行管理，管理期间，小区外人员李某偷偷进入小区，将小区内共有财产部分损毁。由于丙公司不及时采取修复措施，致使共有部分长期存在安全隐患。由于丙公司物业管理混乱，对于任意高空抛物不制止，导致行人徐某被高空抛掷的物品砸伤，且经调查难以确定具体侵权人。

问：（1）乙公司是否可以将全部物业委托给丙公司进行管理？

（2）小区业主是否可以小区共有财产存在安全隐患为由，请求乙公司承担违约责任？为什么？

（3）对于徐某的损害，乙物业服务公司是否应当承担侵权责任？为什么？

 案例分析

【案例1】

本案涉及连带之债的问题。

（1）本案中甲、乙形成合伙关系。《合伙企业法》第2条第2款规定，普通合伙企业由普通合伙人组成，合伙人对合伙企业债务承担无限连带责任。本法对普通合伙人承担责任的形式有特别规定的，从其规定。本案中，甲以餐馆名义向丙借的10万元是合伙的债务，甲、乙作为合伙人对此承担连带责任。《民法典》第518条规定，债权人为二人以上，部分或者全部债权人均可以请求债务人履行债务的，为连带债权；债务人为二人以上，债权人可以请求部分或者全部债务人履行全部债务的，为连带债务。连带债权或者连带债务，由法律规定或者当事人约定。《民法典》第519条规定，连带债务人之间的份额难以确定的，视为份额相同。实际承担债务超过自己份额的连带债务人，有权就超出部分在其他连带债务人未履行的份额范围内向其追偿，并相应地享有债权人的权利，但是不得损害债权人的利益。其他连带债务人对债权人的抗辩，可以向该债务人主张。本案中，乙有义务清偿全部债务10万元，所以，若丙只向乙要求偿还所有债务，乙无权拒绝。

（2）在连带债务中，当一个或部分债务人履行了全部债务，原债即消灭，新的权利义务关系在债务人内部之间发生，**履行全部债务的债务人成为新的债权人，享有请求其他连带债务人偿付各自应承担份额的权利**。在甲与乙形成的合伙关系中，甲、乙作为合伙人依法应按照出资比例或者协议的约定以各自的财产承担清偿责任。因此，乙清偿全部债务后，可以向甲追偿，要求甲偿付其应当承担的5万元。

【案例2】

本案涉及选择之债的问题。

（1）本案中甲公司与乙厂之间成立买卖合同关系，甲公司为买受人，乙厂为出卖人，乙厂负有依合同约定向甲公司给付标的物的义务。该合同约定的标的物是可选择的，表明合同所生之债为选择之债。所谓选择之债，是指在数种给付中，当事人可以从中选择一种的债。选择权属于债权人的，是选择债权，选择权属于债务人的，是选择债务。《民法典》第515条规定，**标的有多项而债务人只需履行其中一项的，债务人享有选择权；但是，法律另有规定、当事人另有约定或者另有交易习惯的除外。享有选择权的当事人在约定期限内或者履行期限届满未作选择，经催告后在合理期限内仍未选择的，选择权转移至对方**。据此，本案中，甲公司与乙厂约定两种不同的给付，但没有明确选择权归属，此时债务人乙厂有权选择一种给付。因此，乙厂有权选择供应任意一种型号的柴油。

（2）**选择之债一经选择确定，便转化为简单之债**。所谓简单之债，是指只有一种给付，当事人不能选择的债。选择之债可以通过履行确定。本案中，乙厂选择了交付0号柴油并且已经履行了义务，甲公司也接受了履行，此时已经转化为简单之债，甲公司已经没有选择给付10号柴油的权利，乙厂的履行符合约定，因此甲公司也就无权要求退货。

【案例3】

本案涉及债权让与的问题。

所谓债权让与，是指不改变债的内容，债权人将其债权全部或部分转移给第三人享有。《民法典》第545条规定，**债权人可以将债权的全部或者部分转让给第三人，但是有下列情形之一的除外：（1）根据债权性质不得转让；（2）按照当事人约定不得转让；（3）依照法律规定不得转让。当事人约定非金钱债权不得转让的，不得对抗善意第三人。当事人约定金钱债权不得转让的，不得对抗第三人**。《民法典》第546条规定，**债权人转让债权的，未通知债务人的，该转让对债务人不发生效力。债权转让的通知不得撤销，但是经受让人同意的除外**。本案中，甲与乙成立借款合同关系，乙是借款合同的债权人，其经与丙协商并通知甲后，将债权全部转让给了丙，该行为有效。债权转让后，发生如下法律效果：乙脱离债的关系，丙受让债权而成为债权人，对甲享有债权，甲对丙负有相应债务，因此甲应就该项债务向丙履行，才能取得清偿债务

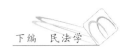

的法律效果。

【案例4】

本案涉及提存的法律效果。

（1）提存是指由于债权人的原因而无法交付标的物时，债务人将该标的物交给提存机关以消灭债务，其法律效果是债务人的提存在法律上视为已履行，在债权人和债务人之间消灭了债权债务关系。本案中，甲与乙存在买卖合同关系，甲是出卖人，负有交付标的物的义务，乙是买受人，享有受领甲所交付的标的物的权利。甲在合同履行期届满时，已经按照合同约定向乙交付，但由于乙的原因而无法实现交付，此时甲向公证机关提存标的物，该提存合法有效，法律上视为已交付。《民法典》第573条规定，**标的物提存后，毁损、灭失的风险由债权人承担。提存期间，标的物的孳息归债权人所有。提存费用由债权人负担。**据此，玉器遇火灾而烧毁的风险依法应由乙承担。

（2）《民法典》第157条规定，**民事法律行为无效、被撤销或者确定不发生效力后，行为人因该行为取得的财产，应当予以返还；不能返还或者没有必要返还的，应当折价补偿。有过错的一方应当赔偿对方由此所受到的损失；各方都有过错的，应当各自承担相应的责任。法律另有规定的，依照其规定。**据此，玉器的买卖合同被法院撤销后，乙原该返还玉器，但由于玉器已经烧毁而不可能返还，而其风险又是由乙承担的，因此乙应当按照玉器的价格折价补偿甲的损失，故应赔偿甲原先给付的玉器价金中不足10万元的部分，即乙应当补偿甲9万元。

【案例5】

本案涉及不当得利及其返还的范围。

（1）不当得利是指无法律上或合同上的根据，使他人财产受到损失而自己获得利益。不当得利的构成要件是：①须一方获得利益；②须他方受到损失；③须获得利益与受到损失之间有直接因果关系；④须获得利益没有法律上或合同上的根据。本案中，甲将他人之牛屠宰出卖后从中获利，而这些利益本该由牛主人享有，因此甲的获利就是牛主人的损失，所以，甲与牛主人之间构成不当得利之债的关系。《民法典》第122条规定，**因他人没有法律根据，取得不当利益，受损失的人有权请求其返还不当利益。**甲为不当得利的利益取得人，对牛主人负有返还不当利益的义务。

（2）在返还利益的范围上，须区分获利人的主观心理状态。《民法典》第986条规定，**得利人不知道且不应当知道获得的利益没有法律根据，取得的利益已经不存在的，不承担返还该利益的义务。**《民法典》第987条规定，**得利人知道或者应当知道取得的利益没有法律根据的，受损失的人可以请求得利人返还其取得的利益并依法赔偿损失。**据此，在获利人是善意时，其返还利益的范围以利益的存在部分为限；在获利人是恶意时，则应负全部的返还责任，不论此利益在返还时是否还存在。本案中甲为善意，牛系因不可抗力而致死亡，甲对此并无过失。因此，甲返还不当利益仅以现存的利益为限。甲实际只获得500元的利益，因此应当返还给牛主人500元。

【案例6】

本案涉及无因管理的效力问题。

（1）本案中乙的行为构成无因管理。《民法典》第121条规定，**没有法定的或者约定的义务，为避免他人利益受损失而进行管理的人，有权请求受益人偿还由此支出的必要费用。**该条规定即为无因管理之债在法律上的依据。无因管理的构成要件为：①须为他人管理事务；②须有为他人谋利益的意思；③管理他人事务须无法律上的根据。因此，本案中乙在甲住院后为了甲的利益主动为其照管果园，应认定为是无因管理行为。

（2）无因管理行为成立，即在当事人之间成立债权债务关系，管理人享有请求本人偿还因管理事务所支出的必要费用的权利，本人负有偿还该项费用的义务。本案中乙为照管甲的果园而支出的4 000元费用，甲应当偿还。乙提出的分享收益的要求，不在无因管理的效力范围之内，从性质上分享收益只能是以共同经营为基础，但甲并无与乙共同经营的意思表示。因此，乙的分享收益的请求没有法律根据，不应予以支持。

【案例7】

本案中甲公司是否承担违约责任，关键在于判断甲公司的广告是要约还是要约邀请。

要约是当事人一方向对方发出的希望与对方订立合同的意思表示。要约邀请是指当事人向他人作出的希望他方向自己发出要约的意思表示。二者区别的关键在于：（1）发出人是否有缔约目的；（2）内容是否具体明确。这两点也正是要约的构成要件。要约须具有缔约目的，表明一旦经受要约人承诺，要约人即受要约内容的约束。要约内容须具体确定，是指要约的内容具备了足以使合同成立的主要条款，可以借此确定双方的主要权利义务。若欠缺以上任意一个条件，则仅是要约邀请而不是要约。一般的商业广告多是仅向他人推介自己欲交易的产品或交易条件，并不同时具有上述特征，意在希望他人向自己提出交易的要约。《民法典》第473条第1款规定，要约邀请是希望他人向自己发出要约的表示。拍卖公告、招标公告、招股说明书、债券募集办法、基金招募说明书、商业广告和宣传、寄送的价目表等为要约邀请。但是，本款关于商业广告为要约邀请的规定并非绝对。《民法典》第473条第2款规定，商业广告和宣传的内容符合要约条件的，构成要约。本案中甲公司的广告标明了货品的型号、数量、价款，可谓具体明确，具备了足以使买卖合同成立的主要条款，而且其"广告有效期为1周"的用语表明，见到广告的人只要在这一周内提出购买，即应按此广告条件成交，充分说明其愿受约束的意思。因此，甲公司的广告符合要约的条件，应视为要约。而乙公司的电文是对此要约的承诺，合同据此成立并生效。因此，甲公司依约负有交付义务，否则即构成违约。

【案例8】

本案中甲公司是否承担违约责任，关键在于判断甲公司的广告是要约还是要约邀请。要约与要约邀请的区别，详见案例7的分析。本案的不同之处在于，甲公司广告中说的是"欲购从速，售完为止"，说明其并不是无条件地接受承诺，而只是在存货范围内接受承诺。而是否在此范围内，是属于甲公司单方面的判断，由此甲公司就有了是否接受对方提出的交易请求的权利。因此，虽然甲公司的广告具备了足以使买卖合同成立的主要条款，但却欠缺其一经承诺即受约束的缔约目的，因此，就其广告内容判断，仍属于要约邀请而不是要约。所以，此时乙公司的电文性质上只是应广告内容而向甲公司发出的要约，甲公司拒绝承诺，则合同不成立，甲公司自然也不负违约责任。

【案例9】

本案涉及承诺迟延的不同情况的认定和处理。按照《民法典》第481条第1款规定，承诺应当在要约确定的期限内到达要约人。否则即为承诺迟延。实践中承诺迟延有不同的情况。《民法典》第487条规定，受要约人在承诺期限内发出承诺，按照通常情形能够及时到达要约人，但是因其他原因致使承诺到达要约人时超过承诺期限，除要约人及时通知受要约人因承诺超过期限不接受该承诺

外，该承诺有效。本案中乙公司即属此种情形。此时甲未及时做出拒绝接受的答复，该承诺为有效，甲、乙之间的合同成立并有效，甲无权拒收乙公司的货物并拒绝付款，否则应承担违约责任。而丙公司的情况则不同。《民法典》第486条规定，受要约人超过承诺期限发出承诺，或者在承诺期限内发出承诺，按照通常情形不能及时到达要约人的，为新要约；但是，要约人及时通知受要约人该承诺有效的除外。据此，本案中，丙公司即属此种情形。由于甲厂未对丙公司的电子邮件作任何答复，因此，丙公司的电子邮件性质上为新要约，而甲厂既没有承诺的义务，也没有实际的承诺表示，所以甲、丙之间并无合同关系存在，甲厂完全有权拒收丙公司的货物并拒绝付款。

【案例10】

本案涉及以招标、投标方式订立合同的问题。招标是指由招标人向数人或公众发出招标通知或公告，在诸多投标中选择自己认为最优的投标人并与之订立合同的方式。招标阶段为要约邀请，投标阶段为要约。定标是否属于承诺，要视定标内容而定，定标若是对投标的完全接受，定标即为承诺；定标若对投标并不完全同意，而只是选定中标人以作进一步谈判，那么定标只是对以谈判为标的的预约的承诺。本案中，甲学校虽在《招标采购须知》中明确说明要订立书面的合同，但其通知的内容却表明其已经完全接受乙的标书，只是要求在此基础上签订一份合同而已，因此该定标实质上是承诺。依据《民法典》第484条规定，**以通知方式作出的承诺，生效的时间适用本法137条的规定。承诺不需要通知的，根据交易习惯或者要约的要求作出承诺的行为时生效。**《民法典》第137条规定，以对话方式作出的意思表示，相对人知道其内容时生效。以非对话方式作出的意思表示，到达相对人时生效。以非对话方式作出的采用数据电文形式的意思表示，相对人指定特定系统接收数据电文的，该数据电文进入该特定系统时生效；未指定特定系统的，相对人知道或者应当知道该数据电文进入其系统时生效。当事人对采用数据电文形式的意思表示的生效时间另有约定的，按照其约定。据此，承诺需要通知，生效时间应当区分是否以对话方式作出，而分别确定其生效时间。因此，本题中，甲学校于8月12日通知乙公司中标。题干中并未表明是以对话方式通知，还是以非对话方式通知。但从案例表述的情形看，该通知应是以非对话方式即书面形式作出的，因此，该通知于8月12日到达相

一/般/经/典/案/例

对人乙公司时，承诺生效，合同内容可据此确定。

但是，《民法典》第 483 条规定的"承诺生效时合同成立"仅是合同成立的原则性规定，并非合同成立的唯一判断标准。根据《民法典》第 490 条第 1 款规定，**当事人采用合同书形式订立合同的，自当事人均签名、盖章或者按指印时合同成立。在签名、盖章或者按指印之前，当事人一方已经履行主要义务，对方接受时，该合同成立。**据此，本案中，甲学校在《招标采购须知》中明确说明要订立书面的合同，乙公司的投标视为对这一条件的认可，应认为双方约定采用合同书行使订立合同。因此，虽然承诺生效，却不能就认为合同成立。甲学校正是基于此提出抗辩。

依据《民法典》第 490 条第 1 款规定，当事人采用合同书形式订立合同的，自当事人均签名、盖章或者按指印时合同成立。在签名、盖章或者按指印之前，当事人一方已经履行主要义务，对方接受时，该合同成立。据此，本案中，乙公司的主要义务是交付电脑，乙公司完成了交付而且也被甲学校接受，据此认为合同成立，合同的内容即为承诺的内容。

根据《民法典》第 502 条第 1 款规定，**依法成立的合同，自成立时生效，但是法律另有规定或者当事人另有约定的除外。**据此，该合同在 8 月 13 日甲学校接受乙公司履行时即成立并且生效。8 月 14 日，甲学校的退货等行为是违约行为，根据《民法典》第 587 条规定，**债务人履行债务的，定金应当抵作价款或者收回。给付定金的一方不履行债务或者履行债务不符合约定，致使不能实现合同目的的，无权请求返还定金；收受定金的一方不履行债务或者履行债务不符合约定，致使不能实现合同目的的，应当双倍返还定金。**据此，甲学校应当双倍返还定金。

【案例 11】

本案涉及格式条款的效力问题。

《民法典》第 888 条规定，**保管合同是保管人保管寄存人交付的保管物，并返还该物的合同。寄存人到保管人处从事购物、就餐、住宿等活动，将物品存放在指定场所的，视为保管，但是当事人另有约定或者另有交易习惯的除外。**据此，本案中，王某与超市成立保管合同关系，为无偿保管。超市为保管人，负有返还保管物的义务。根据《民法典》第 897 条规定，**保管期内，因保管人保管不善造成保管物毁损、灭失的，保管人应当承担赔偿责任。但是，无偿保管人证明自己没有故意或者重大**过失的，**不承担赔偿责任。**据此，本案中，保管物的丢失系因保管人看错号牌所致，保管人有过错，应负损害赔偿责任。《民法典》第 584 条规定，当事人一方不履行合同义务或者履行合同义务不符合约定，造成对方损失的，损失赔偿额应当相当于因违约所造成的损失。据此，超市应赔偿王某的损失，损失赔偿额与丢失物品价值相当。

超市据以抗辩的《存包须知》，在性质上是格式条款。根据《民法典》第 496 条第 1 款规定，**格式条款是当事人为了重复使用而预先拟定，并在订立合同时未与对方协商的条款。**据此，超市的《存包须知》贴于醒目处，顾客在存包时能够清楚地了解，应当认定为已经进入超市与每个顾客之间的存包保管合同之中，成为合同的内容。

《民法典》第 497 条规定，**有下列情形之一的，该格式条款无效：（1）具有本法第一编第六章第三节和本法第五百零六条规定的无效情形；（2）提供格式条款一方不合理地免除或者减轻其责任、加重对方责任、限制对方主要权利；（3）提供格式条款一方排除对方主要权利。**根据本规定第（2）项，本案中，《存包须知》明显违背了公平原则，任何存包丢失最多只赔 10 元，免除了超市作为保管人依《民法典》第 897 条规定应承担的因保管人保管不善造成保管物毁损、灭失所产生的赔偿责任，也排除了顾客依该条请求赔偿损失的权利。因此，该《存包须知》应为无效条款。因此，超市的抗辩不能成立，超市应当赔偿王某的挎包以及包内物品的实际价值。

【案例 12】

本题主要考查了为第三人利益订立的合同的效力以及第三人拒绝接受时利益的归属问题。

（1）本案是一个为第三人利益订立的合同。《民法典》第 522 条第 2 款规定，**法律规定或者当事人约定第三人可以直接请求债务人向其履行债务，第三人未在合理期限内明确拒绝，债务人未向第三人履行债务或者履行债务不符合约定的，第三人可以请求债务人承担违约责任；债务人对债权人的抗辩，可以向第三人主张。**据此，在本案所订立的合同中，张某和花店是合同关系的双方当事人，J小姐不是订约当事人，但是她是这一合同的受益人，可以依据该合同，接受该花店的履行。作为债务人的花店负有向作为第三人的 J 小姐履行的义务。

（2）张某和该花店无须事先通知或者征得 J 小姐的同意，因为该合同是为 J 小姐设定权利。既然是权利，J 小姐可以接受，也可以拒绝。因此 J 小

姐可以拒收鲜花。

（3）**在为第三人利益订立的合同中，如果第三人拒绝接受权利，则合同所设定的权利由为第三人利益订约的当事人自己享有。**因此，在本案中，如果 J 小姐拒收鲜花，鲜花店就可以将鲜花送到张某处。

【案例 13】

本案涉及限制民事行为能力人订立合同的效力问题。

《民法典》第 145 条规定，限制民事行为能力人实施的纯获利益的民事法律行为或者与其年龄、智力、精神健康状况相适应的民事法律行为有效；实施的其他民事法律行为**经法定代理人同意或者追认后有效。**相对人可以催告法定代理人自收到通知之日起 30 日内予以追认。法定代理人未作表示的，视为拒绝追认。民事法律行为被追认前，善意相对人有撤销的权利。撤销应当以通知的方式作出。根据《民法典》第 145 条第 1 款规定，**限制民事行为能力人实施纯获利益的民事法律行为或者与其年龄、智力、精神健康状况相适应的民事法律行为有效，实施的其他民事法律行为经法定代理人同意或者追认后有效。**本案中，王某为限制民事行为能力人，其购买价格昂贵的球拍的行为显然不是与其年龄、智力相适应而订立的合同，买卖合同是双务、有偿合同，也不是纯获利益的合同，因此必须经其法定代理人追认才有效。现王某之父明确表示了拒绝追认，此合同应为无效，故李某只能要求把球拍取回，而不能要求王某之父支付购拍款。

【案例 14】

本案涉及缔约过失问题。

本案中，甲公司故意利用根本不存在的生产项目，骗取乙公司投入资金并进行厂房改造，构成欺诈。《民法典》第 148 条规定，一方以欺诈手段，使对方在违背真实意思的情况下实施的民事法律行为，**受欺诈方有权请求人民法院或者仲裁机构予以撤销。**据此，乙公司有权请求撤销合同。根据《民法典》第 157 条规定，民事法律行为无效、被撤销或者确定不发生效力后，行为人因该行为取得的财产，应当予以返还；不能返还或者没有必要返还的，应当折价补偿。有过错的一方应当赔偿对方由此所受到的损失；各方都有过错的，应当各自承担相应的责任。法律另有规定的，依照其规定。据此，甲公司应赔偿乙公司的损失。该赔偿责任的性质，为缔约过失责任。所谓缔约过失责任，是指当

事人一方于缔约之际具有过失，导致合同不成立、无效或被撤销，从而对他方承担的损害赔偿责任，其实质是当事人在订立合同时违背了诚实信用原则。根据《民法典》第 500 条规定，**当事人在订立合同过程中，故意隐瞒与订立合同有关的重要事实或者提供虚假情况，造成对方损失的，应当承担损害赔偿责任，**该责任即为缔约过失责任。

构成缔约过失的，有过错的一方应当赔偿对方所受损失，缔约过失的损失赔偿，是要使当事人恢复到如同合同未订立之前的状态。本案中，乙公司的损失包括 200 万元及其利息损失和因相信合同有效而进行旧厂房改造花费的 20 万元，这些损失是没有此次缔约就不会发生的损失，只有对此进行赔偿，才能使当事人的财产状况恢复到合同未订立之前的状态。因此，乙公司有权请求撤销合同，并要求甲公司返还 200 万元并赔偿损失。

【案例 15】

本案涉及无权代理和表见代理问题。

（1）对于甲与 B 公司订立的土豆买卖合同，甲的空白介绍信以及 A 公司之前的表态等种种情势，使 B 公司有理由相信甲拥有 A 公司的授权。根据《民法典》第 172 条规定，**行为人没有代理权、超越代理权或者代理权终止后，仍然实施代理行为，相对人有理由相信行为人有代理权的，代理行为有效。**这种情况就是所谓的表见代理。表见代理所订立的合同无须本人的追认即对本人发生效力，本人即使否认也仍然要受合同的约束，因为正是由于本人的原因造成了存在代理权的表征，并且引起相对人的信赖。法律规定表见代理，旨在保护相对人的利益，维护交易安全。由于该合同对 A 公司具有约束力，故 A 公司拒绝付款构成违约，应负违约责任。因此，A 公司无权拒绝支付货款。

（2）本案中甲代理 A 公司与 B 公司订立合同。甲与 B 公司订立大米的买卖合同时，由于没有相应的授权文书，《民法典》第 171 条第 2 款规定：相对人可以催告被代理人自收到通知之日起 30 日内予以追认。被代理人未作表示的，视为拒绝追认。**行为人实施的行为被追认前，善意相对人有撤销的权利。**撤销应当以通知的方式作出。据此，B 公司有权催告作为被代理人的 A 公司予以追认。在此期限内，A 公司未作表示，视为拒绝追认。B 公司作为**善意相对人，在 A 公司追认之前有撤销合同的权利，**而 B 公司的行为已表明其已经撤销了该合同。故 A 公司无权要求 B 公司履行此合同。

【案例 16】

本案涉及附条件合同问题。

《民法典》第 158 条规定，民事法律行为可以附条件，但是按照其性质不得附条件的除外。**附生效条件的民事法律行为，自条件成就时生效。附解除条件的民事法律行为，自条件成就时失效。** 本案表述的是附生效条件的合同，本案中，甲与乙的房屋买卖合同中所附条件为"1 年内甲成功办妥出国留学手续"，事实上此条件未成就，故该合同未产生效力，甲不对乙负有交付房屋、移转房屋所有权的义务，因此该房屋所有权仍为甲所有，甲有权将其自由处置。因此，乙无权要求甲将房屋卖给自己。

【案例 17】

本案涉及附期限的合同问题。

《民法典》第 160 条规定，民事法律行为可以附期限，但是按照其性质不得附期限的除外。**附生效期限的民事法律行为，自期限届至时生效。附终止期限的民事法律行为，自期限届满时失效。** 本案中，甲与乙的房屋租赁合同中所附期限为 2010 年 1 月 1 日，在此期限届至时合同才生效，甲才负有将房屋交付给乙使用的合同义务。合同中的上述日期并非合同的履行期限。根据《民法典》第 511 条规定，履行期限不明确的，债务人可以随时履行，债权人也可以随时要求履行，但应当给予对方必要的准备时间。本案中，2010 年 1 月 1 日合同才生效。直至 2010 年 2 月 1 日，乙才要求甲履行，甲花费 3 天时间整理房屋也属合理，因此甲并未违约，乙无权要求甲支付违约金。

【案例 18】

本案涉及合同的同时履行抗辩问题。

同时履行抗辩是指在双务合同中，一方当事人在对方当事人未履行对价义务而请求其履行时，有权拒绝履行自己的相应义务。《民法典》第 525 条规定，当事人互负债务，没有先后履行顺序的，应当同时履行。一方在对方履行之前有权拒绝其履行请求。**一方在对方履行债务不符合约定时，有权拒绝其相应的履行要求。** 值得注意的是后一句的规定，涉及相对方的履行不完全或有其他不符合履行要求的情形的，此时应以诚实信用原则判断，如果部分履行对债权人无意义的，债权人得行使同时履行抗辩权请求对方全部给付；部分履行不损害债权的，债权人得就未给付部分行使同时履行抗辩权。

本案中，甲、乙成立买卖合同关系，互负供应西瓜和支付货款的义务且没有履行顺序的约定，应

当同时履行。由于甲部分履行了合同，且该部分履行对债权人并非无意义，故乙只能对甲未履行的部分拒绝自己相应的履行要求。因此，对于甲已经交付的 1 000 公斤西瓜，乙应当付给相应货款，而对于甲未履行的其余部分，乙方有权拒绝付款。

【案例 19】

本案涉及合同法定解除的条件。

本案中，甲公司与乙厂成立买卖合同，甲公司为买受人，负有依约支付价款的义务。乙厂为出卖人，负有依约交付货物的义务。在双务合同中，一方迟延履行债务时，当事人可以有两种保护自己利益的办法，一种是行使同时履行抗辩权或先履行抗辩权，拒绝自己相应的履行义务；另一种是在符合法律规定的条件下宣布解除合同，这种合同的单方解除权是法定解除，需要符合法律规定的条件。按照《民法典》第 563 条第（四）项的规定，**当事人一方迟延履行债务或者有其他违约行为致使不能实现合同目的的，相对方可以解除合同。** 这就要求判断一方的迟延履行是否达到不能实现合同目的的程度。如果不能，则当事人无权解除合同。在本案中，甲公司虽然迟延履行了付款义务，但并非不履行，而且其迟延的后果也很轻微，并不足以使乙厂不能实现合同目的，因此，乙厂无权要求解除合同。乙厂的行为使自己未能按照合同约定交付机器，已构成违约，应向甲公司承担违约责任。

【案例 20】

本案涉及先履行抗辩权问题。

本案中甲公司与乙公司成立买卖合同关系，甲公司为买受人，负有依约支付价款的义务。乙公司为出卖人，负有依约交付货物的义务。根据《民法典》第 526 条规定，**当事人互负债务，有先后履行顺序，应当先履行债务一方未履行的，后履行一方有权拒绝其履行请求。先履行一方履行债务不符合约定的，后履行一方有权拒绝其相应的履行请求。** 依双方合同约定，乙公司应先履行交付合格机器的义务，然后甲公司有履行支付剩余价款的义务。乙公司交付的机器不符合约定应予以调换，乙公司也同意调换，此调换也有履行的性质。因此，在乙公司未调换合格的机器之前，甲公司有权不支付剩余的合同价款。

【案例 21】

本案涉及不安抗辩权与解除权的关系问题。

不安抗辩权是指双务合同中有先为给付义务的

当事人一方，因相对方有难为对等给付的情形时，在对方未为对等给付或提供担保前，有拒绝自己给付的权利。《民法典》第 527 条赋予债务人不安抗辩权，以阻却相对人的请求权，其适用的情形包括相对人经营状况严重恶化和转移财产、抽逃资金以逃避债务的行为。但是，**《民法典》第 528 条规定，当事人依据前条规定中止履行的，应当及时通知对方。对方提供适当担保的，应当恢复履行。中止履行后，对方在合理期限内未恢复履行能力且未提供适当担保的，视为以自己的行为表明不履行合同主要债务，中止履行的一方可以解除合同并可以请求对方承担违约责任。由此可见，不安抗辩权只是先中止合同的履行，合同效力仍然保持，只有符合法定条件时才能解除合同，消灭合同的效力。**这样做是为了平衡双方的利益，维护合同的效力。

本案中，乙公司已经出现了经营状况严重恶化和转移财产、抽逃资金以逃避债务的行为，甲厂可以依法行使不安抗辩权并要求其提供担保。但此时尚不能说乙公司已经必然不能履行合同，因为乙公司的义务是付款，不能排除其通过融资等方式支付货款的可能，所以此时甲厂不能请求解除合同。

【案例 22】

本案涉及合同变更的效力范围。

根据《民法典》第 543 条规定，当事人协商一致，可以变更合同。本案中，当事人对合同的内容进行了变更，延长了借款期限。合同内容变更的效力是：(1) 合同变更是在保持原合同关系基础上的合同某项或某部分的变化，**在变更合同后，当事人应当按照变更后的合同履行，否则构成违约**；(2) 合同变更原则上只向未来发生效力，未变更的权利义务继续有效，除非特别约定，已经履行的债务不因合同的变更而失去法律依据；(3) 合同的变更不影响当事人要求赔偿的权利。

本案中，银行主张的罚息在性质上是一种违约金。甲公司与银行就还款期限达成变更的协议从而延长还款期限 6 个月，表明在延长的期限内甲公司不承担违约责任，因此银行对于甲公司自 2010 年 6 月 2 日至 2010 年 12 月 1 日的延期还款罚息的请求不能成立，但自 2010 年 12 月 2 日起，甲公司应按照罚息条款的规定支付罚息。因此，本案中法院应当判决甲公司偿还银行贷款本息以及自 2010 年 12 月 2 日起计算的罚息。

【案例 23】

本案涉及合同解除中的解除行为和解除权行使

期限问题。

《民法典》第 562 条规定，当事人协商一致，可以解除合同。当事人可以约定一方解除合同的事由。解除合同的事由发生时，解除权人可以解除合同。该条规定了合同解除的两种情形。第 1 款规定了协议解除。协议解除是指当事人通过协商一致解除合同的行为。其条件是双方达成合意。由于此种方式是在合同成立以后，通过双方协商解除合同，而不是在合同订立时约定解除权，因此又称为事后协商解除。第 2 款规定了约定解除。约定解除是指当事人以合同形式约定一方当事人保留解除权，该当事人行使约定的解除权而导致合同的解除。只要不违反法律的强制性规定和公序良俗，当事人可以约定一方当事人解除合同的条件。解除合同的条件成就时，解除权人可以解除合同。本案属于约定解除。

但是，当解除条件成就时，合同并不是自行解除，而是请求当事人实施解除行为，即当事人要自己行使解除权的行为表明解除合同，比如通知相对方。**《民法典》第 565 条规定，当事人一方依法主张解除合同的，应当通知对方。合同自通知到达对方时解除；通知载明债务人在一定期限内不履行债务则合同自动解除，债务人在该期限内未履行债务的，合同自通知载明的期限届满时解除。对方对解除合同有异议的，任何一方当事人均可以请求人民法院或者仲裁机构确认解除行为的效力。当事人一方未通知对方，直接以提起诉讼或者申请仲裁的方式依法主张解除合同，人民法院或者仲裁机构确认该主张的，合同自起诉状副本或者仲裁申请书副本送达对方时解除。**

一方解除合同的权利是一种形成权，是单方法律行为，只需单方做出就发生解除合同的效力。这种权利的行使有期限的限制。**《民法典》第 564 条规定，法律规定或者当事人约定解除权行使期限，期限届满当事人不行使的，该权利消灭。法律没有规定或者当事人没有约定解除权行使期限，自解除权人知道或者应当知道解除事由之日起 1 年内不行使，或者经对方催告后在合理期限内不行使的，该权利消灭。**该条规定的"1 年"期限在性质上属于除斥期间，期间经过后当事人不行使权利，即永久丧失以同一事由解除合同的权利。

本案中，按照合同的约定，乙到期未办妥房屋产权证，甲本有权解除合同，但此时合同并非自行解除，而是需要甲行使解除权。因此，经乙催告后，在 30 日的合理期限内甲没有行使解除权，即丧失了该权利，因此，合同继续有效，双方都应遵

一/般/经/典/案/例

守合同约定。

【案例 24】

本案涉及合同的法定解除条件和合同解除的法律后果。

法律规定合同的法定解除条件，意义不仅在于明确什么情况下当事人有权解除合同，更在于限制当事人解除合同的条件：只有在法律规定的解除条件成就时，当事人才能行使解除权。由于维持合同的效力是对当事人缔约意思的尊重和保护，因此轻微的违约情形并不必然导致合同的解除，而只有在出现因违约而极有可能导致合同目的不能实现时才允许解除合同，这种情形在法律上称为根本违约。围绕着这一核心，《民法典》第 563 条第 1 款规定了法定解除权的几种条件，其中第（三）项规定，当事人一方迟延履行主要债务，经催告后在合理期限内仍未履行的，相对人有权解除合同。原因就在于当出现这种情况时，可以合理推断相对人已经不能或不愿履行合同，相对人的合同目的已经落空，此时相对人既可以维持合同效力来请求违约方承担违约责任，也可以解除合同以消灭合同效力。

关于合同解除的法律后果，《民法典》第 566 条规定，合同解除后，尚未履行的，终止履行；已经履行的，根据履行情况和合同性质，当事人可以请求恢复原状或者采取其他补救措施，并有权请求赔偿损失。合同因违约解除的，解除权人可以请求违约方承担违约责任，但是当事人另有约定的除外。主合同解除后，担保人对债务人应当承担的民事责任仍应当承担担保责任，但是担保合同另有约定的除外。

本案中，甲与乙成立买卖合同关系，甲是买受人，乙是出卖人，乙的主要合同债务是依约交付货物。在乙到期未能履行后，经债权人甲催告，在 3 个月的合理期限内仍不能履行，并在事实上使甲如期建房的合同目的不能实现，给甲造成了损失，因此甲有权要求解除合同并要求乙赔偿损失。

【案例 25】

本案涉及因瑕疵履行而造成根本违约，导致解除合同的情形。

（1）《民法典》第 563 条第 1 款第（四）项规定，当事人一方迟延履行债务或者有其他违约行为致使不能实现合同目的的，对方可以解除合同。这一规定中的当事人一方的其他违约行为，包括导致合同目的不能实现的瑕疵履行或不当履行。瑕疵履行是指债务人交付标的物不符合合同约定的质量要求。瑕疵履行只有在足以导致合同目的不能实现时，对方才能解除合同。此外，《民法典》第 610 条规定，因标的物不符合质量要求，致使不能实现合同目的的，买受人可以拒绝接受标的物或解除合同。

（2）本案中，甲订立合同的目的显然是购房以供居住，但乙公司交付的房屋质量不符合合同约定且已经影响甲的居住，已使甲订立合同的目的落空，因此，甲应有权解除合同并要求赔偿损失。

【案例 26】

本案涉及保证人的资格限制和保证合同的设定方式问题。

《民法典》第 683 条第 2 款规定，以公益为目的的非营利法人、非法人组织不得为保证人。据此，医院属于以公益为目的的非营利法人，不得为保证人。这一规定是为了保证这些以公益为目的的单位不至于因承担保证责任而陷于困境从而影响公益目的的实现。该条款属于法律的强制性规定，因此，根据规定，乙与某医院形成的保证合同因违反法律的强制性规定而归于无效，某医院不对甲的债务承担保证责任。

《民法典》第 685 条规定，保证合同可以是单独订立的书面合同，也可以是主债权债务合同中的保证条款。第三人单方以书面形式向债权人作出保证，债权人接收且未提出异议的，保证合同成立。这一规定意味着保证合同属于法定的要式合同，因此，不具备此种书面形式的，视为合同不成立。所以，本案中丙只是口头答应提供担保而没有订立书面合同，其与乙的保证合同关系不成立，丙不对甲的债务承担保证责任。因此，不具备此种书面形式的，视为合同不成立。所以，本案中丙只是口头答应提供担保而没有订立书面合同，其与乙的保证合同关系不成立，丙不对甲的债务承担保证责任。

【案例 27】

《民法典》第 686 条规定了一般保证和连带责任保证两种保证方式。《民法典》第 687 条规定，当事人在保证合同中约定，债务人不能履行债务时，由保证人承担保证责任的，为一般保证。一般保证的保证人在主合同纠纷未经审判或者仲裁，并就债务人的财产依法强制执行仍不能履行债务前，有权拒绝向债权人承担保证责任，但是有下列情形之一的除外：（1）债务人下落不明，且无财产可供执行；（2）人民法院受理债务人破产案件；（3）债权人有证据证明债务人的财产不足以履行全部债务或者丧失履行债务能力；（4）保证人书面放弃本款规定的

但是债权人和保证人另有约定的除外。第三人加入债务的，保证人的保证责任不受影响。据此，保证人仍应对未转让部分的债务承担保证责任。据此，本案中，丙作为保证人，仍然对未转让的 20 万元主债务承担保证责任，但对于已转让的 30 万元债务，由于未征得其书面同意，丙不承担保证责任。

基于以上分析，甲就 20 万元主债务承担清偿责任，丙对此 20 万元的部分负连带保证责任。丁应对 30 万元的债务承担清偿责任。

【案例 30】

本案涉及定金罚则的适用问题。

定金是合同担保方式的一种。《民法典》第 587 条规定，债务人履行债务的，定金应当抵作价款或者收回。给付定金的一方不履行债务或者履行债务不符合约定，致使不能实现合同目的的，无权请求返还定金；收受定金的一方不履行债务或者履行债务不符合约定，致使不能实现合同目的的，应当双倍返还定金。

关于定金的数额，《民法典》第 586 条规定，当事人可以约定一方向对方给付定金作为债权的担保。定金合同自实际交付定金时成立。定金的数额由当事人约定；但是，不得超过主合同标的额的 **20%**，超过部分不产生定金的效力。实际交付的定金数额多于或者少于约定数额的，视为变更约定的定金数额。据此，本案中，双方约定的定金数额已经超过主合同标的额的 20%，但只有 40 万元具有定金的效力，超过定金的数额即乙多交付的 10 万元不产生定金的效力。

关于本案返还定金的数额。由于甲公司只提供了价值 100 万元的货物，甲公司的履行属于部分履行，其履行的标的额为合同标的额的一半。根据定金罚则理论，当事人一方不完全履行合同内容的，应当按照未履行部分所占合同约定的内容的比例，适用定金罚则。因此，甲公司应向乙公司返还一半定金的双倍。

基于以上分析，本案的处理结果应当是：甲公司向乙公司返还定金 40 万元。

【案例 31】

本案涉及代位权问题。

（1）代位权是指因债务人怠于行使对相对人的权利而危害债权以及与该债权有关的从权利的实现时，债权人享有的以自己名义代位行使债务人权利的权利。《民法典》第 535 条规定，因债务人怠于行使其债权或者与该债权有关的从权利，影响债

人的到期债权实现的，债权人可以向人民法院请求以自己的名义代位行使债务人对相对人的权利，但是该权利专属于债务人自身的除外。代位权的行使范围以债权人的到期债权为限。债权人行使代位权的必要费用，由债务人负担。相对人对债务人的抗辩，可以向债权人主张。据此，本案中乙怠于行使其对丙的到期债权，对债权人甲造成损害，甲可以代乙之位向丙提起代位权诉讼以保障自己的债权实现。

（2）《民法典》第 537 条规定，人民法院认定代位权成立的，由债务人的相对人向债权人履行义务，债权人接受履行后，债权人与债务人、债务人与相对人之间相应的权利义务终止。债务人对相对人的债权或者与该债权有关的从权利被采取保全、执行措施，或者债务人破产的，依照相关法律的规定处理。据此，本案中，若甲胜诉，则丙应直接向债权人甲履行其债务中的 20 万元部分，对超出甲的债权的 10 万元部分，甲无权提出请求。在丙向甲清偿 20 万元后，甲、乙之间的债务消灭，乙、丙之间的债务也部分消灭。乙对丙尚有 10 万元债权。

【案例 32】

本案涉及撤销权的行使范围。

撤销权，是指债权人对于债务人有害于债权的财产处分行为，有请求法院予以撤销的权利。撤销权的行使条件是：（1）债务人实施了一定的处分财产的行为。（2）债务人的处分行为已经发生效力。（3）债务人的行为已给债权人造成损害。上述条件是行使撤销权的客观要件。行使撤销权还需具备主观要件，即债务人实施以明显的不合理的低价转让财产、以明显不合理的高价受让他人财产或者为他人的债务提供担保，从而损害债权人利益的行为时，受让人知道该情形。

对于哪些行为是对于债务人有害于债权的财产处分行为，《民法典》第 538 条规定，**债务人以放弃其债权、放弃债权担保、无偿转让财产等方式无偿处分财产权益，或者恶意延长其到期债权的履行期限，影响债权人的债权实现的，债权人可以请求人民法院撤销债务人的行为。**《民法典》第 539 条规定，**债务人以明显不合理的低价转让财产、以明显不合理的高价受让他人财产或者为他人的债务提供担保，影响债权人的债权实现，债务人的相对人知道或者应当知道该情形的，债权人可以请求人民法院撤销债务人的行为。**据此，处分行为包括两类：（1）债务人以放弃其债权、放弃债权担保、无

一 / 般 / 经 / 典 / 案 / 例

偿转让财产等方式无偿处分财产权益，或者恶意延长其到期债权的履行期限；（2）债务人以明显不合理的低价转让财产、以明显不合理的高价受让他人财产或为他人的债务提供担保。从特征上看，该两类行为均为财产处分行为，且都造成了债务人的财产不适当地减少而有害及债权之虞，这也是撤销权的行使范围的基本边界。而本案中**甲放弃继承权的行为，性质上不是单纯的财产处分行为而是身份行为**，而且从逻辑上说，根据我国民法继承编的规定，继承人有放弃继承的权利，因此继承开始时计算中的遗产份额还不能被当然地认为已经是甲的财产，所以放弃继承权的行为也不能被认为是造成甲的财产不适当地减少，故本案中甲放弃继承的行为不在撤销权的行使对象范围之列，乙不能申请法院予以撤销。但甲以明显不合理低价转让古董给知情者丙，其行为符合撤销权的行使条件，乙可以申请法院撤销之。

【案例 33】

甲公司不能在请求乙公司承担**违约金**的同时又双倍返还**定金**。因为《民法典》第 588 规定，当事人既约定违约金，又约定定金的，一方违约时，对方可以选择适用违约金或者定金条款。

【案例 34】

（1）李四可以要求张三承担违约责任。

依据是**预期违约制度**，即《民法典》第 578 条规定，当事人一方明确表示或者以自己的行为表明不履行合同义务的，对方可以在履行期限届满之前请求其承担违约责任。

李四可以解除合同，《民法典》第 563 条第 1 款第（二）项规定，在履行期限届满前，当事人一方明确表示或者以自己的行为表明不履行主要债务的，对方可以解除合同。本案中，张三的主要债务就是于 8 月 20 日交付约定的名画，张三将名画出卖给王五的行为表明其不履行该义务，所以李四可以解除合同。

（2）李四可以于 8 月 20 日要求张三承担违约责任。依据则是张三履行不能，构成违约，应承担违约责任。

（3）李四依据**不安抗辩权**中止履行，拒绝张三的付款要求。

【案例 35】

本案涉及买卖合同中的标的物的风险承担问题。

本案中机器是甲、乙公司之间买卖合同的标的物。导致该机器毁损的是雷击，是不可归因于任何一方的自然现象，其性质应是一种风险。《民法典》第 604 条规定了买卖合同标的物风险负担的一般规则：**标的物毁损、灭失的风险，在标的物交付之前由出卖人承担，交付之后由买受人承担，但是法律另有规定或者当事人另有约定的除外**。据此，就本案的情形而言，当事人对此没有约定，也不存在另外的法律规定，因此本案的关键在于判断标的物交付的时间。

标的物的交付方式可分为现实交付和拟制交付，后者又可分为简易交付、占有改定和指示交付三种。本案中买卖的标的物在合同订立之前就已经被买方甲公司占有，一旦买卖合同生效就视为交付，这种交付方式称为简易交付。《民法典》第 226 条规定，动产物权设立和转让前，权利人已经占有该动产的，物权自民事法律行为生效时发生效力。据此，交付的时间为买卖合同生效的时间。

本案中甲、乙公司之间的买卖合同是附生效条件的合同，《民法典》第 158 条规定，民事法律行为可以附条件，但是根据其性质不得附条件的除外。附生效条件的民事法律行为，自条件成就时生效。附解除条件的民事法律行为，自条件成就时失效。因此，甲、乙公司之间的买卖合同的生效时间为机器毁损的次日，即该合同标的物的交付时间在该物毁损的次日。

通过以上分析，本案中机器毁损的时间在其交付之前，因此其风险依法应由出卖人承担，因此甲公司可以拒绝向乙公司支付货款。

【案例 36】

本案涉及买卖合同中的标的物的风险承担问题。

导致两批水泥毁损的原因是不可归因于任何一方的自然灾害，其性质是一种风险，因此本案实际上是要判断作为买卖合同标的物的水泥的风险承担问题。

对于第一批交付的不符合质量要求的水泥，根据《民法典》第 610 条规定，因标的物不符合质量要求，致使不能实现合同目的的，买受人可以拒绝接受标的物或者解除合同。**买受人拒绝接受标的物或者解除合同的，标的物毁损、灭失的风险由出卖人承担**。因此，第一批水泥的毁损风险应由乙厂承担。

对于第二批水泥，乙厂已将货物运至交付地

点，而甲公司未按约定收取，根据《民法典》第608 条规定，**出卖人按照约定或者依据本法第 603 条第二款第二项的规定将标的物置于交付地点，买受人违反约定没有收取的，标的物毁损、灭失的风险自违反约定时起由买受人承担**，因此对该批水泥的毁损风险应由甲公司承担。

根据以上分析，甲公司应向乙厂支付第二批水泥的货款，对第一批水泥则没有付款义务。由于甲公司已经预付了货款 10 万元，因此甲公司还应向乙厂支付 50 万元。

【案例 37】

（1）解答本问关键是要判断花瓶的所有权归属。甲、乙之间是买卖合同关系，乙依据合同负有向甲转移花瓶所有权的义务。根据《民法典》第604 条规定，标的物毁损、灭失的风险，在标的物交付之前由出卖人承担，交付之后由买受人承担，但是法律另有规定或者当事人另有约定的除外。此问中并无当事人的另行约定和法律的另外规定，所以尽管甲交纳了定金，但由于花瓶并未交付，故所有权并未移转给甲，乙仍然对花瓶享有物之所有权，有权自行处分，包括将其卖给丙。甲仅对乙享有请求交付花瓶的债权。丙买走花瓶后，花瓶的所有权归丙，故甲并不能要求丙返还花瓶，而只能向乙主张因其给付不能而引起的违约责任，要求乙双倍返还定金。

（2）此问的情形有所不同。根据《民法典》第604 条规定中的"但书"条款，如果甲、乙在合同中约定"支付定金后花瓶即归甲所有"，由于该花瓶为特定物，则在甲交付定金后，花瓶的所有权已经归甲所有，乙再行出卖，即构成无权处分。而本案中显然不具备这些条件。此时有两种可能：若丙为善意，则其可以依据善意取得制度取得花瓶所有权，此时甲将仍然不能要求丙返还花瓶，而只能向乙主张因其给付不能而引起的违约责任，要求乙双倍返还定金，因为此时乙仍将因其给付不能而导致违约；若丙为恶意，则其不能依据乙、丙的买卖合同取得所有权，甲将有权要求丙向自己返还花瓶。

【案例 38】

本案涉及买卖合同中物的瑕疵担保责任问题。

本案中，甲与乙成立买卖合同关系，甲为买受人，乙为出卖人，乙对甲负有交付合格标的物的义务，并对标的物承担物的瑕疵担保责任。买卖合同中物的瑕疵担保责任，指物的出卖人就物本身的瑕

疵所担负的担保责任。出卖人应当按照约定的质量要求交付标的物，否则应对因此而产生的对买受人造成的损害承担赔偿责任。《民法典》第 621 条规定，当事人约定检验期限的，买受人应当在检验期限内将标的物的数量或者质量不符合约定的情形通知出卖人。买受人怠于通知的，视为标的物的数量或者质量符合约定。当事人没有约定检验期限的，买受人应当在发现或者应当发现标的物的数量或者质量不符合约定的合理期限内通知出卖人。买受人在合理期限内未通知或者自收到标的物之日起 2 年内未通知出卖人的，视为标的物的数量或者质量符合约定；但是，对标的物有质量保证期的，适用质量保证期，不适用该 2 年的规定。出卖人知道或者应当知道提供的标的物不符合约定的，买受人不受前两款规定的通知时间的限制。

本案中，汽车质量应当符合安全行驶的性能要求，尽管没有在合同中明确体现，但按照诚实信用原则，应当认为这是不言而喻的，应作为"默示条款"而在合同约定之列。当事人没有约定检验期间，买受人甲主张汽车有质量问题的时间自其购车之日起计算也已经超过 2 年。但是，由于之前已经有专家调查并得出报告称乙公司所生产的车均存在这种问题，因此应当认为乙公司应当知道其提供的汽车不符合质量要求。所以，买受人甲提出质量异议的时间不受此 2 年期间的限制。因此，甲有权要求乙公司就汽车的质量瑕疵所导致的损害负赔偿责任。

【案例 39】

本案涉及买卖合同中的孳息归属问题。

本案中，张某与王某成立买卖合同关系，其中张某为买受人，王某为出卖人，诉争的标的 10 只小猪为买卖合同标的物的孳息。买卖合同中的孳息，指标的物所生的收益，包括天然孳息和法定孳息。法定孳息一般指租金、银行利息等根据法律规定而产生的收益，天然孳息是指因物的自然属性而生的收益。本案中涉及的孳息显然是天然孳息。

在买卖合同中，确定孳息归属的规则一般是：当事人有特别约定的，以当事人约定为准。当事人没有约定的，按照《民法典》第 630 条规定，**标的物在交付之前产生的孳息，归出卖人所有，交付之后产生的孳息，归买受人所有**。本案中，当事人并未约定孳息归属，即应适用合同法的上述规定，以交付作为判断孳息归属的标准。不能认为孳息在母猪怀胎时就已产生，因为其时小猪可能产下也可能

不产下。小猪成为物，才是其成为孳息的逻辑前提，因此，应当以小猪产下之时作为孳息的产生时间。本案中孳息显然产生在标的物（母猪）交付之后，依法应当判归买受人即张某所有，出卖人王某无权要求返还。

【案例 40】

本案涉及分期付款买卖合同的解除权问题。

分期付款买卖指买卖合同订立后，出卖人即将标的物转移给买受人占有、使用，买受人按照合同约定，分期向出卖人支付价款。本案中甲、乙两公司的合同关系即属于分期付款买卖合同关系，其中甲公司为买受人，乙公司为出卖人。

《民法典》第 634 条规定，分期付款的买受人未支付到期价款的数额达到全部价款的 1/5，经催告后在合理期限内仍未支付到期价款的，出卖人可以请求买受人支付全部价款或者解除合同。出卖人解除合同的，可以向买受人请求支付该标的物的使用费。这是民法典合同分论中特别规定的一种法定解除权。本案中买受人甲公司未支付各到期价款的总额显然已经超过了合同全部价款的 1/5，出卖人乙公司依法有权要求解除合同。合同解除后，双方应互相返还对方已经交付的合同标的，甲公司向乙公司返还成套设备，乙公司应将已收取的货款返还给甲公司，恢复到合同订立之前的状态。设备已被甲公司使用了 2 年，故乙公司要求甲公司支付使用费的主张于法有据，只要计算合理有据，应予以支持。

对于甲公司的反诉请求所称的质量问题，根据《民法典》第 621 条第 2 款规定，其提出质量异议的时间已经超过了法律规定的 2 年的期限，因此该理由既不能作为其要求解除合同的依据，也不能作为其行使抗辩权的依据。

【案例 41】

本案涉及分批交货的买卖合同的法定解除权问题。

分批交货的买卖合同的法定解除权，其宗旨仍然以是否导致相对方不能实现合同目的为最基本的判断标准，只是根据该种买卖在交付方式上的特殊性而有特别的规定。根据《民法典》第 633 条规定，**出卖人分批交付标的物的，出卖人对其中一批标的物不交付或者交付不符合约定，致使该批标的物不能实现合同目的的，买受人可以就该批标的物解除。**出卖人不交付其中一批标的物或者交付不符合约定，致使今后其他各批标的物的交付不能实现合同目的的，买受人可以就该批以及今后其他各批

标的物解除。买受人如果就其中一批标的物解除，该批标的物与其他各批标的物相互依存的，可以就已经交付和未交付的各批标的物解除。

本案中，甲、乙两公司的合同关系属于分批交货的买卖合同关系，其中甲公司为买受人，乙公司为出卖人，合同标的物是油墨和生产线零部件。出卖人乙公司供应的其中一批油墨虽然不符合约定，但其并不能导致买受人不能实现合同目的，因此甲公司不能要求解除油墨的买卖合同。对于生产线零部件的供应不符合约定，则足以造成合同目的的不能实现，因此甲公司有权要求解除。并且，由于这批零部件与其他各批具有明显的互相依存关系，因此甲公司有权要求解除全部关于生产线的买卖合同。

【案例 42】

本案涉及供用电合同中的供电人的诚实信用义务问题。

供用电合同是供电人向用电人供电，用电人支付电费的合同。供用电合同是双务合同，供电人有按合同供电的义务，用电人有交纳电费的义务，这两个义务构成对价关系。但是由于供电方具有的垄断地位和电力产品的特殊性，其对于用电人的意义与一般商品不同，其中一方不履行相应义务而给对方造成的后果是相差很大的，因此，当用电人不履行交费义务时，供电人不能像一般的双务合同当事人一样径行以行使同时履行抗辩权为由而立即中止自己的供电义务。根据《民法典》第 654 条第 1 款规定，用电人逾期不支付电费的，应当按照约定支付违约金。经催告用电人在合理期限内仍不支付电费和违约金的，供电人可以按照国家规定的程序中止供电。该规定的基础是要求供电人行使中止供电的权利时要符合诚实信用原则，首先要进行催告，其次要按照国家规定的程序，比如要事先通知，以免造成用电人的损失过大。

本案中，原告水泥厂虽表示了对违约金计算的异议，但并未表明不支付电费的意思，而且供电人限定的催告期限尚未经过，供电人径行中止供电，违背了法律规定的诚实信用义务，应依法赔偿因此给用电人造成的损失。

【案例 43】

本案涉及赠与的撤销问题。

本案中，甲与乙成立赠与合同关系，其中甲为赠与人，乙为受赠人。根据《民法典》第 657 条规定，赠与合同是赠与人将自己的财产无偿给予受赠

人，受赠人表示接受赠与的合同。按照这个规定，赠与合同是诺成合同，受赠人表示接受该赠与时，赠与合同即成立和生效。同时赠与合同又是单务和无偿合同，为平衡合同双方当事人利益，避免对赠与人过于苛刻，《民法典》第 658 条第 1 款规定，赠与人在赠与财产的权利转移之前可以撤销赠与。这实际上是赋予赠与人以任意的撤销权。赠与人在行使此权利时不需要任何理由和条件，也不受任何期间的限制，只要其不是该条第 2 款规定的经过公证的赠与合同或者**依法不得撤销**的具有救灾、扶贫、**助残**等公益、道德义务性质的赠与合同，则在赠与人在赠与财产的权利转移之前，可以随时撤销赠与。

本案中，甲表示了赠与的意愿，乙表示接受，赠与合同成立并生效，但标的物并未交付给乙，因此甲依法可以任意撤销其赠与，所以在甲将赠与标的物另行处置时，乙无法根据赠与合同要求甲承担合同不履行的违约责任。

【案例 44】

本案涉及赠与的撤销和赠与义务的免除问题。

本案中，甲公司和乙公司分别与某希望小学成立赠与合同关系，其中甲公司和乙公司均为赠与人，某希望小学为受赠人。

（1）《民法典》第 658 条规定，**赠与人在赠与财产的权利转移之前可以撤销赠与。经过公证的赠与合同或者依法不得撤销的具有救灾、扶贫、助残等公益、道德义务性质的赠与合同，不适用前款规定。**据此，本案中甲、乙两公司的捐赠行为均为具有社会公益性质的赠与，因此，赠与人均没有《民法典》第 658 条规定的任意的撤销权，不能以任意的理由撤销赠与。所以，甲公司撤销赠与的主张不能成立，其仍负有所承诺的赠与义务。

（2）根据《民法典》第 666 条规定，**赠与人的经济状况显著恶化，严重影响其生产经营或者家庭生活的，可以不再履行赠与义务。**据此，赠与人具有此条规定的条件时获得法定的赠与义务的免除。这不同于上述赠与的撤销，不论赠与合同是否具有救灾、扶贫、助残等公益、道德义务的性质，均不影响赠与义务的免除。因此，本案中，乙公司的情况符合上述法律规定，其依法可以免除赠与义务，某希望小学不能要求其履行。

【案例 45】

本案涉及赠与的瑕疵担保问题。

由于赠与合同是单务合同、无偿合同，因此为衡平合同双方当事人利益，避免对赠与人过于苛刻，法律一般并不要求赠与人像买卖合同的出卖人一样对合同标的物承担瑕疵担保责任。但是有两个例外：如果赠与人故意不告知瑕疵的，此时赠与人有恶意，法律没有必要再过多保护其利益，转而保护善意的受赠人的利益，此时赠与人仍承担瑕疵担保责任；如果赠与人保证标的物无瑕疵，则其保证对善意的受赠人形成信赖，此时受赠人因信其保证而接受赠与标的物却因此受瑕疵损害，赠与人仍承担瑕疵担保责任。《民法典》第 662 条规定，赠与的财产有瑕疵的，赠与人不承担责任……**赠与人故意不告知瑕疵或者保证无瑕疵，造成受赠人损失的，应当承担损害赔偿责任。**

本案中，甲企业与某银行成立赠与合同关系，其中甲企业是赠与人，某银行是受赠人。赠与人甲企业向受赠人某银行保证其所赠与的空调设备无瑕疵，但实际上却有质量问题，导致受赠人的损失，应当对此承担损害赔偿责任。

【案例 46】

（1）2011 年 11 月 13 日，李某可以撤销赠与。《民法典》第 663 条规定，**受赠人有下列情形之一的，赠与人可以撤销赠与：①严重侵害赠与人或者赠与人近亲属的合法权益；②对赠与人有扶养义务而不履行；③不履行赠与合同约定的义务。赠与人的撤销权，自知道或者应当知道撤销事由之日起 1 年内行使。**据此，受赠人严重侵害赠与人的，赠与人可以撤销赠与。2011 年 11 月 13 日李某受伤时，意识仍正常，应由李某行使撤销权。

（2）2011 年 11 月 19 日，李某的妻子可以撤销赠与。《民法典》第 664 条规定，**因受赠人的违法行为致使赠与人死亡或者丧失民事行为能力的，赠与人的继承人或者法定代理人可以撤销赠与。赠与人的继承人或者法定代理人的撤销权，自知道或者应当知道撤销事由之日起 6 个月内行使。**据此，2011 年 11 月 19 日，李某意识丧失，丧失民事行为能力，其法定代理人享有撤销权。《民法典》第 28 条规定，**无民事行为能力或者限制民事行为能力的成年人，由下列有监护能力的人按顺序担任监护人：①配偶；②父母、子女；③其他近亲属；④其他愿意担任监护人的个人或者组织，但是须经被监护人住所地的居民委员会、村民委员会或者民政部门同意。**据此，李某的妻子是第一顺序监护人，为李某的法定代理人，因此可以撤销赠与。

（3）2011 年 12 月 20 日，李某的妻子、儿子、父母都可以行使撤销权。根据《民法典》第 664 条规定，因受赠人的违法行为致使赠与人死亡的，其继承人可以行使撤销权。

（4）李某的父母享有撤销权。根据《民法典》第664条第2款规定，其撤销权的行使期间为6个月，从其知道撤销原因或者应当知道撤销原因时起计算。

【案例47】

本案涉及借款合同的展期以及利息的问题。

本案中，甲与乙成立民间借款的合同关系，其中甲为借款人，承担依合同到期返还借款本金的和约定的利息的义务。

（1）《民法典》第680条规定，禁止高利放贷，借款的利率不得违反国家有关规定。借款合同对支付利息没有约定的，视为没有利息。借款合同对支付利息约定不明确，当事人不能达成补充协议的，按照当地或者当事人的交易方式、交易习惯、市场利率等因素确定利息；自然人之间借款的，视为没有利息。据此规定第3款，本案中，借条上未记载利息，乙主张有利息却没有证据证明，因此应认定双方对利息没有约定，依法认定借款人不支付利息。

（2）逾期的罚息性质上是一种违约金。本问首先要解决的是借款合同有否延期的问题以确定甲有否逾期。《民法典》第678条规定，借款人可以在还款期限届满前向贷款人申请展期；贷款人同意的，可以展期。这实质上就是一种合同的协议变更，变更的内容是还款期限。有效的协议变更必须有双方当事人意思表示的一致，合同法规定为借款人的申请和贷款人的同意，因此本案中乙某未表态的行为不能视为默许，因为从中无法看出乙的意思表示。至于乙到期后的催讨，是乙的权利，其可以任意选择催讨的时间，因此即便乙到期后没有催讨也不是默认展期的依据。

《民法典》第676条规定，借款人未按照约定的期限返还借款的，应当按照约定或者依照国家有关规定支付逾期利息。对于自然人之间的无息借款，有约定偿还期限而借款人不按期偿还，或者未约定偿还期限但经出借人催告后，借款人仍不偿还的，出借人要求偿付逾期利息，应当予以准许。此处的逾期利息相当于违约金。据此，本案中甲应当向乙偿还借款本金以及自借款期限届满之日起的逾期利息。

【案例48】

（1）王刚可以拒绝建行2010年12月5日支付

利息的请求。

（2）根据《民法典》第674条的规定，如果借款合同的双方当事人对支付利息的期限没有约定或者约定不明确，应依照《民法典》第510条来确定支付利息的期限，即先由双方协议补充。不能达成补充协议的，按照合同有关条款或者交易习惯确定。如果仍不能确定，借款期间不满1年的，应当在返还借款时一并支付；借款期间1年以上的，应当每届满1年时支付；剩余期间不满1年的，应当在返还借款时支付。根据该条的规定，王刚的主张不能成立。

【案例49】

本案涉及租赁合同的期限问题。

本案当事人之间是房屋租赁合同关系，其中甲是出租人，乙和丙均为承租人。租赁合同是出租人将租赁物交付承租人使用、收益，承租人支付租金的合同。租赁合同是转移财产使用权的合同，因此具有期限性。《民法典》第707条规定，租赁期限6个月以上的，应当采用书面形式。当事人未采用书面形式，无法确定租赁期限的，视为不定期租赁。据此，本案中甲、丙之间一直未订立书面合同，据此应认定甲、丙之间的租赁合同为不定期租赁。《民法典》第734条规定，租赁期限届满，承租人继续使用租赁物，出租人没有提出异议的，原租赁合同继续有效，但是租赁期限为不定期。租赁期限届满，房屋承租人享有以同等条件优先承租的权利。据此，本案中，甲、乙之间租赁合同期满后，乙继续租用房屋，租金照付，甲未表示反对，应认为原租赁合同继续有效，但租赁期为不定期。

《民法典》第730条规定，当事人对租赁期限没有约定或者约定不明确，依据本法第510条的规定仍不能确定的，视为不定期租赁；当事人可以随时解除合同，但是应当在合理期限之前通知对方。据此，本案中，甲与乙、丙的租赁期都是不定期，因此甲有权随时解除租赁合同，并且甲也履行了合理期限之前的通知义务，因此本案应支持甲的请求，允许其解除与乙、丙的租赁合同关系。

【案例50】

本案涉及出租人在租赁期间处分租赁物对承租人的影响问题。

租赁合同本质上是转移财产使用权的合同，承租人通过合同取得租赁物的使用权，出租人仍然拥有租赁物的所有权，在租赁期间有权处分租赁物，将其出售。

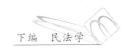

《民法典》第726条规定，出租人出卖租赁房屋的，应当在出卖之前的合理期限内通知承租人，承租人享有以同等条件优先购买的权利；但是，房屋按份共有人行使优先购买权或者出租人将房屋出卖给近亲属的除外。出租人履行通知义务后，承租人在15日内未明确表示购买的，视为承租人放弃优先购买权。据此，本案中，实际买受人丙的购买价格比承租人甲的出价高，因此出租人乙将房屋卖给丙，该买卖行为有效，丙有权取得该房屋的所有权。

《民法典》第725条规定，租赁物在承租人按照租赁合同占有期限内发生所有权变动的，不影响租赁合同的效力。据此，甲与乙的租赁合同对丙继续有效，丙无权将甲赶走或提高甲的租金。

【案例51】

本案涉及租赁合同中承租人转租的法律问题。

本案中，甲与乙成立租赁合同关系，其中甲为承租人，乙为出租人。

《民法典》第716条规定，承租人经出租人同意，可以将租赁物转租给第三人。承租人转租的，承租人与出租人之间的租赁合同继续有效；第三人造成租赁物损失的，承租人应当赔偿损失。承租人未经出租人同意转租的，出租人可以解除合同。据此，本案中甲是承租人，乙是出租人，丙是第三人。虽然仓库是由丙实际使用且火灾是由丙引起，但依据上述规定，甲仍然应向乙赔偿损失。

（2）根据上述规定，甲虽已将仓库转租给丙，但甲与乙之间的租赁合同仍然有效，而乙与丙之间没有合同关系。因此乙只能向甲要求支付租金，而不能向丙要求支付租金。

【案例52】

本案中，甲与乙成立租赁合同关系，其中甲为承租人，乙为出租人。

（1）《民法典》第713条规定，承租人在租赁物需要维修时可以请求出租人在合理期限内维修。出租人未履行维修义务的，承租人可以自行维修，维修费用由出租人负担。因维修租赁物影响承租人使用的，应当相应减少租金或者延长租期。因承租人的过错致使租赁物需要维修的，出租人不承担前款规定的维修义务。据此，本案中，甲是承租人，乙是出租人，乙未履行维修义务，甲装修的费用中的必要维修开支部分应当由乙负责。

（2）《民法典》715条规定，承租人经出租人同意，可以对租赁物进行改善或者增设他物。承租人

未经出租人同意，对租赁物进行改善或者增设他物的，出租人可以请求承租人恢复原状或者赔偿损失。据此，本案中甲未经乙同意，擅自对租赁房屋内部进行结构性的改造，乙有权要求恢复原状或者赔偿损失，但法律并未赋予出租人因此而解除合同的权利，因此乙不能要求解除合同。

【案例53】

（1）《民法典》第721条规定，承租人应当按照约定的期限支付租金。对支付租金的期限没有约定或者约定不明确，依据本法第510条的规定仍不能确定，租赁期限不满1年的，应当在租赁期限届满时支付；租赁期限1年以上的，应当在每届满1年时支付，剩余期限不满1年的，应当在租赁期限届满时支付。乙公司应当按照上述规定的期限支付租金。

（2）甲公司可以解除合同。承租人要转租必须征得出租人同意。《民法典》第716条第2款规定，承租人未经出租人同意转租的，出租人可以解除合同。

（3）有限制。《民法典》第564条规定，法律规定或者当事人约定解除权行使期限，期限届满当事人不行使的，该权利消灭。法律没有规定或者当事人没有约定解除权行使期限，自解除权人知道或者应当知道解除事由之日起1年内不行使，或者经对方催告后在合理期限内不行使的，该权利消灭。

（4）《民法典》第566条规定，合同解除后，尚未履行的，终止履行；已经履行的，根据履行情况和合同性质，当事人可以请求恢复原状或者采取其他补救措施，并有权请求赔偿损失。合同因违约解除的，解除权人可以请求违约方承担违约责任，但是当事人另有约定的除外。主合同解除后，担保人对债务人应当承担的民事责任仍应当承担担保责任，但是担保合同另有约定的除外。

【案例54】

（1）甲、乙之间形成承揽合同关系。《民法典》第770条规定，承揽合同是承揽人按照定作人的要求完成工作，交付工作成果，定作人支付报酬的合同。承揽包括加工、定作、修理、复制、测试、检验等工作。本案中，甲是定作人，乙是承揽人。

（2）承揽合同中承揽人的义务具有不可让与性。《民法典》第772条规定，承揽人应当以自己的设备、技术和劳力，完成主要工作，但是当事人另有约定的除外。承揽人将其承揽的主要工作交由第三人完成的，应当就该第三人完成的工作成果向

一／般／经／典／案／例

定作人负责；未经定作人同意的，定作人也可以解除合同。据此，本案中乙作为承揽人，其合同义务是亲自完成工作，但乙已经肯定无法如约完成工作，而这将导致甲的合同目的无法实现。而且，乙未经甲的同意将承揽工作交给第三人，其中当然包括了主要工作，甲作为定作人依法有权解除其与乙的承揽合同。

【案例 55】

本案涉及承揽合同中的定作人的解除权问题。

本案甲与家具厂之间形成承揽合同关系。甲是定作人，家具厂是承揽人。

（1）《民法典》第 787 条规定，**定作人在承揽人完成工作前可以随时解除合同，造成承揽人损失的，应当赔偿损失。** 定作人这种随时解除合同的权利是承揽合同的特点。因此，本案中甲有权解除合同。

（2）按照上述规定，甲有权解除合同，但应当赔偿给家具厂造成的损失。这个损失包括两部分，一是家具厂为完成工作所购进的木料，二是家具厂已经为此合同工作了半个月的工作报酬。因此，乙有权要求甲支付木料款和工作酬金。

【案例 56】

（1）根据《民法典》第 776 条的规定，承揽人发现定作人提供的图纸或者技术要求不合理的，应当**及时通知**定作人。本案中，金鑫制造厂应及时通知华帝公司补正图纸、技术标准。

（2）根据《民法典》第 776 条的规定，金鑫制造厂发现华帝公司提供的图纸、技术标准不合理，及时通知华帝公司，但华帝公司怠于答复，因而给金鑫制造厂造成的损失，应当由华帝公司承担赔偿责任。

（3）如果华帝公司拒绝履行**协助义务**，作为承揽人，金鑫制造厂可以根据《民法典》第 778 条的规定，解除合同。

【案例 57】

本案中甲学校与乙公司订立建设工程合同。《合同法》第 269 条规定，建设工程合同是承包人进行工程建设，发包人支付价款的合同。甲学校是发包人，乙公司是承包人。发包人的基本义务是支付工程价款，承包人的基本义务是按照合同约定完成承包的工程任务并保证质量。

根据《民法典》第 802 条规定，**因承包人的原因致使建设工程在合理使用期限内造成人身和财产**损害的，**承包人应当承担赔偿责任**。本案中，学生的人身伤害是因教学楼楼梯断裂造成的，损害发生在教学楼的合理使用期限内，楼梯的断裂是由于建设工程的质量存在问题，是乙公司的原因造成的。虽然乙公司是按照甲学校提供的设计图纸完成的，但楼梯断裂是由于质量原因而不是设计原因引起的，保证工程质量是承包人的合同义务，学校派人监督也并不能降低对承包人的质量保证要求；合同中约定的"保修期"应指乙公司保证修理的期限，与"保质期"并非一个意义。因此，乙公司的抗辩理由不能成立，乙公司应当对事故造成的损害负赔偿责任。

【案例 58】

（1）乙公司可以与甲公司**协商将该工程折价或者请求人民法院拍卖**。《民法典》第 807 条规定，发包人未按照约定支付价款的，承包人可以催告发包人在合理期限内支付价款。发包人逾期不支付的，除根据建设工程的性质不宜折价、拍卖的外，承包人可以与发包人协议将该工程折价，也可以请求人民法院将该工程依法拍卖。

（2）根据《民法典》第 807 条的规定，乙的建设工程的价款享有就该工程折价或者拍卖的价款**优先受偿**的权利。

（3）乙不能主张折价或者拍卖。因为根据《民法典》第 807 条的规定，**按照建设工程的性质不宜折价或者拍卖的**，属于例外。学校急需的教室即属于此类。

【案例 59】

（1）本案甲与某铁路分局之间存在运输合同关系，某铁路分局为承运人。《民法典》第 809 条规定，运输合同是承运人将旅客或者货物从起运地点运输到约定地点，旅客、托运人或者收货人支付票款或者运输费用的合同。《民法典》第 814 条规定，客运合同自承运人向旅客出具客票时成立，但是当事人另有约定或者另有交易习惯的除外。据此，本案中，合同成立的时间为甲购得车票的时间。

（2）《民法典》第 823 条规定，**承运人应当对运输过程中旅客的伤亡承担赔偿责任；但是，伤亡是旅客自身健康原因造成的或者承运人证明伤亡是旅客故意、重大过失造成的除外。前款规定适用于按照规定免票、持优待票或者经承运人许可搭乘的无票旅客。** 据此，本案事故发生在甲下车途中，仍属在运输过程之中。甲受伤的原因是车梯太滑，并非由于自身健康原因或者是故意、重大过失造成

的，因此某铁路分局作为承运人应对此负责。

【案例 60】

（1）运输公司应当承担赔偿责任。根据《民法典》第 823 条第 1 款规定，承运人应当对运输过程中旅客的伤亡承担赔偿责任。

（2）运输公司应当承担赔偿责任。根据《民法典》第 823 条第 2 款规定，前款规定适用于按照规定免票、持优待票或者经承运人许可搭乘的无票旅客。

（3）运输公司不应当承担责任。因为李某有重大过失，根据《民法典》第 823 条第 1 款的规定，如果在运输过程中旅客受到的伤亡是由于自己故意或者重大过失造成的，承运人不承担赔偿责任。

【案例 61】

本案中，甲、乙之间成立保管合同关系。《民法典》第 888 条第 1 款规定，保管合同是保管人保管寄存人交付的保管物，并返还该物的合同。据此，甲为寄存人，乙为保管人。乙收取了保管费，该保管关系是有偿的保管合同关系。

《民法典》第 897 条规定，保管期内，因保管人保管不善造成保管物毁损、灭失的，保管人应当承担赔偿责任。但是，无偿保管人证明自己没有故意或者重大过失的，不承担赔偿责任。据此，本案中，因乙的过失，造成甲寄存的包裹冒领，乙应对此承担赔偿责任。

根据《民法典》第 898 条规定，寄存人寄存货币、有价证券或者其他贵重物品的，应当向保管人声明，由保管人验收或者封存；寄存人未声明的，该物品毁损、灭失后，保管人可以按照一般物品予以赔偿。本案中，甲寄存货币时未事先声明，乙保管人可以按照一般物品予以赔偿。

因此，乙应当赔偿甲现金以外的因包裹丢失产生的财产损失，对于甲的现金损失，乙有权只按一般物品予以赔偿。

【案例 62】

（1）2011 年 7 月 18 日合同成立。根据《民法典》第 890 条规定，保管合同自保管物交付时成立，但是当事人另有约定的除外。

（2）张某不承担责任。根据《民法典》第 893 条规定，寄存人交付的保管物有瑕疵或者根据保管物的性质需要采取特殊保管措施的，寄存人应当将有关情况告知保管人。寄存人未告知，致使保管物受损失的，保管人不承担赔偿责任；保管人因此受损失的，除保管人知道或者应当知道且未采取补救措施外，寄存人应当承担赔偿责任。

（3）张某可以主张李某承担自己的损失。因为根据《民法典》第 893 条规定，保管人因此受损失的，除保管人知道或者应当知道并且未采取补救措施外，寄存人应当承担赔偿责任。

【案例 63】

（1）2009 年 11 月 3 日合同成立并生效。仓储保管合同是诺成合同，双方当事人意思表示一致，合同成立。《民法典》第 905 条规定，仓储合同自保管人和存货人意思表示一致时成立。

（2）甲公司应当承担违约金，因为合同已经成立并且生效。

【案例 64】

本案中，甲与乙公司成立委托合同关系，乙公司是委托人，甲是受托人。乙公司向甲支付了报酬，因而是有偿的委托合同关系。

（1）根据《民法典》第 926 条第 1 款规定，受托人以自己的名义与第三人订立合同时，第三人不知道受托人与委托人之间的代理关系的，受托人因第三人的原因对委托人不履行义务，受托人应当向委托人披露第三人，委托人因此可以行使受托人对第三人的权利。但是，第三人与受托人订立合同时如果知道该委托人就不会订立合同的除外。本案中，甲因第三人丙公司未支付货款从而无法完成受托事项，向乙公司披露第三人丙公司后，乙公司即可以行使甲的权利，直接向丙公司要求履行付款义务。

（2）根据《民法典》第 926 条第 3 款规定，委托人行使受托人对第三人的权利的，第三人可以向委托人主张其对受托人的抗辩。本案中，由于甲未交付关键零部件，因此丙公司对甲拥有同时履行抗辩权，拒绝自己的付款义务。当乙公司行使甲的权利向丙公司要求付款时，丙公司可以向乙公司主张上述抗辩权，拒绝付款。

（3）根据《民法典》第 929 条规定，有偿的委托合同，因受托人的过错给委托人造成损失的，委托人可以要求赔偿损失。本案中由于甲的过错导致无法交付关键零部件，致使丙公司可以拒绝付款，从而导致乙公司的损失，乙公司可以依法直接向甲请求赔偿。

【案例 65】

本案中，甲公司与乙公司成立委托合同关系，甲公司是委托人，乙公司是受托人。甲公司向乙公司支付了报酬，因而是有偿的委托合同关系。

根据《民法典》第 926 条第 2 款规定，受托人因委托人的原因对第三人不履行义务，受托人应当向第三人披露委托人，第三人因此可以选择受托人或者委托人作为相对人主张权利，但是第三人不得变更选定的相对人。本案中，乙公司因甲公司未能向自己交付货物导致自己无法对丙公司履行交付义务，经其向丙公司披露委托人甲公司后，丙公司拥有选择权，可以选择甲、乙中任何一个作为主张依据合同履行交付货物义务的相对人。丙在已经选定甲公司为相对人后，就丧失了向乙公司请求履行的权利，因此丙公司不能再向乙公司提出供货的请求。

【案例 66】

本案涉及委托合同中当事人的任意解除权、转委托和赔偿损失请求权。

（1）根据《民法典》第 933 条规定，委托人或者受托人可以随时解除委托合同。因解除合同造成对方损失的，除不可归责于该当事人的事由外，无偿委托合同的解除方应当赔偿因解除时间不当造成的直接损失，有偿委托合同的解除方应当赔偿对方的直接损失和可以获得的利益。本条规定的是委托合同中当事人的任意解除权。据此，本案中，甲公司有权解除委托合同。

（2）虽然甲公司有权解除委托合同，但丙公司有权请求甲公司赔偿损失、支付相应报酬和可得利益的损失。首先，根据《民法典》第 923 条规定，受托人应当亲自处理委托事务。经委托人同意，受托人可以转委托。转委托经同意或者追认的，委托人可以就委托事务直接指示转委托的第三人，受托人仅就第三人的选任及其对第三人的指示承担责任。转委托未经同意或者追认的，受托人应当对转委托的第三人的行为承担责任；但是，在紧急情况下受托人为了维护委托人的利益需要转委托第三人的除外。据此，乙公司将委托事宜转委托给丙公司，开始确实未得到甲公司的同意。但之后的事实表明，甲公司实际上已经认可了丙公司对受托事务的处理，并且已经直接向丙公司对受托事务的处理，并且已经直接向丙公司发出指示，因此，甲公司事实上认可了丙公司的受托人资格，甲公司与丙公司之间存在委托关系，丙公司可以向甲公司主张权利。其次，《民法典》第 928 条规定，受托人完成委托事务的，委托人应当按照约定向其支付报酬。因不可归责于受托人的事由，委托合同解除或者委托事务不能完成的，委托人应当向受托人支付相应的报酬。当事人另有约定的，按照其约定。据

此，甲公司解除合同导致受托事务不能完成，但委托人甲公司应向受托人丙公司支付相应的报酬。可见，丙公司有权请求甲公司支付相应报酬。最后，根据《民法典》933 条规定，委托人或者受托人可以随时解除委托合同。因解除合同造成对方损失的，除不可归责于该当事人的事由外，无偿委托合同的解除方应当赔偿因解除时间不当造成的直接损失，有偿委托合同的解除方应当赔偿对方的直接损失和可以获得的利益。据此，本案涉及的是有偿的委托合同，甲公司不仅赔偿丙公司直接损失即 5 万元，还应赔偿丙公司可得利益的损失。

【案例 67】

（1）中心支行可以解除合同。根据《民法典》第 933 条规定，委托人或者受托人可以随时解除委托合同。

（2）大江律师事务所可以要求中心支行赔偿自己支付的 550 元。根据《民法典》第 933 条的规定，委托人可以随时解除合同，但是，有偿委托合同的解除方应当赔偿对方的直接损失和可以获得的利益。

【案例 68】

本案中，甲与乙商行之间的关系为行纪合同关系。《民法典》第 951 条规定，行纪合同是行纪人以自己的名义为委托人从事贸易活动，委托人支付报酬的合同。甲是委托人，乙商行是行纪人。

（1）根据《民法典》第 955 条第 2 款规定，行纪人高于委托人指定的价格卖出或者低于委托人指定的价格买入的，可以按照约定增加报酬；没有约定或者约定不明确的，依据本法第 510 条的规定仍不能确定的，该利益属于委托人。本案中，乙商行以高于甲指定的价格卖出布匹，对多出的收益又没有约定，该部分利益依法归委托人甲所有。

（2）根据《民法典》第 956 条第 1 款规定，行纪人卖出或者买入具有市场定价的商品，除委托人有相反的意思表示的以外，行纪人自己可以作为买受人或者出卖人。行纪人有前款规定的情形的，仍然可以要求委托人支付报酬。因此，如果此时乙商行以每米 20 元价格将甲委托出卖的布买下，不仅不违法，而且仍然可以要求甲支付报酬。

【案例 69】

（1）行纪合同。

（2）可以行使付款请求权。根据《民法典》第 958 条第 1 款的规定，行纪人与第三人订立合同的，

行纪人对该合同直接享有权利、承担义务。

（3）张某可以向甲主张。根据《民法典》第958条第2款的规定，**第三人不履行义务致使委托人受到损害的，行纪人应当承担赔偿责任，但是行纪人与委托人另有约定的除外**。

（4）甲可以认购张某委托其出卖的画。《民法典》第956条第1款规定，行纪人卖出或者买入具有市场定价的商品，除委托人有相反的意思表示的外，行纪人自己可以作为买受人或者出卖人。根据该条款的规定，行纪人甲要认购张某委托出卖的名画的条件有两个，即：该名画有市场定价；委托人张某没有相反的意思表示。

在具备上述条件下，行纪人甲自己认购张某委托出卖的名画，根据《民法典》第956条第2款的规定，仍然可以请求张某支付报酬。

【案例 70】

（1）不能。根据《民法典》第963条第1款规定，**中介人促成合同成立的，委托人应当按照约定支付报酬**。对中介人的报酬没有约定或者约定不明确，依据本法第510条的规定仍不能确定的，根据中介人的劳务合理确定。因中介人提供订立合同的媒介服务而促成合同成立的，由该合同的当事人平均负担中介人的报酬。据此，成立的合同是否解除对支付报酬没有影响。

（2）如果中介人促成合同成立，委托人按照合同的约定支付报酬，根据《民法典》第963条第2款规定，**中介人促成合同成立的，中介活动的费用，由中介人负担**。

（3）可以主张。根据《民法典》第964条规定，**中介人未促成合同成立的，不得请求支付报酬；但是，可以按照约定请求委托人支付从事中介活动支出的必要费用**。

【案例 71】

（1）《民法典》第870条规定，**技术转让合同的让与人和技术许可合同的许可人应当保证自己是所提供的技术的合法拥有者，并保证所提供的技术完整、无误、有效，能够达到约定的目标**。据此，本案中，乙提供的技术存在严重的缺陷，所以应当承担违约责任。

（2）根据《民法典》第870条规定，本案中，乙将自己仅有使用权的技术转让给甲，应当承担责任。《民法典》第872条规定，**让与人未按照约定转让技术的，应当返还部分或者全部使用费，并应当承担违约责任；实施专利或者使用技术秘密超越约**

定的范围的，违反约定擅自许可第三人实施该项专利或者使用该项技术秘密的，应当停止违约行为，承担违约责任；违反约定的保密义务的，应当承担违约责任。许可人应当承担违约责任的，参照适用前款规定。据此，乙应当返还使用费，并承担违约责任。

【案例 72】

（1）在一般情况下，当事人违反合同要承担违约责任，但是，如果是由于发生不可抗力而导致合同不能履行，则免除当事人的违约责任。所谓不可抗力，是指不能预见、不能避免并不能克服的客观情况。洪水暴发就属于此类。《民法典》第590条规定，**当事人一方因不可抗力不能履行合同的，根据不可抗力的影响，部分或者全部免除责任，但是法律另有规定的除外。因不可抗力不能履行合同的，应当及时通知对方，以减轻可能给对方造成的损失，并应当在合理期限内提供证明。当事人迟延履行后发生不可抗力的，不免除其违约责任**。据此，本案中，青龙山有限公司不能按照合同约定的期限履行合同义务，是由于不可抗力所致，所以应当免除青龙山有限公司的违约责任，不应承担违约金责任。

（2）根据《民法典》第590条规定，在洪水暴发后，青龙山有限公司应当及时通知华隆有限公司，对其没有及时通知而给华隆有限公司造成的损失应当承担赔偿责任。

（3）根据《民法典》第590条规定，当事人迟延履行后发生不可抗力的，不能免除责任。所以青龙山有限公司在迟延履行期间发生洪水暴发，导致合同不能履行，其要承担违约责任。

【案例 73】

（1）甲银行与乙公司之间形成保理合同关系；甲银行与丁公司、戊公司之间形成保证合同法律关系。《民法典》第761条规定，**保理合同是应收账款债权人将现有的或者将有的应收账款转让给保理人，保理人提供资金融通、应收账款管理或者催收、应收账款债务人付款担保等服务的合同**。《民法典》681条规定，**保证合同是为保障债权的实现，保证人和债权人约定，当债务人不履行到期债务或者发生当事人约定的情形时，保证人履行债务或者承担责任的合同**。

（2）保理合理法律关系的实质是应收账款债权转让，涉及到三方主体（保理人、债权人和债务人）和两个合同（保理合同和基础合同），这与单

纯的借款合同有显著区别。

（3）乙公司和丙公司私下协商终止基础买卖合同对甲银行不发生效力。《民法典》第765条规定，**应收账款债务人接到应收账款转让通知后，应收账款债权人和债务人无正当理由协商变更或者终止基础交易合同，对保理人产生不利影响的，对保理人不发生效力。**

（4）甲银行可以向乙公司和丙公司主张应收账款债权，因为甲银行和丙公司签订的是有追索权的保理。《民法典》第766条规定，当事人约定有追索权保理的，保理人可以向应收账款债权人主张返还保理融资款本息或者回购应收账款债权，也可以向应收账款债务人主张应收账款债权。保理人向应收账款债务人主张应收账款债权，在扣除保理融资款本息和相关费用后有剩余的，剩余部分应当返还给应收账款债权人。《民法典》第767条规定，当事人约定无追索权保理的，保理人应当向应收账款债务人主张应收账款债权，保理人取得超过保理融资款本息和相关费用的部分，向应收账款债权人返还。

（5）丁公司应自乙公司应收账款到期未向甲银行偿还保理预付款开始承担保证责任，保证期间为主债务履行期限届满之日起6个月。《民法典》第692条第二款规定，债权人与保证人可以约定保证期间，但是约定的保证期间早于主债务履行期限或者与主债务履行期限同时届满的，视为没有约定；没有约定或者约定不明确的，保证期间为主债务履行期限届满之日起6个月。

【案例74】

（1）甲银行与乙公司签订的隐蔽型有追索权保理合同有效。隐蔽型有追索权保理合同系签约各方真实意思表示，其内容不违反法律法规的禁止性规定，符合民事法律行为成立的有效条件，应为合法有效。

（2）甲银行有权请求乙公司支付回购款，因为甲银行与乙公司签订的保理合同是有追索权的保理，但甲银行请求乙公司支付40%的逾期利息过高，应当调整为24%的逾期利息。《民法典》766条规定，当事人约定有追索权保理的，保理人可以向应收账款债权人主张返还保理融资款本息或者回购应收账款债权，也可以向应收账款债务人主张应收账款债权。保理人向应收账款债务人主张应收账款债权，在扣除保理融资款本息和相关费用后有剩余的，剩余部分应当返还给应收账款债权人。参照相关司法解释规定，借贷双方约定的利率未超过年利率24%，出借人请求借款人按照约定的利率支付利息的，人民法院应予支持。借贷双方约定的利率超过年利率36%，超过部分的利息约定无效。借款人请求出借人返还已支付的超过年利率36%部分的利息的，人民法院应予支持。

（3）甲银行无权请求丙公司支付应收账款，因为甲银行与乙公司关于应收账款转让的通知没有通知债务人丙公司。《民法典》第764条规定，**保理人向应收账款债务人发出应收账款转让通知的，应当表明保理人身份并附有必要凭证。**《民法典》第769条规定，本章（保理合同）没有规定的，适用本编第六章债权转让的有关规定。《民法典》第546条规定，债权人转让债权的，未通知债务人的，该转让对债务人不发生效力。债权转让的通知不得撤销，但是经受让人同意的除外。综合上述规定，乙公司将应收账款转让给保理人甲银行，应当通知债务人丙公司，未经通知，则对丙公司不发生法律效力。

【案例75】

（1）乙公司无权将全部物业委托给丙公司进行管理。《民法典》第941条规定，**物业服务人将物业服务区域内的部分专项服务事项委托给专业性服务组织或者其他第三人的，应当就该部分专项服务事项向业主负责。物业服务人不得将其应当提供的全部物业服务转委托给第三人，或者将全部物业服务分解后分别转委托给第三人。**

（2）小区业主有权请求乙公司承担违约责任。《民法典》第937条第1款规定，**物业服务合同是物业服务人在物业服务区域内，为业主提供建筑物及其附属设施的维修养护、环境卫生和相关秩序的管理维护等物业服务，业主支付物业费的合同。**《民法典》第942条第1款规定，**物业服务人应当按照约定和物业的使用性质，妥善维修、养护、清洁、绿化和经营管理物业服务区域内的业主共有部分，维护物业服务区域内的基本秩序，采取合理措施保护业主的人身、财产安全。**据此，物业服务企业对小区共有部分负有保养、维护义务，对于可能对业主财产造成损害的小区共用部分的安全隐患，应当及时消除，否则致业主财产损害后，物业服务企业应承担违约责任，对业主的损失进行赔偿。即便该安全隐患是第三人造成，也不能免除物业服务企业的违约责任。因此，乙公司将物业全部委托给丙公司，乙公司应就不及时消除安全隐患向甲小区业主承担违约责任。

（3）乙物业服务公司应当承担违反安全保障义

务的侵权责任。《民法典》第 1254 条规定，禁止从建筑物中抛掷物品。从建筑物中抛掷物品或者从建筑物上坠落的物品造成他人损害的，由侵权人依法承担侵权责任；经调查难以确定具体侵权人的，除能够证明自己不是侵权人的外，由可能加害的建筑物使用人给予补偿。可能加害的建筑物使用人补偿后，有权向侵权人追偿。物业服务企业等建筑物管理人应当采取必要的安全保障措施防止前款规定情形的发生；未采取必要的安全保障措施的，应当依法承担未履行安全保障义务的侵权责任。发生本条第一款规定的情形的，公安等机关应当依法及时调查，查清责任人。据此规定第 3 款，乙公司因未采取必要措施防止徐某受到人身伤害，应当依法承担未履行安全保障义务的侵权责任。

第四章 知识产权

 本章精要

知识产权是指民事主体对创造性智力成果依法享有的权利的总称。根据我国民法典的规定，知识产权是权利人依法就下列客体享有专有的权利：（1）作品；（2）发明、实用新型、外观设计；（3）商标；（4）地理标志；（5）商业秘密；（6）集成电路布图设计；（7）植物新品种；（8）法律规定的其他客体。但是，狭义的知识产权指的是著作权、专利权和商标权。

著作权部分，注意掌握著作权的主体（尤其是各种作品的著作权的归属），著作权的客体（作品的范围和不受著作权法保护的对象），著作权的内容以及邻接权，著作权的保护期限，对侵犯著作权的行为的认定以及侵犯著作权的法律责任。专利权部分，注意掌握专利权的主体和客体（关于职务发明问题），授予专利的实体条件和程序条件，专利权的内容和保护。商标权部分注意掌握商标注册的原则和实体条件，商标权的内容，商标权的争议，注册商标无效与终止中的程序问题，商标权的保护途径，以及对侵犯商标权的认定。

 经典案例

【案例 1】 阅读标记：（　）

甲、乙两人合作创作一部著作，2008 年出版时，双方约定署名顺序为甲、乙。2011 年甲、乙在原作的基础上共同修订准备出第二版。在该书付印之际乙未经与甲协商，即通知出版社调整署名顺序，将乙署名为第一作者，甲为第二作者。图书出版后，甲见署名顺序被调，便告乙侵犯了其署名权。

问：甲的主张是否成立？为什么？

【案例 2】 阅读标记：（　）

作家王某写了一部反映"文化大革命"10 年的纪实报告文学交某出版社出版，该出版社为该书配发了若干幅"文化大革命"时期的照片作为插图。在审定该书清样稿时，王某觉得照片能使作品增色，便未提出异议。图书发行后，摄影家张某发现书中照片均是自己过去发表的作品，而王某和出版社在事前未征得他的同意，事后也未支付报酬，书中也没有将他署名为照片作者，故起诉王某和出版社侵犯了其著作权。出版社承认侵权事实，愿承担相应责任。但是王某称自己只是该书文字部分的作者，照片为出版社配发，与自己无关，故否认其侵权责任。

问：王某的理由是否成立？为什么？

【案例 3】 阅读标记：（　）

某歌曲的词曲作者甲、乙在浏览 A 网站时，通过搜索引擎看到了自己曾发表在《新歌》期刊上的歌曲名称。继续点击后进入到 B 网站的"音乐天地"栏目，同时在 B 网站上播放出由歌手丙演唱的该歌曲。甲、乙认为丙未经其同意演唱该歌曲侵犯了其著作权，认为 A、B 两网站未经许可播放其创作的歌曲侵犯了其著作权，遂与丙交涉提出著作权侵权警告，与 A、B 网站交涉，要求关闭该歌曲所在网页及搜索功能。丙认为其演唱甲、乙已经发表的歌曲不需要许可，支付报酬是录音公司的义务，故认为其没有侵犯甲、乙的著作权；A 网站称其没有登载和播放此歌曲，而仅是通过搜索引擎检索到该歌曲的目录，没有实施复制行为，也没有实施其他使用行为，不存在著作权侵权问题；B 网站称该歌曲是在其所开设的"音乐天地"专栏中由网民自行上载而来，B 网站自接到甲、乙的通知后删除了该歌曲，但发现随后又被网民贴上，由于"音乐天地"专栏上每天都有大量歌曲上载，B 网站无法随时进行审查和删除，也不能为一首歌曲而删除整个专栏，B 网站对该歌曲的著作权保护无能为力，不再采取措施。甲、乙两人在与丙和 A、B 网站交涉未果后遂将丙和 A、B 两网站告上法庭。

一般经典案例

问：（1）丙是否构成对甲、乙著作权的侵害？
为什么？

（2）A网站是否构成侵权，为什么？

（3）B网站是否构成侵权，为什么？

（4）A、B网站如果构成侵权应承担什么
责任？（不构成侵权则不用回答）

（5）如果甲、乙或A、B网站查出在B网
站上载其歌曲的网民是丁，丁的行为
是否构成侵权？

【案例4】 阅读标记：（　）

公司甲与业余发明人乙订立了一份技术开发协
议，约定由乙为甲开发完成一项电冰箱温控装置技
术，由甲为乙提供开发资金、设备、资料等，并支
付报酬。在约定的时间内乙完成了合同约定的任
务，并按约定将全部技术资料和权利都交给了甲公
司。此外，乙在完成开发任务的过程中，还开发出
了一项附属技术T，并以自己的名义就技术T申请
专利。甲公司知道此事后，认为技术T的专利申请
权应归甲公司所有，因此，甲、乙双方就技术T的
专利申请权归属发生争议。

问：（1）该技术T的专利申请权应归谁所有？
请说明理由。

（2）该纠纷可通过哪些渠道解决？

【案例5】 阅读标记：（　）

甲厂2016年研制出一种N型高压开关，于
2017年1月向中国专利局提出专利申请，2018年5
月获得实用新型专利权。乙厂也于2016年7月自
行研制出这种N型高压开关。乙厂在2016年底前
已生产了80台N型高压开关，2017年3月开始在
市场销售。2017年乙厂又生产了70台N型高压开
关。2018年初，甲厂发现乙厂销售行为后，遂与乙
厂交涉，但乙厂认为自己的行为不构成侵权。

问：乙厂是否侵犯了甲厂的专利权？为什么？

【案例6】 阅读标记：（　）

W公司未经许可擅自使用H公司专利技术生
产并销售了变频家用空调器5 000台。G家电销售
公司在明知W公司侵犯H公司专利权的情况下，
从W公司进货2 000台，并已实际售出1 600台。
M宾馆在不知W公司侵犯H公司专利权的情况下
也从W公司购入200台并已安装使用。H公司发
现W公司、G公司和M宾馆的上述生产、销售和
使用行为后，向法院起诉，状告W公司、G公司

和M宾馆侵犯其专利权。

问：（1）W公司生产、销售行为是否侵权？是
否应承担相应赔偿责任？为什么？

（2）G公司的销售行为是否侵权？是否应
承担相应的赔偿责任？是否可以继续
销售库存的400台空调器？为什么？

（3）M宾馆的使用行为是否侵权？是否应
承担相应的赔偿责任？是否可以继续
使用这200台空调器？为什么？

【案例7】 阅读标记：（　）

1999年7月12日甲向中国专利局提出了名为
"半喂入稻麦联合收割机"实用新型专利申请（申请
号为198921408807），该申请于2000年6月27日公
开，公告号为CN2058549U。2000年11月26日，
甲、乙、丙、丁、戊5人共同向中国专利局提出
"背负式半喂入联合收割机"发明专利申请（申请号
为199011017906）。两个申请均是关于背负式半喂入
联合收割机的构造，技术方案完全相同。专利局经
实质审查后认定该申请不具有新颖性，于2002年11
月21日作出驳回该申请的决定。甲等5人不服，于
2003年1月12日向专利复审委员会提出复审请求。
专利复审委员会在2005年8月11日第614号复审决
定中确认：甲等5人申请的"背负式半喂入联合收
割机"发明专利，已被申请日之前公开的具有相同
内容的实用新型专利所披露，以丧失新颖性为由驳
回甲等人的复审请求，维持中国专利局作出的驳回
决定。甲等人不服专利复审委员会的复审决定，遂
向人民法院提起以专利复审委员会为被告的行政诉
讼。原告称：专利复审委员会认定其发明专利不具
有新颖性所依据的对比文件是其自己申请的实用新
型专利，根据《专利法》关于新颖性的规定，没有
同样的发明或实用新型由他人向专利局提出过申请，
并记载在申请日以后公布的专利申请文件中，故其
自己申请的实用新型专利不能否定其发明专利的新
颖性，并且其实用新型专利已获得授权，具有新颖
性，与之技术内容完全相同的发明专利就同样具有
新颖性。原告要求撤销专利复审委员会第614号复
审决定，判令重新复审，作出该专利申请有专利性
的决定，并赔偿原告因诉讼造成的损失。

问：（1）该案中原告始终认为自己的实用新型
不能否定自己的发明专利的新颖性，
你认为这一说法能否成立？为什么？

（2）何谓抵触申请？本案是否涉及抵触
申请？

（3）本案是否涉及优先权？为什么？

（4）法院对该专利行政纠纷应怎样裁判？

【案例 8】 阅读标记：（ ）

甲厂自去年以来生产的土豆片、锅巴等小食品，均使用"香脆"二字作为商标。现甲厂决定提出"香脆"商标注册申请，使用商品仍为土豆片、锅巴。

问：（1）该商标注册申请能否被核准？为什么？

（2）如果商标局驳回该注册申请，甲厂不服，应在何时向谁提出复审请求？

【案例 9】 阅读标记：（ ）

甲厂自 2006 年起在生产的某衬衫上使用"长城"商标。2008 年，乙厂也开始使用"长城"商标。2010 年 3 月，乙厂的"长城"商标经国家商标局核准注册，其核定使用的商品为服装等。2011 年 1 月，乙厂发现甲厂在衬衫上使用"长城"商标，很容易引起消费者误认。因此甲、乙双方发生侵权纠纷。

问：（1）甲、乙两个厂谁构成侵权？为什么？

（2）侵权行为始于何时？请说明理由。

（3）侵权方能否继续使用"长城"商标？请提出可行性建议。

【案例 10】 阅读标记：（ ）

2006 年 3 月，华信公司决定将其研制的 TY—10 空气压缩机（简称 TY—10 机）投入市场。为此，该公司在申请并取得专利后，积极开展市场营销，获得一批订单。同时，公司对 TY—10 机的设计图纸和工艺参数采取了严格的保密措施。2006 年 12 月，华信公司与红桥机械厂签订合同，约定由红桥厂按照华信公司提供的图纸和工艺参数生产 TY—10 机，并对华信公司提供的所有技术信息负有保密义务。2007 年 8 月，方圆公司向华信公司购买了一套 TY—10 机。随后，方圆公司聘请技术人员，运用"反向工程"的方法，对 TY—10 机进行解析、实测，按所得数据绘制了图纸。2008 年 5 月，方圆公司使用华信公司的 TY—10 机产品说明书原文，印制"DL—88 型空气压缩机"产品说明书并用于推销。2008 年 11 月，方圆公司与红桥厂签了承揽合同。2009 年 4 月，华信公司得知红桥厂为方圆公司制造与 TY—10 机相同产品的事实后，以方圆公司和红桥厂为被告，向人民法院提起了诉讼。证据证明：红桥厂为方圆公司制造的产品与华信公司的 TY—10 机完全相同。方圆公司自行绘制的图纸存在严重技术缺陷。生产线

上使用的有方圆公司签章的图纸中，一部分是华信公司向红桥厂提供的图纸的复印件。在部分图纸上，加注了以"反向工程"方法所无法取得的工艺参数。

问：（1）华信公司的哪些合法权益受到了侵犯？

（2）本案中的哪些行为侵犯了华信公司的合法权益？

（3）两被告之间在行为和责任方面关系如何？

【案例 11】 阅读标记：（ ）

2003 年 10 月，某市儿童出版社组织人员翻译出版《迪士尼丛书》，丛书包括《善良的灰姑娘》《白雪公主的新家》《爱丽思梦游奇景》《王子勇救睡美人》等 9 本书。每本书中的卡通图像与迪士尼公司的英文原版完全相同，其中的文字内容均系由英文版翻译而来，每本书均印有"米老鼠"的画像。2004 年 1 月，迪士尼公司向该市人民法院起诉，诉称：儿童出版社未经许可，擅自翻译出版该公司的书，非法复制该公司享有版权的卡通形象，侵犯了该公司的著作权。诉请法院判令被告停止出版、发行、销售上述丛书，并书面保证不再侵犯原告著作权，在中国出版、国外发行的报纸上公开赔礼道歉，并赔偿损失人民币 177 万余元。1992 年中美签署了《中美关于保护知识产权的谅解备忘录》，该协议于 1992 年 3 月 17 日生效。根据该协议，美国国民的作品自 1992 年 3 月 17 日始受中国法律的保护。

问：（1）迪士尼公司的著作权是否受《著作权法》的保护？

（2）儿童出版社侵犯了迪士尼公司的什么权利？

【案例 12】 阅读标记：（ ）

2010 年 8 月，某省艺术博物馆向省内外画家和书法家发出几千份邀请函，称次年 5 月 10 日是该馆建馆 40 周年，邀请这些人士届时参加庆典。一些画家和书法家收到邀请函后，纷纷作画或赋诗以示祝贺，并将作品赠与该博物馆。至 2010 年 12 月底，博物馆收到字、画共计 1 000 幅，遂从中挑选 100 幅作品编辑成纪念画册，出版 10 000 册公开销售。

问：（1）博物馆的行为是否侵犯了作者的著作权？为什么？

（2）博物馆是否可以将上述赠与的作品展

览？为什么？

【案例 13】 阅读标记：（　）

某市人民剧场举办明星张某的个人演唱会，为了吸引观众，人民剧场要求演唱除了该明星自己创作的 10 首歌曲外，还要演唱李某创作的 5 首歌曲。张某表示同意，但要求人民剧场征得李某的同意，而人民剧场并没有事先征得李某的同意。演唱结束后，张某发现人民剧场在没有征得自己同意的情况下，私自将自己的演出制作录像带，复制销售，并且在演出当晚，人民剧场通过网络发布了其演出的部分曲目。

问：（1）张某演唱李某的作品是否构成侵权？谁应就此承担侵权责任？

（2）人民剧场擅自制作录像带和在网上传播是否构成侵权？为什么？

【案例 14】 阅读标记：（　）

甲研究所和乙工厂于 2000 年 6 月签订了合作开发"高效节能热水器"的合同，双方在合同中特别约定开发出的"高效节能热水器"的专利申请权双方共同所有。

问：（1）如果甲、乙双方对该专利申请权的归属没有约定，那么如何确定该权利的归属？

（2）甲转让其共有的专利申请权，乙可以提出何种主张？

（3）甲声明放弃其共有的专利申请权，乙可否单独申请？如果乙申请后获得专利，甲能否可以免费实施该专利？

（4）如果"节能热水器"开发成功后，甲不同意申请专利，乙能否独立申请？

【案例 15】 阅读标记：（　）

根据现行《商标法》分析下列申请注册的商标为什么不被核准？

问：（1）某儿童服装厂没有征得张乐平亲属的许可以"三毛"形象申请注册商标。

（2）某瓷器厂申请注册"U.S.A"商标。

（3）某娱乐公司申请的服务商标含有淫秽内容。

（4）美国一公司申请注册"ANTACIL"商标，该公司生产抗酸剂，该产品英文名称是"ANTACID"。

（5）香港安邦公司就其生产的外敷用药申

请"心安保"商标。

【案例 16】 阅读标记：（　）

甲服装有限责任公司和乙服装有限责任公司分别向商标局申请注册相同的商标。

问：（1）如果甲申请在先，商标局应如何处理？

（2）如果甲、乙同一天申请，商标局应如何处理？

（3）如果甲、乙同一天申请并且都没有使用该商标，商标局应如何处理？

【案例 17】 阅读标记：（　）

甲酒厂生产的白酒深受消费者的好评，该酒厂于 2006 年 6 月 6 日向商标局提出申请注册"五谷浆"商标。经商标局初步审定后，于 6 月 7 日公布。公告期满无人提出异议，9 月 10 日予以核准注册，发给商标注册证，并予公告。

问：（1）该商标有效期满后，甲酒厂应何时申请续展？如果甲于 2016 年 8 月 25 日申请续展，经核准后于 8 月 28 日公告，则续展商标期限应从何时计算？

（2）如果甲酒厂没有申请续展，2016 年 10 月 8 日乙酒厂欲申请注册"五谷浆"商标，商标局能否核准？乙酒厂何时才能申请注册该商标？

 案例分析

【案例 1】

甲的主张能够成立。

因为共同创作的著作的著作权属于甲、乙，署名权也为甲、乙所共有，并且双方约定了署名的先后顺序，约定必须遵守。乙未经甲同意擅自更改顺序，违反了我国《著作权法》的相关规定。甲有权主张乙侵犯了其著作权下的署名权。

我国现行《著作权法》第 14 条规定，两人以上合作创作的作品，著作权由合作作者共同享有。没有参加创作的人，不能成为合作作者。合作作品可以分割使用的，作者对各自创作的部分可以单独享有著作权，但行使著作权时不得侵犯合作作品整体的著作权。所以，乙的行为违反了第 14 条的规定，甲根据第 14 条可以对乙提出恢复原署名顺序并赔偿的诉讼请求。

【案例 2】

这是一个共同侵犯著作权的案件。

王某否认侵权的理由不能成立。

王某和出版社之间构成了共同侵权的一种特殊形式。共同侵权行为的构成要件有：（1）主体的复数性。是指侵权人为二人或者二人以上。（2）意思上的联络性。是指数个行为人对加害行为具有共同故意、共同过失或者故意和过失的混合。（3）损害结果的单一性。是指共同侵权行为所导致的损害结果是一个不可分割的整体。王某和出版社是两个民事主体；王某的放任行为和出版社的加害行为具有关联关系；王某的放任过错和出版社的故意过错构成共同过错；摄影家张某的照片的著作权受到了损害。所以，出版社和王某是共同侵权的法律关系，理应承担连带赔偿责任。因此，王某的理由不能成立。

我国《著作权法》第52条规定，有下列侵权行为的，应当根据情况，承担停止侵害、消除影响、赔礼道歉、赔偿损失等民事责任：（1）未经著作权人许可，发表其作品的；（2）未经合作作者许可，将与他人合作创作的作品当作自己单独创作的作品发表的；（3）没有参加创作，为谋取个人名利，在他人作品上署名的；（4）歪曲、篡改他人作品的；（5）剽窃他人作品的；（6）未经著作权人许可，以展览、摄制视听作品的方法使用作品，或者以改编、翻译、注释等方式使用作品的，本法另有规定的除外；（7）使用他人作品，应当支付报酬而未支付的；（8）未经视听作品、计算机软件、录音录像制品的著作权人、表演者或者录音录像制作者许可，出租其作品或者录音录像制品的原件或者复制件的，本法另有规定的除外；（9）未经出版者许可，使用其出版的图书、期刊的版式设计的；（10）未经表演者许可，从现场直播或者公开传送其现场表演，或者录制其表演的；（11）其他侵犯著作权以及与著作权有关的权利的行为。王某和出版社在事前未征得张某的同意，事后也未支付报酬，书中也没有将他署名为照片作者，符合《著作权法》第52条规定中的第1、7项的规定，张某的诉讼请求应当得到法院支持。

【案例3】

（1）丙构成侵权。因为其未经甲、乙两位著作权人的许可而演唱其作品，侵犯了作者的表演权。丙提出的抗辩并不成立，因为只有在录制录音制品的过程中利用他人已录制为录音制品的作品才构成法定许可，不需要经著作权人许可，但仍需支付报酬。

（2）A网站不构成侵权。因为它只是提供了指

向B网站的网络链接，本身并未对音乐作品进行复制和传播。

（3）B网站构成侵权。虽然"音乐天地"是网民自行上载歌曲的专栏，但B网站应对此尽应有的审查义务。在本案中它显然因未尽此义务而导致对他人有著作权的作品在网络上的不当传播。

（4）B网站应该承担停止侵权、赔偿损失的民事责任，赔偿数额按照权利人受到的实际损失或者侵权人的违法所得为标准计算。《著作权法》第54条规定，侵犯著作权或者与著作权有关的权利的，侵权人应当按照权利人因此受到的**实际损失**或者侵权人的**违法所得**给予赔偿；权利人的实际损失或者侵权人的违法所得难以计算的，可以参照该权利**使用费**给予赔偿。对故意侵犯著作权或者与著作权有关的权利，情节严重的，可以在按照上述方法确定数额的1倍以上5倍以下给予赔偿。权利人的实际损失、侵权人的违法所得、权利使用费难以计算的，由人民法院根据侵权行为的情节，判决给予500元以上500万元以下的赔偿。赔偿数额还应当**包括权利人为制止侵权行为所支付的合理开支**。人民法院为确定赔偿数额，在权利人已经尽了必要举证责任，而与侵权行为相关的账簿、资料等主要由侵权人掌握的，可以责令侵权人提供与侵权行为相关的账簿、资料等；侵权人不提供，或者提供虚假的账簿、资料等的，人民法院可以参考权利人的主张和提供的证据确定赔偿数额。人民法院审理著作权纠纷案件，应权利人请求，对侵权复制品，除特殊情况外，责令销毁；对主要用于制造侵权复制品的材料、工具、设备等，责令销毁，且不予补偿；或者在特殊情况下，责令禁止前述材料、工具、设备等进入商业渠道，且不予补偿。

（5）丁的行为构成侵权。因为其未经甲、乙许可而将他人作品上载于网络之上，侵犯了作者的信息网络传播权。此时是不能以私人使用或研究、欣赏需要等合理使用理由进行抗辩的，因为因特网的覆盖面极广，作品一旦被上载，就会对作品的正常使用和作者的市场收益造成巨大的不利影响。

【案例4】

（1）该技术T的专利申请权应当归公司甲所有。因为乙发明技术T的发明为职务发明，而职务发明的专利申请权理当归属于单位所有。

我国《专利法》第6条规定，**执行本单位的任务或者主要是利用本单位的物质技术条件所完成的发明创造为职务发明创造。职务发明创造申请专利的权利属于该单位，申请被批准后，该单位为专利**

权人。该单位可以依法处置其职务发明创造申请专利的权利和专利权，促进相关发明创造的实施和运用。非职务发明创造，申请专利的权利属于发明人或者设计人；申请被批准后，该发明人或者设计人为专利权人。利用本单位的物质技术条件所完成的发明创造，单位与发明人或者设计人订有合同，对申请专利的权利和专利权的归属作出约定的，从其约定。国务院颁布的《专利法实施细则》第 12 条的规定，《专利法》第 6 条所称执行本单位的任务所完成的职务发明创造，是指：①在本职工作中作出的发明创造；②履行本单位交付的本职工作之外的任务所作出的发明创造；③退职、退休或者调动工作后 1 年内作出的，与其在原单位承担的本职工作或者原单位分配的任务有关的发明创造。《专利法》第 6 条所称本单位，包括临时工作单位；《专利法》第 6 条所称本单位的物质技术条件，是指本单位的资金、设备、零部件、原材料或者不对外公开的技术资料等。

所以，乙的发明属于主要利用公司甲的物质技术条件所完成的发明创造，属于职务发明，专利申请权归甲公司。

（2）该纠纷可供选择的解决渠道如下：

一是当事人协商确定专利申请权的归属，甲、乙达成协议后，专利申请权归属于协议确定的人。

二是甲可以请求国务院专利行政部门会宣告专利无效。我国《专利法》第 45 条规定，自国务院专利行政部门公告授予专利权之日起，任何单位或者个人认为该专利权的授予不符合本法有关规定的，可以请求专利复审委员会宣告该专利权无效。

三是向专利管理部门申请调解。

四是甲公司可以向人民法院起诉，要求确认专利申请权。

【案例 5】

本案属于不视为专利侵权的在先使用的问题。

乙厂没有侵犯甲厂的专利权。

因为乙厂的行为属于在先使用，不视为侵犯专利权。《专利法》第 75 条规定，有下列情形之一的，不视为侵犯专利权：（1）专利产品或者依照专利方法直接获得的产品，由专利权人或者经其许可的单位、个人售出后，使用、许诺销售、销售、进口该产品的；（2）**在专利申请日前已经制造相同产品、使用相同方法或者已经作好制造、使用的必要准备，并且仅在原有范围内继续制造、使用的；**（3）临时通过中国领陆、领水、领空的外国运输工具，依照其所属国同中国签订的协议或者共同参加

的国际条约，或者依照互惠原则，为运输工具自身需要而在其装置和设备中使用有关专利的；（4）专为科学研究和实验而使用有关专利的；（5）为提供行政审批所需要的信息，制造、使用、进口专利药品或者专利医疗器械的，以及专门为其制造、进口专利药品或者专利医疗器械的。其中第 2 项规定了在先使用的问题。本案中，乙厂 2016 年底前生产的 80 台 N 型高压开关属于在专利申请日前的生产行为，不侵犯甲厂的专利权；乙厂 2017 年生产的 70 台 N 型高压开关因为没有超过原来的 80 台的规模，也没有侵犯甲厂的专利权。

【案例 6】

（1）W 公司的生产、销售行为构成侵权，应承担相应的赔偿责任。因为 W 公司未经许可擅自使用 H 公司专利技术生产并销售了变频家用空调器 5 000 台的行为违反了我国专利法的关于专利保护的规定，属于利用他人专利技术生产、销售专利产品的侵权行为，应当承担相应的赔偿责任。《专利法》第 11 条规定，发明和实用新型专利权被授予后，除本法另有规定的以外，任何单位或者个人未经专利权人许可，都不得实施其专利，即**不得为生产经营目的制造、使用、许诺销售、销售、进口其专利产品，或者使用其专利方法以及使用、许诺销售、销售、进口依照该专利方法直接获得的产品。**外观设计专利权被授予后，任何单位或者个人未经专利权人许可，都不得实施其专利，即**不得为生产经营目的制造、许诺销售、销售、进口其外观设计专利产品。**

（2）G 公司的销售行为构成侵权，应承担相应的赔偿责任。G 公司不可以继续销售库存的 400 台空调器。原因是，G 公司在明知 W 公司侵犯 H 公司专利权的情况下，从 W 公司进货并销售的行为属于故意侵犯他人专利权的行为。剩余的 400 台空调器属于违反专利法的产品，应当被查封，不能再销售。

（3）M 宾馆的使用行为构成侵权，但不承担赔偿责任。《专利法》第 77 条规定，**为生产经营目的使用、许诺销售或者销售不知道是未经专利权人许可而制造并售出的专利侵权产品，能证明该产品合法来源的，不承担赔偿责任。**此为善意侵权之规定，对于善意侵权的，不承担赔偿责任。据此，M 宾馆的使用行为是能够证明其产品合法来源的，虽构成侵权，但不承担赔偿责任。

【案例 7】

（1）不能成立。因为该申请涉及的技术内容已

在前一独立的专利的专利公告中向社会公开，原告是将现有技术与抵触申请混为一谈。

（2）抵触申请，是指在本专利申请前由他人向专利局提出的，并且记载在本专利申请日以后公布的专利申请文件中的同样的发明或者实用新型。本案不涉及抵触申请问题。

（3）不涉及。原因是本申请的前一发明创造申请已被专利局授权并公告。

（4）法院应当作出维持专利复审委员会复审决定的裁判。

【案例 8】

（1）该商标注册申请不能被核准。因为"香脆"仅仅表明了土豆片、锅巴的使用特征，尚未达到商标注册要求的显著特征的标准。《商标法》第11 条规定，下列标志不得作为商标注册：①仅有本商品的通用名称、图形、型号的；**②仅直接表示商品的质量、主要原料、功能、用途、重量、数量及其他特点的；**③其他缺乏显著特征的。前款所列标志经过使用取得显著特征，并便于识别的，可以作为商标注册。"香脆"二字仅仅直接表示商品的质量、特点，不能作为商标注册。

（2）如果商标局驳回该注册申请，甲厂不服，应在收到驳回申请通知之日起 15 日内向商标评审委员会提出复审请求。《商标法》第 34 条规定，对**驳回申请、不予公告的商标，商标局应当书面通知商标注册申请人。商标注册申请人不服的，可以自收到通知之日起 15 日内向商标评审委员会申请复审。**商标评审委员会应当自收到申请之日起 9 个月内做出决定，并书面通知申请人。有特殊情况需要延长的，经国务院工商行政管理部门批准，可以延长 3 个月。当事人对商标评审委员会的决定不服的，可以自收到通知之日起 30 日内向人民法院起诉。

【案例 9】

（1）甲厂构成侵权。因为 2010 年 3 月，乙厂的"长城"商标经国家商标局核准注册，其核定使用的商品为服装等，所以"长城"的商标专用权归乙厂所有。甲厂在乙厂获得注册后的使用行为未经商标注册人许可，是侵权行为。《商标法》第 57 条规定，有下列行为之一的，均属侵犯注册商标专用权：①未经商标注册人的许可，在同一种商品上使用与其注册商标相同的商标的；②未经商标注册人的许可，在同一种商品上使用与其注册商标近似的商标，或者在类似商品上使用与其注册商标相同或

者近似的商标，容易导致混淆的；③销售侵犯注册商标专用权的商品的；④伪造、擅自制造他人注册商标标识或者销售伪造、擅自制造的注册商标标识的；⑤未经商标注册人同意，更换其注册商标并将该更换商标的商品又投入市场的；⑥故意为侵犯他人商标专用权行为提供便利条件，帮助他人实施侵犯商标专用权行为的；⑦给他人的注册商标专用权造成其他损害的。

（2）侵权行为始于 2010 年 3 月。原因是在此之前双方都没有获得商标专用权，不可能存在侵权行为的问题。2010 年 3 月，乙获得商标专用权后，甲再使用"长城"商标的行为，就构成了侵权。

（3）侵权方不能继续使用"长城"商标。建议甲尽量争取获得使用"长城"商标的许可。

【案例 10】

（1）华信公司的下列合法权益受到了侵犯：①华信公司对其 TY－10 机所享有的专利权；②华信公司采取了保密措施的设计图纸和工艺参数属于该公司的商业秘密，该商业秘密受到了侵犯；③华信公司对其产品说明书享有的著作权受到了侵犯。

（2）本案中下列行为侵犯了华信公司的合法权益：①红桥厂违反合同约定的保密义务，泄露华信公司向红桥厂提供的设计图纸和工艺参数，侵犯了华信公司的商业秘密；②方圆公司明知红桥厂泄露华信公司商业秘密的行为，获取并使用该商业秘密，侵犯了华信公司的商业秘密；③方圆公司委托红桥厂生产与 TY－10 机相同的产品，侵犯了华信公司的专利权；④方圆公司使用华信公司 TY－10 机的产品说明书原文印制"DL－88 型空气压缩机"的产品说明书，侵犯了华信公司对该说明书的著作权。

（3）第一，**红桥厂泄露商业秘密的行为既违反合同约定，又侵犯了华信公司的商业秘密，属于违约行为与侵权行为的竞合，如果华信公司选择要求红桥厂承担违约责任，则红桥厂应当承担违约责任；**同时，华信公司可请求方圆公司承担侵犯其商业秘密的侵权责任。第二，如果华信公司选择要求红桥厂承担侵犯商业秘密的侵权责任，则红桥厂与方圆公司构成共同侵犯商业秘密，应当承担连带责任。第三，红桥厂与方圆公司共同侵犯华信公司的专利权，应当承担连带责任。第四，方圆公司应对自己侵犯华信公司著作权的侵权行为自行承担责任。

【案例 11】

（1）受著作权法的保护。根据 1992 年中美签

一／般／经／典／案／例

署的《中美关于保护知识产权的谅解备忘录》，美国国民的作品自 1992 年 3 月 17 日始受中国法律的保护。

（2）儿童出版社侵犯了翻译权、复制权和发行权。

【案例 12】

（1）博物馆侵犯了作者的著作权。根据《著作权法》第 20 条规定，作品原件所有权的转移，不改变作品著作权的归属，但美术、摄影作品原件的展览权由原件所有人享有。作者将未发表的美术、摄影作品的原件所有权转让给他人，受让人展览该原件不构成对作者发表权的侵犯。因为作者将字、画赠与博物馆，字、画的所有权转移，但著作权并不当然转移。

（2）根据《著作权法》第 20 条的规定，博物馆享有所赠字、画的**展览权**。

【案例 13】

（1）构成侵权。根据《著作权法》第 38 条规定，**使用他人作品演出，表演者应当取得著作权人许可，并支付报酬**。演出组织者组织演出，由该组织者取得著作权人许可，并支付报酬。本案中，张某演唱李某的作品，组织者人民剧场应当征得李某的同意，未经许可擅自使用，人民剧场应当承担责任。

（2）根据《著作权法》第 39 条的规定，表演者对其表演享有下列权利：许可他人录音、录像，并获得报酬；许可他人通过信息网络向公众传播其表演，并获得报酬等，所以**人民剧场擅自制作录像带和在网上传播是侵权行为**。

【案例 14】

（1）根据《民法典》第 860 条第 1 款规定，**合作开发完成的发明创造，申请专利的权利属于合作开发的当事人共有。当事人一方转让其共有的专利申请权的，其他各方享有以同等条件优先受让的权利。但是，当事人另有约定的除外**。据此，本案中，如果甲、乙没有约定，则申请专利的权利由甲、乙共有。

（2）根据《民法典》第 860 条第 1 款规定，甲如果转让其共有的专利申请权，乙可以主张同等条件下的优先受让的权利。

（3）根据《民法典》第 860 条第 2 款规定，**合作开发的当事人一方声明放弃其共有的专利申请权的，除当事人另有约定外，可以由另一方单独申请**

或者由其他各方共同申请。申请人取得专利权的，放弃专利申请权的一方可以免费实施该专利。据此，甲声明放弃其共有的专利申请权，乙可以单独申请；如果乙取得专利权，甲可以免费实施该专利。

（4）根据《民法典》第 860 条第 3 款规定，合作开发的当事人一方不同意申请专利的，另一方或者其他各方不得申请专利。据此，甲不同意申请专利的，乙不得单独申请。

【案例 15】

（1）根据《商标法》第 9 条规定，申请注册的商标，不得与他人在先取得的合法权利相冲突。儿童服装厂侵犯在先权利。

（2）根据《商标法》第 10 条规定，商标不得使用**外国的国家名称**，除非该国政府同意。

（3）根据《商标法》第 10 条的规定，有害于**社会主义道德或者有其他不良影响的，不得作为商标使用**。

（4）根据《商标法》第 11 条的规定，仅**直接表示商品的质量、主要原料、功能、用途、重量、数量及其他特点的商标，不得作为商标注册**。

（5）根据《商标法》第 10 条的规定，**夸大宣传并带有欺骗性的标志不得作为商标使用**。

【案例 16】

（1）商标局应当初步审定并公告**申请在先**的甲的商标。

（2）商标局应当初步审定并公告**使用在先**的商标，驳回其他人的申请，不予公告。

（3）甲、乙应当自收到商标局受理通知之日起 30 日内自行协商，并将书面协议送交商标局；不愿协商或者协商不成，商标局通知各申请人以抽签的方式确定一个申请人，驳回其他人的注册申请。法律依据是《商标法实施条例》第 19 条规定，两个或者两个以上的申请人，在同一种商品或者类似商品上，分别以相同或者近似的商标在同一天申请注册的，各申请人应当自收到商标局通知之日起 30 日内提交其申请注册前在先使用该商标的证据。同日使用或者均未使用的，各申请人可以自收到商标局通知之日起 30 日内自行协商，并将书面协议报送商标局；不愿协商或者协商不成的，商标局通知各申请人以抽签的方式确定一个申请人，驳回其他人的注册申请。商标局已经通知但申请人未参加抽签的，视为放弃申请，商标局应当书面通知未参加抽签的申请人。

一／般／经／典／案／例

240

【案例 17】

（1）甲酒厂应于 2016 年 9 月 10 日前 12 个月内申请续展。《商标法》第 40 条第 1 款规定，注册商标有效期满，需要继续使用的，商标注册人应当在期满前 12 个月内按照规定办理续展手续；在此期间未能办理的，可以给予 6 个月的宽展期。每次续展注册的有效期为 10 年，自该商标上一届有效期满次日起计算。期满未办理续展手续的，注销其注册商标。

（2）乙酒厂于 2016 年 10 月 8 日的商标注册申请不能予以核准，因为甲酒厂的宽展期未届满，法律依据是《商标法》第 40 条第 1 款。只有宽展期届满，甲酒厂没有提出续展申请，乙酒厂才可以申请注册"五谷浆"商标。

第五章　人格权

 本章精要

人身权是指民事主体依法享有的与其人身密不可分，而又没有直接财产内容的民事权利。人身权有人格权和身份权之分。人格权是指民事主体依法享有的维护其独立人格所必备的基本民事权利。我国民法典第四编专门规定了人格权。人格权包括一般人格权和具体人格权。一般人格权是自然人享有基于人身自由、人格尊严产生的其他人格权益。具体人格权是民事主体享有的生命权、身体权、健康权、姓名权、名称权、肖像权、名誉权、荣誉权、隐私权等权利。应重点把握各类人格权的内容及认定。

人格权不得放弃、转让、继承。民事主体可以将自己的姓名、名称、肖像等许可他人使用，但是依照法律规定或者根据其性质不得许可的除外。死者的姓名、肖像、名誉、荣誉、隐私、遗体等受到侵害的，其配偶、子女、父母有权依法请求行为人承担民事责任；死者没有配偶、子女且父母已经死亡的，其他近亲属有权依法请求行为人承担民事责任。人格权受到侵害的，受害人有权请求行为人承担停止侵害、排除妨碍、消除危险、消除影响、恢复名誉、赔礼道歉请求权，不适用诉讼时效的规定。因当事人一方的违约行为，损害对方人格权并造成严重精神损害，受损害方选择请求其承担违约责任的，不影响受损害方请求精神损害赔偿。实施新闻报道、舆论监督等行为的，可以合理使用民事主体的姓名、名称、肖像、个人信息等；使用不合理的，应当依法承担民事责任。

 经典案例

【案例 1】 阅读标记：（ ）

原告武林的丈夫张岩因其庄稼缺水，即雇请被告张春为其抽水抗旱。双方在协商报酬等事项后，被告张春自备潜水抽水泵，安放在离原告的田地较远的地方开始抽水作业。此后，被告除回家吃饭时离开抽水场地外，一直守护在机器旁。到下午四点多时，张岩从自家地里来到抽水作业处，才知被告没有停机便离开抽水场地回家吃饭，又在家小睡了半小时。当有人喊"水泵电死人了"，张春才急忙赶到抽水场地，只见张岩倒在安装水泵的田中，水泵压在其胸部。被告立即切断电源，但张岩已断气身亡。后查明，死者系擅自搬动水泵触电死亡。原告向县人民法院起诉要求被告赔偿其丈夫张岩死亡的损失，并支付其未成年子女的抚养费。

问：（1）本案涉及什么法律关系？
　　（2）本案如何处理？

【案例 2】 阅读标记：（ ）

原告齐某与二被告于某、王某系邻居，于某、王某二人为姐妹关系。双方当事人平素关系不和，经常发生口角。某日，齐某从于某、王某家院外路过时，正好于某所养的狗在路边。于某说齐某打了她的狗，叫出王某，共同指责齐某。齐某反驳，于某、王某即骂齐某，并动手打齐某。于某、王某二人将齐某推倒在地，拳打脚踢，打伤了齐某，并将齐某的上衣扒掉，于某还用手拨弄齐某的胸部，进行羞辱。齐某向人民法院起诉，要求二被告赔礼道歉并赔偿损失。

问：（1）本案二被告与原告成立什么法律
　　　　关系？
　　（2）本案如何处理？

【案例 3】 阅读标记：（ ）

2008 年，齐女与李男恋爱，不久两人便同居。同年 9 月，齐女突然发现自己怀孕，两人便到一个体医生那里做人工流产手术。在做手术前，李男为了避免以后同居时齐女再次怀孕，在未征得齐女同意的情况下便悄悄关照医生，让医生在做人流手术后给齐女上一道节育环。个体医生以为这是齐女自己同意的，便照李男的话办了。2010年7月，齐女与李男为琐事发生口角闹翻，继而分手。同年11月齐女与杨某结婚，婚后齐女一直不孕，到医院检查该二人生殖系统均正常，但是后来才发现齐女带有节育环。齐女经过回忆，认为只有2008年9月那次人流才有可能放节育环，便质问李男和当初的那位大夫，二人均承认放节育环的事实。齐女便向法院起诉，要求李男赔偿损失。

问：（1）本案涉及什么民事责任？其构成要件如何？

（2）本案应如何处理？

【案例4】 阅读标记：（ ）

江某系著名的导演。2010年被告某影视中心摄制组想要拍摄20集电视连续剧，该摄制组未经江某同意，便以影视部和该连续剧摄制组的名义，散发广告。广告上写有"该片由我国著名导演江某执导"。2011年初，江某向法院起诉。

问：（1）本案涉及何种民事责任？有何依据？

（2）江某的诉讼请求能否成立？

【案例5】 阅读标记：（ ）

李某与张某二人都经营服装店。李某的店名为"大鸟西服店"，在霞飞街31号营业。张某的店为"小张西服店"，在河广街营业。后来张某在一次搬迁广告中称自己在霞飞街31号所开的"大鸟服装店"搬到某某处。李某见报后认为张某假冒自己的服装店名作搬迁广告，侵犯了自己的名称权，遂起诉要求张某停止侵害，赔礼道歉，赔偿经济损失。

问：（1）本案涉及什么侵权行为？为什么？其依据有哪些？

（2）本案应如何处理？

【案例6】 阅读标记：（ ）

原告李云在被告某照相馆拍了一张半身彩色照片。数日后，原告将照片取回。半年后被告某报社所出版的刊物刊登了《我省最先进的彩扩设备落户某市》的报道，介绍了该照相馆引进的彩扩设备的先进性能和该馆精湛的摄影技术，并配发了原告的上述照片。该刊记者王林在撰写此文时，要求该照相馆提供较好的照片一张并配发。照相馆将原告的上述照片提供该刊，并称已征得本人同意。该刊未向照相馆收取费用，但向该幅照片的摄影者谢某付给了20元稿酬。该刊物发行后在原告单位引起一

部分人议论，说"李云在报纸上出风头""爱臭美"，等等。原告认为自己受到损害，曾找两被告协商解决，但未能达成一致意见。为此，原告向当地人民法院提起诉讼，称两被告擅自使用自己的照片，引起单位同事议论纷纷，使其难以见人，造成精神上的负担和痛苦，并致头痛、头晕去医院治疗，请求判令被告赔礼道歉，赔偿交通费、误工费、医疗费并给予精神损害赔偿。而该刊物则辩称，刊物属于内部刊物，并不以营利为目的，故未侵权。

问：（1）照相馆和报社侵犯了李云的何种权利？

（2）报社辩称"刊物属于内部刊物，并不以营利为目的，故未侵权"的说法是否成立？为什么？

（3）本案应如何处理？

【案例7】 阅读标记：（ ）

原告与被告关系不好，被告怀恨在心。2010年5月，原告新婚后不久，被告即将自己起草并打印的材料四处张贴。在材料中，被告宣称原告从小就被其继父蹂躏，人格怪异，等等。被告的这种行为给原告造成了极大的精神伤害。原告遂于同年6月起诉被告，要求其停止侵害、赔礼道歉、恢复名誉，并赔偿其精神损害10 000元。被告则辩称，其散发的材料内容属实，法院可以查证。但是法院受理案件后，针对被告所说的事实进行调查取证，证实被告说的内容完全失实。

问：（1）本案涉及何种侵权行为？

（2）该种侵权责任的构成要件是什么？

【案例8】 阅读标记：（ ）

2009年3月9日，原告何华应聘到被告某表业厂工作。上班第二天如厕时，原告抬头惊见头上方有一架电视探头在来回转动，吓得他"赶紧停下"。原告于是买了一台照相机，在厕所里拍下"探头"作为证据。其他工人证实，因工作需要进入装有闭路监视器的写字楼办公大厅，好几次透过玻璃窗看到厂方老板办公室里的两台闭路监视器正在放映男厕所内部的情形。本案另外两名原告也表示，曾在该办公室里看到过男厕所内的情形。3月22日，何华等18人向人民法院提起赔偿诉讼请求，要求判令被告在媒体上赔礼道歉，支付原告精神抚慰金每人5 000元。表业厂则辩称，厂方为了规范管理，在2008年6月安装厂内闭路电视系统时，在男厕所安装了一个摄像头。但这个摄像头只与电源连

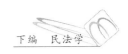

接，没有与监视器连接，这样的摄像头没有摄像功能，监视屏幕不可能显示男厕所内部的画面。因厂方没有实施侵害原告名誉权和隐私权的行为，原告名誉也没有受到任何损害，厂方请求人民法院驳回对方的诉讼请求。

问：（1）被告的辩护理由是否成立？
（2）被告侵犯了原告什么权利？

【案例9】 阅读标记：（ ）

张某与李某都开诊所，两家诊所距离很近，因为病人多少而闹别扭，李某常常指责张某医术不如自己，欺骗病人。但是实际上，张某的诊所合法经营，而且服务态度很好，医术高明，时常为困难病人免费治病，诊所里就有几面乡邻送的锦旗挂在墙上。一日，李某酒后来到张某的诊所，出言不逊，当着大家的面说张某对病人欺骗药费，并伸手将张某诊所墙上的两面锦旗撕下，扔到门外。张某以被告撕下病人送的锦旗，侵犯其荣誉权为由，起诉到法院。

问：李某侵犯了原告的什么权利？

【案例10】 阅读标记：（ ）

李飞与王楠是夫妻关系，双方结婚后生一男孩，取名李阳，现年5周岁。2008年4月，王楠遇车祸不幸死亡，此后其父王富贵和母亲王翠萍经常到李飞家帮助照看外孙李阳。2008年12月的一天，王富贵和王翠萍来到李飞家，对他讲他们在外地工作的儿子回家探亲并想见一见李阳，能否让李阳去他们家住两三天，李飞表示同意。一周后，王富贵打电话给李飞，以李阳愿意住在他们家并且李飞工作繁忙不便照顾孩子为由要求由他们来抚养李阳。李飞表示不同意，并立即去王富贵家要领回孩子，遭到王富贵和王翠萍的拒绝。此后，李飞及其家人虽多次做二人的工作让他们将李阳送回，均被其断然拒绝。李飞万般无奈向县人民法院起诉，要求被告王富贵和王翠萍将李阳送回。两被告辩称他们是李阳的外祖父母，有权抚养自己的外孙，不同意将李阳送回。

问：（1）本案中，王富贵和王翠萍侵害了李飞什么权利？
（2）本案应如何处理？

 案例分析

【案例1】
（1）本案存在三个法律关系：一是张春与张岩

之间成立承揽合同关系，而非雇佣合同关系。因为张春依据双方协议，承担的义务不是只提供劳务，而是包括自带水泵，最后要向张岩提供工作成果。二是张春与张岩成立侵权责任关系。被告张春的行为导致其未能阻止他人擅自接触水泵，最终导致张岩死亡。被告应当预见到其擅自离开水泵的行为可能给他人造成危害，但因其疏忽大意没有预见，因而被告主观上是有过失的。被告的行为造成了对张岩生命权的侵害。三是原告与张岩之间发生继承关系。

（2）**被告张春应当赔偿被害人的医疗抢救费用，并应当支付丧葬费、死者生前扶养的人必要的生活费等费用，以及赔偿原告因为丈夫去世带来的精神损失。**《民法典》第1179条规定，侵害他人造成人身损害的，应当赔偿医疗费、护理费、交通费、营养费、住院伙食补助费等为治疗和康复支出的合理费用，以及因误工减少的收入。造成残疾的，还应当赔偿残疾生活辅助具费和残疾赔偿金；造成死亡的，还应当赔偿丧葬费和死亡赔偿金。《民法典》第1181条规定，被侵权人死亡的，其近亲属有权请求侵权人承担侵权责任。被侵权人为组织，该组织分立、合并的，承继权利的组织有权请求侵权人承担侵权责任。被侵权人死亡的，支付被侵权人医疗费、丧葬费等合理费用的人有权请求侵权人赔偿费用，但侵权人已经支付该费用的除外。《民法典》第1183条规定，侵害自然人人身权益造成严重精神损害的，被侵权人有权请求精神损害赔偿。因故意或者重大过失侵害自然人具有人身意义的特定物造成严重精神损害的，被侵权人有权请求精神损害赔偿。此外，《民法典》第1173条规定，被侵权人对同一损害的发生或者扩大有过错的，可以减轻侵权人的责任。据此，本案中，受害人张岩也存在一定的过错，因为他应当知道水泵有危险，不能随便搬动，却在管理人张春离开时擅自搬动。**因受害人张岩有过错，所以可以减轻侵权人张春的责任。**

【案例2】
（1）于某、王某与齐某之间形成侵权法律关系。《民法典》第1167条规定，侵权行为危及他人人身、财产安全的，被侵权人有权请求侵权人承担停止侵害、排除妨碍、消除危险等侵权责任。本案中，于某、王某将齐某打伤，侵犯了齐某的健康权；于某、王某还对齐某进行羞辱，侵害了齐某的名誉权。两被告与原告之间成立侵权法律关系。
（2）于某和王某在实施殴打行为时有着共同的

一般经典案例

故意，共同实施了加害行为，造成原告的损害。《民法典》第 1168 条规定，二人以上共同实施侵权行为，造成他人损害的，应当承担连带责任。因此，于某和王某的行为构成共同侵权，应当对齐某承担连带赔偿责任。

【案例 3】

（1）在本案中，李男的行为**侵害了他人健康权**，应该依法承担民事责任，对齐女造成的精神和身体伤害进行赔偿。

我国《民法典》第 110 条规定，公民享有生命健康权。《民法典》第 1004 条规定，自然人享有健康权。自然人的身心健康受法律保护。任何组织或者个人不得侵害他人的健康权。《民法典》第 1024 条第 1 款规定，民事主体享有名誉权。任何组织或者个人不得以侮辱、诽谤等方式侵害他人的名誉权。据此，承担侵害他人身体健康权的民事责任需要如下**构成要件**：第一，**须有损害事实**，即受害人的身体健康受到侵害的事实确实存在。本案中，被告的行为给原告带来了身体健康损害和精神痛苦损害。第二，**加害人的行为具有违法性**，因合法行为而引起他人的身体健康受到损害的，除非法律另有规定，行为人一般不承担民事责任。违法的加害行为有两种情况：一种是作为的加害行为，另一种是不作为的加害行为。本案的被告实施的行为是一种积极侵害他人身体健康权的违法行为。第三，**违法的加害行为与损害事实之间须有因果关系存在**。这一要件要求损害事实必须是由加害人的行为所引起的。本案中，因果关系比较容易确定，原告婚后不能生育的结果就是因为被告在其做人流时故意让医生为其放置了节育环所致。第四，**加害人主观上须有过错**。过错是指行为人通过侵害他人身体健康的行为表现出来的主观状态，包括故意和过失。如果确认侵害人主观上并无过错，如无法律特别规定，一般不能追究行为人的民事责任。本案被告在主观上具有给他人身体健康造成伤害的故意。

（2）通过以上分析，被告的行为具备侵害公民身体健康权民事责任的四个要件，因而应该承担相应的民事责任，依法应**赔礼道歉、赔偿经济损失，甚至包括原告的精神损害**。

【案例 4】

（1）本案涉及侵犯他人姓名权的侵权责任，即某影视中心未经江某同意使用江某姓名，侵犯了江某的姓名权。依据有：《民法典》第 1012 条规定，

自然人享有姓名权，有权依法决定、使用、变更或者许可他人使用自己的姓名，但是不得违背公序良俗。《民法典》第 1014 条规定，任何组织或者个人不得以干涉、盗用、假冒等方式侵害他人的姓名权或者名称权。

对公民姓名权的侵害行为可以分为两类：第一，干涉他人决定、使用、变更自己的姓名。第二，盗用、假冒他人姓名。本案被告的行为正属于第二种侵害行为，即在未经原告同意的情况下，擅自在散发的广告上使用其姓名，属于盗用他人姓名的行为。其主观上具有故意，并且具有一定目的，造成了一定的损害结果，其行为已侵害了原告的姓名权。

（2）江某的诉讼请求成立，被告应该承担民事责任。根据法律规定，**应承担恢复影响、赔礼道歉和赔偿损失的责任**。

【案例 5】

（1）本案涉及侵害他人名称权的侵权行为。本案中，张某的小张西服店假冒李某的大鸟西服店，侵害了大鸟西服店的名称权，应当承担侵权责任。《民法典》第 1013 条规定，法人、非法人组织享有名称权，有权依法决定、使用、变更、转让或者许可他人使用自己的名称。《民法典》第 1014 条规定，任何组织或者个人不得以干涉、盗用、假冒等方式侵害他人的名称权。

（2）小张西服店应当承担停止侵害、消除影响的侵权责任。如果造成小鸟西服店损失的，还应当赔偿损失。

【案例 6】

（1）照相馆和报社侵犯了李云的肖像权。肖像权是指自然人依法制作、使用自己的肖像，借此享受一定利益并排除他人非法侵害的权利。《民法典》第 1018 条规定，自然人享有肖像权，有权依法制作、使用、公开或者许可他人使用自己的肖像。肖像是通过影像、雕塑、绘画等方式在一定载体上所反映的特定自然人可以被识别的外部形象。《民法典》第 1019 条规定，任何组织或者个人不得以丑化、污损，或者利用信息技术手段伪造等方式侵害他人的肖像权。未经肖像权人同意，不得制作、使用、公开肖像权人的肖像，但是法律另有规定的除外。

（2）报社辩称不能成立。因为侵犯肖像权并不以侵权人以营利为目的的使用他人肖像为构成要件，根据《民法典》第 1019 条规定，只要有丑化、污

损他人肖像的行为，或者未经肖像权人同意，制作、使用、公开肖像权人的肖像，即可构成侵权。此外，《民法典》第1020条规定，**合理实施下列行为的，可以不经肖像权人同意：（1）为个人学习、艺术欣赏、课堂教学**或者科学研究，在必要范围内使用肖像权人已经公开的肖像；（2）为实施新闻报道，不可避免地制作、使用、公开肖像权人的肖像；（3）为依法履行职责，国家机关在必要范围内制作、使用、公开肖像权人的肖像；（4）为展示特定公共环境，不可避免地制作、使用、公开肖像权人的肖像；（5）为维护公共利益或者肖像权人合法权益，制作、使用、公开肖像权人的肖像的其他行为。据此，照相馆和报社并不存在上述合理使用他人肖像的阻却违法事由，因而构成侵权，应当承担侵权责任。

（3）照相馆和报社应当承担停止侵害、消除影响等侵权责任，造成原告损失的，还应当赔偿损失。

【案例7】

（1）本案中，被告将印有侮辱性词语的材料加以散发，给原告的精神造成极大伤害，被告的行为属于故意侵害原告名誉权的行为，依法应当承担侵权责任。《民法典》第1024条规定，民事主体享有名誉权。任何组织或者个人不得以侮辱、诽谤等方式侵害他人的名誉权。名誉是对民事主体的品德、声望、才能、信用等的社会评价。

所谓名誉权是指公民或法人所享有的就其品质、信誉、才能等获得的社会评价不受他人侵害的权利，任何人都不得以任何形式侮辱他人的名誉。名誉权具有如下特征：第一，法定性，法律对名誉权的客体范围及其内容的限制都做出了规定。第二，专有性，名誉权是人身权的一种，它与人身不可分离，既不能转让也不能被剥夺。第三，与财产相关联性，名誉权的客体是名誉，其本身并非财产，不能直接表现为财产利益，但是它体现了主体的精神利益与财产利益有很大的关系，侵害他人的名誉权，使其社会评价降低，不可避免地会给受害人带来经济损失。

（2）侵害名誉权是侵权行为的一种，其**构成要件**与一般侵权行为的构成要件相同，包括四个方面的内容，即违法行为、损害事实、违法行为与损害事实间的因果关系、主观过错。但是侵害名誉权的行为又具有其自身特点，故其认定标准与一般侵权行为的认定标准有些不同。

第一，行为人向特定人实施了侮辱、诽谤等行为。所谓侮辱，指以暴力、语言、文字等形式贬低他人人格，毁损他人名誉的行为。所谓诽谤，是指通过捏造并散布某些虚假的事实，损害他人名誉的行为。诽谤行为一般也可以分为口头语言诽谤与书面文字诽谤两类。除了行为人实施侵害他人名誉的行为外，该行为还必须指向特定的人。本案的受害人特定化为原告本人。

第二，行为人的侵权行为为被害人以外的第三人所知悉。一般来说，诽谤行为都是公开地向受害人以外的第三人散布。"造成一定的影响"，"造成损害"是侵害名誉权行为的构成要件。本案中被告四处散发传单的行为足以造成影响，形成损害。

第三，侵害名誉权的行为必须造成一定的损害后果。只要能证明有损害名誉权的行为存在，不需证明实际损害后果的发生，即可认定为损害名誉权，因为"受害人以外的第三人知悉"足以推断受害人的名誉在他人心中受到影响。侵害名誉权会造成精神损害，有时也会损害财产权利，造成财产上的损失。本案中，原告的精神伤害极大。

第四，加害人主观上有过错。故意侵害他人名誉权的行为当然要承担民事责任，过失行为也会形成侵害名誉权的行为，因为认定名誉权是否受到侵害主要看受害人的社会评价是否降低并造成其名誉、精神损害及财产损失。本案中，被告是出于故意实施的行为，故属于侵害他人名誉权的行为。

此外，该行为还要求侵害行为与侵害事实有因果关系，一般以相当因果关系为判断标准。本案也是具备因果关系的。故被告应承担民事责任。

【案例8】

（1）被告的辩护理由不成立。《民法典》1032条规定，自然人享有隐私权。任何组织或者个人不得以刺探、侵扰、泄露、公开等方式侵害他人的隐私权。隐私是自然人的私人生活安宁和不愿为他人知晓的私密空间、私密活动、私密信息。

（2）在本案中，被告表业厂为规范企业的管理而设置闭路电视监视系统无可厚非，是企业管理的自主行为。然而，被告将摄像头安装在男厕所内却是**侵害他人隐私权的行为。**因为厕所应当是一个不受他人监视干扰的场所，任何人都不愿意在自己如厕的时候被他人窥视自己的隐秘部位。自然人对其身体的隐秘部位所享有的不为他人窥视的权利，是隐私权的基本内容之一。被告不顾他人的隐私权，擅自在男厕所内安装摄像头，致使包括原告在内的

一/般/经/典/案/例

许多男职工不能轻松自如地如厕，而且被告还通过办公室里的两台闭路监视器放映男厕所内部的情形，这是明显地侵害他人隐私权的行为。在本案中，有职工证明曾经在厂方老板办公室里看到两台闭路监视器正在放映男厕所内部的情形。因而，被告提出的"摄像头只与电源连接，没有与监视器连接，这样的摄像头没有摄像功能，监视屏幕不可能显示男厕内部的画面"的主张不能成立，被告应当承担侵害他人隐私权的民事责任。

【案例9】

李某侵犯了原告的荣誉权。根据《民法典》第1031条第1款规定，民事主体享有荣誉权。任何组织或者个人不得非法剥夺他人的荣誉称号，不得诋毁、贬损他人的荣誉。据此，李某侵犯了原告的荣誉权。李某以损害对方的荣誉为目的，对原告进行侮辱诽谤，侵害了张某的荣誉权。张某对于自己获得的荣誉有不受他人侵害的权利。

【案例10】

（1）王富贵和王翠萍侵害了李飞的监护权。监护权属于身份权。《民法典》第1001条规定，对自然人因婚姻家庭关系等产生的身份权利的保护，适用本法第一编、第五编和其他法律的相关规定；没

有规定的，可以根据其性质参照适用本编人格权保护的有关规定。据此，在本案中，**两被告侵害了李飞的监护权**。李阳年仅5周岁，属于无民事行为能力人，其父母应当是其法定的监护人。当其母亲因车祸死亡时，其父亲李飞就成为唯一的监护人。李飞具有完全民事行为能力，正当地履行了监护人应尽的职责，并且没有法律规定的应当剥夺其监护权的情形，因此李飞应当享有对李阳的监护权。两被告作为李阳的外祖父母可以对李阳进行照顾和探视，在李飞同意的情况下也可以将李阳接回家居住，因此两被告经李飞同意后将李阳接回家小住几天是合情合理的，也是合法的。但是两被告强行将李阳留在自己家中，拒绝李飞将儿子领回家的行为则是违法的，侵害了李飞的监护权。两被告提出因李飞工作繁忙，而应当由他们享有监护权，此种主张没有法律依据，人民法院不能予以支持。李飞及其家人虽多次做两被告的工作让他们将李阳送回，均被其断然拒绝，说明两被告存在着侵害他人监护权的主观故意。由此可见，两被告的行为符合侵害监护权的构成要件，应当承担相应的民事责任。

（2）两被告应当**停止实施侵害行为**，允许原告李飞将李阳接回家或者亲自将李阳送回原告李飞家。

第六章　婚姻家庭

 本章精要

民法典婚姻家庭编调整因婚姻家庭产生的民事关系，其主要内容包括一般规定、结婚、家庭关系、离婚和收养等内容。

一般规定的主要内容有婚姻家庭的基本原则、收养应当遵循的原则、亲属的类型。结婚的主要内容包括：结婚的实质条件、结婚的形式条件、无效婚姻、可撤销婚姻、婚姻被宣告无效或者被撤销的法律后果。家庭关系的主要内容有：夫妻人身关系、夫妻共同财产制、夫妻个人特有财产制、夫妻债务、约定财产制、亲子关系的认定以及婚姻关系存续期间有关婚内析产的法定情形。离婚的主要内容有：登记离婚、诉讼离婚、离婚请求权的限制、离婚后父母与子女的关系、探望权、离婚财产的分割、经济帮助请求权、经济补偿请求权、离婚时夫妻债务的清偿、离婚损害赔偿请求权、再次分割夫妻共同财产请求权。收养的主要内容包括：收养的实质要件、收养的形式要件、收养的效力和收养关

系的解除。

 经典案例

【案例1】　阅读标记：（　）

冯斌的父母和蒙小婷的父母是多年战友兼好友，关系极好。冯斌和蒙小婷从小一起长大，青梅竹马，两小无猜。2006年两人高中毕业，蒙小婷高考发挥不理想，留在本省一个普通大专念书，而冯斌则以优异成绩考入北京某大学。在离家之前的那个暑假，蒙小婷的父母提出，两个家庭知根知底，两个孩子也都互有好感，不如顺势就结个亲家。冯斌父母欣然允诺。冯斌觉得蒙小婷性格温顺，长相也不错，于是也就默许。两家按照当地风俗办了订婚筵。此外，冯家送给蒙小婷戒指、项链和现金等作为订婚礼物，总价值为8万元。上大学后，冯斌接触面开阔了很多，觉得蒙小婷不能满足自己的精神需求，而且冯斌和同班某同学建立了真正的恋爱关系。2010年7月大学毕业后，冯斌鼓起勇气向蒙

家提出要解除婚约。蒙家十分生气，认为冯家不守信用，耽误了蒙小婷的青春，于是两家关系恶化。经多次交涉，蒙家同意解除婚约，但是提出按照当地风俗，冯家所给的订婚礼物不能退回，而应作为蒙小婷的"青春损失费"。冯家不同意，于是冯斌向法院提出诉讼，请求法院判决解除和蒙小婷的婚约，判令蒙小婷退还所收受的订婚礼物8万元。

问：（1）冯斌能否解除和蒙小婷的婚约？为什么？

（2）蒙小婷所收受的彩礼是否应当返还给冯斌？为什么？

【案例2】阅读标记：（　）

林峰和肖盈是老乡，高中毕业后在广东同一家工厂打工，建立了恋爱关系，关系甚好。2008年3月，肖盈意外发现自己怀孕，大惊，找到林峰商量。林峰主张两人回家结婚，当时林峰22周岁，但肖盈只有19周岁，未达法定婚龄。考虑到肖盈未婚先孕名声会不好，林峰和肖盈找到民政局负责结婚登记的老乡帮忙，顺利地隐瞒了肖盈的真实年龄办理了结婚登记。婚后，林峰变得疑神疑鬼，认为肖盈能在婚前和自己发生关系，以后保不定也要出轨。肖盈忍受不了林峰的不信任，加之性格本来就刚烈，于是两人小吵天天有，大吵三六九，感情日益恶化。2010年6月，肖盈以两人结婚时自己尚未达到法定婚龄为由向人民法院起诉离婚，请求法院宣告婚姻无效。

问：法院是否应当支持肖盈的请求？为什么？

【案例3】阅读标记：（　）

李有伟（男）和张嘉颖（女）是大学同班同学，2003年毕业后进入北京同一家公司工作，2005年登记结婚。2006年，李有伟辞职创业，恰好遇上IT业大发展，事业发展迅猛。2008年，张嘉颖考取复旦大学研究生，独自一个人赴沪继续深造。夫妻两人分居两地，对财产未作任何约定。李有伟出身贫寒，自小丧父，是哥哥李大伟在家务农含辛茹苦地供他上大学的。事业有成后，李有伟每个月都给哥哥寄一笔钱，但他感到这样始终是治标不治本的办法，思量着要给哥哥找一条致富之道。2010年初，李有伟赠与哥哥20万元，让他办一个果树种植园。李大伟高兴之余，又担心数目太大，弟媳会不乐意。李有伟表示："嘉颖在学校读书不挣钱，全靠我供养。这事情我拿主意就行了。"于是李大伟收下这笔赠款。2010年暑假，张嘉颖回家度假，才得知丈夫赠与其兄20万元的事情。她觉得报恩

是应该的，但是这20万元是自己和李有伟的夫妻共同财产，李有伟完全不征求自己的意见就赠与他人很不妥当，要求李有伟去向哥哥要回这笔钱。李有伟则认为，这钱是自己挣的，喜欢怎么处理就怎么处理，张嘉颖无权干涉。张嘉颖一怒之下，到法院起诉了李大伟，要求其返还20万元。

问：本案应如何处理？为什么？

【案例4】阅读标记：（　）

2010年3月，古成（男）和丁柳（女）登记结婚，婚后2年丁柳仍然没有怀孕，双方父母都十分着急。2014年，丁柳终于怀孕并于同年底生下一子古冬冬，古成欣喜若狂。不料好景不长，随着孩子日益长大，周围的人私下里议论冬冬长得不像古成倒和丁柳单位同事叶某十分相似。某日，古成因琐事和邻居发生争吵，被邻居嘲笑，说他替别人养儿子。古成十分恼怒，开始对丁柳冷嘲热讽甚至发展到动手打人。2018年6月，丁柳无法忍受古成的打骂，主动向古成坦白并提出离婚，要求冬冬随自己生活。原来古冬冬是丁柳在婚后和单位同事叶某通奸所生。古成表示，离婚可以，冬冬随丁柳也可以，但是两人婚后所购置的房屋一套得归自己所有，以此惩罚丁柳的不忠。丁柳则坚决反对，主张房屋应该变卖，所得价款一人一半。两人遂诉至法院。

问：（1）离婚后，古成对古冬冬有没有抚养义务？为什么？

（2）本案中，对于古成和丁柳婚后购买的房屋应该如何处理？为什么？

【案例5】阅读标记：（　）

曾老太早年丧夫，没有改嫁，一个人含辛茹苦把独子曾庆国拉扯成人。曾庆国参加工作后，结交了一个女朋友金英。曾老太起初十分高兴，后来发现金英性格飞扬跋扈，虚荣心又很强，于是对儿子的这门亲事表示反对。曾庆国正处于热恋，对母亲的意见置之不理，在金英的压力下和母亲发生了严重的冲突。曾老太一气之下说道："你要是娶这个女人，我就当没生过你这个儿子！"没想到曾庆国果真从家中搬出，在外面租了房子，和金英结了婚，并于婚后第二年生了个儿子。儿子出生后，家庭开销骤然增大，加上曾庆国和金英所在工厂效益不好，夫妻双双下岗，一家三口日子过得非常拮据。而曾老太靠出租家里的6间住房给附近考研的学生，月入3 000元有余，手头很宽裕。曾老太知道儿子一家的现状后，通过亲属给曾庆国传话，表示只要曾庆国给自己赔个不是，自己还是会帮他们

一把的。而曾庆国和金英始终对母亲反对他们结婚的事情耿耿于怀，坚决不向母亲低头。曾老太越想越生气，于是向人民法院起诉，请求法院判决：（1）曾庆国每月支付曾老太赡养费 10 元钱；（2）曾老太每两个月可以探望孙子 1 次。

　　问：（1）本案中，曾老太能否请求曾庆国支付赡养费？为什么？

　　　　（2）曾老太的第二个诉讼请求有无法律依据？为什么？

【案例 6】 阅读标记：（　）

　　2007 年，关乐天因盗窃罪被判入狱 3 年，此时其子关小鹏刚满周岁，其妻王秀独自抚养幼子，生活十分艰难，周围人都劝其改嫁。不久，迫于经济和舆论的双重压力，王秀向关乐天提出离婚，关乐天同意。1 年后，王秀经人介绍准备再婚，无奈对方不想要孩子，王秀打算把儿子送给别人收养。吴世飞夫妻结婚多年而不孕，得知消息后向王秀表示愿意收养关小鹏。王秀见吴世飞夫妇都是知识分子且确实喜爱关小鹏，便表示同意。为了保险起见，吴世飞夫妇提出公证收养协议。公证处人员告知他们，送养还必须征得关乐天的同意，否则无效。关乐天虽然十分痛苦，但是考虑到孩子需要良好的成长环境，还是在送养协议上签了字。关小鹏遂改名为吴小鹏。出狱后，妻离子散的关乐天在亲戚朋友的帮助下奋发图强，几年后事业略有小成。生活安定后，关乐天越发想念儿子，特别是在经吴世飞夫妇同意和儿子见过几面后。于是，他向吴世飞夫妇提出领回儿子，对这些年他们对关小鹏付出的照顾，他会尽全部力量予以补偿。吴世飞夫妇和吴小鹏早已建立了深厚的感情，一口回绝了关乐天的提议。关乐天思子成疾，遂向人民法院提出诉讼，要求解除吴世飞夫妇和吴小鹏之间的收养关系。

　　问：（1）关乐天能否请求法院解除吴世飞夫妇和吴小鹏之间的收养关系？为什么？

　　　　（2）关乐天死后，吴小鹏能否根据法定继承取得他的财产？为什么？

【案例 7】 阅读标记：（　）

　　王某（男）是一现役军人，2006 年 6 月和张某（女）经人介绍结婚。在结婚前，王某的父母拿出 10 万元作王某和张某购买住房支付首期款之用（按揭购房），剩余房款由两人婚后共同还贷。婚后，王某和张某因感情基础不牢靠经常发生矛盾，2011 年向人民法院起诉离婚。经查，两人现有财产如下：（1）王某和张某现在居住的房屋一套，房屋合

同价为 30 万元，首付款 10 万元已付清，剩余未还贷款为 12 万元；（2）2007 年张某的姑妈去世时指明留给张某的汽车一辆，一直由张某的父母使用；（3）2009 年王某因公受伤，部队给的医药生活补助费为 2 万元。王某受伤后由张某一个人照顾。张某同意房屋归王某所有，但要求王某给付一定的补偿费，两人对补偿费的数额发生争议。

　　问：（1）王某和张某所购买的房屋应如何处理？为什么？

　　　　（2）张某姑妈所遗留的汽车归谁所有？为什么？

　　　　（3）部队给的医药生活补助费归谁所有？为什么？

【案例 8】 阅读标记：（　）

　　2008 年，罗丹（女）和张东（男）经人介绍后登记结婚。婚后因感情不和，罗丹起诉要求和张东离婚，罗丹此时已经有 4 个月身孕。张东也感到两个人无法共同生活，遂同意离婚。双方协议商定，罗丹去做人工流产，费用由张东承担。2010 年 2 月 10 日，两人办理了离婚手续。离婚后，罗丹对肚中的孩子感到十分不舍，于是在未征得张东同意的情况下，生下一个女儿，取名罗凤凤。孩子出生后开销很大，罗丹无力承担，于是要求张东每个月支付抚养费 200 元，张东以孩子不是跟自己姓为由拒绝。罗丹遂诉至法院，请求法院判决张东承担抚养费。

　　问：（1）张东能否以孩子是罗丹违反和自己的流产约定所生为由拒绝负担抚养费？为什么？

　　　　（2）张东能否以孩子随母姓为由拒绝负担抚养费？为什么？

【案例 9】 阅读标记：（　）

　　李明 9 岁时父亲因病去世，母亲张婷带着他改嫁给楼勇。楼勇和前妻生有一女楼兰，比李明小 2 岁。李明和楼兰青梅竹马，两小无猜，并且私下确定了恋爱关系。张婷和楼勇得知此事后大惊失色，认为这是乱伦，周围亲戚朋友也都纷纷指责。李明和楼兰顶住压力继续相处，并决定领证结婚。但婚姻登记机关的工作人员以"兄妹不符合结婚条件"为由，拒绝了他们的申请。

　　问：李明和楼兰符合结婚的实质要件吗？为什么？

【案例 10】 阅读标记：（　）

　　被告徐某因接连遭遇丧父、失恋和失业的打击

一／般／经／典／案／例

患上受迫害妄想症，3 年未愈。徐母听信算命先生的话，认为徐某的病是阴间小人作祟所致，需找一个健康女子婚配，"红喜"一冲，即可痊愈。于是，徐母四处托人物色合适人选，后远房亲戚介绍 24 岁的农村姑娘李某。徐母救子心切，承诺给李某父母一笔可观彩礼。李某虽心有不甘，但毕竟向往城市生活，加上徐母信誓旦旦地保证徐某的病对日常生活无碍，而且正在积极治疗，很快就可以治好，于是应允婚事。在徐母的安排下，李某与徐某的表弟（长相酷似徐某）一道在婚姻登记机关领取了结婚证书。婚后，徐某经常犯病，且久无好转迹象，李某无法忍受这种婚姻生活，向法院提出离婚。经查，徐某和李某在婚姻存续期间共有收入 2 000 元。

问：（1）徐某表弟代徐某结婚登记的行为是否有效？为什么？

（2）徐某和李某在同居期间取得的 2 000 元如何处理？为什么？

【案例 11】 阅读标记：（　）

孙小梅 2005 年到北京打工，2007 年 1 月认识了张光亮，同年 6 月双方登记结婚。婚后孙小梅才知道张光亮有生理缺陷，影响夫妻性生活，加上张光亮大男子主义思想很严重，对孙小梅经常恶言相向，孙小梅很痛苦。后孙小梅认识了一老乡王某。王某对孙小梅体贴有加，并和其发生了性关系。2010 年 7 月孙小梅生下一女孩，并于同年 12 月向人民法院要求离婚，诉称：张光亮身体有缺陷，也不顾家，夫妻感情破裂，离婚后女儿由自己抚养，不要张光亮支付抚养费。张光亮则认为，孙小梅和王某非法通奸，坚决不同意离婚，并且要求追究王某的法律责任。法院调解无效。

问：（1）孙小梅在分娩后 1 年内提出诉讼离婚，法院是否应当准许？为什么？

（2）法院是否应当判决离婚？为什么？

（3）法院对王某是否应当处罚？为什么？

【案例 12】 阅读标记：（　）

2010 年，方英的父母在车祸中丧生，作为独生女，方英继承了父母的一栋房屋和一辆汽车。2012 年，方英和王博相识并闪电结婚。婚后第二年，因方英立志从事写作不愿生孩子，夫妻发生争执，并书面约定，从即日起两人实行分别财产制，个人所得的一切财产和债务都由各自负责。该约定未办理公证手续。2014 年，王博因投资股票而向朋友丁一借款 3 万元，丁一对方英和王博之间的约定一无所知。同年，方英突遭车祸，后肇事者同意向方英赔

偿医疗费、误工费等共计 10 万元。2016 年，方英和王博协议离婚，但对财产分割和债务承担不能达成协议。

问：（1）方英从父母处继承所得的房屋和汽车是否应作为夫妻共同财产进行分割？为什么？

（2）王博对丁一的欠款应如何偿还？为什么？

（3）方英得到的医疗费、误工费等赔偿是否应当作为夫妻共同财产进行分割？为什么？

【案例 13】 阅读标记：（　）

贾某（男）和薛某（女）婚后生有一女贾佳。2003 年贾某和薛某协议离婚，贾佳随薛某生活，贾某每月支付抚养费 80 元。2004 年，薛某再婚，但其再婚丈夫王某不同意贾佳跟他们同住。薛某无奈，只好将贾佳送到自己的父母家生活，并将其改名为薛佳。贾某得知后很生气，以改名为由停止支付抚养费。2009 年，薛某因车祸去世。薛某的父母抚养薛佳发生困难，于是要求贾某负担抚养费。贾某主张薛佳应由薛某的再婚丈夫王某抚养，自己停止支付抚养费已达两年之久而薛某在生之年并未提出异议，说明薛某已经放弃了这一权利。2010 年，王某去世，薛某的父母提出，薛佳作为王某的继女，有权继承其遗产。

问：（1）薛某有无权利为其女儿改姓？贾某以此为由停止支付抚养费是否合法？为什么？

（2）薛某的再婚丈夫王某对薛佳有无抚养义务？为什么？

（3）薛佳有无权利继承王某的遗产？为什么？

【案例 14】 阅读标记：（　）

2009 年 3 月，张国东和李红梅登记结婚，婚后次年生有一女张眉眉。由于张国东工作十分繁忙，经常加班，无法经常陪伴家人，李红梅感觉非常孤单。2011 年，李红梅和单位同事冯志刚发生了婚外恋，并向张国东提出离婚。张国东虽然十分痛苦，但经过考虑后还是同意了，并提出一个条件：李红梅放弃对张眉眉的监护权，永远不得再见张眉眉。作为补偿，张国东放弃对自己婚前所购买的住房的所有权。李红梅在冯志刚的鼓励下，同意了这个条件。离婚后，李红梅很快就和冯志刚结为夫妻。随着时间的流逝，李红梅对女儿的思念与日俱增。她

多次向张国东提出要去探望女儿，都被张国东一口拒绝。李红梅无奈，向人民法院提起诉讼，要求法院判决准许自己每个月探望女儿1次。

问：（1）张国东和李红梅约定后者放弃对张眉眉的监护权的协议是否有效？为什么？

（2）李红梅的诉讼请求是否合法？为什么？

【案例15】 阅读标记：（　）

2006年，某机关干部朱某经人介绍认识一公司女职员林某，两人于2007年5月1日登记结婚。婚后，林某发现朱某脾气暴躁，经常酗酒，酒后经常对林某拳脚相加。2008年8月1日，朱某工作不顺，心情烦躁，竟因家庭小事对林某大打出手，导致林某全身多处软组织挫伤，经法医鉴定为轻微伤偏重，花去医疗费3 300多元。林某自此回娘家居住。2010年12月，朱某认识了到北京打工的外地女孩姜某，很快就和姜某在外租房同居。林某不堪忍受屈辱的婚姻生活，向法院起诉离婚，并要求朱某赔偿自己的精神损失1万元。法院调解无效。

问：（1）法院是否应当判决朱某和林某离婚？为什么？

（2）林某请求朱某赔偿精神损失的请求是否有法律依据？为什么？

 案例分析

【案例1】

（1）冯斌能解除和蒙小婷的婚约。所谓婚约，指的是男女双方以今后缔结婚姻为目的所做的事先约定。缔结婚约的行为，称为订婚。按照我国民法对结婚的程序要求，**订婚并不是结婚的必经程序，不具有法律上的约束力**。本案中，冯斌和蒙小婷的婚约不具法律效力，依冯斌的要求自然解除。

（2）蒙小婷所收受的彩礼应当返还。参照相关司法解释规定，**双方未办理结婚登记手续，当事人请求返还按照习俗给付的彩礼，人民法院应当予以支持**。这是因为，一方以结婚为目的而为的赠与，是一种附条件的民事法律行为。即一方给予对方彩礼，是以将来双方能够缔结婚姻关系为条件的，如果一方悔婚，则所附条件不能成就，该民事法律行为也就不能生效，收受彩礼一方应当返还。

【案例2】

法院不应支持肖盈的诉讼请求。《民法典》第

1047条规定，**结婚年龄，男不得早于22周岁，女不得早于20周岁**。《民法典》第1051条规定，有下列情形之一的，婚姻无效：（1）重婚；（2）有禁止结婚的亲属关系；（3）未到法定婚龄。

民法规定的婚龄是男22周岁，女20周岁。但是参照相关司法解释规定，当事人依据《民法典》第1051条规定向人民法院申请宣告婚姻无效的，申请时，法定的无效婚姻情形已经消失的，人民法院不予支持。本案中，虽然林峰和肖盈结婚时肖盈未达法定婚龄，不符合结婚的条件，但是在肖盈申请宣告婚姻无效时，肖盈已经年满20周岁，达到法定婚龄，法定的无效婚姻情形已经消失，因此法院不能宣告林峰和肖盈的婚姻无效。

【案例3】

李有伟对李大伟的赠与行为无效，李大伟应返还20万元。《民法典》第1062条规定，夫妻在婚姻关系存续期间所得的下列财产，为夫妻的共同财产，归夫妻共同所有：（1）工资、奖金和劳务报酬；（2）生产、经营、投资的收益；（3）知识产权的收益；（4）继承或者受赠的财产，但是本法第1063条第（3）项规定的除外；（5）其他应当归同所有的财产。夫妻对共同财产，有平等的处理权。据此，这笔款项虽然是李有伟经营公司的收入，但属于婚姻关系存续期间获得的经营收益，属于夫妻共同财产。《民法典》第1062条第2款"夫妻对共同财产，有平等的处理权"的规定，应当理解为：（1）夫或妻在处理夫妻共同财产上的权利是平等的。因日常生活需要而处理夫妻共同财产的，任何一方均有权决定。（2）夫或妻非因日常生活需要对夫妻共同财产做重要处理决定，夫妻双方应当平等协商，取得一致意见。他人有理由相信其为夫妻双方共同意思表示的，另一方不得以不同意或不知道为由对抗善意第三人。李有伟赠与李大伟20万元，数额巨大，不属于"因日常生活需要而处理夫妻共同财产"，不适用日常家事代理权的规定。对于这种赠与，夫妻双方应平等协商，取得一致意见。本案中，根据李有伟和李大伟的对话可知，李大伟是明知弟媳张嘉颖对赠与一事一无所知的，不能认定为"有理由相信其为夫妻双方共同意思表示"，不能享受法律对"善意第三人"的保护。

【案例4】

（1）离婚后，古成对古冬冬没有抚养的义务。《民法典》第26条规定，父母对未成年子女负有抚养、教育和保护的义务。成年子女对父母负有赡

养、扶助和保护的义务。《民法典》第1067条规定，父母不履行抚养义务的，未成年子女或者不能独立生活的成年子女，有要求父母给付抚养费的权利。成年子女不履行赡养义务的，缺乏劳动能力或者生活困难的父母，有要求成年子女给付赡养费的权利。应该注意，这条所指的父母子女关系应作限制性解释，只包括生父母子女关系、养父母子女关系和形成了抚养事实的继父母子女关系。本案中，古冬冬并非古成所生，不成立生父子关系，也不成立养父子关系和有抚养事实的继父子关系，因此，古成对古冬冬没有抚养义务。

（2）该房屋作为夫妻共同财产，应该平均分割。虽然丁柳在婚姻存续期间和人通奸生子，但是我国现行法律并没有规定违反夫妻忠实义务的一方丧失分割夫妻共同财产的请求权，因此，古成无权剥夺丁柳对房屋所享有的权利。

【案例5】

（1）本案中，曾庆国对曾老太没有赡养义务。《民法典》第1067条第2款规定，成年子女不履行赡养义务的，缺乏劳动能力或者生活困难的父母，有要求成年子女给付赡养费的权利。根据这一法条，子女对父母负有法定的赡养义务并不等于子女必须给付父母赡养费。赡养扶助的含义非常广泛，包括生活上的照料、经济上的帮助和精神上的安慰，给付赡养费只是履行赡养扶助义务的一种方式。父母要求子女给付赡养费必须满足三个条件，缺一不可：①子女已成年并独立生活；②子女具有负担能力；③父母无劳动能力或生活困难。本案中，曾庆国虽已成年并独立生活，但是经济困难无负担能力，而且曾老太不属于无劳动能力或生活困难的父母，因此曾老太无权请求曾庆国给付赡养费。

（2）曾老太请求探视孙子的请求没有法律依据。《民法典》第1067条规定，子女对父母有赡养扶助的义务，这包括生活上的照料、精神上的安慰和经济上的帮助等方面的内容。司法实践中，赡养扶助请求权往往是通过主张赡养费来实现的。对于前两个方面，法院并不能强制执行。《民法典》第1086条规定，离婚后，不直接抚养子女的父或者母，有探望子女的权利，另一方有协助的义务。行使探望权利的方式、时间由当事人协议；协议不成的，由人民法院判决。父或者母探望子女，不利于子女身心健康的，由人民法院依法中止探望；中止的事由消失后，应当恢复探望。据此，我国民法典仅规定离婚后不直接抚养子女的父或母，有探望子

女的权利，而没有规定祖父母对孙子女的探视权，因此，曾老太的第二个诉讼请求不能得到法院的支持。但是，法院可以在诉讼过程中进行调解，努力说服曾庆国带着孩子回家看望母亲。

【案例6】

（1）不能。收养关系的解释方式包括依当事人之间的解除和以诉讼程序的解除两种。《民法典》第1114条规定，收养人在被收养人成年以前，不得解除收养关系，但是收养人、送养人双方协议解除的除外。养子女8周岁以上的，应当征得本人同意。收养人不履行抚养义务，有虐待、遗弃等侵害未成年养子女合法权益行为的，送养人有权要求解除养父母与养子女间的收养关系。送养人、收养人不能达成解除收养关系协议的，可以向人民法院提起诉讼。本案中，送养人和收养人不能就解除收养关系达成协议，而收养人又不存在不履行抚养义务的情形，因此，送养人无权要求解除收养人和被收养人之间的收养关系。

（2）不能。《民法典》第1111条第2款规定，养子女与生父母及其他近亲属间的权利义务关系，因收养关系的成立而消除。因此，关乐天死后，吴小鹏虽然是他的亲生儿子，也不能根据法定继承取得他的财产，而只能由关乐天订立遗赠协议的方式让吴小鹏取得他的遗产。

【案例7】

《民法典》第1063条规定，下列财产为夫妻一方的个人财产：①一方的婚前财产；②一方因受到人身损坏获得的赔偿或者补偿；③遗嘱或者赠与合同中确定只归一方的财产；④一方专用的生活用品；⑤其他应当归一方的财产。

（1）王某向张某支付4万元房屋折价款；王某独立偿还剩余贷款12万元，还清全部贷款后由王某取得房屋所有权。参照相关司法解释规定，双方对夫妻共同财产中的房屋价值及归属无法达成协议，而且只有一方主张房屋所有权的，由评估机构按市场价格对房屋作出评估，取得房屋所有权一方应当给予另一方相应的补偿。当事人结婚前，父母为双方购置房屋出资的，该出资应当认定为对自己子女的个人赠与，但是父母明确表示赠与双方的除外。据此，本案中王某的父母在婚前所赞助的10万元应当认定为对王某个人的赠与，属于王某的婚前个人财产。婚后王某和张某共同还贷8万元，这8万元是夫妻共同财产，离婚时应当平均分割。因此，法院应当判决由王某继续偿还房屋贷款，并在

付清全部贷款后取得房屋所有权。

（2）张某的姑妈遗留的汽车归张某所有。《民法典》第 1063 条第（3）项规定，婚姻关系存续期间，遗嘱或者赠与合同中确定只归一方的财产，为夫妻一方的个人财产。据此，张某的姑妈明确指明该汽车是留给张某的，因此属于张某的个人财产。

（3）部队给的医药生活补助费归王某所有。《民法典》第 1063 条第（2）项规定，一方因受到人身损害获得的赔偿和补偿，为夫妻一方的个人财产。据此，虽然张某在王某受伤后承担了全部照顾义务，但这是夫妻的法定扶养义务，并不能使部队支付给的医药生活补助费属于个人财产这个性质发生变化。

【案例 8】

（1）不能。罗凤凤虽然是罗丹未征得张东的同意而生下的，但却是罗丹和张东在婚姻存续期间怀孕的结果，是张东的婚生子女，而不是非婚生子女。《民法典》第 26 条规定，父母对未成年子女负有抚养、教育和保护的义务。成年子女对父母负有赡养、扶助和保护的义务。《民法典》第 1067 条第 1 款规定，父母不履行抚养义务的，未成年子女或者不能独立生活的成年子女，有要求父母给付抚养费的权利。《民法典》第 1084 条第 1、2 款规定，**父母与子女间的关系，不因父母离婚而消除。离婚后，子女无论由父或者母直接抚养，仍是父母双方的子女。离婚后，父母对于子女仍有抚养、教育、保护的权利和义务。**据此，父母对未成年子女给付抚养费的义务是法定义务，张东不得以任何理由拒绝给付抚养费。

（2）不能。《民法典》第 1015 条第 1 款规定，**自然人应当随父姓或者母姓，但是有下列情形之一的，可以在父姓和母姓之外选取姓氏：①选取其他直系长辈血亲的姓氏；②因由法定扶养人以外的人扶养而选取扶养人姓氏；③有不违背公序良俗的其他正当理由。**据此，子女既可以随父姓，也可以随母姓，也可以依上述规定在父姓和母姓之外选取姓氏。因此，张东不能以女儿不是随自己的姓氏为由主张免除法定的抚养义务。

【案例 9】

李明和楼兰符合结婚的实质要件，婚姻登记机关不予登记是错误的。《民法典》第 1048 条规定，直系血亲和三代以内的旁系血亲禁止结婚。本案中，李明和楼兰是异父异母、没有血缘关系的继兄妹，既不是直系血亲，也不是三代以内的旁系血

亲，不在法律规定的**禁止婚亲范围**之内，可以结婚。

【案例 10】

（1）徐某表弟代徐某结婚登记的行为无效。《民法典》第 161 条第 2 款规定，依照法律规定、当事人约定或者民事法律行为的性质，应当由本人亲自实施的民事法律行为，不得代理。《民法典》第 1049 条规定，**要求结婚的男女双方应当亲自到婚姻登记机关申请结婚登记。符合本法规定的，予以登记，发给结婚证。完成结婚登记，即确立婚姻关系。未办理结婚登记的，应当补办登记。**《民法典》第 1049 条规定的"结婚登记"，属于"依照法律规定，应当由本人实施的民事法律行为"，不能由他人代理，因此徐某表弟代理徐某进行结婚登记的行为无效，徐某和李某的婚姻关系无效。

（2）《民法典》第 1054 条规定，无效的或者被撤销的婚姻自始没有法律约束力，当事人不具有夫妻的权利和义务。同居期间所得的财产，由当事人协议处理；协议不成的，由人民法院根据照顾无过错方的原则判决。对重婚导致的无效婚姻的财产处理，不得侵害合法婚姻当事人的财产权益。当事人所生的子女，适用本法关于父母子女的规定。婚姻无效或者被撤销的，无过错方有权请求损害赔偿。据此，本案中，徐某和李某的关系不是夫妻关系，而是同居关系。他们在同居关系取得的 2 000 元，应当由徐某和李某协议处理，协议不成的，由法院判决。可以确定的是，这 2 000 元不能按照夫妻共同财产的分割原则进行处理，因为徐某和李某之间的婚姻无效。但这 2 000 元可按照徐某和李某共同共有处理。参照相关司法解释规定，被宣告无效或被撤销的婚姻，当事人同居期间所得的财产，按共同共有处理。但是有证据证明为当事人一方所有的除外。

根据《最高人民法院关于适用〈中华人民共和国民法典〉婚姻家庭编的解释（一）》第 22 条的规定，被确认无效或者被撤销的婚姻，当事人同居期间所得的财产，除有证据证明为当事人一方所有的以外，按共同共有处理。

【案例 11】

（1）法院应当允许。《民法典》第 1082 条规定，女方在怀孕期间、分娩后 1 年内或者终止妊娠后 6 个月内，男方不得提出离婚；但是，女方提出离婚或者人民法院认为确有必要受理男方离婚请求的除外。本案中，是女方提出离婚的，不受分娩后

一／般／经／典／案／例

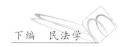

1 年内不得提出离婚的限制。

（2）法院应当判决离婚，因为孙小梅和张光亮感情确已破裂，调解无效。

（3）法院不应对王某进行处罚，因为现行法律并无对"第三者"进行惩罚的规定。

【案例 12】

（1）不能。该房屋和汽车是方英的个人财产。因为根据《民法典》第 1063 条第（1）项规定，夫妻一方的婚前财产为其个人财产。

（2）应由方英和王博共同偿还。《民法典》第 1065 条第 3 款规定，**夫妻对婚姻关系存续期间所得的财产约定归各自所有，夫或者妻一方对外所负的债务，相对人知道该约定的，以夫或者妻一方的个人财产清偿。**据此，本案中，债权人丁一对方英和王博的约定一无所知，因此这 3 万元债务应作为夫妻共同债务由方英和王博共同偿还。

（3）方英所获医疗费、误工费等赔偿属于方英的个人财产，不应作为夫妻共同财产进行分配，因为《民法典》第 1063 条规定，一方因受到人身损害获得的赔偿和补偿，为夫妻一方的个人财产。

【案例 13】

（1）薛某有权为其女儿改姓，因为《民法典》第 1015 条第 1 款规定，自然人应当随父姓或者母姓，但是有下列情形之一的，可以在父姓和母姓之外选取姓氏：①选取其他直系长辈血亲的姓氏；②因由法定扶养人以外的人扶养而选取扶养人姓氏；③有不违背公序良俗的其他正当理由。据此，子女既可以随父姓，也可以随母姓，也可以依上述规定在父姓和母姓之外选取姓氏。父母对子女的抚养义务不因离婚而免除，也不因子女改姓而免除，因此贾某以女儿改姓为由停止支付抚养费是不合法的。

（2）王某对薛佳没有抚养义务，因为他们之间只是姻亲关系。王某并没有和薛佳共同生活，也没有将其收养为养子女，因此不承担抚养教育薛佳的义务。

（3）薛佳无权继承王某的遗产。《民法典》第 1072 条规定，**继父母与继子女间，不得虐待或者歧视。继父或者继母和受其抚养教育的继子女间的权利义务关系，适用本法关于父母子女关系的规定。**据此，只有形成了抚养教育关系的继父母子女之间才有相互继承的权利。本案中，王某并没有抚养教育薛佳，因为他们之间不适用父母子女关系的有关

规定，薛佳也就无权继承王某的遗产。

【案例 14】

（1）无效。父母都是未成年子女的监护人，不得以协议改变，也不因离婚而改变。《民法典》第 26 条规定，父母对未成年子女负有抚养、教育和保护的义务。成年子女对父母负有赡养、扶助和保护的义务。《民法典》第 1084 条规定，**父母与子女间的关系，不因父母离婚而消除。离婚后，子女无论由父或者母直接抚养，仍是父母双方的子女。离婚后，父母对于子女仍有抚养、教育、保护的权利和义务。离婚后，不满两周岁的子女，以由母亲直接抚养为原则。已满 2 周岁的子女，父母双方对抚养问题协议不成的，由人民法院根据双方的具体情况，按照最有利于未成年子女的原则判决。子女已满 8 周岁的，应当尊重其真实意愿。**据此，本案中，李红梅对张眉眉享有监护权。

（2）李红梅的诉讼请求有法律依据。《民法典》第 1086 条规定，离婚后，不直接抚养子女的父或者母，有探望子女的权利，另一方有协助的义务。行使探望权利的方式、时间由当事人协议；协议不成的，由人民法院判决。父或者母探望子女，不利于子女身心健康的，由人民法院依法中止探望；中止的事由消失后，应当恢复探望。据此，张国东应为李红梅探望张眉眉提供方便，协助其实现探望权。

【案例 15】

（1）法院应当判决朱某和林某离婚，因为两人感情确已破裂，调解无效。《民法典》第 1079 条规定，**夫妻一方要求离婚的，可以由有关组织进行调解或者直接向人民法院提起离婚诉讼。人民法院审理离婚案件，应当进行调解；如果感情确已破裂，调解无效的，应当准予离婚。有下列情形之一，调解无效的，应当准予离婚：①重婚或者与他人同居；②实施家庭暴力或者虐待、遗弃家庭成员；③有赌博、吸毒等恶习屡教不改；④因感情不和分居满 2 年；⑤其他导致夫妻感情破裂的情形。一方被宣告失踪，另一方提起离婚诉讼的，应当准予离婚。经人民法院判决不准离婚后，双方又分居满 1 年，一方再次提起离婚诉讼的，应当准予离婚。**据此，本案中，朱某对林某大打出手致其受伤，有家庭暴力行为，又与他人同居，可见感情确已破裂，因此法院应当判决两人离婚。

（2）林某的请求有法律依据，法院应予支持。《民法典》第 1091 条规定，有下列情形之一，导致

离婚的，无过错方有权请求损害赔偿：①重婚；②与他人同居；③实施家庭暴力；④虐待、遗弃家庭成员；⑤有其他重大过错。本案中，朱某作为有

配偶者还与他人同居，同时又实施家庭暴力，导致双方离婚，故作为无过错方的林某有权请求损害赔偿。

第七章 继 承

 本章精要

民法继承编调整因继承产生的民事关系，其主要内容包括一般规定、法定继承、遗嘱继承、遗赠和遗产的处理等。

一般规定的主要内容有：继承的开始、遗产、继承权和受遗赠权的丧失等。法定继承的主要内容有：法定继承人的范围、法定继承人的继承顺序、代位继承、法定继承遗产的分配原则等。遗嘱继承和遗赠的主要内容有：遗嘱继承的适用条件、遗嘱的形式、遗嘱的有效条件、遗嘱无效的情形、遗嘱继承和遗赠的区别、附义务的遗嘱或者遗赠、遗赠扶养协议等。遗产的处理的主要内容有：遗产管理人制度、遗产的分割、转继承、被继承人债务的清偿等。

 经典案例

【案例1】 阅读标记：（ ）

谭天和李娟婚后共生育了两个儿子：长子谭一光和次子谭一明。2007年，李娟去世。次年，谭一明也因病去世。谭一光长年在外打工，其妻嫌恶公公，不愿和公公来往。谭天随谭一明的遗孀宋芳和谭一明的儿子谭小松生活。宋芳对老人悉心服侍，承担了照顾其生活的全部责任。2011年，谭天去世。办理后事时，发现谭天留有遗嘱一份，上书："我一辈子省吃俭用，攒下6万块钱。战友姚忠对我有过救命之恩，给他2万元以报答其思情，剩下的你们自己分，不要伤了和气。"谭一光经多方查找终于联系上姚忠家人，得知姚忠已经去世多年。姚忠的儿子姚明礼认为自己是姚忠唯一的继承人，这2万元应归自己。谭一光则以尊重老人遗嘱为由拒绝。姚明礼于是起诉到法院。后宋芳加入诉讼，要求分一份遗产。

问：（1）姚明礼有无继承权？为什么？
（2）宋芳有无继承权？为什么？
（3）谭小松有无继承权？为什么？
（4）本案应如何处理？

【案例2】 阅读标记：（ ）

李劲是一普通工人，1984年和同厂女工罗敏结

为夫妻，次年生育一子李涛。小家庭虽不富裕，却也和和美美，十分幸福。不料，1992年罗敏在上班操作机器时发生失误，脑部严重受伤，送医院途中即停止了呼吸。丧妻之后，李劲考虑到李涛年纪太小，担心过早续弦对孩子身心健康不利，加之自己经济情况也不好，很难找到合适的人，于是放弃了再婚的念头，一心一意地抚养教育李涛。2007年李涛大学毕业，次年和张茜结婚。李涛、张茜夫妇一直和李劲生活在一起，两人都十分孝顺。2010年3月李劲因病去世，李涛痛不欲生，在办理后事的过程中因操劳过度精神不集中而发生车祸，送医院不治死亡。同年6月，李涛的女儿李小蒙出生。2011年，多年不登李劲家门的李劲的妹妹李冰突然到访，要求继承李劲的遗产，和张茜发生纠纷。李冰起诉到法院，诉称：李劲去世后，由其子李涛作为第一顺序继承人继承没有问题。但是现在李涛已经去世，其妻张茜和女儿李小蒙都是外人，而且张茜早晚要改嫁，李家的财产不能让外人带走，所以李劲的遗产应该由自己来继承。

问：（1）李冰对李劲的财产有无继承权？为什么？
（2）本案应该如何处理？为什么？

【案例3】 阅读标记：（ ）

甲和乙系夫妇，生有一子丙。2010年，甲因生意连续失败，萌生死意。某晚，甲趁妻子乙和儿子丙熟睡之机，持刀将他们杀死，然后自杀。多日后，邻居在楼道里闻到刺鼻的气味，遂报警。公安局经侦查后确定3人的死因，但是无法确定乙和丙死亡时间的先后。经查，甲和乙留下的房屋价值3万元，除此以外没有任何其他财产。另外，在甲和乙的抽屉里发现被保险人为丙的保险单一张，保险额为2万元。甲父母双亡，只有一个哥哥A和一个姐姐B；乙是独生女，只有母亲C在世。A、B和C对甲和乙所留下的房屋和保险费的归属问题发生争议，诉至法院。

问：（1）本案中，乙和丙的死亡时间的先后如何确定？
（2）甲和乙留下的房屋应该如何处理？为什么？

(3) 谁有权取得 2 万元的保险赔付金? 为什么?

【案例 4】 阅读标记:( )

王立成和张清芳结婚多年, 尚未生育。2010年, 王立成辞职创业, 将大多数家庭财产和向吴东宁借来的 10 万元作为投资和甲合伙办开玩具厂。王立成和吴东宁约定这笔借款为王立成的个人债务, 和张清芳无关。不料, 甲突然卷款逃跑, 王立成大受打击, 神情恍惚, 在开车途中意外翻下道路跌入河中, 车毁人亡。半个月后, 王立成的债权人吴东宁找上门来, 要求归还借款 10 万元。张清芳在娘家人的帮助下清理了家中财产, 共计: 存款 3 万元; 房屋 3 间, 折价 5 万元; 家用电器等其他财产, 折价 8 000 元。吴东宁要求张清芳先用 8.8 万元偿债, 剩余 1.2 万元日后再还。张清芳不同意, 吴东宁遂诉至法院。

问:(1) 吴东宁的诉讼请求有无法律依据? 为什么?

(2) 本案应如何处理? 为什么?

【案例 5】 阅读标记:( )

被继承人贺信宝, 有自住房屋两间, 生有一子贺子龙和一女贺子慧, 中年丧妻, 未续弦。贺子龙结婚后, 对老人不管不顾, 老人很生气, 立下遗嘱, 声明自己去世后两间房屋都归女儿贺子慧。两年后, 贺子慧出嫁到外村, 也和哥哥贺子龙一样, 对老人不再过问。老人的邻居贺树林见老人晚景凄凉, 十分不忍, 主动承担起了照顾老人日常起居的重任, 持续多年不息。老人很是感动, 主动找来村干部作见证人, 和贺树林签订了遗赠扶养协议, 约定: 贺信宝的生养死葬义务由贺树林承担; 贺信宝死后, 他的两间房屋和全部生活用品都归贺树林所有。次年, 贺信宝去世, 贺树林在安葬完老人后, 住进了老人留下的两间房屋。贺子龙得知此事后, 以自己是老人唯一的儿子为由要求继承这两间房屋; 贺子慧则拿出遗嘱, 主张房屋归自己所有; 贺树林则坚持按照遗赠扶养协议办事。贺子龙和贺子慧于是将贺树林诉至法院, 控告他霸占贺信宝的遗产。

问:(1) 贺子龙能否继承老人的遗产? 为什么?

(2) 贺子慧能否继承老人的遗产? 为什么?

(3) 本案应如何处理? 为什么?

【案例 6】 阅读标记:( )

杜宝田中年丧妻, 千辛万苦将两个儿子拉扯大。大儿子杜大强结婚后, 因妻子和杜宝田无法相处, 于是不再和父亲来往。小儿子杜小强大学毕业后, 和同学武月结了婚, 并生有一子杜龙龙。杜宝田随小儿子一家生活。2008 年, 杜小强因公殉职, 武月声称决不改嫁, 并承担起了照顾老人的全部责任。2010 年 3 月, 杜宝田病重入院, 自知时日无多, 口头立下遗嘱, 称自己死后全部财产由武月和杜龙龙继承, 一分都不给杜大强。当时只有一个医生和武月在场。办理后事时, 杜大强找上门来, 要求继承父亲的一份遗产。武月不同意, 双方发生争议。杜大强将武月诉至法院。

问:(1) 杜宝田所立遗嘱是否有效? 为什么?

(2) 本案应如何处理? 为什么?

【案例 7】 阅读标记:( )

张甲和张乙是同父异母兄弟。张甲 8 岁时, 母亲去世, 父亲再娶后生下张乙。张甲一直和父亲、继母、张乙一起生活。15 岁时, 张甲贪玩爬树, 结果从树上摔下, 虽幸免于死, 但留下严重后遗症, 丧失劳动能力。张甲 24 岁时, 父亲去世。继母嫌弃张甲, 将其赶出家门。次年继母去世, 生前留下遗嘱, 将全部财产留给张乙继承。张甲认为继母偏心, 自己也应分得一份家产, 于是诉至法院。

问: 张甲有无权利继承继母的遗产? 为什么?

【案例 8】 阅读标记:( )

尹浩、孟萍夫妻收养尹真为子。2004 年 3 月, 尹浩患病, 立下遗嘱: 全部 4 间房屋以及财产均由孟萍继承。同年 9 月, 尹浩病重, 担心妻子无经济收入, 生活无人照管, 又立下遗嘱: 全部 4 间房屋以及财产归养子尹真, 条件是尹真必须赡养孟萍, 直到孟萍去世。2005 年 1 月, 尹浩去世, 尹真继承了全部房屋和财产, 并履行赡养孟萍的义务。2008 年, 尹真结婚。婚后尹真的妻子和孟萍关系不和, 尹真不让孟萍在家居住, 且不支付赡养费。2010 年, 孟萍诉至法院, 要求: (1) 解除收养关系; (2) 尹真按月给付赡养费 200 元; (3) 按第一次遗嘱内容继承财产。

问:(1) 孟萍和尹真之间的收养关系能否解除? 为什么?

(2) 尹浩立下的两份遗嘱, 应以哪份为准? 为什么?

(3) 孟萍有无权利要求尹真支付赡养费？为什么？

案例分析

【案例1】

(1) 姚明礼没有继承权。谭天通过遗嘱的方式将其财产 2 万元赠与其战友姚忠，其性质属于遗赠。《民法典》1154 条规定，有下列情形之一的，遗产中的有关部分按照法定继承办理：①遗嘱继承人放弃继承或者受遗赠人放弃受遗赠；②遗嘱继承人丧失继承权或者受遗赠人丧失受遗赠权；③遗嘱继承人、受遗赠人先于遗嘱人死亡或者终止；④遗嘱无效部分所涉及的遗产；⑤遗嘱未处分的遗产。据此，本案中，姚忠去世多年，先于遗赠人死亡，该 2 万元财产应当按照法定继承办理，而不能由姚忠的继承人姚明礼继承。此外，姚明礼也不能通过代位继承继承姚忠的遗产，因为代位继承只适用于法定继承，而不能适用于遗嘱继承和遗赠。

(2) 宋芳在其丈夫死亡后对被继承人尽了主要赡养义务，依法作为第一顺序继承人继承。《民法典》第 1129 条规定，丧偶儿媳对公婆，丧偶女婿对岳父母，尽了主要赡养义务的，作为第一顺序继承人。

(3) 谭小松有继承权，因为满足代位继承的条件。《民法典》第 1128 条规定，被继承人的子女先于被继承人死亡的，由被继承人的子女的直系晚辈血亲代位继承。被继承人的兄弟姐妹先于被继承人死亡的，由被继承人的兄弟姐妹的子女代位继承。代位继承人一般只能继承被代位继承人有权继承的遗产份额。代位继承人一般只能继承他的父亲或者母亲有权继承的遗产份额。被继承人的次子谭一明先于被继承人死亡，其子谭小松作为其晚辈直系血亲可代位继承其所应得遗产份额。

(4) 被继承人的遗产 6 万元，由谭一光、宋芳、谭小松继承，每人分得 2 万元。

【案例2】

(1) 李冰对李劲的财产没有继承权。李涛作为李劲之子，是李劲遗产的第一顺序继承人。李涛在李劲死后、遗产分割以前去世，应由其女李小蒙和其妻张茜根据转继承的法律进行继承。李冰作为李劲的第二顺序继承人，在存在第一顺序继承人的情况下，不能继承李劲的遗产。

(2) 李劲的遗产由张茜和李小蒙继承，李冰不能主张继承权。《民法典》第 1152 条规定，继承开始后，继承人于遗产分割前死亡，并没有放弃继承

的，该继承人应当继承的遗产转给其继承人，但是遗嘱另有安排的除外。此为转继承的规定。转继承应符合下列条件：①继承人于被继承人死亡后、遗产分割前死亡。②继承人未丧失继承权，也未放弃继承权。在本案中，李涛是李劲的唯一的第一顺序继承人，李劲的全部遗产应由李涛继承。李劲死亡后，继承开始，但在李劲和李涛的共有财产分割前，李涛已经死亡，且他并未作出放弃继承的意思表示，所以他继承的李劲的遗产转由其法定继承人继承。李涛的法定继承人包括其妻张茜和其女李小蒙。当时李小蒙尚未出生，但是根据《民法典》第 1155 条对于胎儿特留份的规定，应保留其份额。张茜和李小蒙均为李涛的第一顺序继承人，因此由两人平均分割李劲的遗产，李冰无权继承李劲的遗产。

【案例3】

(1) 推定乙先于丙死亡。《民法典》第 1121 条规定，继承从被继承人死亡时开始。相互有继承关系的数人在同一事件中死亡，难以确定死亡时间的，推定没有其他继承人的人先死亡。都有其他继承人，辈分不同的，推定长辈先死亡；辈分相同的，推定同时死亡，相互不发生继承。这是推定死亡时间的法律依据。本案中，乙和丙都有继承人，而乙又是丙的长辈，因此推定乙先于丙死亡。

(2) 房屋折价后，由 A 和 B 继承属于甲的份额 1.5 万元，C 继承另外的 1.5 万元。甲虽然是乙和丙的第一顺序继承人，且后于乙和丙死亡，但是根据《民法典》第 1125 条第 1 款的规定，继承人故意杀害被继承人的，丧失继承权，因此甲无权继承乙和丙的遗产。三人中，乙最先死亡，本来其遗产应由配偶、父母和子女继承，但甲因杀害乙而丧失继承权，所以乙的遗产由其子丙和其母 C 继承。丙次于乙死亡，由于其母乙已死，其父甲丧失继承权，因此只能由第二顺序继承人外祖母 C 继承遗产。因此，C 取得 1.5 万元。至于甲所应得的 1.5 万元，因其第一顺序继承人乙和丙都已死，因此由其第二顺序继承人哥哥 A 和姐姐 B 继承。

(3) C 取得 2 万元的保险赔付金。这张保险单的受益人是丙，在丙死后成为丙的遗产。根据上面的分析，C 是丙唯一的遗产继承人，因此这 2 万元保险赔付金应归 C 所有。

【案例4】

(1) 吴东宁的诉讼请求没有法律依据。首先，根据王立成和吴东宁的约定，这笔借款为王立成的

一/般/经/典/案/例

个人债务，吴东宁不得以其是夫妻共同债务为由请求张清芳偿还，而只能向王立成主张权利。其次，《民法典》第 1161 条规定，继承人以所得遗产实际价值为限清偿被继承人依法应当缴纳的税款和债务。超过遗产实际价值部分，继承人自愿偿还的不在此限。继承人放弃继承的，对被继承人依法应当缴纳的税款和债务可以不负清偿责任。这就是关于限定继承原则的规定。本案中，王立成和张清芳的夫妻共同财产共计 8.8 万元，王立成死后，其所应得的份额 4.4 万元由其妻张清芳继承，张清芳清偿债务以她所继承的 4.4 万元为限，超过部分张清芳没有义务清偿。因此，吴东宁的诉讼请求不应得到法院支持。

（2）张清芳偿还吴东宁 4.4 万元，吴东宁所享有的剩余 5.6 万元债权因债务人死亡而消灭。

【案例 5】

（1）贺子龙不能继承老人的遗产。《民法典》第 1123 条规定，继承开始后，按照法定继承办理；有遗嘱的，按照遗嘱继承或者遗赠办理；有遗赠扶养协议的，按照协议办理。据此，**遗嘱继承和遗赠协议比法定继承具有优先性**。本案中，贺子龙的法定继承权已经被贺信宝通过订立遗嘱和遗赠扶养协议取消了。

（2）贺子慧不能继承老人的遗产。《民法典》第 1123 条规定，继承开始后，按照法定继承办理；有遗嘱的，按照遗嘱继承或者遗赠办理；有遗赠扶养协议的，按照协议办理。本案中，贺信宝和贺树林的遗赠扶养协议改变了其先前所立遗嘱对其死后房屋归属的安排，故应以遗赠扶养协议为准。

（3）贺信宝留下的两间房屋应按遗赠扶养协议，由贺树林继承。

【案例 6】

（1）杜宝田所立遗嘱无效，因为该遗嘱缺乏遗嘱生效的形式要件。《民法典》第 1138 条规定，**遗嘱人在危急情况下，可以立口头遗嘱。口头遗嘱应当有两个以上见证人在场见证。危急情况消除后，遗嘱人能够以书面或者录音录像形式立遗嘱的，所立的口头遗嘱无效**。《民法典》第 1140 条规定，下列人员不能作为遗嘱见证人：①无民事行为能力人、限制民事行为能力人以及其他不具有见证能力的人；②继承人、受遗赠人；③与继承人、受遗赠人有利害关系的人。据此，本案中，武月本身就是继承人，不能做遗嘱见证人，因此该遗嘱只有一个有效的见证人，不能生效。

（2）杜宝田的遗产由杜大强、武月和杜龙龙共同继承。《民法典》第 1154 条规定，有下列情形之一的，遗产中的有关部分按照法定继承办理：①遗嘱继承人放弃继承或者受赠人放弃受赠；②遗嘱继承人丧失继承权或者受遗赠人丧失受遗赠权；③遗嘱继承人、受遗赠人先于遗嘱人死亡或者终止；④遗嘱无效部分所涉及的遗产；⑤遗嘱未处分的遗产。据此规定第（4）项，本案中，杜大强作为杜宝田的儿子，是第一顺序继承人。《民法典》1129 条规定，丧偶儿媳对公婆，丧偶女婿对岳父母，尽了主要赡养义务的，作为第一顺序继承人。据此，武月也是第一顺序继承人。同时，根据《民法典》1128 条规定，被继承人的子女先于被继承人死亡的，由被继承人的子女的直系晚辈血亲代位继承。被继承人的兄弟姐妹先于被继承人死亡的，由被继承人的兄弟姐妹的子女代位继承。代位继承人一般只能继承被代位继承人有权继承的遗产份额。据此，杜龙龙根据代位继承取得其父杜小强应得的份额。因此，杜大强、武月和杜龙龙共同继承杜宝田的遗产。

【案例 7】

张甲对继母的遗产有合法继承权。因为：（1）张甲自小和继母一起生活，形成了抚养关系，按照《民法典》第 1072 条规定，继父母与继子女间，不得虐待或者歧视。继父或者继母和受其抚养教育的继子女间的权利义务关系，适用本法关于父母子女关系的规定。据此，张甲是继母的合法继承人。（2）张甲无劳动能力，根据《民法典》1141 条规定，**遗嘱应当为缺乏劳动能力又没有生活来源的继承人保留必要的遗产份额**。据此，继母必须在遗嘱中为其保留必要的遗产份额。

【案例 8】

（1）能解除。《民法典》第 1115 条规定，**养父母与成年养子女关系恶化、无法共同生活的，可以协议解除收养关系**。不能达成协议的，可以向人民法院提起诉讼。本案中，尹真已经成年，和养母关系恶化、无法共同生活，故养母孟萍有权要求解除收养关系。

（2）以第二份遗嘱为准。《民法典》第 1142 条规定，遗嘱人可以撤回、变更自己所立的遗嘱。立遗嘱后，遗嘱人实施与遗嘱内容相反的民事法律行为的，视为对遗嘱相关内容的撤回。立有数份遗嘱，内容相抵触的，以最后的遗嘱为准。

（3）孟萍有权要求尹真支付赡养费。《民法典》

第1118条第1款规定，收养关系解除后，经养父母抚养的成年养子女，对缺乏劳动能力又缺乏生活来源的养父母，应当给付生活费。因养子女成年后虐待、遗弃养父母而解除收养关系的，养父母可以要求养子女补偿收养期间支出的抚养费。

第八章　侵权责任

本章精要

侵权责任是指行为人因其侵权行为而依法应当承担的民事责任。民法侵权责任编调整因侵害民事权益产生的民事关系，其主要内容包括一般规定、侵权损害赔偿、责任主体的特殊规定、特殊侵权责任等。

一般规定的主要内容有：侵权责任的归责原则即过错责任原则和无过错责任原则，议案侵权人的构成要件即加害行为、损害事实、因果关系和主观过错，侵权责任的抗辩事由即受害人过错、受害人故意和第三人过错等，多数人侵权即共同侵权行为、共同危险行为、承担连带责任的无意思联络的多数人侵权、承担按份责任的无意思联络的多数人侵权，自甘风险行为和自助行为等。

侵权损害赔偿的主要内容有：侵害他人人身的损害赔偿，侵害他人财产的损害赔偿，精神损害赔偿，故意侵害他人知识产权的惩罚性赔偿，公平分担损失，侵权损害赔偿额的计算和支付方式等。

责任主体的特殊规定的主要内容有：监护人责任，暂时丧失心智损害责任，用人单位责任，劳务派遣责任，个人之间因劳务产生的侵权责任，定作人指示过失责任，网络侵权责任，违反安全保障义务的侵权责任，学校、幼儿园等教育机构的责任等。

特殊侵权责任的主要内容有：产品责任、机动车交通事故责任、医疗损害责任、环境污染和生态破坏责任、高度危险责任、饲养动物损害责任、建筑物和物件损害责任等。

经典案例

【案例1】 阅读标记：（　）

2010年7月，被告谢某与原告张某之妻姜某结识，二人一见钟情，不久遂发生通奸关系。二人有家不回。某天夜里，二人不回家，同宿于村中的柴草棚。同宿时，谢某、姜某二人感觉前途无望，但又难舍难分，遂决定双双殉情。于是，谢某即返回家中取来磷化锌。两人当即同时服用，服后双双昏迷，直到天明才被人发现。经抢救，谢某脱险，但姜某却死亡。姜某死亡后，留下3个未成年子女，给其夫张某生活带来许多困难。为此，原告张某向当地人民法院起诉，要求被告谢某赔偿经济损失。

问：（1）谢某的行为是否构成民事侵权行为？
　　（2）一般侵权行为责任的特征是什么？

【案例2】 阅读标记：（　）

2016年4月30日，原告王凤发现自家房屋的墙体出现裂缝，地基也有一些下沉，经察看原因，发现为原告家房屋后的镇办企业豆制品厂厂房自来水检查井内通往李秀芳家的塑料管破裂而造成向外溢水，致原告家房屋四周被水浸泡。豆制品厂于2010年3月停业，同年6月自来水公司停止供水，此后再未恢复供水。在豆制品厂停业前，李秀芳使用自来水的费用直接交给该厂，停业后，自来水公司在停止给该厂供水的同时，也将通往李秀芳家的自来水切断。后经李秀芳申请，自来水公司又在该自来水检查井内将通往李秀芳家的管线接通（镇企业办不知此事），并于2015年4月给李家发放了用水许可证。原告房屋四周浸泡在水里，正是由于自来水检查井内通往李秀芳家的水管破裂向外冒水所致。事发后，自来水公司派人将井内积水抽干。此后在2016年6月和8月该自来水检查井又两次向外溢水，在李秀芳的要求下，自来水公司又两次派人维修，所花费用均由李秀芳支付。由于水害，原告家的房屋已成危房。原告在向各方寻求损害赔偿未果的情形下，遂将自来水公司、镇政府、李秀芳诉至人民法院。

问：（1）对于原告遭受的损害哪些（个）人要承担责任？为什么？
　　（2）如何理解一般侵权行为责任中的"过错"？
　　（3）如何解释本案中责任人的过错？

【案例3】 阅读标记：（　）

张瑜系王志的外甥女。1998年3月，王志经政府批准，在本县知春路旁边建造了两间平顶房屋。2004年5月，县电力公司经批准在知春路自东向西架设了10千伏高压电线路，高压电线与王志平顶房屋之间垂直距离大于4米。2009年4月，王志未

一／般／经／典／案／例

258

经当地有关政府批准，将平顶房翻建为三层楼房，东边三楼阳台扶手与高压线间最近距离为 40 厘米，当地电力部门对王志的翻建行为未加阻止。2009 年 7 月 18 日，年仅 12 岁的张瑜到王志家度暑假，当晚 8 点，在东边三楼阳台乘凉靠近扶手时，被高压电所吸而触电受伤，经法医鉴定，其伤情属重伤范围。同年 9 月，张瑜向县人民法院提起诉讼，要求电力公司承担责任。电力公司辩称：公司于 2004 年架设的高压电线与王志平顶房之间的垂直距离大于 4 米，符合电力部门关于 10 千伏高压电线与建筑物的垂直距离不少于 3 米的规定。而王志在 2009 年未经审批，又未与电力部门协商，擅自翻建三层楼房，使东边三楼阳台扶手离高压线只有 40 厘米，致使张瑜触电受伤，故应由王志承担赔偿责任。

　　问：(1) 电力公司有无过错？应否承担责任？
　　　　(2) 王志对损害的发生有无过错？

【案例 4】 阅读标记：(　)

　　原告之子赵梦与被告李飞、王超、郭宇、周兵、王兴等 5 人在同一学校读书。2008 年 5 月 9 日下午放学后，赵梦、王超约李飞、郭宇、周兵、王兴一起到李家村鱼塘游泳。前往游泳的 6 人中，王兴、李飞、郭宇不会游泳。到了李家村后，王超、赵梦先下水，后周兵、李飞、郭宇相继下水。在游泳过程中，王超背李飞到深水区教他游泳。游了一会儿，王超将李飞背出深水区休息。第二次，王超又背李飞到深水处教他游泳。此时，赵梦游到王超游泳处，王超将李飞丢下游出，李飞不会游泳就抓住赵梦的肩膀，并将赵梦按在水下面，李飞在上面。此时王超已游到浅水区，见状立即返回救出李飞。等再次返回救赵梦时，赵梦已落水无法找到。后郭宇跑到砖厂叫人来将赵梦捞上岸，但因溺水时间过长，赵梦经抢救无效死亡。事发后，原告要求被告承担赔偿责任。被告李飞的代理人称赵梦的死亡是由于王超将李飞背到深水区，加之李飞不会游泳，才导致这一事故发生，李飞并没有过错。被告王超的代理人认为赵梦的死亡是因李飞将其按在水下所致，与王超无关。

　　问：(1) 众被告中哪些 (个) 人要承担民事责任？
　　　　(2) 本案涉及哪些归责原则？

【案例 5】 阅读标记：(　)

　　2009 年 9 月 1 日上午，原告唐某到被告某日用品商店购物。当唐某离开该店时，店门口警报器鸣响，该店一女保安员上前阻拦唐某离店，并引导唐某空手越过三处防盗门，但警报器仍鸣响，唐某遂被保安人员强行带入该店办公室内。女保安用手提电子探测器对唐某进行全身检查，确定唐某在髋部带有磁信号，女保安即要求唐某脱去裤子接受检查。唐某拒绝无效，在女保安及另一店员在场的情况下，被迫解脱裤扣接受检查。女保安未检查出唐某身上带有磁信号的商品，这才允许唐某离店。唐某离店后即向消费者保护协会投诉，要求店方向其赔礼道歉，并给予人民币 100 元～200 元的经济赔偿，但遭到拒绝。于是，唐某以名誉权受到侵害为由，向人民法院提起起诉，要求被告日用品商店赔偿损害，公开登报赔礼道歉并赔偿精神损失费 1 000 元。

　　问：唐某是否遭受损害？其表现为何？

【案例 6】 阅读标记：(　)

　　某年 8 月 4 日凌晨，洛阳地区普降特大暴雨。早 7 时许，偃师市总工会司机江治水驾驶该单位桑塔纳汽车从偃师前往洛阳，行至洛阳市东花坛立交桥时，因机动车道积水，遂驾车沿非机动车道行驶。此时由市公路管理总段负责养护维修的近 50 米长的公路防护墙因被雨水浸泡而突然倒塌，将该车砸毁，江治水当场死亡。中保财产保险有限公司偃师市支公司机动车辆勘察报告载明：车已严重变形，无修复价值。该公司赔付车辆损失 104 800 元，赔付乘坐险 10 000 元。因对其他赔偿问题达不成协议，死者所在单位及家属以洛阳市公路管理总段为被告提起诉讼，要求被告赔偿机车损失 55 200 元，赔偿死者家属抚恤金、抚养费、工伤补助费等 152 736 元。被告辩称：造成这次车毁人亡的直接原因，是江治水违章行驶在非机动车道上遇到了 40 年不遇的特大暴雨袭击，属于不可抗力。同时，若江治水遵守交通规则在机动车道行驶，即使防护墙倒塌，他也会无事，故被告不应承担责任。

　　问：被告所持的理由是否成立？

【案例 7】 阅读标记：(　)

　　原告袁晗 (女，12 岁)、被告李石 (男，12 岁) 均系被告某市西区东方小学的学生，被告肖瑛系原告的班主任。某日中午 12 点，被告肖瑛让已下课的原告为其打开水。原告在打回开水上楼时，恰逢被告李石在学校楼道的防盗门横梁上打秋千，李石将暖水瓶碰碎，烫伤了原告的右腿。事发后，原告被送往医院就诊，经市第四医院诊断，原告右腿热烫伤 3％，深 2 度。原告经 21 天住院治疗，伤口愈合后出院。市第四医院建议原告今后还需进一

一／般／经／典／案／例

步治疗。住院期间共花费 2 560 元，因对今后的治疗费及精神损失与被告协商不成，原告遂诉诸人民法院。东方小学在答辩中指出，只有法人的内部成员所实施的侵权行为才是基于法人的意志产生、受法人意志支配，方表现为法人的过错。但肖瑛让原告为其打开水，不是执行职务行为，且不是学校造成原告烫伤，故不应承担责任。

问：本案中被告学校的抗辩理由是否成立？

【案例 8】 阅读标记：（ ）

被告某市供销合作社的大楼共有七层，配有电梯七站七门，七层顶上（八层）系天台，天台设有对外营业的露天舞厅，外单位的人员常乘供销社大楼内的电梯上八楼舞厅学跳舞，被告亦未反对。某日晚，原告林启梁夫妇及其朋友一同到被告的八楼露天舞厅学跳舞。跳舞后，原告夫妇及其朋友离开舞厅，步行到七楼欲乘电梯下楼，随行一朋友随即按电梯的电钮，但电梯厢停在三楼，又按了七层电梯的按钮，电梯厢仍停在三层上，电梯前厅门仍然关闭。与此同时，原告用手扳开电梯前厅门，随即一脚向前迈进踩空，跌入井道，坠落至停在三楼的电梯厢顶部。经法医鉴定，原告受伤为脑震荡，多处皮肤挫裂伤，左手背第四、第五掌骨骨折。经市劳动安全卫生检验站鉴定：被告电梯七楼层门机械锁锁钩磨损，锁钩固定钉未紧固，使锁钩有小角度的转动，所以机械锁不能起到可靠的保护作用，以致当电梯停靠在三楼层门时，乘客能从七楼层门外施加外力扳开层门，致使踏空坠落。原告向被告主张赔偿不成，诉至法院。

问：本案该如何处理？

【案例 9】 阅读标记：（ ）

原告某乡村民胡某夫妇，自 2003 年起未按期交纳提留款。2008 年 9 月 15 日下午，乡人民政府工作人员郭某、吴某等 10 余人，根据乡政府的决定向原告催收历年所欠的提留款，原告以乡人民政府未解决其提出的种种纠纷为由，拒绝交纳。工作人员为完成任务，采取了将原告饲养的两头猪强行牵走的措施，因原告阻止，双方发生了扭斗等过激行为，两原告被工作人员捆、铐到乡人民政府，后叫其回家，同时要求两原告在次日 12 时前交款 350 元后可把猪牵回。第二天原告未按期交款，乡人民政府便将两头猪估重 290 斤，作价 280 元变卖给本乡村民刘某，并将该款抵作了 229 元提留款和 51 元的罚款。原告胡某在与工作人员扭斗过程中受伤，经医院证明："左眼角红肿，右手无名指中段有约

一厘米外伤。"经医院治疗，共花去医疗费若干。

问：乡政府是否应该赔偿原告的损失？

【案例 10】 阅读标记：（ ）

2009 年 8 月 20 日，原告齐某购买了被告某市啤酒有限公司生产的啤酒，摆放在屋内的食品柜里。第二天上午 9 时许，因天气下雨，原告前往关窗时，距离原告仅 50 厘米处的一瓶啤酒突然爆炸，玻璃碎片伤及原告左腿部。闻讯赶来的邻居将原告急送医院治疗。经医院诊断，原告左小腿中下段外侧有一长 5 厘米创口，趾伸肌腱断裂。医院为原告作了缝合修补手术，并用石膏固定。原告为此支出医疗费若干。事发次日，原告亲属向被告作了反映，被告亦派员前往现场收集了全部玻璃碎片。之后，双方未能就赔偿数额取得一致意见，原告起诉至人民法院。

问：被告是否应该对原告遭受的伤害承担赔偿责任？

【案例 11】 阅读标记：（ ）

2009 年夏，某县的森林虫害严重，该县森林病虫害防治检疫站（简称森防站）决定，租用民航飞机飞洒农药"敌杀死"用以灭虫。2009 年 8 月 20 日，森防站召开飞洒农药区域内有关人员（主要是该区域内各乡、村负责人）会议，宣传了防止人身中毒的有关注意事项，并布置了信导员（地面指挥人员），但未确定飞机洒药的具体时间。同年 9 月 20 日，作业飞机在该县西南帽子峰森林区喷洒"敌杀死"，该森林区距游沟村村庄较近。由于森防站没有及时在地面安排信导员，飞机洒完农药后森防站才将信号旗送到，致农药喷洒面积扩大，并误将一些农药投入帽子峰森林区附近的游沟村村庄里，造成该村村民何荣、宋斌、吴彪三家养蜂户的 380 箱蜜蜂被药死，总经济损失达 1 万余元。根据有关部门鉴定，森防站喷洒的"敌杀死"系剧毒农药。何荣等受害人向人民法院起诉要求森防站赔偿损失。但森防站以乡、村参加预防会议后未能及时做好宣传工作而造成损失为由，认为应由乡、村政府承担责任。同时，他们认为何荣等在飞机飞洒农药期间将蜜蜂置于露天场所，且未采取预防措施，对损害的发生也有过错，也应承担责任。

问：被告对原告遭受的损害是否应该承担民事赔偿责任？

【案例 12】 阅读标记：（ ）

某露天煤矿建设指挥部（简称指挥部）经上级

有关部门批准，于 2009 年开始建设露天煤矿。在煤矿设计院编制的可行性研究报告中，指出了该露天煤矿爆破引起的噪声和震动对周围自然环境会产生不良影响，但对如何采取预防措施未加论证。在指挥部建设露天煤矿期间，某县煤矿劳动服务公司在该露天煤矿东南边界的边缘建立了一大型养鸡场。2009 年 4 月，劳动服务公司将养鸡场发包给徐某，承包期 4 年。2010 年 3 月至 6 月，徐某分 4 次购进雏鸡 7 000 只，在鸡场饲养。同年 9 月至 10 月，这些鸡先后进入了产蛋期。与此同时，指挥部在露天煤矿进行土层剥离爆破施工，其震动和噪声惊扰了养鸡场的鸡群，鸡的产蛋率突然大幅度下降，并有部分鸡死亡。同年 12 月底及 2011 年初，徐某将成鸡全部淘汰。经计算，徐某因蛋鸡产蛋率下降而提前淘汰减少利润收益 10 万余元。经有关部门对徐某承包的养鸡场的活、死鸡进行抽样诊断、检验，结论为：因长期放炮施工的震动和噪音造成鸡群得了"应激产蛋下降综合征"。徐某遂向人民法院起诉，要求指挥部赔偿其经济损失。指挥部以开矿爆破经国家有关部门批准，没有违反法律，不构成侵权为由，拒绝承担赔偿责任。

问：指挥部应否承担赔偿责任？

【案例 13】 阅读标记：（　）

2009 年 5 月，某市热力公司在南岗区中山路建设供热网工程，将土建砌筑工程发包给某安装工程公司。安装公司又将该工程转包给华城建筑工程公司。此热网工程有一段从革新街穿越中山路的顶管工程，热力公司直接发包给利民管道服务公司。利民公司于 2009 年 6 月 18 日开工。在施工过程中，利民公司在作业坑上面遮有篷盖，并设立有红灯安全标志。2009 年 11 月 30 日，顶管工程主体工程完工，进入收尾工程。由于利民公司施工力量不足，工期又紧，且华城建筑公司也需要在此坑作业，热力公司施工员高忠奎召开协调会进行协调，确定收尾工程由华城建筑公司完成。华城公司与利民公司口头协商换工问题，华城公司利用利民公司的卷扬机往坑内下砖。同年 12 月 5 日 8 时许，利民公司拆除了安全标志，而华城公司在 12 月 6 日设立安全标志。在拆除和重立安全标志空档的 12 月 5 日晚 11 时许，肖荣路过施工现场，因无安全标志而掉入作业坑内摔伤。经住院治疗，诊断为：左股骨畸形愈合，左膝关节僵直、左股骨短缩；其损伤为部分丧失劳动能力。为此，肖荣以安装工程公司为被告起诉至法院，要求其赔偿损失。

问：肖荣的诉讼请求能否得到支持？

【案例 14】 阅读标记：（　）

胜利大酒店在其店门前设置了一块介绍本酒店各种菜肴的广告牌，广告牌高 2.5 米，宽 1.2 米，重达 12 公斤。一日下午，胜利大酒店所在地刮起了七八级大风，此广告牌被大风刮倒，酒店服务员随即将广告牌靠墙立好。服务员走后不久，一阵大风将广告牌刮起达 2 米多高，广告牌随风沿街向南飘移 10 余米后下落，击中正在向南行走的李某的头部，致其当即昏迷，路人急速送往医院治疗。李某共住院 10 天，医疗费用共计 1 000 余元，误工费 300 元。出院后，李某便要求胜利大酒店赔偿。遭到拒绝后，李某以胜利大酒店为被告起诉至法院，要求被告赔偿损失。

问：胜利大酒店是否应该承担赔偿责任？

【案例 15】 阅读标记：（　）

某集贸日，屠夫李某在菜市场卖肉。本镇王某的一条狗乘隙偷吃案板上的猪肉，李某发现后抄起木棍朝狗猛击，狗遭打后急速逃窜。狗在逃窜中踩到了在睡觉的张某的母猪身上，引起母猪惊跑而撞倒了正在买菜的一老妇黄某，致其腿部骨折，花去医疗费若干。受害人黄某找打狗人李某要求赔偿，李说："我是因为狗偷吃猪肉才打狗的，撞伤你是狗引起的，应当找养狗人王某赔偿。"黄某找到养狗人王某，王某则说："直接撞倒你的是猪，而不是狗，应找养猪人赔偿。"黄某找到张某，张某则以"我的猪是受狗惊吓而逃窜的，是因为打狗人的行为引起的，与我没有关系"为由拒绝赔偿。无奈，受害人黄某起诉至人民法院，要求三人赔偿。

问：本案赔偿责任应如何处理？

【案例 16】 阅读标记：（　）

被告杨军是第三车队的职工，因患精神病，于 2005 年 12 月与妻子离婚。随后，被告由其法定代理人（其父）杨福接到身边加以照料。半年后，被告自己跑回车队。从此，杨福对被告未再尽监护责任。第三车队用被告每月的病休工资为他开支吃饭、穿衣的费用。被告由于无人监护，成天癫狂、乱跑。2010 年 5 月 3 日中午，原告张明与几位朋友在农贸市场的餐馆喝酒，适值被告在该农贸市场游逛。原告和朋友喝完酒走出饭馆时与被告相遇，原告对被告出言不逊，并朝被告身上打了一拳。被告被激怒，随手操起一把铁铲朝原告的面部铲去，致原告的右面颊软组织裂伤和右鼻翼穿透伤，花去医疗费若干。原告在向第三车队要求赔偿损失无果之后，便向人民法院起诉，要求被告承担赔偿责任。被告的法定代理人、第三车队辩称，原告对造成这一损害也负有一定责任，故不同意赔偿损失。经审理，人民法院判决由第三车队赔偿原告的经济损失。第三车队不服，上诉至中级人民法院。二审人民法院经审理，撤销原审判决，判决监护人杨福赔偿张明的经济损失。

问：本案中原告的损害应该由谁承担赔偿责任？

【案例 17】 阅读标记：（　）

2010 年初，被告文香到五龙镇开设摊点，其摊位与原告李华所设摊位相邻，二人曾因摊位占地和招揽生意发生过矛盾。2010 年 9 月 15 日，文香因抢占李华的摊位而与李华发生争吵，继而厮打起来。正在此时，文香的弟弟文路路过，见此情形便上前"帮忙"，也与李华厮打起来。在厮打过程中，二被告用手、拳抓打原告李华的面部和鼻部，造成原告鼻骨骨折、面颊部软组织挫伤，花去医疗费 350 余元。原告李华起诉至人民法院，要求被告文香和文路赔偿其全部医疗费。

问：（1）本案涉及什么法律关系？
（2）本案如何处理？

【案例 18】 阅读标记：（　）

被告李伟、王斌、肖军三人（均不满 10 周岁）在放学回家的途中，看见原告黄磊正在放风筝，李伟即提议三人用石子砸原告的风筝。于是三人纷纷用石子砸向原告。原告见有石子砸来，急欲避让，不料一颗石子击中其右眼。原告当日被送往医院治疗，诊断为右眼球破裂伤，住院 40 天，用去医疗费等若干。原告向法院提起诉讼，要求三被告赔偿经济损失。三被告父母均认为自己的孩子未砸中原告，且原告也不能证实是他们谁的孩子所为，故请求法院驳回原告的诉讼请求。

问：（1）本案涉及什么法律关系？
（2）本案应当如何处理？

【案例 19】 阅读标记：（　）

2008 年 12 月何某向丁某借款 3 万元，借款期限 12 个月。2009 年 12 月，丁某要何某还债时，何某说生意亏本无钱。丁某无奈，于 2010 年 3 月向人民法院起诉，要何某还债。2010 年 8 月，人民法院经公开审理判决何某清偿对丁某的 3 万元债务及利息，何某未上诉。判决生效后，丁某要求何某清偿债务，何某以无钱为由拒不还钱。2010 年 10 月，

丁某向人民法院申请强制执行。执行庭经调查查明，何某因合伙赔了一大笔钱，现在还有不少外债，维持生活还有困难，目前实在无力清偿债务。因此执行庭做出了中止执行的裁定，同时口头告知何某以后有钱应清偿债务，并通知丁某如果发现何某有可供执行的财产应立即通知人民法院。2011 年 5 月，何某筹备结婚，向叶某（何某的姨妈）借款 4 万元，买了一所平房，并购置了彩电、家具等结婚用品。丁某得知何某筹备结婚并购置了结婚用品的消息后，立即通知了人民法院的执行庭。执行庭的执行员夏某、梁某立即开车会同丁某来到何某家中，要求何某偿还债务。何某说购房和买东西的钱是为结婚而向叶某借的，自己没有钱，无法清偿债务。夏某、梁某将何某的财产和房屋予以查封，并责令何某在 1 个月内清偿债务，否则将变卖何某的财产。何某因财产被查封、变卖，无法按期举行婚礼，新娘大为光火，提出要与何某解除婚约。何某为此受到沉重打击，得了一场重病，精神上受到了强烈的刺激，精神恍惚。何某想通过法律途径维护其财产权，遂起诉夏某与梁某并主张精神损害赔偿。

问：何某的诉讼请求能否得到支持？为什么？

【案例 20】 阅读标记：（　）

张福、张成兄弟俩承包了村里的鱼塘。因时常有人偷鱼，张家的收益大幅减少。兄弟二人非常气愤，决定在鱼塘看守，抓住偷鱼者。2010 年 8 月 3 日夜，同村村民王海山来此偷鱼。当他正装鱼之际，被在此守夜的张福发现。张福上前揪住王海山的衣服进行质问，王海山百般狡辩并欲挣脱逃跑。守在鱼塘另一侧的张成听到喊声急忙赶来，见张福与王海山扭打在一起，便跑上去合力将王海山摁倒在地，用拳头猛击王海山直到王海山求饶并答应赔偿鱼款时，二人方才住手。王海山回家后觉得胸部异常疼痛，第二天便去县医院看病。经专家诊断，王海山右胸二根肋骨断裂。王海山遂向县人民法院起诉，要求张福、张成赔偿医疗费、误工费总计 2 500 元。张氏兄弟二人以正当防卫为由，不同意赔偿。县人民法院调解无效后，判决如下：被告张福、张成二人防卫过当，共同赔偿原告王海山医疗费、误工费总计 2 000 元，两被告承担连带责任。

问：张福、张成是否应该承担民事责任？

【案例 21】 阅读标记：（　）

2010 年 2 月，原告李某报名参加了第一被告机动车培训中心的培训。3 月 8 日下午，教练安排爬坡训练。李某在自南向北的行驶中，突然听到后面

有人（第二被告叶某）大叫一声，伴随着摩托车油门的轰鸣声，一辆摩托车从后猛窜上来，连人带车横卧在原告车前，李某见状紧急刹车，致使摩托车向右侧倒地，压住了自己的右腿并拖行了数米。事后，李某被送往医院治疗。经查明，叶某是与原告同期机动车培训班的学员。当天，叶某驾车在训练道上练习爬坡，因车胎遇泥浆打滑，碰到跑道边的台阶上，摩托车失去控制，人车冲出倒下，同时训练的李某为避免撞上第二被告而紧急刹车导致自己受伤。经查，训练道上的那堆泥浆，是因雨水冲刷跑道内侧供特级训练的泥丘，由泥沙堆积形成的。经医院鉴定，原告的伤情为右膝外侧半月板损伤，需要经过一段时间观察才能确定如何手术，手术费用无法计算。原告因膝伤损失较大遂向人民法院起诉，要求第一被告及第二被告赔偿医疗费、手术费、营养费、护理费等经济损失 10 000 余元。

问：本案该如何处理？

【案例 22】 阅读标记：（　）

2009 年 7 月的一天，张某等 5 位青年工人在某工地施工。将近中午时，张某提议去饭店吃饭，因大家都自带了食品，所以其他人表示不想去。但张某坚持去饭店吃饭，并表示中午由他请客。因有人出钱请客吃饭，其他人也都很高兴地表示赞同。于是，张某等 5 人就来到了一家酒店，要了酒和菜，开始就餐。在酒足饭饱之后，张某借口去付款，便溜之大吉。其他人等了好长一段时间，见张某还没有回来，便要离去。但酒店的服务员说，你们的饭钱还没有付清，要求他们付清饭钱再走。这几个青年工人一听，知道上了张某的当，便以被邀请吃饭为由拒付饭钱，并要强行离去。酒店的服务员见桌上放着一个手机，并将其扣留，声称不付饭钱就不返还手机。为此，双方发生纠纷。

问：酒店的做法有无不当？

【案例 23】 阅读标记：（　）

患者侯女曾在 X 医院住院，骨髓穿刺检查诊断为"急性淋巴白血病"。后住入另一家医院，证实为急性淋巴细胞白血病，该医院即用长春新碱和强的松组成的 VP 方案进行治疗，并加用环磷酰胺，共 6 个疗程，病情未见缓解。因此，患者父亲数次要求回 X 医院治疗。X 医院再三解释："白血病治疗目前尚无理想的解决办法，在外院治疗两个多月，没有缓解，说明化疗效果不好，并有一定危险性。"但患者父亲表示："知道这种病无法治愈，但作为父母总不能眼巴巴看着孩子干熬，能拖一段时间

就拖一段，希望能治好，到这种地步，请给试一试，把死马当活马医吧！"基于此，X 医院收侯某入院治疗。侯某入院当天，即做骨髓等检查，与某医院前 10 天骨髓检查相比，病情恶化，说明 VP 方案治疗无效。为延长患者生存期，X 医院经讨论，决定试用异搏停加 VP 方案治疗。院方取得了家属的同意和理解，但没有签字和书面手续，然后该院开始实行异搏停 5 毫克静脉注射，40 毫克口服。以后，口服剂量递增，每 4 小时 1 次，每次剂量范围在 80 毫克～240 毫克。入院 10 天后，患者病情加重，经抢救无效死亡。患者死亡后，死者家属与医院发生争执。家长认为，这种大剂量使用异搏停的方案国内未见报道过，是"拿病人做试验"，要求追究医院的责任。医院则认为，医院采用异搏停加 VP 方案虽属于试验性治疗，但已征得患者同意，且患者的死亡是白血病并发心脏传导阻滞、窒颤而致死。但患者家属对试用异搏停加 VP 方案否认同意过，病历上没有家属签字。

问：本案中医院有无责任？

【案例 24】 阅读标记：（　）

某市硫酸厂距夏某承包的苗圃很近，距离不到 500 米。一天夜里，下了雷阵雨，硫酸厂的一个储存硫酸的容器遭到雷击，发生爆炸。硫酸随雨水外溢，并流进了夏某的苗圃，致使苗圃内的果树苗全部死亡，造成经济损失达 2 万余元。夏某在查明原因后，要求硫酸厂赔偿其经济损失。硫酸厂则认为，硫酸外溢并非硫酸厂故意所为，而是由于存储罐遭到雷击发生爆炸所造成的，属于不可抗力所致损害，故拒绝赔偿夏某的损失。夏某于是起诉到人民法院，要求硫酸厂赔偿其经济损失。人民法院经调查认定，夏某的果树苗死亡确系硫酸厂外溢硫酸所致。人民法院认为，夏某遭到的损失虽然与硫酸厂硫酸外泄有关，但硫酸厂硫酸外泄是因为雷击硫酸厂的储存硫酸的容器造成的，即夏某的损失是不可抗力造成的。因此，硫酸厂不应承担赔偿责任。

问：本案中硫酸厂是否应承担损害赔偿责任？

【案例 25】 阅读标记：（　）

某日中午，被告高某驾驶汽车在路况良好的公路行驶（车速正常，没有超载，并且轮胎是新换的），行至原告家门前路面时，汽车右前轮突然爆裂，高气压将路面上的一石块崩起，飞起的石块穿过原告家庭院门板，打在原告韩某的头部，造成原告脑外伤，住院 40 天，花医疗费、车费若干。原告病愈后，要求被告承担全部经济损失，但被告只

同意给一部分赔偿费。经有关部门调解不成，原告诉至人民法院。

问：本案应该如何分配原告的损害？

【案例 26】 阅读标记：（　）

原告杨某、孙某系夫妇，租住第一被告 A 市房产管理局所辖海滨新村 201 室公房。该栋房屋的接线总运输闸（黑线盒）安置在 201 室内。2009 年 7 月 15 日下午 3 时许，201 室发生火灾，原告家中部分物品毁损。A 市公安局消防科出具了火灾原因分析意见书，确认起火部位在 201 室南窗右上部进户线的接线盒连接段上，并发现导火线绝缘内焦、松弛、滴落，呈超负荷状，分析认为火灾系导线超负荷引起燃烧而致。火灾后，原告向人民法院起诉，称因黑线盒及总线从自己承租的房屋内经过，该电线起火发生火灾致使自己部分财产受损，要求第一被告和第二被告（供电局）共同赔偿其经济损失。在诉讼中，第一被告提出：此次火灾事故是导线超负荷引起燃烧起火，但导线超负荷并非第一被告引起。火灾前第一被告曾到原告家要求更换电线，但原告坚持要求将黑线盒搬至室外，否则不同意更换电线，故第一被告不应承担赔偿责任。第二被告称：第一，黑线盒位置的移动必须要通过供电部门，而供电局没有接到原告要求移动黑线盒的申请。第二，供电质量是合格的，因此，不同意承担赔偿责任。

问：本案该如何处理？

【案例 27】 阅读标记：（　）

于某和刘某系邻居。某日，二人于晚饭后散步。当走到邻居李某家门口时，二人看到李某的大黄牛拴在其家门前的一棵大树上，便上前去挑逗大黄牛，但大黄牛躺在地上一动不动。于某见状，就对刘某说：我回家去取一挂鞭炮，系在牛尾巴上点燃，看它动不动。刘某对此十分赞同，便与于某一同回家取鞭炮。二人返回后，便将鞭炮系在牛尾巴上点燃。大黄牛因受惊吓而乱蹦乱跳，并挣脱了缰绳而横冲直撞，将正从此处经过的王某撞倒，造成王某肋骨骨折，经医院治疗，花去医疗费若干。王某要求大黄牛的主人李某赔偿损失，遭到李某的拒绝而形成诉讼。

问：本案该如何处理？

 案例分析

【案例 1】

（1）在本案中，谢某的行为**不是侵权行为**，对

姜某的死亡不应承担赔偿责任。

原告张某能否要求被告谢某赔偿经济损失，首先应当考察的是谢某的行为是否构成侵权行为，只有谢某的行为构成了侵权行为，才能产生侵权的赔偿责任。因此，在分析本案时，应当从侵权行为的基本含义上对谢某的行为进行具体分析。

（2）侵权行为是指不履行债务以外的侵害他人合法的民事权利和利益，依法应当承担民事责任的不法行为。**侵权行为的特点可以概括为以下几项：第一，侵权行为是一种单方实施的事实行为。第二，侵权行为是一种民事违法行为。**侵权行为从本质上讲，是一种民事违法行为，属于违法的事实行为。因此，违法性是侵权行为的本质属性。侵权行为的违法性，使其与合法的事实行为，如无因管理行为、从事智力活动的行为等区别开来。侵权行为的违法性就是违反法律的规定，为法律所不许，其实质就是违反了法律所规定的义务。就其违反义务的角度说，侵权行为所违反的是法定的、针对一般人的义务。**第三，侵权行为是加害于他人的行为。**侵权行为是侵犯他人的合法民事权益的行为，其侵害对象包括民事权利和民事利益。**第四，侵权行为是应承担侵权民事责任的根据。**侵权行为是一种能够引起民事法律后果的行为，这种法律后果就是侵害人应当承担侵权民事责任。因此，侵权行为是应承担侵权民事责任的根据。

在本案中，被告谢某的行为并不构成侵权行为。侵权行为是侵害国家的、集体的或他人的人身权、财产权或其他合法权益，依法应承担民事责任的不法行为。谢某与姜某的通奸行为是一种不道德的行为，应当受到社会的谴责。谢某取来磷化锌，并不是想害死姜某，而是双方共同殉情。这是双方的自愿，谢某并没有强迫姜某。姜某的死亡是其服用磷化锌所致，与谢某取磷化锌的行为，没有因果关系。所以，谢某的行为不是侵权行为，对姜某的死亡不应承担赔偿责任。

【案例 2】

（1）依照**过错责任原则**，被告自来水公司因对原告所遭受的损害存在过错，故应当承担赔偿责任，而被告镇政府和李秀芳对于原告所遭受的损失不存在过错，故没有赔偿责任可言。

（2）过错责任原则是指以侵权行为人的主观过错作为归责根据的归责原则。就是说，没有过错就没有侵权责任。过错责任原则是一般侵权行为的归责原则，适用于因侵权行为人的过错而产生的过错责任。

在过错责任中，"过错"是指侵害人的过错，而不包括其他人的过错。根据过错责任原则，过错是承担侵权责任的必备条件。侵害人只有在主观上存在过错的情况下，才承担侵权责任，"无过错则无责任"。因此，侵害人有无主观过错，是确定侵权责任归属的基本因素或最终要件。就是说，即使行为人的行为造成了损害后果，并且损害后果与其行为之间具有因果关系，但如果行为人没有过错，则行为人也不应承担侵权责任。

（3）本案中，首先，从被告自来水公司来看，自来水公司作为城市供水及供水设施管理部门，依照有关规定建立城市输配水管网，对用水户管线的安装、检查、维修是其应尽的职责。但是，本案中的自来水公司却没有尽到管理的责任。这主要表现在自来水公司没有按照《城市供水条例》的规定，定期对自来水检查井内的水管进行妥善维修。具体来说，自来水公司为李秀芳家在检查井内接通供水水管后，未能定期进行检查，导致安装的塑料管发生破裂后溢水。之后，该井内的水管一次又一次破裂，自来水公司没有对水管进行彻底维修，结果造成原告的损失。自来水公司应当知道其不对所辖自来水供水设施严格管理，仔细检查，认真维修，很可能会发生导致用户或他人损害的结果，但却仍未尽到检查维修义务，最终导致原告房屋受损。因此，自来水公司在主观上存在过错。其次，从被告李秀芳来看，李秀芳作为自来水公司用户，用水经自来水公司批准并发有用水许可证，在漏水事件发生后，先后多次请求自来水公司派人维修，并承担了维修费用，已尽到了其应负担的注意义务，对原告房屋受损之事实并无过错。最后，从镇政府来看，豆制品厂于2010年3月停业后，镇企业办与该厂间的行政管理关系即告终止，本案中所发生的相关事实不在镇企业办职务范围之内。且自来水公司在2015年给李秀芳家接通自来水时，镇企业办对此毫不知情，故镇企业办对于原告损害的发生不存在过错。综上，依照过错责任原则，被告自来水公司因对原告所遭受的损害存在过错，故应当承担赔偿责任。而被告镇政府和李秀芳对于原告所遭受的损失不存在过错，故没有赔偿责任可言。

【案例3】

（1）本案中，电力公司虽然对损害的发生没有过错，但行为属于高度危险行为，而且不存在免责事由，故应当承担侵权责任。该案属于高度危险责任，适用无过错责任原则。无过错责任原则不考虑行为人有无过错，即使行为人没有过错，若没有法

定的免责事由，行为人也要承担责任。

电力公司不具备"受害人故意造成损害"的法定免责条件。同时，这一损害也不是不可抗力造成的。故电力公司虽然依照有关规定建成的高压线路为合法作业，主观上亦无过错，但依据法律规定，对张瑜触电受伤仍需承担民事责任。

（2）王志也存在一定的过错，也须承担相应的责任。王志违反有关规定，未经有关部门批准，擅自违章翻建房屋，使东边三楼阳台扶手离高压线只有40厘米，这在一定程度上加大了张瑜受伤的可能性，具有明显的过错。由于对同一致害后果，法律并不排除对不同的责任主体适用不同的责任原则，所以应当依照王志的过错程度，判决其承担相应的民事责任。故王志与电力公司承担连带赔偿责任。

【案例4】

（1）本案中，王超和李飞都要承担一定的侵权责任。

（2）本案涉及的归责原则是过错责任原则，在适用过错责任原则时，要考虑双方当事人公平分担损失。

首先，王超对于赵梦的死亡后果要承担责任，此责任承担的基础为过错责任原则。被告王超在此事故中存在过错，其明知李飞不会游泳却将他两次背到深水区教其游泳，并在第二次游泳时将李飞甩掉，使李飞在慌乱中抓住赵梦，造成赵梦溺水死亡。王超作为一名会游泳者，应当预见到不会游泳者在无人相助时会有下意识随手抓人的动作出现，从而可能对旁人构成威胁，但是王超却抛下李飞，正是由于王超的过错行为导致了赵梦死亡的后果。李飞在挣扎中抓住赵梦的行为纯属巧合，具有偶然性，但这一行为及后果的出现确系王超的过错行为所致。所以，王超虽不是将赵梦按在水下的直接行为人，但其对于赵梦死亡的后果应当承担侵权责任。

其次，对于李飞而言，其也要承担部分责任。《民法典》第1186条规定，**受害人和行为人对损害的发生都没有过错的，依照法律的规定由双方分担损失。**该规定就是"公平分担损失"规则。就本案来说，当事人双方对于损害的发生都没错，赵梦事发时在李飞身边游泳，他没有任何的举动，不存在过错；被告李飞不会游泳，被王超丢在深水区后，因紧张和恐惧所采取的乱抓乱蹬的举动是人的本能反应，不构成对注意义务的违反，所以其将赵梦按在水下主观上无故意或过失。但正是因李飞抓

住了赵梦，才使自己获救。考虑到原告丧子并因此而花去大量费用，根据损害程度、当事人的受益情况及经济状况，李飞也应当按照公平分担损失规则分担一定的责任。

【案例5】

本案中，被告工作人员对原告进行检查时并无第三人在场，事后也未必会被第三人甚至社会公众知晓。在此情况下，原告的社会评价并不会受到影响，因此并不能认为名誉权受到侵害。那么，能否就认定没有损害存在呢？回答应当是否定的。

被告强行检查原告身体并要求其解脱裤扣，这种带有人身侮辱性的行为令原告的自尊和人格尊严受到了刺激与伤害，因此，被告的行为已造成原告人格利益的无形损害，此损害虽然在客观上没有实在的外在表象，但确实**伤害了原告的自尊与人格尊严**，同时产生了精神创伤和精神痛苦。由此可见，原告遭受损害这一事实是明显的。原告被侵犯的实际上是人格尊严，即自然人的一种自尊和要求得到他人尊重，不愿被歧视、侮辱的心理状态。我国《民法典》确立了人格尊严权。《民法典》第109条规定，**自然人的人身自由、人格尊严受法律保护**。

【案例6】

死者违章行车事实与防护墙倒塌事实共同作用，造成了本案中的损害结果，其中的任何事实都不能独立造成本案的损害结果。因此，这两种事实都是造成损害的原因，但它们对损害发生所起的作用是不同的。首先，造成江治水死亡的直接原因是公路防护墙因雨水浸泡突然倒塌。依社会一般见解，公路防护墙倒塌这一事实足以造成伤亡后果，而且在江治水行车时确也出现了致其死亡的后果，因此，防护墙倒塌这一事实与江治水死亡这一结果间存在相当因果关系。其次，江治水违章行车是造成车毁人亡的间接原因，因为若江治水不在非机动车道上行驶，就不会发生这一事故。因此，江治水违章在非机动车道上行驶与车毁人亡的损害事实之间也存在一定的因果关系。当然，确定违章行车与损害事实之间存在因果关系并不意味着江治水就应承担一定的责任。确定江治水是否承担一定的责任，还需要根据其他的构成要件来考察。最后，被告洛阳市公路管理总段是否可以以不可抗力为由而获得免责呢？在本案中，从客观上说，普降特大暴雨应属于不可抗力的范围，原告的损害确实也是因防护墙被雨水浸泡而倒塌造成的，但被告不能以不

可抗力为由要求免责。这是因为，作为公路的保养、管理部门，应当对公路及附属设施经常性地进行保养，其中就包括加固公路防护墙以避免雨水浸泡发生倒塌而致路人受损等情况。但是，本案被告却以不作为的方式不履行其义务，而导致了本案损害事实的发生。所以，被告不能以不可抗力为由而获得免责。总之，依据《民法典》第1173条规定，**被侵权人对同一损害的发生或者扩大有过错的，可以减轻侵权人的责任**。被告应当承担主要赔偿责任。

【案例7】

其理由不成立。依据《民法典》第1200条规定，限制民事行为能力人在学校或者其他教育机构学习、生活期间受到人身损害，学校或者其他教育机构未尽到教育、管理职责的，应当承担侵权责任。在本案中，学校不但是教育单位，同时也是教学管理机构，学校不但在正常教学活动中要对校内秩序及其他设施进行严格的管理，在放学后对其控制区域内的正常秩序也需严加管理，特别是在对象为无民事行为能力人、限制民事行为能力人的情况下，更加重了其管理责任。本案被告李石在学校楼道内打秋千，可能失手伤害自己，也可能撞上他人致他人损害。由于其年龄的缘故，该行为的危险性是其不可能完全意识到的，但**学校对于这种危险行为负有管理责任，应当保证管理对象在人身上的安全**。本案中，并未有人制止这种行为，可见，**学校疏于管理，对来源于法律的直接规定和职务上要求的特定义务没有履行，已构成了不作为的违法行为**，加之符合过错、因果关系、损害事实等其他责任构成要件，因此应对原告烫伤承担相应的责任。

【案例8】

根据《民法典》第1165条第1款规定，**行为人因过错侵害他人民事权益造成损害的，应当承担侵权责任**。《民法典》第1173条规定，被侵权人对同一损害的发生或者扩大有过错的，可以减轻侵权人的责任。本案中，**原告、被告双方都有过错，故应各自承担相应的责任**。

被告是否存在过错是认定被告应否承担侵权责任的关键。第一，被告的电梯存在故障是该电梯事故发生的原因之一。电梯机械锁的作用是当电梯厢不在某层停靠时，此层层门被机械锁锁闭而不能被开启。被告的电梯七楼层门机械锁锁钩磨损，使锁钩有小角度的转动，机械锁不能起到可靠的保护作

一／般／经／典／案／例

用，即在正常情况下，层门无法从前厅门用手扳开，而在本案中，层门却被他人从前厅用手扳开。第二，被告存在过错，且过错与本案发生的后果有联系。电梯是一种高空运载交通工具，在运动操作中靠电梯精密设备、安全装置、安全技术操作、严格安全管理制度等保证其安全运行。被告是电梯的所有人和使用单位，负有保障该电梯安全运行的法定义务。被告在大楼顶层开设露天舞厅，自然会有外单位人员利用电梯进出，被告一来未反对，二来也应对利用电梯进出舞厅的消费者的安全负保护义务，但被告却违法地不作为，未对电梯起重机械安全设备、装置分别进行年检、月检、日检，疏忽大意，未及时发现故障、排除隐患，致使乘客从电梯前厅门打开电梯层门，误入井道致伤。显然，被告的过错行为与本案人身损害后果的发生存在因果关系。所以被告应该承担赔偿责任。

当然，原告主观上也存在一定过错。原告应知道电梯不在同层时，扳开层门极易误入井道，从而存在坠伤的危险。原告在其友按下了召唤电钮后，见电梯层楼显示屏显示电梯厢仍停在三层，其层门仍关着时，便用手扳开层门，一脚踩空，坠落致伤，产生了损害后果，原告在主观上对损害的发生也具有过错，因此原告也应当承担部分责任。

【案例 9】

乡政府应该赔偿原告的损失。原告拒绝交纳提留款是错误的，乡人民政府派人催款是正当的。但对原告予以罚款和采取强制扣押、变卖财产抵作提留款的行为没有法律根据，属于侵犯他人财产权的违法行为。同时，对胡某夫妇二人实行捆、铐的行为并造成胡的人身伤害，侵犯了原告的人身权。根据国家赔偿法的规定，乡人民政府的工作人员违法行使职权，侵犯了原告财产权和人身权，应由工作人员所在的国家机关承担**国家赔偿责任**。

【案例 10】

本案属于产品缺陷致害责任案件。依据《民法典》第 1202 条，因产品存在缺陷造成他人损害的，生产者应当承担侵权责任。原告的损害系被告的啤酒瓶爆炸造成，而被告不能证明啤酒瓶是合格的，故应认定被告生产的产品存在缺陷。同时，被告生产的啤酒突然发生爆炸并非原告使用不当所致，也不是其他原因所致，被告不具备免责条件。因此，被告对其存在缺陷的啤酒发生爆炸造成原告的损害，应当承担赔偿责任。

【案例 11】

被告应该承担责任，因为这属于**高度危险作业行为，责任人承担责任无需过错要件**。森防站租用民航飞机飞洒农药"敌杀死"用以灭虫，而"敌杀死"系一种剧毒农药，因此本案是高度危险作业致人损害的案件。首先，森防站租用飞机飞洒剧毒农药"敌杀死"，属于高度危险作业；其次，这种行为造成了原告的蜜蜂大量死亡；最后，原告的损害与被告的高度危险作业之间存在因果关系。完全符合该责任的构成要件。

在本案中，被告的抗辩理由是不能成立的。第一，原告对损害的发生既没有故意，也没有重大过失。第二，乡、村政府虽然参加了预防会议，但只是协助进行宣传和预防工作，飞洒农药的实施单位是森防站，故乡、村政府不承担赔偿责任。因此，本案原告的损害应当由森防站承担。

【案例 12】

被告指挥部在露天煤矿爆破施工时产生的振动和噪音，造成原告的鸡群产蛋率大幅度下降，属于**污染环境造成的损害**，被告应当承担赔偿责任。首先，被告在其露天煤矿爆破时所产生的震动和噪音，是一种污染环境的行为。开发煤矿的可行性研究报告已经指出了露天煤矿爆破引起的噪声和震动对周围自然环境会产生不良影响，但对如何采取预防措施未加论述，而被告在开发时又没有采取具体的防范措施。所以，被告的这种污染环境行为具有违法性。其次，被告的污染环境行为造成了原告的鸡群产生"应激产蛋下降综合征"，致使鸡群的产蛋率大幅度下降，这种污染损害后果与污染行为之间具有因果关系。本案中有争议的问题是，该建设项目得到国家有关机关批准，能否成为免责事由？

国家有关部门批准该项目建设，只是允许其开发煤矿资源，并非就是允许其对周围环境造成污染而不用承担责任，因而不影响侵权责任的构成。综上所述，被告应当对原告承担**污染环境致害的赔偿责任**。

【案例 13】

原告肖荣系因**地下施工没有设置明显标志和采取安全措施**而受到损害，施工人无疑应当承担赔偿责任，本案的关键问题是究竟由谁承担赔偿责任。根据民法通则的规定，地下施工致人损害的，施工人应当承担赔偿责任。那么，本案的施工人是谁呢？从案情看，热力公司将顶管工程发包给利民管道服务公司，将供热网管道安装、土建砌筑工程发包给安装工程公司，而安装工程公司又将此工程转包给华城建筑工程公司。在具体施工中，各公司承包的工程不是分头同时进行的，而是按先后顺序进行的，即由利民公司完成顶管工程施工后，由华城公司接着进行土建砌筑工程。因此，应当说，各施工人应当在自己施工过程中都设置明显标志，采取安全措施。但是，在热力公司协调利民公司与华城公司交接施工时，三方对交接施工的具体时间、安全标志的具体设置等没有作出明确的约定，而正是利民公司拆除安全标志与华城公司设立安全标志的这个空档造成了受害人掉入坑内摔伤的损害后果。可见，三方都忽视了施工现场的安全问题，都存在一定的过错，对受害人的损害都应承担一定的责任。所以，本案的施工人应当确定为热力公司、利民公司和华城公司，由三方共同承担赔偿责任。

【案例 14】

该酒店应承担全部赔偿责任。根据《民法典》第 1253 条的规定，建筑物、构筑物或者其他设施及其搁置物、悬挂物发生脱落、坠落造成他人损害，所有人、管理人或者使用人不能证明自己没有过错的，应当承担侵权责任。所有人、管理人或者使用人赔偿后，有其他责任人的，有权向其他责任人追偿。在本案中，胜利大酒店完全具备了**地上工作物致害的赔偿责任**的构成要件：第一，胜利大酒店为招揽生意，在门前设置了广告牌。广告牌属于《民法典》第 1253 条所规定的"其他设施"之列。广告牌被大风刮倒后，酒店服务员将其靠墙放置，并没有改变广告牌作为"其他设施"的性质。第二，广告牌被大风刮倒又被大风刮起，应解释为属于民法通则中所指的其他设施倒塌之列。因广告牌的倒塌击中李某的头部，二者之间有因果关系。第三，酒店存在过错。酒店为招揽生意，在门前竖立广告牌无可非议，但当广告牌被大风刮倒后，酒店服务员只是简单地将其靠墙放置，而并没有妥善地加以处理，这是有过错的。因为，设置的广告牌都可以被大风刮倒，那么靠墙放置的广告牌更有可能被大风刮走而造成他人损害。第四，酒店没有免责事由。因为广告牌击中李某头部，既不是不可抗力造成的，也不是第三人的过错和受害人的过错造成的。综上所述，胜利大酒店作为广告牌的所有人和管理人，对其设置的广告牌的倒塌所造成的损害，应当承担全部赔偿责任。

【案例 15】

在本案中，受害人黄某的损害是属于**饲养的**

动物致害，应当由动物的饲养人或管理人承担赔偿责任。根据《民法典》第 1250 条规定，因第三人的过错致使动物造成他人损害的，被侵权人可以向动物饲养人或者管理人请求赔偿，也可以向第三人请求赔偿。动物饲养人或者管理人赔偿后，有权向第三人追偿。可见，在因第三人介入导致动物侵权，受害人可以要求第三人和动物饲养人或管理人承担连带赔偿责任。在本案中，受害人黄某没有任何过错，需要明确以下问题：打狗人李某、养狗人王某和养猪人张某是否有过错？

我们认为，三人对猪撞倒受害人黄某造成损害都有过错。

第一，打狗人李某的打狗行为有过错。尽管李某将偷吃猪肉的狗赶跑的行为无可指责。但是，李某在公共场所用木棍对狗进行猛击，狗受击后必然惊慌逃窜，极有可能伤及市场内人员的人身或财产的安全。对于这一行为的后果，李某是应当预见的，也是能够预见的。养狗人王某和养猪人张某具有过错。狗和猪都是危险性比较大的动物，应当拴养或圈养，而不应任其四处游荡，以避免造成他人损害，这也是动物饲养人的法律义务。王某作为狗的饲养人、张某作为猪的饲养人，任狗和猪四处游荡，应认定其有过错。

第二，打狗人李某、养狗人王某和养猪人张某三人的行为是否与受害人黄某的损害存在因果关系，这也是本案确定责任主体的关键。在本案中，李某、王某、张某三人的行为是造成受害人黄某损害的不可缺少的原因，它们构成了一条因果关系链，受害人黄某的损害与李某打狗、王某对狗疏于管理、张某对猪疏于管理之间存在着因果联系。就造成损害的原因而言，张某的行为（对猪疏于管理的不作为）是造成黄某损害的直接原因，而李某和王某的行为是造成黄某损害的间接原因。正由于受害人黄某的损害是由三人的行为所造成的，所以，李某、王某、张某三人构成共同侵权行为人，他们应当承担连带责任。

第三，本案是否存在免责事由？在本案中，受害人黄某的损害是由张某饲养的猪所造成的。因此，在一般情况下，张某无论是否有过错，都应对受害人的损害承担赔偿责任。那么，本案中的打狗人、养狗人的过错，是否可以构成养猪人张某的抗辩事由呢？应该是不可以的。因为养猪人张某自身也存在过错。同时，养狗人王某和打狗人李某因他们都存在过错，也不存在免责问题。所以，黄某的损害是由李某、王某、张某三人的过错行为引起的，他们构成了共同侵权行为，应当承担共同责任。

【案例16】

杨军的**监护人**是杨福，而不是车队，因此被告造成的原告损害就应当由**监护人**杨福承担**赔偿责任**。当然，原告对被告出言不逊导致被告将其打伤，原告对自身的损害也负有责任，因此，应该相应地减轻杨福的赔偿责任。本案具有争议的是，谁是杨军的监护人？《民法典》第28条规定，无民事行为能力或者限制民事行为能力的成年人，由下列有监护能力的人按顺序担任监护人：①配偶；②父母、子女；③其他近亲属；④其他愿意担任监护人的个人或者组织，但是须经被监护人住所地的居民委员会、村民委员会或者民政部门同意。《民法典》第32条规定，没有依法具有监护资格的人的，监护人由民政部门担任，也可以由具备履行监护职责条件的被监护人住所地的居民委员会、村民委员会担任。根据上述规定，只有杨福才符合监护人资格，第三车队作为杨军的工作单位，要想成为监护人须经杨军住所地的居民委员会或者民政部门同意。本案中由于杨军还有父亲作为监护人，故而第三车队不是杨军的监护人。

【案例17】

（1）二被告构成**共同侵权行为**。所谓共同侵权行为是指二人以上共同实施的侵权行为。与单独的侵权行为相比，共同侵权行为的构成要件有：（1）主体的复数性。是指侵权人为二人或者二人以上。（2）意思上的联络性。是指数个行为人对加害行为具有共同故意、共同过失或者故意和过失的混合。（3）损害结果的单一性。是指共同侵权行为所导致的损害结果是一个不可分割的整体。本案二被告基于故意，共同对原告施加殴打行为，造成了原告的身体伤害，符合共同侵权行为的上述要件。

共同侵权行为大致有以下几种：第一种，基于一个共同意思联络而实施的共同侵权行为；第二种，基于违反共同注意义务而实施的共同侵权行为；第三种，数人在相同时间、相同地点实施相同行为，但不能确定谁是加害人。本案正属于第一种，因为二被告主观上都基于故意实施伤害行为。

（2）二被告应该承担赔偿原告医药费的**连带责任**。根据《民法典》第1168条规定，二人以上共同实施侵权行为，造成他人损害的，应当承担连带责任。

共同侵权的民事责任包括外部和内部两个方面。从外部关系上讲，共同侵权行为人对其行为产生的后果承担连带责任，即每个共同侵权人都有义务赔偿被害人的全部损失。在本案中，文香和文路都应该赔偿原告的全部医药费，不得以任何理由加

以拒绝。从内部关系讲，还存在着共同侵权民事责任的分配和追索，即确定每一个共同行为人应承担的份额，并在共同行为人之一赔偿了全部损失后，其有权向其他行为人追索。本案中，文路和文香相互存在一定的追偿关系，由于本案二被告对于损害发生的过错程度和作用大体相同，可以平均分配该损害赔偿金。

【案例18】

（1）在本案中三被告李伟、王斌、肖军的行为构成共同侵权行为。依据《民法典》第1170条的规定，二人以上实施危及他人人身、财产安全的行为，其中一人或者数人的行为造成他人损害，能够确定具体侵权人的，由侵权人承担责任；不能确定具体侵权人的，行为人承担连带责任。本案的情形即属于"数人在相同时间、相同地点实施相同行为，但不能确定谁是加害人"的共同侵权行为，即**共同危险行为**，又称为准共同侵权行为，它是指数个行为人共同实施了侵害他人权利的危险行为，但无法确定何人的行为造成损害的侵权行为。也就是说，数人同时实施了具有损害他人权利的危险行为，其中某一行为造成了损害后果，但究竟是谁的行为造成了损害，客观上无法判明。

（2）根据《民法典》第1170条规定，本案被告应当承担连带责任。本案被告李伟、王斌、肖军的法定代理人均声称侵权行为不是自己的孩子所为，但又不能提供相应的证据加以证明，因此，他们都要对原告的损害负责。他们对原告承担连带责任。内部可以对责任进行分配和追索，追索的数额是他人应该承担的份额。

【案例19】

在本案中，何某试图通过法律途径维护其财产权并主张**精神损害赔偿**的想法，是**得不到法律支持**的，其原因是执行员夏某和梁某查封、变卖何某财产的行为是**依法执行职务**。

首先，夏某和梁某的执行行为是依据法律的授权而实施的。夏某和梁某是人民法院执行庭的执行员，依法执行已经生效的判决书、裁定书、调解书既是其职权又是其职责。并且，夏某和梁某对何某的财产予以强制执行是以已经生效的民事判决书为依据的。其次，夏某和梁某执行职务的行为是合法的。夏某和梁某的执行行为是依据已经生效的民事判决书做出的，并且未超出民事诉讼法的授权范围。在执行时该民事判决书未被撤销，仍是有效的执行依据。夏某和梁某的执行行为符合民事诉讼法

一／般／经／典／案／例

269

规定的执行程序，在程序上合法。最后，夏某和梁某执行职务的活动是必要的。何某有大量的债务尚未清偿，而自身的财产有限。何某购置财产的钱虽然是借来的，但是何某用这些钱购置的财产确是属于何某所有的。在何某不履行生效判决的情况下，夏某和梁某将何某的财产予以查封的行为是正确的。如果不查封，何某可能会转移财产，或用财产清偿其他债务，那么，人民法院的民事判决书又会无法执行。何某对丁某负债 3 万元及利息，而夏某和梁某却查封了何某 4 万元的财产，是否适当呢？何某的财产虽然是 4 万元买来的，但变卖后，其价值会发生一些变化。此外，相关的一些诉讼费用、变卖财产的费用也需从何某的财产中扣除，执行员查封的财产数额没有明显超过必要的限度。因此，人民法院执行人员的查封行为没有明显的不当。

行为人依法执行职务的行为造成对方损害，可以此为理由不承担民事责任。我国现行法虽然没有明确规定这种抗辩事由，但在司法实践中，法院对此予以确认。

【案例 20】

人民法院的判决是正确的。在本案中，张氏兄弟提出的正当防卫理由不成立，因为正当防卫要求的要件是严格的，**防卫行为的目的是为了保护合法利益不受侵害，同时其强度也不得超出法律所许可的范围，正当防卫行为的强度必须与侵害行为的强度相当**。而在本案中王海山的不法侵害手段的强度不大，张氏兄弟的防卫行为所保护的权益也不大。张氏兄弟采取殴打王海山的防卫行为，给王海山的身体造成了伤害，明显超出了正当防卫的必要限度，构成防卫过当。防卫过当的赔偿范围，应是超出防卫限度的那部分损害，即"不应有"的那部分损害。本案中张氏兄弟应该对原告的损害承担赔偿责任，但是可以适当减轻其民事责任。

【案例 21】

本案应该由第一被告对原告的损害承担全部赔偿责任，因为原告属于**紧急避险**行为人，同时也是紧急避险的受害人，叶某是紧急避险的受益人。本案的危险虽然来源于下雨冲刷所形成的泥浆，但是泥浆不是自然原因形成的。第一被告培训中心有义务为学员提供一个安全的训练场地，负有清理场地内泥浆的义务，正因其未履行该义务才导致该紧急危险的发生，所以第一被告是**引起险情发生的人**，应该对李某的全部损失予以赔偿。《民法典》第182

条规定，因紧急避险造成损害的，由引起险情发生的人承担民事责任。危险由自然原因引起的，紧急避险人不承担民事责任，可以给予适当补偿。紧急避险采取措施不当或者超过必要的限度，造成不应有的损害的，紧急避险人应当承担适当的民事责任。

【案例 22】

在本案中，酒店的服务员扣留顾客的手机是否为侵权行为，这涉及**自助行为**的认定问题。如果认定扣留行为构成自助行为，则该行为具有**阻却违法性**。

《民法典》第 1177 条规定，合法权益受到侵害，情况紧迫且不能及时获得国家机关保护，不立即采取措施将使其合法权益受到难以弥补的损害的，受害人可以在保护自己合法权益的必要范围内采取扣留侵权人的财物等合理措施；但是，应当立即请求有关国家机关处理。受害人采取的措施不当造成他人损害的，应当承担侵权责任。此为自助行为之规定。**自助行为是指行为人为了保护自己的权利，在情势紧迫而又不能及时请求国家机关予以救济的情况下，对他人的人身自由加以拘束或对他人的财产加以扣留、毁损的行为。**例如，旅客在饭店吃饭后不付饭费，饭店就有权扣留客人所携带的财物。合理的自助行为应符合下列要件：第一，权利人为保护自己的合法权益而实施；第二，须在合法权利受到侵害或妨碍的情况下实施；第三，须在情势紧急而又不能及时请求国家机关予以救助的情况下实施；第四，其手段不违反法律、公共道德和善良风俗；第五，需事后及时提请有关当局处理。本案中，饭店服务员为了讨回顾客吃饭钱，对顾客的手机加以扣留的行为显然合乎自助行为的要件，行为合法，没有侵犯手机主人的权利。但是应该指出，酒店在采取自助行为后应该及时向有关部门申请处理。

【案例 23】

在我国，只有在极少数情况下（如捐献人体器官、接受手术、参加体育竞赛等），受害人同意的情形才能构成**抗辩事由**。那么本案中是否存在受害人同意的情形呢？医院进行试验性治疗必须要经过家属或者患者的同意，本案中侯某的家属是同意和理解医院的手术治疗方案的，但是没有在书面上签字。根据《医疗机构管理条例》第 33 条规定，医疗机构进行特殊治疗包括试验性治疗时，必须征得患者本人同意，并取得其家属或者关系人的同意并签字；无法取得患者本人同意时，应该取得家属或者关系人同意并签字。本案中，患者家长否认进行试验性治疗，即使患者家属口头同意进行试验性治

一／般／经／典／案／例

疗，但这种同意也不符合法律的要求，因为法律要求的同意必须是书面同意，即要求患者或者家属签字。所以**本案受害人同意的形式不符合法律规定，不能成为抗辩事由，不能以此为由免除医院应该承担的民事责任。**

【案例 24】

硫酸厂因为**高度危险作业给他人造成损害应适用无过错责任原则**。《民法典》第 1236 条规定，从事高度危险作业造成他人损害的，应当承担侵权责任。但是，同法第 29 条规定，因不可抗力造成他人损害的，不承担责任。法律另有规定的，依照其规定。**不可抗力作为抗辩事由，**不仅适用于过错责任，也适用于无过错责任，只是在法律有特别规定的情况下，不可抗力才不作为抗辩事由。本案不属于法律的例外规定的范围，因此硫酸厂可以主张不可抗力免除自己的损害赔偿责任。

在本案中，雷击硫酸容器是不可抗力。第一，雷击硫酸容器的发生是不可预见的。在现实生活中，一般人是根本无法预见到雷击发生的。一般人经天气预报可能会预见到有雷电天气出现，但是，闪电和雷击相去甚远，普通人是不会将两者必然联系在一起的。第二，雷击硫酸容器是不可避免和不可克服的。硫酸厂对雷击的发生无法预见，对硫酸容器的管理也只会按内部规定处理，不会特别加以注意。因此，根据该硫酸厂的具体情况来说，该硫酸厂已经尽了最大努力和采取一切可以采取的措施，但仍不能避免雷击硫酸容器事件的发生并克服因硫酸外溢给夏某造成损害后果。第三，雷击硫酸容器的发生纯属自然事件，完全独立于人的行为之外。综合以上三点，在本案中，雷击是不可抗力，雷击硫酸容器使硫酸外溢，造成夏某损害是不可抗力造成的损害。

【案例 25】

在本案中，车胎爆裂，崩起石子伤人应属于**意外事件**。第一，原告、被告对这一事件的发生均**无法预见。**一方面，车胎爆裂虽多有发生，但车胎爆裂能崩起石子，则非常少见。另一方面，即使轮胎爆裂可以崩起石子，但崩起的石子穿过原告家的庭院门板而打在原告头上，更是为人所不能预见。第二，**此事件的发生，非出于原、被告自身的原因。**原告是在家中受到的伤害，所谓"闭门家中坐，祸从天上来"，原告显然没有过失。而被告的汽车轮胎是新换的，车速正常，没有超载，路况也正常，显然被告也没有过失。第三，**此事件是偶然发生**

的，并且其中不涉及第三者的行为。可见，本案的发生是一系列的巧合连接在一起造成的意外事件，因此，被告可以以意外事件为抗辩事由。由于双方当事人对事件的发生均无过错，因此，可以根据公平责任原则由双方当事人适当分担损失。

综上，在本案中，原告、被告对于损害发生的结果皆不可能事先预见到，且双方对于损害的发生皆无过错，原告的损失由原告、被告双方平均分配是比较妥当的。

【案例 26】

原告对损害的发生具有过失，而两被告对损害的发生均无过错，因此，受害人的过失是损害发生的唯一原因，而被告对原告的损害不承担责任。

第一，在火灾发生前，第一被告曾上门要求给 201 室更换电线，只是因为原告坚持换线与将黑线盒移至室外一并进行而致换线未果。由此可见，第一被告已经预见到导线超负荷有引起火灾的危险，并积极主动要求更换电线，第一被告在主观上对损害发生并无过错。

第二，第二被告没有接到原告要求移动黑线盒的申请，且供电质量合格，因此，第二被告也对损害的发生也没有过错。

第三，本案的原告不配合第一被告换线，而是坚持要求第一被告将换线与将黑线盒移到室外一起进行，但因第一被告无权擅自移动黑线盒，最终导致换线未果。原告明知导线超负荷有引发火灾的危险，而对危险的发生持放任态度，阻止第一被告的换线行为，可见原告对损害的发生具有过失。

【案例 27】

在本案中，王某的损害是李某的大黄牛所造成的，那么李某是否就应当承担赔偿责任呢？根据《民法典》第 1250 条的规定，因第三人的过错致使动物造成他人损害的，被侵权人可以向动物饲养人或者管理人请求赔偿，也可以向第三人请求赔偿。动物饲养人或者管理人赔偿后，有权向第三人追偿。可见，因第三人介入的动物侵权，受害人可要求动物饲养人或者管理人与第三人承担连带赔偿责任。不过，李某将自己的大黄牛拴在自己家门前的大树上，并无过错可言。于某、刘某为寻开心，将鞭炮系在牛尾巴上并点燃。对于这种做法，他们应当知道可能会使牛受惊而造成他人损害。因此，大黄牛撞伤王某应由于某、刘某和李某承担连带赔偿责任。李某无过错，在承担赔偿责任之后，有权向于某和刘某追偿。

第二部分
复杂经典案例

 经典案例

【案例1】 阅读标记：（ ）

赵某孤身一人，因外出打工，将一祖传古董交由邻居钱某保管。钱某因结婚用钱，情急之下谎称该古董为自己所有，卖给了古董收藏商孙某，得款10 000元。孙某因资金周转需要，向李某借款20 000元，双方约定将该古董押给李某，如孙某到期不回赎，古董归李某所有。在赵某外出打工期间，其住房有倒塌危险，因此房与钱某的房屋相邻，如该房屋倒塌，有危及钱某的房屋之虞。钱某遂请施工队修缮赵某的房屋，并约定，施工费用待赵某回来后由赵某支付。房屋修缮以后，因遇百年不遇的台风而倒塌。年末，赵某回村，因古董和房屋修缮款与钱某发生纠纷。

问：（1）钱某与孙某之间的买卖合同效力如何？为什么？

（2）孙某能否取得该古董的所有权？为什么？

（3）孙某将古董交给李某，形成何种法律关系？

（4）孙某与李某之间约定孙某到期不回赎，古董归李某所有，该约定效力如何？为什么？

（5）钱某请施工队加固赵某的房屋，这一事实在钱某和赵某之间形成何种法律关系？

（6）若赵某拒绝向施工队付款，施工队应向谁请求付款？为什么？

（7）赵某对钱某擅自出卖古董之行为，可提出何种之诉？

【案例2】 阅读标记：（ ）

某市商场举办有奖销售。某校校长贺某决定从该商场为学校购买一台仪器，同时得奖券100张，分给每位教师各2张，言明如得奖即归持券人。同时贺某与其他几位教师又去购物抽奖，但由教师丁某代垫款项。贺某因急事出差，只将3张奖券号码登记下来，对丁某说："这3张就算我的了"，但未还丁款。奖开，学校出资部分有一张奖券得一等奖，奖金5 000元，持券人为丁某；个人出资部分，贺某登记的3个号码有一张中二等奖，奖金4 000元。此时贺某尚在外地，丁某持券取回奖金9 000元。贺某回后得知此情，找丁某要求给付中奖的4 000元，丁某不允，言此奖券系自己所购所持，贺某既未付款，也未占有奖券，应归自己享有。贺某甚怒，宣布一等奖券系学校出资，奖金应归学校所有，丁某仍不允，贺某诉至法院。

问：（1）学校出资部分中奖的奖金应归谁所有？为什么？

（2）个人出资部分中奖的奖金应归谁所有？为什么？

（3）贺某宣布一等奖奖金归学校所有是否有效？为什么？

（4）贺某未付丁某购物抽奖的款项，在贺某与丁某之间存在什么性质的法律关系？为什么？

【案例3】 阅读标记：（ ）

某市某镇居民梁某2015年申请到一块宅基地，打算建造一栋3层楼房，并办妥了建设用地规划许可证及施工许可证等手续，后来梁某筹措资金失败，便于2016年5月初向同镇居民张某借款10万

元，双方签订了一份书面合同，约定：梁某于一年后还款，如一年后不能还款，则所建造的房屋的一半归张某所有。2017年初该房屋建成，梁某在房屋产权登记时，将产权登记为自己所有。同年5月借款到期后，梁某不能按期还本付息，张某便主张分割房屋，并要求变更产权登记，梁某口头答应，但一直未予办理产权变更，张某也没有实际搬入楼房内。同年12月，吴某找到梁某，愿意出价23万买下该楼房，梁某认为价格合理，于是二人签订了书面买卖合同，吴某支付全部价款，双方到房管部门办理了产权变更。梁某拿了10万元的本息偿还张某借款，张某认为楼房是其与梁某共有的，梁某无权私自出售房屋，遂诉至法院请求确认梁某与吴某的房屋买卖合同无效。

问：(1) 张某是否拥有房屋的共有权？

(2) 吴某是否能取得房屋的所有权？

【案例4】 阅读标记：( )

甲、乙、丙三村分别按20％、30％、50％的比例共同投资兴建一座水库，蓄水量10万立方米，约定用水量按投资比例分配。某年夏天，丙村与丁村约定当年7月中旬丙从自己的用水量中向丁供应灌溉用水1万立方米，丁村支付价款1万元。供水时，水渠流经戊村，戊村将水全部截流灌溉本村农田。丁村因未及时得到供水，致秧苗损失5 000元。丁村以为丙村故意不给供水，遂派村民将水库堤坝挖一缺口以放水，堤坝因此受损，需花2万元方可修复。因缺口大水下泻，造成甲村鱼塘中鱼苗损失2 000元。由于发生了上述情形，乙村欲将其30％的份额转让给庚村。

问：(1) 本案涉及哪些民事法律关系？

(2) 丙村与丁村之间的约定是否有效？为什么？

(3) 丁村秧苗损失可向谁索赔？为什么？

(4) 对于堤坝毁坏谁可以作为原告起诉？为什么？

(5) 甲村鱼苗损失应由谁赔偿？为什么？

(6) 乙村如欲将其30％的份额转让给庚村，乙村应履行何种义务？甲村、丙村享有何种权利？

【案例5】 阅读标记：( )

刘玄、关云、张翼于2009年8月8日各出资1万元买得一幅名画，约定由刘玄保管。同年10月，刘玄出差遇赵华，赵华愿购买此画，刘玄即将画作价45 000元卖给赵华。事后，刘玄告诉关、张。

关、张要求分得卖画的款项，刘玄便分别给了关、张各15 000元。赵华买到该画后，于同年12月又将该画以5万元卖给王海。二人还约定：买卖合同签订后赵华即将画交付给王海，但由于本地正在筹备一次个人收藏品展览，赵欲参加，所以双方约定该画交付后如果半年内该收藏品展览未举行，则该画的所有权即转移给王海。依此约定，赵华将画交付王海，王海亦先期支付价款4万元。王海得到画后，经常对朋友展示炫耀此画，他的朋友黄健也表示喜欢此画。2010年3月份黄健以6万元的价格从王海处买了此画，黄健买到之后，嫌的装裱不够精美，遂将画送到某装裱店装裱。由于黄健未按期付给装裱店费用，该画被装裱店留置。装裱店通知黄健应在30日内支付其应付的费用，但黄健仍未能按期交付。装裱店遂将画折价受偿。扣除了费用后，将其差额补偿给了黄健。黄健不同意装裱店的这一做法。

赵华于2009年12月与王海签订合同后，因经营借款需要又于2010年2月将该画抵押给朋友周虎，周虎以前即知赵华有这样一幅画。周虎后来在装裱店看到此画，立即进行调查才发现赵华在抵押该画之前，已将其卖给王海，而王海于2010年4月份因遇车祸不幸身亡，其财产已由其妻与其子继承，周虎遂找赵华说理。赵华得知后，找到黄健，要求黄健或者返还该幅画，或者支付王海尚未支付的1万元价款。

问：(1) 本案各个阶段涉及哪些主要的民事法律关系？

(2) 根据本案不同阶段的法律关系的权利、义务、责任情况，请分析：

①刘玄是否有权出卖该画？刘玄与赵华之间的买卖行为是否有效？

②赵华与王海之间的买卖合同是否成立？该画的所有权何时转移？

③王海是否有权出卖该画？黄健能否取得该画的所有权？

④装裱店的做法是否合法？

⑤赵华能否以该画作抵押向周虎借款？周虎的权益能否得到保护？

⑥赵华对王海的债权，应由谁来承担？

【案例6】 阅读标记：( )

某市房地产公司计划购买两辆奥迪轿车，向有关部门提出申请以后，很长时间没有获得批准。因业务急需车辆，便决定由公司经理陶某出面，以个人名义用公司款项购买两辆轿车，但公司资金紧张，于是房地产公司与水产公司协商，双方合资买车，水产公司支付 20 万的价款即可与房地产公司共同拥有两辆车的所有权，且车辆先由房地产公司使用 10 个月后，水产公司即可拥有其中一辆车的完全所有权。随后，房地产公司共花费 66 万元购买了车辆后，以陶某名义在车辆管理部门办理了车辆登记手续。时隔 6 个月后，陶某从房地产公司辞职，由于公司疏忽，没有要求其办理两辆车的所有权过户手续，而且由陶某履行职务一直使用的车也没有收回。随后，陶某将两辆车分别卖给了张某和李某，并办理了过户登记。房地产公司得知这一情况后，向法院提起诉讼，请求陶某、张某和李某返还汽车并赔偿损失。

法院在审理本案时，形成了两种意见：一是本案中的两辆轿车虽然登记在陶某的名下，但根据出资和购买当时的实际情况，所有人应当是房地产公司和水产公司，陶某将车据为己有并出卖，其行为因侵犯了房地产公司和水产公司的权利而无效，张某和李某自然也不能取得车辆所有权；第二种观点认为，虽然陶某的行为构成对房地产公司和水产公司合法权利的侵犯，但作为善意第三人的张某和李某，基于对车辆登记状况的信任而取得的车辆所有权应当受到保护。

问：本案该如何处理？

【案例 7】 阅读标记：（　）

甲、乙订立合同约定："甲按照乙对出卖人以及成套设备的选择，订立买卖合同购买成套设备。成套设备购买后，甲将成套设备出租给乙，租期 10 年，总租金 3 亿元，乙分 10 期支付，每期支付 3 000 万元，租期每满 12 个月时支付一次。租期内成套设备所有权归属于甲，租赁期满，承租人需向出租人支付购置成套设备的象征性价款。"后甲按照约定与出卖人丙订立了成套设备买卖合同，丙如期向乙交付了设备。

问：(1) 若丙交付的成套设备存在质量缺陷，甲是否应当对乙承担责任？为什么？

(2) 若租赁期间合同当事人对成套设备的维修未作约定，谁负责成套设备的维修？

(3) 若租赁期间该成套设备在运行中对第三人造成损害，谁应当承担侵权责任？

(4) 租赁期满，成套设备的所有权属于谁？

【案例 8】 阅读标记：（　）

杜永生、杜喜生、杜满生、杜海生、杜海鱼系同胞兄妹。他们的父亲于 1994 年去世后，杜永生即成家另过，只留母亲杨三妮和杜喜生、杜海生、杜满生、杜海鱼在一起生活。2001 年，杜永生以 700 元价款买下村里的平房三间、马棚一间。2003 年，杜永生出面为此房产申领了"宅基地使用证"，证内填明户主是杜喜生，家庭成员为五口人。该村的宅基地清查登记表上记载，宅基地使用证上所填的五口人，是户主杜喜生和家庭成员杨三妮、杜海生、杜满生、杜海鱼。这五口人曾对此房产管理使用过一段时间。但杜永生仅在 2003 年口头答应过将争议房产以原购买价出卖给杜喜生，但双方至今未交付房产和价款，也未办理房屋买卖契税及书面合同，房屋产权证明仍在杜永生手中。2004 年杨三妮去世。2009 年 4 月原告杜海生、杜满生、被告杜喜生之间因家务发生纠纷，杜永生在此时声称争议房产只转让给杜喜生一人所有，并将他保存的宅基地使用证上所填的"五口"人改为"一口"人。同年 7 月，经杜喜生联系，以 1 800 元价款将争议房产出租给邻居卢维社使用，但承租人所交的房屋租金却是由杜永生收取的，且最后议定房屋出租价是 900 元。杜海生、杜满生以房产是全家共有财产为由，提起确权诉讼。

问：根据上述案情，分析本案中房屋的所有权归属。

【案例 9】 阅读标记：（　）

陈德俄与陈德群是同胞兄弟，陈德俄虽在新加坡居住，但与陈德群之间保持着书信来往。1992 年，陈德俄出资委托陈德群在琼山县大致坡修建毗连两间房屋一处。房屋建成后，陈德俄口头委托陈德群代管。陈德群在代管期间，从 2006 年起以月租金 10 元将此房出租给琼山县商业局大致坡营业部使用。同年，此房的屋顶、门窗等被台风刮坏，营业部要求陈德群维修，或者由营业部自修后在房租中扣除维修费用，陈德群因无钱维修，提出将此房卖给营业部。2007 年 8 月 22 日，陈德群自愿与营业部订立买卖房屋契约，以 70 000 元价款将此房卖给营业部，并写信告知陈德俄。营业部买房后，将房屋进行了整修，并在第二间处新建房屋三间。2008 年营业部撤销，将此房移交给第三人琼山县大致坡供销社使用至今，但此房的房屋所有权证上记载的权利人仍然是陈德俄。2010 年 10 月，陈德俄向当地人民政府申请落实政策，返还房屋。后经琼山县侨务办公室查处，函复原告不予返还。原告遂

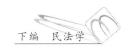

向人民法院提起诉讼，请求被告返还房屋。法院受理后，追加琼山县大致坡供销社为第三人参加诉讼。

问：本案中原有房屋及营业部新建的三间房屋的产权归谁所有？

【案例 10】 阅读标记：（ ）

王爱英与李保生系隔壁邻居。2010 年 5 月，王爱英经郑州市二七区建设科批准，在文化里 74 号自己房屋原基础上，翻修北屋二层六间，其后墙临李保生院。李保生提出家中有妇女，生活不便，不让王爱英在后墙开窗户。后经街道居委会和区建设科调解，双方达成协议：王爱英在后墙楼下东间留一小窗户；李保生修建新房时，南墙在原基础上紧靠王爱英房屋的后墙也不准留窗户。2010 年 6 月，李保生申请建房，经批准并领取了许可证。但是，李保生未经建筑部门查线、定位，便私自动工，违背了建筑许可证关于"查线后施工"的规定。同时，李保生又未同王爱英协商，将原协议盖南房改为盖西房，并紧靠王爱英后墙挖地基，造成地基重叠，影响了王爱英的房屋安全。王爱英阻止其施工，李保生不听。二七区建设科多次告知其停工，李保生仍不听，遂将建房许可证收回，让其等候处理。李保生仍继续施工。王爱英的爱人程学岭进行制止，李保生将其打伤。为此，2010 年 7 月 15 日，王爱英向郑州市二七区人民法院提起诉讼。

问：（1）王爱英与李保生所签订的关于修建新房的协议是否有效？

（2）李保生盖新房时，影响了王爱英的房屋安全，王爱英的权利可通过哪些途径救济？

【案例 11】 阅读标记：（ ）

2019 年 6 月 1 日，甲将其所有的一辆奔驰轿车以 50 万元的价格出售于乙，同时约定甲以每月 2 500 元的价格租赁该车，3 个月以后交付，双方未办理过户登记。甲载女友王某在兜风时为展示其车技而超速驾驶将骑自行车正常行驶的丁撞伤。6 月 20 日，甲因脑出血意外死亡，唯一的继承人为其弟丙。9 月 1 日，乙前来要求丙返还车辆，遭丙拒绝。

问：（1）如何理解甲、乙约定的汽车交付方式？乙何时取得汽车所有权？

（2）丁的损害由甲，还是乙承担侵权责任？为什么？

（3）丙能否取得汽车的所有权？为什么？

（4）若丙拒绝归还汽车，乙如何行使权利？

【案例 12】 阅读标记：（ ）

智群公司向利方公司购买一大型机器设备，双方在购销合同中约定采取分期付款买卖的方式，全部价款分 10 次付清，每次付 10%。在付清全部价款前，该机器设备的所有权归卖方利方公司所有。合同履行一段时间之后，智群公司因资金周转问题无力支付第三期款项。利方公司以智群公司违约为由解除了购销合同，并要取回机器设备。智群公司不让利方公司将机器设备取回，此时，恰好另一家好运公司前来利方公司商洽该机器设备的买卖问题，且价格合理，利方公司便与好运公司签订了买卖合同，并一再催促智群公司返还机器设备。双方由此发生争执。利方公司向人民法院起诉，要求智群公司承担违约责任，并根据双方有关所有权保留的约定，允许自己取回机器设备。

问：本案中利方公司与好运公司签订的买卖合同是否有效？利方公司是否有权取回机器设备？

【案例 13】 阅读标记：（ ）

仁发公司于 2006 年向城西危房办购买了胡家竹园商办楼一、二、六层，共支付房款 181 万元。2007 年 8 月，仁发公司与蓝梦公司商定，以 110 万元的价格将商办楼一、二层卖给蓝梦公司。蓝梦公司于 2007 年 9 月至 2009 年 12 月分四次将购房款全部付清。2007 年 11 月 30 日，城西危房办开出购房时间为 2007 年 9 月 25 日、购房单位为蓝梦公司的第 04 号房屋销售发票。2008 年 5 月 6 日，仁发公司以第 04 号房屋销售发票遗失为由，要求城西危房办重新开出第 07 号发票，将购房单位改为仁发公司。2008 年 10 月 12 日，仁发公司凭此销售发票取得 N 市房管局核发的胡家竹园商办楼一、二、六层第 312512 号房屋所有权证。2010 年 1 月 15 日，仁发公司因经营需要，向中国银行 N 市分行借款 169 万元人民币，仁发公司以其胡家竹园商办楼第一、二、六层设定抵押，并到 N 市房产管理局产权监理处办理了房产抵押登记手续。后因仁发公司在借款到期后未能归还本息，中国银行 N 市分行遂以借款合同纠纷为由向法院提起诉讼，要求法院判令仁发公司归还借款本息，并主张对胡家竹园商办楼一、二、六层行使抵押权。法院经审理确认仁发公司与中国银行 N 市分行的抵押借款合同有效，判令仁发公司归还中国银行 N 市分行借款本息，如不能

归还，则中国银行 N 市分行可以在抵押房屋的折价款、拍卖款、变卖款中优先受偿。该判决已发生法律效力。蓝梦公司知悉上述情况后，向法院提起民事诉讼，要求确认胡家竹园商办楼一、二层的房屋所有权归其所有。

问：(1) 本案中的房屋所有权人是谁？
　　(2) 本案中的抵押是否有效成立？

【案例 14】 阅读标记：（　）

大兴公司与全宇公司签订委托合同，由大兴公司委托全宇公司采购 500 台彩电，并预先支付购买彩电的费用 50 万元。全宇公司经考察发现甲市 W 区的天鹅公司有一批质优价廉的名牌彩电，遂以自己的名义与天鹅公司签订了一份彩电购买合同，双方约定：全宇公司从天鹅公司购进 500 台彩电，总价款 130 万元，全宇公司先行支付 30 万元定金；天鹅公司采取送货方式，将全部彩电运至乙市 S 区，货到验收后一周内全宇公司付清全部款项。天鹅公司在发货时，工作人员误发成 505 台。在运输途中，由于被一车追尾，20 台彩电遭到不同程度的损坏。全宇公司在 S 区合同约定地点接收了 505 台彩电，当即对发生损坏的 20 台彩电提出了质量异议，并将全部彩电交付大兴公司。由于彩电滞销，大兴公司一直拒付货款，导致全宇公司一直无法向天鹅公司支付货款。交货 2 个星期后，全宇公司向天鹅公司披露了是受大兴公司委托代为购买彩电的情况。

问：(1) 天鹅公司事先并不知晓全宇公司系受大兴公司委托购买彩电，知悉这一情况后，天鹅公司能否要求大兴公司支付货款？为什么？
　　(2) 全宇公司与天鹅公司订立的合同中的定金条款效力如何？为什么？
　　(3) 大兴公司多收的 5 台彩电应如何处理？为什么？
　　(4) 如追尾的肇事车辆逃逸，20 台受损彩电的损失应由谁承担？为什么？
　　(5) 如天鹅公司以全宇公司为被告提起诉讼后，在诉讼过程中，天鹅公司认为要求大兴公司支付货款更为有利，能否改为主张由大兴公司履行合同义务？为什么？

【案例 15】 阅读标记：（　）

甲公司委托外单位业务员王某与乙厂签订买卖电视机 1 000 台的合同。双方约定，乙厂于当年 5

月 10 日送货至甲公司，甲公司收货后 10 天内付款。当年 3 月 9 日，王某打电话给乙厂，要求乙厂直接将货送往丙厂。履行期届至，乙厂送货至丙厂。丙厂不知此货来由，但收货。10 天后，乙厂催甲公司付款，甲公司以未收到货物为由拒绝。为此，乙厂请求法院强制甲公司承担违约责任。经查，王某意图将电视机卖给丙厂，未经授权，电话告之乙厂变更交付地点。

问：(1) 甲公司有无付款义务？说明理由。
　　(2) 乙厂是否违约？说明理由。
　　(3) 乙厂能否向丙厂请求返还利益？说明理由。
　　(4) 设王某打电话要求乙厂变更履行地后经甲公司追认，乙厂自听电话后 15 天内未明确表示同意与否，原合同履行地是否已变更？说明理由。

【案例 16】 阅读标记：（　）

甲公司拥有一块国有土地使用权，经会计师事务所评估价值为 1 000 万元。2010 年 5 月，甲公司与乙公司签订了一份土地使用权转让合同，乙公司以 1 000 万元的价款受让甲公司的国有土地使用权。同年 7 月，甲公司和乙公司经协商后约定：(1) 由于乙公司为甲公司向数家银行的贷款提供了保证担保，总额 260 万元（其中 50 万元因为甲公司到期未能偿还，已经由乙公司代其偿还，其余债务尚未到期)，该 260 万元的债务应当在土地使用权转让费中抵销；(2) 甲公司与乙公司曾共同投资 200 万元（各投资 100 万元）成立一有限责任公司，现该公司因经营不善而严重亏损，乙公司要求甲公司负担其 100 万元投资款的返还，甲公司同意，该 100 万元也从土地转让费中扣除；(3) 甲公司系于 2009 年 3 月由一家集体企业进行公司改制而来，改制后乙公司和甲公司的上级主管部门签订了承包经营合同，由乙公司对甲公司进行承包经营，现乙公司提出，由于其接管了甲公司 50 名员工，按每人每年 6 000 元工资，每人工作 20 年计算，乙公司需支付 600 万元工资，该项支出也应从土地使用权的转让费中扣除。

以上各项抵销后，乙公司需要向甲公司支付 40 万元的土地使用权转让费，甲公司现欠银行贷款 400 万元未能偿还，该银行知道该情况后，认为甲公司以 40 万元转让土地使用权，影响了甲公司的偿还能力，但又不知道如何是好。

问：如果你是该银行的法律顾问，你能够提供何种法律意见以保护其合法权益？

【案例 17】 阅读标记：（ ）

2010 年元旦期间，某商场大楼正面墙壁上悬挂的广告条幅（布料）坠落，将正从商场走出的顾客王立裹住并将其摔出 10 多米，导致王立身受重伤。

问：(1) 王立如果以该商场为被告提起诉讼，其可以选择的诉讼请求有哪些？

(2) 事实上该条幅是某厂家在征得该商场同意后所悬挂，事后，该厂家认为自己无法律责任，但出于道义，主动补偿了王立 1 万元。后该厂家得知商场已经对其提起了诉讼，请求其赔偿商场因该广告坠落事件而依法院判决向王立支付的赔偿金。厂家遂请求王立返还 1 万元，理由是王立获得该 1 万元构成不当得利，该主张是否成立？

(3) 如果本案中厂家和商场对于损害的发生均有过错，其应承担的责任是连带责任还是按份责任，为什么？

【案例 18】 阅读标记：（ ）

甲有一件玉器欲转让，与乙签订合同，约好 10 日后交货付款；第二天，丙见该玉器，想以更高的价格购买，甲遂与丙签订合同，丙当即支付了 80% 价款，约好 3 天后交货；第三天，甲又与丁订立合同，将该玉器卖给丁，并当场交付，但丁仅支付了 30% 的价款。后乙、丙均要求甲履行合同。

问：(1) 如何认定甲与乙、丙、丁签订的玉器买卖合同的效力？

(2) 谁最终取得玉器的所有权？

(3) 乙、丙要求甲履行合同的主张能否成立？

【案例 19】 阅读标记：（ ）

贾某与家人到红宇餐厅就餐。该餐厅所提供的卡式炉是由某用具厂出品的，卡式炉所使用的燃烧气是由某燃气公司生产的。贾某等在就餐时，正在使用的卡式炉燃气罐发生爆炸，致使贾某面部、双手烧伤，造成医疗费等财产损失共 7 万元。经查：燃气公司及用具厂生产的燃气罐及卡式炉均为不合格产品，红宇餐厅在提供服务时不存在过错。贾某向法院起诉，要求燃气公司、用具厂及红宇餐厅共同承担赔偿损害的责任。

问：(1) 上述三被告与贾某之间存在什么法律关系？

(2) 红宇餐厅应否承担责任？为什么？

(3) 燃气公司与用具厂应否承担责任？

(4) 对于贾某受到的损害，燃气公司、用具厂是否应承担共同赔偿损害的责任？为什么？

(5) 假设燃气公司赔偿了贾某所受到的财产损失 7 万元，则其取得什么权利？

【案例 20】 阅读标记：（ ）

李某与王某是同事。李某想买一台电视机，并请王某帮忙。刚好王某的弟弟有一台电视机想卖，王某告诉李某后，李某表示想买。当天下午，王某的弟弟将电视机带给李某，李某看货后商定价格为 1 800 元，并当即付给王某的弟弟 1 200 元。剩下的 600 元王某的弟弟告诉李某交给王某代收，由王某转交给自己。李某将电视机搬回家以后，有人说该电视机型号太旧了，不值 1 800 元，李某遂向王某提出退货还款，但王某的弟弟不同意，并说："你如不想要，可以卖给别人嘛。"王某遂将该电视机交寄售商店出卖，得到价款 1 500 元，比原价少 300 元。李某提出该 300 元差价应由王某的弟弟承担，双方争执不下。

问：(1) 李某与王某的弟弟间的买卖合同是否成立？电视机的所有权是否转移？为什么？

(2) 王某与李某在该买卖活动中存在什么合同法律关系？王某在该合同法律关系中负有什么义务？

(3) 李某将电视机交寄售商店出卖，李某与寄售商店之间是什么合同关系？寄售商店应以谁的名义办理出售电视机的事务？

(4) 300 元的差价应当由谁承担？为什么？

【案例 21】 阅读标记：（ ）

李某 2000 年外出打工，赚了点钱后，于 2003 年盘下了一家豆制品厂。同年与所雇会计田某同居，从此就不再给家里寄钱，并与妻子和父母中断了联系。李某之妻严某多次托人打听李某下落，未获音讯。经严某申请，法院于 2009 年宣告李某死亡，不久严某带着孩子改嫁。2010 年 7 月，李某的豆制品厂因严重违反《食品卫生法》，被吊销了生产许可证，与其同居的田某离他而去，李某不得已回到老家。见自己已被宣告死亡，李某向法院申请要求撤销死亡宣告，同时要求严某与他恢复夫妻关系，不然的话，要严某把带走的财产

还给他。
问：(1) 李某被宣告死亡期间因经营豆制品厂所进行的民事活动是否有效？
(2) 李某能否申请撤销对自己的死亡宣告？
(3) 李某的死亡宣告被撤销后，其与严某的夫妻关系能否自行恢复？
(4) 李某的死亡宣告被撤销后，严某带走的财产如何处理？

【案例 22】 阅读标记：( )

村民王某承包村里的鱼塘，经过精心饲养经营，收成看好。就在鱼要大量出塘上市之际，王某不幸溺水而死。其子女均在外地工作，无力照管鱼塘。王某的同村好友李某便主动负担起照管鱼塘的任务，并组织人员将鱼打捞上市出卖，获得收益 4 万元。其中，应向村里上缴 1 万元，李某组织人员打捞、出卖鱼所支付劳务费及其他必要费用共计 2 000 元。现李某要求王某的继承人支付 2 000 元费用，并要求平分所剩 2.8 万元款项，为此引起纠纷。
问：(1) 李某的行为在民法上属于何种性质？为什么？
(2) 李某的请求应否支持？为什么？

【案例 23】 阅读标记：( )

王某早年丧偶，留有三个儿子。因生活困难将小儿子王甲交由其兄收养。王某的大儿子与二儿子均已结婚，他与大儿子王乙住在一起。二儿子王丙因工伤死亡，留有一女王丁。2009 年王某因病死亡，留下与儿子共有的房屋 4 间，存款 4 万余元，以及对村里果林 15 年的承包经营权。
问：(1) 王某的哪些财产可作为遗产？
(2) 哪些人可以继承王某的遗产？为什么？
(3) 王甲能否继承王某的遗产？为什么？

【案例 24】 阅读标记：( )

甲、乙、丙三人组成一个采石组，签订了协议，约定共同出资，共同劳动，均分报酬，共担风险。后丁要求加入，经甲、乙、丙同意参加，但未在协议上签字。丁加入后与甲、乙、丙共同经营，并参加了两次分红。某日，丁在执行爆破任务时因装炸药失误，致使提前爆炸，飞石将丁双臂炸伤。丁要求甲、乙、丙承担其医治费用及生活补助共 1

万元，被拒绝，丁于是诉诸法院。
问：(1) 应如何认定丁与甲、乙、丙之间的法律关系？为什么？
(2) 丁的损失应如何承担？为什么？

【案例 25】 阅读标记：( )

甲乘坐红星出租汽车公司的出租车去市内办事，司机乙驾车至一交叉路口时，因遇宏达客运公司的一辆货车超车，致使出租车撞上隔离栏，甲、乙均受重伤。经交通大队勘查认定货车对事故负主要责任，出租车负次要责任。甲为治伤花去费用8 000 余元。
问：(1) 若甲以红星出租汽车公司为被告提起诉讼，本案应如何处理？为什么？
(2) 甲能否以宏达客运公司为被告提起诉讼？为什么？
(3) 乙对甲的损失是否应承担法律责任？为什么？

【案例 26】 阅读标记：( )

甲、乙、丙三人合伙经营一咖啡厅，该店经核准登记，并起有字号。合伙协议约定由甲作为合伙事务执行人，同时约定盈余均分，亏损由甲一人承担。咖啡厅经营一年后，负债 6 万元，丁为债权人。此时，甲要求退伙，乙、丙表示同意。经查明，乙个人资产为 3 万元，同时乙个人欠戊 4 万元。
问：(1) 甲、乙、丙三人约定合伙亏损由甲一人承担是有效还是无效？为什么？
(2) 丁能否要求甲清偿合伙债务？为什么？
(3) 乙欠戊的个人债务应如何清偿？为什么？

【案例 27】 阅读标记：( )

原告甲系某住宅小区的住户，每月 1 日按时向该小区的物业管理机构被告乙交纳当月的车位费 120 元。乙在小区内设有停车场，在其旁边配有保安岗亭并有专门的保安轮流值勤。乙为每个住户指定了固定的停车位。3 月 2 日晚，甲将自己的本田雅阁小轿车停放在停车场内，因天黑且当时没有保安指挥，误停在场内邻居的车位上。次日早上 10 点发现车丢失，遂报案。破案后经犯罪嫌疑人交代，在其出入小区逗留作案期间并未受到任何保安的干预和查问。由于车辆已被销赃且赃款已被犯罪嫌疑人挥霍，原告遂起诉，要求被告赔偿车辆损失

30万元。经查，甲、乙订立的《住宅小区管理协议书》中包括保安工作，其中"服务项目"项下规定小区的保安服务包括：设立保安岗亭和24小时不间断流动巡逻。另外，作为协议书附件的、由乙统一印制的《业主须知》中规定，为保障统一管理，业主停车须听从保安调度，并将车停放在自己的车位中，否则乙不保证车辆安全，乙也将此作为不赔偿的抗辩理由。

问：（1）本案中甲与乙系何种法律关系？
（2）乙是否应当赔偿甲汽车被盗的损失？

【案例28】 阅读标记：（ ）

甲家政服务公司与乙服装公司订立合同一份，约定由甲提供布料，乙公司为甲公司加工一批工作服。完工后，由乙公司送货上门。乙公司完成加工任务后，委托丙运输公司为其送货。两辆送货的卡车在送货途中，遭受雷击。其中一辆卡车幸免逃脱，另一辆起火燃烧，车毁人亡。事后，甲家政服务公司要求乙服装公司补齐其定作的全部工作服，并承担迟延交货的责任；乙服装公司则主张甲家政服务公司应依照合同约定支付全部加工费，服装损失则应由丙运输公司承担；丙运输公司则要求乙服装公司支付全部运费，并分担部分汽车损失责任。各方争执不下，纷纷向法院提起诉讼。

问：假设各方均未向保险公司投保的情况下：
（1）本案当事之间存在几种民事法律关系？
（2）定作服装的布料损失应由谁承担？为什么？
（3）甲家政服务公司可否请求乙服装公司承担违约责任？为什么？
（4）乙服装公司可否向甲家政服务公司请求加工费用？为什么？
（5）丙运输公司可否请求乙服装公司支付全部运费？可否请求乙服装公司分担毁损汽车的部分损失？为什么？

【案例29】 阅读标记：（ ）

黄花6岁，已在幼儿园学画3年。2010年，幼儿园给黄花报名，参加全国幼儿绘画比赛，获一等奖，得奖金5 000元。幼儿园具体辅导黄花绘画的张老师认为，黄花获奖是自己精心启发培养的结果，奖金应归自己，奖状可归黄花，幼儿园园长则认为，黄花是本幼儿园多年教育的成果，奖状应当归幼儿园，奖金由幼儿园分配给张老师与黄花。黄花的父母则认为黄花是自己的女儿，交钱上幼儿园，老师辅导是应该的。此次所得奖金与花在女儿身上的钱相比，实在是太少了，因此奖金应当归父母，奖状可以送给幼儿园。各方争执不下，幼儿园园长拒绝交出5 000元奖金。黄花的父母诉讼到法院。

问：（1）奖金应当归幼儿园吗？为什么？
（2）张老师有权要求奖金吗？为什么？
（3）奖金应当归黄花的父母吗？为什么？
（4）本案应当如何处理？

【案例30】 阅读标记：（ ）

甲、乙、丙三人合伙开办一家企业，其中甲出资5万元，乙出资9万元，丙以自己的店面作价6万元出资。三人约定按5：9：6的比例分配盈余，分担亏损。企业成立后，乙擅自以合伙名义从事交易，使企业负债达10万元。

问：（1）丙不参加合伙企业的经营管理，是否仍是合伙人？为什么？
（2）乙擅自以合伙名义从事交易导致的债务，其他合伙人是否应该承担？为什么？
（3）如果承担责任，他们应承担怎样的责任？

【案例31】 阅读标记：（ ）

王某因从事个体工商经营资金短缺，到朋友郑某家里借钱，并将自己价值2 000元的金项链作为抵押。郑某当即同意，声称："这3 000元就算送你了"，并让王某将项链带回。王某一再表示感谢，称以后有钱一定偿还。后王某先后向郑某偿还了1 000元，郑某均收下。后两人交恶，于是郑某要求王某偿还余下的2 000元欠款。王某认为，郑某明明声称赠送，因此拒绝偿还。

问：（1）王某与郑某间形成的是赠与合同还是借贷合同？为什么？
（2）本案应如何处理？为什么？

【案例32】 阅读标记：（ ）

甲服装厂与乙百货公司签订了一份供应合同，两单位在合同中约定：甲服装厂分两批向乙百货公司提供4 000件运动服，每件价格80元。甲厂应当于2010年5月30日前将第一批运动服（2 000件）交付，第二批应当于2010年7月15日前交付。由于甲厂的内部管理问题，第一批运动服未能在5月30日前交付，请求乙公司允许其在6月10日交货，乙公司表示同意。2010年6月5日，甲厂发生火灾，导致其所有的厂房和存货被毁，已经无力履行与乙公司的合同，乙公司由于错过了最佳交易季节损失了约2万元。

　　问：（1）甲厂可否免除交付运动服的义务？请简要说明理由。

　　（2）乙公司可否要求甲厂赔偿2万元的损失？请简要说明理由。

【案例33】 阅读标记：（　）

　　某夜，某小镇甲妻分娩，甲请私人开业医生乙至家中接生。分娩过程中，产妇突然发生危急症状，如不及时处理，产妇及胎儿均有生命危险。在这种情况下，乙除向甲提出增加部分医疗费之外，还要求甲将其祖传的一枚金戒指相赠，以示报答。否则，乙将马上停止手术离去。甲为保护妻儿性命，只好答应乙的要求。但甲的金戒指实际上早已出卖给邻居丙。无奈之中，甲只好找到丙，要求重新购回该枚金戒指。丙已知甲陷入危难，趁机大敲竹杠。甲被迫以高出原价四倍的价格购回并赠与乙。乙积极抢救，母子平安脱险。事后，甲要求法院确认上述赠与行为与买卖行为无效。

　　问：本案如何处理？

【案例34】 阅读标记：（　）

　　甲早年与配偶离婚，有子乙、丙，弟丁。乙有子A、B。丙有配偶C、女儿D。乙于2010年3月4日死亡。甲于2010年3月10日死亡。其后，丙也于2010年4月1日因意外事故死亡。甲遗留下财产6万元。A提出要继承甲的遗产，上述亲属也要求分割甲的遗产。

　　问：甲的遗产在一般情况下应当如何分割？请说明理由。

【案例35】 阅读标记：（　）

　　李某和王某签订一份货物买卖合同，合同价款为50万元人民币，违约金为5万元。后来因为李某的生产技术不合格，生产出来的货物无法达到合同约定的标准，王某拒绝受领货物，认为李某的行为构成根本违约，要求李某承担责任，双方就此发生争议。经过人民调解委员会调解，双方达成调解协议，李某同意赔偿王某损失4万元人民币，并在调解协议达成后的10天内履行协议。但是，10天后，李某并没有按照调解协议的约定向王某支付款项。

　　问：（1）王某是否可以就调解协议直接向人民

法院申请强制执行？如果可以，王某应当向何地的人民法院申请强制执行？如果不可以，王某应当如何维护自己的合法权益？如果双方当事人在达成调解协议后，将该调解协议作为双方当事人之间的债权文书向公证机构作了强制执行效力公证，该公证是否合法？对该公证文书是否可以向人民法院申请强制执行？

　　（2）双方当事人达成的调解协议具有何种法律效力？

　　（3）如果王某认为双方达成的调解协议对自己来说显失公平，是否可以要求撤销或者变更调解协议？倘若李某认为双方达成的调解协议对自己显失公平，是否可以要求撤销或变更调解协议？

　　（4）李某或者王某对调解协议不服，是否可以向人民法院提起诉讼？如果可以提起诉讼，那么，诉讼标的应当是双方当事人最初达成的货物买卖合同还是双方当事人达成的调解协议？

【案例36】 阅读标记：（　）

　　甲立下自书遗嘱，将其所有的2套房屋留给其子乙，指定好友丙为遗嘱执行人，遗嘱交由丙保管。后乙不走正道，黄赌毒无一不涉。甲伤心欲绝，身染重病。好友丙前往探望时，甲决定另立遗嘱。因甲行动不便，便由甲亲述内容刘某电脑输入，将包括2套房屋和120万元在内的所有遗产由女儿丁继承，丙将输入内容打印出来，由甲亲笔签名。后来，甲病情加重，邻居戊将其送往医院陪伴，甲感激涕零，临终前在医院立下口头遗嘱，1套房屋赠与戊，戊表示接受。另1套房屋由女儿丁继承，由主治医师赵大夫和护士小刘共同见证。五分钟后，甲死亡。

　　问：（1）丙应当依法具有哪些职责？
　　（2）甲立自书遗嘱时，该遗嘱是否有效？
　　（3）甲所立打印遗嘱是否有效？为什么？
　　（4）甲死亡后，应执行哪份遗嘱？遗产应如何分配？
　　（5）丁、戊何时取得房屋所有权？为什么？

【案例37】 阅读标记：（　）

　　李某于2018年10月15日获得一项"风能发

下编 民法学

电机"实用新型专利,该专利申请日为 2017 年 12 月 20 日。2018 年 5 月 10 日,甲公司与乙公司签订风能发电机销售合同,约定由甲公司制造风能发电机并于 2018 年 11 月交付给乙公司,乙公司于收货后 1 年内支付价款。后甲公司于 2018 年 9 月完成风能发电机制造,并于 2018 年 11 月交付给乙公司,乙公司则于 2019 年 10 月付款完毕。经法院比对,甲公司交付的风能发电机落入李某"风能发电机"保护范围。

问:(1) 甲公司是否侵犯李某专利权?

(2) 李某是否有权请求甲公司支付适当费用?

(3) 李某是否有权请求乙公司停止使用专利产品并承担赔偿责任?为什么?

【案例 38】 阅读标记:( )

某市的电子公司和机械制造公司签订一份委托技术开发合同,机械制造公司委托电子公司为其开发一些新型的电子监控技术。双方当事人约定,开发的期限为一年,开发的费用和报酬为 200 万人民币,机械制造公司首先支付 50 万元,其余的 150 万元在电子公司交付技术成果后支付。在合同签订后的一年内,因为产品市场销售出现困难,机械制造公司出现经营困难,在电子公司交付技术成果后,迟迟不能向电子公司支付其余的 150 万,经过多次交涉,机械制造公司承认自己丧失了清偿能力。经过调查,电子公司发现该市水泥厂购买机械制造公司的产品欠机械制造公司产品价款 300 万元,而且该款项已经到期。

问:(1) 电子公司能否在对机械制造公司提起诉讼后,再对水泥厂提起代位诉讼?如果不可以,为什么?如果可以,在电子公司和机械制造公司的诉讼尚未审理完毕的情况下,两起案件是否应当合并审理?

(2) 如果电子公司考虑到机械制造公司已经丧失了清偿债务的能力,没有向其提起诉讼,而是直接向水泥厂提起代位诉讼,此时何地法院具有管辖权?此时,机械制造公司处于什么样的诉讼地位?

(3) 如果电子公司向机械制造公司提起诉讼,为了防止水泥厂向机械制造公司支付款项,电子公司可以采取哪些措施?

(4) 在代位诉讼过程中,水泥厂提出其之

所以没有向机械公司支付价款,是因为机械制造公司的产品根本没有达到他们约定的技术标准,无法使用,构成根本违约。该理由能否对抗电子公司提起的代位诉讼?

(5) 如果机械制造公司在得知电子公司对水泥厂提起了标的额为 150 万元的诉讼后,也对水泥厂就剩余的 150 万元提起诉讼,机械制造公司应当向哪个法院提起诉讼?两起案件是否应当合并审理?法院对机械制造公司的起诉应当如何处理?

(6) 倘若电子公司已经向机械制造公司提起了诉讼,然后又向水泥厂提起了代位诉讼,法院对于代位诉讼应当如何处理?

【案例 39】 阅读标记:( )

刘某和王某达成书面的协议,约定刘某以一辆 2000 型桑塔纳换取王某面粉若干袋。刘某负责给该车安户和办理车牌号,而且在使用中如果出现任何的非人为的故障,其责任由刘某承担。合同签订后,王某按照合同的约定将面粉交付了刘某。刘某在将该车交付王某办理相关的手续时发现该车系被盗车辆,该车被公安部门依法扣押。该汽车后被李某认领。此时王某要求刘某返还其交付的面粉。但是,刘某说,该面粉已经被用于生产食品。于是王某要求刘某返还价款 11 万元。王某经过调查发现,刘某已经丧失了清偿债务的能力,但是同时发现,刘某曾经在一个月之前在朋友的儿子郑某的生日上送给郑某 5 万元人民币的生日礼物,而且半个月之前,刘某曾经将自己的一些价值 6 万元的物品以明显低于市场价格的价格卖给了陌生人何某。

问:(1) 王某能否向认领汽车的李某主张的汽车的权利?为什么?

(2) 王某向刘某提起了诉讼要求返还相应的价款后,王某能否再次向刘某提起撤销权诉讼?

(3) 王某提起撤销权诉讼应当以谁为被告?

(4) 郑某在撤销权诉讼中处于什么样的地位?

(5) 何某在撤销权诉讼中处于什么样的诉讼地位?

(6) 如果王某在撤销权诉讼中胜诉,是否

复／杂／经／典／案／例

可以根据该胜诉裁判对被撤销的法律行为涉及的相关财产进行强制执行？

【案例40】 阅读标记：（ ）

2009年春节期间，曲作家兼剧作家赵某听老友钱某谈其赴某海岛采风收获，为钱某采录的当地民间传说和民谣曲调所陶醉，顿生灵感，遂以钱某采录的民谣曲调为基础，又根据钱某采集的民间传说，写成了大型歌剧《长岛渔歌》（下文简称"岛剧"），在编剧过程中，赵某曾多次借用钱某采录的民谣录音磁带，后为方便，遂自行复制了一套。

赵某的女友、A省艺术学院音乐系主任、著名歌唱家孙某教授，在岛剧编定过程中，给予赵某热情鼓励，并提了一些有益建议。岛剧写成后，赵某在剧本手稿封面写上"谨以此剧献给阿芳"（孙某的昵称），并邀孙某领衔主演。孙某不负重托，经反复排练，于2009年5月31日进行最后彩排，听取有关专家意见，以便早日公演。A省艺术学院电化教育馆对彩排的全过程做了录音录像。

钱某作为专家，应邀观看彩排。他看后即抗议该剧剽窃了他的创作成果。并为赵某擅自复制其采风民谣磁带的行为与赵某发生争执。彩排后赵某陪孙某回家，遭遇车祸，二人同时罹难。一年后，A省文联举行"孙某教授周年祭"活动，A省文化厅组织省内外艺术家联袂演出岛剧，由孙某的学生李某领衔主演。为更好地宣传党的政策，演出组织者对剧本和曲谱作了必要修改。演出前，全体演职员一致决定，不收取报酬，演出收入用来建立"孙某音乐教育基金"。首次公演大获成功。在本省城连演数场后，又赴首都和邻省巡演。共获收入30万元。基金会遂告成立。

A省电视台从省文联获得专有性广播权，现场直播了岛剧首场演出实况。主演李某抗议A省文联无权许可电视转播，并要求A省电视台赔偿损失。

S、H、N三省电视台也作了岛剧的转播。经查，除N省电视台是由A省艺术学院电化教育馆提供的孙某彩排演出实况录音录像资料外，S省、H省电视台均系自行录制A省电视台节目而转播的。

此外，A省艺术学院电化教育馆在教学中，曾多次播放其电化教育馆录制的岛剧彩排的全部实况。

问：(1) ①赵某复制钱某采风录音带的行为是否构成侵犯著作权或者与著作权有关权益的行为？②如赵某的行为不构成侵权，请说明理由；如赵某的行为已构成侵权，请说明侵犯了何种具体的权利。

(2) ①赵某在岛剧创作中对钱某采风资料的利用是否构成侵犯著作权或者与著作权有关权益的行为？②如赵某的行为不构成侵权，请说明理由；如赵某的行为已构成侵权，请说明侵犯了谁的哪些具体的权利。

(3) ①赵某"谨以此剧献给阿芳"的题词是否表示将岛剧的全部著作权转移给孙某？②为什么（请说明理由）？

(4) ①A省艺术学院电化教育馆录制孙某主演的岛剧彩排实况是否构成侵犯著作权或者与著作权有关权益的行为？②如不构成侵权，请说明理由；如已构成侵权，请说明侵犯了谁的哪些具体的权利？

(5) ①A省艺术学院电化教育馆在教学中多次播放已故孙某主演的岛剧彩排录像是否构成侵犯著作权或者与著作权有关权益的行为？②如不构成侵权，请说明理由；如已构成侵权，也请说明理由。

(6) ①A省文化厅组织演出岛剧是否构成侵犯著作权或者与著作权有关权益的行为？②如不构成侵权，请说明理由；如已构成侵权，请说明侵犯了谁的哪些具体的权利。

(7) ①李某等表演者演出岛剧是否构成侵犯著作权或者与著作权有关权益的行为？②如不构成侵权，请说明理由；如已构成侵权，请说明侵犯了谁的哪些具体的权利。

(8) ①演出组织者对岛剧的修改是否构成侵犯著作权或者与著作权有关权益的行为？②如不构成侵权，请说明理由；如已构成侵权，请说明侵犯了谁的哪些具体权利。

(9) ①A省电视台现场直播岛剧演出实况是否构成侵犯著作权或者与著作权有关权益的行为？②如不构成侵权，请说明理由；如已构成侵权，请说明侵犯了谁的哪些具体权利。

(10) ①A省文联许可A省电视台专有性现场直播是否构成侵犯著作权或者与著作权有关权益的行为？②如不构成侵权，请说明理由；如构成侵

权利。

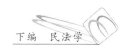

权，请说明侵犯了谁的哪些具体的权利。

(11) ①S、H两省电视台对岛剧的转播是否构成侵犯著作权或者与著作权有关权益的行为？②如不构成侵权，请说明理由；如已构成侵权，请说明侵犯了谁的哪些具体的权利。

(12) ①N省电视台对岛剧彩排实况的转播是否构成侵犯著作权或者与著作权有关权益的行为？②如不构成侵权，请说明理由；如已构成侵权，请说明侵犯了谁的哪些具体的权利。

【案例41】 阅读标记：（ ）

2010年4月28日，陈某（零售服装个体户）请求汪某（某旅游公司负责人）帮助找些生意做做。当日汪某与陈某签订一份加工承揽合同。合同约定：由陈某为该旅游公司加工制作沙发套500个，布料由旅游公司提供，加工费总额为7 500元；交货期限为同年5月28日前，到期由旅游公司派人提货。合同签订后，陈某如约按期加工制作完毕，而汪某却忘了此事。直至2011年1月汪某才派人前去提货，陈某告诉来人说，因旅游公司半年时间未来取货，已于两天前将500个沙发套卖给谭某（零售服装个体户）。事已至此，陈某建议，卖沙发套所得的25 000元中，扣除加工费7 500元，保管费1 000元，其余部分共16 500元归还给旅游公司。旅游公司认为陈某无权处理这批货物，遂以陈某为被告，谭某为第三人，向法院提起诉讼，要求返还原物。

问：(1) 陈某与谭某的买卖行为是否有效？为什么？

(2) 此案应如何处理？

【案例42】 阅读标记：（ ）

A赠老友B名人字画三幅，价值连城，B敬辞不收。A便托B的好友C劝说，B仍不改初衷，相持数年。A病重写信催C从速办妥赠字画之事，C即将字画交B在美术学院任教的外孙女D，请D劝受。数日后，D诈称B已收下，C不知情，向A复命。A如释重负，旋谢世，不久，B也病亡。

B的儿子E得知，提出三幅字画应作为B的遗产由其继承。而D的母亲F则表示她亦有权继承。B的妻子认为应把这些字画送给博物馆。这时A的儿子到律师事务所咨询，询问他是否有权对这些字画主张权利。

假设你作为律师，请回答：

(1) A的赠与行为能否成立？为什么？

(2) E和F能否继承这些字画？为什么？B的妻子能否把这些字画送给博物馆？为什么？

(3) A的儿子能否要求收回这些字画？

【案例43】 阅读标记：（ ）

2010年10月25日，甲公司与乙公司协商成立一个新公司，双方对合同的主要条款达成了一致，草签了合同，但因甲公司的法定代表人没有随身携带公章，因此需要将合同带回公司加盖公章。10月28日，乙公司收到甲公司发来的传真，表示乙公司必须先征用工地并培训工人后，甲公司才能在合同上盖章。于是乙公司出资1 000万元，征用了工地并培训工人。11月5日，乙公司又收到了甲公司的传真，甲公司表示，因为投资失误，公司资金紧张，已无力出资成立新公司了，要求终止与乙公司的合作。乙公司向法院起诉。

问：(1) 甲公司与乙公司之间的合同是否成立？为什么？

(2) 甲公司应当承担什么责任？为什么？

(3) 乙公司能否要求甲公司赔偿1 000万元的损失？为什么？

【案例44】 阅读标记：（ ）

2010年7月5日，甲、乙两公司订了一份钢材买卖合同，每吨4 000元，双方约定甲公司应在11月25日将钢材交到乙公司指定的仓库。7月7日，乙公司与仓储公司丙公司签订了仓储合同，约定于11月25日至11月30日将一批钢材存放在丙公司的仓库中，同时约定乙公司有权提前解除合同，违约方应当支付违约金50万元。7月10日，乙公司与丁公司签订了一份钢材买卖合同，将与甲公司合同项下的钢材卖给丁公司，乙公司预计可从该项买卖中赢利100万元。11月初，市场上钢材的价格大涨。11月10日，甲公司向乙公司发一传真，表示因钢材价格大涨，已不愿意再履行合同，愿意赔偿乙公司的损失。乙公司收到传真后，心中恼怒，从市场上打听到，此时钢材的价格已达到每吨4 500元，乙公司嫌价格过高，没有当时购买钢材。11月26日，乙公司以每吨5 000元的价格从市场上购得钢材，同时，向法院起诉，要求甲公司赔偿每吨1 000元的损失，赔偿可以赢利的100万元，并赔偿因为甲公司违约而导致的乙公司向丙公司支付的50万元违约金。

问：(1) 乙公司要求甲公司赔偿每吨1 000元

的损失，该请求应当得到支持吗？为什么？

　　(2) 乙公司预计中的 100 万元赢利，应当由甲公司来赔偿吗？为什么？

　　(3) 乙公司向丙公司支付的 50 万元违约金，能要求甲公司赔偿吗？为什么？

【案例 45】 阅读标记：（　）

2010 年 3 月 5 日，甲、乙两公司订立一份买卖合同，双方约定甲公司在 3 月 10 日之前将货物交给乙公司，乙公司在收到货物后 3 个月内交付货款。后来甲公司在 3 月 8 日将货物交给了乙公司。但乙公司收到货物后，借口各种原因不交款。甲公司通过一系列的调查了解到，乙公司已经负债累累，并且在 6 月 10 日将某批机器送给了丙公司，做出此赠与后，乙公司已经没有能力交付价款了。

问：(1) 甲公司应当如何保护自己的债权？为什么？

　　(2) 如果甲公司在交付货物之前，通过调查已经有证据证明乙公司债务累累，公司状况不佳，有不能支付货款的可能，甲公司应当采取什么措施维护自己的利益？为什么？

【案例 46】 阅读标记：（　）

原告：李某，女，31 岁，某县制药厂化验员

被告：颜某，男，32 岁，某县个体客运经营户

颜某与李某于 1996 年 4 月结婚。1998 年 6 月颜某父亲病故，颜某按遗嘱继承了其父生前经营的客运汽车 3 辆，住宅 1 套。1998 年 9 月，颜某辞职，专门从事个体客运。同时，颜某、李某商议，将原住宅卖掉，得款 9 万元，二人商定将此款存入银行，连同以后的利息增值部分，作为其满 1 周岁的儿子颜某某将来的教育费用。2001 年冬，颜某在他人的诱惑下染上吸毒恶习，李某多次劝其戒毒，颜某不但不听，反而多次殴打李某，并逼其交出存款，被李某拒绝。2004 年 7 月，李某提出离婚，颜某同意，但认为 3 辆客车及住宅均系其个人所得，李某无权分得，二人结婚时所居住房屋系颜父赠予，后卖得 6 万元，此款归银行储蓄所得利息，李某也无权分得，家中存款 44 万元，系自己客运经营所得，李某并未参与经营，不应归李某所得，应全部归属自己。但考虑到双方协议儿子颜某某由李某抚养，可将住房和 10 万元存款分给李某。李某不同意，在律师的帮助下，于 2004 年 8 月向县法院起诉，请求法院依法分割夫妻共同财产，保护其

合法权益。

经审判人员调查查明：颜某、李某争议的财产有客运汽车 3 辆，其中颜某在 2002 年更新 2 辆，共价值 50 万元，住宅 1 套，价值 16 万元，存款 53 万元。此外，颜某还提出，2002 年曾为更新客车借款 5 万元，应列为夫妻共同债务，还曾经将婚前个人存款 3 万元用于家庭共同生活，应从共同财产中得到补偿，由于离婚是李某首先提出的，李某也应少分财产。经查颜某借款 5 万元确有其事，但已被其购买毒品用掉，至于其将 3 万元个人存款用于家庭共同生活，李某也承认。

经审判人员调解，颜某、李某在离婚和子女抚养问题上达成协议，二人均同意离婚，儿子颜某某由李某抚养。但双方在财产分割上分歧较大，没有达成协议。

问：(1) 法院应否判决李某与颜某离婚？

　　(2) 孩子颜某某的抚养问题如何判决？

　　(3) 案中涉及的夫妻共同财产如何分割？

　　(4) 如何处理颜某主张的 5 万元债务问题和其 3 万元个人存款用于家庭共同生活的问题？

【案例 47】 阅读标记：（　）

甲把一辆汽车卖给了乙，价款为 30 万元，约定乙分 10 期支付价款，每期支付 3 万元，甲将汽车交付给乙，但是在乙支付全部价款之前，甲保留汽车的所有权。该保留所有权买卖已经登记。在乙支付 5 期价款计 15 万元后，乙将该汽车以 28 万元价格卖给丙，但尚未交付给丙。由于乙没有按照约定支付后五期价款，甲经催告后，乙仍未支付价款，于是甲通知乙解除合同并请求乙将汽车返还给甲。

问：(1) 甲是否可以乙未支付全部价款为由解除合同？

　　(2) 丙能否取得汽车的所有权？

　　(3) 甲可以解除合同的事由有哪些？

【案例 48】 阅读标记：（　）

乙在某一期的知名杂志上发表文章，部分事实严重失实，并在文章中对某著名地质学家肆意诋毁，不仅损害了地质学家本人的名誉，也给其亲属造成精神损害。于是该地质学家之女甲诉至法院，请求法院判令乙以及该知名杂志的出版单位收回该文，以消除影响；并在《光明日报》《科技日报》《中国科学报》《中国地质矿产报》《新生界》杂志上发表声明，公开认错，赔礼道歉，恢复名誉；

并赔偿精神损害费 100 万元。在诉讼中，作者乙和该杂志社提出反诉，认为由于甲向有关组织和领导反映了文章的侵权问题，导致乙和杂志社的名誉受到损害，并造成杂志销售量的减少，由此请求法院判令甲赔礼道歉、赔偿经济损失。

问：对当事人甲、乙以及杂志社的上述诉讼请求，法院应否予以支持？

【案例 49】 阅读标记：（ ）

贾某于某日晚，与邻居马某在春梅餐厅聚餐，用餐中她们使用的卡式炉燃气罐突然发生爆炸，将贾某的面部及双手严重烧伤。现其容貌被毁，手指变形，留下残疾，不仅影响了学业，给其的身体、精神均造成极大痛苦。经查，春梅餐厅使用的卡式炉燃烧气是大海气雾剂公司生产的"旋风"牌边炉石油气，且充装使用方法的中英文标注不一致，内容互相矛盾。炉具是红岩厨房用具厂生产的卡式炉。国家技术监督局组成专家鉴定组对该事故原因进行技术鉴定。结论为：边炉石油气罐的爆炸不是由于气罐选材不当或制造工艺不良引起的，边炉石油气罐的爆炸是由于气罐不具备盛装边炉石油气的承压能力引起，事故罐的内压较高，主要是由于罐中的甲烷、乙烷、丙烷等的含量较高，气罐内饱和蒸气压高于气罐的耐压强度是酿成这次事故的原因。灌装后的边炉石油气的混合气达 0.95MPA 和 0.98MPA（15℃和 23℃），该边炉石油气罐不具备盛装上述成分石油气的能力。卡式炉内存在小火是酿成事故的不可缺少的诱因，卡式炉仓内存在小火是由于边炉气罐与炉具连接部位漏气而形成的。经国家燃气用具质量监督检验中心对卡式炉进行测试，该产品存在漏气的可能性，如果安装时不对准，漏气的可能性更大。

问：根据以上案情介绍，分析本案中应由谁承担侵权责任？

【案例 50】 阅读标记：（ ）

2009 年 6 月 26 日，银川铝型材厂从中国银行银川市支行中湖储蓄所购买了 100 张面额 100 元的定期定额有奖储蓄存单，存单背面标明中奖率为 100%。2009 年 7 月 10 日，中国银行银川市支行公开摇奖，在《宁夏日报》第四版上公布了中奖号码，同时规定从 2009 年 7 月 15 日至 10 月 15 日为兑奖期限，逾期不兑视为弃奖。在此期间，银川铝型材厂始终未去兑奖。2009 年 10 月 15 日，在兑奖的最后一日，银川铝型材厂将有奖储蓄存单发给本厂职工，代替欠发工人的工资。该厂职工王春林领

到奖券后，经核对，该奖券的号码为 003172 号，中了一等奖，奖金 1 万元。王春林即持该奖券到银行领取了奖金。银川铝型材厂得知王春林中奖情况后，认为此奖金应归厂方所有，没有及时兑奖，是因厂方主管人员的疏忽大意，未了解中奖情况所致，王春林应将 1 万元奖金交回厂里，由厂里按幸运奖赠与王春林 1 888 元。厂方意见被王春林拒绝，因而发生纠纷。银川铝型材厂遂向银川市城区人民法院提起诉讼，请求判令王春林返还奖金 1 万元。

问：（1）银川铝型材厂主管人员疏忽大意，未了解存单中奖情况，而将已升值为 10 100 元的存单仍以票面值 100 元发放给王春林，对于王春林而言是否属于不当得利？

（2）银川铝型材厂未能合法取得奖金是否属于重大误解？

（3）谁该取得奖金的所有权？

【案例 51】 阅读标记：（ ）

宏伟房地产开发公司（以下简称宏伟公司）在某市郊区购买到一块土地使用权用于写字楼开发，宏伟公司为了融资需要，于 2009 年 5 月以该土地使用权抵押，向该市农业银行借款 2 000 万，该块土地经评估为 2 200 万元，双方在登记机关办理了登记手续。在登记时，注明抵押期限为 2 年。2011 年 1 月，宏伟公司在该土地上建造了一栋写字楼，宏伟公司又以该楼向该市建设银行借款 6 000 万元，该楼经评估为 8 000 万元，在设定抵押时，农业银行对该楼的基地已设定抵押感到不安，但发现该楼基地的土地使用权抵押登记期限为 2 年，因此也就愿意接受以该楼作抵押，双方办理了登记手续。2011 年 3 月，因宏伟公司拖欠他人债务，被数个债权人起诉，要求执行该写字楼。2011 年 4 月，农业银行申请法院实现其抵押权。2011 年 5 月，建设银行也要求优先受偿。2011 年 6 月，该楼被拍卖，但对该楼拍卖的价款如何分配，存在不同的看法。一种观点认为，本案中的两个抵押合同都是无效的，因为这两个合同都违反了土地使用权和建筑物所有权不可分别抵押的强制性规定。第二种观点认为，抵押人将土地使用权抵押给他人以后，由于土地使用权和地上房屋的不可分离性，意味着他已经将土地之上的房屋抵押给他人，如果以后再将地上建筑物抵押给他人，则此种抵押应属无效。所以在本案中，第一个抵押合同是有效的，而第二个抵押合同是无效的。第三种观点认为，两个抵押都是有效的，毕竟在本案中，当事人所订立的合同以及登记

是合法的。不过应当将两项抵押视为一物二押，即将土地、房屋视为一个整体，共同抵押给两个债权人，因为按照《担保法》第35条可以设置多重抵押，只是应当考虑在抵押权实现时，登记在先的优先受偿，剩余的财产归登记在后的抵押权人。

问：根据《担保法》以及相关的其他法律的规定，结合民法理论，谈谈你对本案的处理意见。

【案例52】 阅读标记：（ ）

甲煤炭销售公司、乙火车站于2010年7月21日签订铁路货物运输合同，托运煤炭一列计3 110吨至X市南站，收货人为X市丙电厂。货物按期于7月24日运至X市南站，当日及时通知丙，而后于7月25日乙和丙办理了货物交付手续和空车回运手续。丙对收取货物无异议，但当时确实无接卸能力。丙鉴于上级主管部门严禁发电用煤外卸非电力系统以外的单位，故对如何接卸提出具体意见，为了解决煤炭滞留车站压车占线等问题，乙将煤炭卸于陶瓷公司专用线，丙知道该情况也表示同意。甲公司于8月13日请求丙电厂付款时，丙电厂以没有收到煤炭为由拒绝付款，而乙却称煤炭已经交付丙电厂。为此，甲将乙起诉到法院，法院将丙追加为第三人。

问：（1）本案涉及几个法律关系？
（2）乙是否要承担违约责任？为什么？
（3）丙逾期提货，乙可否请求其支付保管费用？
（4）丙无正当理由拒绝受领货物，乙可否将货物提存？
（5）如果丙拒绝支付运费，而请求乙交付货物，乙可以行使什么权利来保障自己的利益？

【案例53】 阅读标记：（ ）

甲、乙经人介绍相识，在没有充分了解的情况下，二人于2007年5月18日登记结婚，2008年7月20日生一子丙。婚后，两人感情不和，甲经常对乙施以暴力，将乙多次殴打致伤住院。2008年9月甲结识了一未婚女子丁，即与乙分居而与丁长期共同居住，对乙和丙不管不问。甲为达到与丁结婚的目的，于2010年12月17日以夫妻不和为由向法院提出离婚。

问：（1）法院判决离婚与否的依据是什么？
（2）法院能否以甲有过错为由而判决不准离婚？
（3）乙能否提起损害赔偿？损害赔偿的范围是否包括精神损害赔偿？

（4）根据本案的情况，丙应归谁抚养？如果乙抚养，乙可以向甲提出的抚养费请求一般包括哪些内容？

【案例54】 阅读标记：（ ）

宋自立有两个儿子，长子宋红军在外地工作，宋自立与次子宋红建及儿媳黄朝菊、孙子宋小辉一起生活。宋红建病故后，宋自立瘫痪在床，生活不能不理，黄朝菊为了能使老人安度晚年，承担了照顾其生活的全部责任，尽了主要的赡养义务。2008年宋自立死亡，在办理后世时，发现宋自立留有存款60 000元和一份遗嘱，遗嘱中声明：宋自立的好友姚一平曾对他有过极大的帮助，决定在其死后从遗产中拿出20 000元赠送给姚一平，以示报答。长子宋红军认为自己是唯一的继承人，且姚一平已经于2006年死亡，遂将存款全部提走。为分割宋自立的存款，宋红军、黄朝菊、姚一平的儿子姚胜明等发生争执。

问：（1）黄朝菊有无继承权？为什么？
（2）宋小辉有无继承权？为什么？
（3）如果黄朝菊参加继承，对宋小辉有无影响？
（4）姚胜明有无继承权？为什么？

【案例55】 阅读标记：（ ）

甲欠乙20万元，2019年8月1日到期。丙出具"保证书"："甲不能偿还债务时，我负责偿还12万元。"乙看丙清偿能力有限，请求再次提供担保。甲的好友丁亦同意为甲的债务提供书面保证，但没有说明保证方式，也未就其他事项进行约定。因常年的商务往来，具有非法人组织性质的戊公司的分公司也为甲提供连带责任保证，表示在甲不能清偿债务时，由戊公司的分公司替甲清偿债务。后乙经丙、丁口头同意将债权转让与庚。

问：（1）如何认定戊公司的分公司提供的保证的效力？为什么？
（2）如何认定丙、丁保证责任的性质？为什么？
（3）如何认定丙、丁的保证期间？
（4）如果乙在保证期间内起诉甲，何时开始计算保证债务的诉讼时效？

【案例56】 阅读标记：（ ）

2008年1月12日，为经营照相业务，张某与甲公司签订了房屋租赁合同。根据该合同，甲公司

将其沿街二层楼房出租给张某，租赁期限为 30 年，自甲公司交付楼房的次日开始计算。每年的租金为 20 000 元，张某于甲公司交付楼房的次日付清第一年的房租，以后每一年的同一日付清该年度房租，若遇节假日则付款日期为节假日后的第一日。2008 年 2 月 12 日甲公司交付楼房给张某，2 月 13 日张某付清第一年度的租金。2009 年 3 月 5 日，甲公司通知张某称：因资金紧张想出卖楼房，如果张某想购买，则在 2009 年 4 月 5 日前一次性付清房款 500 000 元，并可以扣除张某交付的 2009 年度的租金 20 000 元。张某对甲公司的通知提出异议，要求该公司履行合同。2009 年 4 月 8 日，甲公司以 500 000 元的价款将楼房卖给乙公司，根据双方的约定乙公司一次性付清全部购房款 500 000 万元。在乙公司办理房屋过户登记的时候，发现已登记有两个抵押权。其一，2007 年 3 月 6 日，甲公司将该楼房抵押给丙公司，为丁公司所欠丙公司货款 200 000 元提供担保；其二，2008 年 9 月 6 日就自己欠戊公司的货款 150 000 元又设定了抵押。经评估，该楼房的实际价值 600 000 元。

问：（1）张某与甲公司之间关于租赁期限的约定是否有效？应如何处理？

（2）就甲公司与乙公司签订买卖合同，张某可以提出何种主张？

（3）如果甲公司 2009 年 3 月 5 日通知张某 3 个月后要出卖该楼房，但张某表示无论如何都不购买。3 个月后甲公司将楼房卖于李某。交付后，李某要求张某搬出楼房。针对该情形，张某可以提出何种主张？

（4）如果丙公司因为丁公司不履行还款义务，于 2008 年 4 月 6 日依法行使抵押权，经法院将该楼房拍卖，己公司买得。该事实对张某的租赁权是否有影响？

（5）如果戊公司因为甲公司不履行义务，于 2008 年 11 月 6 日依法行使抵押权，经法院将该楼房拍卖，庚公司买得。该事实对张某的租赁权是否有影响？

【案例 57】 阅读标记：（　）

滨海市某甲有二子乙、丙，2010 年，甲分别为乙、丙各购买了一处商品房，并分别以乙和丙的名义办理了房产登记。甲在购房前与乙、丙约定，乙、丙虽然取得房屋的所有权，但都要保证其房产不能落入外人之手，如某人需卖房产，另一人有

优先购买权，而不能卖给外人。2011 年，乙没有告诉甲和丙，就与丁达成买卖其商品房的合同，根据合同，丁向乙交付了房款 200 000 元，乙将房屋交付给丁居住，但双方未办理产权过户手续。后乙因故向信用社贷款 150 000 元，信用社要求乙提供担保，乙即将其卖给丁的商品房抵押给信用社，签订了抵押合同，并办理了抵押登记。后因乙届期未偿还借款，信用社要实现抵押权。但丁则根据乙和丁签订的合同以及乙收到房款 200 000 元的收条为依据，主张该房产归其所有。甲和丙得知后即以乙无权将房屋出卖给外人为由，请求法院确认乙的卖房行为无效，并主张丙有优先购买权。为此，发生争议。

问：（1）甲、丙的主张是否合法？为什么？

（2）丁的主张是否合法？为什么？

（3）信用社能否实现抵押权？为什么？

【案例 58】 阅读标记：（　）

甲、乙是兄弟，母亲丙早年去世，父亲丁将二人抚养长大，甲在外地工作，乙和丁生活在一起。2008 年 3 月 7 日丁病故，留下的财产包括：价值 30 000 元的房产一栋、已到期存款 5 000 元、丁对某公司享有的债权 20 000 元以及价值 3 000 元的家具和日用品，其生前也没有立下遗嘱。丁死亡后，乙没有通知甲，自己将房产过户登记为自己所有，将存款取出也占为己有。2011 年 2 月 8 日甲回家探亲时才知道事实，对乙擅自处理遗产的行为不满意，要求重新分割遗产，但乙提出为给丁治病和办理丧葬事宜花了 3 000 元，并且甲常年在外，所以不应当参加继承。

问：（1）乙有无通知甲的义务？

（2）2011 年 3 月 4 日甲以侵犯其继承权为由提起诉讼是否超过诉讼时效？为什么？

（3）如果经过协商，达成如下协议：甲分得债权 20 000 元；乙分得房产、存款、家具及日用品，但同时承担治疗和丧葬费用。该协议是否有效？为什么？

（4）如果甲行使债权时，发现债务人已经破产，他能否再请求重新分割丁的遗产？为什么？

【案例 59】 阅读标记：（　）

于萍怀孕已经七月有余。某日，她的丈夫张坚驾驶自己的汽车送她去医院做定期检查，不料途中

复／杂／经／典／案／例

遭遇车祸。好心的路人将他们送到医院急救。张坚因伤情过于严重不治身亡，于萍身受重伤。经检查，医生确定胎儿的脑部受有重伤，出生后很有可能患先天性疾病。张坚的父母和于萍素来不睦，但心疼自己未来的孙子，表示如果胎儿出生后是活体，就给于萍10万元作给孩子治病之用。不久后，于萍产下婴儿，因不足月，两天后婴儿死亡。于萍接连遭受打击，一时心灰意冷，自杀身亡。于萍的父母和张坚的父母办理了后事，对于张坚和于萍留下的8万元存款，双方都主张应由自己继承，无法达成一致意见。此外，张坚的父母提出，既然孙子已经死亡，那么就要收回自己原来赠与的10万元。于萍的父母则坚决反对，认为这10万元也应当并入遗产一并分割。

问：（1）张坚父母对于萍的赠与是什么性质的合同？在本案中赠与合同是否已经生效？

（2）张坚父母先前赠与胎儿的10万元，是否应当划入遗产范围参与分割？由谁继承？

（3）张坚和于萍留下的8万元存款，应该如何分割？

【案例60】 阅读标记：（　）

甲、乙、丙三人合伙经营一个鲜花店，取名"巴黎春天"，负责人为甲。合伙协议中约定的出资比例和分成比例均为4∶4∶2，2010年2月，丙因私事外出，甲和乙商议后和花农丁签订了一份价值12万元鲜花购买合同。因鲜花店流动资金不够，甲和乙决定向银行贷款15万元，银行要求提供担保，于是甲和乙以花店所有的用于日常进货的汽车一辆用于抵押，但某些原因没有办理登记手续。后因花店无力偿还贷款，银行欲行使抵押权，为此发生纠纷。经查：（1）合伙协议商定，凡10万元以上业务须经甲、乙、丙三人一致同意；（2）甲曾在一次诉讼中免除了大客户戊对花店的债务12万元；（3）花店除欠银行15万元以外，尚欠庚、巳各5万元；（4）花店全部财产共值20万元。

问：（1）银行如果要起诉，应以谁为被告？为什么？

（2）甲、乙和丁的鲜花购买合同以及和银行的贷款合同效力如何？为什么？

（3）甲、乙和银行所签抵押合同的效力如何？为什么？

（4）如果乙和丙以甲免除戊债务的行为未得到合伙一致同意为由主张免除无

效，法院是否应当支持？为什么？

（5）如果银行、庚、巳同时向花店主张债权，花店的财产应如何清偿？为什么？

（6）如果银行、庚、巳和乙的债权人辛同时向法院起诉，银行、庚、巳主张用合伙财产清偿债权，辛主张用乙在合伙财产中的份额清偿其债权，法院应优先支持谁的主张？为什么？

（7）如果银行、庚、巳向法院起诉后，债权未得到全部清偿，能否对丙的个人财产进行追偿？为什么？

【案例61】 阅读标记：（　）

李某原是佐天公司的业务经理，已辞职。某日，李某接到老客户庄洋公司的电话，称庄洋公司现有一批特级大米因客户突然毁约退货而急需脱手，问佐天公司是否有意购买。李某看价格比市场价低一些，对佐天公司来说是赚钱买卖，而且庄洋公司又是老客户信得过，便立刻去联系佐天公司总经理，不料总经理已于前一日出差了。李某觉得事不宜迟，决定先应承了庄洋公司再说，于是和庄洋公司签订了合同，并于当天晚上联系上佐天公司总经理，告知此事。总经理表示认可这个合同，并通过银行迅速支付了货款。验货时，佐天公司发现大米是一级大米而非合同所称的特级大米。原来，另外一家公司出价更高，庄洋公司就把那批特级大米给了它。佐天公司于是将庄洋公司诉至法院。

问：（1）李某与庄洋公司签订合同时，其行为性质是什么？

（2）庄洋公司能否以李某签订合同时尚未得到佐天公司同意为由，主张该买卖合同无效？为什么？

（3）佐天公司可以提出何种诉讼请求？为什么？

【案例62】 阅读标记：（　）

某幼儿园学前班上课期间，幼儿园老师章某到邮局取包裹，走前嘱咐孩子们自己玩游戏，几个幼童于是在教室里追闹玩耍。甲（5岁）因争夺玩具，用玩具小刀把乙（4岁）的眼睛刺伤，而乙在反抗中把甲的头部按在讲台上磕伤。为此，甲花去医疗费2 000元，乙花去医疗费8 000元。

问：（1）甲和乙的医药费应如何承担？为什么？

（2）乙的父亲向人民法院提起的诉讼中，应以谁为被告？

（3）甲的父亲行使侵权行为之债的请求权，其诉讼时效期间自其知道侵害事实发生之日起是多长时间？

（4）幼儿园能否以老师章某的行为是个人行为为由主张抗辩？为什么？

【案例63】 阅读标记：（　）

2009年12月，王海托李昌购买彩电一台，给了李昌5 000元。由于商场促销降价，李昌买完彩电后还剩100元，恰好看见商场门口有人在卖有奖邮政明信片，于是用这100元买了几张。回家后，李昌把购买明信片的事情告诉了王海，王海一开始很不高兴，但想到没必要为了100块钱和朋友伤了和气，就收下了明信片，并随手给了儿子王小明（13岁）一张。圣诞节来临，王小明将这张明信片送给同学张婷婷。2010年3月，该明信片中奖，奖金3 000元。王海于是要儿子王小明去跟张婷婷要回奖金。但是张婷婷的父母不同意，于是王海诉至法院。

问：（1）李昌擅自为王海购买明信片的行为是什么性质的行为？

（2）本案中李昌的行为是否有效？为什么？

（3）王小明对张婷婷的赠与行为效力如何？为什么？

（4）王海能否要求张婷婷返还明信片的奖金3 000元？

【案例64】 阅读标记：（　）

2004年，刘强与张玲结为夫妇，次年生有一女刘洋洋。2008年两人因感情不和诉离婚，法院判决刘洋洋由张玲抚养。2010年张玲患病去世，死前张玲立下遗嘱，将全部财产留给刘洋洋，并特别指定自己的妹妹张嘉为女儿的监护人，声明"绝对不许"刘强为监护人。张玲去世后，刘洋洋随张嘉生活。刘强多次要求将刘洋洋接到自己家中居住以便抚养，均被张嘉以要尊重姐姐的遗愿为由拒绝。刘强无计可施，于是起诉到法院，请求法院判决由自己抚养刘洋洋。张嘉则以姐姐的遗嘱进行抗辩，并提出，如将刘洋洋送回，刘强应支付半年来刘洋洋的生活费3 000元，并支付报酬2 000元。

问：（1）刘强的请求是否合法？为什么？

（2）张嘉要求支付生活费和报酬的请求是否合法？为什么？

【案例65】 阅读标记：（　）

2009年4月，刘诺从学校附近的金飞手机销售公司购买新款三星手机一部，价格为2 700元，金飞公司声称该手机为行货。两个月后，一个对手机颇有研究的朋友告诉刘诺，她的手机并不是行货，而是水货，价值1 600元。刘诺大惊。经三星手机的客户服务中心鉴定，果真如此。刘诺遂要求金飞公司退货，但公司声称只换不退，刘诺则坚持退货，双方僵持不下。后刘诺多次到外地出差，无暇顾及此事。2010年12月，刘诺再次到金飞公司交涉，发现金飞公司已经被苏美公司合并。刘诺遂要求苏美公司双倍赔偿。苏美公司则表示这是金飞公司以前的业务，和自己没有关系。

问：（1）刘诺和金飞公司之间的买卖合同效力如何？为什么？

（2）如果起诉，刘诺应以哪个公司为被告？为什么？

（3）刘诺能否请求人民法院撤销该买卖合同？为什么？

【案例66】 阅读标记：（　）

2009年6月10日，A市的朗园公司和航百公司达成一项协议，内容包括：（1）由航百公司通过银行承兑汇票借给朗园公司流动资金20万元，还款时间为2010年12月10日，A市的乡镇企业局为还款提供了保证；（2）朗园公司自合同签订起，每月供给航百公司鞋子1 000双，价格按当地批发牌价的八折计算，货款每月月底结算。协议签订后，2009年6月13日，航百公司签发到期日为2010年3月15日的承兑汇票一张，票面金额为20万元，收款人为朗园公司。自2009年6月起，朗园公司按照合同约定连续4个月每月向航百公司提供鞋子1 000双，供货数量总计4 000双，但是航百公司从未支付货款，于是朗园公司停止供货。2010年11月，朗园公司向人民法院起诉，要求航百公司支付货款并承担银行利息；航百公司则反诉，请求法院确认航百公司和朗园公司之间的协议因违反企业之间不得借贷的法律规定而无效。

问：（1）本案涉及哪几个法律关系？

（2）朗园公司和航百公司之间的协议效力如何？为什么？

（3）如果朗园公司和航百公司之间的合同被确认无效，A市乡镇企业局是否要承担担保责任？为什么？

【案例 67】 阅读标记：（ ）

甲、乙是同事，同住一宿舍。2010年春，甲因公派赴外地工作，临行前将自己的电脑一台委托给乙保管并供其使用。1个月后，甲告诉乙因自己新买了电脑，乙保管的电脑可以适当价格出售。乙之好友丙知道后，对乙表示想低价购买，并让乙写信告诉甲，谎称电脑显示器有毛病，以便低价出售。乙为帮助好友，遂按丙的意思写信告诉了甲。甲回复称，若显示器有毛病，可以低价出售。于是，丙便以1 000元价格买下，转手以3 000元的市价卖给对此并不知情的丁。丁之好友己为向戊借款，丁表示愿以该电脑提供质押，双方订立了合同，但是，取得借款后丁却将电脑赠送给庚，庚运送电脑回家途中发生交通事故，电脑被毁。

问：（1）该电脑应归谁所有？

（2）甲应如何保护自己权利？

（3）戊应如何保护自己权利？

【案例 68】 阅读标记：（ ）

甲向乙借款100万元，双方订立了合同，约定借款期限3年。丙、丁为该借款提供担保并共同订立了保证合同，约定如甲不能还款，丙、丁承担保证责任。戊对借款提供4台机器作为抵押，每台价值50万元，共计200万元。2年后，其中1台机器因不可抗力灭失；丙被宣告失踪，其财产由庚代管。借款到期后，甲未能还款。

问：乙应如何实现自己的债权？

【案例 69】 阅读标记：（ ）

丙欠甲10万元，但已经过了诉讼时效，甲正为此苦恼，恰好因生意往来甲欠乙10万元并已届清偿期，甲遂对乙表示要将对丙的债权转让给乙，但故意不告知其已过时效的情况。乙表示同意，甲遂通知了丙。当乙向丙主张债权时，被丙以诉讼时效经过为由拒绝还款。乙即向甲表示撤销债权让与，要求甲还款。甲不肯，二人于是产生纠纷。

问：（1）甲对丙的债权可否作为债权让与的标的？

（2）丙拒绝还款有否理由？

（3）乙是否有权撤销债权让与？

【案例 70】 阅读标记：（ ）

甲委托丙并授予代理权，委托丙代其购买一批

玉器。丙对乙诈称某块价值不菲的古玉为赝品，乙深信不疑，遂以低价将此玉出售给丙。丙向甲交付此玉，但隐瞒了欺诈事实。甲很高兴，支付给丙高额的酬金。乙偶然得知被欺骗事由，遂向甲要求讨回此玉，甲称玉已被丁买去。丁对其中过程毫不知情。

问：（1）乙能否对丁要求返还古玉？

（2）若乙不能对丁要求返还古玉，能否向甲要求赔偿？若能，甲能否要求丙返还酬金？

【案例 71】 阅读标记：（ ）

甲售与乙一批货物，约定交给乙指定的丙运交给乙。丙专事运输，并且乙已经为此向丙支付了运费。甲依约照办，丙在货物运送途中，因丙车与丁车相撞，货物全毁。经鉴定，肇事原因双方均有过失。

问：乙可向谁要求赔偿损失？

【案例 72】 阅读标记：（ ）

甲因出国探亲数周，遂将其车委托乙保管，为此甲向乙支付了保管费。期间，丙经征得乙同意，开此车前往相邻的某县旅行。途经某地，丙下车就餐，将车停在餐厅附设的停车场，不料被酒后的丁开车撞毁。

问：就汽车毁损的损失结果，甲有权向谁要求赔偿？

【案例 73】 阅读标记：（ ）

甲、乙、丙三人经协商，共同出资经营货运业务，约定出资比例为甲占40%、乙占30%、丙占30%，购进汽车一辆，由三人轮流驾驶。某日，甲驾车载货主丁之货物前往某处，途中违章发生事故，致使货物全毁。在与丁交涉赔偿事宜期间，丙退出合伙。

问：（1）丁可向何人要求赔偿损失？

（2）甲、乙、丙三人在本案中各应在多大范围内承担责任？

【案例 74】 阅读标记：（ ）

甲将两块奇石托给乙保管，并支付了保管费。乙出差在外，乙之子丙误以为是其父之物，将其中一块稍加清理，另一块则精心雕刻成印章。某日，丁见此奇石，十分喜欢，遂分别以2万元和10万元购买后展示于好友。丁对该石的来历毫不知情。

甲得知后，向丙追索。

问：甲、乙、丙、丁间权利和义务如何？

【案例 75】 阅读标记：（　）

甲将一部机器卖给乙，双方订立了买卖合同。后来，因乙的厂房没有建成，无处安放机器，就与甲订立保管合同，将机器暂存于甲处。某日，该机器被丙偷走，卖给善意第三人丁，并完成交付。

问：（1）该机器所有权归谁所有？

（2）乙可以向丁行使何种请求权？

【案例 76】 阅读标记：（　）

甲向乙借款 5 万元，借款期限为 1 年，自 2009 年 1 月至 2010 年 1 月，丙为此提供保证。为此，甲与丙于 2009 年 1 月 10 日达成协议，将甲的汽车一辆向丙提供抵押作为反担保，并于当月 15 日办理了抵押登记。甲的借款期限将至，丙不断催促甲还款，但直至 2009 年 12 月 15 日，甲仍未还款。丙遂将甲的上述汽车开回自家，并称若甲不还款，就将变卖汽车还款。甲多次要求丙将汽车开回，均遭拒绝，二人于是发生纠纷。在汽车被丙开走期间，甲营业损失 5 000 元。

问：本案应如何处理？

【案例 77】 阅读标记：（　）

甲于 2010 年 7 月 1 日，接获乙公司寄送的若干精美商品的价表，从中选购 A 餐具一套，价格为 3 000 元，于 7 月 3 日函复乙公司，表示购买，同时约定于 7 月 20 日于甲住所交付。该函于 7 月 6 日到达乙公司。乙公司于 7 月 7 日回信表示同意，该信于 7 月 10 日到达甲。期间，甲曾于 7 月 5 日改变主意，致函于乙表示撤回前函，该函于 7 月 8 日到达乙公司。乙公司派员于 7 月 20 日送甲选定的 A 餐具至甲住处，适逢甲出差不在家，且无法取得联系，未能完成交付。乙之员工回程途中遭遇车祸，致使该餐具全毁，乙之员工对此事故无过失。8 月 15 日，甲出差返回，乙即向甲请求其支付餐具价金 3 000 元。

问：甲有无此付款义务？

【案例 78】 阅读标记：（　）

某甲系贩运海鲜的商人，因冷藏库发生故障，请技师某乙进行修理。甲在受领乙之工作时，发现乙完成的工作具有严重的瑕疵，致使冷藏库仍未能正常使用，于是表示在乙修理好冷藏库之前拒不给

付报酬。

问：（1）甲的做法是否有理？

（2）如果因冷藏库无法正常使用而导致库内的海鲜腐烂，造成甲的损失，甲主张留置乙放于甲处的汽车一辆，是否有理？

【案例 79】 阅读标记：（　）

甲在公园游玩时，不慎丢失项链一条。该项链被公园管理员拾到后交有关行政管理部门。由于甲未能在行政管理部门规定的期限内前去认领，该行政管理部门即依照有关规定将项链交某拍卖行予以拍卖，后被乙以拍卖价买下。其后，该项链被丙偷走，并以 300 元价格卖给不知情的同事丁。后丙作案被捕，供认上述事实，公安局即从丁处取回项链，并通知乙前来认领。甲因偶然原因得知此事，也要求要回项链。丁则认为该项链系由自己出钱购买，应当归自己所有。

问：本案应如何处理？

【案例 80】 阅读标记：（　）

某甲于某日前往乙商场购物，该商场工作人员一时疏忽，错将某型号摄影机价格 6 800 元标成 680 元，甲见此摄影机物美价廉，于是以 680 元的价格买走 2 部。1 周后，商场盘点时发现此错误，就派员工找到甲，要求其补足货款或退款退货。其间，甲已将其中一部赠与亲戚某丙并已交付，另一部拟以 700 元价格卖给同事某丁，价款已收，但尚未交付。甲认为与商场双方买卖已经完成，拒绝退货或补足货款。

问：本案如何处理？

 案例分析

【案例 1】

（1）买卖合同有效。钱某的行为属于无权处分，钱某将古董卖给孙某的买卖合同为有效合同。根据《民法典》第 597 条第 1 款规定，因出卖人未取得处分权致使标的物所有权不能转移的，买受人可以解除合同并请求出卖人承担违约责任。

（2）孙某能取得该古董所有权。根据《民法典》第 311 条规定，动产善意取得应具备以下条件：①标的物须为占有委托物且为非禁止流通物。②让与人系无权处分人。③受让人取得动产时出于善意。④受让人受让动产时，不知道转让人无处分权，且无重大过失的，应当认定为受让人为善意。

受让人受让动产时，交易的对象、场所或者时机等不符合交易习惯的，应当认定受让人具有重大过失。⑤受让人以合理的价格受让。是否为"合理的价格"应当根据转让标的物的性质、数量以及付款方式等具体情况，参考转让时交易地市场价格以及交易习惯等因素综合认定。⑥已交付完成。此处的交付不包括占有改定。

从以上论述可知，本案中孙某的行为符合善意取得的条件，孙某因善意取得而取得所有权。

（3）孙某将古董交给李某，作为债务偿还的担保。这种以转移动产占有方式担保债务履行的方式是质押，孙某与李某之间形成动产质押法律关系。

（4）该约定无效，但李某对古董仍然享有优先受偿权。根据《民法典》第428条规定，质权人在债务履行期限届满前，与出质人约定债务人不履行到期债务时质押财产归债权人所有的，只能依法就质押财产优先受偿。此为流质条款，为我国民法所禁止，但当事人之间有关流质条款的约定，不影响质权人对质物享有的优先受偿权。

（5）钱某和赵某之间形成无因管理之债，所谓无因管理，根据《民法典》第121条规定，没有法定的或者约定的义务，为避免他人利益受损失而进行管理的人，有权请求受益人偿还由此支出的必要费用，从而产生无因管理之债。

（6）施工队应向钱某请求付款。因为施工队与钱某之间存在合同关系。

（7）赵某可以对钱某提起违约之诉或侵权之诉。第一，赵某将古董交给钱某保管，双方之间形成了委托合同关系，钱某违反合同约定的义务，给赵某造成经济损失，赵某自然可以依据二人之间的委托合同请求钱某承担违约责任；第二，因为钱某的违约行为同时构成了对钱某的财产权的侵害，根据物权的民法保护理论和法律规定，赵某可以请求钱某承担侵权损害赔偿责任。

【案例2】

（1）应归丁某所有。因学校已言明在先，所得奖金归持券人，且奖券已实际交付个人，学校与持券人之间已经成立了赠与合同，且由于奖券的交付，赠与合同已经履行完毕。丁某作为奖券的所有人有权在中奖时取得奖金所有权。

（2）应归贺某所有。因贺某已登记奖券号码并向丁言明此3张奖券归他，也就是说，虽然贺某本人未直接占有奖券，但其行动表明其已间接占有该3张奖券，因此尽管不直接持有奖券，但仍对奖券有所有权，进而对中奖奖金也有所有权。

（3）无效。《民法典》第660条第1款规定，经过公证的赠与合同或者依法不得撤销的具有救灾、扶贫、助残等公益、道德义务性质的赠与合同，赠与人不交付赠与财产的，受赠人可以请求交付。《民法典》第663条第1款规定，受赠人有下列情形之一的，赠与人可以撤销赠与：①严重侵害赠与人或者赠与人近亲属的合法权益；②对赠与人有扶养义务而不履行；③不履行赠与合同约定的义务。本案中并不存在上述规定中撤销赠与的法定情形，贺某也就不能撤销赠与而由学校取得奖金。

（4）借贷关系。因丁某系替贺某垫付款项，贺某在日后要偿还，属于自然人之间的借贷合同关系。

【案例3】

（1）张某能否取得涉案楼房的共有权，要考察不动产物权的变动要件是否齐备。

首先，张某与梁某订立的合同包括两方面的内容，其一是自然人之间的借款关系；其二是附条件的所有权分割合同。从合同效力看，是双方真实意思表示之下不违反法律规定的有效合同。双方应当严格履行合同义务。

其次，房屋建成时，还款期限还未届满，梁某将房屋登记在自己名下的行为并无不妥。借款到期后，梁某无力偿还债务，则从借款到期时梁某与张某的房屋所有权分割合同即生效，张某可以请求梁某办理房屋产权变更手续从而取得部分房屋的所有权。但是根据《民法典》第209条第1款规定，不动产物权的设立、变更、转让和消灭，经依法登记，发生效力；未经登记，不发生效力，但是法律另有规定的除外。房屋所有权变动必须办理登记，在没有登记前，尽管合同生效，继受人也不能取得所有权。

综上，张某既没有实际占有房屋，也没有办理房屋产权变更登记，不能取得楼房的共有权。

（2）梁某与吴某的买卖合同是双方真实意思表示，梁某是房屋合法所有人和处分权人，双方也办理了登记过户手续，因此，吴某已经取得了房屋所有权。具体而言，首先，根据案情介绍，吴某在与梁某签订买卖合同时，并不知道梁某与张某之间的合同关系，也就不存在恶意串通损害第三人利益的情形。其次，虽然梁某在与吴某签订买卖合同时，已经负有对张某的义务，但张某的权利属于债权性质的权利，在吴某实际取得房屋所有权的情况下，根据物权效力优于债权效力的原理，张某的权利不

足以对抗吴某的物权。再次，吴某的不动产所有权符合法律规定的形式要件，即办理了过户登记手续。

因此，吴某取得楼房的合法所有权。

【案例4】

（1）本案涉及以下民事法律关系：

①甲、乙、丙村共同投资兴建水库，共同经营，共享盈余，属于合伙关系；对于水库的所有权三村按约定的份额享有，属于按份共有关系。

②丙村与丁村签订协议，由丙村供应丁村灌溉用水，丁村支付一定的费用，属于供水合同关系。

③戊村未经所有权人允许私自截流，给丁村造成损失，对丁村构成侵权的民事关系。

④丁村破坏堤坝，侵犯了甲、乙、丙的财产权，同时又给甲村鱼塘造成损失，亦构成侵权。

⑤乙村欲向庚村转让其享有的水库份额，和庚村构成财产转让的合同关系。

（2）丙村和丁村的约定有效。**根据我国《民法典》第300条规定，共有人按照约定管理共有的不动产或者动产；没有约定或者约定不明确的，各共有人都有管理的权利和义务。**本案中丙村根据协议享有10万立方米蓄水量中的50%即5万立方米的用水量，其向丁村转让1万立方米的用水权的协议，经过双方协商一致，并且没有损害甲、乙两位共有人的利益，应为合法有效。

（3）丁村秧苗的损失可以向戊村要求赔偿。根据供水合同，丙村有义务向丁村供水，并将水交付丁村，双方对水的交付没有约定。按照《民法典》第511条第3项规定，履行地点不明确，给付货币的，在接受货币一方所在地履行；交付不动产的，在不动产所在地履行；其他标的，在履行义务一方所在地履行。丙村按约定开闸放水，水一出水库，即视为已经履行了其供水义务，所以丁村不能根据供水合同向丙村索赔。根据《民法典》第224条规定，动产物权的设立和转让，自交付时发生效力，但是法律另有规定的除外。据此，水一流出水库，水的所有权已经从丙村转移给丁村，戊村截流，侵犯了丁村的财产权，且造成了秧苗损失5000元，丁村可以以侵权为由，向人民法院起诉，要求戊村赔偿损失。

（4）甲、乙、丙三村可以以侵权为由，作为原告起诉丁村。因为水库的所有权属于甲、乙、丙三村共有，虽然丁村认为丙村故意不按约定供水，违约在先，但其挖坏堤坝的行为不仅侵犯了丙村的物权，同时也侵犯了甲、乙村的物权，所以甲、乙、丙三村可作为共同原告，要求丁村赔偿损失。

（5）甲村鱼苗的损失是由于丁村的侵权行为造成的，应由丁村进行赔偿。

（6）甲、乙、丙三村是合伙关系，根据合伙企业法的规定，乙村向庚村转让其所有的30%的合伙财产，应当经过其他合伙人的一致同意。本案中，乙村在转让其份额时，应征得甲、丙两村的同意。《民法典》第305条规定，**按份共有人可以转让其享有的共有的不动产或者动产份额。其他共有人在同等条件下享有优先购买的权利。**《合伙企业法》第23条也规定，合伙人依法转让其财产份额时，在同等条件下，其他合伙人有优先受让的权利。所以甲、丙两村享有在同等条件下，优于庚村购买乙村所有的财产份额的权利。

【案例5】

（1）本案涉及的主要民事法律关系是：①刘玄、关云、张翼的合伙关系；②刘玄、关云、张翼与赵华的买卖关系；③赵华与王海的买卖关系；④王海与黄健的买卖关系；⑤黄健与装裱店间的承揽关系和留置关系；⑥赵华与周虎间的抵押关系、借贷关系；⑦王海死亡之后的财产继承关系；⑧赵华与王海之妻及其子的清偿关系。

（2）①刘玄、关云、张翼是合伙关系，三人对该幅画享有共有权。根据我国《民法典》第301条规定，处分共有的不动产或者动产以及对共有的不动产或者动产作重大修缮、变更性质或者用途的，应当经占份额2/3以上的按份共有人或者全体共同共有人同意，但是共有人之间另有约定的除外。因此，刘玄无权单独决定出卖该画，其处分行为从本质上看，属于无权处分，其效力待定。刘玄向关云、张翼说明卖画以后，关云、张翼并未反对，只要求分得其应得款额，实际上是对刘玄的越权行为的追认，所以该买卖行为应视为追认有效。

②赵华与王海之间的买卖合同有效成立。根据《民法典》第224条规定，动产物权的设立和转让，自交付时发生效力，但是法律另有规定的除外。而根据《民法典》第641条规定，当事人可以在买卖合同中约定买受人未履行支付价款或者其他义务的，标的物的所有权属于出卖人。出卖人对标的物保留的所有权，未经登记，不得对抗善意第三人。此为所有权保留条款。也就是说，当事人可以约定标的物交付而所有权不转移。本案的合同中约定了所有权转移的条件，所以赵华虽已将画交付王海，但所有权并未转移，只在所附条件成立时，才能转移所有权。

③王海将画卖给黄健属于无权处分，因王海是

否取得该画的所有权取决于王海与赵华在合同中约定的条件是否成就，在条件成就与否尚未确定时，王海还未取得该画所有权。但黄健在取得该画时，对王海不是画的所有人并不知情，因此主观上是善意的，并支付了价款，根据我国《民法典》第311条关于善意取得制度的规定，黄健可以依善意取得制度即时取得该画的所有权。

④装裱店对该幅画有留置权，黄健未按期付给装裱店装裱费，是黄健违约，应由其承担违约责任，根据我国《民法典》第447条第1款的规定，债务人不履行到期债务，债权人可以留置已经合法占有的债务人的动产，并有权就该动产优先受偿。可见，只要债权人合法占有与债权属于同一法律关系的动产，债权人便对该动产享有留置权。因此，装裱店享有法定的留置权。但装裱店留置权的行使方式不合法，依《民法典》第453条的规定，没有约定或者约定不明确的，留置权人应当给债务人60日以上履行债务的期间，但是鲜活易腐等不易保管的动产除外。可见，债权人应确定60日以上的期限，通知债务人在此期限内履行债务。装裱店只给黄健30天期限，所以装裱店不能通过这一行使留置权的行为取得该画的所有权。

⑤赵华将该画抵押给周虎借款的行为是合法的，因此时赵华仍是该画的所有人。周虎的抵押权虽然成立在王海和黄健的买卖关系之先，但由于这种动产抵押依照我国《民法典》第403条规定，以动产抵押的，抵押权自抵押合同生效时设立；未经登记，不得对抗善意第三人。《民法典》第404条规定，以动产抵押的，不得对抗正常经营活动中已经支付合理价款并取得抵押财产的买受人。所以周虎不能对善意取得人黄健主张其抵押权的优先受偿权。

⑥赵华对王海的债权，只能依民法规定的被继承人债务清偿原则，由王海之妻、之子在其继承的遗产内偿还。

【案例6】

首先，需要讨论的是陶某的行为是否构成无权处分。本案中，房地产公司和水产公司的协议包含三部分内容，一是合资购买车辆；二是共有财产的使用；三是共有财产的分割。此协议是双方真实意思表示，内容亦不违反法律规定，可以作为确定房地产公司和水产公司权利义务的依据。根据合同内容，在车辆购买后的10个月内由房地产公司和水产公司共有该两辆轿车。问题在于由于房地产公司和水产公司为了逃避有关部门的检查或出于其他原

因，没有将车辆以二者共有的名义登记，而是将购买的奥迪轿车登记在陶某的名下。但这不意味着将轿车赠与了陶某，事实上，买车的价款是两公司共同支付的，车买回后也一直按合同约定由房地产公司使用，表明房地产公司和水产公司是车辆的真正所有人。从法律上看来，轿车虽然是动产，但它是一种特殊的动产。就一般动产而言，是以占有为公示方法，即推定占有人的权利具有正确性。但是就车辆这种特殊的动产来说，仅仅通过占有还不能完成公示要求，而必须通过登记才能完成公示要求。一旦登记以后，在法律上将推定登记名义人为真正的权利人。但是，这种推定不是不能推翻的，房地产公司和水产公司如果能举出相反的证据，证明自己是轿车的真正权利人，可以请求登记机关变更登记。从本案的事实看，虽然陶某是车辆的名义所有人，但这种表象与事实不符，在直接当事人之间，陶某不能因为自己是登记权利人而作为其权利正确的唯一理由从而对抗真正权利人的请求。从权利真实状态看，在车辆购回后的10个月内，房地产公司和水产公司共有该两辆车，陶某不是车辆的所有人，其对外处分车辆的行为是无权处分行为。

其次，对于李某和张某来说，基于对登记的信赖而交易，其能取得车辆的所有权，这就是物权的公信力。所谓公信力，是指登记记载的权利人在法律上推定其为真正的权利人，如果以后的事实证明登记记载的物权不存在或存在瑕疵，对于信赖该物权的存在并已从事了物权交易的人，法律上仍然承认其具有与真实的物权相同的法律效果。赋予登记以公信力有利于维护正当的交易安全并进而鼓励交易。因此，张某和李某根据车辆所有人的登记状况与陶某完成了交易，其交易应当受到法律的保护。

另外，由于车辆登记的名义人是陶某，水产公司和房地产公司不能直接提起财产返还之诉，应首先请求确认所有权，然后针对车辆已由第三人所有的现实情况，请求陶某承担侵权损害赔偿责任。

【案例7】

（1）若丙交付的成套设备存在质量缺陷，因成套设备是由承租人乙选择确定，甲也没有干预选择租赁物，因此甲对乙不承担责任。《民法典》第747条规定，**租赁物不符合约定或者不符合使用目的的，出租人不承担责任。但是，承租人依赖出租人的技能确定租赁物或者出租人干预选择租赁物的除外。**

（2）乙负责成套设备的维修。《民法典》第 750 条规定，**承租人应当妥善保管、使用租赁物。承租人应当履行占有租赁物期间的维修义务。**

（3）由乙承担侵权责任。《民法典》第 749 条规定，**承租人占有租赁物期间，租赁物造成第三人的人身损害或者财产损失的，出租人不承担责任。**

（4）租赁期满，成套设备的所有权属于承租人乙。《民法典》第 759 条规定，**当事人约定租赁期限届满，承租人仅需向出租人支付象征性价款的，视为约定的租金义务履行完毕后租赁物的所有权归承租人。**

【案例 8】

杜永生以 700 元价款购得争议房产，依照《民法典》第 240 条的规定，是该房产的合法所有权人，依法享有对该房产占有、使用、收益和处分的权利。杜永生在自己申办的宅基地使用证上已经声明户主是杜喜生，家庭成员是杜喜生、杨三妮、杜海生、杜满生、杜海鱼五口人，这是杜永生对自己所有的财产行使处分权的行为，意思表示真实，但其处分的结果不是所有权的转让，只是占有、使用权与所有权的分离。

原因在于：《民法典》第 363 条规定，宅基地使用权的取得、行使和转让，适用土地管理法的法律和国家有关规定。所以，就本案而言，第一，宅基地使用证是对农村居民建筑住宅使用土地的合法状况予以确认的证件。只有持有宅基地使用证的人，才能在其合法使用的宅基地范围内建房，因此，宅基地使用权人应当与房屋所有权人一致。房屋产权证书是确认房屋产权的合法证据，其他证件不能代替房屋产权证书确权的效力。本案中，尽管杜永生没有实际居住在讼争房屋内，但一直是房屋产权证的持有人和登记名义人。第二，杜永生虽然口头上说过要将此房以原价转让给杜喜生，但从未交出过产权证书，也未收取过杜喜生给付的房价，更没有实际将房产交付给杜喜生使用，却收取了邻居卢维柱交纳的 900 元房租。

综上所述，房产的所有权一直由杜永生拥有。

【案例 9】

（1）原有房屋仍归陈德俄所有。理由是：

首先，讼争房屋是陈德俄委托陈德群修建的，从房屋落成时，陈德俄即取得了房屋的所有权（在性质上属于原始取得），且办理了房屋产权证，该房屋为陈德俄的合法财产。

其次，陈德俄委托陈德群代管房屋，陈德群对该房屋不拥有任何物权。该房屋被台风刮坏时，陈德群因无钱维修，自愿将代管房屋出卖给原琼山县商业局大致坡营业部，是对自己没有所有权的房屋进行处分，因此属于无权处分行为。根据《民法典》第 597 条第 1 款规定，因出卖人未取得处分权致使标的物所有权不能转移的，买受人可以解除合同并请求出卖人承担违约责任。据此，陈德群的行为构成无权处分，而且陈德俄对此直至 2010 年 10 月前从未提出异议，因此，买卖合同应为有效。

再次，原琼山县商业局大致坡营业部虽然与陈德群订立的买卖合同有效，也实际占有、使用了该原有房屋，但未办理产权过户。《民法典》第 209 条第 1 款也规定，不动产物权的设立、变更、转让和消灭，经依法登记，发生效力；未经登记，不发生效力，但是法律另有规定的除外。因此，即使合同有效，琼山县商业局大致坡营业部也不能取得房屋的所有权，虽然营业部曾经对原有两间房屋修缮，但此为未经所有人同意而为的添附行为，可以由所有人补偿其支出的费用。如此来看，在营业部被撤销后，其将讼争房屋（此时已经包括新建的三间房屋）移交给第三人琼山县大致坡供销社使用在性质上属于无权处分的侵权行为。

综上，可以确认原有房屋的所有权人是陈德俄。

（2）新建的三间房屋也应归陈德俄所有。

首先，琼山县商业局大致坡营业部明知自己没有办理房屋所有权变更手续，还在原有房屋上新建三间房屋，可以看做是营业部的建筑材料与陈德俄的房屋的附合。根据《民法典》第 322 条规定，因加工、附合、混合而产生的物的归属，有约定的，按照约定；没有约定或者约定不明确的，依照法律规定；法律没有规定的，按照充分发挥物的效用以及保护无过错当事人的原则确定。因一方当事人的过错或者确定物的归属造成另一方当事人损害的，应当给予赔偿或者补偿。据此，从充分发挥物的效用的角度出发，营业部的三间房屋应当归陈德俄所有，但营业部的建筑材料及劳务支出等，陈德俄应当在受益的范围内对营业部进行补偿。需要注意的是，《民法典》第 322 条并没有明确规定附合规则，从民法理论上讲，对于动产附合于不动产的，如建材附合于房屋者，由不动产所有权人取得附合物的所有权，动产所有权因此而消灭。从这一角度分析，营业部房屋的所有权也应当归属于陈德俄。

【案例 10】

本案在性质上属于相邻关系纠纷，相邻关系确定了不动产相邻各方当事人的权利义务，如果相邻关系的其中一方当事人的合法权利受到侵害，导致的结果是物上请求权或侵权责任等制度的适用。

（1）所谓相邻关系，是指不动产的相邻各方因行使所有权或使用权而发生的权利义务关系。从实质上说，**相邻关系是相邻不动产的所有人或使用人行使权利的延伸或限制**。对于一方来说，因提供给对方必要的便利而受到限制，对于另一方来说，因为依法取得了必要的便利而使自己的权利得到了扩张。这种权利的限制和扩张是法定的，无须当事人另外约定，但并不禁止当事人之间签订某种协议将法定权利义务具体化，只要这种协议不违背有利生产、方便生活、团结互助、公平合理的精神。《民法典》第 288 条规定，不动产的相邻权利人应当按照有利生产、方便生活、团结互助、公平合理的原则，正确处理相邻关系。

相邻关系包括相邻防险关系、相邻排水关系、相邻通行关系、相邻采光关系等。本案中李保生和王爱英的协议内容虽然不是法律明文列举的相邻关系，但其本身是各方当事人为了生活方便而自愿对自己权利的约束，且协议本身没有创设法律没有规定的物权类型，《民法典》第 296 条规定，不动产权利人因用水、排水、通行、铺设管线等利用相邻不动产的，应当尽量避免对相邻的不动产权利人造成损害。因此，应当认为该协议有效，双方当事人均应按照协议履行自己的义务。

（2）《民法典》第 293 条规定，建造建筑物，不得违反国家有关工程建设标准，不得妨碍相邻建筑物的通风、采光和日照。李保生盖新房，第一，未经建筑部门查线、定位，便私自动工，违背了建筑许可证关于"查线后施工"的规定，因此，该新房在性质上属于违章建筑；第二，新房的朝向违背了其与王爱英签订的协议；第三，新房的地基与王爱英的房屋地基重叠，造成了对王爱英房屋安全的威胁。上述三方面不法因素，后两者使王爱英的合法权益遭到了损害。王爱英对自己的房屋拥有所有权，所有权是一种完全的物权，任何人不得干涉所有人对标的物的支配，本案中，李保生私自改变房屋朝向，造成了王爱英日常生活的不便，破坏了王爱英对房屋支配的圆满状态，因此，应当根据实际情况，责令其停止侵害；而对于地基重叠造成的房屋安全隐患，同样基于所有权的全面性和对世性，可以责令李保生停止侵害、消除影响。这是物上请

求权的具体运用和体现。另外，如果采取以上救济措施后，王爱英仍有损失，可以兼采赔偿损失这种债权保护方法。

除了以上物上请求权的救济方式，王爱英也可以直接提起侵权之诉，请求李保生承担侵权损害赔偿责任。

【案例 11】

（1）甲、乙的汽车交付方式为占有改定，乙于 2019 年 6 月 1 日取得汽车所有权。《民法典》第 224 条规定，动产物权的设立和转让，自交付时发生效力，但是法律另有规定的除外。《民法典》第 225 条规定，**船舶、航空器和机动车等的物权的设立、变更、转让和消灭，未经登记，不得对抗善意第三人**。据此，机动车自交付时发生物权变动，未登记只是不能对抗善意第三人。这里的交付，既包括现实交付，也包括观念交付。《民法典》第 228 条规定，动产物权转让时，当事人又约定由出让人继续占有该动产的，物权自该约定生效时发生效力。本案中，甲、乙基于占有改定完成交付，物权自该约定生效时即 2019 年 6 月 1 日发生效力。

（2）丁的损害应由甲承担侵权责任。《民法典》第 1209 条规定，**因租赁、借用等情形机动车所有人、管理人与使用人不是同一人时，发生交通事故造成损害，属于该机动车一方责任的，由机动车使用人承担赔偿责任；机动车所有人、管理人对损害的发生有过错的，承担相应的赔偿责任**。据此，机动车使用人甲并未取得汽车所有权，但应当依法承担侵权责任。所有人乙无过错，无须承担责任。

（3）丙不能取得汽车的所有权。虽然丙是甲的继承人，但甲对汽车不享有所有权，不属于甲的个人遗留的财产，不能成为继承的标的，丙因而不能取得汽车的所有权。

（4）乙索要汽车遭到拒绝，乙可以请求人民法院确认其对汽车享有所有权。《民法典》第 234 条规定，因物权的归属、内容发生争议的，利害关系人可以请求确认权利。

【案例 12】

要判断利方公司与好运公司的买卖合同的效力，首要问题是利方公司是否拥有处分该机器设备的权利，也就是说是利方公司是否拥有该机器设备的所有权的问题。具体分析如下：

首先，智群公司和利方公司签订的分期付款买卖合同是双方真实意思的表示，是合法有效的，双方均应遵照履行。所谓**分期付款买卖，是指在买卖**

合同中，**买受方在取得标的物时，不是一次性支付全部价款，而是分成几次付清的制度**。这种制度产生于市场经济社会，它有效地解决了人们的购买力和购买欲之间的矛盾，对活跃市场、发展经济起到了应有的作用。然而我们应该看到：分期付款买卖对出卖人来说，风险较大。为了平衡当事人之间的利益，法律相应地规定了所有权保留制度，以降低出卖人承担的风险。但在所有权保留制度下，学者们对标的物的所有权何时转移却有不同的见解，具体如下：（1）分期付款买卖，除法律或合同另有规定的以外，出卖标的物的所有权自出卖时起转移给买受人。（2）在分期支付价款的买卖中，标的物的所有权是从标的物交付时起转移或是从价金全部支付之日起转移，由当事人约定。如果没有约定，应从价金全部支付完毕之日起转移。（3）分期付款是指分期购买商品，在第二次付款后，商品即归买方所有的一种赊购方式。通说采第二种观点。相应的，分期付款买卖中，标的物所有权的转移以一定条件的成就（即价款付清）为界，在此之前所有权归出卖人；在此之后，则归买受人。

其次，在智群公司没有付清机器设备的价款时，所有权人仍为利方公司，利方公司自然也就有权与好运公司签订买卖合同，这就是常说的一物二卖。但是，虽然利方公司与好运公司的合同有效，但履行却存在问题，因为机器设备在智群公司处，且依据法律规定，利方公司此时并没有解除合同的权利，也就不能请求智群公司交回标的物。具体而言，在分期付款买卖中，标的物的所有权在买受人付清全部价款时才转移，这是出于对出卖人利益的特殊关怀。那么当买受人不支付其应付价款构成违约时，我国《民法典》第 634 条规定，分期付款的买受人未支付到期价款的数额达到全部价款的 1/5，经催告后在合理期限内仍未支付到期价款的，出卖人可以请求买受人支付全部价款或者解除合同。出卖人解除合同的，可以向买受人请求支付该标的物的使用费。可见，法律赋予了出卖人合同解除权和要求买受人支付全部价款的权利，从而使买受人丧失期限利益。但我们也应看到买受人在履行过程中违约时，出卖人虽然享有标的物的所有权，但该所有权已经受到了限制，因为随着买受人各期价款的支付，其对该标的物已享有越来越多的权益，而不再只享有单纯的使用权。法律对买受人的这种大于使用权而小于所有权的权益也应进行保护，以作为对其已支付的各期价款和将来取得标的物所有权的合理期待的回应。所以当买受人因故有一期价款未支付时，出卖人并不能当然取得要求买受人支付全

部价款或解除合同的权利，而要具体分析买受人未支付的款项达到了多大的比例。可见，分期付款的期限利益是买受人合法享有的，不能任意被剥夺。只有在其未付款项达到一定比例时，才能对其予以相应的惩罚。除这种惩罚方式外，出卖人还可以解除合同，取回标的物。通过以上分析可知，本案中智群公司虽然没支付第三期款项而构成了违约，但不能就此对其加以过于严厉的惩罚。依照上述《民法典》第 634 条的规定，本案中智群公司未支付的第三期的款项只占全部价金的 1/10，不符合规定的未支付的价款达到总价款的 1/5 的要求，所以利方公司还不能解除合同，取回机器设备，而只能催促智群公司支付第三期款项，并请求违约损害赔偿。如果智群公司仍不支付价款，以至于第四期价款的支付期限已到，则其未支付的价款已达全部价款的 1/5，利方公司则可以行使合同解除权，并取回机器设备。

【案例 13】

处理本案的关键在于物权制度的基本原则——公示、公信原则以及保护善意第三人的基本理念。

（1）本案中尽管房屋的登记名义人是仁发公司，但实际上的权利人是蓝梦公司。也就是说，物权的登记效力，在不涉及第三人利益的时候，不是绝对的，当事人如果有相反的证据证明登记有误，则可以推翻登记状态，确认真正的权利人。从本案的事实看，仁发公司采取欺骗手段获得了物权登记，但不能据此对抗真正的权利人的请求。当然当事人可以采取我国民法规定的异议登记的方法来处理。《民法典》第 220 条规定，权利人、利害关系人认为不动产登记簿记载的事项错误的，可以申请更正登记。不动产登记簿记载的权利人书面同意更正或者有证据证明登记确有错误的，登记机构应当予以更正。不动产登记簿记载的权利人不同意更正的，利害关系人可以申请异议登记。登记机构予以异议登记的，申请人在异议登记之日起 15 日内不起诉，异议登记失效。异议登记不当，造成权利人损害的，权利人可以向申请人请求损害赔偿。

（2）本案中的抵押应有效成立。

首先，本案的房屋登记在仁发公司的名下。登记由于是由国家机关主持进行，经过严格的程序，具有文字记载，通常情况下可信程度较高，能真正地反映权利归属。因此法律规定对于不动产这些价值较高、较为重要的财产的权利变动必须在国家机关进行登记，以便于社会公众查阅。善意第三人基于对登记的信赖，有理由相信登记簿上记载的权利

人就是真正的权利人。但是无论现代登记制度多么完善，仍不能完全避免登记内容与实际权利关系不一致的情况（本案就是一例），这就需要赋予登记以公信力，以保护善意第三人。当然登记的公信力不是无限的，它仅保护善意且无过失的第三人，即只有在第三人不知登记有错误且对此无过失的情况下，才受登记公信力之保护。详言之，公信力是指赋予公示以一定范围的可信性效力的原则。即若物权变动公示的，即使公示与实际权利关系不一致，标的物出让人事实上无处分权，善意受让人基于对公示的信赖，仍能取得物权。公信原则确立的目的在于保护以公示方式取得物权的善意第三人，从而维护正常的交易秩序。物权变动关系是社会生活中最普遍的财产关系，是商品交换正常进行的基石，每天都要发生大量的物权变动，要求受让人对出让人的处分权进行周密详尽的了解是不现实的。因此法律确立了物权公示制度，并赋予其公信力，凡是按法定公示方式转让物权的，善意受让人基于对公示的信赖，当然应取得物权。若连法定的公示方式都无法保障善意受让人取得物权，则社会经济就失去了基本的法律保障，无法正常进行。

其次，本案抵押权已经依法登记。根据《民法典》第402条规定，以不动产抵押的，应当办理抵押登记。抵押权自登记时设立。《民法典》第395条规定，债务人或者第三人有权处分的下列财产可以抵押：①建筑物和其他土地附着物；②建设用地使用权；③海域使用权；④生产设备、原材料、半成品、产品；⑤正在建造的建筑物、船舶、航空器；⑥交通运输工具；⑦法律、行政法规未禁止抵押的其他财产。抵押人可以将前款所列财产一并抵押。据此，本案中，房产已办理抵押登记，抵押形式要件完备，抵押权设立。

综上所述，本案中，中国银行N市分行应当受到登记公信力的保护，尽管仁发公司通过欺骗手段取得虚假的销售发票，并凭此获得了房屋所有权证，仁发公司据此在该房屋上设定抵押权，对抵押权人中国银行N市分行来说，既不知登记有错误，也不应知登记有误，其对登记的信赖是有理由的。因此中国银行N市分行应当受到登记公信力的保护，其抵押权合法有效。法律赋予登记以公信力，是为了保护善意第三人，但这并不意味着可以置真正权利人的利益于不顾。这一制度只是在善意第三人与真正权利人的利益发生冲突时，优先保护善意第三人，以维护交易秩序。真正权利人虽然丧失了物权，但他可以通过其他途径保护自己的合法权

益。真正权利人有权要求无权处分人赔偿损失；如登记机关对登记错误有过失时，还有权要求登记机关赔偿损失。本案中，蓝梦公司可以要求仁发公司赔偿损失；由于城西危房办对造成错误登记也有过失，也应承担相应的责任。

【案例14】

（1）天鹅公司能向大兴公司主张权利。全宇公司与大兴公司之间是委托合同关系。《民法典》第926条第2款规定，**受托人因委托人的原因对第三人不履行义务，受托人应当向第三人披露委托人，第三人因此可以选择受托人或者委托人作为相对人主张其权利，但是第三人不得变更选定的相对人。**据此，本案中，天鹅公司可以选择向大兴公司主张权利。

（2）当事人约定的定金中，26万元具有定金效力，其余4万元不产生定金效力。

《民法典》第586条规定，当事人可以约定一方向对方给付定金作为债权的担保。定金合同自实际交付定金时成立。定金的数额由当事人约定；但是，**不得超过主合同标的额的20%，超过部分不产生定金的效力。实际交付的定金数额多于或者少于约定数额的，视为变更约定的定金数额。**

据此，本案中买卖合同价款总金额为130万元，而全宇公司支付的定金数额为30万元，但定金最高额为26万元，超过的4万元不具有定金效力。

（3）应返还给天鹅公司，因为属于不当得利。《民法典》第122条规定，因他人没有法律根据，取得不当利益，受损失的人有权请求其返还不当利益。据此，本案中，大兴公司对于多收第电视机没有合同约定的权利，也没有法律规定的权利，属于没有合法依据取得利益，并由此导致天鹅公司的损失，符合不当得利的构成要件，应当依法返还利益。

（4）应由天鹅公司承担。《民法典》第604条规定，标的物毁损、灭失的风险，在标的物交付之前由出卖人承担，交付之后由买受人承担，但是法律另有规定或者当事人另有约定的除外。据此，本案中，天鹅公司采取送货的方式履行合同，因此在货物未送达买受人指定的地点之前，不视为交付，而且不存在当事人的特殊约定和法律特别规定，因此应由天鹅公司承担标的物毁损、灭失的风险。

（5）不能。因为第三人选定了相对人后，不能变更所选定的相对一方当事人。

【案例 15】

（1）甲公司有义务支付电视机的货款。具体理由为：王某作为甲公司的业务员，是受甲公司委托，以甲公司的名义对外为法律行为，其与甲公司之间形成了代理法律关系，在有权代理之下，王某行为的法律后果直接由甲公司承担，在没有经委托人授权的无权代理之下，又要看是否成立表见代理。所谓表见代理，是指相对人有正当理由相信实际没有代理权的代理人有代理权，仍由被代理人承担行为的法律后果。本案即属于这种情况。首先，由于在电视机买卖事宜中，王某一直是经办人，因此乙厂有理由相信王某通知其改变收货人的行为是甲公司的意思，也就是说，乙厂向丙厂交货的行为本身并无不当；其次，根据占有的理论，占有可以分为直接占有和间接占有，在乙厂交付货物给丙厂后，丙厂直接占有电视机，但其取得占有是经甲公司指示的，甲公司对丙厂占有的电视机形成间接占有，无论哪种占有，作为动产的电视机在交付后，所有权即发生转移，甲公司取得了电视机的所有权，自然要支付货款。

（2）本案中，乙厂没有违约。虽然合同中原来约定的交货地点是甲公司，但合同条款是可以由合同的双方当事人协商变更的，这也是意思自治原则的必然结论。本案中乙厂是否违约的关键问题是判断合同中关于交货地点的约定是否经过了变更。根据上述（1）的分析，虽然王某通知乙厂改变交货地点时并未取得甲公司的同意，但乙厂却有理由相信王某的意思表示是经过被代理人甲公司授权的，因此，对于乙厂而言，此为有效的要约。《民法典》第 480 条规定，承诺应当以通知的方式作出；但是，根据交易习惯或者要约表明可以通过行为作出承诺的除外。据此，本案属于通过行为作出承诺的情形，此与交易习惯并无相悖。因此，乙厂根据双方变更后的交货地点条款将货物交给丙厂的行为不是违约行为。

（3）乙厂可以请求丙厂返还利益。根据不当得利的法律规定和相关理论，没有正当理由受有利益，因此导致他人受到损失的，应当返还所受利益。而不当得利在理论上又可以分为给付不当得利和非给付不当得利，所谓给付，是指有意识的、基于一定目的而增加他人财产，本案中属于这种情况。而且由于丙厂接受了电视机的直接后果是乙厂丧失了该批电视机的所有权，则受益与损失之间具有直接的因果关系，因此，乙厂可以主张丙厂返还所受利益，具体而言即返还该批电视机。

（4）王某打电话要求乙厂变更履行地后经甲公司追认，乙厂自听电话后 15 天内未明确表示同意与否，原合同履行地则没有变更。王某打电话经甲公司的追认后则成为有权代理，可以视为甲公司就合同条款的变更向乙厂发出了要约。《民法典》481 条规定，承诺应当在要约确定的期限内到达要约人。要约没有确定承诺期限的，承诺应当依照下列规定到达。①要约以对话方式作出的，应当即时作出承诺；②要约以非对话方式作出的，承诺应当在合理期限内到达。本案中，电话的协商方式即为对话方式，如果乙厂没有在承诺期限内作出承诺，则要约失效。具体到本案，双方拟变更的合同的条款也就没有变更的法律效果。

【案例 16】

本案的关键在于分析甲公司与乙公司协商达成的关于从土地使用权转让费中扣除 3 笔款项的条款是否有效或者是否可以由作为债权人的银行向法院请求撤销。

（1）对于扣除 260 万元担保债务的约定，《民法典》第 700 条规定，**保证人承担保证责任后，除当事人另有约定外，有权在其承担保证责任的范围内向债务人追偿，享有债权人对债务人的权利，但是不得损害债权人的利益。**据此，就本案的实际情况看，乙公司在目前只代甲公司偿还了 50 万元的贷款，也就只享有 50 万元的追偿权，那么只能在土地使用权转让费中扣除这 50 万元。对于未到期的甲公司的债务，由于担保人没有代为清偿，最后的清偿主体也尚未确定，在甲公司还没有进行破产清算的情况下，乙公司无权提前请求扣除其担保的债务数额，则乙公司对甲公司的合法的追偿权还没有产生，自然也就没有先行行使权利的道理，也就是说，其余的 210 万元，不属于乙公司对甲公司的债权，也就不存在抵销的前提条件，乙公司与甲公司的这种约定与法律的规定不符，有恶意串通损害第三人利益之嫌，属无效约定。根据合同条款无效的有关理论，此种无效属于自始、确定的无效，任何人均可以请求法院宣告该条款无效，银行自然也有权为之。

（2）甲公司与乙公司各投资 100 万元成立了一个有限责任公司，则分别为该有限公司的出资人。根据公司法的有关规定，有限责任公司的出资人以出资为限对公司的债务承担责任，这是作为出资人应当承担的风险。在有限公司出现亏损的时候，任何一个出资人都不能回避责任收回投资，也不能要求其他出资人返还其出资份额。从这个角度看，甲公司与乙公司的这一约定违反公司法的强制性规定而无效，作为债权人的银行可以向法院申请确认该约定无效。

另外，这一约定还可以看成是甲公司对乙公司的赠与，从这个方面看，银行可以根据《民法典》第538条的规定，债务人以放弃其债权、放弃债权担保、无偿转让财产等方式无偿处分财产权益，或者恶意延长其到期债权的履行期限，影响债权人的债权实现的，债权人可以请求人民法院撤销债务人的行为。这两种行为均可以有效地保护银行的合法权利。

（3）根据企业承包经营的法律规定，企业承包人依法享有国家法律、法规、政策和承包经营合同规定的经营管理自主权，同时也要负担管理、运营费用，包括职工的工资，这样才符合权利义务一致性原则和公平原则。在本案中，作为承包人的乙公司，没有理由要求甲公司自行负担职工的工资，这样的约定违反民法的基本原则，应视为无效约定，从而银行可以请求法院确认该条款之无效。

综上，由于甲公司与乙公司的3条约定均有违法之处，或为无效，或为可撤销，银行应当在法律规定的行使权利的期限内积极行使权利，保全自身债权，维护自己的合法权利。

【案例17】

（1）如果王立以商场为被告提起诉讼，其可以选择的诉讼请求有违约之诉或者侵权之诉。

首先，就违约之诉而言，因为王立在商场购物，则与商场之间成立买卖合同关系，就该合同关系而言，主合同义务是王立支付所购物的价款、商场交付货物并使王立取得所有权。从这个层面看，商场没有违约，但依据民法的规定，合同双方当事人应当遵循诚实信用原则，从而承担一些合同的附随义务，如保密、通知、协助、保护等，商场对于顾客也要承担以上必要的附随义务，违反这些附随义务同样要承担违约责任。从这个意义上说，由于商场对于悬挂的条幅管理不善，造成顾客王立的人身伤害，已经构成了对保护这种附随义务的违反，应负违约责任。

其次，就侵权责任而言，根据《民法典》第1253条规定，**建筑物、构筑物或者其他设施及其搁置物、悬挂物发生脱落、坠落造成他人损害，所有人、管理人或者使用人不能证明自己没有过错的，应当承担侵权责任。所有人、管理人或者使用人赔偿后，有其他责任人的，有权向其他责任人追偿。**由此可知，建筑物脱落、坠落致害责任适用推定过错责任原则，如果商场不能证明自己没有过错，就

要对王立的损失承担侵权损害赔偿责任，而王立在诉讼时，只需要证明自己所受到的损失以及损失与商场所挂条幅坠落之间具有因果关系即可，无需证明商场主观上存在过错。

（2）厂家经过商场允许悬挂条幅，在其认为自己对王立的人身伤害没有过错的情况下，主动补偿了王立1万元，厂家与王立之间即成立了赠与合同。在合同下，王立受领该1万元款项是有合法原因的，而不当得利之成立，要求没有法律原因受有利益并造成他人损失，从本案的实际情况看，王立不构成不当得利。

（3）本案中，如果厂家和商场对于王立的人身伤害均有过错，二者应当承担连带赔偿责任。**依据民法相关规定，连带责任产生的情形之一是共同侵权，而共同侵权是两人以上由于共同过错和共同的侵权行为造成他人损失而成立的侵权，共同的过错包括共同故意，也包括共同过失，**本案属于存在共同过失的情形。厂家作为条幅的所有人、商场作为条幅的管理人均应当妥善管理条幅，因管理不善的过失致他人损害的，二者之间可以成立共同侵权，也就应当承担连带责任。

【案例18】

本题考查的是动产物权的公示方式和多重买卖合同。

（1）甲与乙、丙、丁签订的玉器买卖合同都有效。根据《最高人民法院关于审理买卖合同纠纷案件适用法律问题的解释》的规定，出卖人就同一标的物订立多重买卖合同，合同均不具有《民法典》总则编第六章民事法律行为中规定的无效情形，买受人因不能按照合同约定取得标的物所有权，有权请求追究出卖人的违约责任。本案中，甲就玉器先后与乙、丙、丁三人签订买卖合同，为多重买卖，因不存在合同无效的情形，三个买卖合同都有效。

（2）丁取得玉器的所有权。《民法典》第224条规定，动产物权的设立和转让，自交付时发生效力，但是法律另有规定的除外。另据《最高人民法院关于审理买卖合同纠纷案件适用法律问题的解释》第6条的规定，出卖人就同一普通动产订立多重买卖合同，在买卖合同均有效的情况下，买受人均要求实际履行合同的，应当按照以下情形分别处理：（1）先行受领交付的买受人请求确认所有权已经转移的，人民法院应予支持；（2）均未受领交付，先行支付价款的买受人请求出卖人履行交付标的物等合同义务的，人民法院应予支持；（3）均未

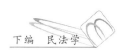

受领交付，也未支付价款，依法成立在先合同的买受人请求出卖人履行交付标的物等合同义务的，人民法院应予支持。据此，本案中，由于甲已经将玉器交付于丁，丁依法取得该玉器的所有权。

（3）乙、丙的主张不能成立。《民法典》第 580 条规定，当事人一方不履行非金钱债务或者履行非金钱债务不符合约定的，对方可以请求履行，但有下列情形之一的除外：①法律上或者事实上不能履行；②债务的标的不适于强制履行或者履行费用过高；③债权人在合理期限内未要求履行。本题中，因标的物所有权已经转移给丁，甲已经不享有玉器的所有权，乙、丙的请求属于"法律上不能履行"的情况，因而其主张无法得到支持。

【案例 19】

本题综合考查了服务合同关系的违约责任、侵权责任、共同危险行为的问题。

（1）红宇餐厅与贾某之间存在**合同关系**；红宇餐厅、燃气公司及用具厂与贾某之间存在侵权关系。

（2）红宇餐厅应当承担责任。因为红宇餐厅与贾某之间是就餐合同关系，**红宇餐厅有义务提供安全的就餐环境，贾某被烧伤证明红宇餐厅没有尽到合同义务**，红宇餐厅应当承担违约责任。

（3）燃气公司与用具厂应当承担责任。

（4）对于贾某的损害，燃气公司、用具厂应当承担共同赔偿损害的责任。**因为他们提供的产品都为不合格产品，有共同的过错，符合共同侵权中的共同危险行为的构成要件。**根据《民法典》第 1170 条的规定，二人以上实施危及他人人身、财产安全的行为，其中一人或者数人的行为造成他人损害，能够确定具体侵权人的，由侵权人承担责任；不能确定具体侵权人的，行为人承担连带责任。此案中，燃气公司、用具厂提供的燃气罐及卡式炉都不合格，但又查不出是因为哪一个产品不合格造成了贾某的损害。根据共同侵权中的共同危险行为的处理结果，燃气公司和用具厂之间应当承担连带责任，除非一方能证明该损害不可能是自己一方的过错造成的。

（5）根据《民法典》第 1172 条的规定，二人以上分别实施侵权行为造成同一损害，能够确定责任大小的，各自承担相应的责任；难以确定责任大小的，平均承担责任。因此，燃气公司取得向用具厂要求其承担相应份额的追偿权。

【案例 20】

本题综合考查了买卖合同、中介合同、行纪合同以及物权法上的所有权转移问题。

（1）李某与王某的弟弟间的买卖合同成立。因为双方当事人意思表示一致，买卖合同成立于意思表示一致之时，他们之间商定价格的行为是意思表示一致的证据。电视机的所有权转移给了李某。因为双方基于成立并生效的买卖合同进行了交付，**根据合同履行原理和物权转移的规则，标的物的所有权从交付之时转移给了受让人。**

（2）王某与李某在该买卖活动中存在中介合同法律关系。王某在该合同法律关系中负有中介人的忠诚的**善良管理人义务**，应当以诚实信用原则及时向李某提供其获得的交易信息。

（3）李某将电视机交寄售商店出卖，李某与寄售商店之间存在行纪合同关系。根据行纪的法理和我国合同法对于此问题的规定，寄售商店应当以自己的名义办理出售电视机的事务。

（4）300 元的差价应当由李某承担。因为根据合同的相对性，李某与王某弟弟买卖合同已经生效，电视机的所有权也已经转移。李某将电视机卖掉的行为与王某的弟弟无关，更与王某和寄售商店无关，李某自己承担交易的风险。

【案例 21】

本题考查的是被宣告死亡的人实际上没有死亡时的财产人身关系问题。

（1）有效。李某在宣告死亡期间所实施的民事行为不受影响。

（2）能。被宣告死亡人可以申请。

（3）不能。严某已经再婚，与李某的婚姻关系不能自行恢复。

（4）对继承的李某的遗产，有原物的返还原物，原物不存在的，适当补偿。

【案例 22】

本题考查的是无因管理的问题。

（1）李某的行为在民法上属于无因管理的行为。李某没有约定或法定的管理鱼塘的义务，为了王某继承人的利益，主动为其管理鱼塘并将鱼打捞上市变卖，该行为属于无因管理行为。

（2）李某要求支付 2 000 元费用的请求应予支持。在无因管理之债中，受益人应偿付管理人为此支付的必要费用。李某要求平分 2.8 万元款项的请求不予支持，这一要求于法无据。

【案例 23】

本题综合考查了继承和收养的问题。

（1）4 间房屋属于王某的那一部分，以及 4 万余元存款。

（2）王丁、王某的大儿子王乙可以继承遗产；王丁是代位继承，王乙是法定继承。

（3）不能。王甲因被收养而解除了与其生父的权利与义务关系。

【案例 24】

本题主要考查了事实合伙关系的认定问题、合伙管理人的管理行为对管理人造成的损失的分担的问题。

（1）丁与甲、乙、丙之间已经形成事实上的合伙关系。因为尽管丁未在合伙协议上签字，但其入伙已经甲、乙、丙全体同意，且事实上已经参与合伙营业，分配红利。

（2）丁的损失应由甲、乙、丙、丁四人分担。因为丁是在执行合伙事务中遭受损失；丁本人有过失，故亦应多分担一部分损失。

【案例 25】

本题主要考查了客运合同及客运合同的效力问题、工作人员职务行为的效力归属问题。

（1）应判决由红星公司承担赔偿责任。因为甲与红星公司之间已成立客运合同法律关系，现红星公司未能依约将甲安全运送至目的地，已构成违约，应承担违约责任。或者甲要求红星公司承担侵权责任，后者构成加害给付，需要对受害人甲承担侵权赔偿责任。

（2）可以。因宏达公司的行为是直接导致甲的损害的原因，已构成侵权，甲可以侵权损害赔偿之诉请求宏达公司承担赔偿责任。

（3）《民法典》第 1191 条第 1 款规定，用人单位的工作人员因执行工作任务造成他人损害的，由用人单位承担侵权责任。用人单位承担侵权责任后，可以向有故意或者重大过失的工作人员追偿。据此，乙是红星公司的工作人员，其行为是执行工作任务的行为，乙对甲的损失不承担责任，而应由红星公司承担甲的损失。

【案例 26】

本题主要考查了合伙人之间的内部协议的对外效力的问题、退伙人对退伙前的债务承担责任的问题、合伙人个人债务的清偿问题。

（1）甲、乙、丙三人约定合伙亏损由甲一人承担是无效的。《合伙企业法》第 33 条规定，合伙企业的利润分配、亏损分担，按照合伙协议的约定办

理；合伙协议未约定或者约定不明确的，由合伙人协商决定；协商不成的，由合伙人按照实缴出资比例分配、分担；无法确定出资比例的，由合伙人平均分配、分担。合伙协议不得约定将全部利润分配给部分合伙人或者由部分合伙人承担全部亏损。

（2）丁能要求甲清偿合伙债务。因为退伙人对于其退伙前发生的合伙债务要承担连带责任，此种连带责任并不因为合伙人之间的排除性约定和合伙人退伙而改变。《合伙企业法》第 53 条规定，退伙人对基于其退伙前的原因发生的合伙企业债务，承担无限连带责任。

（3）乙欠戊的个人债务应由乙的个人财产来清偿，不足部分用从合伙中分取的收益清偿，没有收益的，戊可以依法请求人民法院强制执行乙在合伙企业中的财产份额清偿。《合伙企业法》第 42 条规定，合伙人的自有财产不足清偿其与合伙企业无关的债务的，该合伙人可以以其从合伙企业中分取的收益用于清偿；债权人也可以依法请求人民法院强制执行该合伙人在合伙企业中的财产份额用于清偿。人民法院强制执行合伙人的财产份额时，应当通知全体合伙人，其他合伙人有优先购买权；其他合伙人未购买，又不同意将该财产份额转让给他人的，依照本法第 51 条的规定为该合伙人办理退伙结算，或者办理削减该合伙人相应财产份额的结算。

【案例 27】

本案涉及无名合同和格式条款的法律适用。

（1）本案中甲与乙存在合同关系，但该合同不是法律上明文规定的合同。法律上没有明文规定的合同是无名合同，又称非典型合同；反之为有名合同，如民法典合同编中第二分编规定的 19 种典型合同，就是有名合同。《民法典》第 467 条规定，本法或者其他法律没有明文规定的合同，适用本编通则的规定，并可以参照适用本编或者其他法律最相类似合同的规定。如互易合同可以参照适用买卖合同的规定。据此，本案中甲并未将汽车交付乙实际控制和支配，故双方并非形成保管关系。但甲支付车位费，并且在甲、乙订立的《住宅小区管理协议书》中规定有双方就停车场使用而享有的权利和承担的义务，应认为甲与乙形成停车场的有偿使用的合同关系，这是一种无名合同，其中乙承担了看护甲汽车不使其受有损害的合同义务。

（2）本案证据表明，乙没有尽到看护职责，导致甲汽车丢失，应承担赔偿责任。乙据以抗辩的《业主须知》，性质上是格式条款。依据《民法典》

第 496 条规定，格式条款是当事人为了重复使用而预先拟定，并在订立合同时未与对方协商的条款。采用格式条款订立合同的，提供格式条款的一方应当遵循公平原则确定当事人之间的权利和义务，并采取合理的方式提示对方注意免除或者减轻其责任等与对方有重大利害关系的条款，按照对方的要求，对该条款予以说明。据此，本案中作为协议书附件的、由乙统一印制的《业主须知》中的规定，性质上是格式条款。《民法典》第 497 条规定，有下列情形之一的，该格式条款无效：①具有本法第一编第六章第三节和本法第 506 条规定的无效情形；②提供格式条款一方不合理地免除或者减轻其责任、加重对方责任、限制对方主要权利；③提供格式条款一方排除对方主要权利。据此规定第②项，本案中，只要业主交纳了车位费并把车停入停车场内，乙就负有看护汽车不使其受有损害的合同义务，统一管理的需要并不是其可以不负上述责任的理由。上述格式条款的规定，无疑是要免除自己的责任，因此应认为此条款无效。根据以上分析，本案中由于乙没有尽到上述义务导致甲汽车被盗，应属违约，应对甲因此而受的损失负赔偿责任。

【案例 28】

本题综合考查了合同风险的承担问题、合同的法定免责事由问题、加工合同的内部关系问题、运输合同的内部关系问题。

（1）本案当事人间存在的民事法律关系有：①甲家政服务公司与乙服装公司间的加工承揽关系；②甲家政公司对用于加工布料的所有权关系；③甲家政服务公司对工作服享有的所有权关系；④乙服装公司与丙运输公司间的运输合同关系；⑤丙运输公司对运输汽车的所有权关系；⑥甲家政服务公司与乙服装公司间对加工服装灭失损失的分担关系。

（2）布料损失由甲家政服务公司承担，因为布料是因为不可抗力而灭的，应由所有权人承担损失。**所有权之所在就是风险之所在**，所以应当由甲承担布料灭失的风险。

（3）甲家政服务公司无权请求乙服装公司承担违约责任，因为乙服装公司因不可抗力不能交付加工的工作服，依法可以免除其违约责任。我国《民法典》第 590 条规定，**当事人一方因不可抗力不能履行合同的，根据不可抗力的影响，部分或者全部免除责任，但是法律另有规定的除外。因不可抗力不能履行合同的，应当及时通知对方，以减轻可能给对方造成的损失，并应当在合理期限内提供证明。当事人迟延履行后发生不可抗力的，不免除其**违约责任。

（4）乙服装公司无权向甲家政服务公司请求加工费，因乙服装公司已不能向甲家政服务公司交付加工的工作服，依法不能请求加工费。

（5）丙运输公司不能请求乙服装公司支付运费，也无权请求乙服装公司分担汽车损失。

因为我国《民法典》第 835 条规定，**货物在运输过程中因不可抗力灭失，未收取运费的，承运人不得请求支付运费；已经收取运费的，托运人可以请求返还。法律另有规定的，依照其规定。**所以，丙不能请求已灭失的服装的运费。因为汽车的所有权是丙的，乙对汽车的毁损不存在任何过错，无须承担任何责任。

【案例 29】

本题主要考查的是无民事行为能力人受赠的财产的归属问题。

（1）奖金不应当归幼儿园。因为该项奖金是奖给黄花的，所有权应当归黄花，不应当归幼儿园。

（2）张老师无权要求奖金。因为奖金不是奖给张老师的，他无权要求。

（3）奖金也不应当归黄花的父母。奖金的所有权归黄花，黄花的父母不享有所有权。但因为黄花是未成年人，作为黄花的监护人，黄花的父母有权帮助黄花管理财产。

（4）法院应当判决要求幼儿园交还黄花的奖金。

【案例 30】

本题主要考查的是合伙企业中合伙管理人和非合伙管理人的管理行为的效力以及退伙人对退伙前的合伙债务的承担问题。

（1）丙不参加合伙企业的经营管理，仍是合伙人。因为丙是合伙协议的签订者之一，并且没有退伙，当然是合伙人。至于不参加经营管理，并不能否认丙的合伙人资格。《合伙企业法》第 26 条规定，合伙人对执行合伙事务享有同等的权利。按照合伙协议的约定或者经全体合伙人决定，可以委托一个或者数个合伙人对外代表合伙企业，执行合伙事务。作为合伙人的法人、其他组织执行合伙事务的，由其委派的代表执行。第 27 条规定，依照本法第 26 条第 2 款规定委托一个或者数个合伙人执行合伙事务的，其他合伙人不再执行合伙事务。不执行合伙事务的合伙人有权监督执行事务合伙人执行合伙事务的情况。所以，不执行合伙事务，不参加合伙企业经营管理并不能否认合伙人资格。

（2）乙擅自以合伙名义从事交易导致的债务，其他合伙人应该承担。因为乙是合伙人，有执行合伙事务的权利，对于第三人来讲，第三人有理由相信乙的行为对全体合伙人发生效力。《合伙企业法》第37条规定，合伙企业对合伙人执行合伙事务以及对外代表合伙企业权利的限制，不得对抗善意第三人。

（3）甲、丙应承担无限连带责任。

【案例31】

本题考查的主要是如何认定当事人的意思表示，区分借贷合同和赠与合同。

（1）王某与郑某间形成的是借贷合同。这种情况在民法上为真意保留，即当事人在进行意思表示时，将真意保留在心中，表示出来的意思与内心真意不同。真意保留在意思表示的相对人知道真意的时候，按保留的意思发生法律效力。

（2）王某应当偿还剩下的2 000元欠款。因为王某知晓郑某表示的真意，并且称以后有钱一定偿还。事实上，王某先后向郑某偿还了1 000元时，郑某也收下了。这就证明是借贷而非赠送。

【案例32】

本题考查的主要是不可抗力作为违约责任的法定免除事由问题。

（1）甲厂可以免除交付运动服的义务。因为甲厂发生火灾属于不可抗力，而根据我国民法的原理，不可抗力是违约责任的法定免责事由之一。我国《民法典》第590条规定，当事人一方因不可抗力不能履行合同的，根据不可抗力的影响，部分或者全部免除责任，但是法律另有规定的除外。因不可抗力不能履行合同的，应当及时通知对方，以减轻可能给对方造成的损失，并应当在合理期限内提供证明。当事人迟延履行后发生不可抗力的，不免除其违约责任。

（2）乙公司可以要求甲厂赔偿2万元的损失。乙公司错过了最佳交易季节而遭受的约2万元损失是因为甲厂没有按时交付货物造成的。如果甲厂按时交付了货物，乙公司就不会因为甲厂的火灾遭受错过最佳交易季节的损失。

【案例33】

本题主要考查的是可撤销民事法律行为。

（1）乙强迫甲赠与金戒指的行为属于受胁迫的民事法律行为，乙有权撤销该行为。《民法典》第150条规定，一方或者第三人以胁迫手段，使对方在违背真实意思的情况下实施的民事法律行为，受**胁迫方有权请求人民法院或者仲裁机构予以撤销。**

（2）丙的行为属于显失公平的民事法律行为，乙有权撤销该行为。《民法典》第151条规定，一方利用对方处于危困状态、缺乏判断能力等情形，致使民事法律行为成立时显失公平的，受损害方有权请求人民法院或者仲裁机构予以撤销。从本题表述看，丙利用乙处于危困状态趁机敲竹杠，属于显失公平的民事法律行为。

（3）甲有权撤销该两项民事法律行为，但须在法定的除斥期间内行使撤销权。《民法典》第152条规定，有下列情形之一的，撤销权消灭：①当事人自知道或者应当知道撤销事由之日起1年内、重大误解的当事人自知道或者应当知道撤销事由之日起90日内没有行使撤销权；②当事人受胁迫，自胁迫行为终止之日起1年内没有行使撤销权；③当事人知道撤销事由后明确表示或者以自己的行为表明放弃撤销权。当事人自民事法律行为发生之日起5年内没有行使撤销权的，撤销权消灭。

【案例34】

A、B各分得15 000元，C分得22 500元，D分得7 500元，丁不能取得遗产。

理由如下：

（1）甲死亡时有第一顺序继承人，因此丁作为第二顺序继承人不能继承。

（2）乙先于甲死亡，其子A、B代位继承，与丙各应继承一半份额，即3万元。

（3）A、B共同继承乙应继承的3万元，各分得15 000元。

（4）丙于遗产分割前死亡，发生转继承，由C、D参加甲的遗产分配。

（5）丙应得的3万元为婚姻关系存续期间取得的，其中一半应为C的财产，另一半作为丙的遗产，由C、D各继承7 500元。

【案例35】

本题中涉及两个法律关系：双方当事人之间的货物买卖合同法律关系和双方当事人之间在发生争议之后达成的调解协议。货物买卖合同关系是基础的事实关系，而本题的关键在于如何确定调解协议的法律效力。

（1）王某不能依据调解协议直接向人民法院申请强制执行，因为**调解协议不具有强制执行的法律效力，不是执行根据。**

王某可以以起诉的方式向人民法院申请要求对方当事人履行调解协议。

双方当事人达成的调解协议具有债权债务内容，当事人双方有权向公证机构申请公证其执行的法律效力。而对经过公证的该种法律文书可以直接向人民法院申请强制执行，因为经过公证的具有强制执行效力的公证书是法定的执行依据。

（2）双方当事人作为民事主体，根据自己的意志对自己的权利义务关系作出了处理，并且意思表示达成一致，因此，**双方当事人达成的调解协议具有民事合同的法律性质**，当事人双方应当依照已改约定履行自己的义务。

（3）根据法律的规定任何一方当事人对该协议不服，认为该协议对自己是显失公平的，均可以按照法律的规定向人民法院申请撤销该调解协议。《民法典》第 151 条规定，一方利用对方处于危困状态、缺乏判断能力等情形，致使民事法律行为成立时显失公平的，受损害方有权请求人民法院或者仲裁机构予以撤销。从本题表述看，王某认为双方达成的调解协议对自己来说显失公平，属于显失公平的民事法律行为。

（4）李某或者王某均享有诉讼权，对该调解协议不服，均可以向人民法院提起诉讼。**此时的诉讼标的是该调解协议，而不是双方当事人最初达成的货物买卖合同。**因为双方当事人就争议达成调解协议之后，该协议即为双方当事人对原有的货物买卖合同法律关系的处理结果。如果一方当事人以货物买卖合同向人民法院提起诉讼，对方当事人可以调解协议书进行抗辩。

根据传统的观点，诉讼标的为当事人双方争议的民事权利义务关系。在本案中，有两个民事权利义务关系：货物买卖合同关系和民事调解协议。如果双方当事人对货物买卖合同本身的成立或者效力发生争议，则应当对货物买卖合同提起诉讼，但是，本案中当事人对调解协议不服向人民法院提起诉讼，此时的诉讼标的应当为调解协议的合同关系。如果是申请变更调解协议，则货物买卖合同关系成为当事人主张变更调解协议或者反对变更调解协议的理由；如果主张撤销调解协议，货物买卖合同同样是主张撤销或者反对撤销的事实理由，但是，如果法院依照申请撤销了调解协议，则调解协议自始归于无效，此时当事人双方的法律关系则只剩下货物买卖合同关系。在这种情况下，认为自己合法权益受到侵害的当事人向法院提起诉讼，诉讼的标的只能是货物买卖合同关系。

【案例 36】

（1）丙是遗嘱执行人。《民法典》第 1145 条规

定，**继承开始后，遗嘱执行人为遗产管理人。**据此，丙就是遗产管理人。《民法典》第 1147 条规定，**遗产管理人应当履行下列职责：（1）清理遗产并制作遗产清单；（2）向继承人报告遗产情况；（3）采取必要措施防止遗产毁损、灭失；（4）处理被继承人的债权债务；（5）按照遗嘱或者依照法律规定分割遗产；（6）实施与管理遗产有关的其他必要行为。**据此，丙作为遗产管理人，依法履行相应的职责。

（2）甲所立自书遗嘱有效。《民法典》第 1134 条规定，**自书遗嘱由遗嘱人亲笔书写，签名，注明年、月、日。**

（3）甲所立打印遗嘱无效。《民法典》第 1136 条规定，**打印遗嘱应当有两个以上见证人在场见证。遗嘱人和见证人应当在遗嘱每一页签名，注明年、月、日。**据此，打印遗嘱须有两个遗嘱见证人在场见证，可是在场见证人只有丙一人，不符合打印遗嘱的有效条件。

（4）甲死亡后，应执行口头遗嘱。《民法典》第 1138 条规定，**遗嘱人在危急情况下，可以立口头遗嘱。口头遗嘱应当有两个以上见证人在场见证。危急情况消除后，遗嘱人能够以书面或者录音录像形式立遗嘱的，所立的口头遗嘱无效。**据此，甲临死前所立口头遗嘱符合民法规定的口头遗嘱的形式要件，是完全有效的遗嘱。《民法典》第 1142 条规定，**遗嘱人可以撤回、变更自己所立的遗嘱。立遗嘱后，遗嘱人实施与遗嘱内容相反的民事法律行为的，视为对遗嘱相关内容的撤回。立有数份遗嘱，内容相抵触的，以最后的遗嘱为准。**据此，甲的自书遗嘱和口头遗嘱均有效，但内容抵触，应以最后所立的口头遗嘱为准。但口头遗嘱对 120 万元存款没有作出处理，该部分遗产应由法定继承人乙、丁继承。《民法典》第 1130 条第 1 款规定，**同一顺序继承人继承遗产的份额，一般应当均等。**据此，乙虽然不务正业，但并不存在法定的丧失继承权或者少分或不分遗产的情况，因此，乙作为法定继承人可以分得 60 万元存款的遗产。遗产分配如下：乙分得存款 60 万元，丁分得 1 套房屋和 60 万元存款，戊基于遗赠获得 1 套房屋。

（5）丁自甲死亡时取得房屋所有权，戊自办理房屋产权过户登记手续时起取得房屋所有权。《民法典》第 1121 条第 1 款规定，**继承从被继承人死亡时开始。**《民法典》第 230 条规定，**因继承取得物权的，自继承开始时发生效力。**据此，丁作为继承人，自甲死亡时取得房屋所有权。《民法典》第 209 条第 1 款规定，**不动产物权的设立、变更、转**

让和消灭，经依法登记，发生效力；未经登记，不发生效力，但是法律另有规定的除外。据此，戊通过受遗赠取得房屋，但须经登记过户才能取得房屋所有权。

【案例 37】

（1）甲公司没有侵犯李某专利权。《专利法》第 11 条规定，**发明和实用新型专利权被授予后，除本法另有规定的以外，任何单位或者个人未经专利权人许可，都不得实施其专利，即不得为生产经营目的制造、使用、许诺销售、销售、进口其专利产品，或者使用其专利方法以及使用、许诺销售、销售、进口依照该专利方法直接获得的产品。外观设计专利权被授予后，**任何单位或者个人未经专利权人许可，都不得实施其专利，即不得为生产经营目的制造、许诺销售、销售、进口其外观设计专利产品。据此规定第 1 款，实用新型专利保护的起点为"专利权被授予后"。而本案中，甲公司制造行为发生于李某申请专利后（2017 年 12 月 20 日）、获得专利前（2018 年 10 月 15 日），因此，甲公司没有侵犯李某专利权。

（2）李某无权请求甲公司支付适当费用。《专利法》第 13 条规定，**发明专利申请公布后，申请人可以要求实施其发明的单位或者个人支付适当的费用。**据此，适当费用支付请求权仅限于"发明专利"，而不适用于实用新型专利和外观设计专利。而本题中的专利为实用新型专利，不涉及支付适当费用的问题，故李某无权请求甲公司支付适当费用。

（3）李某无权请求乙公司停止使用，也无权请求乙公司承担赔偿责任。《专利法》第 40 条规定，**实用新型和外观设计专利申请经初步审查没有发现驳回理由的，由国务院专利行政部门作出授予实用新型专利权或者外观设计专利权的决定，发给相应的专利证书，同时予以登记和公告。实用新型专利权和外观设计专利权自公告之日起生效。**据此，实用新型专利和外观设计专利自公告之日起生效。由此可见，专利权人对于他人在实用新型专利授权公告日前实施该专利的行为，并不享有请求他人停止实施的权利。他人在实用新型专利授权公告日前实施发明，包括制造、使用、销售、许诺销售和进口实用新型专利产品，并不为专利法所禁止。在此情况下，对于实用新型专利授权公告日前已经售出的产品的后续行为，包括使用、许诺销售和销售，也应得到允许。如果实用新型专利权人在授权公告日后可以禁止该专利授权公告日前已经售出的产品的

后续行为，则相当于实用新型专利权的效力可以在授权公告日后延伸到授权公告日前的合法行为，不适当地扩大了专利法授予实用新型专利权人的权利范围，损害了社会公众的应有利益。

【案例 38】

本案件涉及到三个基本的法律关系：电子公司和机械制造公司之间的技术开发合同关系、机械制造公司和水泥厂之间的买卖合同关系、电子公司和水泥厂之间因为代位权而形成的法律关系。债权人电子公司可以向机械制造公司就技术开发合同提起诉讼，也可以就代位权向水泥厂提起诉讼，而且几个法律关系中的标的额不完全一致，因此就需要处理两个诉讼之间的法律关系。

（1）电子公司可以在对机械制造公司提起诉讼之后，再对水泥厂提起代位诉讼，因为本案中，电子公司具备了提起代位诉讼的法律条件。**提起代位诉讼的条件为：债权人对债务人的债权合法、债务人怠于行使其债权、债务人的债权不属于债务人的自身的债权、债务人怠于行使到期债权对债权人形成损害。**两个诉讼是相互独立的，通常不能合并审理。需要注意的是，一般而言，债权人行使代位权须以债务人对相对人享有的债权已到期为条件，但是，债权人的债权到期前，债务人的权利存在诉讼时效期间即将届满或者未及时申报破产债权等情形，影响债权人的债权实现的，债权人可以代位向债务人的相对人请求其向债务人履行、向破产管理人申报或者作出其他必要的行为（《民法典》第 536 条）。换言之，在例外情形下，债权人行使代位权并不以债务人对相对人享有的债权已到期为前提，只要符合《民法典》第 536 条规定的情形，即使债务人对相对人享有的债权未到期，债权人也可以行使代位权。

（2）此时被告水泥厂住所地的法院具有管辖权。

主债务人机械制造公司处于第三人的诉讼地位。如果债权人电子公司未在诉讼中将机械制造公司列为第三人，则人民法院可以追加其为第三人。

（3）电子公司可以向法院申请对水泥厂欠机械制造公司的价款进行财产保全，禁止水泥厂向机械制造公司清偿价款。

（4）该理由可以对抗电子公司的诉讼请求，因为**在代位诉讼中，相对人对债务人的抗辩可以向债权人主张。**

（5）机械制造公司要根据其与水泥厂之间的买卖合同的具体情况来确定管辖法院，如果双方达成

了管辖协议，则应当按照管辖协议的规定向相关法院提起诉讼，如果没有任何的管辖协议，则需要根据法定管辖来起诉，被告住所地或者合同履行地的法院具有管辖权。

两起案件是相互独立的，通常不能够合并审理。

如果机械制造公司的起诉符合了民事诉讼法关于起诉的一般要件，则法院应当受理，但是，在代位权诉讼的裁判发生法律效力之前应当暂时中止该诉讼。

（6）法院对于电子公司提起的代位权诉讼应当进行审查，符合受理条件的，应当受理。但是，在电子公司与机械制造公司之间的诉讼裁判发生法律效力之前，应当暂时中止代位诉讼。

【案例39】

与代位权相对应的还有另外一种债的保全制度：撤销权。撤销权的产生是基于债务人的积极行为导致其总体财产的减少，从而损害了债权人的合法权益这一个前提。在撤销权行使的问题中同样涉及三方当事人：债权人、债务人、受益人或者受让人。其中债权人和债务人之间应当是正当的债权债务关系。债务人和受益人或者受让人之间的法律关系可能有多种表现形式，但是其本质在于：尽管受益人或者受让人从债务人处获得的也许是正当的利益，但是这一获益行为对债权人来说显然是不公平的。

（1）王某不能向认领汽车的李某主张所有权。首先，汽车的所有权的转移是需要履行相关的手续的，本案件中王某并没有完成相关的手续。其次，王某也不可能根据善意取得来主张权利，虽然他支付了相应的价款，并且他也是善意的，但是**由于本案中的汽车是盗窃物，盗窃物不能适用善意取得。**

（2）王某可以向刘某再次提起撤销权诉讼，因为刘某在此之前的一个月时将自己的财产赠送给了郑某，这使得刘某的财产减少，因而无法清偿王某的债权，损害了王某的合法权益，符合了撤销权产生的条件。同时，**王某和刘某之间的基于合同纠纷而产生的诉讼和撤销权诉讼是相对独立的。**后者并不依赖于前者，同时前者也不排斥后者。

（3）根据现行法律的规定，王某提起撤销权诉讼，应当以刘某为被告。

（4）根据现行法律的规定，如果王某在撤销权诉讼中没有将郑某列为第三人，则法院可以追加郑某为第三人。

（5）**何某的诉讼地位取决于其是否了解刘某低价转移财产对王某的合法权利造成了损害。**如果何某了解了该情况，则王某可对刘某出售给何某财产的行为行使撤销权，此时何某与郑某的诉讼地位相同。如果何某不了解该情况，则何某取得财产的完全的所有权，王某不得对刘某向何某出售财产的行为行使撤销权。

（6）王某不得根据撤销权的胜诉裁判对所涉的相关财产进行强制执行。**因为撤销权诉讼是形成之诉，不是给付之诉，不具有强制执行效力。**

【案例40】

本题综合考查了著作权和继承权的主要问题。

（1）①是（或构成）；②钱某的许可复制发行权和获酬权。

（2）①否；②钱某对所采集的民间艺术无著作权。

（3）①否；②依诚实信用原则解释意思表示，赵某献辞无非表明"该剧系为阿芳而作"之义，而非转移著作权。

（4）①是；②孙某对其表演的许可录音像权。

（5）①是；②所播录音录像制品本身即属侵权作品。

（6）①是；②赵某继承人的发表权、许可权和获酬权。

（7）①是；②赵某继承人的发表权、许可权和获酬权。

（8）①是；②赵某的修改权和保护作品完整权。

（9）①是；②赵某继承人的发表权、许可权和获酬权。

（10）①是；②赵某继承人的发表权、许可权和获酬权。

（11）①是；②赵某继承人的发表权、许可权和获酬权。

（12）①是；②赵某继承人的发表权、许可权和获酬权；孙某继承人的转播许可权和获酬权。

【案例41】

本题主要考查了经营范围对合同效力影响的问题。

（1）有效，虽然该买卖行为超越经营范围，但是根据我国《民法典》第505条规定，当事人超越经营范围订立的合同的效力，应当依照本法第一编第六章第三节（民事法律行为的效力）和本编（合同编）的有关规定确定，不得仅以超越经营范围确认合同无效。

（2）驳回旅游公司的诉讼请求。

【案例 42】

本题主要考查了赠与合同的性质、继承、处分权等问题。

（1）A 的赠与行为不成立。**因为赠与是诺成合同，需要双方意思表示一致才能成立。**本案中 B 坚决不接受赠与，没有达成意思表示一致，合同不能成立。

（2）E、F 无权继承。因为这些字画的所有权仍是 A 的，在 A 死后应当归为他的遗产范围，由其继承人继承。B 的妻子也不能把字画送给博物馆。因为 B 的妻子并不享有这些字画的处分权，**赠与行为要求有处分权，她没有处分权，是无权处分。**

（3）A 的儿子可以要求收回这些字画。因为赠与合同没有成立生效，字画的所有权没有转移。这些字画应当归为 A 的遗产范围，由其继承人继承。所以 A 的儿子可以要求收回这些字画。

【案例 43】

本题主要考查了合同成立、缔约过失责任的问题。

（1）合同没有成立。因为甲公司没有在合同上加盖公章。我国《民法典》第 490 条规定，当事人采用合同书形式订立合同的，自当事人均签名、盖章或者按指印时合同成立。在签名、盖章或者按指印之前，当事人一方已经履行主要义务，对方接受时，该合同成立。本题中甲公司没有在合同书上正式盖章，合同没有成立。

（2）甲公司应当承担缔约过失责任。因为甲公司在合同订立过程中的行为违反了诚实信用原则，对乙公司造成了损害，符合承担缔约过失责任的构成要件。我国《民法典》第 500 条规定，**当事人在订立合同过程中有下列情形之一，造成对方损失的，应当承担赔偿责任：①假借订立合同，恶意进行磋商；②故意隐瞒与订立合同有关的重要事实或者提供虚假情况；③有其他违背诚实信用原则的行为。**

（3）可以要求。因为乙公司的损失属于基于对甲公司的合理信赖而产生的利益的损失。属于承担缔约过失责任的赔偿范围。

【案例 44】

（1）不应当。因为甲公司在履行期到来之前就明确表示违约了，因此在确定赔偿损失额时，只能根据履行期前的市场价格而不能根据履行期到来时的市场价格来计算损失。乙公司只能得到每吨 500 元的损失赔偿。我国《民法典》第 578 条规定，**当事人一方明确表示或者以自己的行为表明不履行合同义务的，对方可以在履行期限届满之前要求其承担违约责任。**赔偿计算的截止期限应当是 11 月 10 日。

（2）不应当。因为 100 万元赢利是违约方甲公司在订立合同当时所无法合理预见的，100 万元赢利的取得要受到许多市场和非市场因素的影响。我国《民法典》第 584 条规定，当事人一方不履行合同义务或者履行合同义务不符合约定，造成对方损失的，损失赔偿额应当相当于因违约所造成的损失，包括合同履行后可以获得的利益；但是，不得超过违约一方订立合同时预见到的或者应当预见到的因违约可能造成的损失。该条规定的可预见规则是对赔偿范围的一种限制。

（3）不能。因为甲公司在履行期到来之前就明确表示违约了，乙公司应当根据该情况为自己采取补救措施，但事实上乙公司却没有对自己与丙公司的合同采取任何措施，由乙公司自己的过失导致的损失应当由乙公司自己承担。我国《民法典》第 591 条规定，当事人一方违约后，对方应当采取适当措施防止损失的扩大；没有采取适当措施致使损失扩大的，不得就扩大的损失请求赔偿。当事人因防止损失扩大而支出的合理费用，由违约方承担。该条规定了非违约方的不真正义务问题。

【案例 45】

（1）甲公司可以行使撤销权，撤销乙公司的赠与行为。

因为作为债务人的乙公司在其债务到期的情况下将自己的财产无偿赠送给第三人，并因此对债权人甲公司的债权造成了损害，已经符合了行使撤销权的要件。《民法典》第 538 条规定，债务人以放弃其债权、放弃债权担保、无偿转让财产等方式无偿处分财产权益，或者恶意延长其到期债权的履行期限，影响债权人的债权实现的，债权人可以请求人民法院撤销债务人的行为。《民法典》第 539 条规定，债务人以明显不合理的低价转让财产、以明显不合理的高价受让他人财产或者为他人的债务提供担保，影响债权人的债权实现，债务人的相对人知道或者应当知道该情形的，债权人可以请求人民法院撤销债务人的行为。《民法典》第 540 条规定，撤销权的行使范围以债权人的债权为限。债权人行使撤销权的必要费用，由债务人负担。

（2）甲公司可以拒绝向乙公司交付货物，除非

乙公司提供担保。

因为乙公司负债累累，经营状况不佳，而且有转移财产的行为，这些足以构成甲公司对乙公司履约能力的担心，因此甲公司可以根据法律规定行使不安抗辩权，暂不履行自己的义务。我国《民法典》第 527 条规定，应当先履行债务的当事人，有确切证据证明对方有下列情形之一的，可以中止履行：①经营状况严重恶化；②转移财产、抽逃资金，以逃避债务；③丧失商业信誉；④有丧失或者可能丧失履行债务能力的其他情形。当事人没有确切证据中止履行的，应当承担违约责任。该条规定了不安抗辩权的问题。

【案例 46】

（1）法院应判决准予颜某与李某离婚，因双方对解除婚姻关系已达成协议。

（2）孩子颜某某由李某抚养，颜某每月承担抚养费，至颜某某能够独立生活为止。

（3）客运汽车 3 辆及住房 1 套，存款 53 万元均为夫妻共同财产，这些财产都作为共同财产。其中 9 万元双方约定为儿子颜某某的教育费用，由李某保管。9 万元作为对孩子的教育费用，这是夫妻双方对共同财产作出的约定，法院应尊重当事人的约定。其余夫妻共同财产共 110 万元，颜某、李某各从中折价 55 万元。鉴于颜某主张继续经营客运业务，考虑夫妻共同财产分割时有利生产和方便生活的原则，客车 3 辆，价值 50 万元及存款 5 万元归颜某所有，住房一套，价值 16 万元及存款 39 万元归李某所有。

（4）颜某主张将个人债务 5 万元作为夫妻共同债务及要求将用于家庭生活的 3 万元个人存款从夫妻共同财产中得到补偿，不予支持。

【案例 47】

（1）不可以。《民法典》第 634 条规定，分期付款的买受人未支付到期价款的数额达到全部价款的 1/5，经催告后在合理期限内仍未支付到期价款的，出卖人可以请求买受人支付全部价款或者解除合同。出卖人解除合同的，可以向买受人请求支付该标的物的使用费。据此，乙已经支付价款的 50%，因此甲不能以此为由解除合同。

（2）丙不能取得汽车的所有权。《民法典》第 311 条规定，无处分权人将不动产或者动产转让给受让人的，所有权人有权追回；除法律另有规定外，符合下列情形的，受让人取得该不动产或者动产的所有权：①受让人受让该不动产或者动产时是善意的；②以合理的价格转让；③转让的不动产或

者动产依照法律规定应当登记的已经登记，不需要登记的已经交付给受让人。受让人依照前款规定取得不动产或者动产的所有权的，原所有权人有权向无处分权人请求损害赔偿。当事人善意取得其他物权的，参照适用前两款规定。据此，乙并未将汽车交付给受让人丙占有，因而丙还不能善意取得汽车的所有权。

（3）甲可基于下列事由解除合同：①乙未按照约定支付价款，经催告后在合理期限内仍未支付；②乙在甲保留汽车所有权期间将汽车出售给丙。《民法典》第 642 条规定，当事人约定出卖人保留合同标的物的所有权，在标的物所有权转移前，买受人有下列情形之一，造成出卖人损害的，除当事人另有约定外，出卖人有权取回标的物：①未按照约定支付价款，经催告后在合理期限内仍未支付；②未按照约定完成特定条件；③将标的物出卖、出质或者作出其他不当处分。出卖人可以与买受人协商取回标的物；协商不成的，可以参照适用担保物权的实现程序。取回的标的物价值明显减少的，出卖人有权请求买受人赔偿损失。

【案例 48】

《民法典》第 1024 条规定，民事主体享有名誉权。任何组织或者个人不得以侮辱、诽谤等方式侵害他人的名誉权。名誉是对民事主体的品德、声望、才能、信用等的社会评价。《民法典》第 994 条规定，死者的姓名、肖像、名誉、荣誉、隐私、遗体等受到侵害的，其配偶、子女、父母有权依法请求行为人承担民事责任；死者没有配偶、子女且父母已经死亡的，其他近亲属有权依法请求行为人承担民事责任。公民的名誉即使在其死后，也不应当受到侵害。如果公民的名誉在其死后受到侵害，其近亲属有权提起诉讼。

首先，本案中，由于乙发表的文章部分内容严重失实，使社会公众对该著名地质学家作出贬损评价，已构成了对该学家名誉权的侵害，作为作者的乙应承担相应的民事责任；杂志社未尽审查职责，在其主办的杂志上发表明显带有侵权内容的作品，也应依法承担相应的民事责任。

其次，就诉讼主体资格而言，原告甲作为该地质学家的女儿，在其父亲的名誉受到侵害的情况下，依法有权请求法院予以保护。甲因其父的名誉被侵害而受到精神损害，要求支付精神补偿和经济赔偿费，理应支持，但所诉赔偿数额过高，故酌情予以判处。

再次，就反诉问题而言，甲在乙的文章发表

后，向有关组织和领导反映意见，且根据案件介绍，其所反映的意见并未在社会上散发，是正当行使公民权利，其行为不构成对作者及杂志社名誉权的侵害。因此，对于作者乙和杂志社的反诉，没有事实根据，法院应不予支持。

《民法典》第1000条规定，行为人因侵害人格权承担消除影响、恢复名誉、赔礼道歉等民事责任的，应当与行为的具体方式和造成的影响范围相当。行为人拒不承担前款规定的民事责任的，人民法院可以采取在报刊、网络等媒体上发布公告或者公布生效裁判文书等方式执行，产生的费用由行为人负担。据此，对于侵害名誉权的，承担民事责任的方式有停止侵害，恢复名誉，消除影响，赔礼道歉，并可以请求赔偿损失。故法院应判令停止杂志的销售以控制和消除不利影响，且应判令侵权人乙和杂志社在全国范围内发行的报纸、杂志上刊登声明，赔礼道歉。另外，对于侵害名誉权造成的精神损害，应酌情判令侵权人乙和杂志社赔偿。

【案例49】

本案属于典型的产品侵权，是民法侵权责任编中规定的特殊侵权的一种，其特殊之处在于侵权人责任的承担不以有过错为前提，在没有免责事由的情况下，只要产品存在缺陷，且该缺陷与损害后果有因果关系，则产品的生产者、销售者就要承担民事责任。具体而言：

首先，保证产品质量，特别是保障消费者人身财产安全是产品生产者必须履行的基本法律责任和义务。因产品质量问题造成的侵权损害结果，应依照《产品质量法》第32条和《消费者权益保护法》第41条的规定，予以赔偿，以维护社会公平与市场秩序。

其次，就本案事实而言，鉴定意见的结论已经明确：大海气雾剂公司生产的"旋风"牌油炉石油气气罐没有根据气罐承压能力科学安全地按比例成分装填气体，充装使用方法的中英文标注不一致，内容互相矛盾，属于不合格产品，上述质量问题是造成此次事故的基本原因，气雾剂公司无可推卸地应当承担侵权的主要责任。

再次，鉴定意见表明，卡式炉燃气瓶与炉具连接部位存在漏气可能，使用时安装不慎漏气的可能性更大，存在危及人身、财产安全的不合理危险，且不符合坚固耐用不漏气的行业生产标准，质量存在缺陷。在炉内存有小火酿成事故的因果关系中，漏气环节是一个不可或缺的过错诱因，因此红岩厨房用具厂也负有不可推卸的责任。

最后，本案介绍的事实中，没有证据证明春梅餐厅提供服务存在过错，虽然餐厅承担违约责任，但不承担侵权责任。

需要注意的是，依照《民法典》第1179条规定，**侵害他人造成人身损害的，应当赔偿医疗费、护理费、交通费、营养费、住院伙食补助费等为治疗和康复支出的合理费用，以及因误工减少的收入。造成残疾的，还应当赔偿辅助器具费和残疾赔偿金；造成死亡的，还应当赔偿丧葬费和死亡赔偿金。**《民法典》第1183条规定，侵害自然人人身权益造成严重精神损害的，被侵权人有权请求精神损害赔偿。因故意或者重大过失侵害自然人具有人身意义的特定物造成严重精神损害的，被侵权人有权请求精神损害赔偿。据此，本案中贾某在事故发生后，容貌产生了明显变化，严重地妨碍了她的学习、生活和健康，除肉体痛苦外，无可置疑地给其精神造成了伴随终身的遗憾与伤痛，必须给予抚慰与补偿。赔偿额度要考虑当前社会普遍生活水准、侵害人主观动机和过错程度及其偿付能力等因素。

【案例50】

（1）王春林取得1万元奖金的行为不属于不当得利。不当得利是指没有法律或者合同的根据，因他人财产受到损失而获得利益。银川铝型材厂以奖券顶替职工工资意思表示真实，厂方也曾经明确表示因厂方资金困难，将所购存单每张面值100元发给职工顶替工资，发放前对奖金部分无任何约定，因此王春林获得有奖储蓄存单合法有效，因此所取得的1万元不属不当得利。

（2）银川铝型材厂未能合法取得1万元奖金不属重大误解。**重大误解的民事行为，是指行为人对于民事行为的重要内容产生错误的理解，并且基于这种错误理解而为的民事行为。**银川铝型材厂在中国银行银川市支行中湖储蓄所购买该100张面额100元的定期定额有奖储蓄存单之时，存单背面已经标明中奖率为100%。且2009年7月10日，中国银行银川市支行公开摇奖，在《宁夏日报》第四版上公布了中奖号码，同时规定从2009年7月15日至10月15日为兑奖期限，逾期不兑视为弃奖。对于这些事实，银川铝型材厂应完全知情或应当知情，在此情况下，仍然将存单发给职工，其真实意思是放弃可能取得的奖金，在整个民事行为作出的过程中，不存在所谓的重大误解。

（3）1万元奖金应归王春林所有。定期定额有奖储蓄存单是必须实际持有并且到期提示才能实现财产权利的有价证券。有价证券权利的行使不能与

证券分离，证券的持有人就是权利人，离开证券就不能主张权利。有价证券上所表示的财产权利对持券人来说，仅是一种期待债权。本案中奖储蓄存单票面记载的 100 元以及中奖后可得的奖金 1 万元，即为期待债权。在该存单尚未届期并经持有人提示前，不能认为债权人已对与债权相应的财产实现了完全占有。持券人只有在约定的期限内以交付存单的方式提示义务人履行义务，才能实现对 10 100 元财产的完全占有。《民法典》第 224 条规定，动产物权的设立和转让，自交付时发生效力，但是法律另有规定的除外。本案存单是银川铝型材厂自愿转让给王春林的，转让时未对获奖权利作出任何约定；玉春林凭存单向银行提示履行义务，从而实现了对 1 万元奖金的完全占有，符合法律规定。银川铝型材厂从自愿转让出存单起，已经不能再主张存单上的财产权利。

【案例 51】

首先，抛开房地关系，就本案中抵押之成立而言，当事人之间签订了书面的抵押合同并办理了抵押登记，《民法典》第 395 条、第 403 条、第 404 条的规定，本案中两个抵押权均在形式上符合民法典的规定。

其次，对于房产抵押关系，《民法典》397 条规定，**以建筑物抵押的，该建筑物占用范围内的建设用地使用权一并抵押。以建设用地使用权抵押的，该土地上的建筑物一并抵押。抵押人未依据前款规定一并抵押的，未抵押的财产视为一并抵押。**由此可以看出，关于土地使用权和建筑物所有权分别抵押的问题，我国有关法律法规原则上要求土地使用权和建筑物的所有权应当一起抵押，然而在实践中两者分别抵押的现象经常发生，本案即为典型。

再次，根据现有法律规定，并非绝对要求房地权利义务一致（否则就抵押的土地使用权上新增的房屋来说，原土地使用权的抵押权人也应当自然地取得抵押权）。也就是说，对于已经附有建筑物的土地使用，应严格遵循房地一体主义，房随地走或者地随房走；但如果抵押时房屋尚未建成或者尚未开始建造，抵押权的标的就只能是土地使用权，这也是物权标的的特定化的要求，事后增加的房屋，并不当然地成为抵押权的标的，而是具有相对独立的法律地位，但为了避免房地权利人不一致而造成的困扰，在抵押权实现、拍卖土地使用权时，一并将房屋拍卖，只是对房屋的价款原抵押权人无优先受偿权。我国《民法典》第 417 条规定，**建设用地**使用权抵押后，该土地上新增的建筑物不属于抵押财产。该建设用地使用权实现抵押权时，应当将该土地上新增的建筑物与建设用地使用权一并处分，但是，新增建筑物所得的价款，抵押权人无权优先受偿。但是，房屋具有相对独立的经济地位不代表当事人可以将房屋另行抵押，相反，根据法律目的和法条的解释，可以得出禁止将新增房屋再抵押的结论。

①从立法目的上看，禁止房地分别抵押，主体同时享有对房屋和对土地的权利，能够最大限度地避免权利行使的冲突和不必要的纠纷。如果一旦发生了房屋权利和土地权利的分离，一方面，可能会引起纠纷，如房屋所有权人可能会禁止土地使用权人使用土地，土地使用权人也可能要求房屋所有权人拆除房屋；另一方面，即使不发生上述纠纷，也会产生权利行使上的冲突。且房地权利义务不统一，将会对房地产的流转形成极大障碍。房地分别抵押的法律后果往往就是这种房屋和土地权利的割裂，与立法目的不符。

②从物权法定的角度看，当事人不可以创设法律没有规定的物权类型，也就是说，即便法律没有明文禁止某种"物权"，但只要没有进行明确授权，就要避免当事人的意思自治。将房地分别抵押，违反了民法典的规定，不能认定两个抵押权均有效成立。

③根据对前引法条的目的解释、逻辑解释等，既然土地上新增房屋要随着土地使用权的拍卖而拍卖，意味着一旦土地使用权抵押权要实现，房屋抵押权就会丧失抵押标的物，而如果房屋抵押权先实现，又明显与担保法的规定相悖，从而陷入了一个两难境地。由此可以得出的唯一合理结论就是：禁止房屋和土地使用权的分别抵押。

回归到本案，土地使用权的抵押因为形式和内容均合法，从而可以有效成立；而房屋抵押权则因为上述理由不能成立。所以第二种观点更为合理，第三种观点认为在先成立的土地使用权抵押因为当事人后来的房屋抵押而无效，对原抵押权人而言有失公平，而且与促进交易的民商法宗旨亦不相符，实难赞同。

【案例 52】

（1）本案中有两个法律关系，其一是甲和乙之间的**货物运输合同关系**，其二是甲和丙之间的**货物买卖合同关系**。

（2）违约责任的承担是以合同当事人的行为构成违约为前提条件。**违约行为是指合同当事人违反**

合同义务的行为。它包括合同当事人不履行合同义务、迟延履行和不完全履行等情形。在本案中，乙按照合同的约定将煤炭运输至 X 市南站。根据《民法典》第 830 条规定，货物运输到达后，承运人知道收货人的，应当及时通知收货人，收货人应当及时提货。收货人逾期提货的，应当向承运人支付保管费等费用。据此，乙在货物到达后，及时通知了收货人丙电厂并办理完交付手续；乙将煤炭卸于陶瓷公司专用线，是因为丙没有及时提货，也征得了丙电厂的同意。乙并没有违约，所以不承担违约责任。

（3）丙逾期提货，应当向乙支付保管费。根据《民法典》第 830 条规定，货物运输到达后，承运人知道收货人的，应当及时通知收货人，收货人应当及时提货。收货人逾期提货的，应当向承运人支付保管费等费用。

（4）根据《民法典》第 837 条规定，**收货人不明或者收货人无正当理由拒绝受领货物的，承运人依法可以提存货物。**据此，本案中，如果丙无正当理由拒绝受领货物，乙当然可以将货物提存。

（5）根据《民法典》第 836 条规定，**托运人或者收货人不支付运费、保管费以及其他费用的，承运人对相应的运输货物享有留置权，但是当事人另有约定的除外。**

【案例 53】

（1）感情破裂是判决离婚的法定理由。《民法典》第 1079 条规定，夫妻一方要求离婚的，可以由有关组织进行调解或者直接向人民法院提起离婚诉讼。人民法院审理离婚案件，应当进行调解；如果感情确已破裂，调解无效的，应当准予离婚。有下列情形之一，调解无效的，应当准予离婚：①重婚或者与他人同居；②实施家庭暴力或者虐待、遗弃家庭成员；③有赌博、吸毒等恶习屡教不改；④因感情不和分居满 2 年；⑤其他导致夫妻感情破裂的情形。一方被宣告失踪，另一方提起离婚诉讼的，应当准予离婚。据此规定第 3 款第②项规定，本案中，可以认定甲、乙感情破裂，如果法院调解无效，应准予离婚。

（2）法院不能以甲有过错为由而判决不准离婚。因为根据《民法典》第 1079 条规定，甲实施家庭暴力，且甲与乙长期分居而与丁长期共同居住，甲、乙之间存在离婚的法定事由，不应当因当事人甲有过错而判决不准离婚。

（3）乙可以请求损害赔偿。《民法典》第 1091 条规定，**有下列情形之一，导致离婚的，无过错方**有权请求损害赔偿：①重婚；②与他人同居；③实施家庭暴力；④虐待、遗弃家庭成员；⑤有其他重大过错。这里的无过错方提出的"损害赔偿"包括物质损害赔偿和精神损害赔偿。

（4）丙应归乙抚养。《民法典》第 1084 条规定，父母与子女间的关系，不因父母离婚而消除。离婚后，子女无论由父或者母直接抚养，仍是父母双方的子女。离婚后，父母对于子女仍有抚养、教育、保护的权利和义务。离婚后，不满两周岁的子女，以由母亲直接抚养为原则。已满两周岁的子女，父母双方对抚养问题协议不成的，由人民法院根据双方的具体情况，按照最有利于未成年子女的原则判决。子女已满 8 周岁的，应当尊重其真实意愿。据此，按照最有利于未成年子女的原则，丙应归乙抚养。乙请求抚养费的内容一般包括子女生活费、教育费和医疗费等费用。

【案例 54】

（1）《民法典》第 1129 条规定，丧偶儿媳对公婆，丧偶女婿对岳父母，尽了主要赡养义务的，作为第一顺序继承人。据此，黄朝菊有继承权，并且是以第一顺序继承人参加继承。

（2）《民法典》第 1128 条规定，被继承人的子女先于被继承人死亡的，由被继承人的子女的直系晚辈血亲代位继承。被继承人的兄弟姐妹先于被继承人死亡的，由被继承人的兄弟姐妹的子女代位继承。代位继承人一般只能继承被代位继承人有权继承的遗产份额。

（3）如果黄朝菊参加继承，对宋晓辉的代位继承权没有影响。因为丧偶儿媳作为第一顺序继承人参加继承，宋晓辉代位继承，二者适用不同的继承规则，彼此互不影响。

（4）姚胜明无继承权。因为姚一平在宋自立立遗嘱时已经死亡。根据《民法典》第 1154 条规定，有下列情形之一的，遗产中的有关部分按照法定继承办理：①遗嘱继承人放弃继承或者受遗赠人放弃受遗赠；②遗嘱继承人丧失继承权或者受遗赠人丧失受遗赠权；③遗嘱继承人、受遗赠人先于遗嘱人死亡或者终止；④遗嘱无效部分所涉及的遗产；⑤遗嘱未处分的遗产。据此规定第③项，受遗赠人姚一平先于继承人死亡，所涉遗产 20 000 元按照法定继承办理，即 20 000 元由宋自立的法定继承人继承，而不应由姚一平继承，因此姚一平没有继承权。

【案例 55】

（1）戊公司的分公司提供的保证无效。《民法

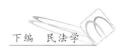

典》第683条规定，机关法人不得为保证人，但是经国务院批准为使用外国政府或者国际经济组织贷款进行转贷的除外。以公益为目的的非营利法人、非法人组织不得为保证人。据此，戊公司的分公司是非法人组织，不得为保证人，因此戊公司的分公司提供的保证无效。

（2）丙、丁的保证责任都为一般保证。《民法典》第687条第1款规定，当事人在保证合同中约定，债务人不能履行债务时，由保证人承担保证责任的，为一般保证。据此，从丙出具保证书的意思分析，应当为一般保证。《民法典》第686条第2款规定，当事人在保证合同中对保证方式没有约定或者约定不明确的，按照一般保证承担保证责任。据此，丁仅表示提供保证，但并没有约定保证方式，因此丁应当按照一般保证承担保证责任。

（3）丙、丁的保证期间为主债务履行期限届满之日起6个月。《民法典》第692条规定，保证期间是确定保证人承担保证责任的期间，不发生中止、中断和延长。债权人与保证人可以约定保证期间，但是约定的保证期间早于主债务履行期限或者与主债务履行期限同时届满的，视为没有约定；没有约定或者约定不明确的，保证期间为主债务履行期限届满之日起6个月。债权人与债务人对主债务履行期限没有约定或者约定不明确的，保证期间自债权人请求债务人履行债务的宽限期届满之日起计算。据此，丙、丁的保证期间都是主债务履行期限届满之日起6个月。

（4）从乙享有的先诉抗辩权消灭之日起，开始计算保证债务的诉讼时效。《民法典》第694条规定，一般保证的债权人在保证期间届满前对债务人提起诉讼或者申请仲裁，从保证人拒绝承担保证责任的权利消灭之日起，开始计算保证债务的诉讼时效。连带责任保证的债权人在保证期间届满前请求保证人承担保证责任的，从债权人请求保证人承担保证责任之日起，开始计算保证债务的诉讼时效。

【案例56】

（1）租赁合同的当事人可以约定租赁合同的期限，但《民法典》第705条规定，租赁期限不得超过20年。超过20年的，超过部分无效。租赁期间届满，当事人可以续订租赁合同，但是约定的租赁期限自续订之日起不得超过20年。根据该规定，张某与甲公司约定租赁期限为30年，并非合同约定的全部期限无效，而是超过部分即满20年后的10年无效。所以，张某与甲公司之间的租赁期限实际上是20年，当然20年满了之后可以续订，续订的期限还是不能超过20年。

（2）张某可以提出优先购买权的主张。《民法典》第726条规定，出租人出卖租赁房屋的，应当在出卖之前的合理期限内通知承租人，承租人享有以同等条件优先购买的权利；但是，房屋按份共有人行使优先购买权或者出租人将房屋出卖给近亲属的除外。出租人履行通知义务后，承租人在15日内未明确表示购买的，视为承租人放弃优先购买权。《民法典》第727条规定，出租人委托拍卖人拍卖租赁房屋的，应当在拍卖5日前通知承租人。承租人未参加拍卖的，视为放弃优先购买权。《民法典》第728条规定，出租人未通知承租人或者有其他妨害承租人行使优先购买权情形的，承租人可以请求出租人承担赔偿责任。但是，出租人与第三人订立的房屋买卖合同的效力不受影响。

（3）张某可以主张原租赁合同仍然有效，即所谓"买卖不破租赁"，该合同对李某仍有约束力。张某与甲公司签订房屋租赁合同后，甲公司作为房屋的所有人仍然可以出卖该楼房，但不能侵犯张某法定的优先购买权。甲公司在保障张某的优先权的前提下，出卖租赁物，该买卖合同有效。《民法典》第725条规定，租赁物在承租人按照租赁合同占有期限内发生所有权变动的，不影响租赁合同的效力。根据该条规定，李某受让楼房后还要受张某与甲公司之间的租赁合同的约束，因而不能请求张某停止使用。不仅如此，该楼房已经设定的两个抵押权也仍然有效。

（4）对张某的租赁权有影响。《最高人民法院关于审理城镇房屋租赁合同纠纷案件具体应用法律若干问题的解释》第14条规定，租赁房屋在承租人按照租赁合同占有期限内发生所有权变动，承租人请求房屋受让人继续履行原租赁合同的，人民法院应予支持。但租赁房屋具有下列情形或者当事人另有约定的除外：（1）房屋在出租前已设立抵押权，因抵押权人实现抵押权发生所有权变动的；（2）房屋在出租前已被人民法院依法查封的。据此，张某的租赁权对楼房的买受人己公司而言，不具有法律约束力。

（5）对张某的租赁权没有影响。《民法典》第405条规定，抵押权设立前抵押财产已经出租并转移占有的，原租赁关系不受该抵押权的影响。据此，租赁权能够对抗抵押权，即抵押权受到"买卖不破租赁"的约束。因此，庚公司仍然受张某与甲公司之间的租赁合同的约束。

法律硕士联考专业基础课经典案例分析

【案例57】

（1）因违背**物权法定原则**，甲、丙的主张不合法。《民法典》第116条明确规定，物权的种类和内容，由法律规定。

按照物权法定主义原则的要求：第一，**物权的种类不得创设**，即不得创设法律未规定的新种类的物权。第二，**物权的内容不得创设**，即不得创设与法律规定的内容不同的物权。例如，创设不转移占有的质权，即使名为质权，但由于与质权的法律规定的内容不同，故也是不允许的。在本案中，甲与其子乙、丙的约定即违反了该原则。乙取得房屋的所有权，当然依法可以行使法律赋予所有人的占有、使用、收益和处分诸项权能，法律并没有规定当事人可以约定诸如优先购买权等负担的所有权，所以甲与乙、丙之间的约定无效。

（2）丁不能取得房屋的所有权，其主张不合法。

根据《城市私有房屋管理条例》第6条规定，**城市私有房屋的所有人，须到房屋所在地房管机关办理所有权登记手续，经审查核实后，领取房屋所有权证。房屋所有权转移或房屋现状变更时，须到房屋所在地房管机关办理所有权转移或房屋现状变更登记手续。**我国《民法典》第209条规定，不动产物权的设立、变更、转让和消灭，经依法登记，发生效力；未经登记，不发生效力，但是法律另有规定的除外。在本案中，虽然乙与丁达成房屋买卖协议，丁向乙交付了价款，乙向丁交付了房屋，但是没有办理登记过户手续，因而不发生物权变动之后果。丁并没有取得房屋的所有权，但有请求乙转移所有权的债权。乙基于所有权仍可为处分行为，就房屋达成的抵押合同自登记之日起生效，信用社取得抵押权。根据物权之优先效力，信用社之抵押权应优先于丁之债权。当然，如果因为信用社行使抵押权，致使丁之债权不能实现，丁得请求乙承担违约责任。

（3）信用社能**实现抵押权**。

甲与乙、丙关于优先购买权的约定无效，因为违反物权法定的原则；乙和丁签订的房屋买卖合同合法有效，但仅有房屋、房款的交付不足以发生物权变动的后果，房屋的所有权自办理完登记之日起发生变动，丁才能取得房屋的所有权。在本案中，丁没有取得房屋的所有权，仅享有请求乙转移所有权的债权，其不能对抗信用社的抵押权。

【案例58】

（1）《民法典》第1150条规定，**继承开始后，知道被继承人死亡的继承人应当及时通知其他继承**

人和遗嘱执行人。继承人中无人知道被继承人死亡或者知道被继承人死亡而不能通知的，**由被继承人生前所在单位或者住所地的居民委员会、村民委员会负责通知。**据此，本案中，乙有通知甲的义务。

（2）没有超过诉讼时效。《民法典》第188条规定，向人民法院请求保护民事权利的诉讼时效期间为3年。法律另有规定的，依照其规定。诉讼时效期间自权利人知道或者应当知道权利受到损害以及义务人之日起计算。法律另有规定的，依照其规定。但是，自权利受到损害之日起超过20年的，人民法院不予保护，有特殊情况的，人民法院可以根据权利人的申请决定延长。

（3）甲、乙之间的协议有效。《民法典》第1130条第1款规定，同一顺序继承人继承遗产的份额，一般应当均等。但第5款规定，继承人协商同意的，也可以不均等。所以，甲、乙之间的协议有效。

（4）**各继承人相互之间存在对遗产的担保责任**，即遗产分割后，如果某继承人分得的遗产有瑕疵、被追夺者或者债权不能被偿还，为维护各共同继承人应得的利益，使遗产的分割公平合理，该继承人有权要求重新分割遗产。

【案例59】

（1）是**附延缓条件的赠与合同**，以胎儿出生时是活体为生效条件。在本案中赠与合同生效，因为虽然婴儿在出生两日后即死亡，但是根据独立呼吸说，该婴儿在法律上已经是一个民事主体，满足该合同所附生效条件。

（2）应当作为遗产进行分割。这10万元是于萍的遗产，由于萍的父母继承。

（3）张坚的父母继承2万元，于萍的父母继承6万元。张坚死后，这8万元作为张坚、于萍夫妇的共同财产，应当先进行对半分割，其中4万元作为张坚的遗产由其继承人继承，剩余4万元是于萍的个人财产。张坚的继承人有四个：胎儿、于萍、父亲、母亲，每人分得1万元。胎儿出生两日后即死亡，其1万元财产由其母亲于萍继承。于萍死后，她留下的遗产共有16万元（其中10万元是张坚父母先前的赠与），全部由其父母继承。

【案例60】

（1）以"巴黎春天"鲜花店为被告，因为"巴黎春天"鲜花店是**合伙企业，有诉讼主体资格**。

（2）两个合同均有效。因为合伙企业法规定，**合伙企业对合伙人执行合伙企业事务以及对外代表**

复/杂/经/典/案/例

合伙企业权利的限制，不得对抗不知情的善意第三人。

（3）抵押合同生效。根据《民法典》第 403 条规定，以动产抵押的，抵押权自抵押合同生效时设立；未经登记，不得对抗善意第三人。《民法典》第 404 条规定，以动产抵押的，不得对抗正常经营活动中已经支付合理价款并取得抵押财产的买受人。可见，民法对于抵押权的设立与抵押合同的生效作了明确区分，不再把登记作为抵押合同生效的要件了。

（4）甲的免除行为有效。因为甲是该合伙的负责人，**合伙负责人的诉讼行为，对全体合伙人发生法律效力。**

（5）银行、庚、巳对花店的债权以花店的财产按比例清偿；不足部分，由各合伙人承担无限连带责任。原因如下：①银行和花店以汽车设立的抵押未办理登记手续，因此不具有对抗效力，不得以此对抗善意第三人，自然不得具有优先受偿的效力；②合伙企业法规定，**合伙企业对其债务，应先以其全部财产进行清偿。合伙企业财产不足清偿到期债务的，各合伙人应当承担无限连带清偿责任。**

（6）法院应优先支持银行、庚、巳的诉讼请求。因为合伙企业法规定，合伙企业对其债务，应首先用合伙企业的全部财产进行清偿；合伙人的个人债务，应先以合伙人的个人财产清偿，合伙人个人财产不足清偿的，该合伙人只能以其从合伙企业中分取的收益用于清偿，债权人也可以依法请求人民法院强制执行该合伙人在合伙企业中的财产份额用于清偿。可见，本案中合伙人乙的债权人辛的债权在清偿顺序上位于最后。因此，法院应优先支持合伙的债权人银行、庚、巳的诉讼请求。

（7）如果银行、庚、巳向法院起诉后，债权未得到全部清偿，可对丙的个人财产进行追偿。因为合伙人应对合伙未能清偿的债务以自己的个人财产和其他合伙人一起承担无限连带责任。

【案例 61】

（1）该行为的性质是表见代理。所谓表见代理，是指行为人没有代理权、超越代理权或者代理权终止后以被代理人名义订立合同，相对人有理由相信行为人有代理权的情况。本案中李某已经辞职，属于代理权终止后以被代理人名义订立合同，而且相对人庄洋公司作为佐天公司的老客户经常和作为佐天公司业务经理的李某打交道，有理由相信李某有代理权，因此，李某的行为成立表见代理。

（2）不能，因为**表见代理的法律后果是行为确**定有效。《民法典》第 172 条规定，行为人没有代理权、超越代理权或者代理权终止后，仍然实施代理行为，相对人有理由相信行为人有代理权的，代理行为有效。

（3）佐天公司可拒收货物，解除合同，并要求庄洋公司返还已支付货款并承担违约责任；或者受领交付，但要求按一级大米而非特级大米的价格计算货款，并要求庄洋公司承担违约责任。

【案例 62】

（1）甲、乙的医药费应由幼儿园承担。《民法典》第 1199 条规定，无民事行为能力人在幼儿园、学校或者其他教育机构学习、生活期间受到人身损害的，幼儿园、学校或者其他教育机构应当承担侵权责任；但是，能够证明，尽到教育、管理职责的，不承担侵权责任。本案中，幼儿园老师章某在上课期间擅自离开到邮局取包裹，这表明幼儿园并未尽到教育、管理职责，存在主观过错，幼儿园应当承担甲、乙的医药费。

（2）以幼儿园为被告。

（3）3 年。《民法典》第 188 条第 1 款规定，向人民法院请求保护民事权利的诉讼时效期间为 3 年。

（4）不能，因为章某是在上课时间离校的，属于职务行为而非个人行为。根据《民法典》第 1191 条第 1 款的规定，用人单位的工作人员因执行工作任务造成他人损害的，由用人单位承担侵权责任。用人单位承担侵权责任后，可以向有故意或者重大过失的工作人员追偿。

【案例 63】

（1）无权代理行为。**代理人应在代理权限范围内作出行为，超越代理权限的行为构成无权代理行为**。本案中，王海只委托李昌代为购买彩电，因此李昌购买明信片属越权行为，构成无权代理。

（2）有效。《民法典》第 171 条第 1 款规定，行为人没有代理权、超越代理权或者代理权终止后，仍然实施代理行为，未经被代理人追认的，对被代理人不发生效力。据此，无权代理人的行为只有经被代理人追认，被代理人才承担民事责任。本案中，王海收下明信片的行为意味着他事后追认了李昌的无权代理行为，李昌的购买行为变成有效行为。

（3）王小明对张婷婷的赠与行为有效。《民法典》第 145 条规定，限制民事行为能力人实施的纯获利益的民事法律行为或者与其年龄、智力、精神健康状况相适应的民事法律行为有效；实施的其他民事法律行为经法定代理人同意或者追认后有效。相对人可以催告法定代理人自收到通知之日起30日内予以追认。法定代理人未作表示的，视为拒绝追认。民事法律行为被追认前，善意相对人有撤销的权利。撤销应当以通知的方式作出。本案中，赠送明信片对于13岁的王小明来说，属于与其年龄、智力、精神健康状况相适应的行为，因此不必经其法定代理人追认即可生效。

（4）王海不能要求张婷婷返还明信片的奖金3 000元。因为张婷婷基于王小明的有效赠与行为取得了明信片的所有权，因此3 000元奖金作为明信片的孳息，自然也就归张婷婷所有。

【案例64】

（1）刘强的请求合法，因为他是刘洋洋的法定监护人，而且没有出现撤销其监护资格的法定事由。《民法典》第27条第1款规定，父母是未成年子女的监护人。《民法典》第36条第1款规定，监护人有下列情形之一的，人民法院根据有关个人或者组织的申请，撤销其监护人资格，安排必要的临时监护措施，并按照最有利于被监护人的原则依法指定监护人：①实施严重损害被监护人身心健康的行为；②怠于履行监护职责，或者无法履行监护职责且拒绝将监护职责部分或者全部委托给他人，导致被监护人处于危困状态；③实施严重侵害被监护人合法权益的其他行为。据此，刘强作为刘洋洋的父亲，具有法定监护资格，且没有依法被撤销监护资格的法定事由，因而不能被张玲通过遗嘱的方式剥夺。

（2）张嘉对生活费的请求合法，对报酬的请求无法律依据。

在张玲去世后，刘洋洋本应由刘强抚养，因此，张嘉代刘强照顾刘洋洋，对刘强而言构成不当得利。张嘉有权请求刘强支付刘洋洋的生活费，法院应当支持。但张嘉请求刘强支付报酬缺乏法律依据，法院不应支持。

【案例65】

（1）刘诺和金飞公司之间的买卖合同为可撤销合同。金飞公司作为专业的手机销售商家，具有充足的手机知识，而在明知手机为水货的情况下，以行货的价格出售，使刘诺遭受1 100元的价差损失，构成欺诈。《民法典》第148条规定，一方以欺诈手段，使对方在违背真实意思的情况下实施的民事法律行为，受欺诈方有权请求人民法院或者仲裁机构予以撤销。

（2）刘诺应以苏美公司为被告。法人变更后，由变更后的法人承受原法人的权利和义务，《民法典》第67条规定，**法人合并的，其权利和义务由合并后的法人享有和承担。**法人分立的，其权利和义务由分立后的法人享有连带债权，承担连带债务，但是债权人和债务人另有约定的除外。

（3）刘诺可以请求人民法院判决苏美公司承担违约责任，但无权请求撤销该买卖合同，因为撤销权因除斥期间经过而消灭。《民法典》第152条规定，有下列情形之一的，撤销权消灭：①当事人自知道或者应当知道撤销事由之日起1年内、重大误解的当事人自知道或者应当知道撤销事由之日起90日内没有行使撤销权；②当事人受胁迫，自胁迫行为终止之日起1年内没有行使撤销权；③当事人知道撤销事由后明确表示或者以自己的行为表明放弃撤销权。当事人自民事法律行为发生之日起5年内没有行使撤销权的，撤销权消灭。

【案例66】

（1）本案涉及三个法律关系：①朗园公司和航百公司之间的借贷法律关系；②朗园公司和航百公司之间的买卖合同关系；③A市乡镇企业局和航百公司之间的保证合同关系。

（2）该协议部分有效，部分无效。这个协议实际上包括了两个法律关系，一个是借贷20万元的法律关系，另一个是买卖鞋子的法律关系。第一个法律关系因为违反了禁止企业之间相互借贷的强行性规定而无效；第二个法律关系并不违反法律、法规的禁止性规定，而且《民法典》第156条规定，**民事法律行为部分无效，不影响其他部分效力的，其他部分仍然有效。**因此第二个法律关系合法有效。

（3）A市乡镇企业局不承担保证责任，因为该保证合同无效。《民法典》第153条规定，违反法律、行政法规的强制性规定的民事法律行为无效。但是，该强制性规定不导致该民事法律行为无效的除外。违背公序良俗的民事法律行为无效。《民法典》第683条规定，机关法人不得为保证人，但是经国务院批准为使用外国政府或者国际经济组织贷款进行转贷的除外。以公益为目的的非营利法人、非法人组织不得为保证人。据此，A市乡镇企业局为朗园公司还款而作出的保证由于违反担保法的强制性规定而归于无效。

【案例67】

（1）乙与丙之间的行为属于恶意串通损害被代

理人利益的行为。《民法典》第 154 条规定,行为人与相对人恶意串通,损害他人合法权益的民事法律行为无效。据此,丙无权取得该电脑的所有权,但丁可以因善意取得而对该电脑享有所有权。后丁将电脑赠与给庚,并实际交付,所有权即移转给庚。故,电脑毁损前,其所有权应归庚所有。

(2) 由于乙、丙恶意串通,导致甲受有损失。《民法典》第 164 条规定,代理人不履行或者不完全履行职责,造成被代理人损害的,应当承担民事责任。代理人和相对人恶意串通,损害被代理人合法权益的,代理人和相对人应当承担连带责任。因此,甲可以要求乙、丙对自己的损失负连带赔偿责任。

(3) 根据《民法典》第 429 条规定,质权自出质人交付质押财产时设立。本案中,电脑已经由庚取得所有权并已经实际毁损,则丁与戊的质权因标的不能移转占有而无法设立。《民法典》第 577 条规定,当事人一方不履行合同义务或者履行合同义务不符合约定的,应当承担继续履行、采取补救措施或者赔偿损失等违约责任。据此,虽然质权并未设立,但是,丁与戊之间的质押合同合法有效,丁违反质押合同约定没有实际交付质物,构成违约,应当承担违约责任。因此,戊有权请求丁承担违约责任。

【案例 68】

本案中甲、乙之间是借款合同关系,甲是借款人,负有到期还款的义务。丙、丁是共同保证人,乙与丙、丁成立保证合同,约定:"甲不能还款,丙、丁承担保证责任",从保证合同的约定上看,二者并没有明确约定为连带责任保证,因此应当认定丙、丁的保证为一般保证。戊为抵押人,甲到期没有还款,乙可就抵押物拍卖所得优先受偿。本案既有保证,又有抵押,构成混合担保。《民法典》第 392 条(混合担保)规定,被担保的债权既有物的担保又有人的担保的,债务人不履行到期债务或者发生当事人约定的实现担保物权的情形,债权人应当按照约定实现债权;没有约定或者约定不明确,债务人自己提供物的担保的,债权人应当先就该物的担保实现债权;第三人提供物的担保的,债权人可以就物的担保实现债权,也可以请求保证人承担保证责任。提供担保的第三人承担担保责任后,有权向债务人追偿。《民法典》第 393 条规定,有下列情形之一的,担保物权消灭:①主债权消灭;②担保物权实现;③债权人放弃担保物权;④法律规定担保物权消灭的其他情形。据此,本案

中,乙在灭失的机器上丧失抵押权,其抵押权仅及于余下的 3 台机器上。丙虽被宣告失踪,但主体人格并不消灭,乙可以向其财产管理人庚主张履行保证债务,从丙的财产中清偿。

因此,根据以上分析,乙可以请求甲履行还款义务,也可以拍卖 3 台机器优先受偿,也可以请求丙、丁共同承担一般保证责任。

【案例 69】

(1) 甲对丙的债权已过了诉讼时效,甲丧失了胜诉权,但并不意味着该债权已消灭,法律并不禁止此种债权成为债权让与的标的。

(2) 甲、乙协议将甲对丙的债权转让给乙,并已通知了丙,因此该转让成立,并对丙产生效力。乙遂有权向丙主张该债权。但是,根据《民法典》第 548 条规定,债务人接到债权转让通知后,债务人对让与人的抗辩,可以向受让人主张。因此,丙可以向乙主张该债权已经过了诉讼时效,从而有权拒绝向乙清偿。

(3) 甲故意隐瞒事实,其行为构成欺诈。《民法典》第 148 条规定,一方以欺诈手段,使对方在违背真实意思的情况下实施的民事法律行为,受欺诈方有权请求人民法院或者仲裁机构予以撤销。甲、乙对债权让与的协议,本质上也是一种合同,乙有权要求撤销。《民法典》第 155 条规定,无效的或者被撤销的民事法律行为自始没有法律约束力。因此,债权让与被撤销后,乙仍然享有对甲的债权,有权要求甲还款。

【案例 70】

(1) 丙受甲委托,代理甲购买古玉,其行为后果由甲承受,乙受丙欺诈而订立合同,该合同约束甲和乙。由于乙系受欺诈而订立合同,按照《民法典》第 148 条规定,乙本有权要求撤销该合同,并要求甲返还古玉或赔偿损失。但是,由于甲已将古玉卖给善意第三人丁,依据善意取得的法理,丁取得古玉的所有权,故乙不能对丁要求返还古玉。

(2) 根据《民法典》第 157 条规定,民事法律行为无效、被撤销或者确定不发生效力后,行为人因该行为取得的财产,应当予以返还;不能返还或者没有必要返还的,应当折价补偿。有过错的一方应当赔偿对方由此所受到的损失;各方都有过错的,应当各自承担相应的责任。法律另有规定的,依照其规定。本案中,乙系受欺诈而订立合同,但又不能向丁讨回古玉,其有权要求撤销该合同,并要求甲折价赔偿损失。代理人行为违法而给被代理

人造成损害的，应当承担责任。丙作为甲的代理人，以不法的手段订立合同，致使甲不仅未取得利益，反而损失酬金，因此甲可以要求丙返还酬金。

【案例 71】

甲、乙之间成立买卖合同关系。甲依照约定将货物交给乙指定的丙，即已完成交付，甲不再对乙负有合同义务，也不对运送中的货物负责，因此，乙不能要求甲赔偿损失。

根据《民法典》第 224 条规定，动产物权的设立和转让，自交付时发生效力，但是法律另有规定的除外。因此，甲将货物交付给丙时，交付完成，货物的所有权归乙所有。在运送途中发生导致货物毁损的事故，丙、丁均有过错，应承担侵权损害赔偿责任。因此，乙可要求丁负与其过错相应的赔偿责任。

丙与乙之间成立货物运输合同关系，丙为承运人。根据《民法典》第 832 条规定，承运人对运输过程中货物的毁损、灭失承担赔偿责任。但是，承运人证明货物的毁损、灭失是因不可抗力、货物本身的自然性质或者合理损耗以及托运人、收货人的过错造成的，不承担赔偿责任。因此，乙可要求丙赔偿货物的损失。

【案例 72】

甲、乙之间成立保管合同关系。乙收取了费用，是有偿保管。《民法典》第 895 条规定，保管人不得使用或者许可第三人使用保管物，但是当事人另有约定的除外。另据《民法典》第 897 条规定，保管期间，因保管人保管不善造成保管物毁损、灭失的，保管人应当承担赔偿责任。但是，无偿保管人证明自己没有故意或者重大过失的，不承担赔偿责任。本案中，乙擅自许可丙使用汽车，而最终导致汽车毁损，应对甲负责赔偿。因此，甲可以要求乙赔偿损失。

丙经乙同意后使用该汽车，与丙形成借用关系，负有使用结束后返还借用物的义务。虽然丙对事故的发生没有过错，但不影响其在不能履行返还借用物时的赔偿责任的承担。因此，乙向甲赔偿后，可以向丙要求赔偿损失。

丁酒后开车，导致事故的发生，属于侵权行为，对此丁有过错，因此丁负有侵权损害赔偿的责任，对事故的损失应负责赔偿。因此，丙向乙赔偿后，可以向丁要求赔偿损失。同时由于丁的过错造成甲的汽车毁损，甲也可以以所有权人的身份直接要求丁赔偿损失。

甲因一个损害事实同时拥有多个请求权，构成请求权竞合，甲只能择一行使，不能重复受偿。

【案例 73】

（1）甲、乙、丙三人为合伙关系，三人与丁为货物运输合同关系。《民法典》第 832 条规定，承运人对运输过程中货物的毁损、灭失承担赔偿责任。但是，承运人证明货物的毁损、灭失是因不可抗力、货物本身的自然性质或者合理损耗以及托运人、收货人的过错造成的，不承担赔偿责任。因此，丁有权就货物毁损的损失向承运人要求赔偿。本案中的承运人是甲、乙、丙三人组成的合伙。《合伙企业法》第 39 条规定，（普通）合伙企业不能清偿到期债务的，合伙人承担无限连带责任。《合伙企业法》第 53 条规定，退伙人对基于其退伙前的原因发生的合伙企业债务，承担无限连带责任。另据《合伙企业法》第 40 条规定，合伙人由于承担无限连带责任，清偿数额超过应分担比例的，有权向其他合伙人追偿。因此，丁可以向甲、乙、丙三人中的任何一人要求承担损害赔偿责任。

（2）合伙人对于合伙的债务，对外应负连带责任，对内则应按照协议约定的债务承担比例或出资比例分担，但是对造成合伙债务产生的合伙人，应当根据其过错程度相应地多承担责任。因此，本案中，甲、乙、丙三人各应承担货物价值的 40%、30% 和 30% 的赔偿责任。由于甲对事故的发生有过错，应当相应多承担责任。

【案例 74】

（1）甲、乙之间形成保管合同关系，乙为保管人。根据《民法典》第 888 条规定，保管人有返还保管物的义务。本案中，由于乙之子丙的原因，造成乙无法向甲返还保管物，构成违约。根据《民法典》第 593 条规定，当事人一方因第三人的原因造成违约的，应当依法向对方承担违约责任。当事人一方和第三人之间的纠纷，依照法律规定或者按照约定处理。因此，乙应当向甲承担违约责任。

（2）丙对甲的奇石有加工行为。《民法典》第 322 条规定，因加工、附合、混合而产生的物的归属，有约定的，按照约定；没有约定或者约定不明确的，依照法律规定；法律没有规定的，按照充分发挥物的效用以及保护无过错当事人的原则确定。因一方当事人的过错或者确定物的归属造成另一方当事人损害的，应当给予赔偿或者补偿。据此，对于奇石的归属，因当事人之间没有约定，法律也没有明确规定，应当按照充分发挥物的效用以及保护

无过错方的原则确定加工物的归属。由于乙的儿子丙误以为奇石归其父乙所有，因而对奇石实施了加工行为，按照充分发挥物的效用的原则，该奇石应归丙所有。由于奇石归丙，造成甲损失，丙应对甲的损失给予赔偿。

（3）丁为善意第三人，依据《民法典》第311条规定，丁可以善意取得奇石的所有权，甲无权请求丁向自己返还。

【案例 75】

（1）甲、乙之间成立买卖合同关系，甲得向乙交付机器，并移转其所有权。后甲、乙订立保管合同，将机器暂存丙处，是甲将机器所有权移转给乙之后，而与乙成立保管合同关系。《民法典》第224条规定，动产物权的设立和转让，自交付时发生效力，但是法律另有规定的除外。此时，乙为机器的所有权人。后来，机器被丙盗走，并卖给第三人丁，此为无权处分，虽然此时丁为善意，但机器为赃物，不适用善意取得，故丁不能取得机器所有权，所以，机器的所有权仍然归乙所有。

（2）根据以上分析，乙为机器的所有权人，丁对机器为无权占有，所有权人可以向无权占有人要求返还所有物，故乙可以依据物上请求权要求丁返还机器。

【案例 76】

甲、丙之间成立反担保关系。所谓反担保，是指债务人为了换取担保，由债务人或第三人向担保人新设担保，该新设的担保相对于原担保而言被称为反担保。《民法典》第387条第2款规定，第三人为债务人向债权人提供担保的，可以要求债务人提供反担保。反担保适用本法和其他法律的规定。《民法典》第689条规定，保证人可以要求债务人提供反担保。本案中，丙为甲的债务提供了保证担保，甲为此提供了反担保。甲与丙达成了抵押担保形式的反担保，并依法办理了抵押物登记，合法有效。反担保协议的内容是，债务人不履行债务时，担保人承担了担保责任后，成为反担保协议的债权人，此时才可以请求以反担保的担保物变价优先受偿。本案中，丙并未履行担保责任，并未成为反担保协议的债权人，故无权主张行使抵押权。而且，抵押权的行使，《民法典》第410条规定，**债务人不履行到期债务或者发生当事人约定的实现抵押权的情形，抵押权人可以与抵押人协议以抵押财产折价或者以拍卖、变卖该抵押财产所得的价款优先受偿。协议损害其他债权人利益的，其他债权人可以**请求人民法院撤销该协议。抵押权人与抵押人未就抵押权实现方式达成协议的，抵押权人可以请求人民法院拍卖、变卖抵押财产。抵押财产折价或者变卖的，应当参照市场价格。据此，本案中，丙私自将汽车开走是侵犯甲的财产权的行为，而非行使抵押权的行为。

根据民法规定，对于侵犯他人财产的，应当返还财产，被侵权人因此遭受损害的，应当承担侵权责任。本案中，丙的行为已经侵犯了甲的财产权，并因此对甲造成了营业上的损失，属于侵权行为，故丙应立即停止侵害，将车送回，并赔偿甲因此遭受的营业损失5 000元。

【案例 77】

甲于7月1日接到乙公司寄送的价目表，依据《民法典》第473条规定，要约邀请是希望他人向自己发出要约的表示。拍卖公告、招标公告、招股说明书、债券募集办法、基金招募说明书、商业广告和宣传、寄送的价目表等为要约邀请。商业广告和宣传的内容符合要约条件的，构成要约。据此，本题中，甲于7月3日回函表示购买选中的货物，并约定交付方式，该函为要约。该要约于7月6日到达乙公司，乙公司7月7日回信表示同意，为承诺。期间，甲表示改变主意的信件到达乙的时间为7月8日，此时不但晚于要约到达乙公司的时间，而且乙公司承诺已做出，因此该函无论视为要约的撤回还是撤销都没有效力。7月10日，乙公司之承诺到达甲时，该买卖合同成立并生效。乙公司有如约交付的合同义务，甲有支付货款的合同义务。

7月20日，乙公司依约送交货物至甲指定交付地点，甲未能如约接收货物，视为受领迟延。根据《民法典》第605条规定，因买受人的原因致使标的物未按照约定的期限交付的，买受人应当自违反约定时起承担标的物毁损、灭失的风险。本案中，因甲的原因致使交付不能完成，乙公司员工送餐具返程时遭遇车祸而使餐具毁损，该风险应由甲承担。所以，甲对乙公司有支付餐具价金的义务。

【案例 78】

（1）本案中，甲、乙成立承揽合同关系，甲为定作人，乙为承揽人。甲负有支付报酬的义务，乙负有完成承揽工作的义务。《民法典》第525条规定，当事人互负债务，没有先后履行顺序的，应当同时履行。一方在对方履行之前有权拒绝其履行请求。一方在对方履行债务不符合约定时，有权拒绝其相应的履行请求。其所谓履行债务不符合约定，

复／杂／经／典／案／例

包括交付有瑕疵的工作。本案中，因乙的工作有瑕疵，依据《民法典》第781条规定，承揽人交付的工作成果不符合质量要求的，定作人可以合理选择请求承揽人承担修理……定作人的此项修补请求权，仍具有履行请求权的性质，与承揽人的报酬请求权仍有同时履行抗辩权的适用，所以，甲可以主张在乙修理好冷藏库之前，拒绝支付报酬。

（2）留置权是担保物权。根据物权法定原则，其发生应有法定的依据。根据《民法典》第447条以及448条的规定，只要债权人已经合法占有债务人的动产，并且该动产的占有与债权本身同属于同一法律关系，则债权人便享有留置权。可见，本案中，债权人因加工承揽合同发生的债权的同时占有标的物，债务人不履行债务的，债权人有留置权。另外，《民法典》第783条规定，定作人未向承揽人支付报酬或者材料费等价款的，承揽人对完成的工作成果享有留置权或者有权拒绝交付，但是当事人另有约定的除外。因此，留置权不但是限于由承揽人在一定条件下享有，而且只能留置完成的工作成果，因此，甲留置乙放于甲处的汽车一辆，于法无据。

【案例 79】

本案中，该项链原属于甲所有，但其丢失项链后超过规定的期限未能认领，该项链作为遗失物，其所有权转归国家所有。有关机关依法对其进行拍卖，乙竞拍买下，依法取得所有权。丙将项链卖给丁，由于赃物不适用善意取得制度，故丁不能取得项链的所有权。因此，本案中项链的所有权归乙享有，乙有权认领回。

丙窃得项链卖给丁，其行为在民事上属无权处分，由于丁不能取得项链所有权，故丙收取丁的价金构成不当得利，丁有权要求丙返还300元购项链款。

【案例 80】

本案中，甲与乙商场成立买卖合同关系。行为人因对行为内容的错误认识，使行为后果与自己的意思相悖，并造成较大损失的，可以认定为重大误解。乙商场因工作人员疏忽错标价格，造成低价出售摄影机，其行为后果与其意思相悖，并且损失较大，可以认定为重大误解。乙商场可以要求变更或撤销该买卖合同，其要求甲补足价款即为要求变更买卖合同，其要求甲退货自己退款，即为要求撤销买卖合同。

甲已将其中一部摄影机赠与丙并已交付，其与丙之间的赠与合同合法有效，丙取得这部摄影机的所有权，任何人无权要求其返还。就这部摄影机，甲应当补足价款给乙商场。

甲将另一部摄影机卖给丁，二人成立买卖合同关系。《民法典》第224条规定，动产物权的设立和转让，自交付时发生效力，但是法律另有规定的除外。本案中，由于尚未交付，丁没有取得该部摄影机的所有权。因此，就这部摄影机，甲若选择将其退还乙商场，则乙商场应当退甲相应的价款，甲也应当将所收的700元返还给丁，否则均构成不当得利；甲若选择补足价款，则甲获得该机所有权，但甲有权以重大误解要求变更或撤销与丁的买卖合同，理由如上。

丁作为与甲的买卖合同关系中的买方，若甲因选择将摄影机退还乙商场，致使甲不能向自己履行交付，可以要求追究甲的违约责任。